上卷

踪迹史

蒋蓝 著

四川人民出版社

图书在版编目（CIP）数据

踪迹史 / 蒋蓝著. -- 成都：四川人民出版社，2018.8
ISBN 978-7-220-10892-1

Ⅰ.①踪… Ⅱ.①蒋… Ⅲ.①名人－生平事迹－中国－清后期 Ⅳ.①K820.52

中国版本图书馆CIP数据核字（2018）第161710号

ZONGJISHI

踪迹史［上下卷］

蒋　蓝　著

出品人	黄立新
责任编辑	石　云
封面设计	张　妮
版式设计	戴雨虹
责任校对	吴　玥　林　泉
责任印制	许　茜
出版发行	四川人民出版社（成都槐树街2号）
网　址	http://www.scpph.com
E-mail	scrmcbs@sina.com
新浪微博	@四川人民出版社
微信公众号	四川人民出版社
发行部业务电话	（028）86259624　86259453
防盗版举报电话	（028）86259624
照　排	四川胜翔数码印务设计有限公司
印　刷	成都东江印务有限公司
成品尺寸	146mm×208mm
印　张	22
字　数	550千
版　次	2018年8月第1版
印　次	2018年8月第1次印刷
书　号	ISBN 978-7-220-10892-1
定　价	128.00元

作者简介

蒋蓝，诗人，散文家，思想随笔作家，田野考察者。曾获朱自清散文奖、人民文学奖、中国报人散文奖、西部文学奖、中国新闻奖副刊金奖、四川文学奖、布老虎散文奖，中国作家协会会员，中国作家协会散文委员会委员，四川省作家协会散文委员会主任，成都文学院终身特约作家。已出版《成都笔记》《蜀地笔记》（2017）、《豹典》（2016）、《媚骨之书》（2015）、《梼杌之书》（2015）、《霜语》（2015）、《一个晚清提督的踪迹史》（2014）等多部文学、文化专著。多本著作入选年度中国好书榜。曾任《青年作家》月刊主笔、主编，现供职于媒体。

修订本自序　非虚构写作与踪迹史

非虚构写作与非虚伪写作

按照西方的文学类型学划分，文学作品可以分为“虚构”与“非虚构”两大类。所有的小说都在“虚构”与“非虚构”之间挪移，因而显示各自不同的色彩浓郁度。诗歌、志怪、传奇、神魔、魔法小说自然都是虚构作品，因为现实中没有可以对位的场景与人物。但更多的作品是处在虚构与非虚构之间，比如纪实文学、人物记、回忆录、报告文学、散文、随笔、小品等，均属于非虚构文学创作，这个领域很广阔，毕竟人与事一定是发生在“非虚构”世界。针对“非虚构故事”，美国学者、非虚构写作导师杰克·哈特给出的答案是：源于真实。非虚构写作的要素，其一是“真实发生过的”；其二它发生在你我周围；其三，它触目惊心。

索尔仁尼琴把非虚构写作的《古拉格群岛》，定义为“文艺性调查初探”。他在卷首提出：“此书中既无臆造的人物，又无虚构的事件。人与地，都称其真名实姓。如果用的是姓名缩写，系出于私人性质的考虑。如果什么名称也没有，那只是因为人的记忆力没有把姓名保存下来——而所写的事实都是千真万确的。”这一标准，与杰克·哈特的定义接近。

1961年美国犹太作家菲利普·罗思在论文《写美国小说》里提出“事实与虚构混淆不清”的理论，他认为到了20世纪中期，美国的现实变得比任何小说家所虚构的情节还要离奇，因此“作家要做的，只是对美国的大部分现实先理解，再描绘，然后使它变得真实可信”。这基于他一方面感到现实的神秘性；另一方面也对现实失去信心。一部分作家脱离现实，去追求一种新的艺术形式来表达自己的经验和感受，于是产主了以黑色幽默为主要特征的新型传奇小说。事实一旦与虚构混淆不清，现实也就成为超现实，作家一方面认识到现实的无意识；另一方面又觉得自身的经历也可能是另一种梦。

2010年自《人民文学》杂志开设“非虚构”作品专栏以来，呼吁作者离开书斋与二手、三手经验，以直面大地的方式来展开对话。“非虚构”写作逐渐成为汉语写作中不可忽视的现实力量，它被人誉为“非虚伪写作”。由于远离历史进而歪曲历史、远离真实进而伪造真实的写作长期以来成为汉语写作的主流，“非虚构写作”对真实历史的大面积进逼已经造成了某种临界性尴尬：现实中真实事物的复杂性已经不再是以前任何一种文体能够从容应对的了。在目前可以看到的非虚构作品里，作家们调动的人类学、考古学、神话学、自然地理学、人文地理学、民族学、民俗学、语言学、影像学等学科逐渐进入文学域界，考据、思辨、跨文体、微观史论甚至运用大量注释等开始成为非虚构写作的方法，这种方法日益清晰地、形象地复原了真实历史的原貌。从这个意义上说，非虚构写作是源自每一个人真实生命的需要。与此同时，由于非虚构写作扩大了文学的写作场域和表达边界，汉语里的“非虚构写作”逐渐与西方定义里的“非虚构”貌合神离。

首先，非虚构写作不是新闻特写，不是表扬稿，不是“上情下达”的文学通道，不是用来及时反映现实的“便捷文体”；

其次，我认为它与几种流行文学类型的主要分野在于：

报告文学：尽管西方人称之为“叙事性非虚构”作品。但在汉语写作里，“报告文学”往往是带有强烈意识形态色彩的、充满二元意识形态对立的写作文类，靠近国家主流理念的写作往往就成为“时代的报告”，基本上属于“大词写作”。

纪实文学/私人写作：这是去掉部分意识形态色彩之后，对非重大历史/事件的文学叙述。由于文体结构相对单一，难以廓清一个阶段的真实面貌。

非虚构写作：在作家具有独立的价值向度前提下，对一段重大历史和某个人物的生活予以多方位、跨学科考察的文学性叙述。这标志着作家从实验文体的自我纠结中走出来，从充满自恋的、复制某个阶级趣味的文字中走出来，回到伟大的尘世，用对民生疾苦的抚摸，对非中心的关注，对陌生经验的讲述，对常识的打破等方式，去表达一种文学本应具备的风骨。因此，非虚构写作其实更应该是挥告虚伪的形式、为民生代言的写作，这才是我们应该延续和提倡的健康写作精神。

经过近十年的非虚构写作，我个人至今认为，汉语中的非虚构写作大于、高于非虚构文学。汉语的非虚构写作包括文字系统与图像系统两大类；文字系统是复原真实的第一手段，图像系统是圆成非虚构写作的成型工艺。二者缺一不可，可以说两者是非虚构写作的形式与内容。

我觉得“非虚构写作”这个概念很重要，这也许涉及历史现实写作的转型问题：重视历史逻辑但又不拘于史料细节；忠实于文学想象但又不为历史细部所掣肘。历史地基上修筑的是文学空间，它不能扭过身来适应地表的起伏而成为危房。所以，想象力不是拿来浇筑历史模子的填料。

价值向度：就中国大历史而言，暴力、非理性一直是黑暗历史的动词，暴力与性、权力的结盟整合了黑暗历史的繁复句法。弘扬理性的历史观、建立自由的评价体系，让写作义无反顾地回到文学，正是非虚构写作的价值向度。

当下汉语出现的非虚构写作有两大类型：

一类是作家们以“在场”的方式和纪实手法，直面社会民生等诸多问题，为普通民众与大地写作，唤醒和开掘了文学的行动力与介入力。《梁庄》（梁鸿）、《九篇雪》《我的阿勒泰》（李娟）、《上课记》（王小妮）、《盖楼记》与《拆楼记》（乔叶）、《女工记》（郑小琼）等成为突出代表。

另一类是作家深入历史，并采用田野考察与口述实录等手法，深入一个区域、围绕一桩事件、揭示一群人物，利用历史的“踪迹”而盘活一个断代史，从而完成的个人叙事。这方面有一些佳作，张承志的《心灵史》、祝勇的《旧宫殿》、杨显惠的《夹边沟记事》、章诒和的《往事并不如烟》《这样事和谁细讲》等回忆系列、岱峻的《发现李庄》《风过华西坝》、黑陶的《二泉映月》、白郎的《香格里拉生活史》，等等。

我们尤其需要注意的是：

其一，非虚构写作的历史观。

历史即是“人迹”铺成。但重大的往事才成为“史迹”，而在个体生命与连续流动的历史关系中，探寻历史运行过程中个体生命的“踪迹”，很自然地成了微观史研究的着手点。这恰是非虚构写作进入的裂口。

其二，非虚构写作对作家的整合能力提出了更高要求。

德勒兹和伽塔里提出的“根状茎”比喻，目的是要拔出传统哲学之树和它们的第一原则，消解二元对立的逻辑，使根茎多元化，广为散布，产生差异和多样性，建立起新的联系。因而，“根状茎”结构代表后现代的思维方式，它是动态的、异质的、非二元对立的。根状茎方法将信息分散到非中心化的系统中，将语言分散到多重符号维度中。结构多为横向平行，分布在多学科里；语言亦在多重符号的维度中而相互交叉出现新的组合与新的感觉意象。由此我们不难发现，面对日益多元的事物，捕捉其真实性已经成为最为艰难的工作。

其三，非虚构写作必然需要“跨文体”予以支撑。

非虚构写作的多门类穿插，要求具有跨文体写作予以支撑。也可以说，跨文体是非虚构写作的重要方法论。

当代汉语非虚构写作的代表之一杨显惠先生就认为：“我编不了故事，所以采用这种实地采访的写作方式。”“我认为非虚构文学可以真实地记录历史。它的价值和意义不在今天，而在于明天。如果没有非虚构文学，将来人们就会把虚构文学歪曲了的历史当作正史。那样的话，我们这个民族就彻底没有希望了。”杨显惠希望自己的写作对得起良心，他对自己的非虚构写作也很有信心：“在今后一段时间内，没有人会超越我。并不是说我有多大才华，是因为别人下不了我这功夫。”

跨文体也称“互文”，通常被用来指示两个或两个以上文本之间发生的互文关系。散文的互文性指把多个文本体裁或材料集用于一个文本，使其互相指涉，互相贡献与互嵌意义，形成多元共生，使散文的意义在文本的延展过程中不断生成，合力实现一个主旨。

在我看来，互文性暗示了它是一种承载民主而趋向自由的文体。

互文性概念的提出者法国符号学家朱丽娅·克里斯蒂娃曾提出："任何作品的文本都像许多行文的镶嵌品那样构成的，任何文本都是其他文本的吸收和转化。"即每个文本都是其他文本的镜子，每个文本都是其他文本的吸收与转化，它们相互参照，彼此牵连，形成一个潜力无限的开放网络，以此构成文本过去、现在、将来的巨大开放体系和文学符号学的演变过程。

而还有一种互文，是着眼于学科的"互嵌"。美国历史学家海登·怀特所说，历史"是以叙事散文话语为形式的语言结构"。回溯历史，意义来自哪里？是史料、是文本自身？还是隐含在史料与文本之中，以及研究者对语言的配置之中？显然，历史学家给出了自己的回答：只能是后者。并且只有在后者之中，人们才能找寻到历史的真正意义（李宏图：《历史研究的"语言转向"》）。一方面是文本本身的修辞互文；另一方面是历史与文本的"对撞生成"。用此观点比对当下非虚构写作领域里的不少篇章，可以发现作家的"默化"努力是相当高超的。他们没有绕开文学而厉声叫喊，他们的散文根性是匿于事物当中的，不是那种风景主义的随笔，不是那种历史材料的堆砌，散文的根须将这一切纳入到一个生机勃勃的循环气场之中。建筑术语、历史档案、小说细节、思想随笔、戏剧场景等，在高密度的隐喻转化中使这些话语获得了空前"自治"。但这种"自治"并不等于作家文笔的失控或纵情，而是统摄于散文空间当中。我们仿佛看见，各种文体在围绕王座而舞蹈，它们在一种慢速、诡异、陡转、冷意十足的节奏中，既制造了矜持的谜面，又翻出了血肉的谜底。

正如德里达认为的那样，文字的本质就是“延异”，而互文性的文体正是对终极历史意义达成的“拖延”，是一种在不断运动中发散的歧义文体。于是，在马云龙、祝勇、野夫等人近年的一些作品里，意义已经完全由文体差异构成的程度上，文本变化中的每个精心设计的语言场景，都可以由另一语言场景的蛛丝马迹来予以标识，内在性受到外在性的影响，谜面受到另一个谜底的影响，建筑格局受到权力者指令和杀戮的影响，它们既彼此说明，又互设陷阱。因此，包括我对自己的非虚构文本《褴褛时代的火焰凌霄——刘文彩三姨太凌君如身世揭秘》《流沙叙事》《梼杌叙事》的重读，其实是在寻找历史为未来打开的一条通往无限变化的、不稳定的历险之路。

踪迹史与传记的分野

我的出生地在川南盐都自贡市，那里有一条沱江的支流釜溪河，为自贡市境沱江段最大支流。河道曲如釜形，附会于水，成为河名。在上千年采盐的历史中，井盐成了凝聚城市的动词，那是有关井盐踪迹的延宕之波。本地井盐的运销与冷兵器时代相协调，处于肩挑、背驮状态，架车、马帮是常见运输方式，木船水运则是清中叶后自贡最先进的运输形式。童年时的我，所有夏季都是在釜溪河里度过的。父亲说，与其让你偷偷下河送命，不如早点学会游泳。这样在1970年，我5岁就可以独自游泳过河了，因此可以与伙伴们在水里玩上几个小时。比赛、打水仗、摸河底的蚌壳和螺蛳，遇到运盐巴的长长的橹船队，它们的动力是一艘小火轮，速度比游泳略快，但我们往往拼命追上橹船，吊在尾舵上，直到开出2里地，才入水游泳返回。最远的一次，竟然到了一个叫金子凼的地方，才逆水游回来。从东兴寺码头逆流而上，要经过关外码头、王爷庙到达张家沱码头。张家沱盐业遗址位于自流井区釜溪河南岸的富台山下，是目前自贡市内还保留旧貌的民居建筑群，同时因为一地同时修有三个祠庙而闻名。在张家沱南岸，有长达数百丈的码头，如今全部浸泡在河水以下。在釜溪河河水清澈的年代，此地也是人们游泳的场所，码头则成为理想的跳台。记得20世纪70年代中期我读小学时，一个灰蒙蒙的上午，特到张家沱参加了全市纪念毛泽东畅游长江的活动。数千人跳进河湾，畅游八九百米，颇有“下饺子”的意味。对这段历史的追忆和考索，我写入到长文《有关井盐的生活史》当中。

西哲有言：“泰晤士河的每一滴水都是水的历史。”崇尚知识恶力而现实行为不轨于正义的弗兰西斯·培根自然注意到了被河流带走的往事，他说：“名声犹如河水，浮轻不浮重，载空不载实。”而历史就是这样的河流。苏珊·桑塔格说：“巴特的文字充溢着这种表面上似是而非的，警句的模式，其宗旨在于概括某些东西。格言式思维的本质在于总是处于结论的状态中，一种要得出最后结论的企图内含于所有强有力的创造警句的活动之中。”这进一步让我高度怀疑那种宣称拥有“透过现象看本质”异能的人，你探头入井，你能透过你的水面镜像看到红颜白骨、懒骨、忠骨、贼骨或者反骨吗？也许高人有，我没这本事。我尽力看清事实，我未必会提供结论。

稍长，我在宜宾的金沙江、在牛佛渡口的沱江、在江阴的长江、在桂林的漓江、在乐山的大渡河与青衣江、在都江堰的岷江均下水畅游。记得2010年盛夏，我到宜宾县横江镇从事田野考察，又到横江（横江的又一个名字叫“淑士”）里小游了半个钟头。这里的水面、河坎间，距今150年前，太平天国翼王石达开的十几万兵马与数量相当的官军殊死一搏，双方死亡近十万人，二百多米宽的河道为之拥塞。当时，我就产生了钩沉这段往事的念头。

历史即是“人迹”铺成。但主流史学观认为，重大的往事才成为“史迹”。而在个体生命与连续流动的历史关系中，探寻历史运行过程中个体生命的“踪迹”，自然成了我的着手点。尽管汲深绠短，我当勉力为之。

陈嘉映先生在《事物，事实，论证》一文里指出，我们并不生活于一个事实世界，而是活在一个事情的世界。事实是事情的切片，是对事情的锤打和摊开，最终，事物、事实会构成对事情的“呈堂证供”。就是说，事情尽管神秘诡谲，但从来就不是“皇帝的新衣”。如果是这样的话，那么在历史的轨迹与个人的踪迹之间，也许就映射了这样的关系。历史的轨迹是一种注重影响的呼啸而至的宏大叙事，畛域立显；而个人的踪迹不过记录的是一己的荣辱沉浮。踪迹固然已经覆于历史车轮的碾压之下，但总还有一些残剩的蛛丝马迹存在于宏旨无心涉足的冷僻地隅，这就成为我打捞个人踪迹的采撷区。

如同发生的事情即是事实一样，凡是发生的踪迹都是轨迹。但唯有那些能够说明历史轨迹的人格踪迹，才构成一种强力的个案踪迹。表面上看，踪迹存留于历史的缝隙，我们一旦将某个人的踪迹钩沉而出，将历史碎片铺开，历史中不可解释的部分往往就只剩下心灵的部分。所以，一个人的踪迹史是把一个又一个的空间串联并敞开，宛如我的书案上狂乱的笔触，构成了一道插满蒺藜与玻璃的山墙。他的思想与心迹，就像山墙上倏忽明灭的反光。第一，我必须要有足够的耐心和技术，才能安然通过；第二，我能够感受到那些反光所蕴含的“能指”吗？

当然了，回到对历史的书写，也并非一味在永续开放的变异中仅仅着眼于无规则沉淀。纷繁复杂的意识形态确实导致历史的杂乱踪迹，导致碎片化的历史活动弥散在各个角落，但不可否认的是，总有一些基本的活动及其价值以规则性和周期性而信然存立。踪迹纵然有丰富的活动和作用空间，但必定会通过观念、知识以及相当的机制反映、制约和调节社会运行和历史运动。虽然表面上每个人都是从自己的主观愿望出发进行历史活动，但他们的活动只能在具体的历史环境下进行，而这就是历史规律性的根源。就是说，利用所能见到的史料，进行低限度的推论与思想修复，是可行的。可惜的是，如今的写作者不是“修旧如旧”，而是一门心思进行着面目全非的臆造。

错综复杂的踪迹，总是受到看不见的规律所左右，这个巨力就是社会存在。恩格斯所言：“历史事件似乎总的说来同样是由偶然性支配着的。但是，在表面上是偶然性在起作用的地方，这种偶然性始终是受内部的隐蔽着的规律支配的。”[1]所以，我所关注的晚清四川提督唐友耕一个人的“踪迹史”，也可以说这一线索，是首先引我步入迷宫的“阿里阿德涅之线”，从而带出有关四川晚清时节的官场史、军事战争史、执政史、民俗史、风物史

① 《马克思恩格斯选集》第4卷，第247页。

等，这就是我写作两年的长篇非虚构散文《一个晚清提督的踪迹史——唐友耕与石达开、骆秉章、王闿运交错的历史》的初衷。这是一部旨在恢复汉语传统文史哲三位一体的跨文体之书。一部无心取悦于文坛的非虚构之书。至于我是否能走出这一迷宫，朗然宣布我来了我看见我说出，我没有绝对的把握。

因而，踪迹史与人物传记的分野在我的视域就逐步清晰了：踪迹史与考据学派喜欢使用的研究法——诸如与“名人行踪考”也有些近似。比如，萧涤非教授认同于“不行万里途，不读万卷书，不可读杜诗”的古训，在1979年、1980年就两次率领《杜甫全集》校注组成员，奔波万里，根据诗歌来追随杜甫的踪迹，从而完成了一本“诗歌田野考察记”——《访古学诗万里行》的小书。这样的方法，在著名汉学家、美国人比尔·波特心目中，简直是绘制“唐诗版图”升级版的不二法门，2010年夏天在成都青峰书院，他对我讲：我考察中国古代隐士尤其是唐朝诗人，我总是必须去探访传主生前某一个十分重要的地点，在那个时空交汇点上去体会传主的复杂心态。我知道“自古诗人皆入蜀”，四川有很多唐朝诗人的痕迹，望江楼的薛涛，草堂的杜甫，安岳县就有贾岛墓，射洪县有陈子昂的读书台……李白等诗人在剑门就有很多可以查考的踪迹。比尔·波特的写作方法给我们很多启示。他用不断展开的诗歌点位，为我们勾勒出历史里具体的疼痛，他用“看得见”的地点，成为那些飘摇于路口、码头、山道、巷道间情愫的驿站。从诗人们的童年、少年、暮年纠结点上，这些被历史标举的地点构成比尔·波特的唐诗地图。

在我的视域中，我对几个题材确认如下：

传记是为传主服务的；

踪迹史不是为传主树碑立传的文体，它是利用一个人物的自然地理行踪与交际行踪，从而勾勒出一个具体时代的山川风物、具体人物的生老病死与时代作用于具体人事的喜乐伤痛。“踪迹”是我深入断代史的方法论。

在这些思考影响下，我心目中的踪迹史渐次成型，我关注的是——

在尽量坐实人物的历史时空坐标之余，更为关注其行踪涉及的自然地理、人文地理以及与之相交错的人际兴衰、风物枯荣；它偏重个人化视觉与文学叙事，使用的材料往往是宏大历史叙事所不屑的稗官野史与民间口述；人物传记关注的是通过人物一系列重大事件而展示出来的心迹与思想变化，它倾心于小我之中见大我，并渴望自己对传主的言路复原技术，跻身于正史，成为某种话语规范。这很难说孰轻孰重，不过是因角度而异。而这些汗牛充栋的传记里，最为让人触目惊心的即兴发挥，莫过于围绕鲁迅先生的种种传记，我称之为弱力的乌托邦传，或者干脆就是文学的恶托邦。

很清楚，我在这里谈论的踪迹，与德里达的“踪迹论”南辕北辙。我所谈论的踪迹是形而下的，是肉身化的，不可能遁形而知天命，去关乎“在场”与否。本文所言的踪迹接近刑事案件的侦破术——文学侦探学，这些踪迹忠实地记录暴力曾经的“在场”。踪迹在此既是进入事件主体过程的物质线索，同时也是衡定历史的物证。

在德里达视野中，他利用了踪迹（有时也作“原迹”）之痕，为的是扰乱符号形而上学的决定论。但是他提示了我：踪迹并不意味着存在着一个本源，而表达了充分的、“在场”的意义的缺乏，踪迹是“在场的幻影”，通过它“当下变成一种符号的符号，踪迹的踪迹”，这样，文本就成了不断书写“踪迹的踪迹”的组合体。从德里达的繁复表述中，我得到了不少启示。整个历史中心主义的宏大与“在场”因此彻底坍塌，剩下什么？我想，只有碎片，只有踪迹。

我通过对唐友耕这样一个复杂人物的踪迹史考察，揭示个体与其存在的社会和文化的内在关系。进一步想的是，能否把思考扩展到“新社会史”和“新文化史”通常阙如的领域？在思想文化史与社会史之间，寻找一个中间地带，能否如年鉴学派社会史学家所称的“心性史”或文化史所称的“意识史”？这的确是我心向往之的。

章诒和曾经指出：“我们必须把个人记忆纳入一个公共空间。在这个空间里，个人记忆得以聚合，得以交流。更重要的是在这个空间里，个人记忆才有可能转化为共同记忆，‘粉末’与‘碎片’才可能糅合成一个完整的事件。而那些没有亲身经历的人和我们的后代子孙，也才可能通过这个公共空间承担记忆，也承接记忆。”[①]对此我深以为然。

古人云：“一路脚迹进，一路脚迹出。”唐友耕的踪迹把我引向了晚清时节的滇北、巴山、蜀水的山野。一个没有被历史的

---

① 章诒和：《伤今念昔，恨煞子规啼》，《往事微痕》第五期，2008年8月25日编印，第5—6页。

手电筒照亮的人，未必就是庸碌之辈。在我看来，乃是他蛰伏于历史的地表之下，安享他不便于见光的富贵和仙境。我将他从梦田里拉出来，我也许就成了他的敌人。而且从审美心理而言，在民国之前即使死亡还属于丝织物，不像后来了，死亡全是化纤制品。

晚清四川提督唐友耕是一个极具复杂内容的人物，他的世界观决定了他只能把杀戮视为人生的最高律令。一个人从杀戮中获得技艺，从血泊中提纯对生命的经验，并扩展至他的刀刃之外的世界。由他的踪迹可以发现晚清四川的官场规则、司法内幕、军队实情、社会经济水平、起义反抗者的激烈缘由以及当时的民情与民俗。刀刃一如镜子，镜面背后的水银会托起累累孽账；杀戮亦如烹饪，当事人久处鲍鱼之肆，嗅觉被油腻闭塞，味道只得由旁观者来分辨。而不断擢升的职位总会让曾经愤怒的革命者逐渐成为保守派。又由于他付出的代价往往比收获更多，这样的革命者会不断加固自己保守的底座，成为恶势力的巨臂。

所以我说，最锋利的刃，总是砺自墓碑。锈迹与石屑交替而下，个中更有无数幽魂，以沙粒的精光凝视你！

苏轼诗云“人生到处知何似？应似飞鸿踏雪泥”。的确，历史能够保留一些人的名字和踪迹已属侥幸，历史不再为之记下任何溢美之词。如像太平天国翼王石达开、昭通农民起义军灵魂人物李永和、蓝大顺、卯德兴等人，如果说他们本就是历史上的“箭垛式人物”，由原型到多元演化，总是引致不同时空的多层面观照的话，那么唐友耕则是举高这一箭垛到无蔽处的一块石头。所以，他偶尔也会被如像我这样跑偏的箭头“歪打正着”，撞出一连串火星。火星不足以自明，火星只是为了勾勒箭垛的大丰收盛况。自然了，他们的生命原本会不会像我等一样毫无用处，他们更非插满了利箭的“箭垛式”的稻草人，他们用脚下不断涌出的血，谱写出了“血的踪迹”。其作用既不能证明神的真道，也不能勾勒自由的姿容，它只表明：伦理与权力需要更多的血去浇筑地盘，最后锈死板结成了历史。

但愿从我追踪到的“红锈”里，可以偶尔听见那些叫魂与枭鸣……

向山河与民众求知

2005年3月，张承志来成都，在一家民营书店举行了《向山河与民众求知》讲座。这个标题意味深长，也是自2005年开始，我开始独自驾车在四川的山岳河谷之间漫游。川南一线我去的次数最多。最初是因为写作长篇非虚构散文《褴褛时代的火焰凌霄——刘文彩三姨太凌君如身世揭秘》，寻着美女的踪迹，我不但去了凌君如的幼年生活地宜宾大棬子村，她住过几年的宗场镇凌家祠堂，那里有关她卷发披肩、金色旗袍的凸凹腰身并散发迷人香水味儿的传闻至今也未遁迹。我还去了刘文彩收购鸦片的云南盐津县普洱渡和征收鸦片税的宜宾县横江镇……在横江镇，我首次听到了石达开部在此与官军血战一月、死亡数万、尸体壅塞江流的细节。

其实，早在2005年我在写作《与绞肉机对峙的中国身体——石达开在成都被凌迟前后》一文时，已经注意到石达开进入宜宾的事实。在横江镇茶馆里听完几位老人的诉说，我决定认认真真，写一本书。

写作人应该明白，这类将历史记载还诸大地的写作，行路的难度要大大高于案头写作。在收集、阅读了上百种志书、文史资料选集之后，我又去了江安县、长宁县、兴文县、高县（含庆符县）、水富市、盐津县老鸦滩、大关县、鲁甸县以及西昌市、乐山市、雅安市、犍为县、名山县、洪雅县、丹棱县、眉山市、青神县、汉源县、石棉县等地，单是横江镇和安顺场就去过三次，我采用把纸上历史予以“现实对位”的还原法，尽力复原一段波诡云谲的历史。在写作过程中，我希望用一种“文学田野考察”之法，成为文学侦探，去追寻唐友耕的踪迹，用他的踪迹来盘活四川处于“多事之秋”的断代史，纳历史考据入文学叙事，把人文地理与自然地理同思考结合起来，形成一种跨文体的变奏叙事。而其中的二度叙事之法，又是我“双重在场”的明证。

用三四年时间来全力完成一件事，寝食不安，我长期奔走于田野、山河之间。我是在没有一分钱经费支持下独立完成纵横数千里的田野考察和资料收集的。

我承认，行走在民间山河大地上，我深爱我的祖国。

将所有的梦蜷缩如种子，将所有的锈在刃口上打开，艳帜高涨，只要它们尚未被厄运磨灭，那就无须回到土地与熔炉。它们在那里，运行如云的命运，就可能看到大地上的阴影，终于出现了缺口!

我与著名散文家谢大光老师多次交流，得益于他的不少提示；散文家赵荔红、高维生，诗人沈苇、彭飞龙、梁平等人也给出建议；写作期间，我的老朋友、作家祝勇多次来蓉，他去故宫为本书寻找了一些故宫档案线索，我们谈得推心置腹，让我获益匪浅；四川历史学者、张献忠研究专家郑光路还为我寻找到了如

《逆党祸蜀记》等不少珍贵资料；《成都市志·公安志》主编、老作家陈稻心先生多次为我“复原”提督街、沟头巷、文庙后街一带民国时期的地理，廓清了我文章中的一些地名、方位错误；感谢作家盛文强为我提供的珍贵老照片；宜宾民间文史学者郑启友也给我提供了很多地方史料以及帮助；让我感动的是，2017年大年初二，周德芸、邓培刚夫妇陪同我考察了南广河发源地。

我预感到晚清四川提督唐友耕的后人应该还在成都，四处向几十位“可能知道”的老人打听。一次偶然机会，得到四川省楹联学会副会长冯修齐以及书法家赵仁春的相助，为我找到了四川提督唐友耕后人唐劳绮的电话，这为我的纵深研究打开了一扇门。唐劳绮老师为此特意召集十几次家族座谈会，力所能及地提供了他们所知的历史情况。后来，又是一个偶然机会，我结识了晚清农民起义军领袖蓝大顺家族的后人蓝炳元先生，进一步撬动了在近代史上已成定律的史识，打开了重新认识历史的另一翼……

知名学者王笛、郑培凯、任洪渊、曾绍义、敬文东、岱峻、李殿元、罗开玉、徐新建、罗安平、梁昭、袁昊、付海鸿、贾柯、于昊燕、王学东、王余、韩宜儒、钟永新、马平川、石小琴、王佑念以及作家王火、李敬泽、凸凹、谢银恩、项万积、马小盐、陈思逊、高维生、葛筱强、尉迟克冰、王川、刘德远、张杰、林元亨、吴众铮、党跃英、杨济铭等人也先后为我撰写了相关长论和短评，四川大学文学与新闻学院以“历史的空间化：蒋蓝作品的叙事研究”为题，集中刊发了一批相关学术论文，进行踪迹史深度挖掘，提示了不少富有创建的思路拓展。

我前后在各地举行了四五十场踪迹史的讲座。行走在历史当中，如同与我的另一半相遇。某一天我突发奇想：用两部快门一致的相机，两眼相对，像情侣那样眨眼。同时按下快门而出现的图景，总有精怪的影子倏然而至。这让我想起西蒙娜·薇依的话："在保存中无'我'的痕迹。在毁坏中有'我'的痕迹。'我'通过毁坏在尘世留下自己的印迹。"

我坚持认为，"人迹"却是其中的关键词。人迹于山，山势葱茏；人迹于水，烟波浩渺；人迹为那些清冷的历史建筑带来"回阳"的血色，爱恨情仇充溢在山河岁月，成就了散文家心目中最靠近真实的历史。

在此，我能够理解海德格尔的用心："每个人都是大地的一部分。大地之上绝无尺规。"这恰与"道法自然"异曲同工。浮荡在大地上的真实，如同清新的夜露擦亮黎明，世界就像一个开了光的器皿。而散文就要在山河与"人迹"中取暖。

也许，我杜撰的"踪迹史"一词会被人效仿，但我一直认为，这样的写作太过艰难。我不知道我是否还有能力继续写出《踪迹史》这样的著作。

我的意思是说，有些事，是可遇，而不可求。

2017年7月27日改定于峨眉山

——原载《作家》2013年10期，收入本书时作者修订

踪迹史［上卷］

目录

第一章　被飞掷的李子与马蹄突破的较场空间 001

在谣言中倾斜的成都东较场 001

虎帐人物的“出身论” 011

力摔奔马 021

马上对决 026

“花千总”之墓 033

唐友耕的寡情与重义 037

第二章　几个江湖名号终于被女色策反 041

翠华镇的“帽顶”大哥 041

大关县的屯上 049

一匹马引发的血案 053

蓝大顺是四川潼南人 061

家族史就是一部断代史 063

寻祖辨踪之路 065

回忆中的细节 069

牛皮寨 070
南广河与庆符县 075
关河美女 083
花园庵的立场拷问 092
“帽顶”的词源学 100

第三章　唐友耕的纠缠术 108
奇人何崇政和他的祖坟 108
拉锯战中的精神胜利法 121
奸细如飘坠的枯叶蝶 126
骆秉章的驭人术 136
大山坡与狮子山的藿麻 140
犍为保卫战 148
洼岩腔 153
萧寺寻尸以及梦启神力 156
丹棱县的“大石包” 164
绵州内讧 170

第四章　用血磨刀，横槊横江 175
唐友耕从涪州城墙飞纵而下 175
巴蜀牌坊石刻记载的翼王军队 184
梅花镇竹飙与脆蛇 187
冠山题诗，投鞭饮马 192

石达开在腾达镇题诗 196
清军兵器谱 200
楼坝镇誓师大会 202
横江镇的阵势 206

第五章 血气浸淫的天地交感 222
花鸟异事 222
石城山 231
石门子的兰花逸事 240
石达开部在兴文县博望山逸事 249
“王姑”与大坝高装 253

第一章

被飞掷的李子与马蹄突破的较场空间

在谣言中倾斜的成都东较场

在时光冲刷之下，遥远的往昔无色无味，类似符号学家罗兰·巴尔特笔下的“所指”；但一片千年陈迹却顽强散发砖石泥土的特有味道；更近一点，比如置身一二百年的不见日光的楠木斗拱遗构之下，深吸一口即五内奔涌，有一股触手可及的沧桑。这个感觉的纵深与时光成反比——面对只有名义关系的先祖牌位，与面对自己父辈的坟茔，感情的淡浓之别恰在于斯。

成都日报报业集团位于庆云南街和庆云西街构成的夹角范围之内。2008年前，报社东门正对横跨四圣祠街与庆云南街的成都市第二人民医院，这个民国时代就声名卓著的仁济医院，成天车水马龙，找一个空车位相当困难，难度不亚于春熙路上偶遇美女崴掉高跟马失后蹄。近年单位停车场修起了四栋巨大的商住楼，雄视古今，睥睨周遭蚂蚁阵营，在“红星国际”的利润语境麾下，停车就更为艰难。我上班去得晚，就更没戏了，我一般是停到东较场街路边的临街停车点，再向南穿过新华大道，由落虹桥路去报社。东较场是老成都的东南西北四个较场中占地最大的演武场，足足四百亩，除南较场修筑较晚外，其余三处都是清朝以前遗留，康熙时又重建。如今高楼林立，街道仄逼，哪里还有半点较场的旷达影子？西较场成为八旗兵的禁脔，东较场则为绿营操练之用。清代四川总督定期对军队进行“大阅”，场地一般都选定这里。此地也曾为华阳县刑场，后因附近民居渐密，嫌煞气太过炽烈，到清朝中叶后，砍脑壳的制度威仪就移到了北较场。

当时武生乡试一度也在此举行。当时有“场列东西，两道文光齐射斗；帘分内外，一毫关节不通风”之句，各截取三个字，书贴演武厅云：“场列东西，两道齐射；帘分内外，一毫不通。”天然结构，令人捧腹。[①]这些文字游戏，不输于现在流行的网络讽刺。

在东较场正西一侧，旧有华阳县城隍庙一座，为两进小庙，历代香火不绝。绿营士兵闲暇喜欢到城隍庙去逛逛，不一定要烧香，而是讨口水喝，抽几匹叶子烟，听听那些算命打卦的术士摆“玄龙门阵”。校场规矩很严，中上级武官所带的随身仆从一律不得进场，只能在场外等候，这些人就挤在城隍庙里东说西说。很多官场秘闻、社会消息，就随城隍庙的缕缕青烟飘向了城区的几百家茶馆……后来庙宇改为成都市城隍庙街小学，我的报社同事王鹤1971年就在此读书，她回忆，铺天盖地的向日葵、红梅、青松和雷锋叔叔、欧阳海叔叔的画像团结在伟人四周，贴在高敞的教室石灰墙上，为置身香火的庙宇带来了火红的时代讯息，直到20世纪80年代城隍庙才彻底拆除。如今，在一色仿古的青砖建

① ［清］丁治棠：《仕隐斋涉笔》，四川人民出版社1985年版，第176页。

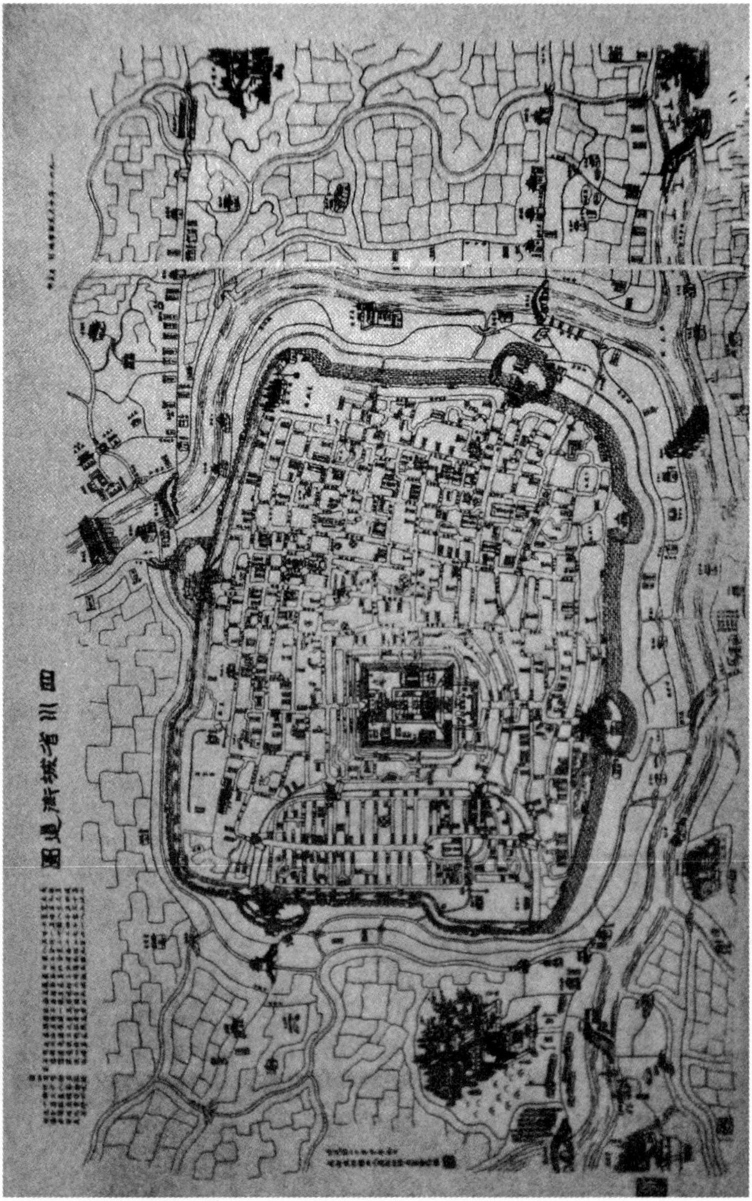

光绪二十年（1894年）时的成都城图

筑的街面上，仅剩一个“城隍庙街”的名字是真的，抽象的名字与东校场连为一体，那是进入一个城市记忆的路口。

广场是具有意识形态的空间，带有人类的普世价值。我发现，无论是意大利的罗马，还是法国的巴黎，或者是俄罗斯的莫斯科，它们的广场一般来说都具有几百年以上的生命史，镌刻下了那个时期的历史车辙。因此，在渴望“大体量”东方人眼里，西方的广场多是街心花园，那里营销着露天咖啡，情侣耳鬓厮磨，根本容纳不了豪情壮志。在古代的中国，所谓广场往往指的是三种类型，一为刑场；二为遗留在各大城市中的“较场”（古代军队的操练场地）；三为皇家贵胄坟墓前的宽阔空地。可以发现，东西方的广场之喻完全是南辕北辙的。但到了近代，承载制度威仪的较场，也引发过真正的广场暴乱。

东较场发生过两起楔入近代史的大事。

一是清宣统三年辛亥十月十八日（1911年12月8日）的“成都兵变”，仅全省藩库银一项，乱兵们就抢走800余万两。另外一起，则是光绪二十一年端午节（1895年5月28日）震动中外的“成都教案”。1905年，日本学者山川早水来成都考察时，就发现一个落差巨大的现象：街道的一边是市民休闲自得的生活，而另外一边的较场上，士兵却在紧张地跑马射箭，彼此毫无瓜葛。当出现“满城尽带黄金甲”的时候，市民才知道，一年一度的会操要开始了。

成都有大量竹枝词浮现于庸常生活的地表，其中一首描绘道：“锦城东角列营房，细柳新栽护较场。每当天光初擦粉，数声军乐最悲凉。”“初擦粉”的口语韵致，唯有成都人才能在手舞足蹈里体会其莲足的通幽之趣。这使我们发现，除了会操和比武考试，较场一直就是市民以及脂粉飞舞的游乐场。

成熟的李子上有一层粉霜，那是由水果表皮或表皮附近的细胞分泌出的一种天然保护物。当细腻如银的粉霜与“初擦粉”构成通感之际，一种发痒的冲动就让这个世风趋于绵软的城市变得情色勃勃，不可遏制。

大清一朝，成都人有到东较场举行传统“打李子”的活动，该活动起源何时无从考查了，应该算是中国城市狂欢序列里甚为奇特的风俗。“光绪五年五月五日”当日，出任尊经书院山长的王闿运恰好在成都，他显然注意到了这一特殊的本地风俗，在《湘绮楼日记》里记录道：“端午节……成都俗以今日会儿童于东较场，撒新李子，相夺为戏……”

端午节前后正是李子上市季节，端午节当天，肩挑箩筐售卖李子的小贩，简直无法计数。“向例在城东南角城楼上举行，上下对掷如雨，聚观者近万人。”[①]投掷场地逐渐不局限于城楼，东较场把激情与挑逗铺排开，男人中者多福进财，远处的女人中者多生贵子，形成暴力与媚眼交相辉映的狂欢节。温柔敦厚的成都人，本属“民脆”性的群体，但此举未尝不是一种群体暴力的回光返照，曾有一次超过6万人参加东较场打李子活动的记载……富室家庭的妇女、小孩穿着鲜艳衣衫，站在东城墙上踮足观看。巨大的狂欢气场又带动小贩、算命先生、咸猪手、掮客、刷糨糊的独身主义者、土娼、卖跌打药的跑滩匠，跟着群飞的李子进入了一个旋动的天地。

成都俗语：“三个菩萨烧两炷香还莫得你的希望，三个钱

① 【民国】徐心余：《蜀游闻见录》，四川人民出版社1985年版，第77页。

一十的李子哪个不晓得你的底子，三只铜眼三只铁眼还不是有三只瞎眼。”鼓起眼睛看李子，四眼相对，就出问题了。

也许小小的李子对身体的打击并不能阻止骨头里脱兔的痒意，渴望倒干骨髓的人血脉偾张，他们希望击中额头的李子演变为撞上胸部的水蜜桃。再后来，嗜血的暴力从腰带之下挪移到脑壳，被大力烧开了锅。一个谣言开始弥散。1895年，九眼桥下有一头饮水的母牛，有天竟开口对一个道士说话：“洋人留四川，四川闹天干。天干不下雨，百姓要饿死。”这种“反洋”的谣言，更反映了自1894年甲午战争失败后国人的群体心态。如果说这个谣言没有具体所指，那么，第二个谣言伴随李子又开始了凌空低舞：“洋和尚专门拐骗小孩，不仅摆人肉宴，还挖小娃娃双眼来制药！”[1]不由分说地痛恨洋人以及他们炮制的一切，成为飞舞的李子必然带出的结论。

历史上多次出现利用谣言来达到政治目的和经济利益的例证，有的谣言甚至改写历史进程。谣言可以要皇帝的命。古罗马诗人、先哲维吉尔说：“所有的邪恶中，谣言散播最快。随着速度的加快更加激烈，随着散播面的扩展更有精力。”

洋人立即领教了谣言的杀伤力。

1895年5月28日当天，洋教士斯蒂文孙、启尔德从四圣祠街的英国福音堂医馆前往东较场看热闹。由于人多，拥挤不堪，身着挺阔衣服的洋人被推得东倒西歪，衣服上沾满了娃娃们的手爪爪印，这已让洋人怒不可遏了。为了抢得一个便于观赏的位置，洋人牛高马大，发力推开混乱的蚁阵，与几个小孩子发生口角。

---

① 郑光路：《百年红十字运动在成都》，四川文艺出版社2011年版，第55页。

叽里咕噜，洋人已经出离愤怒了，干脆把几个推搡他们的小孩拉进福音堂教训一番……

听到小孩哭啼，人群漫过来，准备“坐实”谣言。他们高声吼叫：“你们要干啥子？是不是要杀人？洋人算个锤子，有啥子了不起?!”斯蒂文孙、启尔德一见凶猛的口水阵，以为是暴民要伺机行凶，提起手枪冲出教堂与人群对峙。

一个比李子的威力更大的谣言立刻传遍了东较场：在东较场南侧的四圣祠美道会教堂前，一个传教士用奇异的糖果诱哄路边儿童进入教堂，拿来做实验，并把孩子吃掉了……这一幕被好事者一口咬定亲眼所见，说得钉子都要咬断，一言以蔽之，是洋人诓骗儿童并加以陷害。这一嚷嚷还得了，人们放下投桃报李的李子，拿起砖头瓦块冲向教堂。

从成都城墙上打量成都。美国地质学家张伯伦于1909年摄

四圣祠街旧有寺庙，供奉孔门曾参、颜回、子路、子游四位贤达。洋人占据后，本来就使得本土人士窝了一肚子火，于是，民众当晚将教堂、教士住宅及附设的诊所一并捣毁。华阳县知县黄道荣接报后，立即带兵前往弹压。迎接他的是雨点般的石块。黄道荣的轿子立即成了千疮百孔的纸盒子。

及至深夜，在骨头高温的导引下，群众又相率冲到平安桥、城南的一洞桥（今向荣桥），将天主堂和法国传教士住宅捣毁，次日又陆续捣毁了玉沙街基督教传教士住宅、内地会福音堂和陕西街美以美会教堂及诊所等，洋人们不得不跑到当地官员家里躲避这一场疯狂的暴力。而四川的绿营士兵们反洋情绪十分明显，他们或以维持秩序为名阻拦企图进入东较场的洋人，或者趁乱“力踢洋妇”，[①]中国人的宽袍大袖以及扁平的面孔让洋人无法辨认行凶者。

当时成都凡属与教会有关的建筑无一幸免，直到两天以后“教案”方告平息。事后查明，全省捣毁70余座教堂。法国公使施阿兰向清政府开列了一份攻打教堂匪徒的名单，其中有会党首领倪四帽顶、古帽顶、赵老帽顶、谭九帽顶等罪魁祸首。这些“帽顶”是干什么吃的？他们都是民间组织袍哥各个公口的领袖，这也暗示了四川众多的近代事件中，民间会党历来就是生力军。

“成都教案”共有王睡亭、杨仲牵等7人被判死刑，郭炳辉等17人枷杖充军，政府赔偿了百余万两白银，清廷在巨大压力下将

① 《光绪二十一年六月二十日总督致美国公使田贝照会》，《洋务教案档》第五册，转引自《四川文物》1992年4期，第66页。

四川总督刘秉璋以下十几名官员革职，永不叙用，由此开创了因教会事件而惩治封疆大吏的先河……从1863年的“重庆教案”滥觞至此，可知四川是中国近代史上反洋斗争最为激烈的省份。这反让人觉得不解：既然清初的四川基本是各地移民而组成的，移民文化落地生根，吸纳蜀地之气，烟草、海椒、蔗糖标举了一省的味蕾之舞，但为何如此反感海外舶来的文化呢？

一年之后，“教案”余波仍然没有彻底得到平息。1896年9月，法国里昂商会考察团从河内跋涉万里来到成都，他们明白了“教案”的原委后，认为这是上梁不正下梁歪而导致的恶果。法国人承认，成都是“总督刘秉璋的滑铁卢”；“在四川高层官僚，尤其是欧洲人的死地，在四川藩台的合谋下，刘秉璋准备悄然无声地逃出成都。之前刘早已把大部分财产放置妥当，甚至人也离开了省城。此时迪南先生听闻风声，立刻通知北京我公使团，得到公使团支持后，他随即强烈要求北京遣返逃者并通告他对教会恶破坏行径……刘秉璋执政期间收敛的大部分财产也被充公用来支付大笔赔款……”①

这一起源于纷争、得到官员默许和纵容的极端“爱国”行动的尾声，远非强弓之末，难穿蜀锦。仿佛是口号停留在高音部的“出神”之态，戛然而止，暴喝者突然失声，销魂时分的塞壬一般，张口无声，它断然抽回了自己的利器。显然，这是“一堆李子引发的血案”，在简阳人方于彬写于民国初年的一首竹枝词里有所反映：“较场撒李翠森森，衢巷遥传笑语声。怕忆昔年仇

① ［法］法国里昂商会编著，里沃执笔，徐枫、张伟译注：《西南一隅——法国里昂商会中国西南考察纪实（1895—1897）》，云南美术出版社2008年版，第149—150页。

教事，福音今日已风行。”这就是说，洋人还是洋人，手舞斯的克，头抹司丹康，欧风美雨，福音风行，唯有李子无法再成为飞去来器。

由于“教案”引发全川反洋，“打李子”活动自此被当局严厉禁止。但成都有关端午的童谣流传至今，依然吟唱着那场“李子革命”引发的历史联想：

雁鹅雁鹅扯得长，
一扯扯到东较场。
不宰鸡，不宰羊，
逮个耗儿过端阳。

位于成都东较场的一个路标雕塑。蜀字与几支长箭的结合，暗示了东较场的功能。蒋蓝摄

蜀地方言里“雁”读作“按”，雁鹅即大雁；“扯长”是指雁阵越飞越长，方言里“扯”字动感十足，就像总是扯谎的历史书籍，堆满了扯谎坝。李劼人《死水微澜》中也描绘了东较场投李子的习俗，长期以来，“耗子”一直是贫瘠年代底层社会儿童们的副食品，以前生活困难时，老鼠肉凸显了它的味蕾蛊惑之力，实在不夸张。

由此可见，一个体制的权力空间逐渐让渡于民事，不但可以容纳法律的威仪，也可以接纳万众狂欢，还可能酝酿阴谋与暴力革命。这在某种程度上，也暗示了权力、民事、暴力革命具有相互传染、互成默契的可能。这样的时空位移与互换，在成都春熙路的孙中山广场上得到了更为完美的重叠。它们远非20世纪90年代学者们对西方“广场政治”的鹦鹉学舌，认为对广场宏大叙事的消解，始于1970年以后的坝坝电影、商品贸易与单声道喇叭鼓噪之下的露天交谊舞会。

虎帐人物的“出身论”

一个冬季的上午，我开车在紧邻东较场路的落虹桥路口等信号灯，看见一辆惊慌失措的轿车面前站着一个满脸幸福的少妇，她穿戴时髦，媚眼朝天，似乎正在与虚无中的情人窃窃私语，她在摇摇欲坠的俯仰中踮起了雪茄一般粗细的高跟……在一阵震天动地的汽车刹车声里，我突然想起一个东较场的铁血人物——晚清四川提督唐友耕。

回家查阅了好几本历史书，可惜没有更为详细的传记。清史专家戴逸、罗明编著《清代人物研究》里，收录了《清代人物研究索引（1950—1986）》，数千篇文章，无一涉及唐友耕。昭通文史学者陈本明首发于1982年1期《昭通师专》上的《唐友耕其人其事》一文，是我所见到的第一篇研究唐友耕的专文。任一民主编的“四川省地方志资料丛书”《四川近现代人物传（第6辑）》有张荔红执笔的“唐友耕”人物词条，是比较全面、公允梳理唐友耕的一篇传记，我综合了一下，描述这个人的文字如下：

唐友耕（1839—1882），本名唐大明，字泽波，[①]别号“唐帽顶”。道光十九年冬十一月十九日（1839年12月23日）出生于云南省大关县翠华镇，尚在少年时就充任大关游击营的“余丁”（余丁即是未成年之兵）。当时担任游击的某官看中了唐友耕“�捷而有膂力”，提拔起来作自己的跟班。唐友耕因轻死易发，为父报仇犯下人命，16岁投入蓝大顺之农民军。但因为一次奇怪的变故，在叙府叛投清军。因善用“农民军那套”来对付农民军，竟是战果累累，屡战屡胜，从把总升至总兵。同治二年（1863年）率兵围剿太平天国翼王石达开，于大渡河畔擒石达开，解往成都，清政府授其云南提督，并赏黄马褂，成为一生辉煌的顶点。同治八年（1869年）率部镇压昭通回民起义。光绪六年（1880年）署理四川提督。因多次受伤，光绪八年（1882年）病死于成都提督衙署，享年约四十三岁。

常见出版物对唐友耕的叙述也是大同小异。在陶有乾主编的

① 蒋蓝按：古籍里也写作泽坡、宅坡。

《大关县志》的“大事记”中，1863年大关县名人唐友耕活捉了翼王石达开，成为一桩彪炳史册的事迹。我查阅到在成都、昭通市、大关县的一些资料里，唐大人也被写成“唐有庚”，显然是捕风捉影。我在《昭通市文史资料选集》里，又见到有文章称唐友耕一直在云南昭通李永和、蓝大顺农民起义军中扮演主力，直到眉山之战前夕，才被骆秉章用计策反，这显然是作者寓目欠广所致。有人说，唐友耕是晚清时节四川绿营一等一的武将，不但有老虎的勇猛，更有豹子的惊警。但如此抽象的论述又如何把这个偷盗、杀人亡命、力战李蓝大军、围剿翼王石达开、镇压云南回民并与诸多文人深情款款地将才托举出历史诡谲的地表？我感到，他好像是一个精通“兵解”（解，即是解脱尘世的烦恼；兵，是指兵器。“兵解”即是通过兵刃得到灵魂的解放。）大法的修炼者。但一般来说，道教徒或是遭到兵祸战乱被杀，或是自杀可谓“兵解”，而当一个屠夫杀人太多时，他在逃避罪孽追魂的绝望过程中，断然挥刀自宫，再像乡下人耐心地处理剔骨肉那样，把自己耐心地剃得干干净净，将一身沾满同道、同乡的血污，变撒豆成兵为瞒天过海的碎骨，那么，实施自我“兵解”的唐友耕，是否可以获得解脱呢？

但首先需要辨清的一个史实是，近代史上的确有两个唐友耕。

民国将领唐生智（1889年10月12日—1971年4月6日），字孟潇，乳名祥生，信佛后法名法智，号曼德。祖父唐本有，字友耕，儿时家贫，10岁时怙恃俱失，孤苦伶仃以放鸭为业长大，青年投入席宝田湘军“精毅营”部，随其征战太平军和贵州苗民，后擢功升任广西提督，还曾得皇上恩赏穿黄马褂。唐友耕

清末时期，成都东门城楼。选自成都时代出版社《法国与四川》一书

发达后一连娶了十四房姨太太，却只有一位贵州籍的姨太太生下独子唐承绪，便是唐生智的生父。因席、唐两家父辈幕僚，又儿女表亲关系，唐承绪承接席宝田第三子席石生家族探明开采的部分矿业在东安开办过合利锑矿公司、天锡矿冶公司（席石生在永州地区最先探明开采牛头寨锑矿、老龙岗的银矿、江华的锡矿、黄阳司的煤矿），任过湖南省盐务署署长，在湘西管过盐卡；辛亥革命之后，曾任湖南省资兴县、零陵县和湘乡县县长，后调任湖南省政府实业司司长。

可见，唐生智的祖父唐友耕，与云南大关籍的唐友耕均在太平天国一役前后崭露头角，一个升任广西提督，一个出任云南提督和四川提督，在史记与地方志里非常容易造成混淆。

按照王闿运“不相识可称其名，不可称其字”的湘人礼仪，我在书稿中均使用唐友耕的本名。

我分明感到，唐友耕“平平贼贼平平贼，贼贼平平贼贼平”的一生，就藏在《清史稿》的只言片语间，藏在官札、地方志、笔记、稗史、信函、古物、日记的天头地脚，藏在成都光鲜街道的某个拐角深巷的石敢当之下。他就像从刀锋上锄掉的碎屑，散落尘世。唯有某个腰力十足的人物傲然走过，蛰伏如制度铺路石的唐友耕会猛然出击，扎进他的脚底，让历史猛打趔趄。

现代历史学家杨殿珣编著的《中国历代年谱总录》①收录的信息是，《唐公年谱》（全一卷附录一卷）在光绪年间印制了石印本，如今这个版本颇不容易见到。根据唐友耕排行老六的儿子唐鸿学（字百川）1908年在成都编纂自印的《唐公年谱》②记载，四川总督丁宝桢为提督唐友耕因病殉职而奏报朝廷希望对其嘉奖的奏章中，称其死于光绪七年（1881年）四月，近年官方编纂出版的《四川大事记》也作此说，可以计算出，唐友耕仅获42岁阳寿。

《唐公年谱》于光绪三十四年（1908年）在成都印制，原书半叶8行，每行24字，小字双行，白口，四周单边，版心为21.8cm×13.8cm，石印白纸本，刻印清晰，无刻印工名字。全书约2.04万字，从文句乃至记载事件着眼，有相当部分内容是唐友耕功成名就之后的口述史，再由儿子唐鸿学去掉拉杂浮词而成的“雅文”，就年谱的行文而言，过于简略、局促，唐友耕与名流的交往史完全不载。如果再剔除那些贯彻始终的污点掩饰与成就

① 杨殿珣：《中国历代年谱总录》，文献出版社1980年版，第354页。

② 《北京图书馆藏珍本年谱丛刊》，北京图书馆出版社1999年版，第173册，第245—360页。

吹嘘，剩下的人与事干硬如筋。我认为此书的真实度相当高，大可以与既往历史相搏。官员的年谱编定后，一般而言是需当局审定的。序言由曾经担任四川布政使、四川通省农业学堂（四川农业大学）的创办者许涵度（1851—1914）撰写。许涵度在晚清颇有政声，曾列为“卓异”的知州事，他在序言里对唐友耕的评价中规中矩，当然不乏对其人品的溢美。可惜的是，历史学者们死死盯住年谱收录的《翼王石达开致清重庆镇总兵唐友耕简》而争论不休，而对另外的记载却视而不见。

但另外一个记载，却让我陷入了一种“沼泽境地”。

著名文人费行简（1870—1954），字敬仲，笔名沃邱仲子，江苏武进县人（一说为浙江湖州人。根据费姓家族资料记载，他的籍贯是江苏武进县。奇怪的是，上海市文史馆官方网站上，在馆员费行简条目下，记载的是他自称“别名敬仲，四川阆中人”），少时随同在四川总督衙门做幕僚的父亲居于四川，结识了军政界很多人物，交游广阔，费行简是晚清文豪王闿运先生主持尊经书院时期的弟子，后来出任仓圣明智大学教务长。民国初年黎元洪主政时期，他曾被四川省推为省代表，1925年任北京临时参政院参政，1949年后曾被聘为上海文史馆馆员。20世纪30年代，费行简在其享誉学界的《近代名人小传》里，特为唐友耕列传：

友耕二十而为负贩，三十而为盗魁，四十降官军，五十而专阃寄，敬礼士夫，爱恤兵卒，为西南良将冠。其殒也，丁宝桢哭之至失声。字泽波，大关人，初贩茶为活。已而从李永和叛，号顺天王。骆秉章至，招之降，授游击，擒石达开，擢总兵。历官四川、云南提督。所至之地，盗潜贼徙，兵民安和。（胡）中和、（周）达武皆弗能及。晚岁以咯血吸烟，然行尤及奔马。川蜀俗呼贼渠为“冒顶”，时妇孺皆称“唐冒顶”，友耕不以为迕也。[1]

除了几个年龄段的记载与《唐公年谱》相抵牾之外，显然他听信了一些误传。总体上说，费行简的记载对后人认识唐友耕其人、其性有很大帮助。

从我综合了不少地方史资料来看，显然费行简对唐友耕“敬礼士夫，爱恤兵卒，为西南良将冠”的赞誉不是偶然的。须知，费行简连对号称“诸葛亮”的骆秉章也不放在眼中，对川省按察使杨重雅以及江忠睿等达官贵人更是极尽讽刺，比如他认为骆秉章有断袖之癖，暗示不少地方官均是骆秉章的“娈童”；游身其间，他还认为官员唐炯、占泰、胡中和、周达武等远不及唐友耕的武功与韬略，均是言之有据的。

我很欣赏费行简记录的最后一句话：“时妇孺皆称‘唐冒顶’，友耕不以为迕也。”官至一品，依然不怕妇孺们揭黑暗老底，可见唐友耕的心胸，是大异于官场“正朔”血统论的。就是说，他尚未彻底适应官场的举手投足、沐猴而冠，他以武人的眼光和直率，看待着云谲波诡的官场。

斜睨之处，余光所及，唐友耕对文人倒是另外一番心肠。

可叹的是，寒士如过街老鼠。当时成都有人用“拆字法”这般讽刺寒士：“寒字点画，颇肖寒士。头戴冠加顶，胸前肋骨纵

① 沃丘仲子：《近现代名人小传》，北京图书馆出版社2003年版，上卷第331页。

横，无一点肉气，胯下只有二肾子，阳具一条都莫得，谓为寒士也宜。”①

光绪四年（1878年）十一月，四川学政张之洞说服四川总督丁宝桢聘请一代大儒王闿运入川，担任四川尊经书院山长，由此开启蜀学崭新格局。可以说，千古之下，能够彪炳湖湘称为学术北斗的，除了屈原、贾谊、杜甫、王船山之外，晚清湖湘最为特立独行者，当非王闿运莫属。他的一生折射出晚清变局的种种氛围，是颇为光怪陆离的一生。晚清笔记中有“一个半湘潭举人”的说法：“一个”指王闿运，“半个”指左宗棠。左宗棠在当婚之年，入赘湘潭周氏。夫人周贻端在湘潭周氏桂在堂居住十有余年，女婿历来被称为“半子”，所以称“半个”。以左宗棠彪炳千秋之武功，王闿运辉映天地的锦心绣口，两人虽功名仅为举人，成就却在文武两道璀璨其极。王有恩于左，而左素来厌烦文人，尤其不喜欢佯狂的王闿运，两人的恩恩怨怨，也成为晚清官场的一道景致。

张之洞出面，集资在成都文庙西街西侧南较场附近的石牛寺旧址上修建尊经书院，光绪元年（1875年）春季建成开学。把校址选择于此，主要原因是在明代就开办过书院，其次是与教育圣地文庙前街以及公馆林立的西街相邻。况且，这个地点距离唐友耕晚期位于文庙后街的“唐府”甚近，又引出了文道与武道密切交错的后话……

成都的佛学资料指出，成都城西有著名佛寺空慧寺（按：该寺晋时名龙渊寺，初唐名空慧寺，晚唐名圣寿寺，明代名石犀

① ［清］丁治棠：《仕隐斋涉笔》，四川人民出版社1985年版，第176页。

寺。明末，石犀寺毁于战火，清初在此设成都将军署，另建石牛寺。清末改为尊经书院，民国改为成都大学。1950年以后于此建被服厂等），寺庙遗址在今将军衙门、东胜街、西胜街、君平街一带。成都城东则是多宝寺。这个说法，显然是混淆了石牛寺与石犀寺地点。

初来乍到，王闿运迅速施行“息讼——禁烟——明礼”等举措，使尊经书院院风得以根本改变。王闿运提倡通经致用，用经、史、辞章之学来培育四川书院的实学学风，设尊经书局刻书以化育诸生。在其掌教期间，终将尊经书院办成蜀中的模范书院。尊经书院的办学方式，开四川书院改制风气之先，促进了四川书院的改制。

估计王闿运一直在修订必将彪炳史册的《湘军志》，并在成都刻印该书，他对亲自参与湘军、川军对石达开部作战的唐友耕十分感兴

清末的成都繁华市区，可见“戒烟”社团的活动

趣，加之唐友耕对待文人历来“厚道”，因而两人交情深厚。费行简身为他的弟子，加之又在成都居住过，其记载应该大体可信。那么，唐友耕真有费行简说的那么无私无畏、与民同乐吗？

说到唐友耕之死，丁宝桢“哭之至失声”，联系到丁总督向朝廷奏报唐友耕的丰功伟绩之举，应该说费行简的记载完全真实。“晚岁以咯血吸烟，然行尤及奔马”的描述，则展示了唐友耕的雄浑力道，这又与当时在成都为官的贵州麻江人周询的记载不谋而合。

在我看来，唐友耕是极其复杂的人物，远非“黄天霸”式的反水小人可比拟。在清三百年历史中，唯一能够与唐友耕在伯仲之间的人物，只有镇压太平天国和捻军的叛徒陈国瑞（1836—1882）。陈国瑞，湖北应城人，杀伐有功，同治三年（1864年）授浙江处州镇总兵，后被清廷以提督记名简放。因为受詹启纶狱牵连，戍黑龙江，死于戍所。但唐友耕就不同了，他被朝廷赐予绘图紫光阁，死于从一品官位的四川提督任上，备极哀荣。

所以，大概我们面对近代地方史时，不仅要研究农民，研究地主阶级，还要研究极具特色的流氓无产阶级。研究流氓无产阶级，则可从研究其代表人物着笔。

作为流氓无产者的全能代表，唐友耕既不能完全说成是“反叛”于起义军，也不是被体制招安而成为罪与罚的操刀鬼。如果我们把他早年加入绿营作为官场试水的起点，那么，“迷途的羔羊”一旦回到了正道，为了证明其日夜回报朝廷的苦心，他不但要长出森森利齿，还要变成足以吞噬羔羊和挡路者的狮子，方显其英雄本色。他固然笃信“胜者为王”为正朔，谁会在乎“胜者”的某些不大光彩出身呢？而唐友耕也算诚实，即便成为云南提督后也没有竭力去掩盖自己的“不堪回首”的历史。这叫前进是光明的，只是充满曲折；进阶是注定的，只是充满了坎坷与迂回。哲学点说，这叫“螺旋式上升或波浪式前进的过程”。其实，他的复杂性还在于：他不但把自己由起义军阵营的“叛变”看成堂堂正正的迷途知返，更视作是一种对正道伦理的强力呵护。他俨然是制度伦理的护法使者。这就让我意识到，反常的事物，不断给出了一系列可能性来扩展常识的域度。根据既定历史教条来判定事物的反常与否，这种方法恰恰是反常的。而历史几乎就是如此累积而成。

何况，唐友耕还是一个为父报仇而亡命江湖的大孝子。

力摔奔马

偌大的东较场因为宽阔而显得缓慢，站在布满黄土的场地，可以发现还有一种东西比广场更慢。站在木梗上的火，无意统治者这一空间，但唯有火的缓慢才让广场堆满了黑暗与露水。火从不渴望飞速燃烧，反之，那就不是火，至少不是纯火。这些缓慢的润生之物，使得广场越发缓慢了。

但人力展示出来的力道，竟然超过了火，从而拽动这个老迈的广场，把人欢马叫的时辰像抖动簸箕一样掀起来！

晚清时节，贵州麻江县人周询自幼随父亲周之翰[①]宦游入川，他后来也做过多年幕僚，并做过几任短期知县、知州等，麻

① 1826—1887，亦名侪亮，字西屏。曾任四川多地知府。

江县至今有“周氏一门五举人”之赞誉，显示了深厚的文化基础和渊源学风，这在黔中算得第一家。周询在其史料价值极高的笔记体著作《蜀海丛谈》当中，对唐友耕一生的记载是所有已知史料里最为详尽的，约一千余字，尤其提到了身为一省提督的唐友耕在东较场展示其超人武功的一幕：

“丁文诚督川，公调授四川提督，每岁大搜，例以东较场为阅兵地。督标中营都司某有马，骏而烈，动飞蹄伤人。是日忽脱衔绁狂奔，多方维絷，始还系树。公在演武厅望之，知此马健甚。阅兵毕，亲下视马。甫近身，马后两蹄已飞起。公侧身以两手各握一蹄，向前一推，马前足双蹶，跪不能起也。论者谓非有千斤力，不能为此也。”①

所谓真人不露相，但该露一手的时候，真人必须亮出自己的绝学。可惜周询不懂武功，仅仅以为这是唐友耕力气大，殊不知，没有多年打熬出来的武学功底与临敌眼光，又如何空手接得住烈马的双蹄飞击！成都东较场演武厅的匾题有“耀德扬威”四字，唐友耕亲身实践，俨然就是代理人。

由此可推知，1876年10月丁宝桢由山东巡抚调升四川总督，督川十载，为自己赢得了“四川近百年来第一好总督”的名声。而这一力挽烈马的事件，应该是在光绪六年（1880年）唐友耕调任四川提督之后，那时，唐友耕应该是39—40岁期间。

崇祯七年（1634年）二月，明廷决定设立五省总督一职，

① ［清］周询：《蜀海丛谈》，巴蜀书社1986年版，第193页。

全面负责陕西、山西、四川、湖广、河南五省军务，专门对付农民军，任用延绥巡抚陈奇瑜为兵部右侍郎兼都察院右佥都御史，总督陕西、山西、河南、湖广、四川军务，“视贼所向，随方剿抚”。这是明廷为镇压农民军设立有权节制几省文武官员的总督职务的开始。清大体上每省置提督军务总兵官一员（福建设两员，陆路、水师各一，另晚清加江北、长江水师二提督），简称提督，为一省绿营兵的最高长官，秩从一品，而仍受总督或巡抚节制。晋升为一省堂堂提督，唐友耕真该感谢那些前赴后继的农民兄弟。如果没有在叙州的迷途知返之举，他至多也是这血肉铺路的材料。

但在清朝同治年间，由于湘军兴起，削平太平天国、捻军、少数民族、李蓝起义等一系列战事，清军各路军功所奏保的记名提督，在朝廷造册里就达8000人，总兵更是接近2万名之多，至于副将以下完全是汗牛充栋，甚至出现“翰林充侍卫，提督作编修”的阴差阳错之举。面对这画饼充饥的官职，提镇大员要想得到实缺，非总督密保不可。[①]从这一记载来看，唐友耕能够得到“实授”，看来他不但运气好遇到了识英雄的慧眼，而且他具备这实至名归的实力。

唐友耕展示出来的神力与武功，绝不是偶然碰到了一匹外强中干的纸马，因为他自幼打熬筋骨，早已是眼观六路的武功高人。唐友耕不但晓得白刀子进红刀子出，更晓得红刀子再进，刀尖发射飞刀，更上层楼，乃是红顶子的好染料。所以，力挽骏

① 小横香室主人编《清朝野史大观》卷七“清人逸事”，上海科学技术文献出版社2010年版，第856页。

清末穿中式服装行走四川的外国传教士

马不过是他惊险一生的一个小插曲而已，连儿子为他大肆贴金的《唐公年谱》里，也没有记载此事。

那匹被唐友耕握住双蹄而扳倒的骏马，按照一物降一物的原则，骏马认名人，伯乐只认名驹，归唐友耕所有了。

古语“虎帐谈兵按六韬，安排香饵钓鲸鳌”。韬略作为虎帐这一梦工场的产物，谈笑间樯橹灰飞烟灭，不过是历史的神话而已。兵者，是一刀一剑搏杀出来的。唐友耕的虎帐就设立在东较场东南一角，他未必是那种手持烟杆、迈着方步的沉思默想之辈，他是急性子，计谋一拍脑袋就有——不管它是否都是运筹帷幄的纸上集萃。虎帐所在地曾经是祭拜“蓥华祖师爷”庙宇旧地，据此修葺而成。相传彭县蓥华山有一个学佛的信徒，心极慈悲，乘驴行而不施推动。苦行二十年，成正果后，善男信女为他立庙。由此可见，当时四川绿营的经济处境较为拮据。

值得一说的是，在丁宝桢严厉治川的过程中，不少官员遭到肃整，唐友耕竟然游刃有余，其财富仍在急速增值，他的“第一桶金”显然不可能掘自财力贫瘠的四川，而是来自出产银子的昭通。丁宝桢为了节约财政开支，曾经对唐友耕下令，命令绿营兵利用较场的空隙土地，广种桑树，以助当地蚕业。但有人不乐意了，做了《锦城新咏》二十四首讽刺丁宝桢的新政，甚至印刷多份，在北京、成都同日散布。丁宝桢十分愤怒，下令多方侦缉，但一直没有抓到暗中的主谋。可见，凡是力推新政者，无论在哪个时代总会遭到惰性势力的攻讦和诽谤。对军队种桑一事，诽谤者也没有放过：

不须演武好栽桑，绿叶成阴满较场。
自古原蚕空有禁，于今归马本无妨。
高居重镇若儿戏，直挫雄风是女郎。
赢得边庭传异事，免罝争奉马头娘。

但总督大人命令一出，说归说，事情还是必须做。当年清明节，唐友耕身先士卒，挥舞锄头在东较场栽了几百株桑秧，在他带动下，绿营兵在沟坑、屋角、跑马场四周大力植桑。种树一道对提督大人而言本不陌生，他曾经就是干这个的。改革就是化剑为犁，但锄头可以杀人，也可以回归本职工作。一直到20世纪70年代初期，在东较场东侧靠近猛追湾游泳池一线城墙边，尚可以见到一些虬起横斜的老桑树。成都人以为那是野生的，殊不知这其中就有丁宝桢、唐友耕的“手植”呢!

当然了，军队种桑并非丁宝桢的发明。左宗棠初进甘肃时，看到当地“民苦无衣甚于无食，老弱妇女多不蔽体”，甚至“今甘凉一带及笄之女且无襦裤，犹如昔时”，痛感西北桑利未兴，便决心以“教种桑棉为养民务本之要”，大力倡导植桑，极大地改变了甘肃一带童山濯濯的褴褛景象。

马上对决

清朝军队分为两种，一是八旗兵，即旗兵，八旗兵为皇家嫡系，主要职责是保卫京师；另外一类是绿营兵，即汉兵，是清入关后改编明军降将降卒及后来陆续招募汉人组成的部队，职责是镇守各地。绿营驻扎各个省直的部队，归总督、巡抚、提督、总兵统辖。总督、巡抚、提督、总兵直接领导的部队，分别称为督标、抚标、提标、镇标；每个“标”之下设协，属于作战的机动力部队，由副将统领，主要是协防守卫要地；协以下设营，由参将、游击、都司、守备分别统领，分守各个县邑与关隘；最低一级的千总、把总所辖称为“汛”，防守道路、边境，每“汛”仅有士兵十几名。

四川设将军级八旗驻防时已是乾隆四十一年（1776年），有一部分绿营军归其统属，史称其为“军标”。《清史稿》卷一三一“兵制”谓：“将军兼统绿营者惟四川”（3891页），屡为后来谈兵制者沿用。

四川提督为从一品官，是驻扎四川清军的直属军士长官，即“弹压大员”。顺治时期开始设置剿抚提督，顺治五年（1648

年）令省，十七年（1660年）又下令复置。提督的职责是：“掌巩护疆陲，典领甲卒，节制镇、协、营、汛，课第殿最，以听于总督。”就四川而言，提督多从各镇总兵中提拔。毕竟外来的水土不服的提督，已换得太勤了。

四川提督有直属部队提标，一般分为中、左、右、前、后五营，战马、守兵二千多名。但在清初，四川提督本标之下只有三营兵马。康熙三十九年（1700年），四川提督唐希顺奏请照各省提督惯例，添为五营，并标下游击、守备等官，康熙考虑到“四川地属紧要”，同意了这一奏请。

根据乾隆元年（1736年）所制定《提镇见总督条规》，提督凡到任、离任以及因公出境、入境，除照旧例必须具题。四川总督旧驻雅州，便于控制边陲。乾隆时，四川总督岳钟琪开始驻扎成都，后来才成了常例。成都，就成为既有将军标、又有总督标还有提督标的“来了就不想走”式的赖在城市的军队。他们游惰于繁华都市，骨酥体滑，锦衣玉食，武人的气，在委顿中恍如登徒子之脸，真是红光满面，箭步登上“扬州台基”。

此时的唐友耕踌躇满志，在东较场高视阔步。麾下绿营棚长以上的大小头目有二百余人。这些头目，每月由他主持考核一次，称为月课。月课的内容主要为弓、刀、石、马四大项，成绩分优、甲、乙、丙四等，是武职迁升黜降的一个重要依据，一向为军营所重视。

首先考弓箭。称为“弓术”。弓以“力”为单位，1力为10斤。从8力起开弓，连续开满3次者为合格。8力开后再加至10力，合格后再加至12力。12力合格者为甲等，超过15力者为优秀。唐友耕看见一个士兵尿都挣出来了，双臂打闪闪，就是无法把弓拉满。他本想给他几耳光，但他突然想笑，心情立即就愉快了。他劈手接过来，较力一拉，他想示范得更到位一些，用力更大。只听“啪”的一声，他竟然把弓生生拉断。士兵们再惊呼：“军门神勇！军门神勇！”他心头一喜，嘴里喃喃道：“这弓太旧了，禁不起！再换一把新的。”

开弓完毕，再考平地射。每人发6支箭，在30步远外对准靶子射，6箭皆中靶心者为优。接下来考刀术。刀有80斤、100斤、120斤、130斤之分，能将130斤重的大刀舞得娴熟者为优等。考举石，石分200斤、250斤、280斤、300斤四个等级，将石拔地一尺，再上膝，再上胸，将300斤的石头举过胸者为优。

唐友耕骑上马，马甚通人性，围绕较场小步跑。发出秋风扫碎叶的声音，这声音不但容易让闻者慢下身形，而且容易变得脆弱，但很快就被士兵们震天的叫喊淹没。坐立马上，唐友耕望到东面的青砖城墙，城垛上有好些看热闹的人，伸出脑袋左晃右晃，就像一个个潜伏的探子，也像一个个被权力之刀剁下来的脑袋。几个如花似玉的妇人挥舞着手上的丝绢，好像是在招呼自己。这皮影戏一样的场景，容易勾起一些不愉快的往事，挥之不去。其实，一个人的一生，难道不是像皮影那样被线拴着，提来提去吗？

他想得起，同治元年闰月八月二十五日（1862年10月18日），自己的“龙头大哥”李永和、劲敌卯德兴苦心经营的犍为县龙窍场被打破，李永和之兄和卯德兴之兄，也在龙窍场（窍字十分罕见，四川仅此一处用作地名）之役与其他被俘义军将士于东岳庙一起被杀害。而从“督办陕西军务”的虚职提拔为陕西巡抚的刘蓉成了最大的赢家。刘蓉天分极高，与曾国藩意气相投，也潜心于朱程理学，但不落窠臼，讲求经世致用。刘蓉一直被称作“卧龙”，出自道光二十二年曾国藩寄赠给刘蓉的《怀刘蓉》一诗：“我思竟何属？四海一刘蓉。具眼规皇古，低头拜老农。乾坤皆在壁，霜雪必蟠胸。他日余能访，千山捉卧龙。”比之诸葛，可见刘在曾国藩心目中的地位。后来人们暗地里则称刘蓉为“小亮”，他则自号“今亮”，是“当今诸葛亮”的意思。许多人都视他为狂徒，只有少许几位有识之士知道他的根底。这位湘军的重要首领，后来以“方伯”（这是他出任四川布政使时的别称）的闲庭信步，在石达开的身边跳起了狼狈万状的狐步舞。但哪个晓得，唐友耕才是覆没石达开的最后一双手！

在相继剿灭李永和、石达开部之后，刘蓉踌躇满志。

1863年秋，刘蓉调任陕西巡抚，率兵进驻四川广元，督办全陕军务，走在翠柏万顷的古道上，他以一首《乡思》来表达了他的另外一种思乡之情：“蜀栈迢迢乡路赊，一官匏系隔天涯。潇湘夜雨三更梦，桃李春风二月花。有弟并歌朝露薤，何年归种故园瓜。松楸两畔孤儿泪，洒向寥天咽暮笳。”诗句沉郁，他突然缅怀自己的弟弟刘季霞，刘季霞于咸丰五年赶赴军中探视哥哥，不料却死于太平军之手。如今，总算报仇雪恨了。

1862年10月18日，李永和等人猪市坡战败被俘。据说，龙头大哥“李永和的鼻子、卯德兴的手心戳洞穿上十余斤重的链子，押送成都”[①]。由于他们大骂不止，骆秉章下令割掉两个叛军头目的舌头，双耳灌入沸腾的铜汁，并砍断了他们的四肢，肆意蹂

① 见《犍为——李永和义军反清斗争史迹调查记》，刊《四川文史资料选辑》第十一辑，1964年2月四川省政协内部出版，第13页。

蹦叛逆者的身体。奇怪的是没有动用国家刑律的家常便饭——凌迟。其实，国家制度需要的是一种恐怖的蔓延，他们决定以“人彘”的刑法来处理罪大恶极的匪首。被装在木笼子里的李永和与卯德兴口不能言，据说目光炯炯，注视来人，如此在成都四门被示众了三天三夜之后，才在督院街辕门斩首，又把他们狰狞的脑袋挂在城门上。[①]看上去，就像一个烂冬瓜，流着稀烂的脓血，哪有半分头角峥嵘的“顺天王”影子！在这前后，当时与唐友耕一起在“屯上”入伙的周绍涌、郭富贵、郭富民、郭富友等人纷纷被押解到成都，逐一凌迟，最后枭首示众。唐友耕看到了这些丑陋的脑袋，他庆幸自己的迷途知返，不然，那堆示众的脑袋里，应该也会有自己的。他斜睨五官挪位的李永和，你不过是铁匠，你不过是脑袋进了水的棒老二，一个尖脑壳怎么就想当皇帝？那是你撑得起的皇冠吗？这分明是沐猴而冠嘛。不过，这个“永和”，的确是个好名字。

这样的印象，这些晃动的头颅，伴随着吕西安·博尔达的成长。他是20世纪初叶法兰西驻成都府领事之子，他回忆说：“当夜色降临时，这座城市就像一道被大门关闭的阴森森的隧道。在这座城市里，你不时会看到一个个的人头挂在木桩上或者装在笼子里。如果那头颅是刚刚被砍下来的，还可以看到淌着滴滴鲜血。但随着时间的推移，它们便慢慢地干枯直至腐烂……有人便把那些老头颅拿走，再换上新砍下来的……”[②]在头颅如灯笼一样

---

① 见黄德明《李、蓝起义军在自贡的活动情况》，刊《昭通文史资料选辑》第3辑，1988年版，第47页。

② ［法］吕西安·博达尔《领事之子》，上海人民出版社2007年版，第15—16页。

清末成都地区布置豪华的教堂，由此可见传教集团的势力。历史图片

的更新换代的过程下，斜刺里的一排排大红灯笼高高挂，俨然是黑天空的主语。其实，它们是什么都变得很无所谓了。那唯一能照亮脚下仕途的，胡雪岩是把银子当灯笼的人，唐友耕为什么就不可以把头颅当鬼火一般的风灯呢？

反正都是为了上路！

他甚至为没能手刃劲敌卯德兴而深自后悔。卯德兴也是李永和同乡，排行第五，俗称卯老五，是洒渔河边卯家冲人，常年习武，筋骨强健，武功了得。他自幼和李永和交往，成为铁杆哥们，也是屯上起义的始作俑者之一，一直担任李永和一部先锋。卯德兴个子不高，具有滇北山里人特有的体格，精悍而矫健，骨骼粗大，动不动就脱掉上衣，露出黄竹一般的肋骨，据说他曾经徒手与黄牛较劲，硬是活活拗断了一根牛角。两拳击中牛头，牛被打得耳口涌血，轰然倒地……

这个卯德兴，就像一个梦魇，在梦里也闪烁着桀枭的硬光，一直在鄙视他；唐友耕不予理睬，他又来纠缠。唐友耕好不容易从那崩溃的梦田边缘溜走，睁眼回过神来，鼻尖上还留滴着卯德兴叉开双腿尽兴冲过来的尿水。他咧开大嘴哈哈大笑，黄牙如铁蒺藜，嘴里喷出苞谷酒的馊味儿……奇怪的是，这鄙视的尿冰凉而锐利，细密地把骨头戳成了薄纱……可以这样说，在唐友耕戎马一生里，有一个他的武艺无法战胜的对手，此人不是雄才伟略的石达开，不是凶悍的蓝大顺，而是刀比眼光更为犀利的卯德兴。

王闿运、周询、刘蓉等人或在笔记或在奏章里认为，“得兴尤凶悍，当时呼之为‘卯先锋’者也”。“德兴”“得兴”“卯老五”均是指他。这里的“先锋”固然是职务，其实未尝不是对其剽悍无俦的标举。

在蓝大顺部队期间，卯德兴知道唐友耕是练家子出身，而他也是武林出身，虽然武无第一文无第二，但这样的对手极容易一言不合、四目喷火，他就提出要与唐友耕一对一马上单挑，分出生死。这是一个树立威信的良机，也足以了断两虎相争的局面。但军中私下比武肯定是死罪，却无人来管，反而围拢了一大群拉长鸭脖子的看客。两人较量起了鞍上功夫。

唐友耕自幼习武，他喜欢剑，但最擅长的是槊。剑只能防身，剑是民间化的武力道具，槊才是展示主流暴力最为理想的传声筒，它才是制度的常规武备。它最早出现在战国末期，流行于东汉末年三国时期。当时的槊一般分为步槊和马槊，大将用的都用马槊，张飞用的所谓丈八蛇矛实际上就是马槊，关羽万马军中杀颜良的时候用的也是马槊。唐友耕的槊矛并不重，一旦抖擞而出，就像受伤的响尾蛇。

在一个冷、热兵器并行的时代，用冷兵器的人总是高傲的，卯德兴用的枪应该是冷兵器的枪吧。但唐友耕也许错了。

一个盘旋，唐友耕就是无法格开卯德兴的枪身，撼山易，撼卯德兴的枪怎会如此之难？他觉得屁股简直在马鞍上坐不稳了。一愣神，卯德兴就把唐友耕挑落下马，正欲补上一枪，唐友耕的侍卫兼妻舅王刚眼见千钧一发，不得已冲上前来出刀格挡，使唐友耕幸免一死。卯德兴不料有此一招，他讥嘲道："真是人多食言！"转身便走。一个人怎能把吐出的口水吞回去？唐友耕回营后怒不可遏，顾不得伤势，立杀救命的妻舅，还叫手下把妻舅的首级送过去，约定再与卯德兴较量。

他伤愈后，拿出十二分的功力，凝神再战。这是为尊严必须全力一搏的比试。

但是，唐友耕还是输了。

"花千总"之墓

唐友耕尽管身材不高，但膂力过人，槊法迅猛而实在，因而没有花枪的破绽，一当发力刺出，槊杆因强烈的旋力而弯曲，就像一根从中突然裂开的竹子，对手的兵刃一触即飞，发出低沉的霍霍之声。他很少遇到对手。正因如此，他就不再顾及防守，这使得他的枪法更为凶悍。但这一次与卯德兴对垒，比掌纹还要熟悉的枪，变得陌生了。

总是在毫发之间差那么一点点，卯德兴的身形就像涂满了黏液的黄鳝一般毫不着力，以一种出乎预料的摆动让他失去准头。稍一走神，卯德兴的枪尖已经飞到了自己的鼻尖！枪尖带起的金风扫痛了唐友耕的眼睛，他一下子迟钝了。又是天助也，他的坐骑“点子花”深通人性，见主人斜刺倒地，战马发出震天动地的一声嘶鸣，后腿直立，向对方猛然扑去……卯德兴没有料到这一出，在惊讶的一瞬，身形迟疑。唐友耕回身，又躲过一劫！

这匹“点子花”属于典型的川马，体格不高大，但筋骨强悍，具有惊人的脚力，战马一直跟随唐友耕转战驰骋，也是一路化险为夷。好人遇好马，因福得福，直到在成都文庙后街的唐家花园安然老死。

这匹战马，在四川绿营里也叫“花将军”，后来名声越来越大，蜚声四川官场与民间，成了真正的神马，在成都制造了不少传闻。唐友耕的第四代唐锷华的儿子植登捷先生告诉我，当时四川绿营就曾经有这样的传闻：每临打仗之前，只要“花将军”自动走出马厩，昂首嘶鸣，往往就能打胜仗，反之则败。久而久之，“花将军”几乎成为四川绿营的一棵灵验的“消息树”，出战与否，决定权在马，不在人。

一匹战马居然能够一路过关，这在战乱时节的四川是十分罕见的事——竟然还有老死的战马！唐友耕吩咐用白绸裹马，买来上好的“建昌花板”棺材，在成都南郊如今距离旅游客运中心不远的南台路与胜利村、大学路交会之处，那里旧有一个南台寺，购置一块林间空地为爱马隆重下葬。以巨大的青条石砌好墓圈，立碑“花千骢之墓”，碑上题有“四川提督云南唐泽波敬题”的落款。直到1950年，此碑、此墓尚存。但风雨漫漶了碑文，变成了“花千总之墓”。有人不明就里，就认为埋葬的多半是一个武功显赫的“千总”。

其实，马旁的“骢”字和丝绕旁的“总”字，读音本相近，而残碑斑驳，“骢”字的马旁剥落，“千骢”被误为“千总”了。

这救命之马，怎么不是神助？不然如何解释一连串偶然？

唐友耕坚信，这一切都是神赐。

当然了，唐家后人对“花将军”墓地所在地与史料记载的观点不同。他们见过“花将军”墓，认为应该在唐友耕墓地右侧不远处——即肥猪市一带，那里清末均为唐家花园的区域。也就是说，南台寺距离肥猪市还有大约1华里的距离。到1938年，成都才开辟新南门，随后修筑了一条由西向东通向新南门的道路，路的东段是南台寺旧址，故取名南台路。

但奇妙的是，现在供职于华侨凤凰集团的王庆福先生告诉我，他在1950年，就在位于青羊区浣花南路的草堂小学门口，看见过一块白木牌子，上面清清楚楚写着几个大字：花将军墓地。而且这块牌子，一直到20世纪80年代学校改造修缮，才予以拆掉。我分析，这个地点距离浆洗街有相当距离了，应该不是唐友耕战马的墓地，反而可能真是一个“将军”的墓地。

话说回来，因为比武失败，与卯德兴的梁子就此结下。仇恨就像锋利的锯齿卡在更坚韧的树瘤之间，进退无据——这往往是用刀者最为危险的时刻。可惜的是，国人习惯奉“一笑泯恩仇”为古礼，均把这样的恩仇之死结移情于男女，所以处处“浓得化不开”。

巴尔扎克在《塞克皮罗多盛衰记》里提出了一个发现：“单

是恨而没有报复的心，等于一颗谷子落在花岗石上。”然而，我在历史中见过太多的花岗石上长出参天大树的事情。复仇之树迎风招展，不但遮阴挡雨，还提供过夜的庇护。它才是“守株待兔”的实践者：既等候着兔子，也等候着那乐颠颠的获利者！

成都的老人一直认为东较场杀气重，不少人信誓旦旦在深夜听见较场四周的鬼魂哭叫。闭眼想一想吧，张献忠的大西军攻占成都的当天，仅在东较场一次就斩杀了四川督抚、将军、校尉和明军士兵近5万人。岂止是鬼魂的哭叫，大概还有风鸣马啸，黑夜被红血所腐蚀，汇合成一股流质的劲力，褴褛无边，划破蜀地低垂阴霾。那天黄昏下班，我偶然注意到路边一块占地10平方米的景观置石，刻满了几十个各种字体的“蜀”字，夕光之下，侧面一看像是“乱蜀”的隐喻。而一支将大石贯穿的长箭雕塑，

1905年的成都西较场一景。日本人山川早水摄

是在昭示较场的凶事呢，抑或希望以此来镇住邪气？商住楼鳞次栉比，楼群斜影中的东较场仅剩几根缰绳一样的道路在路灯下逶迤，但愿不要把蛰伏在这沃土下的血唤醒。学者王笛在《街头文化——成都公共空间、下层民众与地方政治1870—1930》里频频引述本地竹枝词，如下一首非常符合我此刻心境：

两会大操东较场，
风筝放过又乘凉。
茶瓜买向平芜坐，
演武厅前话夕阳。

夕阳是什么？夕阳不过是一个没有冲力的马尿包，一直被一只手在低空拧着，等候着一箭穿心的准头，成为了历史的标靶。直到夕阳被虚无中的针芒刺破，那一溜一溜滴落下来的，不是鲜丽的血色，而是油腻腻的黑，喷出着濒死的气泡……

唐友耕的寡情与重义

有关唐友耕与卯德兴的马上对决，一直是四川武林中不衰的龙门阵。早年，作家孙因在纪实长篇《血染大渡河》里，就描绘了另外一个决斗版本，我参考了另外的史料，觉得孙因的描绘也颇为真实。但他显然把决斗的地点和时间都弄错了，他认为是在眉州保卫战期间的眉州城外，其实发生的时空点位就在眉州保卫战之前——咸丰九年（1859年）9月叙府城北的华严庵。

侍卫、自己的妻舅王刚眼见唐友耕被卯德兴一枪刺中，危急万分，就在卯德兴回枪刺来第二枪时，他抽刀上前，格开了卯德兴致命的一击。虽然救了自己，唐友耕觉得众目睽睽之下大失面子，以后还怎么混哪。他回营后恼羞成怒斩杀了王刚。

但他突然心疼起另外一个救星——那匹“点子花”战马。他亲手去为战马洗刷，并拿来一袋胡豆予以奖赏。妻子看不下去了，在一旁数落他，一个大活人还不如一匹马啊。我弟弟救了你的命，你竟然一刀杀了他，天下哪里有这样的事情……女人涕泗交流，惹得众人围观。唐友耕火了：你再说一句，看老子也把你送上路，你兄弟就有伴了。妻子哭到气头上，根本管不了这些威胁，继续号叫，阵势越来越大。

唐友耕比武落败已是大失面子，血从最脆弱的地方轰然决堤了。他抽出佩刀，回首一挥，他想剁烂那个在耳朵边喋喋不休的金蝉子。妻子的脖子就像被拗断的毛竹。蝉子还在发出声音，嘶嘶嘶，那是最后的空气从血管里走失的声音……

蓝大顺得知这一场比武结局后，十分震怒。大敌当前，这是严重自乱阵脚的行为。他不好责骂结拜的“血兄”卯德兴，就抓住“老幺”唐友耕滥杀妻子、妻舅的事情不放，严责这六亲不认的行为。

结合《唐公年谱》分析，可以发现年谱所言黄夫人投江自杀的记载有很多矛盾。吃过大苦的女人，只要不被丈夫抛弃，她们的生命力总是像贫瘠大山里的竹子一般强悍。在民国三十八年版《盐津县志·轶闻》里，有一条重要记载：

“黄氏，唐友耕之原配也。友耕微时与妻食于族姑夫周某家，友耕习与无赖游。一日黄氏误闻友耕为同伙所戕害，遂愤不欲生，乘隙自经于周家。后友耕提督四川，始遣人为之封墓竖碑。”[1]

因为黄氏姑父周某乃是盐津县人，所以当地志书有此记录，黄氏离奇的死法与《唐公年谱》《大关县志》记录的不同。但不管怎么说，黄氏的死，总与唐友耕有关。妻子故去后，唐友耕在较长时间内没有续弦，他是否因为自己的一时莽撞而后悔呢？我觉得这种可能性很大。后来随着唐友耕功成名就，原配夫人唐黄氏成为“诰封夫人”，收入《大关县志·封典》当中。[2]

在云南大关县则流传着这样一个说法，唐友耕加盟李蓝义军后，在盐津县短暂停留期间，大关县第一位举人孙发元（慧安）先生恰好路过。见到同乡唐友耕孺子可教，以为终是栋梁之材，孙举人叫唐友耕到一僻静处，来了一番谆谆劝告，希望他回头是岸，力争早日回到组织怀抱。[3]我想，从到手的美女被夺，到误杀妻子、妻舅，被蓝大顺当众责骂，更关键是自己比武落败自感无脸，再加上孙发元的点拨，这些因素汇聚成一股巨力，把这个不要命的浪子生生扭转。

一侧身，他看到了一片天光。

一个人在投奔之路上如果没有携带屈辱与情义，那么人就会成为道德的叛徒。就唐友耕而言，如果他是一条船的话，屈辱就是平衡内心与现实的压舱石，一旦扔掉，他不过是朱提江中的鬼魂，连忏悔的气泡也冒不出。

---

① 《昭通旧志汇编》，云南人民出版社2006年版，第1796页。

② 《昭通旧志汇编》，云南人民出版社2006年版，第1437页。

③ 郑艺、赵海仙主编《明月万里照关山——大关的历史文化解读》，中国社会科学出版社2009年版，第115页。

宛如公狼为了交配权而决斗，落败者只能独自离开狼群。唐友耕作为一个开鲜血染坊的“帽顶”实业家，只要他的血管里还有一滴血在搏动，他就拒绝交出他所剩无几的善良。残酷的生活磨砺使得他出走的行囊像一团软塌塌的生牛皮，其实这是唐友耕揉成一团的尊严。

多年以后的同治八年（1869年），已经官居云南提督之位的唐友耕，利用带兵镇压昭通回民起义之机，傲然回乡。他红光满面，神采奕奕，健步登上翠华山，向群山和人民挥手致意。他再去看望已经垂垂老矣的孙发元先生，送上厚礼以及他亲手题写的楠木匾额“德大称师”，感谢孙发元当年在老鸦滩前“一句话点醒梦中人”的情义。这一“手迹”被当地文人放大，镌刻在大关县城门楼上，在民国时期连同城楼一并被毁去。后来，这“德大称师”又被大关县的同知陈庭珍重新题写，刊刻于大关县龙洞清泉瀑崖壁上，至今犹存。

2013年初夏，我来到这并不高大的崖壁下，仔细辨认被流水与青苔漫漶的字迹。岩石位于翠华山山腰，通往黄连河风景区的公路从石壁边穿过。几十棵巨大的冷杉挤作一团，树荫下有十几匹云南矮马在避雨，树成了这一带唯一的古代遗存。

第二章

几个江湖名号终于被女色策反

翠华镇的“帽顶”大哥

古人深信，名字与人的运势具有“四柱”关联，百姓取名寄托对乌托邦之热望，但潜移默化，名字多半会成为主人的“意底牢结”。但异人不在此列，就像“永和”，就像“大顺”，就像“德兴”，但哪一个不是反骨冒起三寸高的革命者？！至于《骆文忠略传》里记录的很多李蓝部中头目的名字，诸如周跛跛、郭刀刀、曹灿章、张第才、郭富贵、周绍涌等，除了凶猛的绰号，其姓名学的价值指向依然是安家乐业。

唐友耕祖籍为江西吉安府泰和县。按四川人说法，此乃“江西老表”也，老表即祖宗的表亲，但在川话里，还有憨、耿直、木头木脑的意思。可是俗话也有“三个湖北佬，赶不上一个江西老表”，标举了他们木讷表象之下的“先飞”之相。根据我的调查，泰和县为客家人的祖地之一，唐友耕家族应该是客家人无疑，他们是在“湖广填四川”的大背景下迁徙而来，当地人至今有“清康熙年间，从江西移民填四川”之说。也许正是拥有客家人那种永在赶路、永不安于现状的群体性，上者会发奋图强；下者则与川地的流氓性相焊合，成为强悍的游民。

如果说一个名号就是一个面具、代表一种运势的话，一个人具有多重面具，他的面貌就模糊于彼此的缝隙间，甚至会旁生出另外一种迥然不同的气象。

唐友耕本名唐大明，字少西，这是一个草民的名号，没有贵气与仙气，一直使用到他归降清廷之前。他在屯上参加李蓝起义军时，开始担任最末一“牌”（即“营”）领导，即“第五牌先锋”，加上年龄在各先锋中最小，一直被人称为“唐老幺”。他投降之后，四川提督占泰很是喜欢这个颇有心计的武将，觉得“大明”粗俗，特意赐名“友耕”。[①]至于再赋予他的别号“泽坡”云云，富有《诗经》的典雅，显然是在功成名就的占泰指点下，顿感“大明”的粗俗，“泽坡”蕴含阴阳变易，如《吕氏春秋·辩土》所言：“其为晦也，高而危则泽夺，陂则埒。”俯仰之际，也许还含有对出生地的纪念。大关县县城就位于崎岖陡峭的翠华镇，在县境南部的关河上游东岸，海拔在1100米左右。而这条通达四川境内的关河，进入四川境内就叫横江，则成为缠绕唐友耕官服的金腰带。

《唐公年谱》记载，唐友耕自幼“不乐章句，学从厅城徐先生受剑槊技击”。练武时节，他年仅9岁。我想，他并非在盲目学习贵族项羽自诩的“剑，一人敌，不足学，学万人敌”的超迈指标，他压根儿就不懂这些，他懂的就是如何一蹴而就，击倒对手。唐友耕的父亲在他出生后不久就被仇家所杀，一家老小全

① 马应良：《清咸同年间昭通回民抗暴斗争记》，《昭通文史资料》第一辑，第230页。

靠母亲龚氏拉扯着，日子自然是暗无天日，艰难异常。他12岁投入到昭通镇大关营游击长公德麾下，从军几乎就是底层的唯一出路。

据民国《大关县志稿》记载，大关营为雍正六年（1728年）所设，系昭通镇左营游击一营，原设游击一员驻扎大关。所辖“豆沙汛”的几处，全部士兵约有400名。[①]

但这个吃粮当兵的过程也是断断续续，因为没有更多的收入来养活一大家人。当地人至今认为，唐友耕自幼习武，膂力过人，但不务正业，是一个地痞流氓，经常干些偷鸡摸狗的勾当，当地人称之为“唐小贼”。[②]所谓“小贼”，仅仅是着眼于他出道的年龄，但“小贼”绝不满足于小偷小摸。

在旧中国，暴力历来就是穷人改变命运的唯一利器。

唐友耕稍后即混迹于烟帮队伍，从昭通把鸦片运往叙府的普洱渡，再从叙府城内以及横江一带购买盐巴、百货运回昭通。这是一条充满危机、随时人头就会落地的行当。从昭通到叙府500余里道路上，不但要面对地方权豪和剪径强人，还要与市井百姓打交道，负贩匠作、巫医卜算、娼妓优伶、奸夫淫妇、僧尼道姑、市井泼皮、婢仆媒婆和帮闲篾片，均是唐友耕之辈必须熟悉的群落。可以说，清代叙府到昭通的通商之路，也是当时世俗社会风气的大画廊。

秦朝开凿的“五尺道”，在汉叫“唐蒙道”，到了唐代叫

① 转引自傅奠基：《昭通地名文化》，中国社会科学出版社2007年版，第63页。

② 马应良：《清咸同年间昭通回民抗暴斗争记》，《昭通文史资料》第一辑，2004年编印，第230页。

“石门道”。由于茶马互市在宋明时期叫“官马南路”，又由于贩运川盐为主，民间也称之为“盐道”，即乐山五通桥的井盐和少量自流井的“巴盐”，经过此道运到云南。

进入晚清，由四川往南有两条重要通道逐渐从群山峻岭当中凸显出它们的威仪。一条叫“叙昆大道”：从叙州出发，经南广、月江、高县、筠连、昭通、曲靖、昆明到大理。这条大道沿袭了叙府往南的古道。另一条叫“叙黔大道”：从叙州出发，经南广、月江、龙头、红桥、古宋、叙永（清时称永宁县）、毕节到贵州。不仅如此，宜宾依靠金、岷二水的便利建立起来的水运，在清季民初更加发达。明代的朱提、东川（今昆明市东川区）已经是产银和产铜的地。乾、嘉共80年间，到昭通乐马开

成都府城墙手绘图。选自1881年出版的《ImFernenOsten》

采、冶炼“朱提银”的苦力，竟达10万之众。因此，宜宾除了接纳滇黔的大宗山货和珍贵药材，还要接纳云南的矿产。金沙江边的“滰关”码头，在清后期并不叫“滰关”而叫“铜关”，这一名称彰显了码头吞吐的物品，码头就是专门转运云南贩来的铜产品。俗语“搬不完的昭通、填不满的叙府”是描述清初昭通物产丰富的真实写照。据传，光绪年间，一个上海商人担一箱银圆来到宜宾横江镇长住了下来，只收购虎骨和三七，而且要把带来的一箱银圆（一百斤）买光为止！[①]

但是，依靠马匹托运的负贩，盯上了后起的硬通货——烟土。他们依然行走在“五尺道”上。我在横江镇的依山公路之上，越过铁路走了几公里的“五尺道”，依然可以见到清代记录维修道路过程的“功德碑”和保护令。窄仅3尺，赭红色砂岩修筑的石板路蛇蜕一般蜿蜒。个别危险处仅容一足，一些破碎的石板上尚可以见到马匹的蹄痕。

可以见到的资料上，无法得知唐友耕在贩运过程里的具体事情，但我想，拥有这般经历，加上唐友耕武功在身，在江湖上赢得嘓噜组织中“帽顶”的称呼并不是奇怪的事。敢于出头，敢于出手，更敢于出口“拿言语”、主持公道，唐友耕的江湖阅历在艰辛的贩运生涯里逐渐成熟。

嘓噜的意思，有人解为四川土语。清人李调元曾作《嘓噜曲》，其序云：“嘓噜本意国鲁，骂人呼赌钱者通曰嘓噜。”也有人认为嘓噜极可能是满语的音译，其意是对散兵游勇与失业游民团体的蔑称。昭通的嘓噜无疑受到四川尤其是叙府的深刻影

---

① 见网络版《关于“搬不完的昭通/填不满的叙府”一说的来历》。

响。从档案记载来看，早在乾隆年间便有许多移民中的水手因无法谋生而加入嘓噜，从事抢劫等活动。由于与沿途各地秘密结社组织的接触，逐渐从移民的武装集团演化为哥老会，在四川又称为“袍哥”，在长江中下游则称为“红帮”。所以左宗棠曾说：“哥老会匪本四川嘓噜之变称。”秦宝琦先生在《江湖三百年》里指出，哥老会在组织方面较嘓噜更为严密。嘓噜的头目必才技过人，由众人推举。其头目的名称也由“棚头”“舆夫”改为“帽顶”等。总头目曰“大帽顶”，其最大者曰“坐堂老帽”，其次为“大五”“小五”，又次为“大老幺”“小老幺”，以下为“大满”“小满”。其新入伙者曰“侄娃”。入伙的青少年，不仅白天为首领背负行李，晚上还要遭受首领鸡奸。这毫不奇怪，同性恋历来与军队、梨园密切相关。

想一想就能明白，李永和就是大关哥老会的大堂主。他能够迅速召集滇川洪门孝义会、哥老会等各路众多好汉参与反清大事，能得到各路人马在道义、物质上的支持，敢于以身试法，可见李永和在江湖中的极高声誉和威望。他的手下，自然是这些敢下油锅、就怕被人说成“不值价”的角色。

唐友耕决定解决自己的心头之结。那就是把为父报仇的夙愿提到议事日程。唐友耕一点也不盲目，也并不显得焦急。他充分考虑了“私自报仇”的结果。

《蜀海丛谈》里，记录了他的报仇步骤：他考虑到自己手刃仇敌后，必然累及母亲，乃请人以母亲的名义具状大关厅知署，历陈仇人逍遥法外的情状。他认为，“自请后，子如不法，勿累及身”。他得到大关厅已经立案的消息后，但看到杀父仇人被绳之以法是那样遥遥无期，何况，他绝对不再希望法律的铡刀抢在

云南省昭通一带，一个被关入囚笼的盗马贼，
等候进一步的严厉处罚。美国人盖洛于1903年摄

自己之前而越俎代庖。他回家告诉母亲自己的打算，决定亲手为父报仇。报仇就等于放逐自己的余生，为了那心中的义。母亲龚氏含泪同意了他的决定。但剩下的一帮兄弟姊妹怎么办？他和母亲的确想不了这么多了。

唐友耕摸清仇人的作息规律，夤夜潜入仇家，涌在头颅的血让他双目眦裂，一口气手刃7人，神不知鬼不觉，立即潜逃。

对方同样也是练武之辈，唐友耕可以一气杀掉满门，怒气炽烈，可见其武功一蹴而就的凌厉。“武”字的最初之意，就是一个人抓住武器挥动，不但不会“止戈”，反而是挥动不已。只有经过这个阶段，“武装到了牙齿”，才能进入到“止戈”之境。

而一个无法将手与兵器完全合一的人，似乎不能侈谈“止戈”。唐友耕不屑于空谈纸上的招数，他的一生就是挥动不已的一生。

这就让我们发现，那些完全依靠武力来塑造人格的人，那些武不离手的人，一般而言均是活在恐惧深水中的漂浮者。暴力源于无处不在的恐惧，置身于一个绝望、迷惘和崇尚恶力的时代，暴力不但要成为自己的甲胄，而且还要成为活命的饭碗。也许不是因为唐友耕好杀，而是恐惧子不敢为父报仇的耻辱；刀锋一出再无回头的嗜血兽性，因为恐惧死亡本身的意念而被激发到了癫狂程度。

《礼记·曲礼》明确记载：“父母之仇，弗与共戴天；兄弟之仇，不反兵；交游之仇，不同国。”这等于规定了一套复仇原则，父仇不共戴天；杀兄弟之仇，则要随身携带兵器，见到仇人径直杀掉；杀朋友之仇，不能跟仇人共处一个国家之内。及至封建社会，经过一定程序的复仇杀人也不为罪。在这个价值谱系下，唐友耕确为孝子。

这让我想起雨果的名言：“历史有这样一种特点和妙用：尽管它是光明，并且正因为它是光明，便常在光辉所到的地方涂上一层阴影；它把同一个人造成两个不同的鬼物，互相攻讦，互相排斥。”而历史即是黑夜，面对复仇事件，文人们由于不同时代、不同地域、各自经历等原因，形成了既赞美血亲复仇又反对其酷烈的文化观念。在复仇悖论中，使得复仇意识成为一种自成体系而又较为稳定持久的文化心态，跃升为主调，深刻影响到国人的行为准则。

唐友耕不可能像宋江那样风雅，可以酒后临壁题诗，即便到他名震云南和巴蜀之后，从没有在哪个名胜之地留下他的手迹。关河江水三千尺，日破云涛万里红。看来他比很多书法官员、诗歌官员更有自知之明。估计他像武松那样蘸血留名也来不及了，但他的确实践了武松为武大郎报仇的基本步骤，然后立即止步。他显然已经看穿了武松的老实“报官”，不可能挽救自己的性命。他鞋底抹油，一面做点走私烟土的生意为生，一面寻找出路。听到烟帮起义的消息，他就像晴空万里的高原上的一只老鹰，翅膀一抖，滑入了蓝大顺的起义军。

唐友耕的父亲到底为何被杀？这是不能“戏说”的。

大关县的屯上

2010年2月15日，我来到昭通市大关县一带进行田野考察。乌蒙磅礴，阴雨绵绵，雾气弥漫。想起李永和、唐友耕等人物的命运，在这崎岖陡峭的山区里，只能如同眼前的道路顺水蜿蜒。就是说，命运赠予你的双翅，但它又偷走了天空。那么你背上的翅膀如同樵夫扛起的干柴堆。这突增重量的累赘，就让我们发现，对于庸众而言，希望根本不需要这么烦琐和诗意，希望固然是需要的，驴子眼前的一根胡萝卜就足够支撑它向前走！

屯上位于大关县天星镇斜文村境内。在我看来，屯上，不过是起义军沉重行囊之下的一根“木打杵”。在短暂的休息下，腋下生风，风景展开了它纵深的诱惑。

村夫不识风景，但景致托升起来的绝色，让文化人没有看到掩藏在景色之下的凶险，他们只看到文化的波澜。

大关县城一带旧时被县中寓公以及墨客诩为“关阳”，“大关十景”初时亦称“关阳十景”。这被赋予出尘之境的“关阳”，日后也成为唐友耕父子的籍贯自称，取代了直白的“大关”。

我注意到一个汉区较为罕见的地名：屯上。

这分明是移民群体里小聚居区的地名，源自元朝回民参加“探马赤军”屯戍得以留传。特别是在各地回回营、回回寨、屯等地名名称，就是受屯戍影响而流传下来的。

朱元璋派傅友德率30万大军远征云贵后，一部分士兵就地屯垦戍边，加上后来陆续移民百万发配云贵屯田，这些移民的居住地就叫“屯堡”，移民也叫“屯堡人”。“屯”的出现，改变了云贵高原的历史格局。而明朝的屯军制，规定60—100里设立一屯。犬牙交错的“屯”与更小规模的“哨”，宛如链环，维系着制度对“蛮夷之地”的控制。

“屯上”位于大关县城东北约18公里，总面积80余平方公里。在丁家梁子遥对之地，四周岩壁如削，负山面水，岩屯宛如一头巨大的水牛安卧其间，故以地形取名“屯上”，又因地貌两角稍长，形似一面猎猎飞舞的军旗，所以又叫大旗山。至今在当地老百姓的口中，还有“红旗绕绕大旗山，李短褡褡反四川，不打云南昭通府，要扎宜宾翠屏山”的民谣。斜文村的庙子坡是李蓝起义军发祥地，天星镇半边街大桥头是李蓝义军抵挡平叛后的集体殉难地。

1858年5月，烟帮首领蓝朝鼎兄弟不堪官府勒索，聚众起义，此地只是他们心目中的“二龙山”。至于真正的乌托邦基地，那是李永和带人来屯上胜利会师后，牛皮寨才正式成为了聚义厅。

此地东至黄水河，南接洛泽河，西北邻大关河，除东北一小角外，基本上是河流环抱，此地在历史上是兵家必争之地。这让我豁然于李蓝两部会师富顺县牛佛渡（骆秉章在奏折里喜欢写成“牛腹渡”）之后，为何要在“牛佛九街十八巷、中间有个鸭儿凼”的弹丸之地“建都”，把“顺天国”年号定为顺天元年（1860年）。牛佛三面环水，与“屯上”景色的确有些近似。

“天寒地冻，水无一点不成冰；国乱民愁，王不出头谁是主。”这些浅显的古语草灰蛇线，依然带出了历史恩仇的踪迹。建立“顺天国”是一大分水岭，既区别于“绿林”“响马”打劫为生的经济动因，也不同于以往流寇色彩浓郁的寻常起义。他们进一步提出推翻清王朝建立新社会的政治目标，使义军成为真正的革命队伍，并制定“不交租、不纳粮、不交苛捐杂税”的三不政策，李蓝最为重要的是首创了中国历史上的农民起义根据地。

在屯上，李永和树立起一根巨大的旗杆，他说：“搬倒旗杆者为王。”大家都是习武之人，纷纷一试身手，但无一不是蚍蜉撼大树。李永和本有神力之称，他的这一权力“自我设计”并不高明。他双膀一较力，真有拔山之势，旗杆渐渐倒了。既然是王，那王妃在哪里呢?

李永和下令在民间求女为妃，但消息一出，民女们立即“逃之夭夭”。见毫无起色，李永和再下令：“于民家中若得一假木髻，即便献一女。”号令一出，当地乡间以木为假髻之风立即绝迹了。他们风闻大关乡一个姓匡的家里有女，颇有姿色，立即派遣暴徒强取，但美女不在。不得已，立即绑缚了美女的舅父，传出话来：“美女不出，即杀你舅父！”匡家女儿叫匡义贞，不得已来到屯上，来救舅舅，匡义贞既释舅氏，急忙以计诳贼，脱得身后立即自杀以殉节全贞……眼见粮草不济，李永和又遣众党于吉利、大关乡沿途掳掠行旅财物，当地乡民纷纷藏匿，唯老弱者守空屋。盐津一带的诸家商号家亦将货物贱卖，被迫收号回到陕西……

在采访里，我从老百姓嘴里听得出一些不屑，他们宽广、塌陷的卷舌音边缘，漏出很多跑气的细声。“听我爷爷摆过龙门阵，唐友耕是本地有史以来军职最高的人物。但却是不务正业之辈，凶残无比。尽管他后来成了官居一品的唐大人，不过还是一个偷牛儿。”昭通的轮胎商人李丽君这样对我讲。

我想，在一个难以判定方向的未明世界里奔走，一个人又如何知道自己是在走向光明呢？如果说光是智慧的本性，那么还有一种异形的大力在冥冥中提醒自己：返回黑暗才是天赋的必经之地。

当乌贼喷出第一团浓墨时，这才是弱者的火炬。也可以说，这团浓墨是“黑暗中的阿基米德”。

位于云南省大关县翠华山上重修的翠华寺。唐友耕兄弟即出生于此寺附近的农家。蒋蓝摄

一匹马引发的血案

大关县边界与昭通市靖安乡接壤，那一带就是著名的黑石凹。从翠华镇往南，“屯上”峭拔而上，乃是李蓝起义的据点大旗山。在参加顺天军之前，年幼的唐友耕穷苦无计，到靖安的黑石凹将一个回族人的牛偷走，还舍不得杀了吃掉，交给父亲牧放，准备卖个好价钱。黑石凹的失牛回民四处寻找，牛是认亲的，他来到翠华镇附近的山坡，那牛一见主人就叫唤不已，回民立即与唐友耕父亲发生激烈争执，一个说是自家的，一方说是偷来的，回民愤怒不已，将唐友耕的父亲当场杀死。

但黑石凹距离唐友耕在大关县翠花镇的家不是一时半刻就能走到的，何况偷的是耕牛，不是一块金子可以揣在兜里。昭通文史学者马应良指出，唐友耕在黑石凹偷窃的是回民的马匹，偷偷牵回大关家里，交给父亲喂养，父亲经常在大关城外的山坡上牧放马匹。某天，昭通龙洞汛的经商回民恰巧在大关县城外的山坡经过，见到了这匹失踪的马。恰巧马的主人又是商人的亲戚。马主闻讯后，立即赶来与唐友耕的父亲理论，几句不和，回民把唐父当场杀死，牵马而归。[①]

清代吴大勋《滇南见闻录》指出：“滇中之马善走山路，其力最健，乌蒙者尤佳。体质高大，精神力量分外出色，列于凡马内，不啻鹤立鸡群。”一匹好马就是一家人的全部指望。昭通特

① 马应良：《清咸同年间昭通回民抗暴斗争记》，《昭通文史资料》第一辑，2004年编印，第231页。

有的乌蒙马要100匹布、100斤茶或100斤盐才换得一匹。清代马匹价钱一般15两左右，好的战马可以翻倍。那么，为一匹乌蒙马白刀子进红刀子出，是很正常的事。

唐友耕并不知道这杀父仇人的名字。他还太孱弱，在一个奉武力为主旋律的年代他束手无策。他把杀父之仇的血吞回肠胃，一面刻苦练武，一面悄悄查访凶手姓甚名谁。

就这样，唐友耕和回民结下了血仇。为了既成的痛苦而痛苦，自然会招来更多的苦痛。这个痛苦的爆发点，不是自己的身体被三刀六洞贯透，就是在对方身体内爆炸，就像打翻的粪桶。

如此看来，后来发生在昭通咸丰年间的回汉之争，最初的原因就是黑石凹的一头牛。这引出了多年后唐友耕“奉旨”剿杀回民的血雨腥风。

对这段历史，《唐公年谱》里臆造了一个“比较合理”的故事，说是唐友耕的父亲“道西公”因有一匹骏马被回民强贼马某觊觎甚久，在一个猝不及防的时刻，强人暴起而夺马杀人。这暗示了两个背景：一是父亲因良马被杀，第二才是关键，点名父亲是官府之人，那么，唐友耕念念有词的复仇就具有顺应伦理与制度的合理性。唐友耕为道西公复仇，手刃马某全家7口之后带着妻子唐黄氏开始亡命江湖，做小生意糊口。他的母亲龚太夫人携带襁褓中的小儿子唐友忠投靠叙府城内东大街的彭姓人家以避祸。这固然符合费行简的记述，但是《唐公年谱》将偷窃之“牛”替换成了被强人觊觎的“马”，如此牛头不对马嘴，成何体统啊？

《唐公年谱》记载的最大漏洞还在于：说咸丰七年（1857年），唐友耕已经21岁（实际为17岁），当年冬十一月，他的弟弟唐友忠才出生，但何以从未再写父亲唐仁义（字道西）一些情况呢？他不是被杀了么？年龄相差如此之大，颇不可解。

在进入起义军阵营之前，《唐公年谱》臆造了唐友耕一个短暂的逃亡期。但提到了那个叛党麇集的大本营：大关县牛皮寨，说唐友耕是去牛皮寨“投靠族兄”以避祸。这险险窄窄的一笔，曲笔藏有万般无奈，让正统官史为其捏了一把冷汗。他继而带老婆唐黄氏四处流浪。

清末之际，各省反清的哥老会兄弟，尤其是犯了大案的，既不为体制所容，那就只有亡命江湖一条路可走，这叫作“避濠”，而这样的“避濠”者逃往四川、云南的特别多。唐友耕是久走江湖的，通往叙府的几百里路他熟门熟路，人缘也广，但是我估计，唐帽顶没有遇到能够接纳他避祸的兄弟伙。这个原因，将在下文交代。

某日，唐友耕来到叙府金流滚滚的金沙江边，望着碧绿澄澈的横江水汇入浑黄的金沙江，浑水很难摸鱼，可惜出路不但不是那条鱼，而且连想象的余地也断绝了。这条被清代刑部尚书王士祯称为“蛮江”的金沙江，它同样以“黑水”“马湖江”“丽水”等不同名字逶迤在历史的地表，灌注的却是一样的咆哮浊流裹挟着不断撕裂体制的铁血之力，尽管让文雅之士们胆寒，就像王士祯所谓“波涛三百里，犹是怯兵澜”，可他们没有料到的是，刀锋倒卷，“蛮江”也往往是“蛮子”们的葬身所在！

绝望的黄夫人坐在江边鹅卵石上，讲了一番“大丈夫立建功名时不可失、勿以妾为念”之类的豪言后，转身，她绝不投入“蛮江”，成为咆哮江流的浪花，而是选择了符合传统伦理的自杀形式——投缳！

这一番描绘，笔者没有进行文学加工，而是《唐公年谱》为

“尊者讳”的记载。想象一下吧，一个目不识丁且从未出过远门的乡下女人，随夫亡命天涯，可惜天涯竟然才距家乡区区几百里，她的苦痛与惊惧被大江的咆哮声所激发，她未尝不是一直渴望着尽快结束这痛苦的延续。

叙府城的水东门。美国人盖洛于1903年摄

这时，唐友耕空了。

倾空自己，不是弃力不是弃智，要成为老实巴交的农民。倾空自己是把邪恶、善良以及未明的情绪全部倾倒出来，然后进行归类，然后再把它们分门别类地装回去。唯一的好处正是可以令一个人更接近事理。

唐友耕是一个喝水就可以打出一串酒饱嗝的人。他索性把脑袋拴在裤腰带上，轻身前进，自此毫无顾忌。

考察他的错综交叉的踪迹，我不时获得一些体悟。长期置身于耻辱之中的人，已经长出了日益强悍的道德厚茧。与其说是麻木不仁，不如说是一系列耻辱已经附着其心地之间成为当事人的道德盾牌。这种化腐朽为神奇的能力，这种化攻击为防守的异化，等于是把攻城者的尸体和武器，用来加固自己的城墙，这不能不是一种峭拔其上的底层智慧。过于脆性的富裕阶级不明此理，只是在“不自由毋宁死”的二元对立中扭结，最后我发现多数“人上人”选择了跪地求饶，这叫“苟全性命于乱世”；极少数杀身成仁，就成了烈士。

但关键在于，底层智慧往往是有毒的；而有毒的东西，还容易让人上瘾。

……

咸丰九年八月初（1859年10月初），因为昭通“烟帮”向叙府一带走私烟土被官府发现。所谓“发现”，不过是一直走私烟土的烟帮这一次送上的贿赂数量甚少，大大令官府不满，那么，杀一儆百方式不过是希望他们回到“知趣”的逻辑中来，但事情好像并不如此简单。著名历史学家、四川省图书馆馆长祝彦和在《蜀乱述闻》里称，朝廷“闻奉批照屯积例斩，于是其党聚众起事”[①]。其实，行帮本为较为团结的民间组织，闻名中外的天地会，最初就是闽广一带世代以肩挑负贩为主的苦力秘密组织，而天地会众人“结会目的，多为了遇事相助，免人欺凌”。这样的结社理由和起事的肇因，均是结社遭到毁灭性打击后，不得不高悬异端的旗帜。

于是，李永和、蓝大顺遂在大关的屯上起事。唐友耕“雪夜上梁山”，他的凶悍与复仇经历，以及他播散在负贩行帮里的名声，很快得到了兄弟们的钦佩，开始在蓝大顺的先锋营里充任“尖刀”。

李永和时年23岁。我从“瓜面长身，外和内暴”的稗史描绘里，大体能感受到他的一些特性。因之近水楼台的原因，他喜欢抽鸦片，而在川南、滇北一线，货贩子、马帮、挑盐匠等苦力均

① ［清］辜鸿铭、孟森：《清代野史》，巴蜀书社1998年版，第四卷第2155页。

以为鸦片可以提神、缓解体乏，富人则腾云驾雾，超越女色、直捣瘾癖的最深处……这种习俗一直沿袭到1950年之前，刘文彩在宜宾1920—1930年的10年淘金记，全仗鸦片暴利。至于说到他“贪淫酗酒”，证据则来自于“伪”左护国军政司、最具韬略的名山县人何崇政的“劝谏”：“勿食洋烟，勿贪酒色”等语。可见，也许鸦片的提炼水平低劣，纯度不高，李永和的癖好尚未登峰造极。因为全靠鸦片那腾云驾雾的缥缈托举的人性，女色对他而言是全然无色无味的。

李永和的性情显然与他从事的激烈反叛处于悖论状态。他生性并不好动，起义军里背后称他为“李半年”，这个近于四川话里的“刘玄德”，由此可见他被鸦片驯化出来的疏懒与迟钝。对立统一的原则暗示了蓝大顺的异军突起，就不是偶然的了。

大凡举事者，多少总要有点墨水。李永和为昭通洒渔河柳树湾人。他少时入私塾，因家贫而失学务农，后在昭通张铁匠家当学徒。其时习武，结识蓝朝鼎等众多豪杰。因农芜商敝，打铁显然打不出江山，李永和改行自组一支保镖队伍为滇川烟帮当护卫，居大关天星屯上为局。李永和力大无比，据说李家田的周围都栽满秧，牛无法进李家田中耙田，李永和便将水牛扛进扛出，至今洒渔河老年人中仍有“李短褡褡儿，力大如牛”的传说。

在中国有很多奇妙的事情，比如革命往往始于头发。李永和自幼不满世俗，清时男性皆留长发辫，李永和却偏要剪发齐肩，故人称之“李短褡褡儿”。不满于长辫子，但总要把根留住，不然就授人以柄。这一高标个性的叛逆发型，竟成为后来义军反清的标志——凡参加义军者皆去长辫留短发。走在山道上，李永和散开那鬃鬣似的头发，落日穿过头发，披光的事物逐一遥远和澄清，幻象将被改编，成为边际的雾气与亮。

身为不羁的勇者，李永和就像一头置身峻岭深处的怪兽，以一根短辫子搅起的微风，引发了一场持续十几年的血肉风暴。

1857年为逃避战乱，谋求生计，李蓝二人参加“烟帮”——这是一个受鸦片烟商雇用、保护烟商逃避官府查缉、盗匪抢掠的行帮组织。因为有心计，更有武艺，他仗义疏财，扶弱济困而成为烟帮的管带。《湘军志》中也称他们“自托商贩，颇重身家，无反心”，“号为帮中巨擘”。[①]对这一考证，我有不同看法。这应该指的只是昭通蓝氏“朝”字辈豪杰。

革命不是请客吃饭。革命如飓风卷残云。飓风固然携带让体制畏惧的暴力，也裹挟火种。李蓝起义的根本原因则是地方官吏欲壑难填，他们承受不住了。起义之初是只反贪官，不反皇上。其实是农民为自己日后的造反大业预留了后路：推翻皇帝，最后自己也过一把皇帝瘾。他们心中只有来自封建宫阙的权力运行模式。陈胜吴广是如此，黄巢是如此，李自成、张献忠是如此，太平天国是如此，连孤陋寡闻、偏于青城山的王小波、李顺，也是如此。

据说，牛皮寨众头领轮番拜旗，磕头但不捣蒜，可惜旗帜垂而不起。只有李永和烧香焚香纸以拜，遂起风，“义旗刻张”，宛如张开的翅膀，大旗要把所有的旗穗连同李永和的一头短发在逆风里发射出去，变成一支支夺命的飞箭。该山后来被称为“拜旗堡”，至今尚存。

当时李、蓝二人就在山寨贴出一副对联表明了拳拳心迹：

① 邹长铭：《昭通史话》，2000年版，昭通市政协文史资料委员会编印本。

圣主本仁慈，恨尔贪官污吏，败坏二百年基业；
皇天多眷念，凭我猛将雄兵，扫清十七省山河。

这个对联，是对宋江“只反贪官、不反皇帝”座右铭的仿写，可惜没有遇到明主。明主们看都不看后一联暗含的威胁，只看成是一群待价而沽的暴民枭叫。这种认识论错误，历来就是官场对待下人的套路，由此造成追悔莫及的后果。

据说，李永和、蓝大顺很喜欢利用对联的方式来传播理念，他们走一路，就命文书写一路门联。依靠传统文化的旧瓶，装的不是新酒，而是“毒药”。比如在川南一带张贴很多的门联是：

杀贪官以救民，原为黎民造福；
分豪富而济众，但愿大众归心。

这与后来在犍为根据地铁山悬挂的门联“八灯照犀牛，此地实难求；若有人占此，胜过万户侯”有异曲同工之妙，他们渴望“易无道为有理”，[1]为造反到当家做主寻找伦理学证据。

开始阶段，李永和较为言行一致，只杀贪官和勇于对抗者，而对清官则放其一马。“李短辫子经过的地方，只取粮食，不乱多杀人，若其地能以食馈之，即秋毫不犯。惟蓝、张诸匪残害多，蓝尤甚焉。以蓝氏兄弟乱行川陕两省也。李匪每到一地各即立营，多久不移；蓝破一处，多不过一二日即他走。故谚曰：

① 任昭坤、龚自德：《四川战争史》，四川人民出版社2009年版，第219—220页。

‘蓝慌张，李不忙，张五麻子赶乡场。’”[1]如此忠奸辩证法在李蓝群类短暂历史里记载甚多，也体现了起义军求贤若渴的需求。只可惜拼死效忠正统的官员们并不领情，他们只有用牺牲来回答这个算式。叙府庆符县县令武来雨就是一个典型。

蓝大顺是四川潼南人

【采访日记】2012年7月13日

这段时间查阅了很多四川、云南近代史资料。围绕李蓝起义军，“李短褡褡”李永和以及重要将领如卯德兴、唐友耕等人的身份没有任何争议，但浓稠的迷雾一直萦绕在蓝姓兄弟身上。在历史记载中，除了蓝大顺，尚有蓝朝柱、蓝朝鼎、蓝朝璧等人，绰号有蓝二顺、三顺、幺顺等等层第而下。有鉴于此，早年著名历史学家罗尔纲专写《蓝大顺问题考》，他的结论很清楚：“蓝大顺的真实姓名是叫蓝朝璧。”[2]

我注意到，四川近代史学者李有明不同意这个结论，先后写了3篇与罗尔纲商榷的文章。他认为，尽管各种说法把大顺、二顺之名，胡乱指为朝鼎与朝柱，但是从未有指为蓝朝璧者。记载大顺、二顺混淆不清的现象，也散见于当时统兵镇压起义军的清朝官吏奏稿和年谱当中，有些私家著述也前后矛盾，即或是《清实录》中，也多据地方官奏稿录事，所以也含混不清。他分析众多资料后

① 昭通旧志汇编编辑委员会：《昭通旧志汇编》，云南人民出版社2006年版，第1349页。

② 中国社会科学院近代史研究所《近代史研究》1979年第1期。

认为，蓝大顺名为蓝朝柱。[①]

1992年，学者张宁在《昭通师范高等专科学校学报》当年3期上发表论文《蓝朝鼎身世及其起义原因的探讨》，对蓝朝鼎家族的来龙去脉和蓝朝鼎参加义军的过程作了详细的分析，澄清了史学界对李蓝起义初始阶段某些重要情节的模糊认知。张宁得出的结论依然是：蓝朝鼎即为蓝大顺。

历史与真相，也许正是在这样反复诉说中尘埃落定。但尘埃偶尔也会被风带起，去到尘埃原初的形象里。

2012年5月8日，《成都日报》副刊编辑范湘红告诉我，成都有一个叫蓝炳元的作者来报社投稿，偶然谈到他就是蓝大顺的后人。我心头一惊，立即感到某种感应的异光。次日，我与范湘红赶到蓝炳元约定的东胜街一小区门口见面。

蓝炳元先生接受我的采访。蒋蓝摄

① 李有明、蒙绍鲁：《往事存稿》，四川民族出版社2004年版，收录的相关3篇文章。

天气暴热，蓝炳元走得很急，敞开衬衣，古铜色的胸廓流满汗水。他身材中等，说话条理清晰，看得出是一个经历丰富的人。他多年前一直在成都宽巷子居住，凭着惊人记忆，再辅之以资料，他绘制了一张近2米长的成都《宽、窄巷子风情图》草稿，重现了20世纪50年代之前宽窄巷子的街道、公馆、餐饮、茶社、商铺，涉及七十多座院落三百多间房间，各类生活形态的人物一千多个，连一些醒目的大树也一一标注。他本人没有学过美术，特请住在东胜街的画家江华光根据他的草图，绘制成一幅“成都清明上河图”长卷。

他带我们来到江先生住宅查看原图。蓝炳元讲，自己之所以认识江先生，是彼此祖辈有渊源。潼南94岁的熊葵忠老人回忆，早年蓝大顺一直在四川“跑滩”，后做油菜籽、盐巴生意。从潼南往宜宾、犍为一带，逐渐深入到云、贵与四川交界的崇山峻岭。他有几匹骡子，后来加入昭通到叙府一线的“烟帮”，从事镖师押运，这等于走上了不归路。蓝大顺在“跑滩”期间，在蓬溪因身无分文，迫不得已到餐馆去吃“霸王饭”，饭后被餐馆罚以头顶条凳示众，恰好被路过的商人江孔俊目睹。江孔俊觉得不仁，慨然出资，予以相救。蓝大顺说：他日我富贵了，必涌泉相报。后来李蓝横扫滇北、四川等地，他没有食言，为江孔俊送上了狐皮大褂以及珠宝。李蓝失败后，官府四处捉拿同党，这些狐皮珠宝为江孔俊一家带来了血腥之灾，幸亏逃出来一些妇女和孩子……

家族史就是一部断代史

蒋蓝：首先请谈谈你们家族在成都的情况。

蓝炳元：我的父亲蓝玖陵1910年生于潼南县。因为四伯父蓝锡芝先期来成都安家，于是我父亲在1930年也到成都来谋生活，后来五伯父蓝玉林也来到成都。大伯父的妻子、儿子接踵而至，几家人均住在宽巷子。我们蓝氏家族自20世纪初入住宽巷子以来，历经5代，前后40余人在这条巷子里繁衍生息，直到2005年因市政建设需要，才最后撤离这条亲切而熟悉的小巷。像我们这样的家族在成都历史上很多，我也算得上是“老成都”了。

蒋蓝：你以前并不研究历史，为什么对蓝大顺与自己的家族关系这么关心呢？

蓝炳元：其实，即便彻底证明了蓝大顺是我的祖先，这并不能为我带来什么荣耀和好处！我是偶然与“蓝大顺”相遇的。2011年6月，我准备撰写有关宽巷子的家族生活回忆录，就是在写作过程中，我突然发现，“我是谁？我从哪里来？我到哪里去？”这本来是哲学层面的形而上的“天问”，没想到，如今却变成了我的现实层面的问题！我的问题需要得到解决，即：我家是从什么地方来到宽巷子？又是什么原因会来到这里？我的老祖宗又是谁？于是我开始留意有关蓝大顺的所有记载。

蒋蓝：蓝大顺与李永和等人举行的起义距今已有150余年，然而作为这次起义的主要发起者和领导者的蓝大顺，其真实身份如迷雾一般笼罩史学界。如果从1956年李祖桓先生在《历史研究》上发表《对邹知伯“李永和蓝大顺起义始末”一文的商榷和补充》算起，到目前为止，已经过去50多年了，史学界仍未对蓝大顺的真伪得出一个确切的结论。

蓝炳元：李祖桓先生当年就曾谨慎地说过：“蓝大顺这一名称，太平军是承认有的，民间广大群众也是如此传说的，各种记载对他名字的说法，又是大有不同……要绝对的弄清楚，还不是一二人之力在短期内可以做到。”在李祖桓先生研究这个问题未果之后，王文才、张志旺、王宗维等历史学家相继发表学术文章进行探讨，不过他们关于蓝大顺真实身份的判断仍未得到学术界的认同。

蒋蓝：你以前知道蓝大顺吗？

蓝炳元：年龄很小的时候就知道。因为我的父母就给我讲过蓝大顺的故事。我的四伯父最熟悉这一历史，给不少人讲过。一部家族史不但是人口繁衍史，更是一部断代史。

第一，我父辈讲，我家是由四川潼南县（现属重庆）于1920年前后迁来成都的。第二，我父辈为6兄弟3姊妹，1968年，我家唯一一本家谱遗失了。当年底，四伯父即以口述方式叫我堂兄（五伯父之子，刚从部队复员）记下我家班辈排行表，并告之祖上有蓝大顺、蓝大本是参与过农民反清起义，是造过反的。现我从堂兄处抄录我家班辈排行表为：“周天采杰云廷正大（钟、奇）泽树炳培德延宗世代维永”。共20字，其中钟、奇并辈。堂兄和我是炳字辈，按表推算，蓝大顺、蓝大本应为我高祖辈。

我的大伯父是1886年出生，四伯父是1890年生。查得蓝大顺是1829年生，1859年参加起义，1865年战死。蓝大顺比我大伯父高出57岁，中间隔两代，时间上倒是吻合的。但口说无凭，须得有确切依据。于是我踏上漫漫寻祖辨踪之路。

寻祖辨踪之路

蒋蓝：你是什么时候去潼南的？

蓝炳元：2011年7月，我第一次回潼南县老家——潼南县塘坝镇灌溉坝村的“石坝大院”走访，后来又去了2次。我查阅了本地蓝氏宗谱收集者整理编印的《蜀潼蓝氏宗谱》，蓝家始祖“蓝现舟”入川至第15代的基本脉络，其中第8代为“大”字辈。当时蓝氏家族人丁兴旺，因此当地有“蓝家的杆子、陈家的檩子、汪家的谷子”之说，所谓“杆子”是指人多势众，有武力。蓝大顺是长房之子，与他同辈的有大本、大定、大远、大灼、大平、大诚、大试等数十人。

蓝大顺1826年生，1864年在陕西汉阴战死，时年38岁。根据宗谱订立者蓝树绪、蓝庭燎、蓝炳华讲，因修谱时，蓝大顺的后人不知去向，也无任何联系。至今当地不少村民承认，自己的祖先参加过蓝大顺的起义军，失败后先后回乡。李蓝大军建立在犍为县龙孔场的根据地被四川布政使刘蓉“水淹七军”攻破后，蓝大顺率部北上进入陕南，攻占义县后建立政权，号“大汉显王”。同治二年（1863年），蓝大顺部与西北太平军陈德才、赖文光部联合，蓝大顺受封为“太平天国文王”。次年，西北太平军东下驰援天京，骆秉章派已经升任陕西巡抚的刘蓉率军进攻蓝大顺部，两军激战于周至县。

蒋蓝：也就是说，历史著作针对这一记载都是张冠李戴？

蓝炳元：我认为是如此。蓝大顺战死于陕西汉阴县。1861年12月，蓝朝鼎在丹棱县战死，但众多史料将其混为一谈。塘坝镇村民蓝炳荣、葫芦坝村民蓝培德讲述，蓝大顺战死于汉阴县后，首级被官府割下用于示众，蓝大顺的同乡部下无法背回尸体，只得砍下他的一只脚杆背回乡。蓝大顺的“脚板坟”就在灌坝村村

位于潼南县石坝的蓝家老屋。蓝炳元先生提供

口，痕迹宛然。但潼南县一带有一个奇特的风俗：那就是院坝无门，坟墓无碑。当地百姓的说法是，你连祖宗坟墓都记不清楚，你就是不肖子孙，所以均没有墓碑。当然这个风俗现在逐渐改变了。蓝大顺的“脚板坟”因为无碑，也是依靠当地村民指认的。

蒋蓝：其实在一百多年前，王闿运主掌成都尊经书院期间，在与四川提督唐友耕的密切交往里得到不少真实描述，他注意到了这一名字之间的差异。他在日记里记载，担忧西安将军多隆阿的处境：“盩厔（即周至县）在西安以西约200里处，城墙高厚，蓝大顺等率起义军在城内屯粮积薪，严密设防。多军利用地道以地雷轰城，同时发起强攻，皆未成功。多隆阿见部下死伤累累而城不能克，心急如焚。”[①]1864年3月30日，多隆阿赤膊上阵，

① ［清］王闿运、马积高：《湘绮楼诗文集》，岳麓书社2008年版，第143页。

击鼓督战，再次强攻，他头部被起义军鸟枪击中。次日虽然城破了，蓝大顺等退向陕南，多隆阿因伤重不治于5月18日丧命。

蓝炳元：结合我实地走访的记录，可以发现，当时与李永和一起起义的首领无疑是蓝大顺。至于“朝”字辈的昭通蓝姓家族，与四川潼南的蓝姓无直系关系。我分析，昭通“朝”字辈一批兄弟在李蓝聚义之前就盘踞在牛皮寨占山为王了。后因两股力量终于汇聚，加上“烟帮”非常讲究义气，血酒一喝，两肋插刀，都是兄弟。大家拜李永和为大哥，蓝大顺为二哥，“朝”字辈蓝姓兄弟自然更愿意与蓝姓“家门”套近乎了，这不但可以进一步结盟，而且可以利用“大顺”之威，树立自己在军内和江湖上的威信。二顺、三顺、幺顺滚滚而下，合情合理。

蒋蓝：昭通文史学者邹长明在《昭通史话》里指出：“蓝大顺又名蓝朝鼎，今昭通市郊守望乡人。据蓝氏祖坟墓碑铭文记载，祖籍陕西，雍正年间迁至贵州威宁。乾隆二十年后，蓝大顺的曾祖蓝元吉徙居恩安县城南八仙营，以耕种为业。后蓝大顺的祖父蓝发贵‘因家道未遂，复移居威宁稻田坝迤北丘’。蓝大顺父辈有7弟兄，弟兄长成，蓝大顺的父亲又迁回八仙营蓝家湾。其祖父死后也归葬八仙营，现墓碑尚存。碑文记载蓝大顺一辈弟兄共24人，其中后来参加起义军并有姓名可考者除蓝大顺外，还有蓝朝壁、蓝朝宏。”

蓝炳元：我认为他考证的还是昭通蓝姓家族。不然，潼南县蓝姓家族为什么至今还有那么多关于蓝大顺的传说？这些传说流传已久，编造并不能带来什么好处，而且蓝姓“大”字辈只有潼南蓝姓家族的字辈才可以吻合。

回忆中的细节

蒋蓝：你在灌坝镇、石坝镇的走访记载里，还有不少证据。

蓝炳元：经蓝月清、蓝树绪指引，我实地察看了蓝大顺家在石坝镇的大院（也是我父辈从这里出走成都的地方），蓝月清讲，1964年他担任乡支部书记，带头“反封建迷信”，砸毁了蓝大顺使用过的喂马槽。蓝大顺后人为躲避清廷追查从灌坝搬迁到了石坝，他们打造的用以表明不再造反的石盘、石锁，在“文革”后也不知去向，但蓝月清还清楚记得石盘、石锁存放的位置。当地蓝树阳、蓝树绪、蓝炳宏、蓝德明分别代表各支祖，讲述了他们所知道的蓝大顺反清起义事迹。可惜的是，这些资料并没有得到有关文史部门的重视。

蒋蓝：听说，你夫人的祖上还是你祖上的“死对头”……

蓝炳元：这是我在搜索有关蓝大顺起义材料的过程中遇到的奇事。我和夫人的祖宗原来早就是“冤家死对头”，且算起来有150年之久了。我翻阅《清实录》，内中有清廷军机处奏请同治皇帝派湘军前往四川镇压李蓝农民起义的消息，我突然向我夫人拍案大叫：你的祖宗为何要打我的祖宗？4年前我陪夫人去了趟她老家江苏江阴，还专门去拜谒了曹氏宗祠。曹氏宗祠里因有慈禧太后题赠曹毓英的金匾。我的高祖蓝大顺于1859年与李永和联手举行反清起义，从云南杀进四川。清政府先后责令四川总督曾望颜、提督占泰和驻藏大臣崇实对义军进行围剿，均被农民军打得落花流水。后来同治皇帝听从了曹毓英的奏章，改派老谋深算的骆秉章入川，这才扭转了局面……

牛皮寨

晚清四川俗语说："不怕鸽子满天飞打3个旋旋还是要回屋；不管他昼夜长短一天只有12个时辰。"说的事情无论如何折腾，最后还是路归路，桥归桥。

与太平天国繁琐的治国典章、官职、特殊称谓、自造汉字、服饰文化等等相比，李蓝起义军的革命口号显得过于简陋了，与提出"只杀贪官，不犯庶民"的无政治纲领而又建立起大西国的张献忠近似，但"不交租，不纳粮，打富济贫"却如同乡村铁匠铺打造出的利刃，轻易就刮开繁琐礼仪，直捣百姓的内心。这与875年进士不第的黄巢提出的"均平"口号在伯仲之间，但前者却以更为实际的经济成本核算法，激发起了劳苦大众的斗志。

古时，籍贯往往成为流民们团结的唯一理由，这个理由要胜过一切说教。同一籍贯可以排除异己，可以消弭龃龉，同饮一江水、同食一地粮、同说一腔音的地脉，从脚底的涌泉贯通到了每个人的天灵。

当然，例外也不是没有。民国版的《清朝野史大观》里有《骆文忠与洪秀全》一文，就记载了一个传闻："骆文忠秉章粤之花县人，洪秀全亦花县人也，故老相传：文忠幼时实与秀全同塾。洪每言我，他日长成必造反。文忠曰：'汝造反我必平之。'洪藐之曰：'竖子不足以平我。'文忠曰：'我或不能，亦当举有力以代我。'后果如其言。盖当时中兴名将，出于文忠推荐保者为多云。"这固是传说，但同一籍贯，同饮一地水的人，用了两双迥然各异的手，一个是要掀起黑暗历史的盖头，一个却是要揭开造反者的头盖骨。

同样的道理，昭通人的籍贯被朱提江一以贯之，却是两番景观。在李永和拉起的这支起义军中，有“昭通派”和“威宁派”之分，“昭通派”归李永和、卯德兴等人节制，剽悍的“威宁派”归蓝大顺以及昭通籍的蓝朝鼎兄弟所统辖，李永和虽为最高统帅，也难于指挥全军。毕竟，腰杆不硬，说起话来就疲软。

为避清军锋芒，他们移至滇川交界的盐津县牛皮寨整饬队伍。此地山高林密，食物获取容易，便于休整。

牛皮寨位于盐津县境东部，距县城18公里，东南与四川省筠连县的廉溪、塘坝镇接壤，西南与盐井镇连襟，北邻兴隆、落雁镇。境内主要溪流有仓房河、岩洞口沟、岩方沟、杉木沟、四方碑、毛稗沟6条。其中以仓房河径流量最大，流经落雁镇保隆、共和村在滩头注入关河。境内最高处为东大山，海拔1376米；最低点为龙茶村黄葛树，海拔420米，多数地区海拔在700—1000米之间。如今的镇政府驻地牛皮寨海拔1044米。

牛皮寨历史悠久，大约建于明末时期，青石板路、贞节牌坊、青瓦木房、龙灯舞狮、牛耕马蹄民俗痕迹，至今大部分尚存，为后人勾勒出这个位于秦“五尺道”上要津之地的历史风霜。

关于这个寨名，历来是叫“牛寨”，但特意强调“牛皮”的产出，可见地名蕴含民俗确为至理。2011年夏天，我来到寨子里，一位80多岁的老人告诉我，这里地气旺，植被茂盛，盛产黄牛，以前一些四川商人前来收购牛皮，再运输到其他地方赚钱。但根据我另外的走访，本地人也不是一味提供牛皮，手艺人也制作牛皮刀鞘和各种马具，这在冷兵器时代堪称一个不易衰落的买

位于今云南省盐津县的老鸦滩附近的古寺庙。美国人盖洛于1903年摄

卖，牛皮寨的名字由此而来。

当然，本地还有一个有关牛皮寨来历的说法，说是为了调解民族纠纷，曾经在此杀牛剥皮盟誓而得名。①

透过巨大浓荫的桢楠，我绕过一片苦丁茶园，见到自由自在的乌骨鸡在满地啄食。我看见一条青石板铺就的小路，村民告诉我这叫“真武小道”。一听就知道是旅游经济的产物，他们是在古道上加装了石板，真格的整成假古董了。牛皮寨侧旁的真武山又称云台山，山腰上以前有一座寺庙曰“龙兴寺”。此庙建于嘉庆三十八年。到乾隆五十八年改建为真武庙，到光绪二十二年，由乡人郭宪卿倡议募捐重修。李蓝起义军在牛皮寨扩充军力后，拜旗起义之地就位于真武山上的真武庙。真武庙嵌于山岩间，可

① 傅奠基：《昭通地名文化》，中国社会科学出版社2007年版，第103页。

谓凭虚倚险。经过历代的整修和完善，现已成为牛皮寨的一大胜地和休闲去处。

但牛皮寨的真武山，显然比不上叙府的真武山来得灵验。

一帮泥腿杆子明白，要找高人出谋划策。四川道教素有“北青城、南真武”之说，有人推荐叙府真武山的道士余老上师，乃得道高人，未卜先知，百算百灵。派人请来这位高人后，“老道建议有三：扩充队伍，建置营哨，申明号令。咸丰九年九月上旬，军队整编完毕，李永和统率，又聘叙州籍裁缝邓伯仁为“谋士”，全军分五“牌”（即“营”的编制）：第一营蓝大顺、蓝二顺；第二营张国富、张弟才；第三营卯德兴、朱国迁；第四营周绍涌、郭富贵；第五营唐友耕，并担任先锋。每营辖四哨。九月初八，李蓝义军挥师入川。这是中国近代继洪杨起义、大理杜

位于今云南省盐津县老鸦滩一带的大峡谷，路边茶屋。美国人盖洛于1903年摄

文秀起事后，农民战争又开辟的第三战场。”[1]手持降妖木剑的道士觊觎着权力场中的妖孽，念念有词；手持剪刀和划粉的裁缝盯住人民的腰肢，准备裁剪山河，由他们充任战略家和战术家本不奇怪。关键在于：刀把子掌握在哪一个手上！

按照不成文的分兵规矩，第一营战斗力最强，依次递减。处于“吆鸭子”的位置上，唐友耕很清楚，只有用更多的人头来说话。

李有明先生在《李永和、蓝朝鼎起义史话》里指出，大军到达豆沙关老鸦滩时，唐友耕方带着他的袍哥兄弟十八勇士从叙府急急赶来，加盟起义。其中有叙府人邓伯仁，传说中过举，破落后开始“跑滩”，当过裁缝。而与唐友耕有交情的孙惠是孝廉出身，老家就在盐井渡。[2]如果这一记载可靠，那么我们可以发现，这个裁缝邓伯仁迅即成为李蓝起义军的“谋士”，可见，唐友耕在为自己谋求出路之余，还为部队引进了军事人才。

前不久读乌拉圭作家爱德华多·加莱亚诺的《镜子》，他说，战争是有气味的。他转述了两位记者来到特洛伊覆灭三千年后的战地，“他们曾亲身经历过好几场战争，自内心感受过战争之苦，他们熟知这种腐烂的气味，热热的，甜甜的，黏黏的，会渗透你身上所有的毛孔，长留在你体内。这种恶心的感觉，你永远去除不掉。”[3]

---

① 邹长铭：《昭通史话》，2000年版，昭通市政协文史资料委员会编印本。

② 即盐津县。李有明、蒙绍鲁：《往事存稿》，四川民族出版社2004年版，第64页。

③ ［乌拉圭］爱德华多·加莱亚诺著，张伟劼译：《镜子》，广西师范大学出版社2012年版，第64页。

战争首先让人回忆起来的就是气味，一种疼痛的气味。我在牛皮寨能够感受到这种疼痛的气味，被艳阳加温烘烤之后裹挟了我的每一个毛孔……牛皮寨村民说：“大山戴帽帽，不消问神道。”指的是牛皮寨大山上有雾，一定下雨。突然，天转阴，果然下起了牛毛细雨。

南广河与庆符县

多年打熬出来的筋骨和身手，在刀头舔血的日子里迅速得到了验证，苦，不是白吃的。

咸丰九年十月初三（1859年10月28日），唐友耕随蓝大顺部由盐津县的豆沙关峡谷进入叙府地界。

民国十三年（1924年），云南省盐津县铁索桥

豆沙关为滇北昭通境内第一雄关。两岸高600余米，当年关口通行处，最狭窄的只有3米宽。远望如石门，唐宋时期均称为“石门关”，元明时改为“罗佐关”（“罗佐”据说为守关将领的封号），清代以降始称“豆沙关”，名字也是守关彝族将领“豆勺”的名字而来。600米高的绝壁凹陷处，至今可见僰人悬棺。无数英雄在此折腰，人马侧身而上，黄蝇、飞蛭、毒蛇、短狐、沙虱等汹涌而来……明

朝四川巡抚曾省吾远征于此，留下了“九折宁非险，清时自坦途”的喟叹。

在顺豆沙关而下，滩口密布，上流有豆芽滩，中有麻柳滩，下有老鸹滩①。民国时期的本地先贤周荃先生置身铁索桥畔，就写过一首七律咏叹老鸹滩的雄奇险峻：

老鸦滩畔水湾环，铁索桥横第一关。
商贾尽多滇蜀客，人民不别汉夷闲。
盐船乱接江头路，巡署斜撑市外天。
笑我自非题柱客，倒骑驴背且言还。

自古由滇北进入四川叙府的道路除陆路外，水路在冷兵器时代更为重要。从昆明越滇东北抵盐津老鸹滩，再至叙州府入大江。云南府至横江路段用牲畜驮运，约需22天。该路线开通历史悠久，宋代始以豆沙关为水运起点，元代开始沿横江河谷设立水站到叙州，清代用于运盐，又称“盐井渡道”，乾隆年间成为滇铜京运的动脉，每年滇铜转运入京达150多万斤。设于这一商路必经之地的老鸹滩关卡，据蒙自关1889年贸易报告册中引用《中国西南旅行》一书所列，该关卡每年征收土货进出口税额达到关平银240000两，其中75000两是鸦片税所得，此外以盐课为多，“进入云南的货物主要是来自汉口的盐、原棉、土布、棉纱，加上烟草、布匹和洋纱。出口货物主要是鸦片、金属、烟草和普洱茶”。1896年初，法国里昂商会考察团途经老鸹滩，发现此地常

① 当地百姓至今称“老鸭滩”“老鸦滩”，本文从民国《大关县志》之说。

住人口有1.2万人，城里虽然只有一条街，但商店鳞次栉比，货物琳琅满目。“转口贸易十分繁忙，是云南省最找钱的厘金局。”[①]可见，豆沙关、老鸹滩已经不仅仅是战时关卡，它更是川滇经贸锁钥，意义非同一般。

路过豆沙关，唐友耕也许知道，人生的一切，都没有重来的机会了。但是，云遮雾绕的前景，未必都是见不到阳光的阴霾。走到哪里黑，就在哪里歇。他与所有人马一样，反正缺口的刀，一样可以砍断、锯断脖子！

不信？就来试试！

四川的南部六县，民间简称“南六县”，即高县、珙县、庆符县、长宁县、兴文县、筠连县。位于川、滇交界山区，山高林密人迹罕至，一座座山峰圆润而秀丽，宛如并置的乳峰，让人联想起一些乡野间的风流韵事，这莽莽峻岭历朝历代以来就是占山为王者的理想主义天地。“南六县”既有红壤页岩分布，也有喀斯特地貌和丹霞地貌，山里有许多经历亿万年的水流冲刷、演变而形成的溶洞，自然而然成为体制异端的巢穴。当地老百姓把这些巢穴称之为“毛子洞”，这些“毛子洞”有几处出入口，而且洞上有洞，洞下有洞，洞中有洞。有的洞在荒山野岭腹地蜿蜒数十里；有的洞分上下几层，含支洞几十个，洞吞没洞，宛若权力在运行中难以宰制权力的惯性与急停。利用如此有利的地理位置，李蓝起义军伸出了利齿。

起义军蝗虫一般而来，筠连县以北30里的高县，居民纷纷逃走。高县县城与庆符县城相距仅15里，由于当时庆符县没有城

---

① ［法］法国里昂商会编著，里沃执笔，徐枫、张伟译注：《西南一隅——法国里昂商会中国西南考察纪实（1895—1897）》，云南美术出版社2008年版，第56页。

豆沙关古称石门关，位于云南省盐津县城西南22公里，是古时由蜀入滇的第一道险关。到了元代，朝廷派一个叫窦勺的将领来守关，于是他就用自己的名字取而代之，把关名改为窦勺关。由于“窦勺”与当地方言发音“豆沙”一词谐音，就沿用至今。当地流传着一句话：“不到石门非好汉，英雄要过豆沙关。”豆沙关上可见雄奇的“五路并置”一景：从下往上依次为水道、铁道、小道（后来拓宽为公路）、马道、高速公路。蒋蓝摄

连接云南与四川的南广河，左侧为著名的锁钥——石门关。蒋蓝摄

垣，成为李蓝起义军进攻四川的“扬名立万”的理想之地。咸丰九年九月十一日（1859年10月6日），县令武来雨拼凑了百十兵力出城迎战，结果不难预测，官军螳臂当车，大败而回。

南广河是万里长江的第一条支流，小小的支流却是古代中原封建王朝开拓西南边疆的一条重要通道，它沟通了云南东北部地区与长江与四川之间的物资往来。在庆符县一段称为“符黑水”，古代称为石门江，庆符县县衙就在修篁密植的深碧色的南广河边。清代当地举人樊鹏举夜游南广河，在月江渡口见河底一块圆形巨石在月光的映照下，洁白明亮，如一轮明月沉于河底，即兴题写“江心月白”四字，并于次日请石匠临刻于岸边石壁上，现“江心月白”仍清晰可辨。

但“江心月白”遭遇的现实却是“月黑风高”，让手无缚鸡之力的武来雨愁肠百结。

武来雨颇有文才，在老家山西留有不少墨迹，他与骚人墨客广有交往。他的老朋友徐继畬在山西同样深陷“捻匪”打击，目睹国家的没落而十分惆怅，并经常想到自己的死。武来雨知道后，特意寄给他一套寿衣，这使他无限欢喜。

显然，寿衣是一份寄托生死的情谊。

可叹的是，有谁会给自己送上一套寿衣呢？

谁都知道，第二天就是大限之日。在凄冷的当夜，武来雨咬破手指，指走龙蛇，血书满纸，然后贴在县署大堂粉墙。他写下的这份遗嘱其实是“献谏”，分析了李蓝“本系游民，无入川意衅”的初始，而“今年六月，宜宾县令汪觐光同汛弁千总将胡安邦、杨寡狗于新场骗至郡城正法，激变”。可见，过于托大的宜宾县令宰杀两个烟帮头目之后，成为滇北起义的导火索。人之将

宜宾南广河附近的村庄。葛维汉于1925年摄。作者估计位置应该靠近南广河即将汇入金沙江的陈塘关一带

死，武来雨顾不了体制礼仪，痛斥首先“开门揖盗”的筠连县和挑起事端的宜宾县当局，这暗示了并非自己抵抗不力而造成的灾难性结果。他的忠告是：“贼至杀我眷口幸勿伤我百姓，死亦瞑目。”美妾子女见老爷已如此了，知趣地一一自尽。老妻不忍独自上路，准备与武来雨共赴国难。

武来雨身无长物，预感自己到了无后人收尸的可能性，他只能寄希望于“倘将来平定后，士民垂怜，觅我尸骸，择一善地”。毕竟是举人出身，想到死后之事，他的诸多愿望就诗意飘飞，不可遏制了：葬地“树深林茂，更植梅花数百株，筑屋数椽，穴葬其间，夫妻相依，建一碑坊，题曰‘清死节县令武听涛之墓’，则生生世世图报无穷矣。”写完，他穿好衣冠，端坐县署大堂服毒自尽。

第二天清晨，唐友耕等人从“毛子洞”汹涌而出，冲入县署，他们知道官府并无援兵，所以不急于拔刀，而是带有一点猫戏老鼠的意思。

士兵大喊：“武来雨死没死哟？没死就出来再与我们大战一百个回合！”喊了半天不见动静，一帮人试探着走入县衙，见武来雨在大堂端坐不动，一副凌然不可侵犯的样子。一个心急的士兵怒从心头起，你还敢跟老子装菩萨！他拔刀就砍。

在此，历史的正常叙述被一种伦理的力道改变方向。

晚清时节的金堂县文人余澜阁（字鸿观，号余浒村）辑录的《蜀燹死事者略传》刻画了这一历史细节：呼啸而至的刀，飞在半空突然折断，挥刀者被一股大力轰然送出，在十步之外跌倒，当场气绝。目睹奇迹的发生，于是群贼纳头便拜，“惊以为神，称好官者再。为之殓祭，筑高冢于大堂而去”。[1]历史值得玩味之处恰在于，是“群贼”赠送银两安置了武来雨的老妻返回原籍，并收殓了忠于职守的好县令，他的结局是：官场就是坟地。而他寄托于后人浩大修葺工程的坟地，在如今的同一地理点位——高县庆符镇却早无点滴痕迹了。查《交城县志》，庆符县知县武来雨的家族来人扶柩回籍，在交城城南汾阳村的三官庙入土为安。

《蜀燹死事者略传》收录了宜宾官员詹文昶悼念武来雨的楹联：“极慷慨，极从容，读娓娓遗言，未拈斑管心先碎；亦英雄，亦儿女，看双双致命，不树梅花骨已香。”看来，他渴望的梅花阵，永远不会团绕他的魂了。

---

① ［清］辜鸿铭、孟森：《清代野史》第4卷，巴蜀书社1998年版，第2159页。

历史的偶然是难以解释的。就在武来雨自戕的当夜时分，一代大儒曾国藩却在屏声静气做他的自省功课。在《曾国藩日记》里，可以看到他在咸丰九年九月十一日当夜写下的日记：“余欲上不愧先人，下不愧沅弟，惟以力教家中勤俭为主。余于俭字做到六七分，勤字则尚无五分工夫；弟与沅弟于勤字，做到六七分，俭字则尚欠工夫。以后各勉其所长，各戒其所短。”

此话移之于数千里之外、在当晚凄风苦雨时分的武来雨，也许更为恰当：生前两袖清风，何来渴望死后大兴土木呢？

阳光将树影写在水上。蝉用金属的鸣叫将树影捞起，与修篁绞缠。一个回家的寡妇看见自己长裙一角跌进了水洼……这些意象被河风播散，让我有一种穿越时空的错觉。2011年10月初，我再次来到清代庆符县的县衙所在地——已经成为高县师范学校的校址。如今师范已撤除，合并到宜宾旅游职业中学去了，院子里多为学校退休老人在晾晒被子。一个坐在树荫下的老教师告诉我，县衙为一排朝向南广河的房子，早已片瓦不存，成为一个干枯的荷花池。我猜，当时武来雨就应该埋葬在这池塘的位置。

2012年5月，今年88岁的江潮先生，约我到成都华兴街“悦来茶馆”，为我讲述了他祖先在李蓝大军进入四川时期的奇遇。他的父亲江梓怀曾经对他回忆说，祖父江继祖一度为盐源县知县，在刚转赴彭山县出任知县时，恰逢李蓝大军路过彭山，准备进攻眉山。当时彭山县的城墙形同虚设，根本不能用以守备，知县江继祖准备好一把刀，用来自杀殉节。在这之前，起义军的间谍提供了密报：他们探听到江继祖是一个清官，因而李蓝起义军竟然决定穿城而过，对百姓秋毫无犯。已经准备以死报皇恩的江继祖事后得报，简直觉得是在做梦。但梦变成了现实，这反而成

已经废弃的高县师范所在地，原为清代庆符县县衙。蒋蓝摄

为遭到重创的眉山官员告发他“纵贼不打”的有力证据……

可见，清官之誉，危难时节不但有保命的好处，而且保全了彭山县的安宁。

知县江继祖的经历，是一个个案，看得出起义军初期还是言行一致的。

关河美女

关河自北向南依山而走，纵贯云南省盐津县全境，山脉分为东西两个领域。江东为凤凰山山系，其余诸山都是它的分支。连为一体的凤凰山有着大、小凤凰山之分，层峦叠嶂相续成岭，绵亘于盐津、彝良之间。至白岩口转西北，走楠木坪、萱麻窝、牛耳坡，最后到达铙钵顶，即为盐津老街南面大山。其西北经桃子坝田包上，北起祝家山，西走放牛场，巉岩陡然上升，就像一个巨大的波浪忽然被雷霆击中，跌为玄武山。玄武山状若狮子，峰峦挺秀，圆洁浑成，也名狮山。

当地人相信，老鸹滩乃“五马归槽”之地。在老乡的指点下，我站在玄武庙前，发现还真有缓缓伸入关河岸的五匹山：右侧是老街与红旗街包抄的一匹山，左有豆芽沟方向山系，对岸右边是吊钟岩（古称石门山）的山尾，对面横亘一山，五座山都有明水隔断，并且“来龙”绵长。似五匹搬运山岳的猛马来此聚头饮水，明晃晃的关河宛如美女的丝绸腰带，瞬间就被那足以饮虹的渴欲抽干殆尽。

突破这个川滇的锁钥，顺流直下，躲在山脚下的叙府城，宛如毫无庇护的温床。唐友耕不会忘记，妻子曾经与自己一道出了老鸹滩，就再也没回去过。

1895年10月，李蓝起义军俯冲而来，迅速占据四川省宜宾的吊黄楼、柏树溪、横江一带山口。6天之内连克周边筠连县、高县、庆符县等地。先锋唐友耕身先士卒，俨然是拼命三郎转世，深得蓝大顺青睐。

蓝大顺的嫡系部队具有家族式的血缘合作精神，作战远比李永和部凶猛，习惯采用一种名之为“鹰闪翅”的布阵，选择地形两侧有利于藏身处设下埋伏。当中分派数千人佯攻，引出守防官军后，立即诈败，摧枯拉朽，官兵杀性一起，拼命追剿，队形绵延拉长，首尾无法相顾，蓝大顺的两侧伏兵猛然出击，像扯断裤带一般把官军断开，兜头包围，围而歼灭。这个简单的战术屡试不爽，以此取胜。不可一世的湘军悍将黄淳熙，入川首战就被“鹰闪翅”击毙于二郎场。

杜甫诗有“饥鹰未饱肉，侧翅随人飞”之句，这左右两翼斜插张开，宛如绮帆高张，左右开弓，滚滚向前。而最大的精神动力就在蓝大顺战前的许诺：地雷破开城墙后，哪个第一个攻入城池或堡垒的，就奖赏城中的美女。欺骗小孩子要用糖，欺骗成人在很长的历史阶段中使用的均是誓言，那种钉子都要咬断的誓言，尤其是包含“女色画饼”的誓言。蓝大顺这一招承先启后的口水激励法，销魂的美学原则就让地主和政府依靠钱财赏赐所麇集的队伍难以抵御了。

必须承认，在那个具体的场域中，色情比钱财更锋利。

思想家西蒙娜·薇依指出：“死亡是给予人的最珍贵的东西。因此，大逆不道莫过于不善于使用它。死得不当。乱杀。除死亡以外，就是爱。类似的问题：胡乱享用爱，强行剥夺爱，均不可取。战争和情欲是人中间的两大幻想和谎言之源。两者的混合是最大的不纯。”[①]问题在于，这“最大的不纯”历来是战争中最有利的兴奋剂。

防守者的心里很清楚，关键是齐力防守，首先击毙起义军营垒的先锋百长，就没有再敢继续攻城的乌合之众了，所以寨堡也不能破。即便打破一二个寨子，收获也不会很大。显然，这个率先攻入城池的勇者，意义已经不在于一个人或几个美女，而在于他会催动整个阵势，发生革命性转向。

事情的两面性总是难以预计，尤其是当另一面亮出它的利齿时，对事物的反水之力会大得惊人。而这样的反水契机，我推测

---

① ［法］西蒙娜·薇依著，顾嘉琛、杜小真译：《重负与神恩》，中国人民大学出版社2009年版，第84页。

最大的可能性地点是被朱提江穿过的横江镇或捧印场，因为那里多巨商大富之家，历来是滇北、川南的锁钥，从老鸹滩顺流而下的水路必经燕子坡与横江，陆路唯有险峻的秦“五尺道”穿越江畔。1991年版《宜宾县志》载：“横江镇历为滇东北通叙府的水路冲衢，兵家必争之地。在元代和明代均为横江巡检司驻地，明代至清代已经发展成为商贸大镇，商旅不断，市场繁华。”仅仅距离李蓝起义40年后的1903年，美国著名的探险家埃德加·盖洛由上海到缅甸路过叙州横江镇，他发现，“这个地方有20座庙宇，一所由公共捐助建起来的学校，1000户人家，20家药铺，另有10家殡仪铺。福音堂里没有传教人员，但有80名登记在册的信众。”[①]由此可见横江镇的巨大规模和兴旺的人气。

蓝大顺回师横江、准备攻打叙府时，“先锋管带”唐友耕急于立功奋勇在先，成为先锋中的先锋。他就像最薄的刃，撞击着埋藏最深的骨头。打破一个城堡后，他急火攻心，率先冲入大户宅邸，他固然注意到深宅里惊慌的“兔子”（这帮人称呼女子为兔子），但透过花容失色的哭泣声，他看见一条绿腰在屏风后水蛇一般逶迤。唐友耕排闼而入，从香气四溢的闺房搜出一个美女（显然，不是他手下士兵找到的）。在这种场合，女人必须哭泣，以泪洗面。美女更要裹蓝缎丝绸长裙，但不必哭得过于夸张，因为这容易败坏胜利者的胃口，招来杀身之祸。她必须昭示街坊邻居：自己是被迫从匪的。

但她姿色实在过于出众，长身玉立，从不抛头露面的肤色在

---

① ［美］盖洛著，晏奎、孟凡君、孙继成译，沈弘、李宪堂审校：《扬子江上的美国人：从上海经华中到缅甸的旅行记录（1903）》，山东画报出版社2008年版，第153页。

胜利者的阳光下白如脂玉，惊恐褪去了美色的习惯性矜持，无须回眸，美人一抬头就引起了劫财士兵的轰动。那是一张过目难忘的女脸，女脸不但是介绍信，更是具有中土特色的鸡毛信，不用快马加鞭，早就在男人们的脑壳里横飞，要让他们魄散。

有些女人一辈子就是为一套奇妙的衣服而生的，无论她的凸凹枯苏衰荣，似乎她总是在一个美丽的梦里左奔右突，尽管她未必是“套中人”。而有些女人则相反，好像就是为了裸奔而活着，她们让男人一见，所有的繁复装饰顿然汽化，套上浴袍也嫌累赘。因而，脱还是不脱，其实她们早已经定下了基调，不能事后去责怪她们中看不中用。

唐友耕面对的，就是这样一个尤物。

唐友耕把她放倒，扛着就跑。他具有走四百里山路不歇气的腰力。他的弓拉得浑圆，发出折断的声音。女人的头部隐入奔泻的乌云，光只能从背部缓慢流淌。在小腹处，渐渐囤积，收缩和跳跃针芒的光，在缝合线周围定型，开始熔化和大面积密植，将身体的热气浮至表面，向明亮的中心麇集。针芒上伫立的舞蹈，弧度与椭圆的向心力，把蕴含的热量，甩出来，为向腹部的迂回和猜测做好准备。

很久没有尝到肉味了，唐友耕蛰伏的欢娱之力被猛然唤醒，显得急不可耐。

经过提纯的蓝色，是长裙的下摆，飘垂的方向是作为对重力的抗拒，以不规则的收缩，展示缎子的品质。光线被褶皱弯曲，改变流向，逐渐渗漏，犹如在水银里浸渍。当无边的蓝从光深处剥落，就剩下一波一波的起伏，在酒力作用下荡漾在空气中。这是最柔软、最收敛的部位了，可以让缎子沉静，就像深渊的洞口，而真丝的鸣叫，是一根飞翔的羽毛，正在穿越肉体。

长发在唐友耕的头骨边缘环绕，发出砂轮磨刀的声音。那是松果腺充血的声音。就在他手忙脚乱的时候，蓝大顺的号令兵不顾一切冲入了他的临时洞房！

宣布停止。宣布上方有令，宣布女人必须带走。

对此，《蜀海丛谈》的描述是：“蓝闻之，强夺以去。”烧红的铁被横江彻骨的寒流醍醐灌顶，这让本就失去老婆的唐友耕倍感萧索。他一下觉得没意思了。钱也好，命也好，皮肉之苦对于唐友耕而言不可能触及灵魂，但所有的皮肉之痛用一个火烫的尤物就足以熨平。突然，他裂开的天灵漏出了一丝诡异的光。

李蓝大军在富顺县牛佛渡驻军期间铸造的铁钱。正面有“富顺”两字，反面铸有“代十文”字样，较为罕见。这也是李蓝“建都称帝”的一个佐证。图片由自贡市诗词学会会长、收藏家王星提供

这一转折，就让我联想起一位名人的感叹：“人生只有两苦：一苦是想要而要不到；二苦是不想要而要到了。”设想一下，无论哪一种苦，由于均高于裤带，处于蹈虚的位置，那都是吃惯了苦的唐友耕消受不了的。

《蜀海丛谈》对此的说法是：唐友耕“遂时思得间投入官军”。

这恐怕也是“地主阶级文人”周询以小人之心度“唐君子”之腹。因为从唐友耕功成名就后置身石榴裙红云、对妻妾随便杀戮的态度来看，他远远不会为了一个美女的得与失而摇晃立场。但一个尤物竟然改变了他的人生道路，使其回到正朔立场，可以推测这个女人不同凡响的力道。美酒不是色媒人，美女才是他再

次起义的触媒，让唐友耕向往沛然豪气萦绕的主流。他必须“大明”于是非。

美色竟然跃升成为哗变之刀！

历史总有惊人的相似之处。晚清文人许指严[①]精于旧学，尤娴清代掌故，善以短事衍成长篇，他在事涉清代时世掌故、揭露清朝统治的种种黑幕的笔记《十叶野闻》里，就记载了同样的一个美女引发的哗变。这里，恰好也有一个姓唐的人物：“唐将军者，河南人，谈者忘其名。嘉庆初，川、楚教匪作乱，唐在军屡立战功，军中获贼妻女，每赏军士。一日，获贼头目妻，国色也。唐请于主帅，欲得之。主帅曰：‘以赏兵则可；汝弁也，不可。’唐曰：‘不为弁，可乎？’主帅曰：‘不为弁乃可。’唐遂辞官，挈丽人还乡，年余无事……”[②]可见奖赏下属美女，历来是体制激励士气的不二法门，起义军将其妙法“拿来”，无可厚非。但这个“唐将军”显然比唐友耕更决绝，他爱美成癖，如蛆附骨，以“年余无事”的稳妥销魂技法，把美色消化得不剩一点儿骨头渣渣。

不妨假设一下，即便唐友耕抱得美人归，可是普天之下，哪里有他的三尺铺位呢？总不至于去睡山洞吧。

回头是岸。

但回头还有岸吗？

刀锋就像一个缓缓提起的水闸，这些泥石流一般汹涌而来的血，把岸已经冲得很远，远得看不到边际。那么，唯有再提高闸

---

① 许国英（1875—1923）其伪造的《石达开日记》由世界书局出版之后影响巨大，1927年初版至1928年共印行了7版。

② 陈力：《中国野史集粹》，巴蜀书社2000年版，第五卷第895页。

门，让血的流量达到千年一遇，是否可以再把那个岸反冲回来呢？

时年20岁的唐友耕掂量着这个收支算式。古代男子20岁叫作“弱冠”，要行“冠礼”，即戴上表示成人的帽子。对唐友耕而言，他不是“弱冠”，他像叫鸡那样“强冠”而起！

蓝大顺怎么会预料得到，一个美女不但可以引发革命，而且一个美女甚至可能带来没顶之灾！但一个美女所激发出来的愤怒，已经不是火焰，而是滔天的金沙江。就像“横江”一词，江水竖立，让水冲垮江。江流不但要毁灭李蓝数十万大军，而且这疯狂的激流还与大渡河一道汹涌，让翼王石达开也折戟沉沙。

这样的美女之力，已远非那个自杀的黄夫人所能生发了，也非被高衙内夺走的林冲美妻所能拥有，八十万禁军的枪棒教头最后只成为异端天界的天雄星。历史上，可能只有被刘宗敏抢劫的陈圆圆成为其知音。

但唐友耕是谨慎的。吴三桂可以“恸哭六军俱缟素，冲冠一怒为红颜”，他则像一个葫芦，猛烈摇动，连肚皮里的几颗葫芦子儿也不会发出一丁点声响。

2011年5月上旬的一天，我从柏树溪沿江而上20公里，到达横江镇。看到简陋的镇森林招待所门前有一小块空地，我就把汽车停在那里。横江镇人大主席团主席郑启友先生事后告诉我，停车的位置刚巧是20世纪20年代刘文彩曾经设置的“厘金局”所在地，主要是征收鸦片税。

顺一条土路行几十米可达横江镇古渡口，这是昔日川滇商货集散的重要码头。右侧不远处有一幢洋楼，石砌台基高9米，青砖青瓦楼4层，庞然屹立在关河畔，雄视河上过往的船只及对岸的楼

横江镇，图中的西式建筑为雄踞高敞的肖席珍公馆。蒋蓝摄

坝镇。这就是当年雄踞金关二河、威震川滇两省的肖席珍司令的公馆。岁月悠悠，人世沧桑，早已人去楼空。尽管残败冷落，却依然能感受到它当年雄踞河畔的气势。

回到镇中心街巷，我发现镇内凡是道路交叉口就有一座大小各异的小楼，多为茶馆。我到一个交叉口的百年老茶馆坐定，黑黝黝的桌案，黑黝黝的面孔，几个老人明白了我的目的，谈起了一些往事……老人哼起了一首山歌，曲调怪异，我一字一句记录下来：

小姐生得矮裤裤，
胯下夹个扁香炉。
初一十五重相会，
横香插到扁香炉。

这是横江一带流行几百年的民谣了，想来唐友耕也听到过。“矮裤裤”意思是“矮得像蹲下去”，说明此地女人中并没有长身玉立者，那个得而复失的官家小姐，对于唐友耕来说，既然错过了初一，就没有十五了。

花园庵的立场拷问

1859年10月15日，李蓝军队数万人包抄叙州府，由于缺乏重武器破城，围城两个月，就像蚂蚁奈何不了一头死牛，双方形成僵持。四川总督曾望颜调度兵马予以解围，但远水解不了近渴！叙州府同知和宜宾县典史两个地方官，急不可耐，不相信群众的眼睛，冒险化装出城侦察情况。毕竟是官员出身，即便穿戴十分平凡，举手投足泄露出来的官味很快被起义军的哨卡发觉，蓝大顺所部将其抓获，关在起义军大本营附近的花园庵，[①]准备审出个子丑寅卯来。庙宇原名华严庵，被老百姓喊讹了，喊成了“花园庵”，位于翠屏山山脚，是一座有相当规模的庙宇。两个官员信誓旦旦，一口咬定是商人，只是刚好在此路过。心细如发的唐友耕久走马帮山路，阅人无数，从他们文绉绉的神情里就看出了异样。你两个龟儿子是商人？！在护送烟土的数百里山路上，生意人老子见得比死人还要多。晚上，他像一块贴在土墙上的牛粪，潜伏在监牢外偷听。

两个地方官自知凶多吉少，不禁哀叹起来。怎么办哪？叙府城内怎么办啊？说说看，有没有脱身之计……唐友耕终于明白

① 在叙府城北，今人民路广场以东。

了两人的真实身份，他决定不再隐瞒。他现身，对看守说是特来巡察监狱情况，叫看守在外把风，不得进入。他立即进去，言辞恳切，慨然表明自己弃暗投明的愿望，望两位大人予以介绍、斡旋，并约定了下次碰头的地点。

他举起了刀，两个官员立即屁滚尿流。唐友耕把捆绑牢门的绳索用刀刃一点一点地磨，反复扭动，反复摇醒这抗拒的意志。直到牛皮绳像一个女英雄不屈的腰肢开始离开主义的约束，并生发出本能的热力之际，他必须减速，不能发出一点点声音。与其是放两个官员一条生路，不如说唐友耕是在为自己铺垫官道。牛皮绳毫无声息地断开，唐友耕鬼一样消失在黑夜。两位官员发现并非诈术，真是福星高照！立即逃遁，回到叙府城。

次日一早，起义军发现监牢人去室空，守卫以通敌之名立即被诛杀。唐友耕自感得意，自以为天知地知，却不知还有一双比自己更毒的眼睛刮着自己的脊梁。那是一双“肃反”的眼睛，那是一双可以高喊“看着我的眼睛”！而让世界立刻石化的美杜莎之眼。卯德兴精光缕缕，徜徉在黑空气里，他有的是耐心，安静等待唐友耕逾越戒条的那一步。它似乎在剥开自己的皮，在里面翻找反骨和米汤写成的变节书。唐友耕逐渐觉察到了这一蛰伏在黑暗里的威胁，他必须隐忍不发。他像一块跌进大江的鹅卵石，不但连一个气泡也不冒，而且迅速长出了一层绝妙的青苔！你查，你查个锤子！四川话的说法是：稳得起！就敢背死人过河。但卯德兴稳不起了，因为大战迫在眉睫，他不得不从盘旋的低空回到地面，他显得恼羞成怒。

对此，四川省社科院李有明研究员有精到的考证：卯德兴立即赶上义军指挥部所在地真武山，向几大头领大声指出，唐友耕面含诡谲之气，不适宜充当攻打叙府城的先锋。但这相面之术的结论如何能成为军事会议的议题？“顺天王”李永和安抚了几句，认为攻城计划已经下达，无须再费周折了。

咸丰九年冬月初九（1859年12月3日）清晨，唐友耕率先锋营离开花园庵，突然加速前进，丢开卯德兴的后续接应部队。他明白，那是个不死心的盯梢者。唐友耕驰马直奔叙府城西门月城，他远远看见了民众的大救星——叙州府知府史致康身着官服，正在月城墙头徘徊张望！唐友耕不断甩马鞭，马蹄在石板路上碰出了火星。卯德兴发觉不妙，唐友耕怎么走官道进城了？他疾马追剿，连喊带叫，渴望挽狂澜于既倒。卯德兴从马背起身，黑鹰一般直扑下来，可惜只抓住了掉在最后来不及进城门的邓伯仁。①

在此，《唐公年谱》夸耀了唐友耕的伟力，说他只带走了“十八勇士”。这一记载是真实的，但的确又是一个诱人联想的数字，古有十八般兵器，遥想崇祯十年的冬天，李自成率众围攻成都，因实力悬殊，攻城失败，后又在梓潼遭到明朝总兵左光先伏击，伤亡惨重，几乎全军覆灭，李自成仅率领部将刘宗敏等十八骑勇士突围逃入陕西的深山之中。这十八勇士是火种，也是大明的劫数，不但可以撒豆成兵，而且还要直捣龙庭。

唐友耕的十八勇士，并非乌合之众，有好几位是赫赫有名的战将，成为当地的“先贤”。

唐大有，字瑞车，云南大关人，提督唐友耕嫡堂兄。同治初

① 李有明、蒙绍鲁：《往事存稿》，四川民族出版社2004年版，第69—70页。

真武山半边寺（四川宜宾）。美国地质学家张伯伦于1909年摄

年，因川事孔棘，奉调入川戡乱，随同友耕奋勇杀敌，攻克眉州等处，并独解涪州、綦江之围，异常出力。嗣因石达开复窜川南，公与龚定国奉饬抵御，旋率大队由左杀出，遂将贼卡踏毁数十余座。接连穷追屠剿，屏山、雷波一带节节严防，贼之不能再犯叙南，实由此战挫其锋也，于是为大府倚重。同治六年，协同唐炯奉命援黔，克复湄潭、偏刀水等处，匪焰为之顿衰。积功荐保总镇，记名提督。（同治）八年，友耕援滇，在昭剿办回匪，奉调来昭。协同张占鳌等连破岩洞老巢，贼势孤立，余党大溃。计歼回寇七百有奇，夺获器械无算，援出难民数千，甫数月而荡平。班师回川后，以功全蜀抵定，公占籍叙府，以商业终。

唐友贵，云南大关属吉利乡黄金（荆）坝人。家世山居，幼有胆略。同治九年，在川办贼每战必从，争先恐后。通江、太平之役，奋勇无前，续又克复阶州，剪除许、蔡二逆，均在事出力，川督上其功，保参将，赏戴孔雀翎。（同治）八年援滇，随友耕在昭剿办回匪，与耿得胜等属告奋勇，毙贼无算，生擒逆首李本忠及伪先锋罗文举、李高祥等，磔之，贼遂大溃，纷纷就抚。即交地方官分别安插，勿置失其所，十余年积祸一但（旦）廓而清之，昭民如出水火，旋率师回川驻防黔匪，时有战功。遂保至总兵加提督衔。后返滇，务农以终。

李培荣，字华庭，云南大关本城人。幼业懦，稍长，习吏事，曾充刑事房经承。因滇川乱起，遂投笔从军。初，隶唐公友耕部下，以功荐保千总，旋因意见不合，遂辞去，改投山东巡抚丁宝祯麾下。丁见公仪表非凡，深器重之，委办黄河堤，公颇著成效，拔补参游，兼统新军备剿办捻匪，所向有功，收复城池不少，奏保总兵官遇缺尽先拔补。丁抚以公照略俱优，饬逆阉安得海解交抚斩，率正刑章，遂为丁所倚重。嗣丁抚升授四川总督，公亦过川，擢委泰安主军统领。克平雷、马边徼夷乱，屡立战功，提补松潘总镇，调补兰州挂印总兵，署理四川提督，调用帮办北洋军务，驻防通川。后为军事诖误，被议回川，遂终于成都。①

① 见《昭通旧志汇编》云南人民出版社2006年版，第1332—1333页。《昭通旧志汇编》是昭通历史上留存下来的地方志，其编纂时代起于清乾隆四十年（1775年）的《恩安县志》，止于民国二十年（1931年）的《大关县志》。共收入民国及以前编纂的地方志13部，史籍及资料2部，记载了昭通经济、社会、文化等方面的重大事件。

民国版的《大关县志》里，尚记载跟着唐友耕一起投清的同辈：李培春、李培根、吴嗣华、龚定国、段世勋、陈泽久、谭占斗、洪成炳等人，奇妙的是，这些刀头舔血之辈，后来绝大多数离开体制，终老乡间。

实际上，唐友耕带出来二百余名大关县一带的兄弟，那应该是昔日“帽顶”手下的铁杆兄弟伙。面对这批强盗，叙州府知府史致康、守将明耀光分析认为，这极可能是低劣的“诈降术”。我在费行简《近代名人小传》里查阅到，明耀光为湘军的江忠源手下的掌旗官，曾经被太平军俘虏过，并被授予“副检点”。后来也是弃暗投明，回归组织。因为在太平军队伍中待的时间久，他“颇悉攻守事”。他岂止熟悉攻与守，显然更熟悉起义军的种种招数。明耀光就对唐友耕说：既然如此，为明心迹，你就出城与李蓝决一死战吧。

被迫出战，这只能说是缺乏主见的底层人士的试金石。看看崇祯皇帝对此的态度吧。面对烽火四起的盗寇，他就反复强调“寇亦我赤子，宜抚之”，他认为“小民失业，甚至迫而从贼，自罹锋刃。谁非赤子，颠连若斯，谊切痌瘝，可胜悯恻……”“若肯归正，即为良民，嘉与维新，一体收恤。”如此宽宏大量，可为什么还是要丢掉江山？权力在嗜杀成癖与妇人之仁之间摇摆，在“招抚”与“剿抚”之间犹豫，结果是终为弃暗投明者打开了一道试探性的窄门。

唐友耕默默接受了这个很不公平的血战。终于找到组织了！这是组织的考验。他不惜血本全力以赴，他要把自己的肝胆掏出来，不但要告诉那些乱党，我与你们最大的不同之处，在于肝胆皆是夺命的飞蝗石；还要告诉那些端坐在城头的老爷们，我的肝胆是敲响军鼓的槌子！

天已经越黑越矮。唐友耕说，自己的刀和长矛钝了，他要磨刀。由于松弛，处于无政府状态下的黑夜容易制造偏见。就像这个暗中的磨刀人，已经把刀口磨歪。但唐友耕依然不紧不慢地磨，用全身力气推动刃口，磨刀石被刮出了一层骨粉。偏见的确又让一些人因此获得了上好的利刃。

第二天一早，唐友耕提刃上马，一脸铁青。

蓝大顺怎么看得起这个手下叛徒？他们称叛徒为“反草”“变妖”，变妖之人，与老主子见面，总是放不开手脚的。但唐友耕心雄万夫，不以为耻反以为荣，他要彻底亮出自己憋藏着的反骨。

唐友耕还对部下做了什么样的思想工作就不得而知了，他仅靠几百人的兵力，就向蓝大顺的先锋大营发起了自杀式冲锋。

在相继牺牲宜宾叙马营千总赵三元、宜宾抗匪“勇目”陈正魁前后，金堂文人余澜阁在《蜀燹死事者略传》里，特意记录了叙府这一时期的危急情况：陈正魁武功精湛，“九月十九，滇贼李永和围叙郡，陈君登陴守御，城屡陷，俱获保全。自唐公友耕来归，连日随攻西门外各贼垒，克之。继攻花园庵贼巢，唐公攻其南，君攻其东。始与贼巷战，君挥矛直前，贼不支，败和入垣内，闭门拒战。君乘胜跃入，力战方酣，将扑入中营，忽内放巨炮，中君左目，受伤犹呼勇弁上前杀贼。东路唐公，藉公声势，两路夹攻。破贼捷闻，而公已死矣，尚怒执长矛不倒。弁等负公尸，回葬翠屏山麓。”①

余澜阁使用了一个颇具深意的古词，比附于唐友耕之“来归”。其实，远古传说有一兽名“来归兽”，身材矮小、目赤如胭脂，具有猫头鹰打穿黑暗的怪眼，指长而细。足扁平，掌心及足下有细密的茸毛，行无声。兽耳小，不善言，属于口吃者。但皮肤极白，于日光之下极为刺目，夜则隐有磷光，凶猛堪称“人狼”。唐友耕的挺身“来归”，与其说仿佛一管神奇的鸡血，注入到行将倒闭的官军体系之内，不如说是以一腔“来归兽”之碧血，我以我血荐轩辕，立即产生了不可思议的回阳之力。

狭路相逢勇者胜。大义灭亲的唐友耕把蓝大顺击退数十里，斩获无算，起义军遭受到自牛皮寨起事以来的最大损失。可见严重的问题是要教育农民，肃清叛徒。但围城僵局由此打破，叙州府知府史致康、守将明耀光目睹了战况，没有冒功，如实请示川督府，授予唐友耕五品功牌，以管带录用。

唐友耕的一生，乃是通天血路的一生，他几乎没有遇到贪功的领导，这不能不说是晚清四川官场的奇迹。

其实，看看太平天国内部的投诚规模就更为触目惊心：清朝政府在镇压太平天国起义的过程中软硬兼施，一方面是真刀真枪的战场斗争；另一方面也对太平军招降纳叛。在招降了陈国瑞、詹启纶、李昭寿、韦志俊、程学启、骆国忠、钱桂仁、郑国魁等人后，利用这些人与太平军将领熟悉的情况，进一步对太平军分化瓦解。开始的时候太平军是几个人、上百人投降，后来成千、

---

① ［清］辜鸿铭、孟森：《清代野史》，巴蜀书社1998年版，第四卷第2161页。

成万投降，到了天国末期，童容海、陈炳文等率部每次投降数万人，范立川等人率部一次投降了11万人，郜永宽等人在苏州一次投降达20万人，达到了骇人听闻的程度。这些人在降清之后屡立战功，大多高官显爵，其中陈国瑞官至记名提督；詹启纶官至徐州镇总兵；李昭寿官至江南提督；韦志俊官至总兵衔副将；程学启官至总兵；骆国忠官至记名提督；钱桂仁官至都司……可见清政府的分化瓦解太平军的程度，已经远远超过了战场上的厮杀。①

“帽顶”的词源学

我们需要特别注意“唐帽顶”的由来。作为历史比较语言学的组成部分，“唐帽顶”宛若一面铜镜，折射出异常丰富的地缘文化。镜子透过空气而顾盼生辉，镜子将尘埃乱舞的身影相互赠予和加冕。我中有你，你中有我。全部的自我地图与想象力互嵌于一种不再增值的往返中。这个隐喻既不适合于情意深重的父子，也不适合高烧状态的情侣。它有临水自照、临水自爱的意思。

历史学家唐振常先生在1999年完成的《读<湘绮楼日记>一得》里指出，王闿运《湘绮楼日记》里反复提到“唐帽顶”，他幼年在成都文庙后街“唐宅”生活时，老是听大人们挂在嘴边，以为说的是“唐毛剃（儿）”，以讹传讹，甚至认为这个人是剃去了长头发而投降清廷。至于这个“唐毛剃（儿）”的真名，倒没有人去认真追究。②

---

① 贾熟村：《清政府对太平军的分化瓦解》，载2007年6月《广西师范大学学报:哲学社会科学版》第43卷第3期。

② 唐振常：《唐振常散文》，浙江文艺出版社2000年版，第202页。

在《湘绮楼日记》里，王闿运注意到"唐毛剃（儿）"的别致，他以为是百姓称呼官职的"帽顶"别称。这其实是湖南人王闿运不明白川地民俗所致。从官场语言学角度而言，"帽顶"绝非雅称，实与土匪、棒老二、滚刀客、耗子精、干滚龙、冒壳子属于一类，俨然是衣裳角角儿要扇死人的"大脑壳"。

但在巴蜀民间，"帽顶"有着绝大的威力，因为杀人越货是其专业，备受民间豪客们的激赏。由此可见历来被视为"民脆"的蜀人，其实骨子里一直涌荡着暴力的狂喜。

"嘓噜"是地方会党中的一个重要组织，又称"嘓噜子"或"嘓噜党"，乾隆初已达高潮，属于在川、陕、鄂、黔等广大地区民间流行的半武装的秘密组织。"党"并非他们的自称，而是被外人贴上的标签。有学者认为它起于明代的矿工、棚民，系哥老会前身，而后来扬名天下的"哥老"一词估计即由川语"嘓噜"演变而来。嘓噜基本上是由无业流民中的强悍之徒组成的极端暴力集团，精通武术是他们的看家本领。他们的行为做派，清廷朝报总结为"学习拳棒……三五成群，身佩凶刀，肆行乡镇"，[①]由于组织纪律极强，并不亚于曾国藩治军的《爱民歌》的严格，"先约遇难不许散帮。遇追捕急，公议散去，始敢各自逃出；如未议而一二人先散者，众共追戮之。"嘓噜除了本组织的军事活动外，还参加了太平天国、义和团运动，而四川近代以降飓风四起的暴动，实源于这种民间组织的推波助澜，说他们是当时斗争运动的时代先锋并不过誉。

---

① 罗振玉1933年影印本，中华书局1986年版，《大清高宗实录》203卷，"乾隆八年四川巡抚奏章"。

嘓噜的长老就叫“老帽”，也叫“帽顶”或“冒顶儿”。其管事之人叫大武、大满……呼各兄弟叫伯伯、叔叔。“伯叔相遇，不敢亵语，如犯之，拔刀相向，甚于调其妻妹。”[①]这种称谓上的极度尊重，反而对其不羁的匪性具有良好的约束力。轻贱人命，作战勇敢，成就了他们的江湖名望。张之洞《蝤轩语》：“蜀人谓匪首为帽顶。”成都文史学者蒋维明在《冉天元别传》里就考证指出：四川白莲教义军首领“冉天元被同伙推为小帽顶”。傅崇矩的《成都通览》特意收了此词：“袍哥即烧香结盟之会党也，流于匪类者谓之会匪，普通之名词皆称袍哥，或曰袍几哥，又曰帽项。”

咸丰六年（1856年），四川秘密会党在成都、华阳、邛州、新津、彭县等地活动频繁，俨然“第二政府”也。清廷谕令严加镇压，先后将会党首领李麻子、陶三婆子、白帽顶、高山帽顶、王二矮子、陶尖脑壳等54人逮捕、处死。

面对民事鼎沸的四川，四川总督丁宝桢在镇压“匪患”札文中对此深感忧郁：“军兴以后，又益以游勇散弁，从中勾结，匪踪横行，实遍全省。即以成都十六属而论，以前枪杀之案，年中具报者不下数百起，而隐匿者尚多。甚至还有一、二十里内亦劫案迭出，附省如此，外属可知。而其中尤有难言者，匪众日以劫杀为事，而官不能治，于是地方粮富，知官之不能卫民，遂不畏官而畏匪。始则畏匪，继乃通匪，迨日久习惯，而富家大族之子弟，遂至有用钱捐当帽顶之事，于是匪势日盛，民气益蹙，几于不可收拾。”这是否验证了明末清初人欧阳直公《蜀警录》提出

① ［清］严如熤：《三省边防备览》，卷十一。

的箴言“天下未乱蜀先乱，天下已治蜀后治”，是有更深的地缘性所致？

这就让我们发现，当时社会上已经有富家子弟出钱“捐当帽顶”，所谓官匪一家，所谓富绅、土匪、官员集于一身，这基本上可以看出“唐帽顶”的来历。这个在蓝大顺部队里已经赢得“顺天王先锋”之称的唐友耕，进入官场体制后依然自称是“大哥”，尽管他的凶残已经获得了背后的“帽顶”之谓，但见面了，他还是那个笑呵呵的“大哥”啊。

1911年9月，龚宝琛致盛宣怀函：“昔随左文襄公西征，见有部下蜀军十营，官弁勇丁，无一不系会匪。全军哨弁见营主，营主谒统带，皆莫不以大哥呼之，而不闻有称大人者。此蜀产之（深）根固蒂也。”[①]作为在四川落地生根、跃然为本地特产的嘓噜党人，宛如一把三刃刀：

你不用，它自会成为反抗群体的生力军；

你一旦引为知己，它注定会糜烂军事、毁坏官场制度；

你用暴力予以剿灭它，它会暴涨刀锋，剁断你握刀的手！

既然如此，那就只有不即不离地、小心翼翼地使用，让这些亡命徒在刀光剑影中去消磨，消磨对手，消磨“长毛”，消磨一切异己分子。以嘓噜消磨嘓噜，让两片石头磨盘彼此仇恨，一阵空磨，咕咕咕，是否会消磨出一个皇天浩荡的天地呢？

---

① 顾廷龙等编《辛亥革命前后·盛宣怀档案资料选辑之一》，上海人民出版社1979年版，第161页。

锤子才会!

可见啊，嘓噜是远比流民、“臭老九”麻烦得多的群体。

既然此生进不了天堂，那就不妨更彻底地切入地狱，以一种把地狱打穿的血气，一举成为地狱中的“大帽顶”。在古代，代表政权的招安使者均尊称为“天使”，一当“天使”拨冗来招安，极端的恶力反而会令儒雅的“天使”刮目相看。

曾任四川省人民政府参事的傅渊希先生在梳理四川哥老会历史时，特意提到了大关县的唐帽顶。他历数了川地哥老会的种种规矩、礼数后，指出——

“这些袍哥，是真正的汉流，是复汉反满的。但在四川袍哥中还有极少数扶持清廷的，那就是咸同年间的唐帽顶。唐帽顶者，名友耕，绿林出身，早在川、滇边区拖匪棚，自称大哥，江湖人称唐帽顶。后来被四川总督招安后，为清室效力，官拜提督之职，连他在川、滇边区组织的袍哥也变了质。唐帽顶的袍哥组织名叫‘会事’，因为他投满之后，避免用‘汉流’两字，但仍与‘汉流’往来，专搞破坏活动。我们川东一带的袍哥，与川南相距不远，比较知其底蕴，和他们‘会事’是水火不相容的。假若有‘会事’来我们码头上‘出言语’，我们是不‘接条’（理睬）的，而且还要给予批评，说他们‘会事’就是‘姊妹会’。像这种事情，我曾听我父亲说过多次，现在叙南一带的老人，我相信还有知道的。”[①]

① 傅渊希：《漫谈哥老会与重庆老关口之占领》，载《四川保路运动风云录》，四川人民出版社1981年版，第175—176页。

文中提到的“姊妹会”，也是清末的民间组织，姊妹会多是有一定声望的绅粮之妻妾组成的妇女组织，在地方上主持红白喜事、调解家庭纠纷，但婆婆妈妈，哥老会中人自然看不起，类似于如今民间调侃某人是“妇委会主任”或“粑耳朵协会主席”。傅渊希先生将唐友耕所领导的“会事”指责为“姊妹会”，足见当时哥老会对其的藐视。学者李有明还特意指出唐友耕带到起义军阵营的十八勇士，都是袍哥：“这一伙人口头上最爱讲点什么‘子曰’‘学而’‘非礼勿动’‘仁义道德’的，可干起事来，行踪诡秘、反复无常。在这一带，名声并不好。”

上文提及，唐友耕在起义军里还有一个名字叫“唐老幺”，这其实进一步印证了他的袍哥历史。袍哥内部排行分五个等级，分别称为头排、三排、五排、六排、十排。排行中无二、四、七、八、九。二是不敢僭越关羽（关羽民间称为关二爷）。四是桃园结义如有赵子龙在当为四弟，故虚此席。七据说是叛徒，瓦岗寨的罗成，行七。八、九忌杨家将八姐九妹之称。

十排统称老幺，有凤尾老幺、执法老幺、跑腿老幺之分。凤尾老幺是有家资的年轻后生，可“一步登天海大哥”。执法老幺多为凶神，袍哥传堂把守辕门，制裁叛徒充当杀手就是此辈。跑腿老幺如茶堂馆、赌场杂务均是。

可以说，唐友耕不但是阵前反戈的“光辉榜样”，还是袍哥的叛徒，更是蜀地地缘文化的集大成者。古来铁血者，必不会顾及部下生死。其狡黠、一踩八头翘、果决、血性、残忍、奉权力为人生指南的品格，竟然还可以成为不倒翁吗？

劫人曰寇，杀人曰贼，在外曰奸，在内曰宄。历史总是如此令人玩味，唐友耕不但是一个不倒翁，而且善于治兵，打了无数胜仗。在他一生大小上百场战斗里，我就没有找到一次惨败（有少量的败仗）的记载，就连粉饰较少的地方志里也没有片言只句。我们不能说他的基础全是靠累累白骨支撑起来的，电光火石之间，他不是靠兵书而是靠绵绵不绝的江湖智慧使之化险为夷。

我站在横江码头，巨大的鹅卵石匍匐着接住了低垂的白云，云的羽翼在开合中犹豫不定，卵石像云孵化的蛋。它们吸纳了黑暗时代太多的毒素，均死在排毒的中途。什么是绝对的黑暗？就是睁眼和闭眼就能看见的唯一的东西。江边浣洗衣服的年轻妇人勾腰，蛇腰与水波一起荡漾，手臂有竹子一般的清健，长发如柳轻点碧波，江流不断将她们的苗条腰身带走，岁月急忙弥补着这样的亏空。当她们立起身子，她们佝偻着，俨然已是臃肿的老妇……远处的几条小渔船忙活了半天，好像一条鱼也没有捞到，一张乾坤网铺天盖地被抡圆，沾在网口的水又下起了一场毛毛

19世纪中晚期岷江中的帆船。选自《西方人笔下的中国风情画》，上海画报出版社1997年第1版

雨……我想起刚才茶馆里的老人吟唱的关河号子《饭歌》：“云南下来昭通府，盐巴放在碗头杵；甑子蒸干饭，锅头煮豆腐；偷偷切砣老腊肉，包给情哥吃晌午……”听起来颇有昭通一带流行的民调“打鼓草”的意味，这样的舒曼情调必须与澄澈的江水相依，不然就辜负了唱者美得忧伤的心事。而民事如歌，江水款款，随之而来的滚滚浓血将打破这一山村的静谧，尸体会使江水倒流，彻底改变这歌曲的底色。

时间是一条越流越宽的河，往事在彼岸越来越小，越来越模糊。当它们逐渐被河沿的植被完全遮蔽时，我在红尘的生存，不过是把回望的土台，垒得更高一些罢了。如此，我就更远地遥望历史……

透过清澈江水浮起的一层水汽，对岸是云南水富市楼坝镇，那个古老的破门楼消隐在一株巨大的黄葛树之后。水中的青天湛然无咎。上善若水。天道酬勤。道法自然。得道多助。是什么在为唐友耕之辈点燃圣灯？

我想，一个人持续修炼一生，结果就是能够在平常与极端的氛围里无碍地转换，但他把重心悄悄移偏于极端的一翼。

历史为何？历史何至于此？

第三章

唐友耕的纠缠术

奇人何崇政和他的祖坟

2011年初春的一天上午，我来到名山县城外，把车停在一个树林辟地上，顺着泥泞不已的小路，我艰难往上行走。寒风阵阵，雨雪让我的嗅觉变得格外敏锐——

持续一周的雨雪，今晨不再摇摆
透过树梢，隐约可见一个女人
用尽了所有服饰和风月
才安然老去

我在雪景中想起不远的桃花
想起磨损严重的老电影
想起了艳阳的凡·高
用湿淋淋的农鞋踩低天际
以及老年博尔赫斯
颤抖的手掌擦亮的汉碑

就像我注视陡立在鼻梁的雪
开花，又在一根火柴上凋谢

雪景的黎明
与穿过雪景的月光
同样在马槽留下水迹
这让秘密
看起来
如同草料

当一滴飞雨追上另外一滴飞雨，当一支响箭追上另外一支响箭，以“飞行交媾”的突兀方式完成大灌顶仪式。我还是不能相信，那在发霉的殿檐上，怎么会长出一朵小花！

前不久，我从四川大学图书馆借出晚清名山县知县胡寿昌所撰《蒙寇志略》一书，胡寿昌自署“愚溪山人”，在柳宗元笔下，愚溪的纯洁秀美与自己的高尚情操、文学才华彼此呼应，把愚溪不能有益于世的惋惜和自己抱负不能施展的抑郁融合在一起，字里行间蕴蓄着自己被埋没受屈辱的愤懑、不平和抗议。很显然，胡寿昌以此自命，也是大有心绪之人。此书于光绪十六年（1890年）刊刻于成都，数万字篇幅全部记载的是李蓝起义军攻打雅安、名山、丹棱、洪雅、眉山的战事，围绕小小的名山县一地，胡寿昌忠实地记录了一系列大小血案。

来自云南昭通的李蓝大军横扫巴蜀腹地之时的1860年，胡寿昌年仅30出头，在同行王崇昆眼中，他俨然英姿飒爽，气度不凡。在得知被朝廷授命为四川名山县知县后，感恩戴德。他慷慨自许，认为受命于危难之际，国家寸土决不可弃，与同事被授命为丹棱县知县的王崇昆歃血为盟，结为兄弟。道理十分简单，既然均为战事惨烈、防备形同虚设的一介小县之长，唇亡齿寒，不能不互为依托。

两个知县各自到任后，“召集流亡，备器械、练图勇，为守御计。无日不往返函商，有令必回”[①]。尽管拼死抵挡，奈何起义军如山洪一般汹涌咆哮，因为无力立即肃清境内敌军，他们先后被清廷撤职问责。1861年骆秉章入蜀后，省城臬司杨重雅认为，这两个人为人处事“异于流俗”，极力向总督骆秉章推荐这一对“城隍庙的鼓槌”，在国家为难、无人可用的情形下，骆秉章认可，他们终于又得到启用。当然，这已经是名山县战事之后的事情了。

在李蓝大军占据宜宾吊黄楼一线，刀锋直指岷江一线的犍为县、名山县时，《蒙寇志略》中特意提到一个本土人物：何崇政。

熟悉一点巴蜀武术历史的人知道，峨眉派亦刚亦柔，一派玉树临风。南宋时期，已经眉毛纯白的德源长老，“白眉道人”，他模仿山猴动作，创编出一套猴拳，一直流传至今。德源长老还把峨眉山僧道的武技资料收集起来，编写《峨眉派拳术》一书，这是目前找到的有关峨眉武术的最早文字资料，是峨眉派武术发展成熟并自成体系的标志。在这个谱系里，何崇政具有承先启后之功。而关于这一记载，均为传说，并无进一步证据。

在四川近代史大量资料里，何崇政被人称为太平天国翼王

① 陈力：《中国野史集粹》，巴蜀书社2000年版，第三卷第230页。

石达开的“记室”（相当于随身秘书），说他兵败脱难后，削发为僧，法号“湛然”，来往于川西、川东等地，以哥老会的组织形式结交八方豪杰继续反清，曾经在峨眉山主持多年。他还撰有《峨眉拳谱》一书（亦称《拳乘》，据说至今留有残本，但我未见过进一步的披露），成为峨眉派武术理论奠基石，开篇有诗“一树开五花，五花八叶扶。皎皎峨眉月，光辉满江湖”的概述。这其中“一树”指峨眉武术，“五花”指巴蜀的五个片区，而“八叶”则指四川武林中的“僧、岳、赵、杜、洪、化、字、会”八个门。“五花八叶扶”意味着五个不同地区的流派和八个拳术门派互相影响，互为依托。

《峨眉拳谱》出自“何崇政”之手不假，一直在巴蜀武林被尊为武学经典。但我以为，这个作者，是托名的，这种情况古已有之。

其实，何崇政既非太平军，更非翼王石达开的“记室”，而是地地道道的本土异端，后来担任李蓝起义军中的“护国军政司”。显然，与后来升任四川提督的唐友耕不一样在于，他不是一个流氓无产者，他当时是塾师身份，小有薄田，根本无须因枵腹而亡命天涯。

影响颇大的《崇庆县志》记载，何崇政为蒲江县干溪保人，为落第秀才。我认为还是胡寿昌的记载更为准确，他的《蒙寇志略》言之凿凿：何崇政生于清咸丰年间，外号何蚂蚁，出生地在蒲江县与名山县接壤的何家山。关于何蚂蚁，还有一番来历：何崇政少年时梦见自己蚂蚁附体，所谓“天下蚁动，是忠臣立功之日，志士驰骛之秋也”。因为梦，他显然已树立了成为栋梁之材的人生理想。他少年时代就膂力无穷，精通武艺，加上为人“豪侠好义，急人之急，远近恶少争附之”。他本系己酉科秀才，属于正朔之辈，对农民起义军异常仇视。由于他好大言，有点李卓吾遗风，咸丰六年（1856年）何崇政参加府试，因针砭时弊，遭到主考官指斥和鞭笞。据说他一度得到术士李御风的“神授兵书”，于是心存异志。咸丰九年（1859年）李永和、蓝大顺揭竿而起，何崇政一方面满怀对制度的愤懑，另一方面知道属于他的时间开始了。

这就像献宝的卞和一样，他得到的回报，却是体制的当头棒喝。晚清《名山县志》记载：何崇政一心报国，苦心孤诣上书《平洪杨策》，请咨送江南大营效力。当时川军中向荣为主帅，知府蔡步钟以“违制笞之”。尽管他慷慨陈词，渴望制度能够理解他保家卫国的赤胆忠心。但这样的陈述均被官人理解为一种利用危局讹诈政府的伎俩。看来蔡步钟也并没有打错，因为按照清制：士子不谈国事。

历史大错被僵化、傲慢的蔡步钟就此铸成，他为此必须偿付巨量的鲜血才能赎清。

被乱棍打出，何崇政报国之心不死，他直奔前线而去。他在快到宜宾的路上偶遇四川提督马天贵率领的兵马，何崇政拦住军队高呼“献策”，奉上《擒蓝李策》。马天贵看着这个一身褴褛的强人，不料他再次口出大言，咋咋呼呼，马天贵感觉官威受到冒犯，下令“笞之”。何崇政缺乏卞和那样的耐性，他愤激到了极点，走出门来，何崇政仰天大喊一声：“那就怪不得我了！”

他立马掉头，直奔驻扎在宜宾城边的李蓝起义军营垒。起义军多为胸无点墨的农民，从天落下一个能文能武的人才，不禁喜出望外。为展示自己远非纸上谈兵之辈，何崇政决定在叙府石梯桥一带，策划安排了一场甘蔗林的伏击战。他的计谋很简单：就是将怀里的《擒蓝李策》改为《擒天贵策》，颠而倒之，就连设伏地点也没有变。他守株待兔，等待好收成。

面对极容易隐蔽兵马的川南甘蔗林，提督马天贵十分轻敌，他遭到了一场突然的伏击战。慌乱中他往开阔地乱跑，一步蹈虚陷入另外一侧的水田，动弹不得，被围上来的起义军砍成烂肉。由于一举击毙四川提督马天贵，续战又擒副将张万禄、都司余振海，连歼清朝大员，起义军像吃了炸药一样，挡之者死。要知道，这是李蓝大军入川以来击毙的最高级别官员。

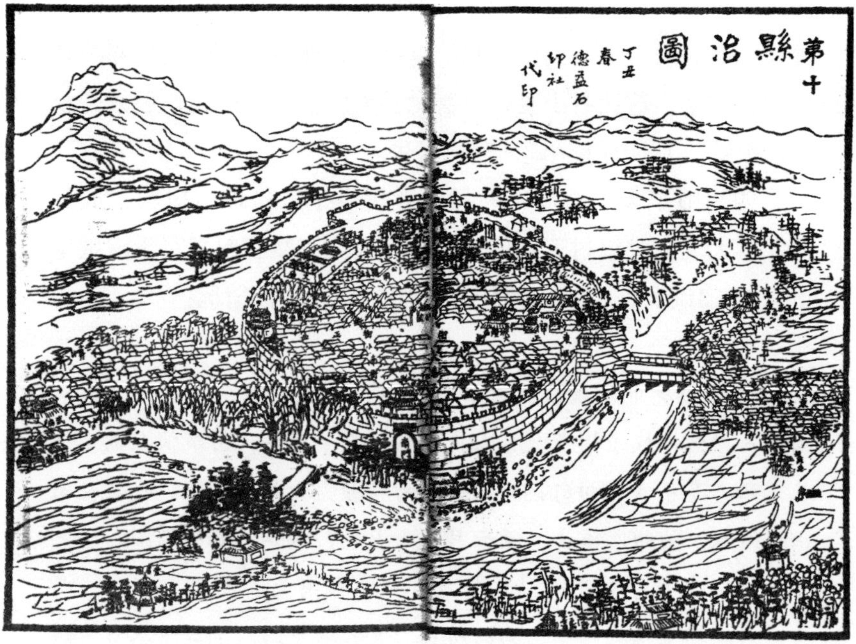

名山县县治图。选自民国十九年版校注本《名山县新志》

这一下，何崇政火得不行，出任起义军的“军政司”一职，不少人投奔其麾下。何崇政精于枪法和棍法，因此在军中常教士兵习武，深孚众望。新任四川提督蒋玉龙手下能人太少，尽管都是一副化悲痛为力量的样子，但在名山县被何崇政的兵法所困，起义军将其打得狼狈不堪。

曾经上书《平洪杨策》的何崇政，对当时天下形势自然熟知，他对“蓄谋窥川”的石达开也不会没有耳闻。由此，《名山县志》所载蓝大顺“通款洪杨”和“拜何崇政为护国军政司”两者之间就显出了内在联系。可以认定，“通款洪杨”也就从此成为李蓝义军的既定方针。何崇政给李蓝义军的建议是，应该联络四川南部一带的嘓噜党，使之成为生力军。这样，嘓噜、土匪、强盗、商人纷纷加盟到反体制的营垒中，连名山县的文生邓凌霄也加入进来，这让名山县知县甚觉丢人。他未必知道，丢人是小事，跟着，丢命的事情随时就将发生。

四川师范大学黄尚军教授给我提供了一份珍贵史料：成都蒲江县大塘镇洪福村三组何李氏墓碑背面，载有起义军于清咸丰十一年（1861年）夏天在蒲江、邛崃一带活动的情况：

“……庚申年蓝贼扰蒲江，至邛州攻城不克，自州到名山。名山人‘何蚂蚁子’带数百人投蓝贼。至辛酉年，何贼伙人数千来扎蒲江。是年六月初旬，忽来峰顶漕扎营。六月十六夜，我父在宋山碥避躲，被贼人掳去。至六月二十七日，贼等撤营去名山。于七月二十一日，分数千人迭回卻攻邛州，闻有大兵到州，不果。是夜，我在场上店内借宿，为贼所获。复扎骑龙山。至二十八日，贼回名山大营。……至八月初八晚，贼令次早撤营，各归本营。……

是夜，贼令西营打前队，至古城桥，见对山（疑为“围”）众多。至新店子场口，我就此等父，未几，上杀至，我亦同贼走挐坝场，过数里逃出……”①

这一来自民间石碑上的记载，以鲜活的口语充分证明了“何蚂蚁子”为害“桑梓”的行为，也说明了战事给民间带来的深巨灾难。雅安知府何鼎勋认为名山县被起义军占领，是老百姓通敌，掩护何蚂蚁以及起义军，传檄邻县，会剿名山百姓。令人发指之处是，待湘军收复名山后，以“名城失陷久，其逗留城中者，必非好百姓”的官场逻辑，下令将全城百姓毒杀！②我想，这笔血债，何鼎勋只会记在乱党头上。

雅安知府何鼎勋切齿不已，他的两本围城笔记可以佐证《蒙寇志略》的真实性，并弥补了记载的简略。他指出：在攻打名山县城时，何蚂蚁子对父老乡亲宣告：“名山系我桑梓地，先人之墓庐在，予不敢扰。有妄取民间之一草一木者，悉叱令送还。名人安之，备渐弛。”③这其实是一出烟幕弹，起义军于咸丰九年五月八日突入名山县。这涂炭桑梓的行为，更让当地人发狂。

鉴于在四川连续战败，蓝大顺率军北上入陕，何崇政率领的起义军成为川西一支独立军。1861年春，各州县衙趁蓝大顺率部

---

① 黄尚军、董红明：《巴蜀牌坊铭文所见清代农民暴动与起义初探》，《重庆三峡学院学报》2010年1期。

② 何鼎勋：《雅安围城记》附录《雅安河防记》手抄本，由四川大学图书馆藏。

③ 李有明、蒙绍鲁：《往事存稿》收录了《雅安围城记》《雅安防河记》全文，四川民族出版社2004年版，第158页。

北上围攻绵州之机，秋后算账，捕杀曾跟随义军的农民及其亲属。为振李蓝军威，何崇政提出“吃大户、杀赃官”口号，蒲江、邛崃、大邑、崇庆一些乡镇的农民群起响应。其时，清廷再次调兵围剿，估计“何蚂蚁子”的读音关系，官府竟喊成了“红蚂蚁子”。何崇政对此一笑置之，来了个将错就错：“龟儿子些怕红，我们就是要红！”于是下令打红旗、戴红标，坦然接受“红蚂蚁子”称号。5月，何率义军进入崇州隆兴场，准备待机攻取州城。州人副将张联陞率官军团勇，在中和场组织防御，被义军打败。越日，义军迂回到西河坝，知州董钧令民众守城，调乡团屯于城外。这时，在嘉定的袭侯杨炘（名将杨遇春之孙）闻讯，率兵赶回崇庆增援，同张联陞联合守城。11月兵分3路攻义军，“名将之后”杨炘阵亡于金龟桥，各军士气大减，义军乘胜攻城。内应谭八在城堞瞭望，中流弹负伤，被官军发现后立即诛杀。内应已失，州城防守严密，起义军只得退兵。这年冬天，清廷调提督胡中和率楚军配合各州县兵勇，对义军分割围剿。何崇政率主力与楚军大战于大邑县城西，终因寡不敌众，就此下落不明。

《蒙寇志略》还记载了一桩“不雅”之举。当地绅士冯朝杰、杨廷梁等人献计，何崇政如此难以对付，实乃本邑耻辱，“是其忘亲背祖，大逆灭伦，罪宜根株尽翦。从来讨叛逆者，必先发其祖墓，冀可一鼓成擒。”于是胡寿昌与提督蒋玉龙就秘密动手，他们连夜带领500名士兵，黎明时分来到何家山掘开了何崇政的祖坟，雪亮的锄头伴随第一缕阳光倾泻而下。这是何崇政的父母合葬墓地，地下有石埂，宛如土龙盘踞，隐然有王者之气。打破棺椁，满棺白浆流出，飞出无数野蜂。制度中人对此的评价是“地脉天娇，峰峦凶恶，养成戾气，非吉壤也”。

这远不是当地腐儒凭空臆想出来的举措。一是有挖祖坟的历史传统；二是李蓝大军战事期间，官军就曾经为之。

在中国文化中，挖人祖坟是最狠毒的。当年李自成攻入朱元璋的龙兴之地——凤阳，一不做二不休，索性掘了皇帝的祖坟。崇祯皇帝怒不可遏，以牙还牙，派人掘了李自成的祖坟。李自成知道后，开始了疯狂报复……在互掘祖坟的暴力循环中，彻底践踏伦理让暴徒们获得了大快感。即使在近现代，挖人祖坟、断人龙脉的事件也多不胜数。这本是一种严重有违于伦理的行为，但制度显然已经黔驴技穷了。花县知县牟崇龄收到上谕后，即奉命急将洪秀全的祖坟掘毁。但即便如此，太平天国一役，死亡就达几千万人，何曾有半丝作用呢?!

但体制中人怒极攻心，就挖过李永和母亲的坟。

1903年，美国探险家埃德加·盖洛到达云南大关县的大旗山下，就是关河和洒渔河的交汇地岔河。岔河旁的麻柳湾是李永和的祖坟所在地。盖洛从当地人口中得知，异端李短褡褡的祖坟被官府侦知，“狂喜之际，官府光顾了这个河岔口，掘坟毁尸。这样一来，龙脉已毁，这个家庭的气数就断绝了！此后不久，反叛势力被除掉，这位大头领被杀了。”①

如果说打开所罗门王的锡瓶是放出了魔鬼，那么国粹化的开坟掘墓，则是让阴魂在朗朗乾坤普照下蒸发遁迹，可万一阴魂又附寄在哪一个泥腿杆子身上，迅速在脑后堆积出“反骨”，那又如何是好啊?

① ［美］盖洛著，晏奎、孟凡君、孙继成译，沈弘、李宪堂审校：《扬子江上的美国人：从上海经华中到缅甸的旅行记录（1903）》，山东画报出版社2008年版，第161页。

就好像与李短褡褡“同甘苦、共命运”一样，官府发掘何家祖坟后，据说何崇政的起义军逐渐式微，打仗多方掣肘不利索了。单是一次战斗失利，就在名山县被擒3800余名起义军，损失战马1385匹！其实，他依靠智谋出任蓝大顺的军师，占据名山县两个月，先后转战于青神、蒲江、大邑、雅安、荥经、天全等十余州县，献计擒斩了清军重要将领张万禄、余振海等人，尽管何崇政部的起义军在名山陷入四面楚歌之境，但何崇政还是逃脱了。他混入湘军果左军胡元廷军门营内，改头换面，名字变成了“昆山”。当骆秉章的缉捕批文发到胡元廷手中时，何崇政已远走高飞了。

胡寿昌一直惦记着这个让他寝食不安的恶人何崇政。他承认，何崇政是他的心病。在他主政成都三道堰、游子堰等水利设施的清淤工程时，突然得到了何崇政投射在水面上的鸟影。

从四川近代史资料来看，何崇政一度还“打入敌人内部”，在胡中和的湘军营中秘密活动，四川总督骆秉章下令通缉，刘蓉亲往雅安查询，他最后壮烈牺牲。

具体情况是，何崇政伪造提督胡中和的行军关防令，跑到宜宾的屏山县调动军队。得到这个信息，胡寿昌认为何崇政是准备与宋士杰余党继续为乱，这反而佐证了何崇政亡命江湖继续谋求反清的真实情况。胡寿昌会同太守张子民，设法羁縻住何崇政，秘密与叙州太守朱海门张开落网。他在《蒙寇志略》里提到重要的一句话：“送郡城讯明正法”，把何崇政的脑袋传遍他犯下罪行的各州县。显然，这里出现了记载问题，要不然是胡寿昌冒功，就是所杀的那个何崇政是个冒牌货。

除了说何崇政被官府击毙之外，地方志里还有三说：一说

“后起义失败，不知所终”；一说“后来降清廷”，这显然是污蔑；一说竟然成了太平天国翼王石达开的“记室”，翼王行踪飘浮，这最不可能。我分析，何崇政芒刺一般回到了民间的山野，身形一抖，就成了一片枯叶。他在峨眉山落发为僧，法号“湛然”。他常居云遮雾绕的白龙洞，偶尔山风催发酒力，山魈鬼叫，虎豹的吼声震落蝉鸣，他会走几路拳法疏通筋骨，这才有了精研武术、演绎《峨眉拳谱》的后事。也就是说，峨眉武术固然源远流长，但以派别崛立武林，却是从何崇政开始的。

唐友耕率振武军到达名山县的时间，是在石达开的先锋“赖剥皮”赖裕新率军入川的时候，唐友耕主要是在邛崃、蒲江、名山、雅安要隘之处设卡防堵。他听到胡寿昌对何崇政的叙述，颇不以为然。须知，唐友耕精于枪法，他很想会会这个神乎其神的何崇政。可惜的是，历史没有为他安排这个对决机会。

由于战事代价惨重，凡是被起义军入侵的州县，骆秉章逐一提议罢免涉及二十几个州县的官员。但他还是清醒的，对那个热血青年、名山县知县胡寿昌记忆犹新，称其“才识兼优，长于吏治，晓畅军事，洁己爱民”，奏请功过相抵，这是唯一的一个得到“恩眷”的地方官。胡寿昌因此被委派为唐友耕部等四路军队提供后勤供给。刚刚经历战火的弹丸之地名山县，为此提供了两万名军人的口粮，可见百姓负担之重。当时的驻守情况是，记名提督胡中和驻扎泸定桥，湘果营将领萧庆高驻扎飞龙关，湘军将领何胜必驻扎飞仙关，唐友耕驻扎汉源富林驿，成为阻截石达开强渡大渡河的生力军……

富林驿是汉源通达西昌的要津，必然要经清溪峡等地，此道是南方丝绸之路的一段，相传诸葛亮南征平夷时曾路过此地，当地有孟获城遗址，也有“平夷堡”“镇南桥”等可以钩稽历史的小地名。这是南下的交通要冲，战事频繁而惨烈。石达开先锋赖裕新曾率军用布匹作桥成功渡过大渡河，在纵切幽暗的清溪峡与唐友耕等部激战，在越嶲的深沟（汉源县河南公社）被彝兵劈空而下的滚石擂木砸成肉饼……

秀才造反，百年不成。但秀才被逼无奈，即便是短短几载，足以搅动一地的历史与黑暗。其实他们的失败是注定的，明知不可为而强为之，有时是出于一种责任，出于一种命定和无奈，是抛个人利益的执着，是用自己的骨灰，以一点一滴的失败来为武力流亡画上圆满的句号。所以，知道这个结果而挺身一击，总比坐等这个结果加诸头顶抽干自己的血要好。古来被逼上梁山的知识分子有多种策略算计，“做大了”等候招安成为一种主流模式，但决绝的何崇政在孤立无援的情况下从无悔意，已然不是负气用事或倾慕权力，才华尽而气数绝，才华不尽而与一域同辉，似乎才是属于他的“梁山踪迹”。我不禁想起卡夫卡的话：“凡是活着的时候不能应付生活的人，就需要用一只手稍阻挡住他对自己命运的绝望……同时他要用另一只手记下他在废墟中看到的东西，因为他能看到与别人看到的不一样的东西和更多的东西；归根结底，他在一生中都是死者，但却是真正的幸存者。”①

---

①　［奥地利］卡夫卡著，阎嘉译：《日记》，四川人民出版社1999年版。

拉锯战中的精神胜利法

董贻清（？—1872）字叔纯，江苏阳湖县（今武进）人。道光癸卯举人，出任青神知县，后以军功历任知府，一度署理资州直隶州（今四川资中），后任保宁知府等。他诗词功底深厚，有《偶存集》传世，与伍肇龄等一起参与《同治直隶绵州志》的编撰。由于李蓝大军进逼资州当时所属的井研县，井研为通达省城的要隘，故董贻清奉令赴井研防守。战事倥偬之中，他写有一本史料价值极高的《援守井研记略》，记录了李蓝大军攻城略地当中的民生与异事。自咸丰九年三月初一抵井研始，于五月十九日董贻清知母病请急止，逐日记述。是书收录其《偶存集》中，有同治十一年（1872年）刻本。

1841年春，道光皇帝派杨芳为参赞大臣，随靖逆将军奕山赴广州防剿英国侵略军。杨芳没有考虑实际的战斗部署，他从民间搜罗了大量马桶，摆成浩大阵势，指望以“秽气”来破除洋枪利炮的威力。这在历史上留下了一个大大的笑柄。其实这个个案并不好笑，吕纯阳诗云：“二八佳人体似酥，腰悬利剑斩愚夫；虽然不见人头落，暗里教君骨髓枯。”根据这样的身体巫术，所以我们还看到了使用女人亵衣、内裤、裤带等来破敌的朝廷紧急预案，这些战术虽然没有在四川上演，但井研县的保卫战过程中，也有同一级别的巫术频频亮相。

时任资州知州的董贻清率领四县兵勇赶至井研县防守，与起义军狭路相逢，两军激战于城东的凤凰山，起义军的凶悍显然更胜一筹，官军被迫退入县城，弹丸小城迅即被起义军困成铁桶。

起义军环山扎营，军旗如豹子嚣张的舌苔舔舐着崖烟。昼夜轮番进攻之下，南门城楼完全轰毁。城内兵民以柜台、土石筑内城防堵，如此苦撑六十余日。起义军在城西掘地道、掷火弹并辅以云梯、吕公车攻城，在三官楼、翠屏山置大炮轰击南门，还是屡攻不克。楚军将领萧庆高率部来援，双方又激战于翠屏山，起义军伤亡惨重，最后撤离井研。

这是自李蓝大军攻击叙府以来，从未有过的大仗。当时的四川提督占泰一再畏缩，采取了一种奇怪的拖延战术。知道敌情，他故意慢吞吞赶去，对方早已经转战另处。在李蓝大军连续攻击蒲江、邛崃、井研、眉山、洪雅、丹棱、名山、雅安的交错战中，提督占泰几乎没有正儿八经打过一场硬仗。他俘获了起义军小头目，对方私下勾兑，他竟然拿银子换人。这就是说，战争是一种生意。居住在县城，为讨好他，内心惶惶不安的知县们，还要尽其所有招待好。酒肉一多，色情就直蹿脑门。色字头上一把刀，但刀就在手里，有何惧哉。占泰的手下甚至发展到强抢民女和财物的事情，这进一步加剧了情况的复杂和危急。在当时，不但民间有讽刺占泰的歌谣，就连起义军也开始肆意侮辱这个怯弱之辈。

指望这样一个提督，怎么可能解县城之危?

这几乎是绝望的两个月，董贻清用尽了一切办法苟全性命。他命令掏干城内所有厕所，架起大锅煮成沸腾的“大便汤”，从城楼迎头浇下，整个城楼立即陷入“沼气蓬勃”的热浪中。他下令征集百姓家中的棉被，浸满水分后，在城楼一线悬挂起来。连被盖芯子也来不及扯下的棉被，五颜六色，就像过冬之前老百姓暴晒的家当。他不惜被众人误为“艳帜高涨”的道德损失来保全一城的安宁。

在粮食仅够维持三天的情况下，董贻清祭起了“献米赏功、多者荐官”的精神胜利法。一些大户激动了，拿出了最后深埋的粮食，换取了一纸官文。他们未必知道，纸上许诺的一切，前提是你必须活着。而且，委任官也要活着。

民间人士纷纷献计，有人看见起义军在城外山间伐木，改进云梯，一旦灵活的云梯建成，势必进一步威胁县城。董贻清兵来将挡、水来土掩，他招募勇士，连夜坠城而下，纵火烧毁了几十架云梯。民间习武者拿起武器，自发参加战斗，他们看见官军缺乏火药，有人立即告之，自己有几十斤硫黄埋在南门外，几个勇士挖出来，以解燃眉之急。

起义军见强行攻打不见成效，派人伪装成逃难的难民，跑到城门外哀求进城。这是历代攻城战当中的惯用方式，但他们并非褴褛的装扮和呼喊的高亢声调引起守城士兵的怀疑。几问几答，难民中突然飞起几根抓城钩……让守城者惊出一身冷汗。起义军又写了不少“安民告示”用箭射入城内。董贻清是文人出身，自然明白此举比枪炮更具威胁，急命全部收缴销毁，任何人不得传阅。

针对于此，官军同时上演了心理战，在阵地前竖起招降旗，大书“投诚免死，给票回籍”的蜜糖丸。有人心动，施施然出来了，他的确给了“票”，后来，出来的人多了，怎么处理啊？制度不会记载这样的结果，我估计，多半就“撕票”了。这从来就是制度对待反叛者的不二法门，没有什么大不了的。

董贻清从来相信，资州的火神庙十分灵验，曾经保佑了他们，未被起义军攻破城池。他的手下心领神会，竟然把资州的火神塑像随营携带而来。他把这个神请进了井研的城隍庙，已经管不了火神是否高兴，自己双膝跪倒，“默祈庇佑，责以大义”。就在这时，攻城的炮火震撼五内，城垣已倒塌，幸好内城未垮，董贻清认为此乃火神保佑之功。一批手下心领神会，有人说，就在起义军的攻城地雷炸响之际，看见“有一二贵官在城督队，衣冠仪从甚多”。这无疑是一副兴奋剂，大家一听，“兵勇却而复振，御灾捍患，昭应如响。”

董贻清这一记载，很可玩味。也许就是在吹嘘自己有如神助吧。

但起义军不信这个邪，他们也请来了自己的神仙。

“有贼僧在北门外叫骂往来，自夸火器不能伤，击之果若无事者。”面对如此狂妄的挑衅，董贻清有点拿不准了。

他手下有个叫赵汛的马弁说有办法破之。

赵汛首先找来一小坛白米，又派人四处收集沾满妇人月经的亵衣与便纸。这是一个深挖女厕所的艰苦工作，更麻烦还在于必须破除迷信、解放思想，不怕秽气缠身霉得长毛。这些烦琐的设备一一准备停当，赵汛向城下撒出了一把白米，他像发了鸡爪疯一般，高举沾满大红月经的亵衣疯狂抖动，把城下挑战的和尚身影远远罩住。这分明是掩耳盗铃的障眼法，赵汛还煞有介事念念有词，其实这些都是过场，在为后来的好戏做铺垫。不然的话，就将与参赞大臣、湖南提督杨芳的“马桶阵”一道，敢与日月争辉了。

赵汛早已经下令，让一个枪法好的兵勇躲在一旁，伺机扣动抬枪的扳机。

透过枪管的火药烟，那个自称刀枪不入的和尚应声而倒，像一条死狗四肢乱蹬。

为查看是否破了法术，又一个叫唐九皋的守城勇士站了出来。他飞身下城，找到血肉模糊的尸体，割下了妖僧的脑袋带回城内。

眼观六路耳听八方的董贻清对此评论道：妖僧能饮符水作法，增人力气，显然是起义军的动力之一。但他又自言自语："此等邪术自来皆有，原不足恃。"那么，他是否想过，自己在火神塑像前叩头如捣蒜，是否就是"大义"之举呢？

在起义军攻打雅安战斗中，眼看城门即将被起义军打破，绝望的知县何鼎勋把所有课银搬了出来，堆到大堂。须知擅自动用朝廷税收，是不容置辩的杀头大罪。何鼎勋愤然宣布："有能杀一贼来献者，赏银十两；守城兵勇除例支盐折口粮外，能用枪炮轰毙围城贼匪者，亦一律给赏。不逾时纷纷报功至，予即以银与之。"有人提醒他：这一来，来领赏的人中多半有诈，他们会乱杀乱割一气，找些草民的脑袋来充数。但何鼎勋却讲了一句制度箴言："即伪，亦可以作士气。"正是靠了这堆白花花的银子，靠了何鼎勋的高度理解，雅安城算是暂时保住了。

这就让我发现，所谓精神胜利法，古人其实比后人要睿智得多。不但要高呼口号，宣布神灵护体、天帝保佑，还要敢于冒丢脑袋的危险，敢于"出血"。一个子儿都不掏的胜利法，还可以生发倒转乾坤的伟力，估计是后来诞生的，反正清朝诞生不了。何鼎勋敢于承担责任，与后来的官员不可以道里计。①

这个时候，唐友耕并未闲着，他返回成都后，总督分析起义

---

① 李有明、蒙绍鲁：《往事存稿》，四川民族出版社2004年版，第153页。

军立即攻打成都的可能性不大，见几个县城战事吃紧，命令他星夜开拔赶往犍为县。那又将是一场怎样的战斗呢？借用董贻清的一首回首往事的七言绝句《资州题壁》，似可昭示唐迥、唐友耕等人的未来：

当年叱咤走风云，
废垒江头尚夕曛。
傥向灞陵逢醉尉，
夜行休说故将军。

奸细如飘坠的枯叶蝶

一个地方、一个物种，往往因为一篇名文而爆得大名，这样的事情在历史上数不胜数。比如，因为唐朝的广浚和尚的琴声，使得峨眉山的弹琴蛙名声远播；又因为徐迟的哲理散文《枯叶蝴蝶》，人们知道了峨眉山伏虎寺的枯叶蝶。

峨眉山蝴蝶群落十分庞大，据统计共有268种之多，属于峨眉山特有的就有53种。其中英雄金凤蝶和中华枯叶蝶，堪称稀世之珍。

我每年都要到峨眉山七里坪住上几个月，去山里散步的机会很多。从报国寺往西行约一公里，就是峨眉山最大寺院之一的伏虎寺。寺庙始建于晋代（一说唐代），当时称为药师殿，后来一度曾改称为“龙神堂”“虎溪禅林”“虎溪精舍”。因山形如卧虎，加之曾经老虎出没，遂将寺定名为“伏虎寺”。也许因为独特的山林气候，从暮春到初秋，在伏虎寺的四周花枝、草丛、曲径间，甚至是殿堂之内，往往会看到枯叶蝶随风摇摆。枯叶蝶身长3厘米，展开双翅有8厘米，它们喜欢单独长途飞行，从不见成群结队。时飞时息，采食花蜜或树液，一旦遇有敌情，立刻疾速地飞落在树枝上或草丛中，伪装成枯叶。依靠这种特殊的自卫能力，枯叶蝶在峨眉山代代相传。

据说枯叶蝶有嗜酒的习性，闻酒即来，一些贩卖蝴蝶标本的人利用它的这一特性诱捕它，枯叶蝶常常是酒还没喝到就成了标本。到底是什么原因使之嗜酒如狂，至今还是未解之谜。

在大乘佛教经典中，有悲、智、愿、行四大菩萨。观音重悲、文殊重智、地藏重愿、普贤重行，如果说普贤的最大特色就在于“理趣”与“行愿”，那么，那些突然回到丛林的蝴蝶，宛如普贤撒向尘世的贝叶，以及那些拼命捕捉蝴蝶以此牟利的人，在这一张一隐的比对中，我就发现，这个世道的劫难太大了。

另外，在报国寺、长老坪、善觉寺、万年寺、清音阁一带，也可见到枯叶蝶的身影。其实川西南丘陵山区在1970年之前也常见枯叶蝶。仔细观察，它停息之时，两面“三刀翅”紧紧收缩竖立，将身子深深地隐藏着，展示出翅膀的腹面。这种隐身术远远高于鸵鸟埋沙，因为它腹面全是古铜色，在秋天酷似一片枯叶，并且常常随着季节的更替而变化，色彩和形态都和树叶无异。一条纵贯前后翅中部的黑色条纹和细纹，很像树叶的中脉和支脉；后翅的末端拖着的条和叶柄十分相似的“尾巴”，静止在树枝上，很难分辨出蝶与叶。

从学理上讲，枯叶蝶属于中华枯叶蛱蝶，它把姿色藏在老妇人一般的褶皱下，这是一种典型的《聊斋》易容术。偶尔迎风飞起，终于让我目睹了那种埋名浊世的仪态，依然还有一种孤芳自赏，渐渐融入虚无的喟叹。

枯叶蝶的丽彩可与凤蝶媲美，大都为绒缎般的墨蓝，闪动的光，却有刀锋的犀利。

徐迟散文《枯叶蝴蝶》，在于提出了越是伪装越是容易夭亡的结论，他感慨："我们既然有一对美丽的如真理的翅膀，我们永远也不愿意阖上它们。做什么要装模作样，化为一只枯叶碟，最后也还是被售，反而不如那翅膀两面都光彩夺目的蝴蝶到处飞翔，被捕捉而又生生不息。"似乎不错，但问题在于，在近几十年的语境下，无论你"亮剑"还是"亮翅"，都是无知的、自投罗网之举。

我的基本结论是：伪装，是弱小者必须采用的生存术，与美丽无关。

可惜，徐迟拒绝了枯叶蝶的法则。1996年12月12日深夜，一代作家、诗人徐迟从武汉同济医院高干病房6楼坠亡。他的确像蝴蝶那样展翅飞离了低俗的尘世。

……

《说文解字》中没有"蝶"字，但这种漂亮的虫子在本书中称"蛱虫疌"，"虫疌"（不少字书把它当作"蝶"的异体），"蛱"的意义却较为清楚。"蛱"从"夹"声，而从"夹"得声者多带"位于两边而且扁薄"的造型，比如夹，在左右两边；峡，两山之间；颊，脸两侧从眼到下颔的部分；荚，两旁相夹豆在其中……

古语"胡蝶"的"胡"含义是"大"。三国时魏人张揖编纂的《广雅·释诂一》说得很明白："胡，大也。"从声训角度看，从"胡"得声的字多有"大"之义。综上所述，"胡"指

“大”，“蝶”指“薄翼”，两者相加就是“有阔大而扁平翅膀的虫子”。

“谍”是一个形声字，形从言，既然从言，当然就是说话，而“间”的本义就是门缝，泛指缝隙。有缝隙就可以使用反间计，故称“间谍”。所以《说文解字·言部》释为：“军中反间也。”“谍”字作为间谍义，夏朝时就已经出现了“谍”，最早见于《左传》记载：“使女艾谍浇。”意思是：夏王朝被后羿和寒浞取代，浇是寒浞儿子的名字，后来复国的少康向浇的身边派出一个叫艾的间谍，这是中国有记载以来的第一个间谍。

蝴蝶与间谍齐飞，阳谋与阴谋共舞，构成了云谲波诡的历史。

在大量有关晚清云南李蓝起义军的记载里，我注意到奸细出没的频率极高，不仅是起义军爱用这一套，官军也不例外，不但用于刺探敌情，也用于监视官军的实际调度和作战情况。也许，奸细本来就是体制的运作程式吧。

在胡寿昌所撰《蒙寇志略》当中，提到1862年的深秋时节，在自己慰劳官军的途中，透过几只乱飞的蝴蝶，他突然发现一个行人，遍体污泥，衣服褴褛，但他并不害怕部队，眼睛发出大光，这光芒泄露了他的身份，于是被更尖锐的眼睛认定是起义军的奸细。经过反复盘查，这个“细作”终于承认，自己是老湘军营的差弁，奉节帅命令，探查敌寇实情以及防隘虚实，已经前后来了十几次。也许为了讨好胡寿昌，他说看到“如公严整，未易轻犯”。胡寿昌由此十分感慨：“余深服文忠公（胡林翼）之能用人，而尤虑防守之不密也。”

通过间谍予以打探第一手实情，历来是四川总督骆秉章的工作方法。

1862年，初来四川的骆秉章深居成都，又如何运筹帷幄？必须发扬湘军细作制度的优良传统，而蜀地这些四处飞舞的枯叶蝶，更是他的眼目啊。果然，几天之后的一个午后，胡寿昌接到了骆秉章的札谕：“该令：速领所部勇队一千名，前往竹箐关堵御。”[①]得到这样的命令，熟悉军情的人都认为领导在胡乱指挥，但胡寿昌立即安排出兵。

显然，骆秉章不但看到了枯叶，他还看到了那藏匿在枯叶下的刀锋。

事实证明他的判断无误。正当他们在庆贺打好了这个阻击战时，骆秉章的手谕又到胡寿昌面前：“移防蒲江‘一碗水’。”当年入冬时，就在“一碗水”击毙了剽悍的蓝二顺。当时起义军在渡过响水滩河道时被清军大炮轰击，人的碎肉块浮满了水面，臭了几年，无人敢吃河里的鱼。起义军抛弃的兵器，被收荒匠捞了几年也没有捞完……

骆秉章不愧为“经世致用”的儒生，他对《孙子》烂熟于心，从这一掌握信息的方法而言，他无疑使用了《孙子》当中“生间”的谍报学，“生间”就是能够活着回来报告情况的间谍。五类间谍中，彼此是相互关联、相互补充的。尤其以“反间”为“乡间”“内奸”“生间”“死间”的根本。从骆秉章用兵可以发现，“间能”“间助”“间邻”等方法的运用，体现了他神机妙算、灵活变通的心机。

这也不是什么高级机密，唐友耕就精于此道，农民也懂，只是没有骆秉章那样长袖善舞。

---

① 陈力：《中国野史集粹》，巴蜀书社2000年版，第三卷第246—247页。

雅安知县何鼎勋深知，不但有骆秉章的耳目在四周逡巡，蓝大顺的眼线也在四处飘浮，混迹于蝶翅之下，觊觎自己。他听说丁游击竟然是蓝大顺的老朋友，就对丁游击“晓以大义”，让他去劝降。这几乎是没有半丝把握的事情，病急乱投医，也顾不了这么多了。这一间谍策反行动，按照《孙子》的观点，是“五间”间谍方式中的“乡间”之计。所谓“乡间”，就是利用同乡、老相识关系去从事间谍活动。这一方式，官军、起义军均在采用，谈不上什么秘密。

丁游击去游说了半天，带回蓝大顺的一封信，慷慨陈词，甚至附上了一副对联：“杀贪官以救民原为黎民造福；分豪户而济众但愿大众归心。”对得不工整，但让何鼎勋心生疑点：既不投诚，则击而杀之，是杀贼也，非杀友也，忠义亦可两全矣。他追问：“何以终未出一战乎？岂不私于忘公乎？”这暗示了李蓝队伍里，有不少就像丁游击一样心态的人。其实，丁游击与唐友耕一样，也是出自烟帮。这与后来唐友耕一度不愿对起义军赶尽杀绝，也是异曲同工。

针对枯叶蝶混入人民当中的情况，雅安知县何鼎勋的做法十分灵验：他不能拒绝在城外哀号不已的难民，放其入城后，他撒开大网，立即着手编辑户口，相互指认。他迅速把那些枯叶蝶式的“内间”逐一撵出，净化了革命队伍。可惜这一做法，没有得到推广。

而在道光癸卯举人董贻清的《援守井研记略》当中，来自起义军的奸细就不可胜数，六十余日的战事日记，几乎隔三岔五就有奸细出没，或劝降游说，或刺探，或传递告示，或为叛乱者带路，甚至抓住了一个叫“李吴氏”的女奸细。

这个女人颇有姿色，翩然一只玉蝴蝶，曾经是大户家的小妾，是见过一些世面的。在起义军的刀锋霍霍之下，大户们抱头鼠窜，她连同家具被遗漏在某个记忆的死角，这也是妾的一种常规性命运。尽管蓬头垢面，依然掩饰不住她的风月姿容。她在一个逆风的豁口显身，她身轻如蝶，轻身而飞，杀戮的金风把她轻易带了起来，依然有莲蓬的韵。

这样，“李吴氏”被起义军一个头目看中而收留，一来二去，女人如蚂蟥附体，痒意适中，浓得化不开了。可见，漂亮者生存的几率的确比平庸者大得多，这也是历次战乱里美女不大容易直接送命的原因。当然，她们中的有一些结局比死更糟糕。我们必须承认，漂亮与聪明的财富价值实际上是一致的，而且它更能让男人一目了然。漂亮可以使男人忽略一些致命的细节，或者她们具有一种改变自身劣势的魔力，让大家对她们寄予朦胧的亲近欲望，而忘记了一切危险。但是，对油盐不进的知县董贻清来讲，这个女人拥有美色竟然委身侍匪，就非杀不可。

起义军那个头目鸦片瘾发作了，这历来是起义军、低级官军在女色、赌博之外的又一嗜好。为此，“李吴氏”冒着生命危险化装成难民，遮蔽自己的美丽，她衣衫褴褛，凑到城边找难民购买鸦片，顺便打探城内守备情况。漂亮的“李吴氏”毕竟不是与难民在一个战壕生存的，她的粉红色缎子内衣散发阵阵香气，她的离奇言谈举止立即被劳苦大众雪亮的眼睛识破。

“李吴氏”被拿获，剥去伪装，人们发现竟然比想象的还要好看。

有人妒忌得咬牙切齿。

对这样的妇人，不但甘心投敌，竟然不顾“家风”委身匪徒，大灭道统正气。董贻清的处理办法完全一致：就地正法。这就等于董贻清在承认处理战场奸细的之余，还要维护道统的正义叙事。

这也从另外一个角度反映：正因为水深火热难以为继了，不然怎会有这么多穷人参与到刀头舔血的日子呢？

在我看来，董贻清还是读书太少。自号“活埋庵道人”的文人林茧，在其《荷牐丛谈》“东林中有依草附木之徒”条下记载：“当谦益往北，柳氏与人通奸，子愤之，鸣官究惩。及归，怒骂其子，不容相见。谓国破君亡，士大夫尚不能全节，乃以不能守身责一女子耶？此言可谓平而恕矣。”这是钱牧斋与大老婆生的儿子，儿子抓住继母柳如是偷人，兴奋地跑去告诉父亲，却被钱牧斋大骂一顿并要与他断绝父子关系。钱牧斋是明智的，他自命圣人之徒，饱读诗书，沛然正气，不料苟且却成了“贰臣”，这连圣人第一要义的“忠”已经大亏了，还有什么脸面去要求柳如是贞守妇道？偷就偷吧，得过且过。就是说，国破家亡之际，士大夫钱谦益之辈尚不能坚节义，连柳如是也要红杏出墙，钱谦益自然要放她一马了。但董贻清不这样想，他自诩为保家卫国之“正朔”，在他眼里，区区乡村妇人一旦通敌，就是大逆不道，足见其头脑的冬烘水平与阴暗心理。

如果“李吴氏”只停住于官员的床榻，也许就是另外一番说辞了。

晚清国运飘摇，贵州官员朱逢甲有感于苗民的动乱与太平天国起义的此起彼伏，为统治阶级奉献出一部戡乱平定的奇书——《间书》。按照他的观点，“李吴氏”属于起义军“奸细”，但有方略者必然需要化“内间”为“反间”，变不利为有利，由此观之，董贻清属于一根肠子通到底的角色，白白丧失了一个立功赎罪的好材料。

更有意思的记载还有不少。

战事胶着，城下的与城上的士兵，距离不过两三丈，彼此相貌都看熟了，第二天没见着，说不定还惦记着对方。这样的攻城与守城，像一个“击鼓传花”游戏，鼓点在哪里停下，谁就掉了链子，那就不好玩了。所以，鼓点不能停。

某一天，起义军和守城官军已经打累了，只好彼此上下叫骂，蝴蝶已经可以自由地在渐渐淡去的硝烟里飞翔。他们叮叮当当在石头上敲打兵器，谁也不想再来真的，这可以让远处瞭望战局的领导人觉得，都是一帮冒死的忠诚者。但光天化日之下，守城士兵谢吉超忘记了制度使命，竟然縋绳下城，与贼人哥们放下武器摆起了龙门阵，并且互赠礼物作为战争留念。

董贻清闻讯勃然大怒，立即问斩。

从这个事例也可以看出董贻清头脑太简单，明摆着这是可以使用“乡间”计策，守城士兵谢吉超不但可能策反对方，而且可能将对方感化，化身为“内间”，那对战局将起到积极作用。可惜，诸多像董贻清这样的低级官员，没有明白朱逢甲的苦心。与骆秉章比较，高下立判。

这完全是出自他笔下的真实记载，如此战地浪漫曲，可惜没有被习惯于宏大叙事的作家们留意，不然，汉语写作完全可以豹尾续貂。想着历史的场景，我对那些映射在刀光上的亲切交谈与美女买烟印象挥之不去。我如此记下了“李吴氏”和谢吉超的名字。

情意，似乎还是战斗中的清凉剂，一如突然反飞的蝴蝶。

咸丰十年（1860年）五月，李蓝大军与清军大战失利后，兵分两路以分散清军力量：一路由蓝大顺率领进军成都，一路在张国福的率领下直逼重庆，距重庆治城仅60里了，“川东岌岌”。巴县风声鹤唳，全城敲响阶级斗争警钟。人民终于挖出了一批煽风点火的“内间”，而且，还是女细作。一个来自李蓝大军的女探子，名叫“王杨氏”，她的口供称：她们混进城里，“又要小妇人叫城内百姓，男归男，女归女，不要与贼打仗，投降保家。”女探子“王杨氏”审讯后被立即处斩。

……

这就意味着，在一个动力系统中，初始条件下的微小变化，就会带动整个系统长期的、巨大的连锁反应。美国气象学家爱德华·罗伦兹将其表述为：“一只蝴蝶在巴西轻拍翅膀，可以导致一个月后德克萨斯州的一场龙卷风。”作为因果关系环环相扣的比喻，“蝴蝶效应”还成了某种社会、历史指向，那些颠覆王朝的蝴蝶，不过是在人民当中扇动单薄的翅膀。

蝶翅并不受力于刀锋，但蝶翅呼唤的狂飙倒卷而起时，咋呼咋呼的刀锋，立即分崩析离。

在民国之前，成都以农历二月十五日为花朝，也有扑蝶会。昔人以挑菜、扑蝶点缀花朝，事实上这时期蝴蝶几乎没有，不知怎样举办“扑蝶会”。但挑菜倒大有可为，如荠菜、马兰头等，都可挑来做菜，鲜嫩可口。但混迹在人群里的那些枯叶蝶，一直让体制张开巨目，努力发掘，但事实证明，他们历来收效甚微。

再反过来看看张德坚编纂、成书于咸丰四年（1854年）的“太平军情报总集”《贼情汇纂》，就发现他的谍报水平太差，似乎与这个情报机构每月“支银四十两”的可怜经费水平相当。

围绕神出鬼没的翼王石达开，《贼情汇纂》的情报是：“伪左军主将翼王石达开”是“铜臭小儿，毫无知识”，“奉洪杨韦三贼如神明”，既胆小、又无能的窝囊废，之所以被“屡委以军事”，是因为对杨秀清盲信盲从。这样的“情报”出炉后不到一年，张德坚的雇主曾国藩就被“毫无知识”的石达开打得两次跳水自杀，后来更被包围在南昌城里一筹莫展。这位尽心尽力的“情报局主管”后来一直没能获得升迁，其煞费苦心维持的编纂班子，在江西期间也被解散，此后再未恢复过。很显然，对湘军的情报工作，曾国藩是不满意的……[1]

骆秉章的驭人术

骆秉章入川，用一系列战果佐证自己的指挥、调度才能的同时，他恩威并重，竭力提拔将才，借此牢牢掌控了战局的主动权。

根据民国张天锡《春晖草堂笔记》卷二记载，在到任四川总督之前，骆秉章是颇有些“睨视”官场的。在担任湖南巡抚期间他曾经养了一只大马猴，十分宠爱。这只大马猴跟随他游走官场，猴仗人势，没事就把随从的官帽摘下来戴在自己头上，戴够了，就随地一扔，甚至扔到水里。随从恨得牙根痒痒，但既是骆秉章的宠物，哪个敢说个“不”字，也只好随它戏弄。马猴抢人帽子，固然是天性使然，但它的主人不管，任其胡闹，看来是成心借这个猴子，演一场又一场的弄臣插科打诨的好戏。后来这只

① 陶短房：《1856：纠结的大清、天国与列强》，化学工业出版社2015年版，第138页。

猴子终于被人设计加害，有狡黠者想出了一个办法：见猴来，就把自己的生殖器露出来放在石板上，手举一石击之，等到石头将击中时腰向后微缩，此刻生殖器已离开石板了，所以没有危险。猴见状果然效仿了，但它石头击下时不知道后缩，结果阳具碎裂而毙。手下将此事汇报后，骆秉章亲自来验看过，也没有什么话好说。这不是猴子的错，而是骆秉章调戏官员的恶果。

自此事件之后，他变得十分审慎。

骆秉章入川时手中的湘勇也只一万二千人左右，但随骆秉章入川的黄淳熙的“果毅军”战斗力极强，虎蹈羊群，取得了定远之战的胜利：这一战击溃贼众数万，一战而溃蜀人诧为神兵。在“湘果营”配合下，又接连取得了绵州、眉州、丹棱战役的胜利，因此骆秉章很快便在四川树立了绝对的威信。咸丰十年（1860年）八月，副将唐友耕因不服“果毅军”代理营务曾传理的节制而被革职留任。绵州战后，论功行赏，一度发生湘、黔军在绵州州堂上的争斗……骆秉章闻之大怒，毫不客气地奏请将刚刚升任夔州知府的唐友耕革职查办。经此阵势后，唐友耕也变得“谨畏能战”，因此骆秉章很快奏复其官。不久又让唐友耕统领所有川勇。到咸丰十一年（1861年）十一月，骆秉章就已牢牢地控制了四川各支部队，他奏称：“臣奉命督师，复益以果毅、护军等营，合之川中兵勇，为数已逾四万。”骆秉章入川初期，麾下很少有战功显赫的将领，但在骆秉章的驱遣之下，一大批中下级军官奋勇效命，不数年便被荐升为总兵、提督，而原本已是总兵、副将的军官，更是被提升为提督、藩臬，甚至做到了巡抚，比如胡中和从总兵到提督只用了一年时间；唐友耕从游击到总兵只用了一年时间，从总兵到云南提督用了两年时间；刘岳昭从记名道员到四川臬司用了三个月时间，后来从四川臬司到云南巡抚也仅用了一年多的时间；建昌镇总兵周达武升任贵州提督也只用了一年多的时间……

在大大小小的征战中，人是第一要素。而要使部队始终保持较强的战斗力，就必须不断地及时论功保举。在骆秉章的奏稿中，对历次战役的描述连篇累牍，而开列的保举名单也往往是一长串，然而军官的实缺毕竟是非常有限的。对此，骆秉章的解决办法有两个：一是借用外省的实缺，比如何胜必任的是甘肃肃州镇总兵，熊焕章任的是新疆巴里坤镇总兵，刘岳昭虽然将云南的臬司，藩司、巡抚一一任遍，却作为四川援黔军统帅，常年在川黔作战。周达武虽任贵州提督，却常年在川奔波……[①]但是，在骆秉章入川之前，真实战斗情况如何呢？我注意到一些晚清手写本。

《贼复至记略》与《名雅遭贼记》为晚清无名氏手写本，于1978年由四川图书馆历史文献部沙铭璞先生偶然在藏品中发现。均为楷体抄写。所及咸丰十年（1860年）三月十四日至六月十六日李蓝起义军在名山、雅安的作战情况，堪称较为详备的战事日记。从语气上分析，作者显然非显赫官员，故意隐身“无名氏”，因此可以更自由地站在民间立场来看待战事双方的博弈。

作者历数提督占泰的种种畏缩之举、造成几所县城的相继失守，还特意记载了提督手下兵将的种种恶行。

一个叫杨复兴的贵州人，直属唐友耕领导的兵勇。他是随

① 郑峰：《骆秉章与西南政局（1861—1867）》，《社会科学研究》2008年3期。

唐友耕在叙府一起投诚官兵的将领，朝廷赐予五品顶戴。唐友耕此时已经奔赴犍为县，杨复兴随提督占泰来到雅安布防。他来到大兴场，匪性难改，看见一所高敞的门第，以为遇到了肥猪，立即冲进去大肆劫掠。那是当地朱武举的家宅，人家也不是吃闲饭的，立即与杨复兴动起了手。杨复兴大怒，哪里还有肥猪把豹子咬伤的道理！当场把年迈的朱武举打伤，裹挟细软扬长而去。

朱武举来到县衙喊冤。面对武举，提督占泰问明情况，面对这个哀求免死的杨复兴，沉吟半晌，他下令，立即斩决。

杨复兴虽然是唐友耕手下，但已经获得“朝廷赐予五品顶戴”，而迄今为止，杀人兢兢业业的唐友耕也未能获得这一赏赐，可见杨复兴的战功是显赫的，超越了直接领导。但如果他打伤的不是朱武举，占泰还会秉公执法吗？可见官场的运作之术，占泰拿捏还是颇有分寸。

《贼复至记略》作者在此展开了一番议论：“唐帽顶者，原系贼子，因与蓝大顺不和，弃贼投诚占泰者。其人打仗颇出力，但所领勇半是贼子，打闹尤甚。”[①]整本书里，他几乎未对官军说什么好话，但对唐帽顶算是客气的，只是指责了疏于家教和治理，由此可见，唐帽顶“拼命三郎”的名声不是冒功骗来的。

这样的情况，其实在当时绿营士兵里十分寻常，贼固然要剿，但万不可一下灭掉，这就等于把泡在一盆污水里的银子一起倒掉。他们不愿意失去发财、邀功的机会，不但是借机可以勒索地方、抢劫百姓，连起义军那边也有不少赎买俘虏的油水。士兵们抬枪向天空射击，用噼噼啪啪的响声来让置身温室中的领导悦

---

① 李有明、蒙绍鲁：《往事存稿》，四川民族出版社2004年版，第142页。

耳，抢割老百姓的禾苗喂马……上梁不正下梁歪，占泰就是一个典型。他一再奔战，甚至被绝望的老百姓堵在雅安城门洞，请他回答为什么知道起义军要来攻城，反而要开拔到另外的地方？占泰环顾左右，以“上峰有令”来搪塞。《贼复至记略》作者看得十分清楚，他写了《对向日葵忽念及占提台》七绝一首：

亭亭向日本真诚，
不戒而孚性自倾。
草木犹临酹照德，
不似今日占提兵。

诗歌的讽刺力度十足。他面对一株俯仰开合的向日葵，没有想起伟人的隆恩，葵花的女脸多么渴望幸临啊，因为这是她们的本性使然！作者竟然想入非非地讽刺起中层领导来。作者过于迂腐，未必明白，普天之下，“日”只有一个，心向伟人，不等于心系群众啊。既然置身“不似”草木的人间，那就只能让人寄希望于鬼神。其实，杨复兴既是唐友耕的手下，更是占泰的手下。这样的士兵，这样污浊的军界，看来距离死期不会遥远。

什么时候可以祛除乌云让葵花见到隆恩？鬼知道！

大山坡与狮子山的藿麻

柔弱的植物，也具有足以致命的自卫武器。比如，你挨着一株茅草从下往上顺毛抓它，则平安无事。这叫“顺着毛毛抹”；倘若由上而下逆毛抓或触上毛芒，即如蜂蜇，奇痛难忍不说，轻则红肿，重则溃烂。这叫“逆了龙鳞”。我说的是藿麻茎叶上的螯毛，用以杀伤来犯之敌而保卫自己的武器。在风中，它蛰伏如一片龟甲，纯洁如良民，无思也无畏。

1859年，四川的时局简直不是热锅上的蚂蚁了，而是猪群涌入了藿麻林。

清军没有力量抗拒山林火灾一样发作的李永和、蓝大顺起义军。数千佥兵龟缩成都，以保护省城的名义既掩饰了他们的胆怯，也昭示了朝廷武备侧重于江南沿海、空虚于内陆的实情。晚清时节，金堂文人余澜阁在《蜀燹死事者略传》指出：“大宪以省垣为重，所有占军门泰，明都司耀光，唐守备友耕，各营俱调回省。”由此可见，当时唐友耕的职务，仅仅是一介绿营的守备。在清制中，“镇”下分“协”，协下设营，营的长官为参将、游击、都司、守备。当时仅剩郭相忠和唐炯率领兵勇扼截要隘。地主富商绝望之余，只能挺身自救。有产者团结起来，出钱出力，筑寨办团，身体力行实现保家卫国的夙愿。

当时的四川总督有凤，属于典型的怯懦无能之辈，但他毕竟是咸丰皇帝的亲信，对继任者曾望颜的军事调度大为不满，不断上报危急的匪情。清廷急调驻藏大臣完颜崇实入川予以“查办”，也无济于事。此时直接的军事指挥官、四川省提督早成了替罪羊，最后改由占泰继任。而李蓝起义军一度仅距成都70里，成都危在旦夕。清廷几经协调，最后决定改派湖南巡抚骆秉章抽调湘军一万余人入川援战。但战事瞬息万变，不可能坐等素有“诸葛”之称的骆秉章安然运筹，李蓝起义军自叙府退却，开始流窜，转攻一百里之外的犍为县。叙府急派副将明光耀率领唐友耕前往解围。

犍为建县于隋代开皇年间，县治所在地几经变迁，于明代洪武四年移至今天的玉津镇，屈指算来已有640余年。犍为县城东临岷江，北枕凤凰山，西倚翠屏山，南俯铺展数十里的岷江冲积平原，直抵岷江与马边河汇流处的河口。从中国传统的堪舆学看来，这的确是一块难得的风水宝地。晚清时期，县城内数十条大街小巷纵横交错，遍布富商大户、官宦人家建筑精巧的深宅大院，排列着货物充盈的商铺客栈、人声鼎沸的楼堂会馆，其繁华与富庶景象远在周边县之上。这也是自明、清以来犍为县一直有“金犍为”美誉的有力佐证。

谁也没有想到，藿麻成了护卫城池的宝贝。

藿麻是荨麻的俗称。古称毛藙或荨草。明代植物学大师李时珍在《本草纲目》中称：“荨麻，荨音寻。”又云：“荨麻又称毛藙。荨字本作藙。杜子美有除藙草诗，是也。”《辞源》说：“荨，草名。俗读如寻，本作藙。”又“荨麻，古谓之藙草。”“荨麻，……其茎有刺，高二三尺，叶似花桑，或青或紫，背紫者入药。上有毛芒可畏，触人如蜂虿蜇蠢，以人溺濯之即解，搔投水中，能毒鱼。气味辛、苦、寒，有大毒。主治呕吐不止。蛇毒，捣涂之。风疹初起，以此点之，一夜皆失。”因此，农民把它视为珍宝。用荨麻捣碎外敷，治毒蛇咬伤和风湿性关节炎等症，相当有效。

记得多年前，我尚在野外勘探队工作，关节炎很严重。一次在山里与一个农民偶然聊起，他从溪边扯起一棵叶阔如巴掌、布满白茸茸针毛的草对我说：“你的关节炎这草就可以治。”我认得这草是咬人的藿麻草。农民说别怕，它是咬人，但它更治风湿痛。他让我把双膝露出，正在犹豫间，农民挥起藿麻就朝我双膝

“刷刷刷”地抽了十几下。在一种疼痛的凉意下，双膝红得就像上过一层土漆一般。这草的厉害我幼年就知道，平时碰到它比野蜂蛰了还痛，可是打到腿上怎么一点感觉没有呢？农民说：有风湿疼处用它掠打不痛，正常之处碰上它就疼痛难忍。

从植物学角度而言，藿麻属荨麻科，为多年生草本植物，全世界30个品种，中国有16种。植株高几十厘米，茎直立，有钝棱，叶两面疏生螫毛，型似大麻，边缘如锯齿，螫毛基部膨大，下部细胞壁钙质化，虽比汗毛细，却坚硬锋利，含复合生物碱毒素，人畜被刺则奇痛奇痒不已。但这样奇毒的野草居然可以食用，入药学名追风草，对常见的风湿性关节炎，取适当煎水洗患处治疗，用根煎水洗湿疹疗效更佳。

四川西南一些地方如自贡市的盐帮菜馆子，竟然有别出心裁地推出“藿麻稀饭”菜品。我吃过几回，微微的绿色汤汁，弥漫着清香，藿麻的威力驯服如处子，让人难以相信。它们还有一道菜——“藿麻煎蛋”。老板说，藿麻虽然凶猛，但最怕热水，放在热水里一煮，便无刺无毒了。做法是把藿麻剁碎，与鸡蛋搅拌下锅油煎，形同韭菜煎蛋，入口没有异味，略带清香。所谓一物降一物，这叫“歪人治歪草”，有法！

四川农村既有野生的藿麻，也有故意移栽的。针对小偷夜晚偷盗情况，农民们想出了一个妙招：在屋后种上藿麻，谁敢侵犯领土半寸，蜇你没商量。基于这样的经验，犍为县的士绅们开始在围绕犍为县城墙的地头，广为种植藿麻，但这种只能防卫宵小之辈的方法，对付饥肠辘辘、磨刀霍霍的起义军，却没有了神效。

犍为县城东门外有一个叫“大山坡”的地方，成为血战之地。

大山坡并非籍籍无名，仅仅是一个厮杀之地。宋朝绍圣年间，犍为有一个邵伯温，祖居河南洛阳安乐村，乃父是大名鼎鼎的易学大师邵雍，与王安石、司马光诸君友善。邵雍纵览天象，对儿子说：“天将乱，蜀安，宜避之。”邵伯温不当官了，就选择了犍为境内的岷江一隅安家，并终老犍为。邵伯温把自己定居的地方也如洛阳一样，起名“安乐”，并在安乐窝养儿育女，著书立说。学术含量极高的《邵氏闻见录》等著述就是在这里完成。邵伯温的儿子邵博、邵溥自幼在犍为成长，后在眉州、杭州等地做刺史。邵博很喜欢犍为、嘉州的风景，是他写出“天下山水之观在蜀，蜀之胜曰嘉州”的名句。犍为有安乐窝、邵子祠，大山坡上还有邵夫子坟，以及流传很广的邵夫子传说。我向村民打听具体位置，都说大山坡前有个叫“黄花冲”的地方，邵夫子的坟就正在那里。当地民间有这样的谚语：“城南五里红花山，邵伯温墓对朱石滩。”翠屏山余脉正在这里隆起一座高冈，东坡上约三四亩的一片，当地村民说，这即是黄花冲了。我找了半

民国时期犍为县水码头福星门

天，一无所获，估计早在历史风雷中碎为齑粉了。

李蓝起义军行动迅速，一举攻占了犍乐盐场，获得大量资财，并吸收大批农民、盐工参军。为避开清军的追剿，蓝朝鼎率领起义军从五通桥竹根滩西渡岷江，南下宜宾县芗州一带。1860年1月7日，蓝朝鼎与李永和会合，突袭犍为县东南的箭板场，将清军都司但玉龙、守备余振海等部2500人截为数段，全部歼灭。起义军声势大振，四川提督皂升退守犍为县城。

2011年4月，我从乐宜高速公路的犍为南站出站，向右行5公里可以抵达清溪镇，向左行5公里可达玉津镇。清溪恰是诗仙李白登舟夜下渝州、走三峡的千年古镇，也是一座人口稠密、商业繁荣的岷江大镇。由于新建公路与古代石板官道线路不同，我绕道从玉津镇的富和乡12组，穿过茂密的竹林，沿一条窄窄的水泥路盘山而上，来到古战场"大山坡"。大山坡不过是一个红壤密布的丘陵斜坡，此地是清溪镇通往县城玉津镇的官道，也是南方丝绸之路的一段。以前有石板铺就的官道，荒弃太久，石板大多都被当地人拿去建房，只有一小段还能看到当年的繁华。经一个涵洞穿过乐宜高速，行2公里来到一个坡顶，此地属富和乡11组地界，终于见到3块石碑，当地百姓称之为"三个碑"，风化严重，不但看不出上面的文字，而且碑也只剩一块相对完好，红色的砂岩抵挡不住风雨的侵蚀，估计一两年就将坍塌。这是记录当年出钱修路人名的功德碑，是向人们表明这条古道历史的唯一实物。

我发现，越是来到所谓"城乡一体化"如强弩之末的区域，那里的农业依然保持着固有的淳朴与一眼即可辨识的舒缓。一如美国人类学家高登维瑟曾经提到的一个词"内卷"：当某种文化的发展达到定型这种最终形态后，它趋于稳定以至于无法进行刷新。但地力赋予了农民一种希望，他们不指望跨越式的横财，他们只希望获得汗水点化的收获。

在层层藿麻林之下，藏着尸骨。

大山坡并无大山，毛竹密植的丘陵海拔高度约400米，山势圆润，红色页岩与土壤在修篁翠竹之间依稀可见，宛如大地的伤口。在明耀光统领之下，唐友耕连续与起义军在大山坡展开了一系列拉锯战。

面对咆哮而来的起义军，唐友耕并没有慌乱。他并不熟悉犍为县城周围地形，他实地查看之后，注意到清溪镇边一个叫“狮子山”的地方。在故乡昭通，就有云横雾锁的狮子岩，在狮子岩下就是至今唯一的“朱提银”出土之地。在清溪镇一线，从小寺子到马庙的这一段马边河，两边均为悬崖峭壁，中间是奔流湍急的蛇形河流。而在距离马庙4里的窄项子吊哶坝一段，才有打狙击战的地理条件。

他决定把这个“狮子”，点化成一个坟场。

龙头山之东的狮子山，也称“文豹山”，海拔449米，形如一头雄狮，与对岸的龙头山隔河相望。旧有文庙一座，万历四十六年（1618年），堪舆家认为绝非正脉，后来把文庙迁回到犍为城内。为何不是“正脉”？就在于此为兵家凶地。自张献忠占领四川后就发生过多次战争，内由5座古老的山寨，尤以狮子山以北1000米处的龟头寨最为著名，四周全是悬崖绝壁，崖脚四周翠竹簇拥，只有采药人要挂绳索才可攀援。三山犄角对峙，外人眼里充满狮舞龙腾龟相戏的谐趣，兵家则认为是一个只进不出的口袋，是天赐的瓮中捉鳖之地。

双方交战，唐友耕本来兵少，故意且战且退，逐渐把起义军大部引入这个口袋，起义军杀得起兴，根本没有注意到伏兵。待起义军全部进入谷地，唐友耕的伏兵立即关门……此役起义军损失巨大。

我行走在狮子山山麓的荒草丛间。这一带杂草里也有藿麻，翠绿色，叶片上能看到小刺，手背碰触它的叶子，它像冤死的魂一般刺肿肌肤，痛半天也不见消肿！

我想起这种当地人称藿麻的东西，与“八大王”张献忠还有一段渊源。民国文人徐心余记载：“川地有寒麻，叶如掌，背刺多而密，人触之，痛彻骨。（张）献忠距地出恭，误触其上，痛弗辍，怒甚，举刀向天誓曰：‘川人可诛，川草更可恶，他日倘手拥兵权，必使人不留种，寸草不生而后已’，后果如其言。”[①] 其实，川语中的“藿麻”，就是“火麻”，即荨麻。张献忠的热屁股不幸贴到了四川“藿麻”的脸上，这叫屁股“摸了老虎屁股”，凶恶的“川草”让张献忠的尊臀红肿不已，杀人魔王鬼哭狼嚎起来：“他娘的，四川硬是连花花草草都要杀人。”这也应验了一句俗话：“藿麻草擦屁股——满地扑腾”，由此引发了一场前无古人的杀戮。可见，张献忠屠川简直是一根恶草引发的血案。这虽然是传说，但流传甚广，综合张献忠父亲在南充被恶霸灌马粪至死的史实来看，不排除他对四川的新仇旧恨。

饱受藿麻之苦的张献忠被附近一老农用草药陈艾、菖蒲熬水一洗，痛痒顿消。为报答老农之恩，张献忠叫老农家门口挂上菖蒲、陈艾作标记，他的兵就不会伤害他们。老农将此信息传给其亲戚朋友，于是一大批人免于杀害。后来门前挂菖蒲、陈艾成为

---

① 【民国】徐心余：《蜀游闻见录》，四川人民出版社1985年版，第62页。

四川端阳节习俗的一个来源。

与其说李蓝起义军是大清朝廷肌肤上的“藿麻”，不如说唐友耕才是革命者挥之不去的“蜇人草”。现在，唐友耕恨不得浑身上下伸出锋利的螫毛，把犍为城包裹起来。

犍为保卫战

李蓝起义军红了眼，开始集中一切力量猛攻犍为县城，他们要一吐被叛徒唐友耕打败的火气与傲气。

犍为县老城南北相距1260米，东西相距640米，城垣占地900余亩。县城周围用石条垒砌而成，城高6.4米，厚2.56米，周长2976米，共有城垛1737个，城墙外南、北、西三面有壕沟，清末逐渐淤塞。20世纪50年代末，那时城墙基本保存完好，灰黑色的城墙遍布齿状的城垛，城门上矗立青瓦灰砖的城楼。所有城门自60年代开始拆毁这一封建堡垒的遗迹，至90年代当地筑堤修建滨江路时，终于全部拆毁片瓦不存，如今自然看不到一座老城门了。

犍为城一直有“九门十三柱”的说法。从北门（又叫拱极门）开始，因连接北至嘉定府（今乐山市）的官道，北门城楼的壮观景象为众城门之最，其址位于今天的北街口；西门（又叫义正门，民国二十年更名为西安门），位于今天的凤凰路与西街相交处；南门因靠近犍为文庙外的南街口，所以又叫焕文门；东面濒临岷江自南向北依次为奎星门（俗称矮门洞）、忠孝门（即正东门）、阳青门（俗称大土地）、犀江门（俗称水东门）、福星门（俗称火熄门）、嘉惠门（俗称新开门）。

李蓝起义军选择两个相对高度较低的西门和南门，不惜血本予以猛攻，复仇者的血气立即占了上风。他们从老百姓家里征集了所有的方桌和门板，选派一批敢死队队员，头顶方桌、门板，铺上棉被，埋伏在桌子下挖掘地道，逐渐靠近城墙。

犍为属于典型的江城，鹅卵石随处可见，要多少有多少，大者几百斤，小的像鸽子蛋，守城的官兵早已经准备好了迎接攻城者的“卵石雨”。无论多么坚硬的家具，自然无法抵挡卵石的凌空打击。但守城军队人数少，加上烂家具在城墙下越堆越多，形成了有效防护屏障。眼看着“方桌阵”已经顽强地推进到城根了，可是全城厕所已经掏干，“大粪汤”已凌空倾倒完，“秽气”并未能发挥它宗教的巨大魔力，守城者只好责怪神灵们在“打晃眼”，没有坚持本职岗位。

起义军猛挖地道，猛挖体制的墙角，屹立千年的犍为城岌岌可危。呐喊声下，锄头终于在墙根刨出阵阵火星，取出几块条石后，他们埋下数千斤火药。一声巨响，木飞石裂，城墙倒下几丈。盘踞在老城墙石缝里的大蛇，被巨力甩到空中，烂成几节。

守城者见“卵石雨”已经失效，紧急启动第二套守城方案：城中妇孺守着炉灶挥舞蒲扇，烧出一锅又一锅的开水。男人们排出几十个纵队，把这一锅又一锅的开水传至城墙。

迎头浇下，就像用沸水的瀑布，用来烫猪。

另外几支纵队，收集了全城所能找到的生石灰粉，迎头撒下，酷似天女散花，一座城池好像陷于茫茫仙界。

石灰一沾沸水，热气蒸腾，吱吱乱响。人在蒸汽中狼奔豕突，就像皮影戏。

死猪固然不怕开水烫，但城墙下狼奔豕突，活人立即惨叫成一片地狱，但依然冒着浇头而下的开水、石灰以及鹅卵石，拼死涌入缺口，这就是人海战术的好处。守城者大乱，就像打昏的兔儿，语无伦次，手脚无力。眼看起义军已经同时打破西门和南门。

就在胜利在望之际，唐友耕急中生智，施展出孔明的空城计。

作为诸葛孔明的函授学生，情急之中他命人从县城川戏班子找来道具，顾不得多说，只是命士兵穿上八卦道袍、天神红袍，急忙赶到已经失守的城门内的街道上。城墙到内城，只有几十米距离，均为石板平地，这里成了不折不扣的舞台。

几个心乱如麻的士兵手挥尘拂，踩着高跷，立即就是一副“身高过丈、虎背熊腰”的神话造型，他们嘴里念念有词，似乎对眼皮下的起义军进攻毫不以为意。对于这一出“以天地为戏台”的演出，起义军见到了道貌岸然的众天神，关羽红脸，张飞黑脸，好像白袍赵云也来了，二郎神、寿星、福星鱼贯而出，八蛮将军、苗老三也是鱼贯而出，威仪不可方物。起义军觉得攻城之战激怒了神灵，这还得了？！

起义军立即惊退几里以避祸……

获得这个宝贵的时间差，唐友耕下令，立即取用街面石板堵住被炸毁的城门及城墙缺口。待起义军反应过来，缺口修复，唐友耕已是严阵以待。

双方均精疲力竭，一把锯子卡在榆木疙瘩上了，进退无据。当日深夜，唐友耕下令，凡是到城墙外，抢回或毁坏方桌、梯子、门板的士兵，每一个赏银5两。起义军完全没有料到这一招，大量攻城器物遭到毁坏。

这一出心理战，对目不识丁的唐友耕来说，只能是来自大关县傩戏的以及各种传说的“神启”，他太明白底层社会对神灵的敬畏了。大关傩戏传入历史悠久，康熙六年（1667年）大关县吉利镇鱼田村曹家寨道士曹文广从四川学习傩戏返回家乡，便招收门徒，立坛开教，使傩戏在大关县境内日渐普及。傩戏最大特点在于使用生动形象的木雕面具，通过化妆来表现和区分人物。唐友耕自幼唯一的形而上熏陶正是傩戏，由此铺就了他的价值观。唐友耕摸着石头过河，其活学活用俨然是“诡道”的实践者。

1860年1月中旬，起义军进攻犍为县城失利，乃东渡岷江，经龙孔场进至罗城场附近的铁山地区。铁山形如弯月，四面山丘如众星环拱。谁能料到，这里并未成为福地，很快又成为被刘蓉“水淹七军”的一大死地。

唐友耕以“人在城在”的大无畏气概和急中生智的诡道，让犍为城躲过一劫。这是被民国版《犍为县志》大肆渲染的“卫城”奇迹，可见唐友耕不是一味只知道刀头拼命。经过此役，清廷赏给他五品顶戴，升任千总。真是“一字入公门，九牛拉不出”，朝廷这碗饭，算是吃定了。

就在李蓝大军宜宾八角寨盘桓期间，发生了一桩值得一叙的历史事件。

太平天国将领傅佐廷致农民起义军首领李永和、蓝大顺书信——“诲谕”，是重庆市中国三峡博物馆收藏的一件珍贵文物。

1942年，著名史学家商承祚在成都“诗婢家”装裱店偶然发现这一文物，随后在《说文月刊》三卷十一期做过介绍。此信原为叙永县唐兰卿收藏，后转归其弟罗尚彬。1963年罗慨然献出，交重庆市博物馆保存。

“诲谕”以黄表纸墨书楷字，朱笔圈点。宽6.5厘米，高7.5厘米，为一横幅，在年月上盖有高21厘米、宽9厘米朱印一方，印文为“太平天国真忠报国瑞夫豫傅佐廷”。

“诲谕”全义为：

诲谕

真天命太平天国钦差大臣真忠报国瑞天豫傅为 固唐 祥张 懋杨 德崔

诲谕李短褡、兰（蓝）大顺二位贤弟等知悉，缘兄近日接得弟函，恳请同为合兵等情，素知弟台奇谋夙裕，智勇超群，兴师倡义，于兹数载，何莫非奋志图功，勤王报国，同为我主天王出力报效，洵称盖世英雄，当代之良臣也。兄今偶停征骖于叙永交间之区，睽隔弟处宛如咫尺，仰弟等照旧驻扎等侯，毋容（应为庸）前来叙永等处迎接，以致加扰子民。容俟翼王驾临之后，兄自当与弟面酌一切军机，以便定妥行为，望祈暂为宽怀，决不负弟翘企之殷矣。特此诲谕，遵照毋违。

太平天国壬戌十二年四月初捌日

查太平天国壬戌十二年即清同治元年，为公元1862年。翼王石达开绕道由云南进入川南盘桓，1862年5月攻克叙永厅东城。这时李蓝义军正好在宜宾八角寨一带，他们风闻石达开已到叙永，便写信给太平军联络，请示行止，恳请合兵。太平军先锋傅佐廷接信后，于四月八日回了这封信，诲谕李蓝义军在原地等侯待翼王驾临之后，再“面酌一切军机”，可惜此后清军严密封锁长江，战况激烈，双方无法再行联系，失掉了合兵一起共同战斗的机会。

注岩腔

采访的当天，我希望能接一接“地气”，夜宿清溪镇。下午我来到岷江老码头，见三两渔船靠在岸边，我就过去与渔民摆龙门阵。岷江水太少了，大片古怪的石头裸露在空气中，就像一个褴褛时代的女人。没有春光乍现的意味，而是不想细看。

近年岷江鱼类减少，职业渔夫已经很少了，他们懂鱼，但显然对两岸民俗知之不多。一个老人对我谈起“叉鱼子”。说是在县城北五里，有一巨石潜伏岷江之中，修长如鱼；山上一石横卧，三叉如刃，故名。冬春水涸时节，行船极险，所以有蜀江第一险滩之称。我查阅了随身携带的电脑，“叉鱼子”又名“螟颐滩”。我决定马上去看看。果然见到岩上石刻有“蜀江第一”“鼓浪吹波”“朱霞九光”等摩崖大字。

邵伯温后裔邵墩，字冶塘，乾隆中期由浙来川访求先人遗迹，多次入山访樵询牧，查实邵伯温墓就位于县城以南的黄花冲。于是移仆碑于祠，勘定坟圈四址，另撰墓碑，重为修葺。他写过一首五言长诗《叉鱼子》，对其险峻予以了入木三分的刻画。徐心余在其《蜀游闻见录》里记载：“车（叉）鱼子者，为川省著名第一险滩。滩为犍为县辖境，两头有犍为县立碑，严谕过往行人，抵滩时须将行李物件，登岸避之，滩过再登舟。而船家以烦琐故，往往不告客而径过之。失事者无日无之。……天方明，即抵滩，余披衣起，天寒甚，懒于登岸。迨驶近滩中，波浪翻腾，船几倾覆不可救。余在舱中，为浪所击，倾跌如翻斤斗者再，神已失，气已促矣。”

所谓万蛙不及一鳟，千鱼不及一鸹，当险滩以中流砥柱的姿态激起千堆雪时，它就像一个绝对的复仇者，不惜自己浑身被洞穿，也要对手粉身碎骨。

我回到码头，又与渔夫闲聊，他们谈到人子峡口曾有一处奇特天然岩腔的诸多传说，这引起了我的联想。

记得2010年我采访80高龄的巴蜀文化专家冯广宏先生时，谈到古蜀开明时期的巴蜀文字里，有一个奇特的根据洼岩腔而创立的“氏”字，后来融入汉字当中。冯广宏认为，这就是汉字借用巴蜀语言的证据。起因是，有一天他翻看《说文解字》，看到“氏”字，许慎的解释是，蜀人用“氏”字形容山上的石头将要裂开但还没有坠落的状态。不过，这种说法历来被学者视为谬误。

冯先生是从事水文研究的，为都江堰水利史权威专家，十分熟悉地层结构。联想到四川江边砂岩与页岩相互层垒的地理现象，觉得“氏”字在甲骨文中的写法像一个凹形山洞的山坡，即四川人俗称的“凹崖腔”，山坡由砂岩和页岩构成，由于四川盆地独特的气候，较软的页岩很快被风化成山洞，上面砂岩因为压力过大便很容易坠落，经常伤到过往的行人，巴蜀人便根据山坡的形状绘成“氏”字的形状，以提醒行人。所以，《说文解字》云：巴蜀名山岸胁之旁著欲堕者曰氏。氏崩，声闻数百里。这个“氏”字只有蜀人才造得出来，尽管在古汉语中“氏”字与危岩丝毫无关。

值得一说的是，冯先生在学术界提出这个看法后，他偶然在《蒙文通文集》里看到史学大师早就有类似的见解，欣喜于这一不谋而合。

我不会告诉渔夫们这个文字发现，我们只是谈论本地民俗。

人字峡口的洼岩腔平时可容人进出，里面还有台阶，阶上干燥无比，常有少年来游玩。每年七八月洪水来临，岩腔被水淹没，鱼游到岩腔内。奇特的是，水位消退后，这些鱼被留在台阶上的干燥处，历经数天，失水死去的鱼却不会腐烂。据说李蓝起义军打了大败仗后，元气大伤，也在洼岩腔抓鱼吃。本地至今流传着几个版本的说法，后来附会成“宋希濂兵败干鱼腔”的故事。

人字峡又叫美人峡，峡口的半山腰树了一个碑，碑上的文字如蝌蚪，无人能识，被称为“怪字碑”。相传：如果有谁能全部识别碑上文字，人字峡外的锅盖沱就会浮起装满金银财宝的货船，而这些金银财宝就属于认得“怪字碑”上文字的人所有。

这个传闻流传久远，据说某个有心人专程来人字峡。随着他朗朗上口的破译，江水爆响，锅盖沱浮出装满金银财宝的大船。但“怪字碑”上的最后一个字没有被辨认出来，金光闪闪的大船怪兽一般浮出了脑袋，张望了半晌，复沉入水。这个辨识者一气之下，把“怪字碑”推入江流，自此这个谜团随“怪字碑”沉入历史的波涛，徒留下“干鱼腔、锅盖沱，金银财宝用船拖”的传说。

在我看来，这多半是古蜀文字的孑遗，与藏在瓦屋山一带道符里的秘密一样。秘密不可说破，一说就漏气了。

萧寺寻尸以及梦启神力

2011年深秋的一个下午，我登临绵阳市文联主办的“西蜀讲坛”，讲述辛亥革命中的侠义事件。会后天色晦暗，我来到城外散心。突然想到，当一个人的人生经验可以从容应付生活中的幸或不幸时，他如果还为奇迹留下了哪怕一小块降临的地方，我还是要承认，这样的人生还是有意思的。

伟人之死叫陨落，那是他们被历史之潮托举到了无法再高的程度；勇士之死叫坠落，用一把刀作尺子，就可以丈量他们的决绝；绝大多数人不过是堕落的形式而活着。就像荒草倒伏在泥坑，却渴望另外的一根稻草来搭救！

我掏出口袋里的火柴，只剩下两根了。一根划着就熄灭，当我拿着最后一根火柴，因为过于小心翼翼而划动时，磷火滚动，就濒死的回光，也熄灭了。这样，我在黑暗里坐下来，想象着一些往事。而旷野的星斗真的变大了……

绵州保卫战是李蓝起义军的一大转折点。

这时，唐友耕仍然归属于提督占泰麾下。占泰率领一万余兵马驻守罗江县城，以便随时支援危机四伏的绵州。当时绵州知州是唐炯，因任南溪知县时镇压起义军有功而为上司赏识。他一到绵州就积极部署防守。1861年4月初，李蓝起义军围攻潼川时，唐炯亲率所部一千余黔勇驻扎潼绵交界之福源寺（葫芦溪），遭到起义军毁灭性打击，唐炯逃回州城后，下令尽烧附近城廓民房，紧闭城门，当起了忍者神龟。

绵州位于盆地西北部，在涪江上中游。涪江顺龙门山脉自西北向东南而来，在绵州城南左纳芙蓉溪，右汇安昌河，倾东南而下，入嘉陵江和长江。绵州旧志有“山形如斗，襟带三江”之说，一旦控制了绵州，等于起义军就解除了成都的北部屏障。

1861年5月4日，起义军进至绵州城下，依山沿河修筑营垒，围困州城。在围攻绵州的同时，分兵出击，袭击攻占了安县、彰明（今江油南）等地，获取大量补给物资，运至绵州前线。5月24日，起义军将在涪江巡守的清军二十余只炮船尽数夺获，完全控制了水陆交通。尽管守城官方不时发布起义军一见官军就纷纷“自动投河自尽”的正义宣传，可是这些宣传能够平息热锅上的蚂蚁吗?

绵州城垣坚固，易守难攻。城垣周七里有寄，高一丈九尺。城外除东面紧靠涪江外，北、西、南三面有壕，宽一丈五尺，深一丈。城壕近城一侧筑有壕墙，壕外置梅花桩。城内存粮极多。鉴于以上情况，唐炯采取了紧闭城门，凭险固守，静以待援的方针。

1861年5月初至9月初，起义军在4个多月的时间里想尽一切方法攻打绵州城，诈降、火攻、筑堤坝拦水冲毁城墙、挖地道埋藏炸药破城、收集老百姓的铜铁用以铸造千金大炮日夜轰击城区等，均未得手。7月，起义军在绵州城外东岳庙设伏，另外派出一支人马佯攻绵州，官军没有看穿这个计谋。由于猝不及防，起义军大败从罗江来援的占泰率领的清军，又由于占泰纠集了不少色厉内荏的游击武装，属典型的乌合之众，战斗一旦胶着就胆寒心虚，抵挡一阵立刻轰然四散，光杆司令占泰独木难支，终于被擒。这突如其来的大礼，让蓝大顺有点措手不及。虽然他们先前已经杀死了即将升任四川提督的马天贵，那只能怪马天贵嘴巴太硬。现在，一个活生生的一省提督就在面前，这是一张“海底捞月”的王牌啊！

这是一个辉煌的胜利，一帮泥腿子第一次与威严的清廷军门提督平起平坐，脚杆就有点发软。

他们语气绵软，尽量体现求贤若渴之心，希望占泰大人深明大义，看清大势，大清气数已尽了，并准备把水泊梁山上的“义气恩重”上演一次。很可惜，占泰很不配合这出“义释头目”的国粹曲目，他嘶哑地暴叫，破口大骂，吐唾沫，扬言准备一头撞死，向前任烈士马天贵学习。按照《邛崃县志》的记载，起义军的算盘其实是，利用占泰来“赚”开绵州城门。他们把占泰装进呢子大轿，抬到了城门前，马弁高喊：“占大人受伤了，就在轿子里，请快开门！”但嘴里卡住铜簧的占泰向城门上的士兵拼命摇手，示意不要开门。

士兵机警，不但城门紧闭，还射出一排弩箭。可见，占泰是用自己的生命，捍卫了绵州一城的安全。

既然榨不出剩余价值了，蓝大顺下令斩杀占泰。

临死，占泰还没有忘记对狱卒动之以情晓之以理。金堂赵镇读书人杨锡成，被蓝大顺掠到军帐，成为“书记”。占泰见他是成都口音，就规劝“杨书记”认清形势，脱离反叛阵营回到正义立场才是读书人的根本。占泰解下自己的皮带交给“杨书记”：“持此见唐友耕，必能用汝。”绵州危局解除后，“杨书记”趁乱逃逸，慌乱中遗失掉了占泰给他的信物，由此失去了进入体制的通行证。后来回到金堂，成为民间讲述先辈伟业的义务说书人。

堂堂一省提督受泥腿杆子侮辱，制度是断然不可容忍的。四川总督的命令层层传下来，务必厘清占泰下落。

占泰手下的成都籍兵勇骆耀龙、吴俊站了出来。就像两根野草变成了竹笋，由此才刺破了历史的地表，让我们知道了他们的名字。两人自告奋勇前去寻找领导的尸首，临走对战友说了一番奇怪的临别警语："吾两人幸有生还者，则详告占公死所，如俱死，必以梦告。"两人一去绵州郊野，便泥牛入海了。

造成提督被杀这一震动朝野的败绩，《直隶绵州志卷二十六：武功》当中的记载为我们提供了实情：

"贼围绵久，志不得逞，欲分股西窜，窥省城。副将唐友耕侦知贼奸，扎石庙子要路，坚壁垒以待，贼终不得过罗江一步。提督占泰时驻师罗江，烽燧逼近，思速解绵围，以救生灵。由罗江率师进剿，战于绵南之东岳庙，师溃殉节。（何天祥六月二十日《占提督东岳庙殉节记》：先是，副将唐友耕奉署总督成都将军崇实札，自潼川追贼至绵，意贼必由罗江进窥省城，躬相地势，扎营石庙子，以扼其吭。贼来冲突，皆力拒却之，川西得无恙。提督占泰驻师罗江，备知绵州受困情形，慷慨流悌，誓欲杀敌致果灭，此朝食由石庙子率兵，与贼战于东岳庙。初小胜，移时，贼发大股抄击，陷重围中，遂遇害。城中丁壮闻噩耗，俱请下城杀贼，刺史以众寡不敌，倘一败，贼知虚实，贻祸非小，不许。且下令曰，如有下城与贼斗者，虽胜必诛。噫！州城之能守，其机尽决于此。）"①

同治版《直隶绵州志》有关寺观的记载中，特意提到了"革命遗址"东岳庙："参《旧志》，一在治北三十里，石马镇古刹

① 绵阳市地方志编纂办公室编：《重刊乾隆直隶绵州志》，2001年6月编印。

也。”但志书中还记载“雍正戊申，乡人重修”，并收录了《重修东岳庙记》，该文字末也有“州北三十里许有石马镇”的文字。这个东岳庙就在游仙区石马镇，至今还有3匹保存完好的石马。这里曾是原石马镇敬老院所在，现在已经搬离。3匹石马均席地而卧，居中的1匹马肥硕健壮，头微昂，牙微露，并佩马辔，面向涪江而望。据当地百姓称，石马最初有4匹，在石马镇南门外一条大道边，是道路施工从地下挖出来的。南侧是横山渡，当时这里曾地处要道，当地人通过这里过横山渡到绵阳。石马挖出来后，当地就修建了凉亭，将石马置于亭内，成为一景。到20世纪60年代，石马被毁，其中一匹被扔进涪江。此后不久，人们将其余的石马埋到地下保护起来。后来当地因修建“公房”挖出两匹已经面目全非的石马，人们将石马移至东岳庙，并请人重新雕了一匹石马，予以配齐。

一方面是死守待援；另外一方面的解围情况呢？经过两个月的准备，骆秉章于1861年8月31日亲率后队湘军由顺庆进驻潼川府城。他决定以新任四川提督蒋玉龙所部，在川南眉州一带牵制李永和部起义军，不使北上，而以湘军为进攻绵州的主力：总兵胡中和等率原萧启江部湘军六千余人由中江县黄鹿镇经杨家店进扎朱家桥，骆部湘军由三台县葫芦溪进扎丰谷井，从南面进攻起义军大营；副将唐友耕所部川军与州判颜佐才新招“黔勇”从西面配合进攻，唐炯则从城里配合湘军行动。

唐友耕等部四处寻找占泰，活要见人，死要见尸，更何况，占泰不但是自己的上司，而且还是为自己改名字进而改天换地的恩主。太平天国的行话说法有：“豆腐是水，阎罗是鬼”，“走鬼走入庙”。但这个“鬼”却在执行鬼的使命。对此，余澜阁

《蜀燹死事者略传》记载甚为详细：唐友耕等人来到绵州东郊东岳庙，那里是起义军的巢穴。一天夜宿萧寺，唐友耕被飞驰而至的梦醒醐灌顶，他听到那两个去寻找占泰尸体的骆、吴二人的声音："大人来矣。"说话之间，立即显灵，语间，骆耀龙还是以前那番模样，直进寺庙，在台阶下与占泰席地而坐。唐友耕急忙起身，准备问个究竟，而占泰与部下水汽一般立即消匿。唐友耕醒来，吩咐掘开台阶。"即于阶下掘得公尸，足上绵履犹在，面目须眉如生，乃迎归葬之。……公生时识人善任，拔云南提督唐公友耕于微得。公卒后，唐公每临大敌，先一日必梦公指授方略，战必大捷。"①

唐代李肇《唐国史补》卷中记载："梁武帝造寺，令萧子云飞白大书'萧'字，至今一'萧'字存焉。"后来沿袭此规，称佛寺为萧寺。李贺名诗《马》诗之十九："萧寺驮经马，元从竺国来"，即是一证。

蜀地寺院多植大树，它们与低矮的植被总是有意无意地隔有距离，以便留出一定的空间。大树的阴影遮天蔽日，不但成为矮小植被的庇护，好像那些矮小植被就是靠阴影分泌的汁液而成长壮大的。唐友耕似乎就是如此。

三国时李康先生的《运命论》所言："故木秀于林，风必摧之；堆出于岸，流必湍之；行高于人，众必非之。前鉴不远，覆车继轨"的说法只对了一半。木秀于林，风摧而不折，是为大材。

从余澜阁的文章来看，显然是唐友耕事后的自言自语，吹嘘的成分很多。尤其是"每临大敌，先一日必梦公指授方略，战

---

① ［清］辜鸿铭、孟森：《清代野史》，巴蜀书社1998年版，第四卷第2172页。

必大捷”的说法，暗示了唐友耕继承革命遗志而获得一脉单传的心术。其实，占泰一生里，韬略远不是他的长处，畏战逃避、搜刮地皮倒是他的特长。一个战神的魂魄，转移到另外一个战神身上，如此“移魂大法”赋予了继承者无俦的胆气。这样，唐友耕的豹子胆就有演变为碗大的牛心的可能。除此之外，梦中传授兵书的神话并不遥远，连洪秀全也是闭上眼睛念念有词，传授“天兄”谕告天王的特级机密；杨秀清看不惯这种“单传”秘技，自己某一天也闭上眼睛一阵乱冲，咣当一声摔倒，随后又鲤鱼打滚挺身而起，神色肃穆，自称“天兄”有最高指示，然后冲上去猛扇洪天王的耳光……唐友耕深谙此道，占提督的灵魂附体之后，那么提督一职，舍我其谁？

我估计，这寻尸的事情，应该归结于唐友耕久走江湖的犀利眼光。他属于“一踩九头翘”之辈，一个寺庙里奇怪的挪动与器具变异自然会引起他的注意。托梦之类，不过是把自己的底层实践能力，托升至魂灵附体的高度。

想当年，唐友耕最初投诚于叙府知府史致康，但最终为四川提督占泰确认，就是说，占泰引他步入了体制的康庄大道。唐友耕想不到的是，几年之后，附体成真，自己就是占泰官印的接班人。这冥冥之中，真有定数？

这个事情，在官方演义中就变成了唐友耕“于枪林弹雨中奋力夺回占泰遗体”，这一大力维护制度尊严之举引起清廷重视，追授占泰“威烈”之谥，他们记住了唐友耕这个忠勇之人。这引出了庆亲王奕劻后来营救唐友耕儿子唐致远的后事……

毫无疑问，绵州之战是李蓝起义军的一大分水岭。《中国近代战争史》指出，在此之前，起义军一直处于主动地位，清军则处于守势。当时，四川除成都驻有少数旗营外，主要是绿营兵，名义上有28000余人，其实多不足额，且分驻各地，兵力极为分散。但是李蓝起义军没有利用这一大好形势，对迅速发展起来的部队进行整顿训练，以致部队武器装备和军事素质都很差。以这样一支缺乏攻坚能力的部队，屯兵于坚城之下，围城数月之久，这在作战指挥上显然是错误的。而骆秉章所指挥的清军，兵力虽处于劣势，但其主力是装备精良、训练有素的湘军。骆秉章采取“合围会剿”的方针，集中全部兵力，发动强攻，速战速决，扬长避短，因而取得了胜利。李蓝起义军在强敌进攻面前，没有及时果断地率军转移，反而与敌人进行阵地决战，正好中了敌人的圈套，一战损失七八万人，元气大伤，使战争形势发生了根本性的变化。从此，起义军在战略上由进攻转入了防御。

后来，在绵阳城大西街上，建有“占文公双忠祠”，“占”是占泰，“文”是文梅。楚军副将文梅进攻西山观李蓝起义军的贼巢，奋勇先登，受重伤而死。“乱定，州牧文棨率士民建祠祀之。”

唐友耕心细如发，凭江湖阅历，他明白：能够让李蓝起义军活捉占泰，那一定是提前走漏了情报。

他获得的可靠消息：一个叫吴四探子的人，向李蓝起义军出卖了占泰所在位置。吴四探子也是昭通人，勇力过人，机敏善辩，故常为官兵、土匪当密探。也就是说，他是一个双面间谍。唐友耕密令人诱之“吹洋”就是吸烟片。吴四探子满心欢喜，他躺在一张大床上吞云吐雾，塌陷在缥缈烟云，像具死尸。这一张大床是经过特意摆布的，床头并没有抵拢墙壁，看看差不多了，伺其不觉，床下伸出一双手，悄悄将其头发系于床底栏木上。唐

友耕下令，几个勇力者举刀矛冲进，吴四探子顿时身首异处……[①]

丹棱县的“大石包”

1861年4月23日，时年67岁的湖南巡抚骆秉章率领一批幕僚才正式入川“督办军务”，他抵达万州后立即着手招募兵勇，抓紧训练。一来审时度势；二来逼当时代理四川总督的完颜崇实“遣官候迎”，并同意派发夔州关税作为骆秉章的军饷。次年，骆秉章正式升为四川总督。在《骆公覆陈川省军务情形疏》里，阅人无数的骆秉章指出：“然以臣审度情形，其党多而不整，其人狡而不悍，其情合而不固，此三者犹是乱贼草窃之故态，非若粤逆之坚悍难制也。”接着，骆秉章分析了李蓝起义军的游击特色：一则散而不聚。一则漂而不留。一则伏而不出。指出“此三者，所以为蜀省行师之深患，难期功效于旦夕者也”[②]。

此可谓入川灭火计划的“骆六条”。事实证明，这个大清一朝的老刀客，的确是拿捏住了起义军的“七寸”。

骆秉章探查清楚起义军以李永和部人数最多，控制的地区最广，而战斗力却以蓝大顺部为最强，但人数较少，控制的地区较小，遂决定以四川提督蒋玉龙部牵制南路李永和部，而以湘军全力主攻蓝大顺嫡系。首先从北面打破蓝大顺大营，然后鼓行而南，利用“势如破竹”之势，以进攻李永和大军的战略。

---

① 昭通旧志汇编编辑委员会：《昭通旧志汇编》，云南人民出版社2006年版，第1348页。

② ［清］辜鸿铭、孟森：《清代野史》，巴蜀书社1998年版，第四卷第2218—2219页。

但骆秉章显然小看了蓝大顺。1861年12月3日，官军强攻盘踞丹棱的蓝顺杆营垒而占不到丝毫的便宜，骆秉章在奏稿里不得不承认：清军“奋冲数十次，不能拔贼一垒”。因此，骆秉章务必将丹棱围成死城，就成为不二之选。

当时还是建昌镇总兵的胡中和闻讯驰援，蓝大顺分路来扑，这叫“打援”。胡中和突入阵地，被长矛戳进脸颊，赤血殷衣。胡中和看不清什么了，见人就杀，宛如战神转世……因为这一战功，保住了眉山，他被授予以提督记名。与这惊人相似的一幕，很快就由唐友耕上演了。

一个不知恐惧为何物的莽夫，事实证明，时常比那些老谋深算的智者更能因势利导地解决问题。

唐友耕等人包围了困在丹棱县的蓝大顺。起义军非常清楚坐困围城的处境，他们派出精锐部队十几次冲击唐友耕，唐友耕就像喝了“神水”一样，似乎有金钟罩之功，刀剑被他弹回，偷袭的起义军反被他逐一击败。最后，蓝大顺赤膊上阵，不料也被毒箭射中，毒发身亡，使得李蓝起义军战斗力最强的一翼，生生折断。余部在蓝朝柱的带领下继续突围，终于占领了另一座山头，并在山顶上插上了军旗，如今，这座位于石桥乡的山，就名“插旗山”。

在位于丹棱县境东北部的石桥乡，有一座小山，当地人称之为“大石包”，薄薄的红壤之下，经常被农民挖出白骨，“万人坑”之名不胫而走。农民宋怀全说：“李蓝起义军抗击封建恶势力的时候，因为敌人太过凶猛，所以死伤过万。当时，尸体占满了好几大块土地，鲜血染红了好几大块水田。”20世纪80年代，土地包产到户，“万人坑”所在的土地分到了宋怀全的手里。在所有人看来，这块血迹斑斑的土地承担着太重的历史，让人难以接受其极为阴郁的色彩，“这里似乎到处都掩埋着尸体。我们继续在大石包的半山坡上开荒，几乎每挖一处都能见到一堆堆的白骨。估算一下，这个装满了尸骨的大坑，足足有一间农房那么大，长十来米、宽十来米、高至少都是五米。尽是白骨，吓人得很！”

小小的千总职位怎能匡定唐友耕的杀人才华？他在邛崃、名山一带与蓝大顺余部展开拉锯战，此役他身受重伤。伤到什么程度，史料里没有记载。伤愈后，唐友耕就像一个重新回炉的钉子，铆足了劲，深钉在起义军的骨缝，拼命搅动。他受命攻打围困蒲江、眉山的起义军，战果累累。李永和之妻薛夫人，也于1861年10月11日在眉州大战中毙命。当时骆秉章挥师围攻顺天军统帅部——刘家祠。起义军兵将皆在外，为保卫顺天国机密文件、辎重、弹药，薛夫人率领家属、老弱伤兵而血战清兵，当日阵亡于刘家祠。

有鉴于唐友耕的剿灭之功，清廷特授予“巴图鲁名号什都司”。“巴图鲁”乃满语baturu的译音。《五体清文鉴》译为“勇”，《清文汇书》译为勇强之勇，勇冠三军之勇。清廷先后赏赐巴图鲁名号不下几十人，且绝大多数赏赐给汉人。乾隆皇帝下令为征战中凯旋的“巴图鲁”绘像，悬挂在紫光阁。这一英雄光荣称号，成为《唐公年谱》贯彻始终的最高荣誉。

1860年11月，唐友耕在青神县与卯德兴大战值得一记。单是此地，就打了13仗，可见血腥程度。

青神县地处四川省南部、岷江中游，清代为蜀中极苦之地，官员到其地任职被视为畏途。鸿化堰是青神县境内最大的人工灌渠，始建于唐朝，堪称古代水利建设的灿烂明珠，渠首在四川新津县城东南岷江支流南河、西河与岷江的汇合处。唐代张武率县民编竹篓填石拦阻而成鸿化堰，以截取山溪水灌溉农田。古县志载：“竹石垒者几多丈。”由于当地地狭民贫，水利年久失修，连年水旱为害，民众苦不堪言。鸿化堰引岷江水灌溉农田二万余亩，是全县富饶之地，同时“害之大者，亦惟鸿化堰为甚”。[①]按旧例每年修堰浚沟费用由民户按田产分摊，但地主豪强隐田不出，全部开支全摊派给贫民小户，农民无力交付遂流亡撂荒，既使赋税锐减，又成流民之患，是地方首要弊端。1939年末，著名水利学家黄万里带领工程技术人员杨子英、任宜勇、施彭龄及弟弟黄大能等人，用4个月的时间主持修复淤积的鸿化堰，仅花了近5万元，节约预算25万元，灌溉农田1.5万亩，成为他在四川留下的一个深刻痕迹。也正是为了纪念这座鸿化堰，黄万里将自己在这一年出生的儿子取名为黄观鸿……

鸿化堰绕黑龙场镇之后而过，前面是岷江，岷江与场镇之间有一条鸿化堰的支渠叫黑龙壕，场口上一棵十人携手才能合抱的黄葛树，山嘴上，朝鸿化堰方向还有一座龙女寺，如今很难让我们复原那些汹涌澎湃的战事。就是这样一片水网纵横的阡陌原野，险些成为唐友耕这个新任的“巴图鲁”的长眠之地。当时总兵唐友耕、游击陈祥兴驻扎于鸿化堰。卯德兴自认武功在唐友耕之上，他就是不明白，战场上怎么就打不过这个叛徒。老天有眼，老天总是站在正义的一方。唐友耕这次的确支撑不住了，卯德兴决定手刃这个叛徒，他要把这颗钉子拔出来，一分一厘斩断。

但莲花团练带领的一支“垮杆”武装来增援，再怎么不济

① 王树枏：《陶庐老人随年录》卷上，《近代稗海》第12辑，四川人民出版社1988年版，第367页。

事，毕竟是来了几百号人。这就像一根稻草，加到了唐友耕一方，战事的天平立即倾斜……这是卯德兴的刀刃距离唐友耕咽喉最近的一次，可惜，唐友耕还是像黄鳝一样滑过去了。

历史的玩笑还在继续。1862年1月17日，唐友耕差一点就可以活捉卯德兴。当时起义军困守青神县，在双土地、高坎子、黑龙场一线血战，他们声东击西，突出重围，伤亡极大，回到犍为铁山。这让唐友耕有些措手不及，这叫一报还一报，扯平了。

在这之前的1861年7月，却发生了令人费解的一幕。四川总督骆秉章率湘军入川，在顺庆部署绵州会战，决心彻底端掉蓝大顺，但历来急功冒进的唐友耕这次却按兵不动。9月会战拉开序幕，湘军连续打破蓝大顺营垒70余座。绵州解围了，唐友耕因“临阵观望”，被革职查处。

到底是什么让这把颤抖不已的屠刀安然入鞘？

是否眼见昔日的大哥面临没顶之灾，他想学一学关羽，放曹操一马？

《唐公年谱》对此的解释是，新任总督骆秉章发给唐友耕围捕绵州起义军的官札与前任下达的命令之间产生了矛盾，谁也没有分身术，造成唐友耕奔赴绵州解围失期，因而被骆秉章革职，鉴于他在攻打眉州快活山象耳寺付出了“巨力”，所以留营差遣。

权力的钟摆一旦停止，唐友耕猛然醒悟了。他如梦方醒，认为自己中了义气的邪。10月，骆秉章面临四处流窜的起义军并无良策，他想起了那个急先锋。他急命已经革职的唐友耕率部进攻眉州的王家场起义军。唐友耕抽出战刀，面对起义军箍桶一般的厚达30里的营垒发起自杀式冲锋，他如入无人之境，斩首上万。骆秉章对迷途知返的羔羊甚为满意，何况羔羊又变成了昔日的狮子。其实，精于世故的骆秉章未尝不是故意利用这一招，来树立自己不可撼动的权威，使唐友耕永远臣服于自己。

京城终于来电："已革职副将唐友耕，着开复原官并免缴捐项。钦此。"唐友耕官复原职，他很为自己一时的观望而后怕。眼见打仗的规模越来越小，李蓝起义军穷途，逐渐呈现萎靡之势。自己这把屠龙刀，何时才能得到施展的大手笔？

这一年，唐友耕做了一生中最大的一件事：派人回老家昭通一带招募了很多云南籍士兵来四川，成立了"振武军"九个营。他利用嘓噜、袍哥的义气和严格的奖惩，把这支部队凝成一块铁板。振武军不但成为他的子弟兵，而且奠定了他征战多年的家底。骆秉章对唐友耕治军的评价是"谨畏能战，更见赏爱"，看来是有根有据的。

一个巨大的机遇在变脸缝隙里露出了真容：1862年2月17日，在湖北来凤休整一个月的太平天国翼王石达开进入四川石柱、丰都，立即兵分三路入川，对涪州形成钳形攻势。

韦昌辉引起的叛乱之后，太平天国首期分封的七王之中，唯有石达开硕果仅存。写有"真天命太平天国神圣电通军主将翼王石"17个大字的杏黄旗帜不但要卷动巫山云雨，还要让惊慌的蜀犬看见太阳。

但唐友耕得到的命令是固守青神县，扫荡李蓝起义军残余。他怎么才能与那个名满江湖的翼王过招呢？

在蜀地，疱疹俗称"缠腰火龙""缠腰火丹"。当唐友耕的腰带上镶着越来越多的浴血宝石时，他渴望自己就是一条"缠腰龙"，把李永和、蓝大顺缠住，让这些"蛇丹""蜘蛛疮"勒进他们的血肉。

绵州内讧

就在起义军围困绵州的时候，唐友耕的牛皮寨老同事、知识精英黄鼎，顿生回归体制之心。就是说，他与唐友耕都是“龟友”。

据《邛崃县志》记：“骆督初至川，求知贼情者而难其人。适崇庆黄鼎自贼营归，州官欲捕之，鼎闻而遁。会督令至，州官乃征请致之。既见骆督。为陈贼状，甚悉，故能一战（按指绵州会战）成功。”这对一筹莫展的官军来说，黄鼎的投诚立即以一道雪亮的刀路，为彷徨无计的制度指明了方向。当时，黄鼎是蓝部起义军统帅的主要“文生”，管理文书也参与筹划军机。毕竟是读书人出身，他没有唐友耕在横江镇的艳遇，冲冠一怒为红颜，他主要是怕死，突然觉得回归正道才是唯一出路。他跪倒在骆秉章脚下，竭力“陈贼状”，作为“进见礼”，以求宽赦，黄鼎所陈主要应是起义军军事部署，故而帮助了骆秉章能够“一战成功”。至于黄鼎推测起义军阵营中蓝大顺、蓝二顺就是蓝朝鼎或蓝朝柱，是没有什么实际价值的。何况骆秉章是亲自指挥湘军在绵州与蓝朝鼎部起义军作战的人，黄鼎叛投体制后，又一直随湘军对起义军作战，后来又随刘蓉进驻陕西，以“道员”身份指挥调度军队与起义军余部作战，前后达4年时间。足见这个黄鼎不是一般“懵懂的鼎锅”，他好像真是“顶”得起啊！

四川历史学家李有明指出，十余年前，我们清理《巴县档案》时，就曾发现1861年绵州会战期间，四川防剿军务总局，曾向各州县刊发《陷贼见闻记》一书。在刊发行文中说：“咸丰十一年十月初四日，奉防剿军务总局宪札：照得本局现由贼营逃出之人，以《陷贼见闻记》呈阅前来。查其所叙贼中情形，尚属详细，剿办机宜亦多可采，应即查照办理，以期迅扫贼氛。除将所呈《陷贼见闻记》刊刻成本，分别移行照办……计发《陷贼见闻记》十五本……”很可惜，我们在档案中未发现原书，各州县方志中也未见有抄录和记载。但就上引刊发文中，可以判定此书为黄鼎所呈，是这个叛徒的“进见礼”，故详在“剿办机宜”。[①]

这部宝贵的泄密之书在李蓝起义军失败后即有流传。证据是晚清余澜阁先生在《蜀燹死事者略传》里在讲述庆符县知县武来雨遗嘱时就提到：“公遗嘱中言贼起事，只数百人，证以无名氏《陷贼见闻记》，事皆符合。今节录数条于左，以志滇逆之缘始焉。”[②]

这就等于指出了知识精英黄鼎拜倒于骆秉章膝下之后，再接再厉，继续有所作为，这部《陷贼见闻记》的价值，就当时局势而言，价值不亚于清代朱逢甲编著的中国第一部，也是我国古代军事文献中唯一的一部间谍研究专书，同时也是世界第一部间谍研究专书《间书》。

唐友耕对老朋友很是关心，托人送上礼品，予以压惊。他可能觉得，自己在衮衮官场，还有一个“后来者”，自己不再孤独了。

就在这时，援川的湘军进驻绵州之后，与守城的贵州清军发生了一场争斗。毕竟绿营兵是国家正规军，湘军当时称为乡勇，属于临时性质，是无法与绿营军争位置的。

当时，31岁的绵州知州唐炯在守城时兵力明显不足，左支右

---

① 李有明：《罗尔纲先生〈蓝大顺问题考〉中的问题》，刊《历史知识》1981年第1期。

② ［清］辜鸿铭、孟森：《清代野史》，巴蜀书社1998年版，第四卷第2159页。

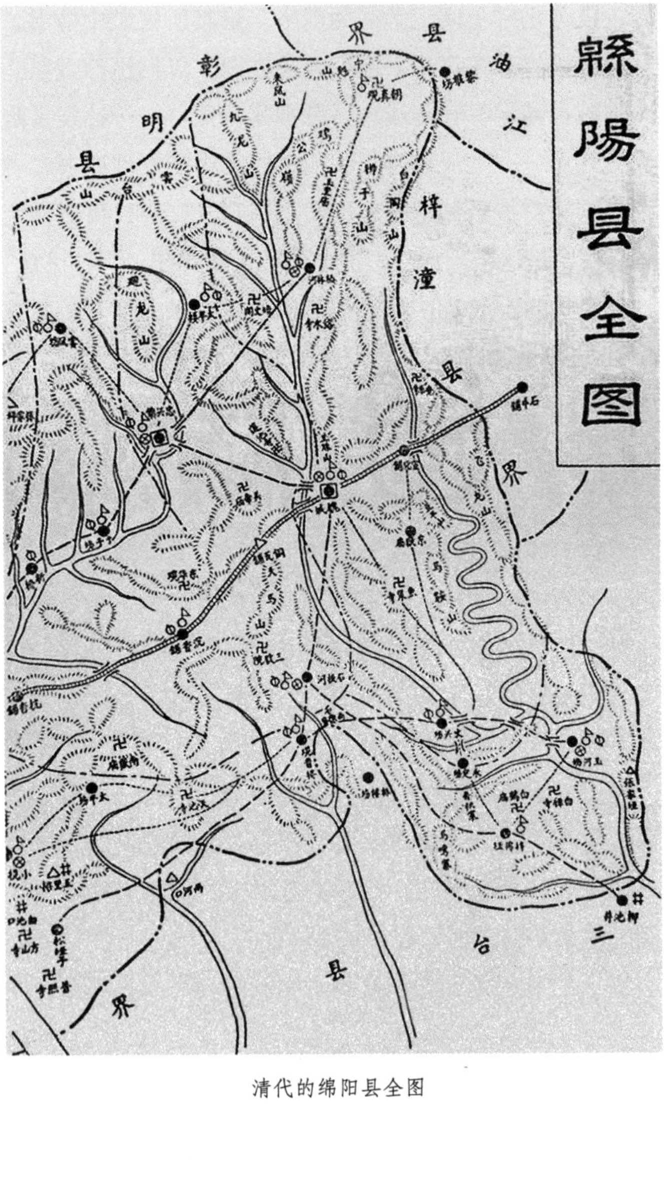

清代的绵阳县全图

绌，甚为狼狈。由于湘军战绩卓著，他于是借钱招募军士成立“黔军”，在防城之战中立下了扎实的战功。王闿运在《湘军志》里对唐炯很是高看一眼，认为四川州县的官员里，若论对军事的见解，唐炯可以说是首屈一指。而且他为人慷慨，颇重义气。这也造成了一个态势：不少四川官员在清剿李蓝起义军余部退入陕西的战斗中，由于朝廷多用川人，造成了川人在陕西立了不少战功，彻底扭转了李蓝起义军鼎盛时期给四川官场造成的尴尬。

唐炯（1829—1909）是湖南常宁人，被提拔为夔州知府以后，自视颇高。而他的父亲唐训方是湖南一代名将，跟骆秉章素有交情，尽管他明明知道湘军看不起川黔军队，但他容不得湘军将领在自己面前颐指气使。

事情起源于湘军的入乡随俗。湘军的行军制度是，规定每营都设长夫运送粮食器械，部队经过郡县，不向官府索要一草一粟。湘军初起时，所过之处，有些地方官吏设置障碍，甚至不让部队进城，湘军只好忍声吞气，哪里还能指望地方官府供应部队的开支呢?

但是湘军进入四川后，天上掉下了馅饼。他们发现，这个省份的各州县官员，不但准备了粮食供给部队，还会按人头配给轿马挑夫。如果部队不用人夫，就可以将劳力折合为银钱。这样就为军队提供了一个渔利的渠道。

湘军发现有这项收入，真是大喜过望，很快就习惯了这个待遇，因此对不给钱的官员会很不习惯，有时甚至不免苛求，胁迫人家拿出“老窖”。湘军为绵州解围之后，仗着立了大功，索要非常嚣张。矛盾交到唐炯那里，他认为绵州被围半年，资力困乏，供应的物资少而瘠，自然无法令湘军满意。唐炯希望手下的一个营官摆平这事。营官夸下海口，说他能够说服湘军。但他只是说说而已，却摆下酒宴请客，将这件事委托给家丁去处理。

湘军哨官前来索要人夫，出语不逊，唐炯的家丁仗着黔军势力，也不讲理，争得脖子粗了，眼睛都红了。

湘军将领早就指责黔军纪律松弛，唐炯矢口否认，毫不认输，反过来辱骂湘军。两军本来就闹得很僵，现在就供给一事发生冲突，大有兵戎相见之势。

曾传理年少轻慢，初次统领军队，约束不了部属。哨官对唐炯的家丁恶语相向，黔军将领听见了，更加记恨在心。待对方走后，便在州府内埋伏一百卫兵，准备格斗。

湘军哨官去而复返，带领一些军士闯进州堂，气焰非常嚣张。

黔军亲兵将领向唐炯告状，说："湘军持刀来闯公堂，请求擒拿治罪。"唐炯被迫同意了这个请求。

得了令的亲兵，有恃无恐，冲出来立即砍杀贸然进门一名湘军。其他军士见自己人被杀，高声怒吼，纷纷拔刀，就像地火突然冒起一般，伏兵四起，开始围剿州府的所有湘军军士。一场混战下来，双方各有伤亡，将领于是下令戒严。

几个逃回来的湘军，向将领告状，将领跑去向骆秉章告状，一定要争出个高低。骆秉章十分老道，他立即上奏，弹劾唐炯，罢免了唐炯的官职。唐炯不服，也大告骆秉章的状，甚至加以谩骂。湘军从此多与黔军分开行动，四川的黔军更加缺乏战斗力。

但是，王闿运在《湘军志》里特意补充了一句：此时骆秉章因为"唐友耕以谨畏能战，更见赏爱，奏复其官"。这分明体现了骆秉章的官场阅历，打一个，拉一个，四川话叫"一个耳光一颗糖"，不然的话，自己就容易成为光杆司令。

第四章

用血磨刀，横槊横江

唐友耕从涪州城墙飞纵而下

战场就是一个武人的道场。往好点说，乃坛场也。

狼奔豕突的四川，频繁的战事对百姓来讲自是不幸；对唐友耕而言，却是好运来也，运气好得脚一迈出门，金元宝竟然把脚趾踢得生疼。

尽管1860年3月石达开在围攻广西百色时，牺牲差不多10万之众；彭大顺、朱衣点等大将竟然带领10万大军脱离翼王，回奔天京。石达开可谓内外交困，对部下的约束力大不如从前了。由于新近参军的人多，表面上看浩浩荡荡，仪仗显赫，但战斗力已经大打折扣了。带兵多年的石达开又如何不知？！既然如此，历来偏安一隅的四川，由于交通不便，较为富庶，天府之国养得活这十几万兵马，加上川地清兵战斗力较弱，一旦出其不意占领成都，加上经营得法的话，未必不可以把四川打造成再起波澜的飞地。

需要指出的是，太平军的人数历来不准确。学者陶短房指出，以1863年为例，李秀成部号称百万，李世贤、杨辅清部各有一二十万，直属天京的人马也应有十万以上，即便按太平军“二千五做一万”的惯例，只按虚数的25%计算，也有几十万之众，加上恶性膨胀的各级官员、为数众多的家属，吃公家饭的人应在百万以上。尽管石达开愤然出走之后，逐渐远离了天国迷信开始归于实际，他出走后带走的嫡系部队约几千人，随着他东征西讨，归附的人数越来越多，以至于后世会认为他带走了天国其时很大一部分兵力。经过广西整编之后，他入川的部队人数至多十几万兵马。

1862年2月17日，石达开率号称20万兵马进入四川石柱。先锋部队无法渡过乌江，他们于是折返，沿乌江二百余里扎营，绑扎竹筏，准备强渡乌江、围困涪州。数百年来，谁见过这扎营两百里的恢宏阵势？知州姚宝铭急得昏头，以写“血书”的十万火急向成都飞掷“鸡毛信”求援。这一情况，让本已被李蓝起义军消耗甚巨的清廷无力应付了。

4月1日半夜，石达开强渡乌江拉开序幕。那是一道不折不扣的血幕。据《重修涪州志》记载，其翼王主力部队是从距离涪陵城1公里左右的夏家嘴（即后来的江东办事处沃坪村），以及距离州城30公里的白涛镇的陈家嘴，两路并行同时抢渡乌江。

他显然知道，这一步跨出去，就再无回头之路。他的不安与深沉的挫折感，在这首写于渡口的述怀诗里展露无遗：

垂翅无依鸟倦飞，
乌江渡口夕阳微。
穷途纵有英雄泪，
空问西风几度挥。

但“倦鸟”并非呆鸟，它的奋然一搏也是力道十足。清军沿川江一百余公里防线被翼王左宰辅李福猷连续攻击而崩溃，骆秉章被不断飞来的求援急电所包围，急命唐友耕乘船东下重庆。应该说这是唐友耕首次接触官方战船，他这只“干鸭子”在奋力熟悉水性，他预感到“水战”迟早会成为决定胜败的关键。1862年4月，太平军围困涪州，久攻不下，唐友耕临危出任川东镇总兵。

值得注意的是，清朝四川有80营绿营，每营三四百名马步守兵，共分为四镇——川东镇、川北镇、川南镇、川西镇，各镇设“提督军务总兵官”。设提督、总兵、副将、参将、游击、都守、守备、千总、把总、外委等官职。提督总兵直辖的部队称为“标”，副将参将统领的称为“协”，参将至守备所辖称“营”。川东镇总兵在康熙元年（1663年）八月始驻夔州府城，总理川东军事，故夔州府又名重夔镇。镇设总兵一员，衙署设在夔州府署之右。康熙十九年（1680年）平定吴三桂部王公良等后，总兵奉文移驻重庆府，夔州府改设夔州协，隶属重庆镇。

这一线尽管是大江与山岳重叠，但他并不疏于江边山地作战。此地不但成为了唐友耕真正成名之地，而且一箭双雕，树立了川军的威信。

石达开一度驻兵于望州关，指挥进攻涪州城战斗。顾名思义，望州关位于涪陵南郊4公里的望州山上（古称许雄山），海拔近700米，可眺望涪州古城。《续修涪州志·卷二》中说：“望州山突起高数里，设关其上，距城十里，可以远眺州城、通南、綦。明曾英御张献忠于此。”可见此关修筑于明代。1860年，关寨门大加修葺。

望州关内的面积约2500平方米，四周依山筑造1—4米高的石墙，或依天然石梁为屏障，地势险峻，易守难攻。涪州一带地势平坦，而南方西方均为山地，自东至西共筑有五座雄关：黔江、靖远、望州、鹅颈、龟龙。五关石墙相接，绵亘若拱卫之城，成为屏障。其中以望州关地势最高，最险。学者史式指出，它犹如大鸟的身体，其他四关左右张开，有如两翼。

石达开由此居高临下，俯瞰海拔仅200米的城内，一目了然。

文人周询的笔记《蜀海丛谈·人物类》，劈头就是“石达开”专条，将石达开置于“骆文忠公”等衮衮大员之上，不但见识了他的另类眼光，关键还在于他写作此书时，大清已经不存，因而可以对历史人物评头论足，毫无顾忌。他用了很大篇幅记载唐友耕率8营士兵由重庆奔赴涪州解围的过程。有趣的是，我简直弄不清楚他是在利用石达开来衬托唐友耕呢，还是唐友耕的神勇让“神圣电”也不得不佩服。想来事情太烈，周询用情太深，以至于丧失了严谨官场必备的理智。

当时涪州城内尚有十几营楚军（就是后来名震朝野的湘军），他们畏缩城内，却又看不起怯懦的川军。尽管当时成都将军完颜崇实已经把四川最大一笔关税——夔州关税的收入拱手送给湘军作给养，但这似乎并不能激发他们的斗志。唐友耕、绵州知州唐炯所率领的川军援兵到达后，楚军又“以唐年少，窃窃少之”。后一个“少”字，显然就是轻慢了。

唐友耕决定亮一手。即便是被外省人污为“川耗子”，但即便是耗子，也有超级的——

“唐有骏马，白质黑章，花骢也。整鞍立于唐侧，时涪州刺史杨某，体胖而懦，于唐以远镜窥敌之际，在侧絮絮述敌猖獗状，请唐不可轻视。唐益愤激不可遏，以手推杨曰：‘君文人，乌知兵事。’杨被推，蹶然仆，左右仓皇扶掖间，唐以右手牵花骢，左手挟长矛，一跃下城。其部下闻信，相与大呼曰：‘军门（清时称提镇的专用称谓）临敌矣！’遂开城，纵川兵出。”①

马匹和香炉。美国人西德尼·D·甘博1917年拍摄于涪陵城内

相传唐太宗李世民的“昭陵六骏”之中就有“花骢马”，杜甫诗“先帝天马玉花骢，画工如山貌不同”讲述的也是花骢骏马的神骏。唐友耕骑马从城头飞纵而下，倒是体现了他不可一世的血性与勇毅。

---

① ［清］周询著，周伯谦、杨俊明点校：《芙蓉话旧录》，四川人民出版社1987年版，第180页。

太平军在涪陵城外阵地有三处，即黄泥坡、龙王嘴与仰天窝。事先唐友耕、唐炯与徐邦道用拈阄的办法选择攻击点。结果唐友耕拈得龙王嘴，唐炯拈得黄泥坡，徐邦道拈得仰天窝。（湘军果右军刘岳昭的5营人马，较两唐晚一天，且是驻军于江对岸之北山坪。唐炯对于湘军奉命远道赴援却不与石达开交战十分不满，曾毫不客气地指出："楚军（即湘军）畏之（指石达开）如虎。自（石达开）窜蜀来，无敢撄其锋者。而刘某（岳昭）尤庸劣，贼在南岸，辄引军向北岸行，或偶到南岸，闻贼至急逐去。"①

唐友耕带队猛攻龙王嘴，他就像一个疯转的砂轮，陷进柔软的质地，他带起了一股赤红的狂流。他一口气攻陷了石达开部几处阵地。

这是唐友耕与石达开部的第一次血战，他立即感受到了从未有过的杀气。

与唐友耕交战的是石达开的先锋刘统领，太平军视这些不堪一击的地方"垮杆"部队为"妖蛆"，但唐友耕这只"妖蛆"伸缩自如，却可以拉长为蛇。两人举矛相向猛冲。这是一根比卯德兴更可怕的长矛，枪尖就像一个制造冰碴的机器，扎进了唐友耕左侧脖子，冰碴喷涌而出，枪尖一抖，顿时撕下一大片肉。唐友耕仰天大喝，发出一连串鬼叫，举枪反刺。刘统领没有估计到一个人受了重伤竟然身形如此迅猛。他略一迟钝，胸部被唐友耕刺中，一挑，刘统领轰然倒下。战马很乖，大眼睛盯住在地上蜷缩翻滚的主人……

石达开部第一次遇到如此凶猛的川军，这与他的耳闻完全

---

① 史式：《论石达开史事七题》，团结出版社1989年版，第44页。

不符，惊退30里才稳住阵脚。周询就此来了一番“文学家言”：“石在马上以远镜窥唐，诧曰：‘此劲敌也，宜少避其锋。’又退二十里乃止。”这哪里像是石达开的话，分明是周询在展示衙内师爷的深湛墨功！用石达开的话来说，这样的师爷话语叫“妖话”。

有关历史学者研究指出，石达开并非是历史辞藻垫得那般高大威猛，他是身高不到1.70米的客家人。我想，同样身为客家人的唐友耕，大概也与此近似，只是，他多了一种戾气。

唐友耕凯旋，人马皆赤，等于自己给自己披红挂彩。史载，涪州城内百姓纷纷以红纸书写“唐公长生禄位”，供在门口。这欢迎救星的仪式我们见过，尤其当救星挂彩凯旋，狂欢气氛会被推至燃烧的沸点。而那块被刘统领的枪挑下来的肉，乃忠臣之肉啊，岂能白白流失？当场由唐友耕的马夫奋力捡回来。这也是一个学习唐友耕抢回占泰尸体的好榜样。可惜的是，型号、意义均小多了。

据《续修涪州志》记载：涪陵知州姚宝铭、参将徐邦道尽焚城外民居，闭城作困兽之斗。石达开兵临城下，火犹未灭，百姓流离失所，号泣之声，惨不忍闻。“先是，邦道见贼渡江，即令城中人除妇孺外，皆登埤守垛。一人右垒砖瓦，左集灰罐。十垛为一牌。正副二人，侧安行灶，置釜，煎便溺防城。城口呼交令、接令，上下应和，不容停止。近东南城垛，守者隐垛下，避贼铳；入夜则燃草纸由洞掷出，令十垛以外人探头下视，恐贼簿城也。”在这场惨烈空前的以沸腾的“大便防城”战斗中，石达开不能不退去。

太平天历二月十四日（1862年3月22日），石达开发布《告涪州城内四民训谕》，不但四处张贴，还用箭射入涪陵城中。他在飞行传单里痛责清吏虐民，号召涪州百姓“效沛子弟，杀酷令以归降”，告示原件被当地百姓冒死保存下来，世代相传，直到1949年以后，才交给政府，现为国家一级文物，藏于北京中国历史博物馆。但城外荒无人烟，唯有一片废墟迎接着这样的安民告示。

连日大雨，攻城的难度进一步增加，清军水师又封锁长江。眼见渡江无望，石达开固然视涪州弹丸之地，即便攻克，玉石俱焚，而于渡江无补，为惜民命，于略一接战后，即撤军西上，另觅渡江之地。

唐友耕顺理成章地升任重庆镇总兵，在江津行营视事。那可是用实力换来的，可见并非一将功成万枯骨，还有搭上自己的肉。

自此，左侧脖子凹陷一大块的唐友耕，成了歪脸，面目有点狰狞。这倒是符合传统戏剧脸谱里的凶悍人物，如《审七长亭》里的李七、《斩黄袍》里的郑子明，都是歪脸。由此，唐友耕不得不经常吸食鸦片予以镇痛。

唐友耕来到金紫门码头，此地清嘉庆以后便是重庆镇总兵署

1898年，重庆府的城墙与城门。英国人伊莎贝拉·伯德摄

所在地。唐总兵受到重庆父老热烈欢迎。他挥手，健步，腰力十足。触目的伤疤等于是一块金字招牌，让人顿生敬意。兵署位于重庆城的正南，面长江而立。码头江边过去曾是柑橘船集中的地方，它与储奇门相距甚近。在当地的传说金紫门又叫金子门，因古时附近有一个金紫寺而得名。

望着滚滚东去的大江，唐友耕特别想知道：石达开如今在哪里？

太平军离开涪陵，遗留了一批物资，其中有一门铜炮。1950年文物部门征集于涪陵民间。铜炮长122厘米，直径47厘米，炮身刻有双钩铭文“太平天国丙辰六年置造”字样，证明这门铜炮是“天京事变”前所铸造，后来被石达开部带入四川。这门火炮显然是轰击涪陵城所用。后来清军援军反击，太平军撤围，这门炮才被缴获。这是太平军转战西南失败的重要证据，也证明当时太平军的确习惯用火器攻城。而根据史料记载，这门铜炮可以填药18两，属介于轻炮和重炮之间的火器。此炮现藏重庆中国三峡博物馆。

太平天国丙辰六年（1856年）造铜炮

1987年是翼王进军涪州125周年，涪陵市政府在望州公园修建了一个翼王纪念建筑群。在翼王当年指挥作战的“帅台”所在地大梁子山冈上，树立翼王石达开大理石像，修筑了一座壮丽雄伟的翼王台，同时在附近太平军当年汲水之处开辟出翼王饮马池和翼王井。翼王台正对面，另有三座纪念碑，分刻《翼王石达开告涪州四民训谕》《翼王招募兵壮告示》《翼王石达开进军涪州史事简介》，另有石碑一座，刻有史式撰写的缅怀翼王的七言古风一首："探赜索隐见真情，尽瘁天国一片心，欲起翼王与共语，使知百载有知音。竖子成名英雄死，世间不平胡如此！父老饮泣向我言，言皆翼王爱民事。折戟沉沙急水流，千秋遗恨几时休？登台怒问山与水，青山无语水东流……"

巴蜀牌坊石刻记载的翼王军队

2013年年底，我采访四川师范大学民俗专家黄尚军教授时，他提到在巴蜀牌坊石刻、族谱、民间碑文里记载了不少涉及太平军在巴蜀的活动。大面积的杀戮与老百姓死于横祸，成为这些文字记载的主要动因。咸丰十一年四月十七日（1861年5月26日），南溪县的起义军首领张四皇帝攻克兴文县城，"烧杀官衙，打破监卡，吼闹一番，劫取众犯"，"文武官僚，尽行屠杀"（隗瀛涛《四川近代史稿》）。攻城的火光尚未彻底熄灭，仅仅三天之后的四月十九日（1861年5月28日），石达开部的先锋赖裕新也抵达兴文县，与石达开所率中军胜利会师。同年六月一日（1861年7月8日），翼王大部队以虎蹈羊群之势，将小小的长宁县城围得水泄不通。攻城之术，太平军比起张四皇帝来，熟门熟路，简直不是一个档次：挖地道、埋地雷、用巨棺存放火药，伴随一阵惊天动地的巨响，长宁县青色砂岩条石砌筑的城墙被炸缺数十丈，一场巨大的浩劫接踵而至……

在黄尚军教授的田野调查里，发现不载于文字记载的珍贵资料。长宁县老翁镇金光村修建于清同治十年（1871年）的“奉旨赠盐运司知事、邑增生罗公廷纬忠义专坊”的铭文，恰恰记载了重要情况：

忠义罗公，字黼堂，道光癸巳科试，入邑庠，旋补增广生。同治壬戌任邑职殉□，奏准旌恤，特建耑坊，以垂不朽。

其《忠义坊赞》道：

黼堂罗公，淯州人也。幼读书□明大义。同治壬戌夏，发逆陷城，不屈殉难……

姻晚增生王树霖撰

在实地调研中，黄尚军带领学生还获得了能够反映战事的诸多十分珍贵的第一手资料。

其一，是清同治五年（1866年）《罗氏族谱·奉旨旌表崇祀□□例加赠盐运司知事衔增广生黼堂大人传》，记载了罗廷玮遇难的情况：

自古皆□□□□不朽者。名大者垂光国史，小亦著名家乘。要以有□□□始无愧耳。黼堂兄少始知学，勇于感为，卒登青云而开来学，以为吾族光者，至今称焉。为破天荒，手而书香因之丕振，非偶然也，其为人慷慨有志，内而辅理家政，外则敦睦族邻。

凡排难解纷，矜孤恤寡，施济贫乏，种种善举，要皆为人之所不能为，岂非所谓一乡之善士者耶？独所悲者，壬戌岁贼匪窜扰，获贼送县……岂知入城而莫出乎城，治贼而反遇贼乎？

……发逆于五月初四围城，十六城陷，因烽败垛，玉石俱焚……蒲为□□□冠而葬焉……

岁进士注选儒学正堂戚友豫轩雷春池拜撰又，《罗氏族谱·罗公山堂口》：

吾兄文泽，字山堂。自幼少读书，安生理……诚实无欺。父母兄弟，克全孝友，以故乡党邻里皆称之。不意行年四十九。同治元年夏四月，送贼赴县，迟延未归。五月初旬，张贼攻城，发贼亦至，蜂拥蚁集。四面攻围，离城百里，消息不通。至十六日而城遂陷。当是时，血流成渠，尸积如山；酷暑炎天。半月贼退，吾固知兄之必死也。或者曰："尔兄随贼而去也。"……为不数月，又有口尔兄系在某郡某地，不久将归矣。予喜……

观吾兄送贼反死于贼，是诚偷生……正气浩然，盛□□常存也。表志诸谱，以□□。

□□马□□胞弟文□□源敬撰

其二，是牌坊主人罗廷玮的墓碑铭文。

罗廷玮墓坐落于长宁县老翁镇柳村七组，墓前石碑为其子罗文淳，媳周氏、马氏；婿冯光瑞、萧国梁，女罗氏及孙辈于同治元年（1862年）壬戌仲冬月中浣日所立。石碑背面铭文：

罗子黼堂，端谨士也。不尚奢华，不苟言笑。日以诲人为善，是□天性然欤。年十九徉子学，试以制艺，即清白可晓，苦学不□□游泮，旋补增庠生员，跻其生平与其□也。不时以迂与其巧，□以拙，恂恂于宗族之间，呐呐乎友朋之际……修旌谱，勤宣讲，其本乎天性者……有如此若夫。族之孀居子幼，□□□，多方扶持，卒至节全。子妆族党，育我不衰，其有关于风俗□□也。使天假以年，则任恤之行，不难再见于今日矣。噫！发贼□，义不屈，竟以抗志亡身，惜哉！具吾思盛衰之有定也……

岁进士注选儒学正堂戚友豫轩雷春池拜撰

黄尚军据此写出《巴蜀牌坊铭文所见清代农民暴动与起义初探》论文（《重庆三峡学院学报》2010年1期），他认为，这些材料无疑为人们进一步探究太平天军在长宁县一带乃至四川地区的活动情况，提供了十分珍贵的线索。

梅花镇竹飙与脆蛇

为了在四川建立新根据地，石达开曾经7次攻入四川，均以失败而告终，唯有以横江大战最为惨烈。

新兵太多，战斗力顿减，石达开不得不向四川西南方向迂回，这展示了他用兵的特点，那就是漂浮不定，神出鬼没，昼夜行军上百里简直是家常便饭，这得力于太平军的体能优势。太平军都有一双比铁板还要耐磨的光脚板，练就的方法是脚板起了血泡、再用刀放血，如此多次以后练出来的，一脚全是硬茧，一般的蒺藜、硬刺根本伤不了他们。可见，“钢铁是怎样炼成的”未必放之四海而皆准，光脚的确比钢铁更皮实。

太平天国研究专家史式在《太平军在四川》里指出了一个细节，体现了翼王的“仁政”。石达开一行路过巴县一品场时，碰巧当地正在赶场，由于部队纪律好，没有惊扰群众。部队甚至站着看了一会儿正在路边上演的川戏。这一幕，让我看到了军事家的雍容气度。因为石达开的关系，一品场也叫仁义场，据说来自他的命名。《巴县志》记载：“穆宗同治元年三月，太平军石达开入川围攻涪州不利，乃兵入巴县。……石军至一品场，乡人尚演戏，市集如故，石呼之为仁义场。”逢场当天，一品场上演川戏《桂英打雁》，剧情是：穆桂英代父执掌穆柯寨，操练时射中大雁，命穆瓜捡回中箭之雁。谁知却被上山索要降龙木的孟良捡去不还。穆桂英只得与孟交手，结果孟良大败而去。翼王未必欣赏川剧唱腔，但大致听得懂四川话，且听穆桂英道白：

本大王穆桂英。我父定天王穆羽，曾在刘王驾前为臣，可恨昏君无道，有功不赏，无罪乱罚，恼了我父情性，插旗生反，反来反去，反至穆柯寨前自立为王。我父年迈，命我执掌山寨大事，今乃操演之期，命得穆瓜整顿人马，不知可曾齐备，来呀！

翼王听得入神。也许，这让他联想起浮荡在自己身边的烟云……他和将士在此吃饱喝足，疾步走出一品场，消失在茫茫丛林间。

1862年6月19日，唐友耕、唐迥等部与石达开的太平军激战于宜宾长宁县营村口、竹洞水等地。唐友耕被围困在安宁桥，清军增援，与石达开展开拉锯战。7月2日，石达开集中五路兵马，在香炉山、玉皇场、新堡漕、洞底沟一线胶着血战，战事越发不明朗了。

《唐公年谱》记载了一条所有史家均未留意的战况：唐友耕率部驻扎在如今属于江安县的“梅桥坝”，此地原名“梅花镇”，即现在的虹桥镇。淯水河从梅花镇经长宁县、江安县汇入长江，河流、山林与漫天竹海构成了本地最大景观。石达开大军从营村口、竹洞水山沟里迂回前进。见翼王兵马太多，但山道狭窄，摆不开战场。面对数十倍于自己的太平军，唐友耕孤注一掷发动袭击。他明白擒贼擒王的道理，突然看到一顶黄色伞盖，在修篁之间分外抢眼。他明白，那是石达开！石达开的卫队有几百名武功高手，但山路狭窄，一般是4人一排，个别地方仅容2人列队前进。这就是说，石达开也必须走在队列里，前后固然人多，但左右防卫就薄弱了。唐友耕看准了这一点，他像埋伏已久的蛇突然暴起！

他的长矛比蛇更快，突然刺倒两个翼王警卫，唐友耕竟然冲入卫队！猝不及防的石达开挥刀迎敌。

这是两人的第二次见面，也是历史性的第一次迎面交手。

冷兵器时代的交手是在电光火石之间分出高下的：刀在铁杆长矛上格出一串火星，翼王晃身再砍。唐友耕右臂以下被翼王愤怒的马刀砍出一条大口，但他的槊矛直走下盘，刺伤了翼王的大腿！这是死命地一击，彼此立即退开，卫士们蜂拥而上。

石达开本为一代武术家，这在很多史料里均有记载。民间流传着他挥拳碎碑的美谈：“道光中，石达开游衡阳，以拳术教授子弟数百人。其拳术，高曰弓箭装，低曰悬狮装，九面应敌。每决斗，矗立敌前，骈五指，蔽其眼，即反跳百步外，俟敌踵至，疾转踢其腹脐下。如敌劲，则数转环踢之，敌随足飞起，跌出数丈外，甚至跌出数十丈外者，曰连环鸳鸯步。少林寺，武当山两派所无也。教授于右寺中，前憧有丰碑，高二丈，厚三尺。一日将远去，酒后，言‘吾门以陈邦森为最能，应一一较艺。吾身紧贴碑，任汝击三拳；吾还击汝，亦各之’。邦森拳石，石腹软如绵，邦森拳如著碑，拳启而腹平。石还击邦森，邦森知不可敌，侧身避，碑裂为数段。”[①]由此可见石达开武功之高深，显然不属纯外家一脉，他走的是内家的路子。即便如此，仓促之间他与唐友耕只打了一个平手。

如今可以考证的是，江安县境内之梅桥镇附近，有一座山形似钟的金钟山，俗名“金钟扑地”，石达开与唐友耕所率清军激战于金钟山和隔江相望的梅岭堡。而虹桥镇位于两山之间，原有一座石桥连接两岸，近年在悬崖峭壁间修建了玉梅公路大桥。靠金钟山一侧是兴文县之玉屏镇，靠梅岭堡一侧为江安县的虹桥镇，相持数日，因清军大队援军赶到，石达开不得不下令向兴文、叙永方向撤退，放弃了从江安、叙州府（今宜宾）一带渡江占领全川的计划。

从《唐公年谱》记载来看，这一次与石达开的交战情况，自然是唐友耕后来向儿子们的夫子自道，我至今无法判断这个“孤证”的可靠性。但唐友耕的确受伤，而且伤势严重，却可以得到佐证。

唐友耕的槊矛，深深激怒了石达开。他发誓，非宰杀此人不可。他下令群攻人数不多的官军。

---

① ［清末民初］徐珂编撰：《清稗类钞》第六册“技勇类”，中华书局2010年版。

如今在宜宾国家级风景名胜“蜀南竹海”的万顷翠竹深处，有关两军大战的遗迹甚多。“蜀南竹海”在明朝以降均被当地人称作“万岭箐”，云海茫茫掩映下的天宝寨、白果坪城垒、翼王桥等，而观云亭尤其特殊，成为唐友耕命悬一线的遗留。其中有一个小地名叫“轿子石”，位于万岭小桥沿公路往东3公里处。清军在山下官兴场被翼王战败，唐友耕再负重伤，已经无法骑马。他坐轿至此，太平军紧逼不舍，他只好弃轿落荒而逃，丢弃的轿子就变成今天路中央的大石，得名“轿子石”。这样的传闻史料自然不载，但从民国年间即在本地流传，可信度极高。观云亭四周丹壁千仞，临岩而立，浓云相聚，云海翻腾，可以遥想当年的惨烈战事。

在当地走访中，我记录了很多与竹子有关的罕见传闻。在竹海阴壑虚崖之下，蛰伏着一种小青蛙，前有两足，后肢与尾巴连为一体，尾巴与后肢长于身体，很像三足蟾蜍。小青蛙在竹林间闪展腾挪，发出得意的叫声，快如鬼魅。这种蛙，当地山民称之为“琴蛙”。它们在破竹积水中生卵育子，山民利用细密的落网进行捕捉，捣为金疮药，效果是立竿见影的。

应该说此言不虚。晚清文人丁治棠记载说：“蜀山多竹，凡阴壑虚崖野竹丛生处，产物如小蛙，前二足，后连尾共一足，尾足长倍身，肖三足蟾。跳踉竹间，便捷如飞。食蚊蚋小物，声如卖花鼓，名竹飙。在破竹积水中，生卵育子。捕者蒙以网，如罗雀然。得之，捣为金疮药，最有效。”[①]但丁治棠混淆了蛙与蛇的名字。曾经担任宜宾市旅游局局长的作家刘火对我指出，这种竹间的脆

① ［清］丁治棠：《仕隐斋涉笔》，四川人民出版社1985年版，第119页。

蛇，就叫“竹飙”，比“琴蛙”更为金贵，不但可以痊愈刀枪伤，而且可以续接手脚断骨，但是已经多年不见，想来怕是绝种了。

想来，身受重伤的唐友耕，大概不会拒绝这神奇的“竹飙”与“琴蛙”吧。

唐友耕的确迅速痊愈，更具有竹林中脆蛇一样的滑溜品行。他发现太平军多打赤脚，下令在山道上撒布铁蒺藜，晚上拼命让士兵吆喝、劫营、追赶、纵火，迫使太平军不得不连夜行军。两山之间羊肠小道往往只有一条，是为必经之路，这样，太平军又被铁蒺藜缠上了……

冠山题诗，投鞭饮马

进入四川的太平军除了石达开率领的中军，赖裕新的前锋营与王姑率领的女营也分成多股部队，在宜宾、泸州多地出没，一在于扰乱官军视野；二在于化整为零，便于解决粮食、药品的供给。江安县虹桥一战之后，官军与太平军彼此伤亡很大。谁能料到，就在这喘气的时节，退至贵州北部的翼王突然挥师进入到兴文、纳溪境内，寻找横渡天堑长江、直捣成都的理想之地。

其实，一早风闻翼王石达开进入宜宾、泸州之境，地震一般撼动当地。纳溪民众早早就开始了行动。

地处偏荒的上马镇的财主绅粮慌忙组织起来，自我捍卫。他们扩建了易守难攻的八角仓古寨，加固寨门、城墙，招兵买马，甚至在寨里供奉起武圣关公，渴望予以佑护，神龛上凿刻着“抛刀成佛”四字，左侧书“义气贯乾坤”，右侧书“精忠充日月”。这样的行为在晚清四川诸多城镇均有。

据清朝嘉庆十八年（1813年）编修的《纳溪县志》记载："清同治元年（1862年）农历四月十二日，太平天国翼王石达开率部数万人，从贵州仁怀经合江九支方向进入纳溪区打古乡境内。4月25日，又一支太平军数万人进驻打鼓（古），五月初转战白鹤（合）、叙蓬溪，大洲驿，向江安县进发，沿途大败官兵。"……"富室巨户，均逃避山岩。"

同月，翼王石达开曾率太平军转战叙蓬溪（现名护国镇，也叫叙蓬场），在打鼓场留有"古石太平"等摩崖遗迹。

而坐落于风吹岭下、永宁河东岸的大码头古镇乐道，更是陷入惶惶不安的氛围中，密密麻麻的吊脚楼似乎摇晃起来了。这里上通江门、叙永、古宋，下走纳溪、泸州；五尺官道走登山场、文昌宫、大里岩，直达贵州。当地记载，当时并无乐道地名。本地忠厚团豪绅游恒仁倡议，在大里村各岩口险要处修筑寨门，以抵御太平军。按有粮出粮、有力出力原则，确定在大里村各岩口险要处，修筑寨门48道，即太乙门、南极门、清心门、忠孝门、广德门、万全门、上天门、全福门等。武官来后，得到乡人的爱戴，大家都尊称武官为"将军"。在"将军"的主持下，修了三条马道子，一条在今乐道场下街，一条在今观音村，一条在今将军村。"将军"看到永宁河上船只穿梭，商贸频繁，常有船只停泊，船工商人生活不便。"将军"动员"瘟猪拐"的十几间草店子，迁到现在的乐道子上街，同时增添了几间饮食、客栈铺子，方便来往的商贾、行人，逐步形成一个小场，命名为"兴隆场"。寨门尚未全部竣工，忠于职守的"将军"因病身故，葬于金龙庙旁，现将军坟尚存。乡里人为了纪念这位"将军"，根据他在早上和闲暇时，喜欢在马道子上快乐的跑马的习惯，遂将兴隆场改称为“乐道子”。

从这些记载里，似乎没有看到热烈的“箪食壶浆”的场景。可以发现历史从来就是沿两条叙事言路而分野的：一是正史，一是民间史。正是在它们的绞缠与分野里，我们方可能企近真相。

进入盛夏季节的川南山区，闷热被无垠的林涛与竹海所托举，死亡的衣襟，的确伸手可及。被热风撕裂出的藤萝丝绦，在耳畔兀自书写无人辨识的狂草。恐惧是一派血红色，笔触向上飞动，酷似一个儿童颤巍巍的描红作业。但恐怖是一种尖锐的暗色，具有立地生根的钝性。我发现，粉色酥胸、桃色之腮可以安抚恐惧，使一个极度失措者突然空降到性欲的巅峰，为失色的口唇涂上元阳的猩红……但唯有暴烈之血才可将恐怖的天幕漂白，露出骨头的玉色。

对了，恐惧就是骨头的玉色！

而在白天等待太久的血，失望之极，最后以暗色的凝聚，加固了恐惧的基座。恐惧不再是颤抖，而是一张缓慢，等着刃口由远而至，洞穿头骨，直到碎骨的闷声打扰了缓慢，当事人才觉得：这声音怎么一点也不脆性呢？

太平军顺永宁河抵达安富镇后，永宁河汇入滚滚长江。纵观石达开入川的每一次渡江，均选择在支流与主流的交汇之处，他深谙水性，是希望利用支流与主流形成的剪力，一举快速渡江。那里有一座冠山，并不险峻，但偌大的长江尽收眼底。按照四川总督骆秉章的计划，凡是在太平军可能渡江的薄弱之地，均设有重兵布防；同时，他的间谍部队化装成乞丐、难民，每5里1人，一路跟踪太平军，连夜通报成都。骆秉章总能在很短时间内调兵遣将。他被誉为“诸葛转世”，显然是建立在掌握第一手实情之上。

受伤之际，石达开心情自然不佳。登临冠山，瞭望大江对岸，但见敌军壁垒森严，烽火不绝。他深深意识到要想渡过长江，绝非易事。水天茫茫，他动了情感，吟诗一首：

入蜀驰驱蜀道难，阵营横岸锁方山。
沙场烽火传刁斗，敌垒刀光射铁衫。
妖孽未清箕煮豆，神州谁属雪侵髯。
投鞭饮马江流急，嘱咐前麾卷甲归。

石达开的入川之路，既是一条血路，也是一条诗路。

距离安富镇不远的天仙洞，山高林密，地形险要，历来为兵家必争之地。蜀汉丞相诸葛亮当年曾率5万大军与来自昭通的孟获在此激战。诸葛亮的点将台、中军帐以及孟获的被擒被放处，至今尚存。在孔雀河畔的岩壁上刻有石达开一首散曲：

“人生七十古来少，前除年少后除老，中间光景不多时，还有炎凉与烦恼。朝里官大做不尽，世上钱多赚不了。官大钱多忧患深，害得自家头白早。请君细点眼前人，一年一度埋荒草。草里高低新旧坟，清明大半无人扫。”

书法不算上品，字迹苍劲有力，笔画腾挪之间，透出凄凉。另外，在天仙洞尚有十几处石达开作品的石刻，保存完好。

川南一线，近百年陆续发现有石达开的多处题壁。他先后在昭通、南广河源头腾达镇、合川、宜宾县横江镇、贵州仁怀等地均有题壁之作，或诗或对联，不严格拘于平仄，但沉雄，豪气干云，一望即知不是凡物。学术界仅仅承认《白龙洞题壁》《五言告示》为其真作，我们不能因为某些学者的否定，就将其余诗作视为赝品。即便是后人伪作，这种骨力蒸腾的诗歌，恰是民间对其人格敬仰的持续反映。可以反衬的案例在于：为什么没有人去冒张献忠、冉天元、李永和、蓝大顺的名头去赋诗呢？！

石达开在腾达镇题诗

1862年10月，翼王率领的太平军为摆脱清军纠缠，寻找蹈虚以渡长江的机会，自贵州大定取道云南镇雄、昭通，再折返彝良县牛街，突入川南筠连县的镇舟。据《筠连县志》记载，翼王设行辕于沙坝子毛家大院，次日即沿镇舟河西下，攻占了南广河的发源地南川巨镇平寨（现为筠连县腾达镇）。南广河在云南境内称罗布河，而真正意义上的南广河的起点无疑在筠连腾达镇。石达开到达此地，当天正逢赶集，太平军除打了“大昌亨”“天瑞祥”两家盐店外，对百姓秋毫无犯，市集买卖如常。

宜宾市筠连县腾达镇黄家寨山门，人去房空，已经十分破败。程征摄

太平军行辕设在平寨场口的凉家沱黄家寨，那是可以俯瞰全镇的制高点。

黄家寨有两层石头垒就的高大围墙，崛立在一座小山包之上，面积有四五百平方米，至今残存部分建筑。据说黄姓地主当时并未逃走，而是拿出了大量粮食，由此换来了平安。在用整块条石架构的门楣上，尚有青花瓷片拼成的“三芝挺秀”四个大字。芝为菌类植物，古人以为食之可长生，故多视为瑞草。三芝所指不一，一般指参成芝、木渠芝、建木芝。晋葛洪《抱朴子·仙药》:“参成芝，赤色有光，扣之枝叶如金石之音，折而续之，即复如故。木渠芝，寄生大木上，如莲花，九茎一丛，其味甘而辛。建木芝实生于都广，其皮如缨蛇，其实如鸾鸟。此三芝得服之，白日升天也。”门联是：“义路礼门花香鸟语，仁山智水鱼跃鸢飞。”

石达开就住宿在黄家住宅正屋——天锡号。

在黄家寨内，当时栽种了3棵桂圆树，历经近两百年风雨，几年前，被一场雷击毁了2棵，剩下孤零零的最大1棵，诉说着历史的沧桑。这棵树高超过30米、树冠直径20多米，当地村民周女士对我说：“悬崖边上的那株桂圆树是最大的了。我在此住了70

筠连县腾达镇黄家寨里的桂圆树。树龄近200年，只有树见证了那段历史。蒋蓝摄

年，树好像一直就是这么粗大。”四周种满了一人高的中药材砂仁，上百棵香蕉也长到八九米高，桂圆树峭拔其间，就像打开大翼的鹏鸟，欲飞。

太平军在平寨休整半个月才开拔，由于转战诸县山林，多舛的命运宛如羊肠小道永远没有尽头，翼王颇有穷途末路之感。临行前，他心中怒气郁积，石达开在“天锡号”后花园墙壁上题诗两首：

其一

踏破山河胆气豪，
鞭师入蜀斩蓬蒿。
临当痛饮黄龙酒，
不灭几术恨不消。

其二

大盗亦有道，读书所不屑。
黄金如粪土，肝胆硬如铁。
策马渡悬崖，弯弓射胡月。
人头作酒杯，饮尽仇雠血。

第二首，也就是石达开现存诗作25首中的一首，题目是《入川题壁》，早被罗尔纲判为伪作。而第一首，却是25首之外的佳构，也是罗尔纲所肯定的两首之外的其中一首石达开的诗，非常值得重视。

翼王的这第一首诗，收进了新版《筠连县志》。据说在贵州赤水一带也有类似题诗传闻，诗歌气势豪迈，有戛金断玉之力。

闻一多绘制的《石达开诗钞》书影

1993年，腾达镇百姓为缅怀翼王石达开，纪念翼王来平寨屯兵题诗130周年，集资修建翼王府，塑翼王像，刻翼王诗碑，以飨后人。

顺南广河蜿蜒而下一百余华里，太平军迅速进入宜宾县横江镇。

太平军大本营设在宜宾县捧印场“怀信号”大寨内，那就是横江战役的指挥所。“怀信号”民居在宜宾县捧印场的下场口。原房主姓章，是当地很有名望的书香人家。其房面积约500平方米，是硬山式砖木结构的四合院，轩敞气派，雕刻精细，为当地的最佳大宅。当地老人都指它说太平军驻捧印时石达开就住在此。

根据当地老百姓说法，翼王的部队从云南北上，抵达现在属宜宾县的燕子坡一带，此地距离捧印场尚有40里，他们拆了农民的两间房子，利用房屋木料搭建了一座浮桥，才渡过关河，到达捧印场。抵达之后，发现场内百姓清苦，地主将金银细软和粮食早早搬入附近的凤凰寨和上坝寨囤积，组织家丁予以武装守护。翼王部队攻打两次，竟然没能拿下这两座山寨。

太平军驻扎在捧印场后，一个张姓疯子，本来就头脑不清，哪里见过这么多战士呢？旧病复发，他开始破口大骂，叫嚣不已，起义军听得心烦，觉得晦气，抓起来，生生割下了他的舌头。我在前面章节里，叙述到四川总督骆秉章针对昭通农民起义军李永和、卯德兴，也是采取割下两人舌头的刑法，那是断然制止他们喋喋不休的谩骂与真相描述。翼王部下对这个张疯子的处罚，应该还有发泄打败仗的怒气。疯子的舌头其实什么也管辖不了，但舌头卷起的语言尖刺，足以让吹胀的雄心漏气。

清军兵器谱

我住在横江镇的招待所里，也许生意差，房间长久不开窗，有一股可疑的气味直冲云霄。我翻看着《四川战争史》，而蟋蟀的叫声抚摸着天花板，如此精确且富有韵致，它是一切精密仪器的导师。就在我写下这个句子时，蟋蟀沉默了，时间露出了一个空洞……窗外下起了雨，雨从树叶边缘纷纷跳崖，并无狼牙山五壮士的决绝。雨滴并不急于回到大地，从同一个凹处，一滴雨追踪上一滴的体态，就像用高尚的额头触及皇帝那看不见新衣的燕尾。雨水的踪迹构成了一个事物的阴面与阳面，溅起的水丝让我感到清凉，这就是生活的韵致。

透过雨雾，横江的涛声渐渐四起。

很多人总是为石达开兵败四川而痛惜不已。这固然是石达开人格魅力所在，再撇开太平军入川前本就实力大减的背景，很多人尤其忽略了太平军与清军武器方面的差异。

先说一下清军火枪阵战术。在雍正年间，鸟枪在军队中已经成为制式装备，地位重要。自大小金川战役之后，四川各营兵丁除炮位、鸟枪、弓箭通行演习外，马上弓箭兵兼枪棒，守兵兼习劚刀。

一般而言，绿营的装备比团勇好些，但好得有限。临阵火器，当先长矛，次之盾牌，短刀再次之。

第一列为抬枪手，每杆长不过5尺，重不过18斤，以轻便灵动为好。

第二列为营枪手，每杆长不过2尺5寸，重不过5斤，以内外光滑、机关活泼为好。

第三列为长矛手，每杆长不过1丈5尺，均剖坚实老黄竹，缚缠麻线，覆盖生漆，以矛头锋利为好。

第四列为挡牌手，牌长2尺2寸，宽不过1尺，前画虎头，后钉挽手，左手执挡牌，右手握短刀，以护枪队。

第五列为挡扒手，曲木为扒，利刃为齿，以御长矛。5人为伍，10伍为队，进退快慢各有次序。

据《鸦片战争档案史料》所记，战争之际，清军火炮的大致分类，按照主导的类型分为：红夷炮、子母炮、抬炮三类；按照制造的国度和时间顺序分为：旧式火炮、新铸的火炮、购买的葡萄牙式或英国式加农炮、仿制的英国夷炮四类；按照长度和重量可分为：长管滑膛重炮和身管较短的轻型滑膛炮。前者就是明末清初的红夷炮原型。后者包括神威将军、神功将军、劈山炮、子母炮、奇炮、竹炮、九节炮等，这种炮品种最多，其中除子母炮和奇炮是后膛装填弹药的佛郎机炮型外，其余属于红夷炮的发展型。

土制的西瓜大炮威力次于劈山炮，制造法是巨木剖开凿空，再用铁皮捆扎，可以发射4斤多的炮弹。最大特点是轻便灵活，这是劈山炮所不及的。“火镳”已经相当于现在的火箭，携带大量硫黄硝石，烧毁营房和粮草，一镳的射程最远的可达20里。

左宗棠在1874年3月22日的《与沈葆桢书》中便认为：“愚

见布乐斯（普鲁士）近出后膛螺丝开花大炮，精妙绝伦，最为利器。……实为洋中所罕见，似可乘遣赴各国使，亦到布乐斯讲习制炮造子之法。”[①]

这种普鲁士大炮俗称“开山炮”或“劈山炮”，可以射出重达25磅的炮弹，对仅有藤牌为防护设备的太平军而言杀伤力极大。

《清代火枪杂谈》一文指出，清军的一种战术称为“九进十连环”。实战中“每旗鸟枪护军在前，次炮兵，次鸟枪兵，次骁骑。”枪炮相互配合保持火力持续不断。另有一种起于道光年间被称为“百人哨”的阵势，又称“鸟枪三叠阵”，是由明末清初的阵法演变而来。阵中共一百人，第一叠20人使用10把抬枪，这是一种大型鸟枪，需二人操作，射程和威力大于单兵使用的兵丁鸟枪；第二叠30人使用鸟枪30支，阻击百步以外的敌人；第三叠使用刀、矛、弓箭等冷兵器用于护卫、冲杀及近程阻敌。

楼坝镇誓师大会

楼坝镇位于横江北岸，在云南水富县东南方向16公里处，与横江镇隔江相望。一个上午，我和夫人花1元钱坐摆渡船，就迈过了河床布满赭红色鹅卵石的两省之界。突听见粗粝的山歌，被一个干燥的嗓音拉得很长，犹如横江水面的波纹——

① ［清］左宗棠：《与沈葆桢书》，高时良编《中国近代教育史资料汇编：洋务运动时期教育》，上海教育出版社2007年版，第906页。

太阳泡来太阳泡，
渐渐看你节节高。
早晨望你东方出，
下午望你落山包。

唱歌的人，背着大竹篓，佝偻着背，看不见他的面容。

水富县自古是四川云南的交通咽喉，居秦汉五尺道要塞，是南方古丝绸之路进入云南的起点。此地深受川滇文化的浸淫，体现了滇文化和巴蜀文化的交融与渐次分野。如今，人们从张滩坝古墓群、楼坝崖墓群出土的蜻蜓眼琉璃珠、青铜器、陶俑等文物中，依稀可见古代通商往来的繁忙景象，进一步坐实了横江、水富一线“川滇深喉”的意义。自1958年到2005年间，四川大学历史系和云南省文物管理部门多次到楼坝考古发掘，出土了大批古陶器和古铜器，专家们认为：楼坝是春秋时期巴蜀文化向滇文化地域过渡、推进的重要通道，是南方丝绸之路的必经之地。楼坝境内有古渡拜台、古渡楼子、古石寨和古墓遗址等历史人文景观，随着距离此地不远的规模惊人的向家坝水电站奋力托举的“高峡平湖”经济景观，楼坝反而显得相当古旧。

一直到民国末年，楼坝均为宜宾县横江管辖，民国归属水河乡，1953年在此地分别设为水东乡和水河乡，1958年改设为水东公社和水河公社，1974年才由四川省宜宾县横江区划入云南水富。两岸民风、口音一致。相传此地为一河滨平坝，横江渡口处建一楼房，名“楼子坝”，1950年之后人们习称楼坝。

郑启友用手遥指楼坝渡口一线对我讲，楼坝有闻名的“四大古迹”：古墓群遗址是近年来发现的东汉古墓群，是研究滇东北地区东汉时期的重要历史依据，拟在这里修建一个展览馆。

古渡拜台位于楼坝南面与宜宾交界的横江河边，形状为半圆形依河岸而建，半径宽4.5米，台高9米，规格青条石砌成。一到夏季涨洪水，渡船就停靠在这里，坐船的人从拜台上一跨上船。两侧各有27级磨损很厉害的台阶。拜台上侧竖有石碑1块，碑文上记载清道光二十年（1840年）乡民集资培修楼坝拜台码头的过程。

楼坝古渡包括拜台码头、石阶梯、古楼子和古街道四个部分。

从古渡拜台中心算起，经85级石台阶到达顶部，即是古楼子。该楼子始建年代不详，曾有石碑4块，“文化大革命”“破四旧”遭其毁坏丢失，历遭人为破坏，今仅存主楼，两侧厢房已面目全非。主楼为二层楼二重檐四角拱形，木叠而成，无一颗铁钉之痕。构筑精巧，颇具民族风格，具有相当的艺术价值和建筑学意义。

古石寨位于镇东北，距昆水公路约100米，习称围墙头。该石寨始建于清咸丰年间，四周全用规格条石砌成，高1.5丈，宽4.5尺，十分坚固。清同治二年（1863年）太平天国翼王石达开率大军进占宜宾县境，曾在楼坝安营扎寨，撤离横江退入昭通时，在楼坝境内围墙头发生过与地方武装的激烈战斗。

我们下船，石头台阶旁见到一块白色大理石的石碑，标明“楼坝渡口”，由水富县人民政府2008年6月立碑。身背巨大竹编背篓的村妇，头戴草帽，一步一步拾级而上。右侧有一棵大黄葛树，很多根裸露，根抱着很多鹅卵石，就像一个绝望的母亲，搂着一堆儿女。一些候船的人就坐在树下，或在此歇脚、抽烟、摆龙门阵。赶集的时候树荫下聚集很多人，问候寒暄，很热闹也很温馨。

著名的古楼子，其实就是一个门楼，已经严重歪斜。为木柱串架二层建筑，既可以登高观察，也可以关闭下面的通道，使之具有一座城门的功用。楼子口还有一个作用，应该是为过河人遮风挡雨。楼下正中是与街道齐宽的通道，两侧是厢房。楼子的门柱上原有一副对联，“日照楼阁千秋固，光映江山万代长”，现已不存。

我们穿过古楼子，来到一个平坝上，此地正在推行小城镇现代化建设，所有老青瓦平房已经推倒、拆除，十几个收荒匠奔走其间，购买门板、旧家具和废铜铁。老房子荡涤一空，此地真正成了一个坝子。当地人承认，他们均是在清初从湖广移民而来的。

从来就没有任何一位研究历史的人，注意到在这里召开过一次重要的誓师大会。

坝子左侧有2011年才新建的楼坝小学校舍，应该是这一带最为整齐、规范的建筑。此地旧为文昌宫原址，1862年冬季，石达开为取得“横江大战”的决定性胜利，在文昌宫举行了一次誓师大会。据当地老人回忆，将士们从山上砍来很多青翠的柏丫（侧柏之叶），用来编扎成一个巨大的牌坊，构成了誓师的主会场。竹木牌坊两边挂有一副对联，根据代代口传，到了孙家恒老人时，誓师大会的牌坊楹联是：

“虎贲三千直扫幽燕旧地，龙飞九五重开尧舜新天。”

从气势着眼，这应该是出自石达开的手笔。

太平军并不禁止百姓观看。杏黄色的伞盖下，头戴龙冠、身着五条金龙长袍的石达开登台说法，强调横江一战这是西征能否进入成都的关键一战，也是奔走多年来，第一次全力以赴的阵地战。一来趁早二来趁饱，一碗水也要打个弥头，一输一赢太平平。数万将士的欢呼声惊起了河岸边栖息的山鸟，漫天乱飞……

横江镇的阵势

石达开毕竟是战略家，行军飘浮，让人无法捉摸。他见硬攻不行，就退走川东，再迂回贵州，清同治元年九月二十七日（1862年11月18日），突然回师川南，一举攻占高县、筠连、庆符等县，这是石达开入川以来取得的最大胜利，原因在于他神速与出其不意的军事特长。历史就像水波的曲线，人们往往只会关注波峰托起的翠绿，无法留意波谷之下的血腥。在太平军这一系列纵横滇北、川南的战役里，有一场让“婚礼变葬礼”的绥江之役是不能被忽略的。

当时石达开的军事部署是：“分兵三路绕道黔滇，到叙州（今宜宾）以西的木川司（今沐川）会齐，进取成都。”人台左宰辅李福猷率前旗进攻黔北，牵制清军；天台左宰辅赖裕新率中旗渡江攻宁远府（今西昌）；石达开率主力转战川东、滇东北。李福猷部由贵州攻入云南后，经宣威直指昭通地区，于1862年农历10月12日抵金沙江南六县的永善县分县治所副官村。副官村即绥江县城核心中城镇，以前此地人户不多，村在城东，有保宁街，居民多务农，因有平夷土司副长官衙门而得名。副长官衙门的原址在今妇幼保健站内，虽名副长官司，但却不受河对岸平夷正长官司的管辖，正、副长官司各司其职，每年各向朝廷进贡良马一匹。副官村一词，最早出现在清雍正时云贵总督鄂尔泰的奏折

位于横江镇石城山腰上的太平军修筑的栈道。马恒健提供

石城山为丹霞地貌。对面瀑布那里有一条隐蔽的古栈道，太平军予以了整修。蒋蓝摄

中，但副官村发源是从明洪武二十六年（1393年）王胜被授平夷长官司副长官开始的。“花县分符设副官，前横金水后层峦，天生几曲汶溪水，左右平分壮大观。”前人刘伯墉先生的诗，概括了副官村的由来和环境。

每到一个朝代气数将尽之际，总是有很多自称“仙女下凡”的女流举起造反的旗帜，绥江也不例外，妖女麾下的暴民折腾得很凶，经过民团奋力戡乱，前不久才肃清了“青莲教”的暴乱。这一次，尽管提前得到了警报，但县城里的人并不以为意。他们甚至认为，太平军不会比“青莲教”更厉害吧！阴历十月十二日，是当地民俗里的“喜期”，青年人纷纷利用这一佳节举行婚礼，以至于各路浩大的迎亲队伍阻塞了道路。当地民团负责人刘洪泰、黄绍普对大众说：“不必惊惶，婚嫁者自婚嫁，伊等率团至黄龙溪堵截，一战可退。”懵懂的山民，为此付出了惨痛代价——

民众颇信其说，县丞熊先民尤持若长城，不事戒备，殊调集团队延时太久，出发至观音岩即遇敌前部。我方先开子母炮毙敌数名。敌遂分数路，一渡大汶溪，由后山掩击而下；一绕王土坝，由玉皇观抄下中路蜂拥前进，如山崩海倒。团众见敌势浩大，弃拽殆尽，敌遂下令烧杀。城中民众见三方被围，扶老携幼争向河干抢渡，先至者幸脱，稍后者无船，多赴水死，余则延颈受刃。河坝一带被戮者千余，城内沿街烧杀，死者无数。时避入禹王宫、万寿宫两庙者约两千余人，闭门死抗，三日后粮尽力疲开门乞降，敌允放生三刻，后出者普杀不留。敌队持刃站夹道里许，难民由中奔逃，两面掩杀，幸免者无几。四乡烧杀至二十里外，死者、虏者更不可以计。唯凤池坝、黄家祠、青杆坡、萧氏宅以四面水田围绕，枪炮独多屡攻不下，保全民命数千，县丞熊先民及千总某，皆在此督战。当敌众入城时，城绅王应甲兄弟二人率团抗战，登时两弟殉职，应甲力竭，盛服至县丞署骂贼不屈遇害。综计敌据城十三日，奸淫烧杀实为亘古未有之惨祸，迄今七十余年，父老谈及此犹有余痛云。[①]

可见，佳节的婚礼变成了全县的葬礼，幸好没有遭到屠城的惨剧。李福猷攻占副官村后，同年冬月进驻莲峰县城，长达两个月。次年正月离开时，竟一把火烧毁了县城。传说石达开的爱妾死在莲峰，埋在五莲峰山下。类似于占领绥江县的小战役，在川南几个县之间一再上演，太平军势如破竹，体现了石达开的用兵诡道。

…………

“人阵”也叫“人陈”。《六韬·三阵》：“武王问太公曰：‘凡用兵为天陈、地陈、人陈，奈何？’太公曰：‘日月星辰斗柄一左一右一向一背，此谓天陈；丘陵水泉亦有前后左右之利，此谓地陈；用车用马，用文用武，此谓人陈。’”人阵是部队调动、部署和人事的安排，更是决定战争胜败的因素。石达开就像一个箍桶匠，决心把横江镇打造成一只滴水不漏的铁桶。

11月26日，太平军主力占领横江镇。石达开从横江镇到石城山长达三四十里的江畔、丘陵地带“匝营”，修筑工事，按照太平军战术，这是以守待攻的阵势。石达开坐镇30里之外的捧印场，他准备利用横江春夏之际的洪水冲击力，在横江斜插汇入金

① 昭通旧志汇编编辑委员会：《昭通旧志汇编》，云南人民出版社2006年版，第840—841页。

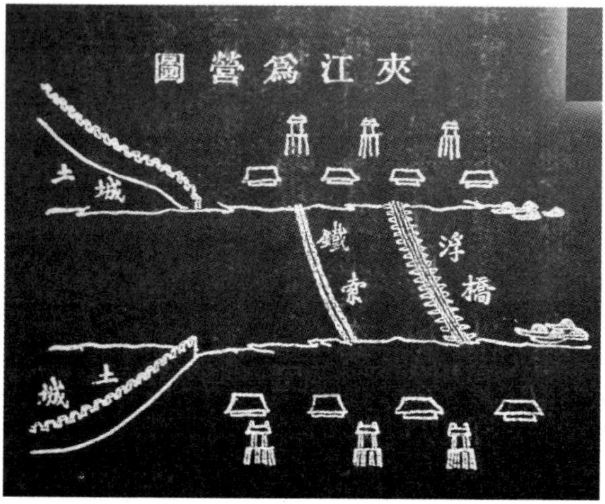

太平天国“夹江为营”战图。选自罗尔纲主编《太平天国资料丛刊》

沙江的剪刀形地带，利用木船竹筏一举跨过金沙江，构成占领宜宾、继而夺取成都的有力态势。

从布局上看，石达开依然采用的是“夹江为营”布兵，此法也叫“夹江法”，这是太平天国十分纯熟的战术。张德坚在“奉檄编纂”的重要史料《贼情汇纂·卷四》里，也不能不承认它的威力：“吾尝与贼战矣，其夹江而营，阻山以营，夹河夹市，包我城，包我营以贼战矣，动合古法。”

需要注意的是，石达开坐镇双龙镇指挥全军的说法，仅出自骆秉章的奏稿，这就是孤证。我在双龙场村民孙应树带领下，四处向双龙场的老人打听，无一人说得出石达开的指挥部在何处。

宜宾县双龙镇黄伏村永兴队陈国兴族谱记载：“自耕至同治元年壬戌十二月初，毛匪翼王自统百万之众下底横江上底至新场四维扎至一冬水泄不通烧杀为生故以将荣县××族谱一并失落其后人不明将原头事务滕。封面大清光绪九年十月初四日新房子。”同治元年是1862年，大清光绪九年是1883年，相差21年，所记载的与历史相符。

双龙场是一条街道，石达开到双龙后驻扎在双龙场对面的一条街道，即现在双龙镇镇府那条街道，后取名为“扎营盘”，就是以石达开扎营而取名。

双龙镇上坝村上坝队的宋家寨，坐落在一块平地上，寨墙高5米，寨厚1米，整个寨2000平方米，寨内是房子，有道槽门和小门，新中国成立后分给了“贫下中农”，现在只有遗址。

捧印场在清宣统年间即为大镇，曾一度管辖有双龙、横江等场。以此为中军驻地，东进25公里可直达横江，西退15公里可抵达云南的燕子坡渡口，东南10公里就是双龙场，东北10公里则是张窝场。这些场地正好与捧印场构成犄角之势，可进可退。

尽管1856年天京之乱后，石达开才被洪秀全封为“通军主将”，但他早已征战无数，对清军实施“犁庭扫穴”，太平军独有的“剪尾冲腰”“夹江为营”“一字阵”“老鸦阵”“地堡阵”“百鸟阵”之类战术对他而言简直就是烂熟于胸。但他用兵的最大特点是神速与流动性。所谓“兵以诈立”，一直灌注于他的军事生涯。可是，为什么非要在横江一线展开阵地战?

从人数上分析，石达开号称拥兵10万，但多为新手。清廷共集湘军臬司刘岳昭、重庆镇总兵唐友耕等20余万清军围剿太平军。但太平军修筑工事占据有利地形，以逸待劳，很大程度上弥补了兵力的不足。在兵器上，清军的优势十分明显。

从火器上，清军的枪炮威力均比太平军更强，弹药补充更为及时。清军并不把太平军的火器放在眼里，他们畏惧的是太平军的刀矛。我想，石达开清楚意识到自己无路可退，横江是个犀利的楔子，这是由此进入四川腹地的最后一击。而关键的因素，在于身经百战的他，认为川军不堪一击，那么，他渴望用决定性的一仗，把这个楔子深深凿进天府之国，一举占领成都，彻底改变自己游走不定的颠沛命运。

当时部队已经征集了几十只小船，张贴布告招徕船工，当地竹子甚多，绑扎竹筏是最简单的强渡工具，石达开立即组织人马，从11月24日至29日，多次进行试探性抢渡，都未成功。因为横江河道不宽，水流不急，但险滩甚多。船只虽是顺流而下，为了避让险滩，行船不能太快，再加上部队缺少大口径火炮，没有充足的火力进行掩护，在清军炮船轰击下，驻扎北岸的唐友耕已经拉起了拦船铁索，而不用炸药根本无法炸断铁索。

史式先生指出，当时，石达开和部将们认为，从横江抢渡的设想无误，不过冬季水浅，行船难以充分利用水流的冲力。等到春季涨水，横江和金沙江水位升高，险滩自然构不成威胁，船只顺流直冲而下，瞬息即到宜宾。因此，决定在横江坚守到明春涨水时节。在这段时间里，他命令部队抓紧时间尽力征集、修造各种船只，训练水战人员，取土熬硝石，熔铸炮弹，补充弹药，并且在横江上建搭浮桥，使两岸人马通行无阻。全军挖壕筑垒，作久守打算。

在新加盟的起义军里，有不少船夫水手。石达开下令层层传达，公开征求能够从事水战的人员，命令中说，“誓必渡此金河，凡有能水战者，即到统兵大将处报名。果能渡此大河，所有同过浮桥之人，准于每张封条抽取银十两，以赏水师。兵士之有

横江镇石城山的古北寨门。马恒健摄

功者，赏军功检点职衔，功高者，赏侯爵豫爵”。许多能够驾船泅水的人，修船造船的人，都踊跃前来报名。各个营地上都在打造船只，休整器械，训练人员，忙得热火朝天。

2011年5月上旬，我来到横江镇之外两里的一个叫“黄鳝沟”的山坡，顺布满荒草的山路而上。此地距离横江的水面高差约200余米，太平军的战壕遗迹掩映在乔木和毛竹当中，幽深而幽静，阳光透过树荫停驻与战壕底部的枯叶间，我看到一条二尺长的花蛇梦一般搅动草丛。

太平军的工事外围自北至东至南，环山构筑4道战壕，壕埂全用大鹅卵石筑成，分别长510米、410米、310米、250米，高2—4米。顶宽1.5米。越过4道战壕方能进入山顶城堡。城堡北、东、南三南均筑有连筑石墙，一般高3米、长210米。顶宽1.5米，墙足宽5米。正中一堵矮石墙把城堡分隔为南北两半，中间各筑有一周长80米、高3米的圆形指挥台。太平天国工事的坚固与浩大，可见一斑。

工事历经百余年风雨，嵌在黄泥里的鹅卵石逶迤舒展，如凸起的龙脊，把火热的力道伸延至历史的睫毛。“农业学大寨”时被拆毁了不少用于垒农田保坎。荒草茵茵，芦蒿遍地，如今只剩下装满野草、落叶和死寂的战壕逶迤盘旋，像箍桶的竹篾条一样勒进现实。我捡回了两块赭红色的卵石，算是纪念。

1863年1月9日，太平军由捧印场分兵两万，经罗家坳，再克高县城，活捉了知县丁良俊。次日，太平军与清军刘岳昭部于高县玉皇观（今高县四烈乡一带）激战，牺牲3000余人，经沙溪退回捧印场。于是，云南提督胡中和率部推至距回龙场仅5里之地；甘肃镇总兵何胜必率部推至横江镇东南25里五宝山（今五宝），太平军由攻势转为守势。这是出乎石达开意料的，他从没估计到偏僻的四川一地会调集3个省的军力。12日，清军向横江镇发起全面进攻，“胡中和攻横江之左；肖庆高、何胜必进攻横江之右；唐友耕会同杨发贵率所部及陈庆友、徐步云等驾战船水陆并进，直攻横江”。

骆秉章很清楚，他调集四川、云贵、陕西境内一切可以调动的队伍来参加决战，一定要抢在春水涨发之前，拔除横江镇石达开部这个危急四川全境的楔子。

但石达开并非那根“守株待兔”的木桩，斜插在古典的缓慢氛围里晒太阳。他固然是一根深犁巴蜀的楔子，但不要忘记了：楔子一旦从土地拔起，就是一根长矛！

就在清军忙于布置时，石达开抢先动手了。

1863年1月8日，横江大战的序幕正式拉开。值得注意的是，

曾经担任过宜宾县横江镇生产队队长的老
对我讲述改土过程里，自己在此发现太平
弌器。蒋蓝摄

翼王石达开部在石城山开凿的洞穴，
与栈道连通，成为迷宫。蒋蓝摄

3天之后，是天王洪秀全的生日。深陷美女拥簇的寝宫之内的天王不亦乐乎，他左拥右抱，并未分身下凡显神，把胜利的天平推向太平军。

这让我想起美国作家凯瑟琳·吉罗尔德的话：“在某一场创造历史的战役的前一天，这块地方或许还空无一人，只有那些随风翻卷的小麦。”摇曳如美人裙带的毛竹，成为充满铁锈味的空气里唯一的活物。

《唐公年谱》对此描绘的是：“所有落湾、缠腰坡、古道寺、鱼嘴枝、横溪、年音沟、上坝等处之寇约五六万众，排山倒海而来……”

石达分兵三路，主动出击逼近捧印场大营的清军。太平军大队驻守横江两岸，石达开本人则驻守距江岸20余里的捧印场。当天清晨，阴云低垂，石达开指挥常德太平军猛扑胡中和营盘，其

太平军驻军横江期间，石达开曾设指挥部于这间老房中。蒋蓝摄

他各路太平军也纷纷出动。清军处处应战。由于无法一蹴而就，石达开下令各部坚守营垒，以逸待劳，杀伤敌人。清军被遏制在太平军阵地以北，寸步难进，双方连日激战，相持不下。清军火器占据较大优势，石达部则占据了有利地形，太平军在横江、捧印场两处营垒森立。我来到横江镇西郊两里开外的白果坪山上，白果坪是处在横江场镇与石城山之间一个台地，西面与石城山山腰相连，其余三面均是缓坡、陡坡或悬崖。站在白果坪，可俯瞰关河两岸，这是一个可进可退的制高点。靠近陡崖的地方曾经还有一座用大卵石加黄泥修筑的碉楼，其实是太平军的瞭望哨，直到“农业学大寨”期间才被毁掉。

按照太平天国的术语，这样的瞭望台叫“望妖台”，不但可以看到“清妖”的蠢蠢欲动，而且还能洞悉“阎罗妖”（指帝王）的倒台。

我用登山表测量，白果山顶的海拔才500余米，但坡度较大，清军仰面进攻，自然吃大亏。他们被倾泻而下的炮、石击中，伤亡惨重。石达开又命部队在捧印场大营外增筑20多座营垒，各部坚守阵地，彻底挫败进攻。

意外总是意外之时发生的。而且，结果一般比预料的还要糟：清军探测到一条通往太平军大营的小道；另外，太平军内部出现了叛徒。后一个，总是在对垒的关键时刻最容易出现的裂缝。

石达开治军历来严明，叛徒是怎么出现的？唐友耕的现身说法，成为事件的转机。

四川总督骆秉章的军师刘蓉据报叙州府横江一线军情紧急，官军进攻了20多日，伤亡惨重，太平军仍坚守不动。特此赶到叙府，召见唐友耕、刘岳昭等，他认为石达开大兵屯驻捧印场，并没有伤元气，极可能在此渡江。看着一脸苦相的唐友耕，刘蓉好像获得了神启。唐友耕的经历就是最好的活教材啊。他设计了一个计策，唐友耕一听，全部明白了。

他回到横江镇，派人混入太平军内部，用官职金钱诱使将领投降朝廷。见对方犹豫不决，游说者挑明了来意：我们的唐大人就是从昭通叛党那边反正过来的，厚禄美女，哪样没得？

太平军将领郭集益、冯百年、周克仁、张从富、汪永和等人决定倒戈。唐友耕等人大喜，一面禀报刘蓉，一面准备偷袭。郭集益、冯百年暗中向湘军臬司刘岳昭献书请降，约期举火焚寨。

这种人，太平军称之为“反骨妖人”，石达开称叛徒为“长毛妖”。其实，“长毛”并非体制赐予的蔑称。1982年10月版的《中国近代史辞典》的“长毛”词条指出：洪秀全发动太平天国金田起义后，太平军以红布包头，一律蓄发易服，以对抗清政府剃发留辫的律令，所以被称为“长毛”也有称为“长发军”或“长头发”的。清朝统治者辱骂为“发匪”“发逆”。这就说明“长毛”不是贬称，只有“发匪”之“匪”、“发逆”之“逆”才是贬称。

可见，天国的金刚不坏之躯，也会生出菌斑。当“长毛妖”与“清妖”沆瀣一气时，已非出离愤怒的翼王所能清理门户了。清军在信使指引下，从横江后山的小路摸索到太平军营寨，各部约定于1月30日发起总攻。是日，太平军正与肖庆高、何胜必率领的部队苦苦相持，任何一方再加上一根稻草，天平就会倾斜。

横江镇的后山鼓声大震，胡中和由后山小路破卡而入。太平军尽管腹背受敌，但并不惊慌，4万太平军有坚固的工事，凭借卵石筑起的城堡、战壕继续作战。清军达10倍之数，激战两个时辰后，太平军的物资储备显然捉襟见肘，“铅丸将尽，继以锅铁、碎石”，但阵脚逐渐在数百次冲击下松动了。他们败退至横江镇西侧的黄鳝沟、白果坪。与此同时，石达开坐镇的捧印场无险可守，遭到了清军的猛攻，郭集益、冯百年与刘岳昭里应外合，举火焚寨，翼王大本营最终陷落。

翼王纵有回天之术，在腹背受敌情况下也黯然了。

黄鳝沟一带分布的均为砂岩、夹页岩地质构造，一块山石上有一条长约近4尺的黑色石纹，就命之为“黄鳝”化龙之迹，前来摩顶接踵者太多，石纹磨蚀，已经看不出“黄鳝”的半丝痕迹了。陪同我们踏访的横江镇和平村村长晏昌均，2013年58岁，指着翠竹掩映下的横江说：“听老人们讲，几万具尸体将河水染红，接着染成黑绿色，苍蝇的漫天绿光成为石头上青苔的伪装，一如死对生的置换。很长时间，别说河水，就连井水也不敢喝，老百姓只好接雨水或找高处的山泉饮用……1973年，我那时20来岁，与和平村的杨怀均、赵西斌等几个人挑煤炭后，大热，于是在黄鳝沟下200米的横江河洗澡，透过清澈的河水，我突然看到水底有一根黑乎乎的长条，就用船上的抓钩和纤绳捞起，奋力一拉，原来是一把鸟铳。生铁铸就，长1.6米，大头5厘米，小头3厘米，后来交给生产队的赵永龙队长，拿去一称，重达37斤。当时生产队长一看，就说这是太平天国大战遗物。可惜这支枪后来生产队拿去卖废铁了。”

根据记载，唐友耕在横江血战当中表现可圈可点，他主要负责从宜宾沿横江的十几里水路进攻，他依然很卖力，拉起多道锁江铁链，连续攻破了太平军的几十座布防在两岸的营垒，焚烧太平军绑扎好的全部竹筏，使得太平军利用汛期激流冲入金沙江直捣叙府的计划付之东流……而他的策反技术，再次立下了奇功。

而唐友耕左腹中枪，被亲兵救下阵来。

横江恶战，持续22天，翼王一部牺牲将领近50名、战士近4万人，多是常年征战的老兄弟。清将中有胡万甫等11位著名将领阵亡，死伤上万人。到1863年1月31日，横江两岸太平军的所有据点相继失守，石城山也只好放弃，元气大伤的石达开率部由燕子坡渡过横江退入云南，此地恰是他们进入宜宾地界的来路。

在捧印镇采访时，我深深感觉到朴实的村民大都知道石达开。他们谈起他，有点自豪，就因为石达开来过这里，牺牲了4万将士。他们反而对不低于这个死亡数的官军——尽管他们在“保卫家园”，却显得不以为然。当然了，村民们不知道唐友耕，但晓得有一个杀人如砍瓜切菜的头头叫“唐大人”。我问他们：“如果石达开打胜了这一仗，老百姓是不是更苦呢？因为他的十万兵马要吃饭要征粮要穿衣，还要焚烧孔庙……”

美国人盖洛1903年在横江镇拍摄的北斗崖1号墓

他们不再说什么，只说：“那是另外一回事！”

分析历史可以发现，石达开入川，与清军拼死一搏的十几次大小战役，实际上就是强渡与反强渡之间的博弈。回溯一下翼王的巴蜀足迹就明白：他第一次进攻涪州，是为取得涪州为基地北渡长江；第二次进攻长宁，是为了在江安渡江；第三次攻占宜宾横江，是为了以横江为基地抢渡金沙江。三次受阻而功亏一篑，只有第四次从云南永北（在今攀枝花市境内，不是如一般历史书籍记载的云南巧家渡口）渡过了金沙江，进入米易县，然后沿安宁河北上，经攀莲、米易、挂榜、云甸进入德昌县境，才甩开唐友耕等清军的追击，可惜在大渡河受阻而折戟沉沙。在这四次强渡与反强渡的博弈中，我们发现，唐友耕均是如影随形，他如蛆附骨的噬咬力从李蓝起义军的腰部，蜿蜒到了石达开身上……

当这条被彝人称为“金河”的金沙江逶迤蜿蜒，又勾连到被彝人称为“铜河”的大渡河之际，笃信天命的石达开，顿然觉得，巴蜀的河流都是天堑。太平天国有个专用词叫“化醒”，就是开悟之意，想到此，真是天若有情天亦老……

横江大战，无疑是石达开的滑铁卢，为他几个月后陷入大渡河紫打地的绝路，埋下了元气大伤的祸根。至今在高县有“翼王匾”、兴文县有“王姑坟”（石达开义妹之墓）、在西昌邛海边有“七姑堰”（石达开妻妾开凿的灌溉渠）、“翼王桃”（石达开赠予铁匠的广西桃树种子）等大量传说，从现在角度讲，作为一个“外省”的来者，他还有两个一般人根本不知道的封号：“电师通军主将义王石”与“高天义人”，这样的“义王”“义人”，以超乎寻常的才情和人格魅力深犁巴蜀民间。

2011年，当地人大主席团郑启友采访横江镇和平村石盘队87岁的刘忠清，他回忆，他的祖母对他说起石达开在横江时，家里一共死亡了5个人，五宝这方死亡1人，在横江头道溪死亡1人，共死亡5人。横江镇街道的陈其光也回忆，他现在住的地方被石达开军队烧成了瓦渣，房子是后来才修的，一直住到了现在……

一切有为法，如梦幻泡影，如露亦如电。但翼王之电并未转瞬即逝，人们深信他“待之如同手足，用之以作干城”的诺言，他与植被一同荣枯，他如同花间的倒刺，以钝刀割肉的慢，使他成了中国的切·格瓦拉。

第五章

血气浸淫的天地交感

花鸟异事

同治元年（1862年），唐友耕虚岁为26岁。这一年他正式定居成都青莲巷，把母亲龚太夫人以及姨妈一并接到成都。青莲巷位于成都城区南边，现在的青莲巷北起新光华街，南端西通人民南路二段，长近300米，宽仅2米。巷子两侧均为青砖瓦房。明朝万历十三年（1585年）巷子里建有青莲庵，清朝乾、嘉均有增修，巷因此而得名。青莲巷中有著名的“同德里”，其中达官贵人的公馆有六七个之多。相比紧邻的状元街，这里较僻静，但巷小名气大的另外一个原因，是附会唐朝诗人李白在这条街上住过，传说他在团扇上绘画题诗逐渐成为传统工艺，沿袭成巷子里的家庭作坊，好多外地来的文人学士都慕名而来。

后来，唐友耕在青莲巷相距1里的东、西两个方向，分别在东丁字街和文庙后街又购买了两座大公馆。显然，富有骚人韵味的青莲巷成为武人的发迹之地。

1863年春天，唐友耕利用战事间隙，为“心舫公”立即聘请了一位教书先生，到成都家里为之讲授诗书礼仪与天地玄理。

估计是出于避讳心理，《唐公年谱》里并未点明教书先生姓甚名谁，其实这位“心舫公”正是唐友耕的弟弟唐友忠。他字心舫，当年由于他的暴烈复仇行动，弟弟只好寄养在叙府城别人家里，现在弟弟长大成人，哥哥自然要报答一番。后来唐友忠娶妻傅姓小姐，婚事也由唐友耕一手操办。由此施施然由民间步入官场，他后来也参加了围剿石达开太平军的战事，狼奔豕突，呕心沥血，一度由广安调署汉州，最后官居涪州知州。

《大关县志》记载说：唐友忠“聪敏好学，援例报捐知府衔，尽先补用知州。实授广安州，调补汉州，历署涪州。所至有声，士民爱戴，竖碑纪之。惜年未四旬而卒，难竟厥志”。[①]可见，一心渴望在官场获得擢升的唐帽顶，还渴望兄弟们登上文化的制高点，文道与武道相辅相成，成为晋升的双翼，这恰是他与众多武人绝大的不同之处。一旦他丰富的形而下阅历通过文化的管道予以提纯并被驯化，那又会是怎样一番景象呢?

文化从来不会“劝化”一些具有伤痕记忆的人。文化只会为他们提供一种更为广阔的视域，让经历与之对接。眼界一开的唐友耕，就不是简单的赳赳武夫了。

王守仁的《闲居诗》云：“不敢妄为些子事，只因曾读数行书。严霜烈日皆经过，次第春风到草庐。”“些子事”乃风水用语，亦作“些子法”“些子诀”，那是堪舆学中的最高秘密。在我看来，这个说法是正确的，道理在于一个人应该是先做事，再来读书。所以童年总是美好的，初恋总是美妙的，文字会结痂，

① 昭通旧志汇编编辑委员会：《昭通旧志汇编》，云南人民出版社2006年版，第1474页。

成为麻木手脚的累赘。我们可以发现，所谓“不读书者有至行”的规律，总是深获历史的芳心。不然的话，黄巢、朱元璋、李自成、张献忠、洪秀全等“人中之龙”，在使用文化的香汤沐浴自己的流民之身的蓬勃匪气之前，他们一定是“做够了”之后才能安然上演“金盆洗手”活报剧的。

1929年10月，大病初愈的毛泽东来到闽西上杭县临江楼，推窗遥望，他双手叉腰，敞开胸襟，风纪扣只锁住咽喉，在高声吟诵“人生易老天难老，岁岁重阳。今又重阳，战地黄花分外香”之际，谁也不会理解为实指，那是精神的气味学隐喻。渴望斗争的伟人意识到，只要有阶级存在，斗争就永远不会停止！基于同样的道理，诗人元好问似乎并不渴望战天斗地，他以一种大尺度的陡转，在描绘“千村寂寂无人静”之余，凸显“战地风来草木腥”的死亡妖氛。

记载灾异时节的天象与异事，在古代巴蜀一直是一个历史性习惯。

这样的习惯，从古蜀国一直绵延而下，到魏晋时期依然繁荣。《华阳国志·大同志》记载：“蜀自太康至于太安，频怪异。（成都北乡有人尝见女子僻入草中，往视，见物如人，有身形头目口，无手足，能动摇，不能言。广汉有马生角，长大各半寸；又有驴，无皮毛，袒肉，饮食数日死。繁、什邡、郫、江原生草，高七八尺，茎叶赤，子青如牛角，内史耿滕以为朱草，表美于成都王。）元康三年正月中，欻一夜有火光，地仍震。童谣曰：‘郫城坚，盎底穿，郫中细子李特细。’又曰：‘江桥头，阙下市，成都北门十八子。’及尚在巴郡也，又曰：‘巴郡葛，当下美。’皮素之西上也，又曰：‘有客有客，来侵门陌，其气

横江大战中，太平军修筑的多层战壕，至今遗存残部。蒋蓝摄

欲索。’”①

尤其是《华阳国志·李特雄期寿势志》当中的记载更为诡异：“蜀中亦有怪异。期时有狗豕交，木冬华。势时，涪陵民乐氏妇头上生角，长三寸，凡三截之。又有民马氏妇妊身而胁下生，其母无恙，儿亦长育。有马生驹，一头，二身相著，六耳，一牡一牝。又有天雨血于江南数亩许。李汉家舂米，自臼中跳出；遽敛于箕中，又跳出；写于箄中，又跳出。有猿居鸟巢，至城下。地仍震，又连生毛。其天谴不能详也。”②常璩并非怪力乱神之辈，他非常清楚藏在这些异象背后的苦难民情：“历观前世

① 刘琳：《华阳国志校注》，巴蜀书社1984年版，第655页。
② 刘琳：《华阳国志校注》，巴蜀书社1984年版，第690—691页。

伪僭之徒，纵毒虔刘，未有如兹。每惟殷人丘墟之叹，贾生《过秦》之论，亡国破家，其监不远矣。”读书人明白常璩的苦心，自然要续写这样的诡异世道。

文人余澜阁在光绪时期居住在成都，被门生推为“词坛盟主”，并在“霓裳吟馆”执教，门生们为其刊刻的《蜀燹死事者略传》一书里，收录了大量围绕李蓝起义军的奇异战事传闻，我并不把这些文字视作农耕时代的谶纬迷妄，它们显然具有另外的深意，就像蜀地的杜鹃鸟，谁又能剥除历史赋予它的王者逸像、春心似箭与苦闷的发声术，而仅仅把它视作布谷鸟呢？

劫运之来，不特上天垂象，即禽兽草木，以及寻常细故，皆有先机之兆。或由人心感召欤，抑亦地气使然欤？余尝幕游川东南，凡贼所过之区，询诸父老，咸云杀机预兆，所在皆有，今备录于此。庚申，滇逆窜蜀，有小鸟，黑身红喙，连呼“过兵”，数数不辍。又有山鸟，长呼“蓝大顺”者。屠家宰豕，毛去而肤有红印，方圆大小，字画不可识。民间桃李结实如刀形，黄、黑蚁常斗道旁。吾乡李氏家，李枝发竹叶，酷类矛头样，余亲见之。李逆之姓，已兆于此。人呼短刀为顺刀，蓝逆之名，已兆于此。什邡王氏家，梁燕毁巢，四月贼至，焚掠万余家。天彭河坝场山腰，裂一缝，水出，色赤如血。辛酉春。通山会匪。即于是场起窜，皆机之先兆也。[①]

① ［清］辜鸿铭、孟森：《清代野史》，巴蜀书社1998年版，第四卷第2160页。

咸丰八年戊午（1858年），有一列扫帚星从天宇西南划入东北，耀眼的光芒拉出数丈之长的尾翼，竟然旬日不散。数日后，四川制置司官员接到典史姚成云的上书。言及天象有显，干星直逼奎度，若隐若现，忽高忽低，兼是白色。其征兆乃主刀兵之象，从天象上做分析预测，兵燹之灾应该是分野在四川南部的连绵山岳河谷之间，而且将持续数年。

这一说法，在《富顺县志》里可以得到进一步证实。咸丰七年（1857年）“大旱。秋，有星出西方，色赤如火，长丈余，十余夜始没。”而在咸丰十年（1860年）的记载里，异相更为猛烈：“七月。二十六日夜有三星出西方，朦胧一片，形若巨梃，其光若火，三星隐现其中，闪烁不定，至同治四年（1865年）始没。”[①]而富顺县境的西方，正是兵火泛滥的叙府与滇北。

那个高挂在西天长达5年的“巨梃”，显然是兵灾恶兆。20世纪80年代太空爱好者上天无路、入地无门，只好在古籍里做“银鱼臆想”，将其附会成不明飞行物UFO，且进行了一番“科学封建主义”式的狂想推理。这一结论就更有意思了：天外来客们盘桓天际，长期俯视着芸芸众生遭到杀戮而陷入了“集体性沉默”。那么，至于哀鸿遍野之上，到底谁才是“沉默的大多数”呢？相比起来，反而是土生土长的神秘主义比“科学封建主义”更有人情味儿。

李蓝起义军横扫川南诸县时，攻掠高县、杀死县令丁良俊后，余澜阁记载：“闻咸丰七、八年间，高邑各乡桐叶，多生刀

① 《富顺县志》，四川大学出版社1993年版，第791页。

剑形，蔓菁亦作尖刀状，殆杀机之先兆者欤。”[①]如今读来，我感叹于余澜阁每临血光之灾而在万物之间寻找证词的迂气，但这样的记载，未尝不让百余年之后的我读之心惊。这也恰如晚清学者黄濬在《花随人圣庵摭忆》里的痛切体认：“川陕易乱后治……凡值人类天性将泯，残忍日臻时，必有大战踵之，此道理殆亦不爽也。”[②]

有道是“美人如霜、草木如刀”，蔓菁就是蜀地俗称的大头菜，又称大头芥，这样低矮植物的叶子也举起了柔弱的刀剑，真不好推测啊。但柔情蜜意的梧桐叶如何长成了刀剑形？高县清朝一代却有不少梧桐树，如今的庆符镇（原庆符县）山坡上，就有著名的“梧桐书院”，是高县乃至整个川南相当有名望的书院。有了梧桐树，招来的可惜不是凤凰，而是血雨腥风。这大可以弥补梧桐意象在古文化里的单调了。

类似的天象、植物预兆记载，在古史当中固然不乏记载。它们就像一场血光之灾生发的毫毛，率先感触世道的杀机。后来，一些灵异现象研究者信誓旦旦地再次翻出这些异星记载作为神灵现身的铁证，认为这是“上天以苦难对人间进行考验”。与其说是他们脑袋进水了，不如说是他们被头顶的星光打穿，已经闻不到一丝历史与人间的血腥气了。当来自朱提山的望帝在与大臣鳖灵美丽的妻子偷情事发后，自动放弃王位，变幻为一只杜鹃以多声部的鸣叫染绿巴山蜀水时；来自朱提山的李永和、蓝大顺一帮剽悍山民，莫非刻意向祖先学习，施展了移形换影之术，以

① ［清］辜鸿铭、孟森：《清代野史》，巴蜀书社1998年版，第四卷第2183页。

② ［民国］黄浚：《花随人圣庵摭忆》，中华书局2008年版，第939页。

一种高超的口技功夫震慑了老实巴交的蜀地民众?!

咸丰年间，叙府籍的举人赵惟熙写过一首著名的《出乡口号》绝句：

帝乡回首望依微，
赢得缁尘染敝衣。
愿化催归一双鸟，
不辞苦口劝人归。

与余澜阁的文章相对照，它们不同之处在于，望帝化作杜鹃鸣叫的是“不如归去……快快播谷，快快播谷……”

现实主义的山鸟却在昭示“过兵……”

在乱如刀丛的时代，无论是归去还是出山，都必须赤脚从刀丛踏过。

望帝杜宇以鸟影在巴蜀大地播撒种子一般飞遁而去，那个“蓝大顺”撒下了无数铁屑，来年要长出倒钩和芒刺。

至于文中谈到的鸣叫“过兵”的小鸟，根据我的考证，在蜀地应该是著名的“桐凤”，即桐花凤。桐花是清明时节之花，这种乖巧的鸟儿以穿过暮春雨幕、喜栖集于桐花之间采撷花蕊而得名。《太平广记》卷四六三：“剑南彭蜀间，有鸟大如指，五色毕具，有冠似凤。食桐花，每桐结花即来，桐花落即去。不知何之。俗谓之桐花鸟。极驯善，止于妇人钗上，客终席不飞，人爱之，无所害也。”唐朝时代，在成都担任要职的李德裕十分熟悉蜀地风物，其《李文饶集》别集之一《桐花凤扇赋序》进一步指出：“成都夹岷江，矶岸多植紫桐。每至暮春，有灵禽五色，小于玄鸟，来集桐花，以饮朝露。及华落则烟飞雨散，不知其所往。”到明朝曹学佺编纂《蜀中广记》108卷时，他根据张鹜《朝野佥载》，补辑了这样描述桐花凤：

剑南彭蜀向有鸟大如指，五色华丽，有冠似凤，食桐花，每桐结花即来，花落即去，不知何之，谓之桐花凤，极驯。桐花色白，至春有小鸟，色蕉红，翠碧相间，生花中，惟食其汁，不食它物，花落遂死，性多跳，掷推触即死。东坡词所谓“绿毛么凤”又名“倒挂”，青城、峨眉往往有之，至春啼，其音若云：“无偷花果。”

古代典籍中的梧桐是较为宽泛的概念，主要包括梧桐（青桐）与泡桐（白桐）两种。必须指出的是，这里的“桐花”主要指的是泡桐花，而不是专指梧桐花。

桐花凤并非神话制造出来的，它是雀形目太阳鸟科亦即花蜜鸟科的雄鸟，更准确一点，即蓝喉太阳鸟。而“绿毛么凤”“罗浮凤”“倒挂子”，缘其“倒挂”的生态特征，分类上属于雀形目极乐鸟科。两者不能混为一谈。沈钧《鸟类世界》二“世界奇鸟撷翠红”记载：“太阳鸟体长8至15厘米，体重仅5至6克。它们以细长的嘴、管状的舌吸食花蜜，同时也捕食昆虫。”

桐花凤来去无所，独钟于蜀地，近乎灵异了。郎似桐花，妾似桐花凤（王士祯《蝶恋花·和漱玉词》），这喜欢停驻于美人金钗上的翠鸟，竟然从情欲的粉黛闺情之间贸然出走，侧身问鼎刀戈血光，由此足见世道的诡异和深刻危机了。

石城山

“对于善于观察的人而言，夜幕不是降临，而是渐渐升起。黑影首先从山谷出现，慢慢爬上山坡。渐渐黯淡的光线被称为‘阳光吸管’，光亮仿佛被吸走了一样，向上消失在云层中，暗中积聚着新的一天的光明。”[①]黎明则是降临的，但黎明并不懂得夜的黑，黎明以更低的身姿仰视着上空的黑暗。

一个清晨，露水尚未醒来，夜色的尾翎拖曳在山沟的暗水里，像一个刚刚从情色高地冉冉退潮的大梦，渐渐蜕变为一个诡异的白日梦。可以发现，夜色并非一味地墨浓，而是以一种乌蓝的偏转，层递着夜晚的丰饶和幽深。暗生的植物和思想，唯有在这样的时辰才能获取吸收滋养，逐渐还阳。夜色从进口到出口，都为日光的软着陆铺垫了柔和的坡度。

石城山一带农民喜欢“薅秧歌”，亦称作“薅草歌”，是农民在薅秧除草时唱响的山歌。通常由一个打鼓匠领唱，众多农民合唱，一边歌唱，一边劳作，在歌声和鼓点的伴奏下，人们鼓足干劲、协调动作、齐心劳动，将辛勤的汗水播散在田间。我在本子上记录了横江镇人大主席团主席郑启友告诉我的一首民谣《石城山薅秧歌》，颇符合我眼前的景色：

---

① ［美］A. 罗杰·埃克奇著，路旦俊、赵奇译：《黑夜史》，湖南文艺出版社2006年版。

清早起来雾腾腾，
看到树桩像个人。
抱着树桩亲一口，
过后想起好笑人。

石城山一带是目前发现的中国形成时间最早、分布最广、面积最大的丹霞地貌群落。石城山还拥有近10平方公里大的整体丹岩，可谓世界奇观。红色沙砾岩构成的顶平、身陡，麓缓的石峰、石墙、石柱、石桥等奇险的丹霞地貌在四川境内也属罕见，宛如托向天空的血。所谓“色如朱丹，灿若明霞”，当太阳东升之际，霞光会把红蔼色的山体照得通红，血在融化，而生命却再也无法醒转。

我在横江、石城山、捧印场一带连续进行3天考察之后，从海拔1000米的石城山之巅的古城门漫步而下，行走在荒冢、野草、修篁、灌木之间，草叶出刀，不断割着我的脚胫和肩膀。一个人在充满自然气息的环境里行走，总会联想起一些令人血液倒流的往事。石城山与对面的山头“老鹰嘴”构成了一种沉闷的对峙气象，一群山鹰把黑色的线团挽在高崖，似乎要拉起一张黑幕。这一带的坡度在40至50度之间，由于多年的封山育林，此地据说除了没见老虎、黑熊，一般野生动物均有分布。从横江镇到石城山，曾经历了10次以上驻军和10次以上大规模战争，其中有4次战争死亡将士8万人。张献忠剿四川，部将冯双礼攻石城山，夜晚，他用“火羊阵”攻克寨门，杀死明朝官兵两万余人，尸横遍野，血流有声……

叙府经历毁灭性的战争有三次：其一是被元军攻陷。双方交战数月，守将投降，叙州城池悉毁于战火。其二是明朝万历十四年（1586年），曾省吾剿灭都掌蛮，战事持续十几年；其三最为惨烈，清军、明军、张献忠的交错战，当地人口锐减，达到十里不闻鸡鸣的程度。

按照当地人说法，宜宾人称“石城山”乃风水宝地。清嘉庆年间《宜宾县志》载：“石城山，山势高峻，环列如城，即古石门道也。”远望海拔1100米的石城山，状如覆斗，红色砂岩的绝壁衬托起一幅披红挂绿的景色，兀峰独立，绝壁环山，它以一股巨力把一座石头城堡扛在头顶。石城升仙气，夕照耀金山，阳光催动山腰的岚烟上升，石头城堡好像随时要冉冉离去。

因横江镇地处川滇要冲，故易守难攻的石城山自古便是兵家必争之地。早在唐代，西川节度使韦皋沿秦五尺道赴云南“抚剿”，途经石城山时，赋诗石城山：“石城山峻谁开辟，更鼓误闻风落石。界天百岭胜金汤，镇压西南半天壁。”

镇人大主席团主席郑启友陪同我来到石城山，他具有一种土地的热情，恨不得把所知的一切从脑袋里拽出来，在大地上一一还原，摆给我看。他指着山腰的栈道和寨门说，为了退守石城山，太平军将士在山上修筑栈道3000余米、寨门四道，派精兵强将把守。寨门前悬岩高约四五丈，没有梯子、绳索根本上不去。此山只有东、南、北三个方向各有险道通达山顶。山腰均有筑于宋代，明代又予以加固的城门，且三座主城门下方又都筑有瓮城门，真所谓苦心孤诣，固若金汤。由于植被茂密，方圆20平方公里的石城山上，还有终年不竭的湖泊。

在石城山的三道城门里，北门最为独特，它利用一块上千立方米巨石的陡峭，从中剖出一道宽仅3尺的隙缝，然后在裂口上盖顶而成。就像一个拒绝霸王硬上弓的贞女，以双腿的绞缠之力捍卫着莫名其妙的荣誉，这样的地形不禁让我对蜀文化的“幽玄”之境，产生了更深的体会。

在如今进入石城山的旅游公路上，有一座近年修筑的牌坊式寨门。寨门向前数十米，右侧是悬崖，左侧全是长满翠绿蛇草的峭壁，我找来几根竹竿做支撑，从这里抓住山藤、杂草奋力攀登二三十米70度以上的陡坡，衣服已经被灌木撕裂了好几处。好不容易来到山凹，几只大乌鸦惊慌失措，狂叫着迎面扑来，我险些闪身滚下陡坡，这真是一个不寻常的见面之礼！我抬起头，见到太平军修筑的一条盘山木栈道，据说长达3000米，栈道有一人高的护栏，十分坚固，宽的地方可以跑马。这在石城山上，是真正属于太平军遗迹的东西了。工程不复杂，但相当浩大，就是在绝壁上掏凿架设的通道，但显然不是应急而修筑，更可能是为了长期据守。据我的朋友、人文地理作家马恒健的分析，这是守山的太平军为了迅速调派机动部队增援出现险情的城门所完成的工程。近年，石城山景区用栅栏封闭了多处垮塌的栈道。我没有理睬这些，只身钻进栅栏，站在宽仅两尺左右的没有护栏的栈道上，厚厚的青苔上长着木耳和菌子，足可以领略到险峰的意味，下面是数百米深的悬崖。淡淡云烟飞过，我内心掠过一个念头：即便是如此险峰，也没有扭转战局啊。历史上的天堑还少吗？却并没有阻止被逾越的命运。

石达开的指挥部以及卫队并不在这里，我估计，此地应该是后备队以及大脚“女兵营”所在地。太平军中有“女兵营”和“童子营”的建制。这些部队不是为了照顾将士家属而设立的保护性编制，因为他们一样需要参加战斗。

在石城山麓一线山藤纵横，灌木遍布，也是太平军与唐友耕等官军反复厮杀的战场。当地农民一旦深耕土地，总会挖出一些白骨。蟋蟀细声，知了长鸣，将燥热的季候在山坡扩展。深绿的植被受到地力滋润，暴戾之气却好像被生机盎然的植物能量中和了一样，可以看到四周释放的红色杀气在慢慢地变成紫色，在几块垒起来的方形青砖上聚集。这些青砖至少有50斤一块，可以断定是清朝所产。

我想，在敲响一块沉睡的石头前，我应该做好准备。

在金蝉的自问自答的声浪里，云裂开，山巅在云之上。在它下沉的过程中，露出了山腰的惊慌。

回忆起石城山的农民李友田给我谈起的石城山奇事：山崖里偶尔有山魈出没。形如婴儿，一足食蟹，它不是如今所言的猴子一类。当年张献忠屠川，尸横遍野，聚精而成。怒则飞沙走石，或者点燃山林，焚烧庄稼……

天地间常有不可思议之事。自问我是不信鬼神的人，但又无法证明，石城山的山魈到底是什么！说起来真不敢相信，但它偏偏存在于当地的传闻中。

那愤怒的山魈，大概也有太平军的精魂吧。

我承认，我在误入歧途。一切都在错位。桃李结实如刀形，桃李可以长出苹果。玉米可以结出地雷。毛竹伸出倒钩。这样的错位挥之不去，我写下了《错开》：

把铁和针错开
剩下针尖，和舞蹈的天使
针尖可以容纳多少脚的飞旋

从尖顶起跳的韵
正在一点点被声音贯穿
把玫瑰和香艳错开
直到花朵内翻，玫瑰绽放苹果
近似于我的天庭可以现出你的愚行

把身体错开
把身体与紧身衣错开
让身体褴褛而漏光
阴谋的水淹没双膝
裙裾飘飘的往事啊
孙膑那样，只带半边让蝴蝶云集的香
就足以轻身远行

把罂粟与梦错开
镜子塌陷，植物无风自动
把仇恨与刀锋错开
月光注满血槽，多一滴也会溢出
叫声散落了一地的枯叶，隐蔽着
刀锋麂皮一般的进入
我的成都

把扇骨与丝绸错开
把博尔赫斯与迷宫错开
那头被关在身体里的老虎

丢失了神的金属而迷路
是的，我会把唇从你的额头错开
把蒋和蓝都错开
失名大于你的失色
我的舌尖被词语衔走元阳

独角兽正将杀身之祸埋进十字架的斜影
发亮的马臀陷于逆光，等候神的手
为它带来镇定，以及一场
预谋的雪崩

我从书籍旁转过身来
影子与我正在彼此确认
这时，透明的翼刚刚抵达火苗
还擦落一层
焰的磷粉

那时的战场上，用尸体狼藉已经不足以形容了。其实，尸体绝非电影里展示的那么规范，倒地、蜷曲，并符合美学造型。冷兵器时代的杀戮，人死得缓慢而痛苦，那种痉挛而怪异的身体姿势，就像铁犁铧在满是石头的山坡犁过。犁铧撞出的火星，是一串鬼火……这让我想起英国诗人泰德·休斯，想起他1967年的诗集《沃德乌》当中的第一首诗《蓟》。蓟代表阳性、暴力，它像“长而尖的刀子”，“每一只都挥舞着血的笔”，被拟人化的蓟的自然行为也完全是阳刚的和怒气冲天的：“捅进夏天的空气中”，“冲破蓝黑色土地的压力打开缺口”，“它们的子孙出现，戴盔披甲，在原地上厮杀过来……”读到此，就不难理解休斯在“桂冠诗人”之外，为何还有“暴力诗人”的荆冠了。

石达开驻军当地后，农民四下逃窜，又因为留恋故土不愿意远走，不少人就进入石城山的山洞躲避。一些人甚至把家人用绳子拉到几十米高的悬崖洞里栖身。我想起郑启友对我讲过的话，横江、石城山的百姓在战火之中惊慌失措，四处逃亡。据横江镇一位94岁的刘姓老人回忆，他的祖母一代人就有5人死于石达开部队之手。

山岩、洞穴成为老百姓躲避兵灾的理想地方。本地黄葛堡农民王玉藻就在石城山鹞子岩半山腰的石洞子躲避长毛（石达开部队），经过他的修缮，里面水缸、石床、灶台全部齐备，他把全家人用绳子吊入石洞，同治年间王玉藻刚过完30岁生日不久，石达开部队到横江一带，他在石城山山腰奋力修建石洞子，但由于石洞位于陡峭的半山，距离地面有近百米高，王玉藻一不小心从岩壁上失手坠落，摔成肉饼，后来埋在黄葛堡长春头，其事件流传至今……看起来，地狱并非均在幽深的黄泉，有些地狱是在上空的。2014年6月28日，郑启友有幸找到兴隆生产队的村民孙国安了解这段历史。孙国安1950年就在石洞子一带玩，熟悉情况。因为人民公社时期这块地是属于兴隆生产队的。

石城山石洞子具体情况是：

洞子位于石城山东面，双龙镇前进村兴隆社牛棚子尖尖上往上100米，倒右30米是头道寨门，完好，往上30米是二道寨门，完好，到二道寨门要15步梯子才能上，往右60米是三道寨门有部分条石已跨，平起30米到四道寨门，过门以跨，到洞子头了，洞长15米，洞宽5米，洞高3米。洞内有个灶头，一个水缸，水是洞内自然流出的，碓窝是打在石上，还有一个磨子，洞子对面还有一道寨门，整个路有两米宽。每道门都是条石扣的，看门转子有6寸大，门已经坏了。

从石城山寨门过来水库过去三条湾，锅底潭下来50米，下一匹坎，手扣石头上打的扣手往下梭，有4米，走右面60米，到第一道寨门。

民国期间“闹大刀队”黄葛乡长陈中山，用轿子抬到洞子躲起来，1930年军阀肖席珍打刘结成，黄葛村民就上洞子去躲避。1949年本地临近解放，黄葛村民也有几十个人去躲。当地村民估计，以现在物价估算，起码要几万元才能完成这个工程。

山麓上杂树丛生，还可以见到挂在树身上的蛇蜕，像绿林好汉们嚣张的腰带。我突然被一根虬起的树根绊倒，几乎是一个狗啃屎的姿势，我闻到土地的腥味，我闻道卷心菜腐烂的气味，比死狗、比大粪更尖锐，更令人回味悠长。回头发现树根早被无数行人踢断了，但顽强的树根还在执行着它的功能。就是说，一个错误的生长方式，至死也在用绊倒对手的方式来证明自己的力道。

这固然是暴力循环的力道。想远一点：是不是时间的力道呢？也许，中国的历史齿轮恰恰就是在这样的正义与邪恶、死亡与偷生的博弈中，反复磨砺，最终演变为了一具超级绞肉机。

何况，我如何知道树根裸露在外就是错误的呢？我大汗淋漓地走回到横江镇，这样的体力支出，是我多年来在疲惫中保持追忆的一种体位，是往钢里加碳。

石门子的兰花逸事

秦五尺道在宜宾现存两条线路，一是从宜宾市区到横江镇，沿横江北岸西行，出雄奇的豆沙关，可至云南昭通、曲靖；另一条就是沿南广河经高县、筠连县，进入云南昭通，再至曲靖。两条道路中，依南广河开凿的道路沿途历史遗迹最为丰富。经学者考证，秦五尺道基本上是沿着南广河河谷开凿的。南广河在汉代并不叫南广河，而叫符黑水，河水青碧如玉，当地人称之为“绿韵玉黛”。而南广二字始源于汉武帝太初元年（公元前104年），汉王朝为加强对五尺道的管理和经略云贵广大地区，而设立的一个县——南广县。从这里我们可以看出，“南广”二字与五尺道有无法割舍的联系。

汉南广县的辖区广阔，范围包括今四川的高县、珙县、筠连县、兴文县、叙永县及云南盐津县、威信县、镇雄县等8县区域，隶属于犍为郡。从南广县的辖区也可以看出，五尺道经过了其中的绝大部分地区。

2011年夏天的一个早晨，我对翼王石达开在宜宾一线的踪迹进行田野考察。我开车离开高县县城向北往筠连县方向行3公里，在庆符镇与文江镇丘陵之间，可见一座豪华建筑，瓷砖贴面，金碧辉煌，埋伏在灌木修篁之间颇为惹眼，恍如成都春熙路的厕所。这是一座近年崛起的公路超限检查站，它的左侧紧靠一块足有上千立方米的森然巨石。俯视着逶迤而来的南广河，河口在此骤然紧缩，巨大的石梁从南广河东岸绵延而来。这就是石门关。

隋唐时，政府对五尺道进行拓修，改称石门道。有专家认为，之所以道路名为石门，就是这条道路经过高县石门子，直达云南第一关——盐津豆沙关。作为两省锁钥之地，意义自不待言。

山不在高。石门山低矮而犬牙交错，用当地人的说法来讲，嶙峋的山石就像一群小猪，排着队，依次到南广河去喝水。猪又岂能具有理性而行事？但传说不管这些规矩，石猪反正就被传说固定在河心，成为传说的证据。在巨石之后，我看到两间小瓦房，上书“庆符镇老年活动中心”的牌子，74岁的王元田为从木林村人，一直在守护活动中心，也兼卖纸钱和烛香，石门之下还有一尊明刻观音像，题额大书“慈悲为本”四字，另外还供着两尊近年的假古董。王元田告诉我，在传说中，石门山的来历确实与猪儿有关。据说是一名叫洪毛子（音）的神仙，赶着一群猪，想要去赴王母娘娘的蟠桃宴，当路过此地时，被当地秀丽的风光所吸引，便驻足歇脚，顺便让这群神猪排着队到南广河里喝水，谁知这一群猪喝了水后，觉得入口甘甜，竟然不走了。洪毛子一气之下就将这群神猪化成了石头，变成了石门山。

巨石褪去了本地常见的赭红色，为青色砂岩，重床叠架，直抵河心，陡峭的石墙锁断南北。临河之处，曾由人工凿成门穴，为该地小名“石门子”的来由。清嘉庆《庆符县·关隘志》载：“石门山，山石峨丛，有石穴可仪通人行，不能容车舆。清康熙间，高县知县石如金炸开石穴，始长外坦途。”20世纪50年代修筑宜宾入云南的川云公路，炸掉了石门，也毁去了不少碑刻。由于题刻甚多，残剩下来的，皆为明清题刻。

石门山还有一个诗意翩然的名字：兰山，是在于山石林间多兰草，这在冒辟疆著名的《兰言》一书里有载，因而有“石门幽兰”的美称。冒辟疆的祖父冒梦龄先后出任四川酆都县知县及云南宁州知州，倾情于风月的冒辟疆，自幼随祖父长大，不会不注意祖父所到之处的兰草踪迹。四川兰花遍及全省各地。其中以川西和川南最为丰富。兰花的种类及蕴藏量与自然环境有着密切的关系。与四川的地貌、气候、土壤、植被的分区相对应，可将四川兰花的水平分布划为如下产兰区，川南产兰区里，合江、泸县、纳溪、叙永、兴文、珙县、高县、宜宾、屏山、马边等地处于长江的南侧，属于四川南部低山区，海拔一般为500—1000米这一产区主产春兰、春剑、夏蕙、寒兰和虎头兰，还有线艺春兰、送春、蕙兰、台兰和兔耳兰。

冒辟疆指出：“石门山在蜀之庆符县南，下瞰石门江，其林薄间兰种盛多。有春兰、夏兰、秋兰、凤尾兰、素兰、石兰、竹叶兰、玉梗兰。春兰花生叶下，秋兰花生叶上。楚辞云：‘疏石兰兮以为芳’，岂即指此也。”看来，他对庆符县盛产兰花情况十分熟稔，考证出楚辞中所提到芳香的石兰，就是指石门山所产的石兰。由此我们可以推断出中国兰花的养植历史源远流长，早在屈原所处的战国时代就已经开始了。把现代公论的所谓唐宋年间的植兰说，一下提前了一千多年，这应归功于冒辟疆的有力佐证。

我看到的石门幽兰，叶子普通，最可惊心的是它的花，红而斑斓，血在碧水里漫漶，宛如红翅蝴蝶的假寐，让奇异的瑰丽匿于这一束翠绿之间。

冒辟疆还指出：“蜀中有花名赛兰香，又名伊兰花。花小如金粟，香特馥郁。戴之发髻，香闻数十步，经久不散。粤之珍珠鱼子，想亦同此。又一种兰叶尖长，有花红白，俗名为燕尾香。

又风兰一名桂兰，不土而生，小篮贮挂树上，细花微香，人称仙草。见闻中之当记者。”赛兰香就是米兰，这在宜宾的丘陵、山岳间也很常见。冒辟疆不但对国兰深有研究，就是对其他香花类的品种亦如数家珍，可以看出他的广见博闻。

乾隆十八年（1753年），叙府知府就将石门幽兰作为贡品进贡朝廷，引得来此挖掘兰草的人络绎不绝。如今兰花在野地早已不存，野草倒是铺满了山景，偶尔有几茎类似兰草的绿叶在风里摇曳，其实，不过是丝茅草而已。

谈起石门山的兰花，王元田老人给我摆起了龙门阵：他听老辈讲过，春夏之交，石门一带香气熏腾，香气一多，据说就在花叶上凝聚为一种异物，古人称之为“兰精”。此物名“兰花龙”，只需吃上一只，数日之内，吹气如兰。这对女人倒是锦上添花，对男人自然一改酒肉浊气。但是我推测，这一功效暗示了“兰花龙”应该是一种媚药。据说它仅长一寸左右，听到细微人声就坠地，如地精一般消匿了，极难捕获。这个说法，在晚清合川文人丁治棠的《仕隐斋涉笔》里确有记载，只不过丁治棠只说“兰花龙”出自四川的“夷地”，当地土司甚至拿来招待来自省城成都的武官。可惜的是，武官有眼不识泰山，竟然放弃了如此口福，眼睁睁看着当地土司吃下去，算是过了一把干瘾。①

《左传》里记载兰花就是媚药，《山海经》和《博物志》也有提及。而更有意思的是处于西语麾下的“兰花”，因为这个词是从古希腊睾丸一词演化而来的。Pliny的长者推崇球状兰花块茎做春药，罗马人称兰花为“satyrion”，因为根据传说这个阳具

① ［清］丁治棠：《仕隐斋涉笔》，四川人民出版社1985年版，第118页。

状的根是从satyr（萨梯，希腊神话半人半羊的森林之神，以好色闻名）射出的精液中长出来的。由此可见，兰草道貌岸然，实则曲径通幽。

石门北壁距地面约4米，一株大树枝叶遮住了壁上大字，王元田老人用晾衣服的竹竿顶开树枝，“勒愧燕然”四个大字赫然入目，每个字直径约2尺，笔力雄浑。题刻下撰有跋文：

“蜀乱纷纭，石逆来而益剧。予统兵自楚赴援，先后攻克长宁、高县及沙河驿、双龙场等贼巢，转战于叙南为多，留戍亦于叙南为久。今幸边患稍息，部将数请记其事，予勉从之，非示功也，亦也寄鸿爪云尔！同治二年癸亥岁孟夏月，总翼长、统领楚蜀水陆兵勇布政使司、鼓勇巴图鲁刘岳昭书并跋。”

“勒愧燕然”引用的是《后汉书·窦融传》附有《窦宪传》之典：永元元年（89年）六月，窦宪被任命为车骑将军，与副将征西将军耿秉率八千汉家骑兵、归附汉廷的八千羌胡骑兵出征。再加上南匈奴的两万骑兵，三路分袭，当年围歼北匈奴主力于稽落山（今蒙古境内）。次年，窦宪又率军夺取伊吾城（今新疆哈密以西），北匈奴至此崩溃，单于远逃，汉军直追击至私渠比鞮海（乌布苏诺尔湖），此役共斩杀名王以下匈奴军一万三千多人，获牲畜百余万头，周围部落归降汉室共八十一部计二十余万人。此时汉军已然出塞三千余里，国土更广，遂命班固作颂，刻铭燕然山（蒙古杭爱山），纪汉威德，是为燕然勒功。

愧字通媿，《广雅》：“媿，耻也。”起义军的乌云，是朝廷社稷之耻！可问题是，到底谁该“愧”呢？

石门关的“勒愧燕然”石刻。蒋蓝摄

“勒愧燕然”石刻局部。“勒愧燕然”4个大字，字径约40厘米。蒋蓝摄

显然，时任湘军臬司的刘岳昭在此刻四个大字，认为自己取得的战绩能和窦宪相提并论。“蜀乱纷纭”的始作俑者指的是李永和蓝大顺，“石逆”指的就是翼王石达开。

“勒愧燕然”四个大字背后隐藏的，是石达开突袭川南的战事：1862年11月15日，石达开率领大军由镇雄出发，分兵数路入川，使清军首尾不能相顾，其中一路在东川附近与赖裕新部会合。石达开这次迂回行军，绕了一个大圈子。10月28日太平军与高县知县丁良俊所率之团练武装2000人相遇，激战于县城南古道线落润坎，丁良俊战败被俘斩。29日太平军攻克高县县城。30日，太平军沿川滇古道北上至石门关，遭到湘军悍将刘岳昭所率曾纪凤的定武营、王有德的先锋营、周复胜的护卫营等部清军的阻击，太平军损兵3000，被迫退据宜宾县横江镇、双龙场、回龙场一带及云南绥江县副官村等地。

这就是刘岳昭在跋文开头所提的“蜀乱纷纭”了。而刘岳昭的战功，则是来自于那场赫赫有名的“横江大战”。

1863年1月9日，太平军由双龙场分兵两万，经罗家坳，再次攻克高县城。次日，太平军与清军刘岳昭部于高县玉皇观（今高县四烈乡地）激战，太平军牺牲3000余人，经沙溪退回双龙场。云南提督胡中和率部乘机推至距离回龙场仅5里之地；甘肃镇总兵何胜必率部推至横江镇东南25里五宝山（今五宝），太平军由攻势转为守势。12日，清军向横江镇发起全面进攻，“胡中和攻横江之左；肖庆高、何胜必进攻横江之右；唐友耕会同杨发贵率所部及陈庆友、徐步云等驾战船水陆并进，直攻横江。”当然了，刘岳昭的战功还不止于此，他还是诛杀回军首领杜文秀的刽子手。不然，他怎么有勒石纪功的豪兴呢！

在这一意义之外，我认为“勒愧”还有寓意。我们知道，1853年，石达开为全军先导后，经河西跳出清军反包围圈，夺岳阳、占武汉，自武昌东下金陵，28天挺进1200里，战无不胜，攻无不克，令清军闻风丧胆，号之曰“石敢当”。石敢当是立于街巷之中，特别是丁字路口等路冲处被称为“凶位”的所在，用于辟邪。而在太平军的语汇里清军从来就被称之为“清妖”。在此，刘岳昭一语双关，不是同样暗示了他拨乱反正的“勒石”壮举吗？！

在刘岳昭题刻之左下方，有无名氏五言诗一首：“江石悠然在，三才镇世间，道德长春古，名利不如闲。”剥蚀较重，几难辨认。是石门较早的题刻，继之是一字迹清晰工整的五言排律：“世路荆榛迷，当道豺狼吼。满目干戈横，壮士牛马走。叙南石门关，似擎巨灵手。层山塞其前，湍湍绕其右。云根动地开，日脚射泉钮。征夫苦经过，行行重回首。西蜀天下险，此险复何有。不有大将才，谁作长城守。我从亚夫营，剑气冲牛斗。恨不乘风天，顷刻扫尘垢。一剪荆榛平，再造干戈后。还从赤松游，放歌时纵酒。”落款为“粤人林肇元题壁”。据《庆符县志》载，林肇元，字贞伯，贺县人。诸生出身，系刘岳昭之下属。同治年间，其随刘岳昭追剿太平军路过石门时所题诗于此壁。诗歌大大吹嘘刘岳昭，没忘记传统文人归隐山水的情结——“还从赤松游，放歌时纵酒”，但体制中人，又几个可以做到呢？分明是鬼话。林肇元确有文才，著有纪事本末体史籍《刘制军武功纪略》1卷，另有诗集遗世，后任贵州按察使，光绪七年——光绪九年升任贵州巡抚。

尽管太平天国失败了，但不少太平军将士转而加入哥老会等秘密团体，以布衣的方式参与同体制的对抗。这是由于尖锐的阶级矛盾依然存在，社会危机日趋严重，而秘密社团却能从事组织群众自卫抗暴、劫富济贫、扶弱抑强以及反封建统治、组织农民起义等，招降纳叛，谋求生路。光绪八年（1882年）初，已是贵州巡抚的林肇元就慨叹："洪秀全结上帝之会为滔天之逆，其已事也；乃洪逆方平，而哥弟会又起……声息气势较洪逆秀全之上帝会尤远且宏也。奸民伙乱一至如此，万一有稍雄桀者出而号召其间，远近响应，则大局不可收拾。"①

可以说，川南也是刘岳昭的一块福地。有学者指出，由于种种原因，湘军集团在云贵地区掌管督抚之权较晚，刘岳昭1866年任云南巡抚，直到1868年刘岳昭晋升云贵总督，随后又由刘长佑接任是职，直到1883年病免。然云、贵两省的巡抚之任，则很少与他们有缘。虽然湘军曾长期在这里作战，但统兵将领位不过藩臬，自1854年至1871年，近20年间仅刘岳昭一人担任过云南巡抚，时间不及3年。至于田兴恕、江忠义署理贵州巡抚，则时间更短。

这"勒愧燕然"的碑刻能够保存至今，大概与云南总督的身份多少有些关系吧。石达开兵败紫打地后，太平天国丞相钱江流落四川，曾信手拈笔在扇面上题了两句诗："兰花三四朵，自有倾国香"。王者之香，恰如石门关的兰草，丝毫没有半丝"惭愧"，飘香于历史的低空。

① 林肇元：《密陈各省会匪情形由》，徐安琨：《哥老会的起源和发展》附件。

石达开部在兴文县博望山逸事

鉴于川南僰人谋反，明朝隆庆四年（1570年），朝廷急命由京城、云贵等地调兵前往四川叙州府兴文县九丝城（山）平乱。战争持续数年，僰人王城——九丝城最终被官军攻破，在九丝山山腰以及建武城、叙府城树立了多块平蛮碑、戎平碑，诉说着战争的残酷。明万历元年（1573年）汉僰九丝大战彻底结束，古僰族也随之消亡，是年取“偃武修文”之义，改戎县为兴文县至今。

阿大王（？—1574），叙州府戎县山都六乡九丝城人，为叙南六县僰人首领，与阿二、方三（高县汉族人）并称“三雄王”，为僰人三十六王之一。明嘉靖年间，僰人农业和畜牧生产进步，人口剧增，加上大量“脱逃军犯”、“亡命大盗”和失地流民逃入该地，加之掳入不少汉人，使其力量迅速恢复、壮大，赳赳咆哮，对明朝构成严重威胁。在征讨战争中，山都六乡僰人大部战死，少部逃走，部分投降被安置在周边卫所，水都四乡僰人则全部被强行汉化。民间传说中便有了“去包耳，添立人，改‘阿’为‘何’姓”的说法，就有“假苗真僰”的来历。至明末清初，僰族完全消亡。至今兴文县、珙县民间尚流传许多阿大王故事，如打牙的来历、哈大王驾簸箕飞行、咒语启动山石等等。

关于阿大是否真降，明代少数史料以为是真，如诸葛元声《两朝平壤录》卷2《都蛮》载：“阿大初未肯信，然事势已穷蹙，翼幸得脱祸……拔刀斫地曰：‘吾从公言决矣！’遂不复通九丝。”

九丝城被洗劫一空，遭到废弃。其实僰王在距离九丝城不远的凌霄城、僰王山，还有卫戍营地。绵绵起伏的川滇群山里，就一直涌动着叛逆的血。北宋政和五年（1115年），僰酋卜漏就在僰王山筑城堞、修寨门，称王造反，宋王朝派人马镇压。至今山上还保存着僰人所建大、小寨门、古城墙、古城堡等战场遗迹。

博望山又名南寿山，自宋代起，这里便是都掌族（即僰人）的生息之地。地形属于川南丘陵陡然上升汇入乌蒙山的余脉阶段，位于兴文县西北夹角，距离县城20公里，属喀斯特地貌与丹霞地貌交错分布区。此地与槽坝相连，阡陌交通，博望山地势突兀，为一座平地凸起的孤山，面积18.2平方公里，四壁绝崖，宛如一张凌空而下的方桌。主峰黑帽顶高耸入云，海拔1180米。山林植被葱翠，云海茫茫，清幽深邃；山门沟谷溪流、瀑布湖潭、洞穴奇石等自然景观宇熔宙冶，浑然天成。近年，因旅游开发，始将博望山改为僰王山，这就容易与九丝城造成混淆。

1862年冬季，翼王石达开西征，越赤水河北上，经叙永、大坝、古宋，攻陷纳溪、江安、兴文、长宁等县，由于当地守备太差，加之猝不及防，以至于势如破竹。翼王到了食物匮乏的兴文县，已是人困马乏。

石达开获悉兴文石氏为当地望族。族中有一清道光朝举人石文卓，文章泰斗，深孚众望。他考虑，若得此人入幕相助，则兴文县及毗邻诸县均可化干戈为玉帛，天国兵马，可望休养生息，从而养精蓄锐，以期再展宏图。

翼王用兵谨慎，不希望再动干戈，遂采取两条安抚措施。

其一，派亲信拜访石堂坝（今高潮村）石姓大户，凡姓石的住宅均在堂屋左边门枋上砍上二刀，以刀痕为记，号令兵将，不得入驻此宅。这一做法，有点类似张献忠大西军的所为。一百多年来，这样的刀迹还能找到物证。高潮村的李家湾、坳田、秧田塝三厦石姓老房子门枋上的刀印，依稀可辨。

其二，利用姓氏，联络感情。开石氏宗祠，翼王亲临祭祀。

石达开决定与兴文县石姓联宗。兴文县石姓家族祖籍本居湖广保庆府武岗州万安乡第三都峰山桥，祖祭永兴庙，义东里人氏。清雍正时，十三世祖石朝登来蜀贸易，逐渐繁衍生息。这与广西贵县石达开家族毫无关系。但石达开还是希望看在石字名头下，歃血为盟。他事先发出布告，邀请石姓族长及殷实人家陪祭，扩大感染效果。但问题是，当时的族长以及平民，在官府洗脑灌输下，称太平天国不叫“长毛”而喊“长毛贼”（川南方言念贼为zui），可谓一“贼”定阶级立场。所以，听说“长毛贼”到来，早已逃之夭夭，根本无人去陪祭。

显然，独角戏唱不下去了。

翼王亲信刺探到举人石文卓躲在博望山梯子岩属仙丘塝的何家领地山洞，派人前往，宣传正义，低三下四，定要举人出山，登高一呼。石举人是读孔孟之书的，忠君爱国，一脑壳匡扶正义之想，宁为玉碎，不为瓦全。眼看礼贤下士不行，翼王就来硬的了。他派兵围困梯子岩，断绝粮道，这叫“硬请”。心想举人饿了总要下山的，肚皮决定立场，那时就由不得你了。

兵围数日，正当农历五月酷暑，两者相持。到了五月初五，恰是端阳节，石举人见兵不撤围，也是无计可施，然而不论如何，顺了“长毛贼”就是立场问题。也许是端午节的感念，屈原不是今天投江的吗？三闾大夫死得，小小举人怎么能苟且偷生呢？石举人当时仅仅“拣选知县”，但举人的名头来自“正朔”，他朝服衣冠，设案焚香，向北八拜谢恩，奋力跳下了梯子岩……

兴文县城在晏阳镇，西街和小街子的交汇处，旧有祠庙，名“石公祠”。石公祠是为纪念举人石文卓而建。石举人的曾孙（第五代孙）石麟辉，还持有改建后分给他的房产证。在1950年以后荡涤“四旧”，拆毁改建为民房。“石公祠”的来历，是清同治皇帝“圣旨敕赐”。正门上方“圣旨敕赐石公祠”的大金匾。日理万机的皇帝，怎么知道兴文这偏僻小邑有“忠君就义”的石举人？[①]

晚清名臣、洋务运动先驱薛焕（1815—1880）是兴文县人，与石文卓同赴乡试，同榜中举，且二人交情甚厚。此时已身居工部侍郎的薛焕，上了一道旌表石文卓的奏摺，皇上恩准，下圣旨敕建此祠。有趣的是石公祠右侧小街子路边，树有一块“文武官员，至此下马”的石碑，这是为小街子上面的文庙树立的。然而位置正好在石公祠旁边。当地人说，“无限忠于”的石举人，不仅享受了浩荡皇恩的殊荣，死而后已，而且还有幸分享孔圣人的崇高威望和荣誉，很显然，后一条就有僭越之嫌了。[②]

《清实录·同治朝实录》卷99确有明文记录：“予四川兴文殉难拣选知县石文卓祭葬世职加等。并予建祠。阵亡生员陈廷铨等赏恤加等。一并附祀。”

根据记载，兴文县南门外十字口之上，有泰山庙，钜丽巍峨，1950年后毁去。庙中有雷神殿，所塑雷神面部漆黑，狰狞怒

① 石昭晖：《太平天国翼王与博望山的故事》。

② 贾子谦：《凌霄文萃汇编》。

目，尖嘴鸡足，背生两翅，右手举雷锤，左手握雷楔，使人望而生畏。兴文举人石文卓撰写有殿前楹联："好大胆，敢来吃我；若欺心，定要打他。"石举人以方言"吃雷"之意入联，是警戒世人。可见石文卓，并非头脑冬烘之辈。

"王姑"与大坝高装

1862年6月，石达开所率太平军远征军攻克修篁遍地的长宁县。这在《唐公年谱》里有记载，据说，石达开军队为报复当地人的"拼死抵抗"而实施了"屠城"，但恰恰是这样非常重要的事件，正史往往不载，或者语焉不详。唐友耕闻此立刻"五内俱焚"，他是忧国忧民而"哀民生之艰难"的情怀吗？

也许是吧。

石达开随即分兵四出略地，高县周围的长宁、兴文、古宋、大坝、叙永、庆符、珙县等地均成为广泛战场。查光绪三十四年（1908年）邓元惠、万慎编《叙永永宁厅县合志》记载，1862年冬月，翼王石达开在攻占叙永后，旋即由叙永县西进大坝镇，在落岩河畔战败清将周兆岐、李仁山和大坝守备袁捷三。

地处云贵川结合部的边陲古镇大坝，又称晏州，因有来自乌蒙山的伏流，在此出大小鱼洞，雅称鲲水鲵源，两水合流成为宋江河的源头。当时，生活在叙永县水潦的彝族诗人余昭[①]，对石达开部的"流窜"写下三首七律《闻警》，《其三》[②]这样写道：

---

① 1827—1890，字子懋，号德斋，一号大山，彝名龙补。

② ［清］余昭、安履贞：《大山诗草》，四川民族出版社1994年版，第138页。

百年豢养到微躯，中外官民总不殊。

毕竟圣朝何所负，犯干天地太加诬。

公行杀掠才为贼，凡属庸才即是奴。

酿至祸成推劫运，扪心衾影可惭无。

尽管诗人以正统自居，在他的道德天平上，他是把从事杀掠的官军、起义军一锅端的。这样的诗歌，恰为当时的兵燹留下了证词。

石达开在大坝休整旬日，然后攻打长宁县。戎马之余，翼王固有的文人风采开始抬头，他到大坝的张爷庙凭吊，感张飞之大义，命人置匾，手书“大义千秋”四个鎏金大字，笔力沉雄，从另外一个角度说，也不妨理解为他对义妹“王姑”的追忆。可以想见，他因为战事颠沛的心态得到了一定程度的平息。此匾民国初期尚存，后来毁于兵燹之灾。播散在这些地区里的许多太平军的传说和遗迹，被民俗继续传播，而有关石达开“义妹”的传说在兴文县大坝镇一带则是有鼻子有眼。

应该说这个传说具有历史依据。1854年9月，杨秀清托“天父下凡”的幌子，宣布废除男女隔绝的禁令，在天京城内恢复家庭，40个女军就此解散，此后未再成立“女营”。石达开部大体如此，但一部分女兵成为将领的眷属，另外一部分则充当了将领眷属的杂役。在攻打涪陵城时，就有不少女兵充当战前物资运输的任务。由此看来，有指挥才能的“王姑”完全可能存在。

石达开前军出击古宋，进入长宁、珙县境内，义妹“王姑”率五千兵马断后。虹桥镇一线被唐友耕、刘岳昭部拦腰斩断之后，不得已率部退回泸州卫（现在的古宋镇）、大坝地区，于崇山峻岭间迂回盘旋，这一带到民国初期，一直有虎踪豹迹以及豹猫显现，足见其天荒地远。行军到晏州新坝乡南麓，有一座山叫插旗山，“王姑”患病，日见沉重，病逝于此。部属感其恩义，在瀛水寺旁的插旗山巅安葬。选择醒目的位置，也许是为将来成功之日便于寻找。几千将士排队从落岩河中择大卵石传递至山顶垒坟。坟垒完毕，一声令下，沿途众军士抛石于地。因此在这石灰岩地带，一条砂石路从山顶直至落岩河边。至今还能沿卵石遗迹寻踪“王姑坟”。当地人将此山称作“王姑坟包包”。

附会在翼王身上有诸多“义妹故事”，但这一个却是可信度极高的历史事件，原因在于本地民风淳朴而封闭，在喀斯特陡峭地貌之间，民生艰难，人们已经没有哗众取宠的嗜好。这个传闻至少民国初年就在当地流传，远非旅游经济的产物。“王姑”是天国诸王义妹之特称，至于有文章说她的真实名字叫冯建英，祖籍广西花县，是太平军将领南王冯云山家族远房的堂妹，而且还是翼王的监军韦普成的未婚妻，这就缺乏证据了。

尽管清廷一再刻意毁灭太平天国的一切痕迹，希望他们的言行和身体立即人间蒸发，但这样一个颇有些招摇的大坟，却并未遭到人为破坏。我想，这只能归结于险峻地理与淳朴民风的护佑。

一个异乡人安葬于此，尤其是作为“贼魁”之一，却不能阻止老百姓对她的缅怀，据说每年都有人前来凭吊。这样的情感，也渗透到了本地戏剧当中，这不是太平天国而是翼王石达开的个人魅力所在。

……

清康熙三年（1664年）随着湖南、广东、江西等地大批民众迁移四川西南山区，他们所沿袭的民风习俗与兴文县的苗文化等相互交融，形成了远近闻名的地方戏“大坝高装”。因为石达开“义妹”病逝于此，“大坝高装”中的主角，一律设为女子，据说就是对“王姑”敬意。

“高装”即高台着装戏。高装底座平台为正方形，直径6尺、高4尺8寸，全为杂木制成。平台中央有根铁桩，高达9尺8寸，称为装亭，平台与装亭组合后由棉布围扎装饰为一个戏台，平台上5至6人分站四周，再由两根特大长木杠从两侧将戏台夹牢，由16个男人抬着游街，一边走，一边演出。“高装”每架装为一台完整的戏，如《天仙配》《水漫金山寺》《大闹天宫》《穆桂英挂帅》等。表演时，方桌上的表演者穿着穆桂英挂帅、白蛇传等符合戏情的戏衣，有些剧目里，把身着彩装的小孩绑着吊上五六米的高空，不说也不唱，由观众根据造型认定剧目，理解戏意。2007年3月，“大坝高装”被四川省政府列入第一批四川省非物质文化遗产名录。

其实在太平天国制度里，有称诸王姐妹为“王姑”的定例。在《太平天国轶闻》里，收有《洪杨托名妖术》一文，在两军对垒之际，乘战事胶着、枪烟弥漫时分，就绑缚一个幼女在长竿之上，“艳装彩服，如赛会抬高故事者，烟散即撤去”。由于在石达开入川之前，大坝一带并无“高装”戏，我推测很有可能是当地人目睹了石达开部的所为，以一种模仿的身体语言，来寄托他们的情愫。

这个姓名已经无从考证的“王姑”，将一个反叛者的符号，蔓延到蜀地文化的细部当中。

2011年初春的一个下午，阴霾厚重，我从新坝乡中学之后的落岩坡右侧顺一条盘山泥径而上，没膝的荒草抽打着我，惊飞很多蚱蜢，发出丝绸拉裂的窸窣声，美极了，这是山间最悦耳的细音。一个农民对我说，当时垒坟的石头已经够了，当官的喊一声“停”，每个士兵的手中还有一块石头，于是便将这手里的石头放在脚下。大军走后，从新坝到插旗山的路上便有了石头路。如今，大卵石仍然依稀可辨。山路越来越窄，登上一个坡顶，凭自己的感觉，猜想王姑坟可能的方位。来到一户农家打听，农家告诉我，此地俗称“月亮殿”，“王姑坟”就在屋后的山坡。

场面有点让人惊异，数千平方米的范围内，洁白的石灰岩犬牙交错，构成一个微型的石林，与赭红色的土壤构成强烈反差，这多么像是孔明先生的八卦阵演练场。在石头阵正中的低矮处，有一片四四方方的枯草地，醒目地盘踞在坡地的最佳位置。更奇的是，沿坡地弧面低处的纵轴线，有一条通道，贯穿石阵而通向枯草地，我相信这里就是“王姑坟”。据当地老乡说，坟前是“白虎拜印”，坟后如“将军升帐”，墓为台阶式三台，的确是由河里的卵石砌就，占地四围约八九十步。可以断定，王姑坟不是传说。

满山的萋萋芳草，无声摇曳在山风中。我往瀛水寺方向走，我的响动惊动了一群老鸹，夕阳之下，周围是群鸦呱呱地嘲笑声，黑鸦如炭，反照着更为深广的黑暗。乌鸦有意地抛下了一片羽毛的体温，我将用它犁开更深的黑暗。西语神话里，白雪公主躺在透明棺材时，有3只鸟——猫头鹰、乌鸦、鸽子依照顺序来悼念她，似乎也隐含有潜意识的性象征？这样说来，乌鸦就是诗人苦闷的身体，它黑，是因为它梦想黑中的白肌肤；它金属般的叫，是因为它一直渴望穿刺万物的结果。我想说的是，乌鸦是天空亮出的底牌。

我一边喝水，一边想起“大坝高装”的种种奇特。在我看来，这是一种非常奇特的身体政治展示术。在奇峰突起的喀斯特峰峦之下，拔地而起的高竿，成为峭拔于历史的身体叙事。一百多年来，在沉默的表演里，每一个观众都知道“王姑”。历史固然是胜利者书写的历史，但那只是“纸上的历史”。纸托举不住那被血浸透的土地，哪怕是小小一抔！而对那个长眠山顶的女人来说，她打穿了这些文字的纠结。白云苍狗，高敞的墓地，分布着四望、五谷、老鹰、马鞍诸山以及兰花、乌龟、马蹄诸岩，环拱在墓山四周。

怒放的火焰凌霄花举起地底之火，战事的胜与败已经没有意义了。

下山后，在路旁见到几棵枯死的大树，那是雷击之树。

树举起闪电一饮而尽
天空龟裂
向更高处塌陷
只剩下树，和树的酩酊大醉

反刍中的时间
空气里浮满树幼年的小手
身体被火的利斧劈开
树汁的星星喷射到高空

写作中，我被一个词割破了舌头
现在蛇的信子从树爬下
把最粗大的根
化作碳的灰姑娘

雷击之树站在荒野一百年了
当暗夜的流云找不到去路
它就会用肚腹
去擦——这根火柴

附录：郑启友先生给我提供了一篇未刊稿件，是他根据自己多年在横江镇一带进行田野实录的记录，其中一些绝大部分情况未见任何历史文献记载，颇为珍贵。经我略微整理，转录如下——

石达开在宜宾横江地区的情况汇总（郑启友提供）

捧印场凤凰寨和上坝寨石达开部队未能攻破取到粮食

我于2013年与捧印场的章学端进行访谈，他参加了宜宾县1982年修志的工作，他谈到石达开驻军捧印场时他的部队到捧印场后去攻打凤凰寨上坝宋家寨，但寨子里的居民拼命防守，抢粮食没有成功。

关于凤凰寨

2014年4月26日，我和摄影家董志宇一起去了解凤凰寨战事。凤凰寨位于捧印场南面大约1里的一个小山丘上，相对其他的山丘要高一截，与大路看东面是80米高的小丘，南面是河底到寨墙200

米的悬崖，西面是陡坡到小河心，北面也是陡坡延续至小河心。我们对西面的残垣断壁围墙进行了目测，大概80米长，延到北面的后寨门，宽有2米多，高有2.5米，还对东北面残垣断壁围墙进行了目测，有0.5至1.5米厚的断续围墙，地中间现在还有一个直径1米多的水凼，据与我们一起的当地人章学尧介绍，这是当时的水井。这个寨是他的叔房高祖父修的，据传在石达开来的头几年才完工。

在从山寨回捧印场的半路上，遇着一位80多岁的老大娘，她介绍在新中国成立初期就分到寨子里的房子住到20世纪80年代，新中国成立时有4户分的寨子里房子住，当时里面是串架房，对面两排各五六间房和牛栏、厕所，现在估计整个寨基长35米，宽18米，当时是前后双层寨门，20世纪90年代最后一户因小孩在寨门头上玩摔下死亡后就全部搬出了寨子。在“文化大革命”时，因修建乡政府和经营站就开始拆除寨子围墙的石头用，现在剩的都是不好拆而留下的。

我继续从寨子往捧印场方向走，半路上又遇到两个群众跟我们讲，相传石达开驻军时，石达开几次都没能打下凤凰寨，最后当地人把攻打寨子死亡的长毛（指石达开的士兵）的头割了十几个，挂在凤凰寨通往桤木林湾的桤木树上，以示本地不可进犯。

关于上坝寨子

捧印场往云南去12里的路上，上坝前300米的地方就是上坝寨子。现在只有一点残垣断壁的围墙，原寨墙石料，20世纪60年代时，修集体猪圈和公房用了，整个寨子约30米大的圆寨，当时石达开的部队也几次未攻破寨取到粮。

当天下午，我们去调查石达开从横江地区退进云南的关河。

陈国兴的家谱

2012年，我在双龙镇黄伏村永兴组陈国兴家收集资料时，发现他家的族谱，恰好记载了石达开从横江地区退进云南的关河时的情况，记载横江至燕子坡一路上石达开部队扎得水泄不通，燕子坡渡口是四川与云南关河的渡口，河面有50米宽。陈国兴说当地传说的是石达开部队渡口是在燕子坡，他们从半坡上拆了两家人的房子木材，才搭浮桥过河的。

关于宋家寨

宋家寨位于捧印场往云南去12里的路上的上坝前300米的地方，宋家寨是清代道光年间姓李的修建。该寨三面高10余米，后面是深沟50余米高，沟宽250米，整个围墙600米，围墙高5米，厚1米，寨内面积1300余平方米，修建瓦房屋15间，内有水井1个，寨内印子1个，有3层楼高，寨门高3.3米，寨门宽2米，门是捆木材做的，新中国成立初期分给王正龙、张得久居住，20世纪60年代初修电站时销毁了，现在只有一点残垣断壁的围墙，当时石达开的部队也几次未能破寨取粮。

状元府与石达开宝藏

复龙镇曾家寨，闻名遐迩的大地主庄园。

曾氏祖先原居湖北。曾正奉皇之命填川，来到双龙场。长妻王氏，次妻严氏。生下第二代天栋、天才，居住于现在老房子处（新寨侧面），严氏勤劳，气力很大，善喂猪和种庄稼，收获较好，有了积蓄开始买土地。对其发迹有两种传说。一种是：严氏所喂的母猪，在屋后地里拱出了生基洞（一种石棺材的坟），6个生基洞满是银锭。全家喜极，悄悄收藏。二种是：某一年，有人抢劫朝廷“黄杠”银子，未曾得手，落入了曾家。于是用以买田置地富豪起来，发奋来财起家。

曾天栋、天才乃修新、旧寨分居。新寨稍后起工，但先完工。上4厅接下4厅，三高两低。天栋居新寨，生儿子曾兴隆。天才出生于旧寨，后生育7子。曾兴隆又生4子，其子曾佑湖热衷习武，成立团丁，日夜训练。太平天国翼王石达开经滇北入川，曾佑湖带领团丁攻打石达开军。在横江镇一带击伤石将一名，打败石军；后追至底窝坝又伤石一将；追至豆坝，再伤石一将，并乘胜追至南岸坝。曾佑湖后曾率队打到南溪与曾国藩属军汇合，他的勇毅被曾国藩赏识，请封为“镇威将军”，戍守甘肃。这显然是因“保家卫国”（镇压农民起义）而致贵。

圣旨准建状元（将军）府，于是两寨相继扩大。新寨围7个山包。有戏楼、书楼、上厅、下厅等6个花厅，48个小天井。屋顶板鳌作脊，房屋回廊走马转阁。房周三方水路，一方陆路，梅花庄，双斗桅杆，八字槽门，两个大池，一座长桥（十一洞）。荷花池中的水阁凉厅就十分气派。还有跑马试械场、传事房、会客厅。大门高敞，朱红漆就，并有石狮守门。墙壁饰有雕刻，内嵌纱帘花窗，大花园里设有俱乐部、戏场、屏台、灯彩。屋内都是红木八仙桌和镶有象牙的桌面。正堂屋摆有九龙龛，内供奉皇帝圣旨。据推算，最盛时旧寨子有租18000多石，官位不及新寨；新寨子有租13000多石，但官位高于旧寨。

辛亥革命时期，旧寨里的曾荣阶以团总名义，领兵起义，率同志军打到了麻柳场（在孝姑镇，牺牲很大）。

复龙有半条街是曾家出资修建的，故称“曾半街”。

曾氏后代吸烟、赌博，不务正业，造成家业日渐衰败。至1949年年底时，已经一蹶不振。土地出卖，房屋损坏。后来，两寨产业分给了穷人。区长李守业曾教导大家不要损坏古物，应该用作文化古迹保存。但几经折腾，两寨面目全非，遗迹几不能复辨。仅有祠堂山门一壁有迹可循，但也摇摇欲坠。看来，这曾名噪一时的曾家两寨，已不复存了。来得轻松活，去得很快当。也许历史本来就是如此的罢！

下卷

踪迹史

蒋蓝 著

四川人民出版社

图书在版编目（CIP）数据

踪迹史 / 蒋蓝著. -- 成都：四川人民出版社，2018.8
ISBN 978-7-220-10892-1

Ⅰ.①踪…　Ⅱ.①蒋…　Ⅲ.①名人—生平事迹—中国—清后期　Ⅳ.①K820.52

中国版本图书馆CIP数据核字（2018）第161710号

ZONGJISHI

踪迹史［上下卷］

蒋　蓝　著

出 品 人	黄立新
责任编辑	石　云
封面设计	张　妮
版式设计	戴雨虹
责任校对	吴　玥　林　泉
责任印制	许　茜
出版发行	四川人民出版社（成都槐树街2号）
网　　址	http://www.scpph.com
E-mail	scrmcbs@sina.com
新浪微博	@四川人民出版社
微信公众号	四川人民出版社
发行部业务电话	（028）86259624　86259453
防盗版举报电话	（028）86259624
照　　排	四川胜翔数码印务设计有限公司
印　　刷	成都东江印务有限公司
成品尺寸	146mm × 208mm
印　　张	22
字　　数	550千
版　　次	2018年8月第1版
印　　次	2018年8月第1次印刷
书　　号	ISBN 978-7-220-10892-1
定　　价	128.00元

踪迹史［下卷］ # 目 录

第六章　血漫漶于“武人贵相”之间 265

“挂牓”的地名学 265

老鸦漩动石儿山 269

紫打地渡口 277

大渡河的河神与乌鸦 297

最后一个豹之夜 308

禹王宫与“鲸鲵封处” 324

关于“鲸鲵封处”碑 339

成都科甲巷 344

刑法的工艺化 351

“他的名字就是反抗的名词” 359

石达开的头颅被扔入了长江 375

大渡河河谷中的“黄彝”及石定基下落 381

石敢当的隐喻 388

石达开的“第三条道路” 392

庆云街与石定忠的结局 397

城隍庙还愿 406

第七章 忠与义是手背与手心的关系 412
朝廷阉犬 412
再战朱提 418
战马插翅过河 424
大关县摩崖石刻“德大称师” 427

第八章 广夏连云的唐家花园 438
沟头巷的唐宅 438
翼王之印的下落 443
文庙后街的“唐府” 447
湘绮楼的“戈儿”与交际学 454
唐帽顶当了一回月下老人 461
成都宴游以及纵横家的心机 468
从宋育仁在陕西街失窃案看王闿运断案 474
唐家致力于出版的名山事业 479
唐老九的眼睛 483
秘本《荒书》的刊印过程 489
唐氏藏书与学术地标“贲园”的渊源 497
“切梦刀”与唐友耕之死 502
唐友耕的巍然大墓与蜀汉“铁三角” 512
王闿运的追忆 523

廉洁与贪婪远非一线之隔 531

第九章　唐友耕的后裔们 539

昙花一现的候补知县唐致远 539

长子唐鸿龄点滴 547

老九唐少波的后裔家族情况 548

我对唐卓韧的访谈 551

第十章　把脊梁在墓碑上磨成矛 561

修订后记　踪迹史，何为？ 569

附录1　评论 578

精彩独特的文学踪迹史——漫谈作家

蒋蓝的《踪迹史》 .... 王　火/578

历史的空间化：蒋蓝作品的叙事研究 .... 梁　昭/582

历史的踪迹——蒋蓝著作的人类学意义 罗安平/596

简论蒋蓝的“非虚构写作”写作 王学东/605

“锋刃上的幽光”——论蒋蓝历史散文写作　袁　昊/610

历史的箭镞——阅读长篇非虚构

散文《踪迹史》 于昊燕/625

散逸于铁幕之下的蝶翅灵光——读

蒋蓝的《踪迹史》 谢银恩/637

文化之豹的随笔起义——论蒋蓝
新作《踪迹史》 马小盐/660

附录2 唐友耕年谱 665

附录3 太平天国连环画图 667

第六章

血漫漶于“武人贵相”之间

“挂膀”的地名学

米易为三皇五帝中第二大帝——颛顼的诞生之地，古称迷昜，昜为古“阳”字，按简体字写法，可以写作“迷阳”。西汉时安宁河东属会无县，河西属邛都县。元设定昌路，明置千户所，清设巡检司，民国改分州、分县，1935年撤分县设区。1951年建迷易县，后改米易县，历来为多民族杂居区，彝族势力无疑最为显赫，在米易历史上存在了相当长的一个时期的土司制度，就是以彝族为主当政的时代。在《米易县志》和《米易民族志》上都有记载的彝族人物是阿吉撒加，生于元朝，为元朝普济州土司。明洪武十八年（1385年）归附明朝，赐封土知州。其任期内，因配合明军讨伐领地内布朗族酋长反叛有功，晋升为正五品，封远靖候。明朝永乐元年(1403年)改封为普济州世袭长官司，为普济长官司一世祖。其子阿吉戈布世袭时，明廷赐封汉名吉天相，从此到1950年米易县，其后裔世袭土司36代、传后裔28代。现在，普威等地尚有吉土司的衙门遗址遗迹存在，在米易流传着有关吉土司的诸多趣闻逸事……

张联辰是米易彝族史和土司文化史上的另一显赫人物。他是威龙张氏土司的一世祖，自他开始，张氏职任威龙州长官司共历10代13任。在他权力运行期间大兴土木，在威龙村的半山上兴建了颇为气派的“世袭威龙州长官司衙门”，奠定了张氏土司的牢固根基，他也是大规模兴建张氏土司家族陵园的人。其后威龙州第六代土司张在公任职长达39年之久，更是张氏家族里职任长官司历时最长的。

1862年冬季，太平天国翼王石达开的先头部队赖裕新所率中旗4万余人，于云南巧家米粮坝渡过金沙江，进入安宁河流域。张在公螳臂当车，曾与赖裕新面对面交战。久经沙场的赖裕新在一个回合之间，就砍去张在公一臂，张在公仅剩皮肉相连，“挂膀”而逃……因此当地有这样的传说：当地的地名“挂膀”因其而来。

关于“挂膀”还有一说：元至元十五年（1278年），开始在此设威龙州，将其纳入朝廷管辖。此后相当长一段时期，叛乱不断，此消彼长。清顺治四年（1647年），负责监辖此地的姜州堡土主庙外游击张宏养平叛后，在途经的要隘——打劫地，遭支持叛乱的土番巨型土台炮的袭击，一只手膀被炸飞到攀枝花树上挂起（一说被挂在马背上；当然，也有种说法是当地有家高中榜眼），故名挂膀，后因“膀”与“榜”谐音，便将此地唤作“挂榜”。张宏养的后人因其平叛殉职有功，世袭威龙州长官司。

1862年年底，石达开率领中军主力横渡金沙江后，经会东、会理进入米易县。他不想大动干戈，此前分别派出人员给米易地区普济州吉氏土司、威龙州张氏土司送去《讨清灭妖光复天国》檄文和其军师钱江的信札，希望联合当地土司力量反清。如今在《威龙州长官史略·家书手册》中，还可以看到檄文的主要内容："恳请同为合兵。悉台端夙裕，智勇超群。吾侪兴师倡仪，于兹十余载，愿共奋志图功，勤王报国，洵谓良臣。祈面酌军，无忧子发，或容借道北上，宽容义举，企翘之殷，祈复切谢。"

普济州第二十七代土司吉时雨断然拒绝了联合倡议，还将其所送檄文和信札一并呈送四川总督。同时转告辖区土司力量加紧调配兵力，加强训练，沿途防堵。

石达开部未到普济州辖区，而是渡过安宁河后从威龙州辖区经过，继续北上。在挂榜，遭到了威龙州第七代土司张在公的伏击。史载，同治二年（1863年）1月8日，石达开先锋部队刚进入挂榜，就受到了早埋伏在龙滩的土司武装的土炮猛烈轰击。太平军临战不乱，打败了张土司部。后清军团练和吉氏增援力量到达

米易县龙滩太平天国战场旧址。图片由米易县档案馆提供

以后，于2月4日在此展开激战。这次战斗持续了整整5天，直到2月9日才以太平军的胜利而告终。战斗双方均有损伤，太平军死亡数百人，清军团练、土司部队也伤亡惨重，仅张在公部属死亡士卒有名可查的就达135人。迷易监生何开泰、张以德、陆德起等也死于战斗。据说，在当地一个叫做“叫花岩”的乱石丛中尚有一门太平军留下的土炮，摇得动，却拔不出来。

石达开取得胜利后，当即将威龙州衙门的财物尽数收缴，并放火烧毁了衙署。据《威龙州长官史略·家书手册》记载，土司号纸、叙功牌、核册、关防、钤记、行知等各种文档以及贵重书、画、文物全部失落。龙滩古战场遗址曾为县水泥砖厂所在地，德昌到盐源县的公路横穿遗址而过，建筑面积4000平方米，区域东西长约800米，南北宽约400米。

石达开部在此逗留期间，竭力弘扬太平天国的主张，动员当地民众大力反清。石达开还借机走访了挂榜的一些名人雅士，畅谈反清抱负。他在紫霞塾堂，曾写下了这样的一首“别友诗”：“紫霞塾堂是文渊，安邦治国育其贤。赴蓉返滇山河变，重与塾师漫谈天。”赠与当地私塾先生彭锡庆（清扬）。诗中对未来北上之路充满豪情。但诗韵欠妥，诗格也不高，显然是伪诗。他在米易留下的这首诗，被彭家三代人一直保留到“文革”期间，后被造反派付之一炬。前些年有人从彭家后人珍藏的手抄本中获得此诗，刊载于米易县档案馆资料中。

石达开部离开后，清廷斥资重建了威龙州土司衙门，张氏土司被皇帝赏赐蓝瓴，敕封为建昌镇标暨宁远府西昌县世袭威龙州，军功晋升三级，还专门赠送了一块题有“江左名家”的巨匾。吉氏土司获得清廷白银4000两的奖赏。

石达开挥师锋指向北，随即占领了冕宁县。为什么他不选择石棉—汉源—荥经—雅安这条大路进攻成都，反而要走安顺场—泸定这条小道？历史留给了我们无数谜团。可以揣想的是，莫非他审时度势，已经放弃了攻打成都的初衷，并重新萌发了“割据一地，隐居山林”的念头？

老鸦漩动石儿山

2011年9月13日，我和朋友龚伟轮流驾车，一早自成都出发，驶上成雅高速，出荥经县后顺大渡河河谷的泥泞而行。翻越常年雨汽弥漫能见度不足50米的泥巴山后，抵达富林镇吃午饭。稍事休息，我们穿过已经被大渡河河水聚集为广袤湖泊所环绕的汉源县新城，迎着强烈的光照，于下午4点驶入石棉县城。我事先与雅安市文联主席赵良冶联系，他请石棉县委宣传部陈莲芬接待我们。黄昏，部长赵雅玲请我们在大渡河河边吃饭。

晚餐之后入住人民路石棉宾馆。我和龚伟到街上闲逛。发现县城并不小，有超出我估计的整洁，市政建设很有规划，行人们在一条宽阔的步行街上打起了拥堂。这条街道明显是按照成都春熙路的格局而建，街面充斥王菲、周杰伦的扯着头发就可以升空的乐音，商家的霓虹灯映照头戴军便帽、衣着朴素、背大背篓的行人，让我颇有时空交错的恍惚感。

在20世纪30年代出版的川西地图上，此地已经名叫“农场”了。擦罗人李德吾（字光明）挣够了一笔银子，衣锦还乡，在老鸦漩的荒滩上招佃开垦百余亩，办起了“光明农场”，悬挂有一块写有“光明农场”的匾额。这个名称逐渐成为地名，就叫“光明场”。此地为大渡河中游，北靠汉源县美罗乡，南归越嶲县廻隆乡。因为立县是1951年6月的事情，因境内富藏优质的石棉而得名。

我记得在国学大师、人文地理学家朱偰（1907—1968）先生的游记里读到过老鸦漩记述，他在1941年7月底来到“光明农场”时，此地“系万山丛中一小村落，前临大渡河。人家不满二十，断垣残壁，满目荒凉。夜宿危楼，万籁俱寂，惟闻山后松风声与大渡河涛声相激越而已”。[①]朱偰有幸，见到了赖执中先生，3天之中聆听他讲述石达开在凉桥被执的详细过程。

当夜细雨不停，我的睡梦很浅，甚至可以听到雨丝在树叶聚集，最后抱成一团跳下树叶的碎音。

第二天天色放晴，宣传部的司机小周接我们去位于县城北、大渡河南岸的石儿山和老鸦漩。

1863年5月初，太平天国翼王石达开率部由滇入川，抵达安顺场。这时山洪突发，河水暴涨数丈，致使4万人马被阻于农场、紫打地、凉桥共47天，全军覆没，他们用滔滔血水，在这荒山之间写下了让历史为之扼腕的命运。

其精确的时空位置是：1863年5月4日至6月13日在安顺场及其附近的60里范围之内。

紫打地是石达开远征军最后的驻军之处，老鸦漩是石达开部属的覆军之地，两处相距15公里。或者这样说，老鸦漩就像濒死的泅渡者，用一只手把石儿山举在空中。

除了“光明场”，石棉县城这个地方以前也称老鸦漩。那是因为大渡河在此突然折返，一头向东，两岸都是石渚，洪波击

① 朱偰：《漂泊西南天地间》，凤凰出版社2008年版，第184页。

这是朱偰1941年拍摄的南桠河凉桥景色。见《漂泊西南天地间》，凤凰出版社2008年版

这是2011年拍摄的南桠河凉桥所在地。蒋蓝摄

岸，卷起千堆雪，形成层累的漩涡，这是否就是层累的历史呢？人们说，就是“鱼老鸹”也只能随着水势盘游留恋，望水兴叹不敢下水抓鱼。所以按照当地人读法，应该写作“老鸹漩”。有人指出，老鸦漩的地名应是由少数民族尔苏人的读音演化而来。这里是大渡河与南桠河交汇之地，南桠河上游在冕宁境内又叫勒丫河。经史式先生进一步考证，“南桠”“勒丫”“老鸦”读音相近，“老鸦”即“南桠”“勒丫”的另一译名。番语称“老鸦漩”为“呷奴罢沙”，含义为“像老鸹”的地方。可见这一地名是从番语译意而来，与汉语语义并无关系。

石儿山是突兀在大渡河畔的一堆雄浑的嶙峋怪石，当地人又称之为“小石林”。从水面到山巅不足百米。石丛之中，有一处峻岩极似一个小孩钻入石缝，外面露腰翘起圆圆的小屁股，人们说，那是一个深夜，石达开的小儿子石定基被清军追捕，钻入乱石，天亮鸡叫时羽化而成。至今大家习惯把这里叫石儿山。由于山岩上有不少晚清、民国碑刻，在官方资料里均称为“灵岩胜迹”。抗日战争时期，为适应军事需要，修筑川滇公路西线（四川乐山—云南祥云）。20多万人参与修筑、3万多人为之伤亡的抗战公路，在当时的四川省与西康省的界山大瓦山海拔2800米的蓑衣岭上，贯通了最为艰险的一段，从而与大名鼎鼎的滇缅公路连通。当时，石儿山被劈开，建成一座横跨大渡河的钢索吊桥。1942年秋季竣工通车，工程部门与地方有识之士协同，时任川康绥靖公署顾问、西康省参议员的赖执中发起为石达开在此处修建翼王亭建议，当时捐

石儿山全景。蒋蓝摄

碑镌刻的有20余人，历时1年完工，在这里建起了非常壮观的缅怀石达开的碑林。这些捐碑纪念者多为党政军要员，如于右任、白崇禧、刘文辉、张笃伦、熊式辉、刘万抚、杨学端、林云陔等。赖执中本人也写了《翼王石达开紫大地蒙难纪实》的碑文加予镌刻。据原公路工程部门工作的段秀安先生回忆，刻在山上的“灵岩胜迹”四字，系川滇西路工程师吉一诚先生题写。如今铁索桥已成危桥，用水泥墩阻拦，只许行人及摩托车通行。

大渡河在老鸦漩突然被河床收紧，激流擦石儿山而过，石坚壁陡，河水不断地撞击岩石，响起地震一般的啸声，水沫经风一吹，打在脸上，可以嗅到一股河流的勃然生气。我看见石儿山洄水沱的水面上，有一只鸭子的尸体，一直停驻在水面。回想曾经看过的史料，说不少太平军的尸体、衣物、盾牌、旗帜等，从紫打地冲下来后，就在老鸦漩汇聚成了一个水面的坟场，徘徊不去。最后，石达开的几个妻妾也从石儿山附近跳入漩涡密布的河面。她们色泽艳丽的绸缎衣物，像航标一样标在水中。

想一想吧，当激流把一个人抛向石儿山的巨石之时，他的尖叫被水浪稀释了。这激流将数千具太平军的尸体在此旋动，像磨盘那样旋动，被泡胀的身体在尖锐的岩石上不断被撕裂，被肢解……想一想吧，老鸦漩是一个大约有400米宽的扇形区域，就像地狱之门。它接收了朝向通天血路的上万灵魂。

他们是从这里被拉入地狱，还是顺流而下，走向洪天王制定的那缥缈天路历程？

我站在一块突出于水面的大石上，脚下的花岗岩露出鹰嘴一般的角质化硬光，纤尘不染，石头无时无刻不为涛声醍醐灌顶，石头被劝化，成了守望者。

翼王亭就在铁索桥之上的岩石间。翼王亭于1942年修建，有翼王碑等石刻碑文若干处，翔实记载了翼王兵败始末及评论。由于在“文革”期间多数石碑被毁坏或遗失，如今，唯有立于亭后的原国民政府西康省政府委员兼教育厅厅长韩孟钧所立的《翼王亭记》碑，成为见证那段历史的唯一印迹。“翼王亭”三个大字面朝大渡河，石达开的魂就这样矗立在大渡河上空，瞩目对岸，成为千古之恨。

1863年5月，石达开率兵数万，由滇渡江，循会理侧上。经西昌而至冕宁，走小路奔向大渡河，清同治二年三月十七日（1863年5月4日）抵达安顺场。3次抢渡大渡河失利后，于6月11日率残部6000余人退至老鸦漩河段的石儿山下。面对因伤痕累累、粮草断绝、吃完战马后又吃光了附近桑叶而奄奄待毙的6000将士，石达开绝望了，决定赴洗马姑与清军谈判。石儿山，成了石达开与将士的诀别之地。

准确点说，翼王最后一晚是在老鸦漩之前不远处的利碛堡，做出“舍命全军”决定的。

当晚翼王是和全军将士一样露天枕石宿营。

我看到石儿山的一个平台上有一个练武的中年人，他在翼王亭之前挥舞一根长鞭，“啪啪啪”抽打空气，身法看不出什么凌厉之处，但鞭子爆发出的力道很是惊人。鞭梢从花丛顶端扫过，花枝乱颤，一副失色而预备投河的古典模样。我举起相机拍摄了这一镜头。他冲着我的镜头又狠狠挥舞皮鞭，“啪啪啪”……

我顺石阶往上走。看见一个用石块垒砌的圆坛，栽有松树与鲜花。走入树影掩映的翼王亭，很多遛鸟的老人在那里热烈谈论鸟经。他们每人提着一个鸟笼，很像一个夜壶。我转到石碑后，

石儿山上翼王亭。后面是“翼王石达开死事碑”。蒋蓝摄

大树的浓荫进一步漫漶着字迹，看得我眼睛酸痛，非常吃力。其实，我用手掌抚摸一下，就足矣。县委宣传部的干部以为我被古奥的碑文感动了，不能自持，回单位特意为我打印了一份目前所能收集到的石儿山所有碑文。其实这些资料我看得很熟了，但我很感激。

我早就从无数先人咏怀中得知翼王亭建在依山傍水处，是“登临纵目，俯仰河山”的理想场所，来之前也曾有许多遐想。可是举目四望，均是混乱的楼房，那是县总工会据此修建的建筑与早期的“垃圾库”造型的民居，房顶伸延出来的电线乱如章鱼的触角，像一个鬼子的炮楼肆无忌惮地遮蔽了纵贯古今的气场。就是说，站在如今的翼王亭，已经根本俯瞰不到大渡河了！

我下山，回首翼王亭，它陷在横七竖八的“炮楼”群里，我很不舒服。我突然觉得，石儿山，莫非就是“死儿山”的转喻？

当夜小雨，我在石棉宾馆写下了《铜河》一诗：

那是头骨的裂缝
星河从鹰翅决堤
在某个黄昏亮如初恋
金风抽刀
倾注月光的冰
磨碎的反骨
自萧萧落木横扫天庭

光从波浪咬住的折射中抽身
只剩不透明的铜
我从思想的屋檐走向危机
只留蛛丝供我返回
大河溶解的刀光与血肉
镜子抛起的恩仇
在每一个浪口招魂

水中的旗帜一直在溯游
狂奔的水岸晃乱流云
鱼群总会带走旗语
成为码头的粮食
铜河上的每一盏灯火
都是大神
留下的坟

余澜阁曾经附会说：闻石逆犯蜀时，蜀人扶鸾有“见豕沉埋在蜀江”之语。计石逆亡于癸亥，见豕之言果验。吉水曾君东山语余云：石逆前窜江右，谒张真人询后事。真人书“王于西方”四字与之，石逆遂生窥蜀心，而不知“王”即“亡”也。是真事有前定欤?

可是他不知道的是，唐友耕恰是属猪的。知道的话，怕是又要进一步“圆”出一连串的“天地感应”。

紫打地渡口

1862年6月，缓过气来的石达开准备再次强渡金沙江。在一个依靠脚力传递信息的时代，滞后性几乎成为一种常态，所以，审时度势的预见者总是脚力时代的高人。唐友耕奋力追踪、拦截，但这一次石达开比他更快，当唐友耕赶到时，石达开已经遁入宁远的苍茫乱山之中。骆秉章根据情况判断，认为紫打地极有可能是太平军的渡河集结点。这也并非只有诸葛亮才能测算，因为深陷于汉源、石棉群山沟壑之间的路，本来就只有两条，受到山势与水流的阻遏，紫打地就像一个毫无心计的口袋，以蛮荒掩饰着它逐渐倾斜与暴起的阴茎。

大渡河古称“沫水”，流经乐山沙湾（锦心绣口的郭沫若出生于此）一段又名“铜河”。汉武帝时，具有吮痈舐痔之口舌功夫的邓通在此开铜矿铸钱（史称“邓通币”），所以大渡河下游自汉魏以来就称“铜河”。但民间并不会遵循如此的繁文缛节，他们对这条泛着古铜色波涛的大河，都称之为铜河。这条恣肆之水，却因为石达开，因为那数万将士的血，使得大河之名从晚清暴起，由低到高，第一次闻名遐迩，流到了天上。这，似乎又暗示了铜河的另外一个词源学——血的隐喻。

安顺场的地理位置颇为奇特：它的南面横卧形如鞍状的马鞍山；正西面紧靠白坟山与营盘山（这些山原无名字，太平军驻军、血战之后始得名）；它的正面朝向数百米宽的滔滔大河，对岸是巍峨的骑虎山和高高的台地安庆坝；它的西北方向是高低起伏的松林山与咆哮的松林河、大渡河汇合之处，又阻断了逆大渡河而上通往泸定的小道；中部又有热窝山、牛背山；全乡最高点为海拔4666米的观音山。安顺场与紫打地就像蜷缩在群山与莽水

今日安顺场全貌。右侧为松林土司王应元领地。蒋蓝摄

之间的腹地。可是，柔软丰腴的腹地，却极可能是凶地。

紫打地又叫“紫大地”“子大地”“自大地”等，是由大渡河和松林河所形成的一个三角地带，属越嶲西路河道七个集场之一。这七场是：紫打地、喜乐、洗马姑、腊尔坝、积玉、海尔挖、田湾，皆由松林地土司王应元管辖，其中以紫打地为最大。“紫打地”一种认为是彝语读音翻译，意“出蔬菜的地方”；另外一种意见是来自藏语，“子得呷”是“种蔬菜”之意。这个词语也许体现了双语的“殊途同归”。史式特意指出：紫打地不等于今天的安顺场。紫打地为清代松林地番族土司所辖河道七

场四十八堡的首场，是土司的驻地。清光绪二十八年七月二日（1902年8月5日），山洪暴发，紫打地街市荡然无存，难以复建。清廷拨库银2000两在紫打地以东约两公里处重新建场，在灾后重建工程完成后，官府乘机以汉名“安顺场”而偷梁换柱，取“山地久安，河流顺轨”之意。此时上距石达开在此覆军已40年，新场名与石达开已无关系。那种认为清廷镇压了石达开之后随即将紫打地改名为安顺场，说明此地已经安定、顺从的说法，也与史实不符。我从石棉县民宗局编印的《石棉藏族概述》里注意到，石棉藏区上、下八堡居民所操口语也互不相通。操“尔苏”语的人群主要居住于县域的下八堡；操“门尼洛”语的主要居住于县域的上八堡。我推测，“紫打地”一词极可能还是来自“尔苏”。

2011年9月14日，我在石棉县走访了老鸦漩、石儿山之后，通过县委宣传部与安顺场的“中国工农红军强渡大渡河纪念馆”的宋馆长取得联系，立即驱车前往。新铺的柏油路面顺大渡河陡峭的流向而蜿蜒，两旁多是半裸的山岩，紧扣身后的苍茫群峰。新近种植的绿化带和散落的民居并不能遮掩一种透心的古朴。这条线在大渡河南岸，正是石达开部仅剩下的数千人从紫打地轰然败退到石儿山的唯一路线。那是怎样一种凄惶，怎样一种急不择路呀。沿途没有见到一幢老房子，但我突然在一个河道的拐弯处见到一棵巨大的松树，直径一米七八的样子，有30多米高。停车端详，华盖之下，树身钉有一块名古树木的保护牌子，标明此树属于“云南油松”。这棵大树，成为这30里道路上150余年风云唯一活着的见证者。

其实，这样说并不准确。我回想起安顺场西侧公路之下，并不宽阔的松林河白浪汹涌，碎珠溅玉。河沿上有一棵足够5人牵手合抱的黄葛树，枝繁叶茂，高大挺拔，遮地近两亩，在这个偏僻之地营造着舒缓而自足的诗意。兵败之际，石达开的“王娘”潘氏预感不妙，把携带的金银细软装入一口棺材埋于大树下，引来了后世的挖宝行动。据说本地土地神拼命保护，使得挖宝者一再遭到天谴而无功而返。在我看来，大凡传说有财宝之地，多半已经是宝去室空。土地爷可以保护的，恰是没有什么实用价值的黄葛树。这棵千年古树与那棵云南油松一样，无疑是安顺场的地标性古树。风霜雨雪浸润大树褶皱里，兴许还藏匿着那细弱的呼救声……

关于石达开宝藏，与张献忠的宝藏一样，一直是四川民间经久不衰的龙门阵。先后在石棉县、合江县、兴文县、高县、西昌等地，不断生发关于石达开宝藏的种种传闻，初为街谈巷议，渐渐登堂入室，甚至有人拿出了极度神秘的藏宝图、口诀密码等等，言之凿凿，更显云谲波诡。

石达开率领的是最为重要的“中军”，随身携带有大量沿途劫掠的金银财宝，到达紫打地之后，财物的流向应该有几个途径。2013年7月，我在安顺场走访了石棉县文化馆的鄢晓兰，在她与周万任的实地考察、研究里，归纳了宝物的三个流向：

其一，部分财物在马鞍山大营被抢劫和焚烧。石达开到达紫打地，意识到置身死路，必有残酷一战，他渴望破釜沉舟的一次解决。他把粮草和辎重大营设于距紫打地约3公里的马鞍山垭口，这个地点距离他驻扎的营盘山有2公里。而堵截石达开退路的邛部土司岭承恩一直尾随，乘太平军全力强渡大渡河和松林河之际，粮草辎重大营防守空虚，率军偷袭马鞍山大营，焚毁粮草、抢劫辎重，后来石达开回兵营救，抢回大营，已经人去物空。石达开陷入绝境后，曾“两次射书王应元，先是以赠白金千两、良马两匹”。[①]由此可以看出，石达开为了求藏族土司王应元让路，应该是拿出了自己“最拿得出手”的财物了。说明马鞍山大营被袭后，损失惨重，已经拿不出更多的“买路钱”。

其二，一部分财物应该是在西昌整编时分发给遣散的士兵；然后，又在大渡河畔的利吉堡再次分发给将士。石达开部从大渡河旁的紫打地突围后，沿大渡河而下到达利吉堡，在利吉堡度过的前一晚，按清军要求“自行遣散”太平军4000余人。为感激将士多年舍命跟随之情，义气深重的石达开分发路费，将大部分财物分发给了部众。

其三，最后剩下的财物应该为邛部土司岭承恩和松林地藏族土司王应元所瓜分。《清史稿》记载：“贼军辎重悉为两土司所得”，说明清政府为奖励两土司剿灭石达开大军有功，将缴获的太平军的辎重全部赏赐给了两个土司。而岭承恩手中应该获得的财物较多，自石达开“假道邛部土司”时，[②]岭承恩就已获得一部分太平军的物资，同时他又曾率军偷袭太平军马鞍山粮草辎重营地，因为仓库守卫逐渐四下逃亡，无人值守；后来获胜后，清政府兑现承诺，予以奖励，可以肯定，岭承恩应该是获得石达开的大部分财物。而岭承恩手中的财物却难以弄清楚去向，无法知道去处，不过总体去向大体还是清晰的，应该是在清末随着邛部土司家族的衰落，而被耗尽或流失。而松林地土

---

① 张弗尘：《紫打地——安顺场》，载《石棉县文史资料选辑》（第一辑），1986年12月印制。

② ［清］赵尔巽：《清史稿》，中华书局1977年版，卷五百十三第14222页。

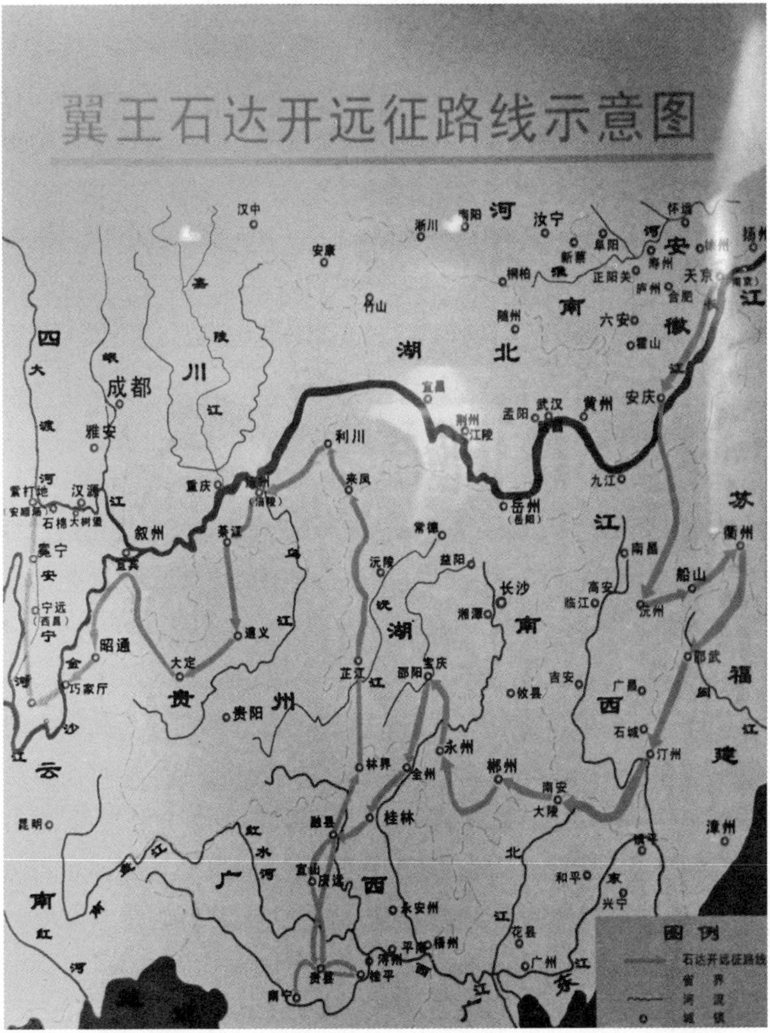

翼王石达开远征路线示意图

司所分财物，去向还是比较清晰。民国十七年（1928年）当地乡绅赖秉权、李光明、刘崇高上书越嶲县政府，肯准“将该土司撤职，所有遗产责令组成高级小学一所”。[①]得到越嶲县政府批准后，乡绅赖秉权等人将土司财物没收充公，用于修建安顺小学，并将安顺初级小学改为高级小学。在没收土司财物时，当地豪绅赖家出钱购买过其中一部分较为有价值的财物，或事先将其中贵重者据为己有。铁证之一是：1932年赖执中为了讨好四川军阀刘湘，“将翼王石达开宝剑一柄赠给刘湘”。[②]结果是清楚的，石达开大部分财物的真实去向就是如此。所谓的石达开宝藏之谜，不过是后人因石达开的传奇而附会的传说，或以炫人，或以邀宠，或以行骗。针对这一点，太平天国专家史式早年的判断完全正确：“总之，说石达开有窖藏一事是于史无据，不近情理。紫打地并没有石达开的窖藏，石达开根本就没有什么所谓‘窖藏’。”[③]

……

钱财都是身外之物；钱财在生死之际只能拖累赶赴新生的步伐。对石达开来讲，生活就是行军。常识告诉人们，坦途不是捷径，也距离目的地更远；但距离目标最近的小道通常是充满艰难，但是从来也没有证据表明，羊肠小道就理所当然可以抵达胜利。非但如此，这样充满危机的小道会把惶惶然

① 孙汝坚：《赖执中的两件事》，载《石棉县文史资料选辑》（第二辑），1988年12月印制。

② 孙汝坚：《赖执中的两件事》，载《石棉县文史资料选辑》（第二辑），1988年12月印制。

③ 史式：《太平天国史实考》，重庆出版社1991年版，第336页。

的心急者带往死地！当地老百姓中一直流传着一首总结式的顺口溜：[1]

朝前走有小河王铁桩扎断，
朝左走悬崖绝壁滚木檑石在高山；
朝右走铜河水暴涨滔天，
朝后退手巴崖高山铁寨！

说实话，我只有实地踏访了顺口溜中提到的近10个地点后，才能深切明白，地望之中酝酿而起的绝望！

我远远看见安顺场的赭红色仿古牌楼，左右门柱写有革命对联“翼王悲剧地，红军胜利场”。牌楼一侧的石碑上刻有“太平天国翼王石达开蒙难简介”。由于安顺场正在大规模搞旅游开发，脚手架上的工人在奋力修建造型怪异的建筑，进入街区的道路无法通行。我绕道从施工车辆的小道进去，最后没路了，周围全是拆毁的建筑垃圾，只好停在一栋孤零零的炮楼一般的土墙房子边。一问，原来这是毛泽东的指挥部。

下面是宽达三四百米的河滩，遍布无边的卵石。大渡河宽约二百米左右，流淌着碧血，低沉的水流声在江面蔓延，不断把细弱的泡沫抛在江边的卵石间。回旋，不走。河水携带着来自矿脉的溶解液，水流泛起一层乳白。这衬托着鹅卵石的沉静与稳定。水流的秘密已经渗透于石头内部，无法将其化作泥土。

① 隗瀛涛、李有明等主编《四川近代史》，四川省社会科学院出版社1985年版，第99页。

宋馆长戴着厚底眼睛，有大山一般的肤色，泛着古意，看上去也就30多岁。他是安顺场工农红军强渡大渡河纪念馆馆长，馆里面辟出几间展室，陈列一些收集自民间的太平军文物以及几十种研究著作。就是说，安顺场迄今都没有为太平军修建纪念馆。我们简单聊聊，谈了不少博物馆的现状，见问不出所以然，我们索性就直接去了河边。

大渡河，不是一条大得无法流动的河。它以不息的奔流带走时间，从而也带动历史。山似乎是透明的，它被流水偷走了影子。过往的人似乎也是透明人，被流水带走了死亡。时间被时间冲刷，历史在这里被带走了一切外表，没有真相，也没有了幻象。但是，我越来越清晰地听到了大河扭动山岳的流动。

河滩上，几台挖掘机正奋力挖掘鹅卵石，铲斗被石头磨得稀烂，像个缺牙的老太婆，嘎嘎嘎，轰轰轰，听起来就像一场摧枯拉朽的痛哭。

除了出卖鹅卵石，安顺场还能卖什么？

噪音打穿了大河之声，让我不禁想起“上陵磨剑”的典故。汉武帝驾崩后，皇后突然见到皇上显灵，皇上对皇陵守卫薛平说：“吾虽失势，尤为汝君。奈何令吏卒上吾陵磨刀剑乎？自今以后，可禁之。”薛平叩头如捣蒜，皇上化为一阵清风而去。皇后立即把薛平找来问话，薛平承认，皇陵傍的确有一方大石可以磨刀，守卫皇陵的士兵经常在大石上磨刀剑。

紫打地创于乾隆时期，嘉庆时更新修整。因为石达开原因，后来有人建议改名为“诛达地”。1902年秋，紫打地被水冲毁。紫打地旧址在何处呢？历史学者何雅伦、王笛20世纪80年代特意在此进行了多日的考察，他们指出，当他们站在大渡河北岸，眺望安顺场时，发现这样一个问题：既然紫打地被大渡河水所冲毁，选择新场时必定往靠河道较远处移，即往南移。如果按上述说法，今安顺场在紫打地之北，岂不更近河道？殊不合情理。后查当时越嶲厅同知孙锵所订《新立安顺场场规》，中有“兹择于南头中坝另立新场”，[①]证实我们的判断是正确的。因此，紫打地旧址应在今安顺场以北、大渡河以南所夹地带，或许一部分正是今大渡河床。[②]

天空不见太阳，空气里回荡着一股燥热，让人无法睁大眼睛。我眯缝着眼睛观看右侧松林河冲下来的丰沛净水汇入大渡河，松林河水颜色更白，斜插到深碧色的大渡河河心，才不情愿地随波逐流。那时，石达开就是想利用岔道进入大渡河形成的剪力，一举冲至大渡河河心，再奋力划桨过河。

朱偰1941年夏季来到白坟山右侧的营盘山时，此地就树立写有“太平天国石达开大军被困处”的大石碑，可见当年人们已有保护历史遗迹的意识，可惜这些遗物早灰飞烟灭了。从现在行政归属而言，此地属藏族先锋乡松林地。它南与蟹螺乡、西与新民乡、东与安顺乡、北与新棉镇接壤，东西走向由大渡河相隔，南北走向由松林河相隔，面积约5平方公里。石达开率军屯住安顺云盘山，因松林地是当时藏族土司王应元所管辖之地，王应元利用松林村北临大渡河、东有松林河的地理优势，与石达开部队隔河对峙。太平军多次强渡松林河和大渡河未成，石达开为此在紫打地安营扎寨3天，此地没有竹子，当年太平军砍光了营盘山上本就

---

① ［清］马忠良修，马湘等纂、孙锵等续：《越嶲厅全志》卷二之六，关隘十。

② 王应元：《石达开覆没大渡河考察记》，《四川大学学报》1986年4期。

不多的树木，用葛藤、布条绑扎为筏，6000将士正欲强渡时，天突降暴雨，山洪暴发，两河河水同时暴涨。此时，清朝官兵西从泸定、东北方从雅安汉源、东南方从西昌冕宁，配合土司王应元四面袭来……事后，王应元被当地人形象地称为“王铁钉”，骆秉章以政府名义还赠送了他一块“功高志大”匾，颂扬功绩。这块匾额，正是唐友耕亲手交给他的。

显然，这颗一心要成为制度的“铁钉”，恰好可以悬挂匾额，他成为不可一世的人物。

1863年5月14日，石达开前锋部队以樟木菁村民赖由诚等人为向导，未走大渡河南，而出李子坪抵达大渡河西岸，屯兵紫打地，以正面直对大渡河的营盘山为中军营地。他们立即伐木造木筏及船，对大渡河、松林河组织多次强渡，均功亏一篑。有人举报向导赖由诚等人为清军奸细，此时，肝火正盛的石达开立即下令“杀无赦”。

5月21日一早，大渡河暴涨的河水已经平息，浑浊的水流逐渐清澈，石达开憋足了力气，做最后一搏。

这应该是所有强渡中最为惨烈的一次。

石达开挑选精兵四五千人，“左手握矛，右手挽盾，披发赤足，腰悬利刃”，分驾木筏几十支，在松林河汇入大渡河的剪力作用下拼死强渡。营内众军都出排列南岸敲打兵器呐喊助威，血与河水，将仅剩的希望烧红了整个河谷。唐友耕从北岸居高临下用大炮轰击，水柱冲天。突然筏上装载的火药被炮击中，发出闷雷的破裂声，各筏先后炸裂，将士纷纷落水，随驾湍飘没。有几支竹筏漂到下游，也被唐友耕指挥部队沿河各个击破，强渡的太平军战士无一生还。

费行简写道，川军绿营使用一种土炮武器叫作“轰筒”，用粗大的整枝老楠竹截成一丈长短，打通竹节，做成火炮，相传是乾隆时期征战大小金川的遗制。唐友耕连夜把数百支“轰筒”埋在河岸上，轮番展开轰击。

见此情形，石达开对将士说：“吾起兵以来14年矣，越险岭，济江湖，如履平地，虽遭难，亦常嘘而复奋，转退为攻，若有天佑。今不幸陷入绝境，重烦诸君血战出险，毋徒束手受缚，为天下笑，则诸君之赐厚矣！”面对清军、土司、彝兵箍桶一般的包围，石达开呼天不应，他把情绪托之于诗：

苍天意茫茫，群众何太苦。
大江临我前，临流曷能渡？
惜哉无舟楫，浮云西北顾。
到处哭声多，中原白骨露。

诗意未完，他仓促之间展露出的情怀，很容易把我的视野带往鹅卵石堆砌起来的河床。想起石达开和数万太平军将士，他们的命就像这无边的鹅卵石，铺成了铁青的石阵。遥想石达开在宜宾横江镇大战两个月，横江水边也铺满了石头。但那里都是大石，远远没有形成鹅卵石的光滑与内敛。就是说，它们固然是符号，但两者的能指完全不同。看到颜色古怪的卵石静悄悄地躺在地上，诡谲的石花像豹纹一般飞动，我捡起两块，冰凉的石头就像一个拒绝醒来的梦。奇怪啊，怎么越看越像是肾脏呢？肾是什么？肾是实质性器官，外形似蚕豆，分为上下两端，内外两侧缘和前后两面。上端宽而薄，下端窄而厚；而肾的前面较凸，朝向

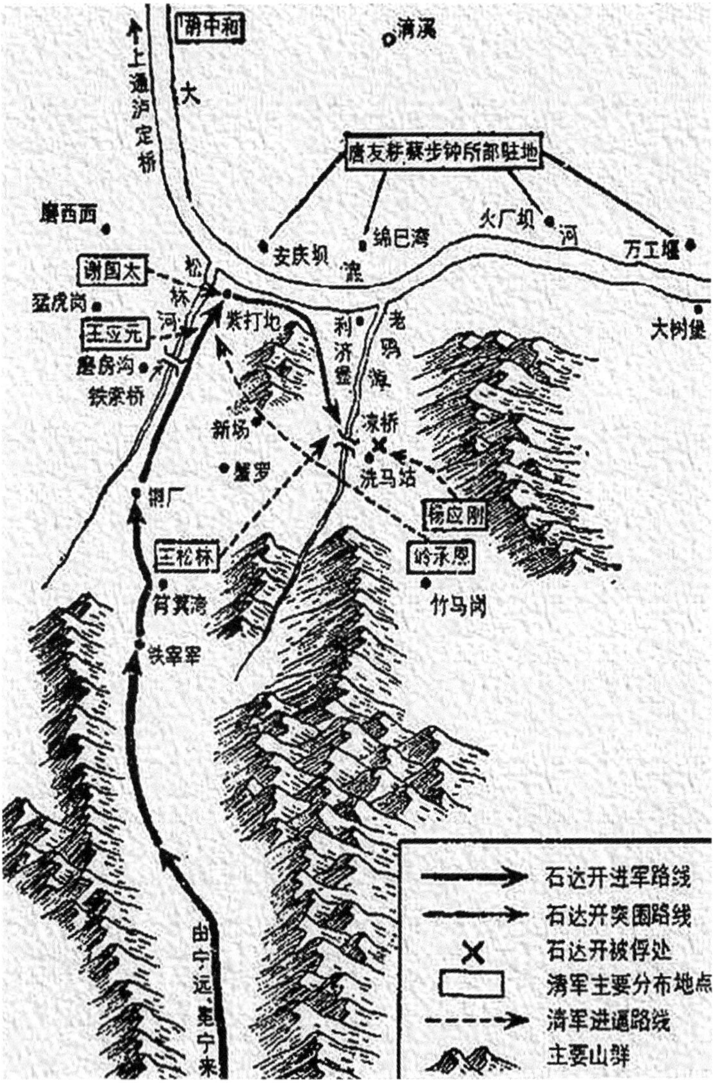

石达开强渡大渡河示意图。见史式著《太平天国史实考》，重庆出版社1991年版

前外侧，肾的后面较平，一个肾脏的造型就像一只诺亚方舟，固然，它的使命是拯救和超度，但前提是：只要是真实的有价值的生命。但它恰恰应该把暴政扔出体内。现在，这些不再流血的器官，蜷缩如石，为古往今来的暴力写下了最为形象的篇章！

尼采在《权力意志》中拒绝“灵魂假设”，提出从身体的维度重新开始认识哲学。结果，医学、政治学、宗教领域中的身体研究建立在这样的一个推论上：传统的身/心二元对立以及对人的身体的忽视是社会科学中主要的理论和实践问题。也就是说，身体政治以及身体专政已经成为制度的新器官。如果说沼泽和湿地是大地之肾的话，那么，什么又是国家的肾脏呢？

我知道，卵石中的亡灵并没有消失，它似乎只是陷入了沉睡。紫打地的鹅卵石具有比白昼更为惨白的光，把白天像虫洞那样打穿，内部的些微真相就足以使光天化日产生阴影。我甚至梦到，那无尽的长梦把遗恨压缩成了一小块肾结石，正越来越深入和坚硬地预谋和等待下去，直到暴虐的欲念运行过来，会被它狠狠挡住，它要让脔割自己的制度痛出原形！

当地老百姓说这里死人太多，鬼魂经常在鹅卵石上跑动、号哭。呜呜呜！其实那是河风吹入石缝发出的怪声。也许它们在保佑另外一批后来者吧——相距石达开强渡之地下游400米之处，70多年后即成为“红军渡”。强渡大渡河的18勇士有16位是广西人，在飞夺泸定桥的22勇士中，广西人也占了17位！

1978年5月20日，美国总统卡特的国家安全事务助理布热津斯基肩负推动美中关系正常化的使命抵达北京访问。在这次访问中布热津斯基首次见到了邓小平。邓小平邀请他全家走访长征路。7月，布热津斯基走访了大渡河、安顺场等地，随后他在美国《生活》杂志上发表了《沿着长征路线朝圣记》一文，指出："在我们走近大渡河时，曾经一度怀疑它是否真的像长征战士在回忆录中描述的那样水流湍急，险象环生；及至亲眼目击，才知并非言过其实。这条河水深莫测，奔腾不驯，加上汹涌翻腾的漩涡，时时显露出河底参差狰狞的礁石，令人触目惊心，不寒而栗；有几处，河水还以异常的速度倒流回环。我们一行之中谁也没有见过这种水流现象。时而回流，时而顺流，时而侧流……似乎和地球的引力场不生关系。原来大渡河自有它自己的生活规律！"①

从安顺场回到成都后，我写下了《暮晚的渡口》：

风把落叶吹往一个方向
发出流水的弦音
这让我想起十二月党人
和他们的家眷
车轴折断的地方
就是道路的终点
而几片猩红的枫叶
该是破冰的鱼
点燃了自己？

远山在落叶的冲刷下
被层层削矮

① 转引自《大渡桥横铁索寒》，见《解放军画报》2006年8期，总第711期。

更远的星群正踏苇而来
像一个恶念，悄然完成了
情欲对身体的覆盖
天空打开了它的全部羽毛
于是在风口之上
我看见暮晚的内部
美人的口袋里装满了鹅卵石
把天国的时光
带往水底

我在紫打地一带采访时，当地一直流传一个说法：石达开冒险走小路北行，过“铁宰宰”（彝语读音变异而来。也名铁寨寨、铁寨子，后属栗子坪人民公社）时，便有不祥预兆。多年行军的军事家，十分讲究地名暗示的法力，这种情形即便是孔夫子也难以回避。《尸子》卷下载：“孔子至于胜母，暮矣而不宿。过于盗泉，渴矣而不饮，恶其名也。”孔子厌恶“胜母”“盗泉”这些有违礼义准则的地名，为坚持自己的道德观念而选择了异于常人的做法。蜀国大将庞统，字士元，号“凤雏”，最后竟然就死于“落凤坡”……显然，石达开一听地名，便感觉到了“铁宰宰”刮来的嗖嗖冷气。那是专门用来打石头的工具，也就是石匠用以开凿大石的粗短铁楔子。金能克石，即便是有“石敢当”之誉的翼王，他已经产生了失意萧条之感。

远且不论，就是在四川战争史上，“地名相克”事件也屡见不鲜。

王培荀（1783—1859），字景淑，号雪峤，山东淄川（今山东省淄博市淄川区）人。道光二年（1822年）中举，道光十五年（1835年）入四川，历任丰都县、新津县、兴文县、荣县知县，王培荀在四川为官14年，踪迹遍及巴蜀。他博学多识，勤于著述，对巴蜀文化、文学的发展多有贡献。民国《荣县志·官第十》称其“喜著述，励士以学，文学丕振，旧无有也。”①王培荀在荣县任内撰写的一部笔记性见闻录《听雨楼随笔》，因写成于官署听雨楼而得名。此书记载大量明、清之际的战争、灾祸情况，比如第1077条：

“古人行军，地名最忌，岑彭在彭亡被刺。四川朱总镇射斗剿贼至西充牛头寨，贼首冉添（天）元设伏围之，朱大呼将士杀出，行十余里，复被围，问此何地，曰：‘老虎坝。’朱曰：‘吾犯绝地死矣！’盖朱猪同音，猪遇虎必死也。齐二寡妇以踏软索、驰解马出身，色故狡丽。其拜也，官兵逼之谢花坡，坠崖死，亦应其名焉。”②

文中提到的均为四川历史上的著名事件。建武十一年（35年），岑彭伐公孙述，阵战侯丹，直抵成都。公孙述派遣刺客，乘夜间将岑彭刺死。川北镇总兵朱射斗征战30余年，有“朱虎”之誉，看来称誉没有“克住”地名之威。被军蔑称为“齐二寡妇”的，乃是白莲教起义的美女首领王聪儿。

自古以来，西昌通往内地的大路多走清溪道，即石达开先

① 廖世英等修、赵熙等纂：《荣县志》，巴蜀书社1992年版。

② 王培荀：《听雨楼随笔》，巴蜀书社1987年版，第530页。

锋赖裕新部所走之路，但这条路并非商旅所行之路。石达开用兵奇诡，均是另类思维，渴望出奇而制胜，因而不走寻常之路。对这类说法，也有进一步的史料可作支撑：小道路线由西昌县百姓杨由诚在樟木箐上书所献之策（见《西昌县志》），石达开予以了采纳。石达开率部四万多人绕冕宁城沿山麓行至大桥，由向导带路随即纵切入冕宁的山间鸟道，翻越铁宰宰、水扒岩、烂泥坪、铜厂、新场等，于农历三月二十七日（5月14日）早晨抵达大渡河南岸之紫打地。当翼王军队到达“铁宰宰”时，石达开见“径极险狭”，“睹部伍鱼贯以进，辄畏阻”，立即心生退意，打算回师西昌，再图成都。但军师曹卧虎竭力主张继续进军，坚持称“兵家乘虚为上”，“便捷莫如小道”，石达开才“决意冒险”。[①]在这种情况下，石达开难免有疑虑之心，而不敢毅然用兵。因此，当5月14日晨石达开抵紫打地后，犹豫不前，格外小心。他先派兵渡河探路，查看清军是否有备，而耽误了一天。当时石达开对部下说：“我生平行军谨慎，……倘官军卒至，此危道也，不如俟明日毕渡。”[②]由此亦可见石达开疑虑的性格。

石达开这一谨慎的用兵动机，还有不断出于现实一幕幕的惊险：就在路过越嶲时，当地地主就造谣说，“长毛”见人就抢、就杀，捉住人后把肚子剖开，挖出心肝五脏，装上粮食喂马——此言一出，腾达四野，老百姓纷纷逃亡或闭门，造成石达开军地供给时断时续。尽管后来证明，太平军并不轻易杀人。中所、小孤山、越西东南门外都有老百姓站在路旁观看太平军行军，太平

① 都履和：《翼王石达开泼江被困死难纪实》，刊《新中华》复刊第三卷第九期。

② 薛福成：《书剧寇石达开就擒事》。

军都没有伤害过他们。附近的农民也有随太平军而去的，也有不少人为太平军背粮食、抬行李，成为民夫。当太平军进逼越嶲城下，越嶲厅同知周歧源与参将杨应刚督军民登城固守。太平军见状没有轻易攻城，而是迅速绕城北上。但由于不熟悉地形，不少兵马尽陷于水田之中。清军乘机攻击，太平军被溺、被杀的就达数百人。得胜后的周歧源又与岭承恩土司密谋在前面的白沙河设伏兵。城内营兵尾随追击，太平军猝不及防，死伤过半……

就连如此偏僻之地的地主武装也对付不了，足见太平军此时的战斗力，衰竭的速度有点让人难以置信。为保存实力，石达开不能不小心加小心。

毕生果决的石达开，在生死攸关的最后时刻，可见过分谨慎的丝缕已经自缚其果决。等于在唐友耕守军尚未抵达安顺场东岸安庆坝之时，坐视生机顺波而逝。逝者如斯夫的喟叹，就像裹挟在河边鹅卵石间的水沫，以脑浆一般的乳白色，成为涛声中的顿挫……

而那刮着嗖嗖冷气的“铁宰宰”，后来终于在千里之外的成都，伸出了它的利齿。这——只能叫一语成谶。

我和龚伟在河滩上寻找几块鹅卵石，想带回家做个纪念。我弯腰，背对着天空。我从最低的身姿向上看，太阳显得非常艳丽，它的大光模糊了石头与河水的间隙，催人泪下。遥想当年，密勒日巴尊者的传奇和修法的坚毅在藏区无人不晓。在马尔巴第二次返藏时，密勒日巴由于使用“黑咒”召集起漫天的巨石杀死家族仇人。这样威力无穷的咒语，就在紫打地的彝族人里也有。

果有神者，请举起河床上的所有卵石，铺河为路，雷暴一样袭向对岸。

在写作这一部分时，我承认是这本书最为艰难的部分。我无数次设想着那个特定阶段太平军与清军的各种情况。我想到，一个王者必须心藏失败的念头。

一个人在行驶一件事的过程中，直到他非常清晰地意识到自己必将失败。那么，他还会停下来吗？这无疑是他人生中“严重的时刻”。我想，绝大多数人会奋力一搏，渴望金石为开奇迹光临，转危为安；悲观者会明智地罢手，枯木一样等候天意的摆布；还有极少数者，会一点一点去损耗，一点一点去失败。就像作家伍尔夫那样，口袋里装满石头，缓慢走向河心。

失败，可以失败得慢一点，失败得从容不迫。他吃透了荒诞，他荒诞地把荒诞演绎给我们看。

也许他的一系列荣辱并不能让他忘怀这一预设，而是他不断在刨去预设周围的附赘物，甚至不惜揠苗助长。他等待着越来越清晰的结局与预设相吻合，就像一把伤痕累累的剑，回到了熔炉和砧台。

正因为有死亡的终结，这样的悲剧性就不再荒诞，让我控制不了自己的眼泪。

大渡河的河神与乌鸦

我来过安顺场两次。2011年来时，全镇尚在大规模修建；2013年3月的安顺场，悄然沉浸在一股石灰、油漆的味道中，仔细一点可以闻到砂轮、切割机与花岗岩、砂岩摩擦出来的火药味。簇新的安顺场向着蓝天白云敞开旅游时代的热烈怀抱。街头空无一人，砂岩地面泛起白光。我向松林河对岸瞭望，看到一片青瓦白墙的新房点缀在青翠的山腰，那是一个藏族村落——松林村。汶川特大地震以前，这里房屋杂乱，80%的群众都居住在土坯房内，生活条件艰苦。经过3年的建设，松林村一组已经成为雅安市最大的农村灾后重建集中安置点，占地83亩，集中统一联建房屋116户。据说，不管是在生活环境还是物质水平上都发生了翻天覆地的革命。

我来到松林村，围绕一个巨大的水池，垂柳与红梅点缀其间，鸟声如花叫，仿佛置身欧洲风情小镇，让人有恍若隔世之感。

俯瞰村落的有一个高坡台地，那里是先锋藏族乡松林村——清朝藏族土司王应元衙门驻地，俗称“土司衙门”。当年王应元曾在松林河领军击退太平天国起义军翼王石达开的部队。事后，清廷赐予王应元都司加副将，并绘像进入紫光阁。从此更加志得意满的王土司，在离他家老屋几百米开外的一块台地上，另觅宅址新建了气派的官衙。

松林地南与蟹螺乡、西与新民乡、东与安顺乡、北与新棉镇接壤，东西走向由大渡河相隔，南北走向由松林河相隔，面积约5平方公里，王应元的“土司衙门”位于高坎之上。石棉县文化局干部姜成强很熟悉这一带情况，带我来到一块足有上百立方米的岩石前，说这是当年“土司衙门”的前门，也是插经幡的地方。我仔细看了半天，发现确有不少人工凿出的小洞。

“土司衙门”早已经荡然无存，据说毁于“土改”和“文革”时期，只有后面几间土石建筑的牢房还在。旁边有一个斜吊的门牌：松林村一组90号。

姜成强说，土司王应元的官衙有三重院落：最前面是值守和看管犯人牢房的兵勇房；紧接着是官衙的正殿、偏殿、侧殿；右后院的一角，还建有专门用于担任警戒任务的瞭望哨台。就面积来说，整个官衙占地有三四亩，周围都有高大、厚实的土墙，可称得上是一座豪宅。仅以官衙侧殿的房屋来说，其墙壁的厚度就达80厘米，住在里面冬暖夏凉。官衙地面也打成了“三合土”。历经150年，地面仍然十分结实牢固，甚至连地下水也渗不上来。一个朝廷闻达、却深居简出的官衙主人，一座典型的木雅藏式风貌建筑，其中隐藏着多少历史传奇和巨大秘密？

在松林村，见有人来打听“王松林”（王应元）的事，不少的当地人纷纷对我讲述当年的故事。当年王土司用一门威力巨大的“劈山炮”，把对门山坡上驻扎的太平军打得七零八落。后来土司又派人把当地人们拿来晒东西的篾垫裹成筒状，并刷上一层黑油漆伪装成大炮，这更让弹尽粮绝的太平军吓得不行。“王土司家的师爷还专门写了一本书，详细记载打石达开的这件事情。”松林村的一个村民称，现在安顺场流行的一个关于石达开的故事，就是从王土司的官衙里传出来……在一户周姓人的屋里，一块刻有“功高志大”字样的木匾，被主人当成楼板，压在一个盛满粮食的囤子下面。而在王土司官衙的后院部分，这家人则在地下发现了大量的木炭。[①]

姜成强没有对我讲“功高志大”字样的木匾下落，他直接带我到松林村一组村民周文清家里，叫他拿出了两块黑漆木板，在阳光下发出诡异的光，我心头大惊。

---

① 罗光德：《先锋松林地：一座土司官衙和它隐藏的秘密》，刊《雅安日报》2007年6月4日。

2014年夏季，我去石棉县参加“中国作家走进雅安笔会”，同时进行了田野考察。这是在安顺场松林村一组的村民家里，他从床下拖出来的、用于垫鞋子的一块松木质地的木匾：“皇恩龙赐”，这是朝廷奖给松林地土司王应元的，与历史记载完全吻合。我后来与雅安市文联老领导赵良冶等谈及此事，他们答应立即向上级反映这一文物处境，尽快予以收购，但至今不知结果如何。蒋蓝摄

木板应该是松木质地，长约5尺，宽约1尺，一块无字，背后遍布虫蛀的小洞，另外一块刻有阳文“皇恩龙……”字样，字体遒劲有力，每个字有一尺见方，均有鎏金，因为匾额被人锯断，看不到落款。推测起来，估计应该是“皇恩龙赐”，属于中堂正中悬挂的匾额。这是我在安顺场一带见到的石达开一役的唯一“故物”！

我抚摸牌匾，手汗印在上面。

无人知道王应元的下落，包括他的坟茔在何处。往事从来不会如烟，往事如门前的巨石，也如这块木匾，功名如鎏金之字，血泪如虫蛀之洞。

姜成强讲到了王应元的一个“功劳”，我从来没有在任何资

料上见过：

王应元得知石达开要强渡大渡河后，特意派人从理县请来苯波教大师王茂（藏名读音）。王茂来到先锋乡一带观察地望，他注意到场口之上的山头有一座老金花庙，他动手把坛上金花娘娘的塑像颠而倒之；然后杀了一只公鸡，鸡头看凶吉，大施法术。苯波教本来拥有《消灾经》等，山川河谷、天地感应十分灵验，反过来说，既可以消灾除魔，也可以召唤洪水冰雹。王茂念经之后，山神感应，开始提前发洪水；不仅如此，山神还在石达开驻扎的营盘山间播撒鬼火，让恐惧之气弥漫其间……事后，王茂被朝廷封为"天官师"。我们知道，"天官"出自《史记》，其中《天官书》开宗明义就写着："天文有五官，官者，星官也;星座有尊卑，若人之官曹列位，故曰天官。"有这样的"天官"保卫的政权，最后自然而然会发展到"马桶阵"，还不是一样要分崩析离吗?

不过，我只在磨西古镇见过金花庙，在石棉县却从未耳闻过——也许以前有吧。

现在是安顺场忠英客栈老板的杨秀忠，对我回忆：听祖辈讲过，王松林土司按照大师王茂的吩咐，利用巨大的竹编晒席，刮了很多"锅烟灰"将其染为黑色，然后卷成长筒插置在树林之间，俨然是一门门"巨炮"；晚上又赶来大量山羊，尾巴蘸上油点燃，山羊负痛开始在树林立乱跑，制造了"雄兵百万"的假象……用兵谨慎的石达开见此情况一再迟疑，贻误强渡松林河的战机。杨秀忠感叹："想不到啊，身为军事家的石达开，也中了土豪王应元的空城计！"

这个说法是合情合理的。前面提到过清军在大渡河东岸使用的土炮“轰筒”，“轰筒”是用粗大的整根老楠竹截成一丈长短，打通竹节做成火炮，这一造型与涂抹了“锅烟灰”的晒席卷筒何其相似！

处理“巨寇”石达开之后，骆秉章特意奏报朝廷《河神助顺疏》：

伏查伪翼王石达开，上年拥众自滇边突窜建昌，锐意图犯腹地。经臣调派升云南提督唐友耕，督率振武军，暨雅州府知府蔡步钟所带练勇，并汉土各兵，分布大渡河，据险扼击。惟时正值暮春，水尚平静，随处可以涉浅，须至五、六月间，河水始能涨发。倘被该逆径渡，势既蔓延，扑灭非易。乃石逆于三月二十七日，甫抵河干，是夜大雨滂沱，次日河水陡涨十余丈，波涛汹涌，并松林小河，亦成巨浸。询之土人，向来三四月间，从未见此盛涨。石逆每欲扎筏抢渡，被我军枪炮轰击，筏入水辄覆，限于巨流，不得狂逞。大兵四面逼促，该逆遂困于紫打地，食尽路绝。渠魁就缚，余逆歼除。该逆就擒之后，水势仍复消落，众目共睹，无不传以为异。窃惟此役成功之速，虽属将士用命，而仰仗天威。神灵助顺，河水陡涨，确有明证。溯查大渡河发源岷山之阳，一日阳江，流经大坪、鱼通各土司之内，至打箭炉东之瓦斯沟，与旄牛徼外柘拔海之泸水合，转经泸定桥，下汇众流，夹山涧曲折而南，至青溪之大树堡，始能问渡。复经野美境内，东至嘉定府，汇于大江。源远流长，实为西南巨堑，虽考诸志乘，其无神典可稽。而捍患御灾，有功于民则祀之，况洪波助势，俾贼技渐穷，翊赞圣功，削平巨寇，既昭灵显，允宜崇报。应请饬部议加大渡河神封号，建立专祠，列入祀典。并恳颁赐御书匾额，敬谨悬挂，以扬国威，而显神迹。再闻雅州府西之化安坪，向祀金华神，其年代姓氏，皆无可考。前次滇匪围攻雅州、嘉定两城，皆著灵应。据所擒贼供攻城之际，皆见神兵默助，当即骇溃，城围立解，士民奉祀益虔。据该府具详请奏前来，应请赐加封号，附祀大渡河神祠，用以俯顺舆情。是否有当，理合恭摺具奏。[①]

对于这样的请求，朝廷自然准奏，祭拜仪式着手安排。骆秉章承认，能够建此奇功实是仰赖了大渡河百年不遇的提前涨水，但是，他没有在“怪力乱神”的道路上滑行太远，因而没有提及王应元。这种“天地感应”之兆，显然只能归于“天佑大清”的气象。他谈到被俘虏的太平军所言，每临攻城时总能看到神兵默助，当即骇溃，显然是有一定依据的。唐友耕与李蓝起义军的反复交战中，“神灵佑城”的奇迹已经多次在犍为县、雅安出现。按照这个谱系，石达开兵败紫打地，百年不遇的洪水提前两个月而至，只能归于河神的“正义叙事”。

石达开的部队是如何激怒“河神”的呢？

其实，1863年5月17日实施第一次强渡大渡河时，依靠几条小船的高强度来回摆渡，已经有近1万人安然过河。天色已晚，石达开突然下令，北岸的士兵再次回到南岸。这个重大决定明显就是成与败的锁钥。如果连夜继续强渡，全军最迟在次日黎明前可以全部过河。这至少说明，那时的“河神”并没有怒火中烧。莫非它还没有被震天的杀戮声吵醒？

在1905年由上海广智书局出版的扪虱谈虎客（原名韩孔厂）

---

① ［清］余澜阁：《蜀燹死事者略传》。

所编的《近世中国秘史》里，采自薛福成《庸庵笔记》的记述，从另外一个角度解释了机遇之门的倒转。

薛福成指出，骆秉章得到泸定桥巡检文策三通过建昌道转呈的密报，当地土司头人已经收下石达开的贿赂，有“放虎归山”迹象。骆秉章急派唐友耕开赴大渡河北岸的安庆坝堵截，同时对土司头人予以重金收买。既然对方付得起钱财，那么我却可以亮出对手拿不出来的诱惑之物——赏赐光宗耀祖的“官帽”。骆秉章恩威并用，迫使土司头人就范。在我看来，这些“事后诸葛亮”的举措，都不是问题的实质。

这还是石达开用兵过度谨慎所致。他害怕在渡河这个关键时刻遭到清军的突然袭击。这一事实，薛福成写明是唐友耕事后向自己弟弟薛季怀亲口所言。薛福成扭转了骆秉章的谎话：“石达开初到大渡河边，北岸实尚无官兵，而骆文忠公奏疏谓唐友耕一军已驻北岸，似为将士请奖张本，不得不声明防河得力，因稍移数日以迁就之。当时外省军报，大都如此，亦疆吏与将帅不得已之办法也。”①

第二天一早，滔天巨流将河岸推得很远了，石达开所率领的中军命运由此铸定。

从兵法角度而言，石达开的谨慎是可以理解的。曾国藩就说过：“用兵以渡水为最难。不特渡长江、大河为难，即偶渡渐车之水、丈二之沟，亦须再三审慎。恐其半渡而击、背水无归，败兵争舟、人马践溺。种种皆兵家所忌。”②

① ［民国］扪風谈虎客：《近世中国秘史》，江苏广陵古籍刻印社1994年版，第214页。

② 蔡锷：《曾胡治兵语录》，山西古籍出版社1995年版，第145页。

但超越常识的“用兵诡道”，也许才是最后唯一的生路。可惜的是，假设历史已经没有任何意义了。

河神啊，那个兴风作浪的河神，鼓起的绿豆眼却看不见真正的大神。

在石棉县、汉源县、雅安一带，我至今没有查阅到曾经有过“河神祠”或“江渎庙”的记载。成都立祠祭祀长江之神——天帝之女奇相是从秦朝开始的。到宋神宗时，成都重建过颓废的江渎庙。有关江渎庙的具体地点，史书记载在成都城南的锦江之滨，于每年立夏之季来江渎庙祭祀，成为国家大典。明清两朝，成都文庙西街有江渎庙（包括今四川省卫生干部管理学院），曾有明代所铸造的体格巨大的江渎太子及其两妃三座大铜像。由此可知，江渎庙在“成都县南八里”的所指，应该就在文庙西街。

直到清代，文庙西街的江渎庙前上莲池仍名实相副，池内莲花灼灼，莲叶田田，是文人墨客雅集的理想场所。大部分庙宇建筑犹存，有三进大殿和瑰丽的木构。从大梁文字上看，在康熙六年（1667年）又予以重修。从大殿那些烟熏火燎、黑得发亮的大梁上，犹可想见昔日的繁荣。1904年，华阳人罗徵女士利用此庙宇建筑开办“淑行女塾”，为川西成都女子教育之源头。直到“文革”爆发时旧庙成了危房，才被夷为平地。

唐友耕后来在文庙后街广置田地，修筑阔达“唐府”。住宅距离江渎庙甚近，对他这个迷信甚深的人而言，每年必去祭拜，感激大渡河河神自然是他心结。按照合理推断，官方事后应该在汉源、石棉的大渡河畔举行过祭拜仪式。

大渡河的河神，大名曰“奱”。常璩《华阳国志》记载，沫水（大渡河）自蒙山至南安西溷崖，水脉漂疾，破害舟船，历代为患。蜀郡太守李冰发卒，凿平瀏崖。大渡河河神叕大怒，李冰于是操刀入水与神决斗，他念没念“避水诀”无从得知。结果是平息瀏崖，通正了水路，开出河道的地方即是李冰所凿。富有深意的是，四川人尊敬的“川主”，如今俨然就是水神李冰。就是说，在漫长的岁月嬗变中，李冰不但“僭越”了奇相的香火，而且也把“叕”的名位一并囊括了。这就形成了一个悖论：如果骆秉章对蜀地的民俗寓目更广，知道蜀地的河神是李冰，那就不妨去祭祀李冰；但他显然不明就里，相信一个神管理一条河，可是又不知道大渡河的河神就是“叕”，胜利者企图以河神的名目，囊括大神小神、鬼蜮魍魉于麾下，这不是违背了“子不语怪力乱神”的礼仪吗？

这个故事等于告诉我们，河神、城隍、土地之类，均是皇权制度的捍卫者。看来，河神不但在大渡河显灵，还在涪陵的乌江、宜宾的横江战役中也在拼命保佑制度。

在紫打地的河滩上，我内急得不行，见四下无人，只好朝大渡河撒尿……想到松林河与大渡河交汇处里就有一种珍稀鱼种叫“鮈鲫”，本地人称之为桃花鱼，在桃花汛期从溪流奔出，只能长到十几厘米长，公鱼身上有一条花纹似彩虹；母鱼没有花纹。那是中国特有的一种小型鲤科鱼类，分布于汉源县、石棉县、双流县、都江堰市、彭州市等地。真要在这里找河神，我以为“鮈鲫”才实至名归。

我一回头，看到松林河北岸的“剐老鸹山”云遮雾绕，有很多乌鸦在乱飞。

当地人从不文绉绉地称乌鸦，他们只说老鸹。乌鸦、鱼鹰都叫“鸹”，可见老鸹这个词在石棉、汉源一带的乡村使用频率很高。

传说彝文是一个叫“阿苏拉则”的人创造的，号称书祖。他是家喻户晓的大毕摩。传说阿苏拉则幼年，不善说话，整天不作声，做事怪异，常常整天在外。原来他每天都被一只神鸟引到密林，那只神鸟在树枝上吐黑血，他便用这些黑血在纸上书写，便形成一个个的彝文。母亲来丛林里找他，惊讶了神鸟，阿苏拉则创制彝文还未完成就被迫停止了，因此现在的彝文还有些不够用。

那只神鸟就是鸦。

毕摩们精通“鸦语占”，若遇鸦噪便是“乌鸦叫丧”，则要按乌鸦噪鸣的方位和时日翻阅《阿吉伙博》即《解鸦语经》以占其所兆。这与藏族经文《以乌鸦的叫声来判断吉凶》异曲同工。不同民族的通灵者，均是乌鸦。

我猜，乌鸦翔集的大渡河上，石达开没有读懂这“鸦经”。

我眺望河面乌鸦的跃动，它似乎要把鹅卵石提到空中。我慢慢地发现有一个不变的法则，不管它们是群飞向右、群飞向左，或群飞向上、群飞向下，它们都以某一定点为中心。可以画出数个旷大的旋涡曲线来，并造成阴风的力量聚集。并且看到它们的首领就站在旋涡的中心，以尖厉的鸣叫从鸦群上空掠过，就像逆风飞舞的呼哨，指挥着漫天起伏的韵律。黑羽毛如黑雪飞临，连鸩鸟等异兽也要退避三舍。有时，乌鸦竟然会从濒死者的面颊上扫过，死亡的腐气深入肺腑，乌鸦黑眼睛突然血红，显得强悍而肆无忌惮。《本草纲目》指出，人吞下乌鸦的眼睛就可以“见诸魅”，或者把乌鸦眼珠磨成粉撒进眼睛，夜能见鬼，这些记载充分展示乌鸦灵化的一面，虽然不可当真，但医者的诗意却跃然纸上。

乌鸦全身漆黑，犹如反光的黑铁，似乎浸透了黑暗的浓汁水，而且叫声凄厉，像金属片被迎风撕裂，令人联想到死亡的颜色。但汉代人却把乌鸦看作吉祥鸟。据晋代干宝所记，景帝三年，“有白颈乌与黑乌群斗楚国吕县，白颈不胜，堕泗水中死者数千。”这预兆着楚王刘戊附吴王谋反，兵败后逃往丹徒，为越人所击，堕泗水而死的后事。由此看来，在汉代人眼里，乌鸦是胜利的象征。延至唐代，也颇行鸦卜。段成式说：“人临行，乌鸣而前引，多此。”

人之将死，与鸟何干？与其说是乌鸦加速了死亡的到来，不如说死亡本就是按部就班的，不能恨乌鸦。但在这个时候，我却想起另一件事，乌鸦在空中写出的字，都是无法涂改的，这太值得喜好涂鸦的写作者警惕了。所以，每当看到乌鸦停在屋顶和草地上，三五成群，像一堆发出晶光的煤。由于长时间一动不动，如大理石雕琢的沉思者，面对着更为孤寒的世界。

当一层阴影重叠于另一层阴影之上，与唐友耕不同之处在于，躺在官椅上的酷吏洞穿女色，渴望着不见天日的龙阳之癖。清廉的骆秉章此时的心情宛如悬鹑百结。

他一方面额手称庆，另一方面长吁冷气。

最后一个豹之夜

每年6月份，石棉县境内的大渡河河谷的灌木丛林之间，点缀着的枇杷树均已经挂果成熟。在南桠河畔，就有成片的珍稀野生枇杷群落。其中不乏100年以上乃至800年以上的枇杷古树，因此有专家认为，这极可能是世界枇杷栽培种原产地。

这神奇的枇杷，石达开是否尝过一颗?

石达开在大渡河一战中从马鞍山大营撤退的情形，让置身在大渡河东岸安庆坝（安靖坝）高地上的唐友耕一览无余，他后来回忆如下：“他退兵时，我望得很清楚，依旧整整齐齐，丝毫没有拥挤凌乱之节，官军如何做得到！”这也可以视为带兵多年的唐友耕的一种比较法，他不能不佩服石达开。我想，石达开一直到覆没的最后一刻，始终充溢了无法伤辱的自尊与气度。

1863年6月9日中午，石达开率领仅剩的七八千人离开紫打地向东突围，朝小水河方向前进。10日晚到达如今石棉县西侧的藏族人居住的利碛堡（后来改名为利吉堡）。这两天清军与土司兵对他们只是遥遥尾追，不敢逼得过于靠近。兔子急了也要咬人，何况是石达开这样的狡兔。部队到达利碛堡，发现老鸦漩也在涨水，由于水面更为浩大，情况比紫打地更糟，因为紫打地毕竟还有相对开阔的河谷，而老鸦漩乱石耸立，全是一片水世界。前无去路，后有追兵，树皮草根罗掘俱尽，已经到了真正绝境，人人热泪长流，现在，再等着泪水变成冰凌。大家不愿意束手就擒，决定次晨与追兵决一死战。当天石达开召开了最后一次会议：“妖来背水一战，幸而胜则图前进，不胜则主臣赴彼清流，断不受斧钺辱。”计议已定，石达开就与家人诀别。

如今石棉县域的藏族分布以松林河为界，河北的上八堡藏族自称“木业”或“木雅”，下八堡藏族自称“尔苏”或“鲁苏”。旧时汉族统称我国西边各族为“番族”，彝族称藏族为“卧助”，历史文献和旧志称为“西番”。石棉县境是西番也就是尔苏藏族和木雅藏族分布之地，据考证，尔苏是最早生活在石棉县境的民族，木雅先民约在400年前迁居到此地，历史上所称的上下48堡就是指木雅藏族和尔苏藏族居住的堡子。由松林地藏族土司王千户管辖，石棉藏族以农业为主，信仰藏族的原始苯教。如今，这个地方吸引人之处绝对不是石达开，而是每年农历八月十五在下八堡尔苏藏族举行的“环山鸡节”，这一天是尔苏人迁徙定居的日子，也是祭奠祖宗的日子。

从地理上看，利碛堡背靠高山老熊顶，环控南桠河与大渡河的交汇之处，有点类似紫打地，属于非常重要的位置。

太平军到此，除了几间人去楼空的房子，别说吃的，就是一只耗子也抓不到。

战争的缝隙间，石达开一路接纳了10个王娘。他的第三任妻子马氏在紫打地突围期间已服毒自尽。石棉县本地士绅赖执中撰写的《翼王石达开紫大地蒙难纪实》记载，到达紫打地强渡失败后，

2012年，石棉县利碛堡内，目前仅剩下的老房子。蒋蓝摄

王娘马氏已经发现翼王陷入绝境，她劝翼王调整思路，另外考虑突围路径。为了表达自己不愿拖累的决心，她在一个深夜饮药自杀。所有书籍再无进一步相关记载了，我估计她吞吃的是鸦片。相传石达开将其葬于紫打地的营盘山，不封不树，毫无痕迹。

马氏的自尽，等于把失败的帷幕进一步掀开。

女人的眼泪不是枪膛的弹丸，但极可能是戳烂一个气场的针尖。另几位王娘如吴氏、潘氏、胡氏默默看在眼里。到达老鸦漩（一说在松林河）后，她们为了消除男人的后顾之忧，关键是害怕被俘受辱，抱着两位幼子，哭喊声把河谷的水雾推开，她们携手投河。还有一位王娘刘氏带着石达开的儿子石定基，由两名侍卫带领，于深夜攀岩逃出险境，就此不知下落……伤员不愿被俘，也相继投河。

有些女人就仿佛是剑把上的丝穗，由于她们已经被手汗和血浸透，每当一股逆风把丝穗炸开时，它们飞舞的姿态从无韵律，依然呵护着剑把上的手臂。这种女人，恰恰因为都是阳光下的陌生物，觊觎者就拼命渴望得手。

也许伤心处太多了，石达开简直不能目睹这一切，这等于在割他的肉，但他已经没有血可流。因为，“最可怕的背叛就是找不到背叛者的背叛。”兴许，他那被天命所笼罩的预感，正在从石缝里冒出一茎笋尖……

退到一块大石头背后，石达开接受了军师等人的建议，希望再次祭起“诈降”的旗帜。这就引出了一段至今史学界议论纷争不绝的《石达开致唐友耕书》真伪问题。

我的看法很干脆：石达开致唐友耕的这封信是真实的。

围困石达开的所有官军里，重庆总兵唐友耕军事职务最高，他可以现场决断诸多事宜，正所谓“县官不如现管”。这在费行简的《石达开在川陷敌及其被害经过》一文里可以得到清楚证实。石达开从在涪陵一战开始，即知唐友耕，可谓是一个真正意义的对手。骆秉章远在成都，如果致信于骆，这来回至少需要五六天，如何能解决断粮数日、已经靠吃马肉、草根甚至人肉过活的燃眉之急？这封信并不属于官方文件，骆秉章也不需要夹杂在官札当中。至于一个晚上石达开能否写出洋洋洒洒的信件，我想这不是问题，部队里的“记室”即可以根据石达开的口授予以谋划数千字。任乃强在《纪石达开被擒就死事》一文记载：“四月二十三日，以书射达北岸唐友耕营，唐得书，不敢奏亦不敢报。石军不得复。”唐友耕收到石达开的信后，隐匿不报，也没有回复石达开。这个结果十分符合唐友耕的处境。无论是答应还是否定，他都没有这个能力来决断。

收录到《唐公年谱》里的信件，我分析唐鸿学在称谓等字句上确有篡改之处，但没有伤及实质。

力行实践要成为“儒者”的唐鸿学为父亲编《唐公年谱》，将石达开写给唐友耕的信收入其中。现在看看争论最大的石达开书信——

石逆先期致公书云：

穷思求荣而事二主，忠臣不为；舍命以全三军，义士必作。缘达生逢季世，身事天朝，添非谄士，不善媚君，因谗？而出朝，以致东奔西逐；欲建白于当时．不惮旰食宵衣。祇以命薄时乖，故尔事拂人谋，矢忠贞以报国，功竟难成；待平定而归林，愿终莫遂。转觉驰驱天下，徒然劳及军民；且叹战斗场中，每致伤连鸡犬。带甲经年，人无宁岁，运筹终日，身少闲时，天耶？人耶？劳终无益；时乎？运乎？穷竟不通。阅历十余年，已觉备尝艰苦；统兵数百万，徒为奔走焦劳。每思避迹山林，遂我素志，韬光泉石，卸余仔肩；无如骑虎难下，事不如心，岂知逐鹿空劳，天弗从愿。达思天命如此，人将奈何？大丈夫既不能开疆报国，奚爱一生；死若可以安境全军，何惟一死！达闻阁下仁义普天，信义遍地，爰此修书，特以奉闻。阁下如能依书附奏清主，宏施大度，胞与为怀，格外原情，宥我将士。赦免杀戮。禁止欺凌，按官授职，量才擢用。愿为民者，散之为民；愿为军者，聚之成军，推思以待。布德而绥，则达愿一人而自刎，全三军以投安；然达舍身果得安吾全军，捐躯犹稍可仰对我主，虽斧钺之交加，死亦无伤；任身首之分裂。义亦无辱。惟是阁下为清大臣，肩蜀重任，志果推诚纳众，心实以信服人，不蓄诈虞，能依请约，即冀飞缄先覆，并望贵驾遥临，以便调停，庶免贻误。否则阁下迟以有待，我军久驻无粮，即是三千之师，优足略地争城；况数万之众，岂能束手待毙乎？特此寄书，惟希垂鉴。①

姑且把萧一山、罗尔纲、史式、王庆成等先生的考证和推想搁置一边，我认为此信确为石达开所写，后为唐友耕抄写了副本，撰写《唐公年谱》时，在此基础上进行了语气、称谓上的大量改写。费行简在《石达开在川陷敌及其被害的事实》里说，唐友耕的弟弟唐友忠读此信的感受是：“他硬气极了，没一句软

① 北京图书馆编：《北京图书馆藏珍本年谱丛刊》，北京图书馆出版社1999年版，第173册第285—286页。

话，还带着点讥诮之词。”

但我以为这文本的基础还是真实的。

其一，唐友耕是个官迷，官场第一，唯官至上。他深知骆秉章的“清正廉明”。骆秉章入川时，没有家眷、美女跟随，仅带一个侄子来照顾生活，他死后的存银仅800两俸禄。这样的顶头上司真可谓“油盐不进”，他怎么得罪得起？

其二，如果篡改石达开信件，将收信人骆秉章改为唐友耕的话，那么，在骆秉章数次提审石达开过程中，真相是非常容易弄清楚的。唐友耕怎么敢呢？这不是玩火，而是在玩脑袋！

其三，石达开深知将在外君命有所不受的道理。唐友耕作为紫打地两岸清军的最高职别指挥者，他当然而且只能与唐友耕商议后事。语气客气是必然的，在绝境情况下，哪有提条件的一方还倨傲摆谱之理？另外，如果是写给骆秉章的信件，为何在骆秉章的朝廷奏稿里从未提及？这么重要的对象不可能被忽略！

其四，石达开所谓悲观消沉之词，我以为，消沉肯定有之，只是语气、程度上与后来所见文本有较大差异。

《唐公年谱》里还承认，正是唐友耕下令诛杀大树堡的太平军二百余名官员以及二千多名战士！诛杀俘虏，未必是堂皇战功，但唐友耕认了。把他绝不承认毒杀石定忠是自己的馊主意相对照，可以发现唐友耕的言行具有相当真实性。因此，断言唐友耕伪造石达开信件，缺乏证据，尤其缺乏反证。

这一次，历史铭记的，却是失败者。

直到石达开死后40年，有“野才”“狂生”之称的文人陈澹然（1859—1930）所撰的《江表忠略》之中，还有这样的记叙：“至今江淮间犹称……石达开威仪器量为不可及。”那个胜利者唐友耕呢？那个胜利者刘蓉、骆秉章、唐迥呢？在“不可及”的卓然之物面前，历史没有为他们留下更多的文字，他们就像石达开运道成风所带起来的碎屑，一百多年之后，飘进了我的眼睛！

这封信里，失望与痛苦宛如静水深流。石达开渴望“一人自刎，三军安全”，但也希望“舍身果得出全吾全军，捐躯稍可仰对我主”。这说明他多少有些一厢情愿，未能勘破官场的厚黑，他顺着自己的心愿而继续抒发情感：“虽斧钺之交加，死不为辱；任身首之分裂，义亦无伤。”这是石达开在最危急时刻，在远离洪教主数千里外，从他内心发出的深深怀念与忏悔。

但即便身首分裂了，又如何能救赎众命？！

20世纪20年代，诗人、词学大家卢前在成都大学教学时期，读到了“石达开致唐友耕”信件，他感慨万端，题写了两首散曲。在无数学者群起聒噪信件真与伪的背景下，他却从性情的深水里打捞那一抹众人视而不见的苍凉，这也是我们唯一能够见到的因此信而发的绝作——《［南双调玉抱肚］书石达开致唐友耕柬后二首》：[①]

南都遗恨，莽回头朱门白门。望乌江一例前程，梦扶余总是奇人。东南到处有啼痕，慷慨知君涕泪新。

苍天何意，饱风霜征衣锦衣。展雄图卷土重来，叹良谋画饼充饥。西家娘子旧相知，此度低头忍笑啼。

---

① 凌景埏、谢伯阳编《全清散曲》，齐鲁书社1985年版，第2264页。

第一首苍郁之气盘桓往复，不难理解。第二首的结尾颇出人预料，卢前回到了现实，历史的创伤恰在邻家女人的笑声里土崩瓦解。这是怎样一种无语啊。

……

还是让我们回到被大渡河涛声包围的利碛堡。

这一带，以及擦罗的山地间，在清末、民国年间常有豹子出没。石棉县文化局干部、白马藏人姜成强告诉我，在藏语里，“擦罗”的意思是“太阳升起的地方”。

对老鸦漩、擦罗、凉桥等太平军遗迹一直不能忘怀的朱偰先生，后来又在笔记里记载数条珍贵回忆，其中有《擦罗豹吠》一条：

擦罗在乐西公路大渡河至冕宁道上，当西康省越嶲县境。地处深山，万木丛礴，居民大半为倮倮，汉族不过十之一二。按擦罗二字，即为夷语，意为“鹿苑”。①据传其地有泉，多生麋鹿，夷人游猎其地，视为乐园。1941年夏，余奉使西昌，行经擦罗，夜宿森林小屋中，事前土人警告，夜间多豹，出没无常，居人须紧闭门窗，以防栏入。是夜果闻远近豹吠，声促而厉，杂以吼音。默念王维“深夜寒犬，吠声如豹”之句，游子于长途旅行中听此，颇觉别有风味。②

这就是说，我从田野中得到的调查与朱偰先生的考察产生了

---

① 蒋蓝按：查由四川省石棉县地名领导小组于1985年10月编印的《四川省石棉县地名录》，指出擦罗为彝语音译，意为“追赶鹿子的发声”。

② 朱偰：《天风海涛楼札记》，中华书局2009年版，第158页。

矛盾，但也许正是来自彝语与藏语的指涉与交汇，东方的擦罗，就以一种犬牙交错的态势，成就了豹的孤独。

豹子的全身被愤怒烧红，眼睛像要开锅，它们用嘶吼来表达内心的沸腾。

但还有一头豹子，已经从吼声里逸出，回到了一块石头上。

天色暗下来，石达开倒在利碛堡路边的石头上，像一头虚脱的豹子，他太累了。在这一带居住的藏人早被官军赶走了，他们细心地带走了一切可以果腹的东西。就是说，连土里生长的蔬菜、水果全部毁坏殆尽。至半夜，石达开接到卫兵突报，军师曹卧虎已悄然投河。就是说，曹卧虎在完成那封书信后，明白大势已去，他的自杀可能更有“误军”自责之意。

一天早晨不到7点，我在利碛堡一带徘徊，这里是太平军最后扎营之地。时空对位，如今已经是紧邻石棉县中学后操场的小山岗，海拔700米。我见到穿着校服的学生，他们手里拿着糕点，热气直冒；耳朵里塞着耳塞，音乐倒灌出来，从我身边飘过……这里无法俯瞰大渡河，只能听见气息微弱的涛声，就像大地渐行渐远的脉搏。

我顺着水泥路往堡里走，穿过成片新建的藏式建筑，我看到了几间老土坯房子。一个村民在收割肥硕的牛皮菜。他的汉语很好，尽管他是尔苏人。他不知道石达开，他知道“长毛曾经来过；还有草豹偶尔下山来偷吃的”。

这时，尚有一轮淡月挂在老熊顶上，星图尚未褪色，可见高天流云如病马一般颠簸而行，鬃毛张开，又像星星的绒毛。奇怪的是，一个人独自面对月亮，尤其是那种明晃晃的月亮，总是滋生顾盼自雄之气；一当置身于星空之下，人就变得卑微得一如尘土。这是否暗示：圆月本就是一个自以为是的浅薄者呢？星群之中，箕水豹展开了它的身躯。

箕水豹又称箕宿，汉族神话中的二十八宿之一，东方七宿第七宿。源于汉族人民对远古的星辰自然崇拜，是古代汉族神话和天文学结合的产物。属水，为豹。为东方最后一宿，为龙尾摆动所引发之旋风。故箕宿好风，一旦特别明亮就是起风的预兆，因此又代表好调弄是非的人物，主口舌之象，故多凶。

他似乎看到早年自己在广西贵县老家山林里，那一头悄然落在自己身后的大豹子：一次他进山打猎，突见几只豹子团团围住了一头老山羊。山羊已经瘫倒在地，四肢抽搐，哀哀可怜。石达开心中大怒，挥刀冲进豹群。只见一只公豹从树后跃出，毫无声息落在他身后。石达开反手出刀，豹子头被生生劈开，白色的脑浆溅到他手臂上。另外几只豹子一见，纷纷退却。石达开并不追赶，冷笑道："欺人清妖，有朝一日，就是如此下场！"他似乎恍然了，那头被自己生生劈开脑壳的豹子，可能就是自己……

这是一个自己杀死自己的循环。犹如一条吞噬自己尾巴的蛇，不断吞噬自己又不断从自体再生。但是，劈开的豹子头流出的脑浆，不但没有流回，反而像降临在利碛堡的夜露，突然打开了十万只眼睛。

一个拥有灵魂的人，一定怀抱秘密。置身利碛堡的石达开，头上是星空的谶语，还是不漏一丝缝隙的黑铁？也许，仰望星空，就是在凝望过去。透过巫婆褴褛的衣衫，豹子双眼的炭火，正在熄灭。

置身利碛堡的石达开，头上是星空，还是不漏一丝缝隙的黑铁？

……

屹立在大渡河畔的石达开红色花岗岩雕像。他身后是他手抱婴儿准备投河的妻妾以及卫士。蒋蓝摄

我不停地抽烟。早晨的空气湿度很大，烟在我的手指间有点惊慌失措。我的手指灵活而干燥，烟雾缓缓将手指的缝隙添满，蹼一般游动在茶色时间里。烟雾的兽皮在逆光下具形，把内部的力逼向毛发，我看见坚持的芒刺，正在把黑夜的丝绒帷幕刺穿，金属的弧线反弹不已，终于稳定，突然散开。而那根一直不被重视的无名指，逐渐在手指的芭蕾中退出去了，把无名的痛堆积在指尖。烟灰飘落在指甲上，有一种奇怪的白，在牵扯着无名指内部的东西。我意识到，那应该是豹子丢在梦境边缘的光，飞起，又碎匿。

这样，我就必须看见一头豹，因为失名而逐渐变黑。放它到广大的旷野，豹子研石一样亮起来。这是我无力抒写的，我的墨水只会加剧事情的复杂。因为最显著的错误，就是墨水可能会像电筒一样愚蠢，它把黑夜撕开，我就会认定这圆形的光斑是真相。被惊醒的黑豹，从伤口里冲出来，只好以咆哮来进一步扩大伤口。豹子是黑暗的元神，不要惊动它！

我逐步慢下来，从回忆录、地方志的文字高处退下来，从书籍的影子穿过，慢到可以听见水滴在敲打路边的芭蕉，连芭蕉叶细微颤动的身姿也可以看清。这时，黑豹总是如约而至。准确地说，是黑豹从“黑”世界脱身出来，只以“豹”的面目出现。但是，这绝对不同于放风。

吸纳黑暗精血的生物，可以理解为事物成功反对本质的努力。它们被日光赋予得太多，日光下的生活总是单面的，那些因灵异的技术受制而无法施展的妖冶或者盛开，只好被推迟到梦境边缘。何况，日光的食物远不足以支持它们在黑暗中的超负荷工作。就像冥界的门卫三头犬萨贝拉斯，就像爱伦·坡的乌鸦，就像里尔克的黑豹，就像卡夫卡的穴鸟，就像权力的鸩鸟，它们张嘴把光亮撕下一块，咀嚼的声音体现了金属回归到巴什拉的元素诗学的过程，然后，它们吐出比黑暗更黑的东西。

这时，豹再次返回到旗帜庇护的空气中，成为豹。是，似乎又不是。

我们难以想象一个人的内心。他在受难中恢复了甘心奉献的，他又在愉悦中收回了前世的病痛。豹啊，你这芳香的鬼魂，用硫酸哺育罂粟的园丁，用坩埚沸煮金红石的尤物，你翻动着深切的岩床，想把那矿脉的血在舌头上逼亮。

豹的烙铁将黑暗烧炙出了自己的身型，就是“灵魂的出口”吗？里面闪挪着濒死的愉悦。豹在莎乐美紧绷而发亮的身体边游走，豹独立在希律王的激情中心，它护卫贞洁，又单个享有。它其实是阴阳双性体。一方面，它宛如黑暗的高潮的子宫颈，铭记交媾时的疯狂闭缩；另一方面，豹是一根愤怒的乌木，它特有的叫声像是刺耳的咳嗽，它要打穿一切字纸和丝绸，在洞穴的幻象中高歌猛进。豹把贞洁埋在迷宫，迷宫里的时间没有速度，如同山大王把抢来的美女藏在石头中，他希望美女白日如石女，但在黑暗中盛开如少妇。黑豹知道出入迷宫的时间，并在贞洁的温湿走廊里打下暗号，它却畏惧于日光对路径的改写，于是，它在迷宫口再次制造了一层梦的帷幕，下面是无底的黑。它不希望被日光发现，正在过渡的事物惧怕曝光的急躁，黑豹躲在看不见的所在，怀念巅峰跌落而下的幽谷，里面布满忧伤。在这里，石达开、将士们、豹子是三位一体的，盲老人就像是一个濒临死亡但奋力回阳的第三者。尽管如此，我可以认定，豹拥有无边的力，在欲望的旷野上时刻与血肉相遇，而庄子只是在被花朵抬高如诗经的天色里，空飞。

豹是吃铁的动物，不然我就无法解释它在黑暗中体现的神力。也就是说，黑豹面对那些制度的铁栅栏，是可以随意脱身的。但问题是，自己一旦遁去，这么多人怎么办？空栅栏就或缺力量的缠绕，那么石达开就与豹一样失名了。于是，豹只好继续它旋转的事业，直到它用晃动的线条像裹蚕茧一样把自己包围在力的中心。通透，但不进一步明晰。地上全是豹与面孔被栅栏截断的注视或日光，因此，对石达开来说，凝视与日光是不需要的，它的失名恰恰是它唯一存在的证据。

于是，在豹之夜，豹自明。

松林地土司王应元遗像。选自马氏三父子编纂、光绪三十二年刊刻出版的《越巂厅志全集》

越巂地参将杨应刚遗像。选自马氏三父子编纂、光绪三十二年刊刻出版的《越巂厅志全集》

暖带密土司游击岭成恩遗像。选自马氏三父子编纂、光绪三十二年刊刻出版的《越巂厅志全集》

骆文忠公遗像。选自马氏三父子编纂、光绪三十二年刊刻出版的《越巂厅志全集》

它走在微风的反面，风把它的所有运动带给黑暗，它仅仅从黑暗里伸出一只爪子，再按下去，黑暗就如影随形，淹没它，又使它再次失去名字。就仿佛一支飞驰的箭，不断被空气拾走自己的多余部分，只剩下一截锐器继续自己的事业。意外的情况在于，黑豹伸出爪子，突然被微弱的光线定住，它看见趾爪的反光，玉一样冷，把不祥的预感昭示出来——黑豹看见一条腰肢的曲线，被一股大力擒住，然后挽了一个死结。黑豹立即挣脱光线的缠绕，把前爪放下，它亮出利刃，插进黑土，直到整个身体在黑暗中淬火，接着哑灭。

黑豹必须独自纵身于黑暗才是完整的，两者缺一不可。就像坐在高处的复仇者，在快被仇恨点燃的时候，突然原谅了仇敌。它像炭一样松懈，散落在一块干净的石头上。黑金的意象威严而玉体横陈。

世界以流质的方式布局，在日光的左岸，一团夹裹着黑火的焰穿过一条黑暗的甬道。黑火通过热度来显示火的反向造型。红光与白火在重叠、交织，然后被密闭。深不可测，密度空前。如同黑豹进入异性的身体，它像亮毛贴在肉上一般完美，连一丝光也不能插足这绞缠的爱情。那根甩直的尾巴酷似性器，每一次出入，紧密是第一位的，而紧密本来就是作为黑豹的最低要求。记忆的碎片，模糊的场景，散乱的词句，矗立的栅栏，伟大的旋转，在黑豹躺下的一瞬均已完结。

一切，都成了。

所以，黑到深处的事物，往往不是物极必反的证据——要么以突然的大光来体现黑到如今的力度，要么继续黑暗的事业——比黑暗更黑！但是，黑豹并不想被修辞在皮毛上覆盖诸如缎子、丝绸的软语，同样也拒绝金属的隐喻加诸己身。它不需要或软或硬的外观。这些无法被日光问鼎的黑暗，早已经在黑豹的内部绽放。被隐蔽就是幸福。它趴在石头上，直到把石头染黑，它溶解了，懒洋洋回到那个做了暗号的地方……

但是，黑豹突然睁开了眼睛，打破了我的叙述。它张大了嘴，打哈欠，令我的文字出现裂口。黑豹浅色的眼睛正作为黑暗的基座，托起了它的历史和背景。我以前只相信黑豹是黑暗的元音，现在我就认定它才是御座之主。有什么还会比一只黑豹的眼睛更深邃、更诡异、更神秘的呢？一个人在其一生中如能有一秒钟的时间得以窥见真理的面目，甚至是魂魄的面目，你就终于明白，自己可以不说什么了。因为你没有畏惧，只有满怀的虔敬。

我看不见豹子眼角的花纹，它不像花豹那样昭示痛苦，它已经穿越了这些皮相，在一个幽深的梦里迟疑，折返现实的大地。

豹子总是谨慎而犹豫的。就像“豹”这个字所暗示的，它小心翼翼地举起勺子，量勺而取。这一点一滴的勺子，如何才能淘尽这滚滚而来的恩仇与鲜血？

禹王宫与“鲸鲵封处”

就在骆秉章做出围猎紫打地全盘部署的时候，唐炯成了骆秉章十分得力的助手。

当时，唐炯署绥定知府。唐炯的行政执行力是非常强的，他还具备文官不具备的长处——精于兵法韬略，他可谓是即便以蘸血写字也不会错一笔的老手了。

唐炯早年在贵州办团练，以后一直与农民起义军作战，曾参与镇压了蓝大顺起义军，后镇压过西南苗民起义，亲手捕杀过“号军”首领刘义顺，都说他打起仗来有进无退，号称“唐拼命”。可见这“知兵”称誉并非浪得虚名。石达开败走贵州、直趋云南昭通后，唐炯仔细筹算，认为石达开必走川西南人迹罕至地区，乘虚进入四川腹地。因而宁远、越巂一带必须警备，他建议由骁勇善战的总兵唐友耕扼守大渡河东北岸。对此建议，骆秉章深以为然，加紧部署。

唐友耕紧急回到成都，骆秉章在“院门口”一侧的总督府接待了唐友耕。他开门见山讲述围剿部署。

事后骆秉章自称，石达开行踪早在预料之中。骆秉章在对朝廷的请功奏折中称：

“……此次中旗败匪，足不停趾，昼夜狂奔，预料石逆在后，必谓我军皆已追中旗一股，无暇回顾，乘势急进，使我骤不及防。臣揣度既审，自当以严扼险隘，毋使阑入。……臣急调总兵萧庆高、何胜必湘军中左中右两军兼程驰赴雅郡荥经以为后劲，以防奔逸；并札饬邛部土司岭承思带领夷兵，将越巂大路各隘口扎断，迫贼使入夷地小径，即从后包抄，以绝回窜，并售赏岭承思、王应元土夷各兵银物，以昭激劝而资得力。面面张罗，层层设守，乃三月二十五日（注：公历5月12日），唐友耕、蔡步钟等驰至河边，布置甫定，而石逆果拥众三四万人，绕越冕宁，知越巂大路有汉夷各兵扼截，遂由小路于三月二十七日（注：公历5月14日）通奔土千户王应元所辖之紫打地。”

应该说，这不是骆秉章在充当“事后诸葛亮”。既然在四川已经有“诸葛转世”之誉，那么骆秉章的思维确有过人之处。

能够通过老人智慧检验合格的东西，一般来讲均是没有光泽的。

可以提及一个具体事例。在姚永朴的《旧闻随笔》卷三里，记载骆秉章的独门绝技：“花县骆文忠公秉章于舆地之学最讲求，办公事室中别有一案，陈图其上，时时玩之，后行军竟得此图之力。”这分明是一种沙盘作业，他其实是把最新的敌我行军动态标注在地图上，再审视其凶吉、时辰的转机。这种把堪舆运用于具体的军事指挥，看来并非无稽之谈。

其实，这也不是什么高级机密，农民起义军出身的唐友耕就精于此道，就是说，“间术”农民也懂，只是没有骆秉章那样长袖善舞，但最为关键在于化解性地运用。

骆秉章提前做出的部署是：重庆镇总兵唐友耕在大渡河13个渡口设防，防止石达开突出重围。雅州府知府蔡步钟率领团勇驻扎宰羊溪至安庆坝等处，云南提督胡中和率所部分驻化林坪至瓦斯沟一线以为声援，副将谢国泰布防猛虎岗，以防石达开沿河而趋打箭炉（今康定）。同时，“解银千两分赏松林地土千户及邛部土司岭承恩等”，并让唐友耕传话：击败太平军之后，“所有资财悉听收取”。

临行时，他对唐友耕大大激励了一番，施以恩威并重之法。他抚着唐友耕的肩臂说：“这次你如不能立功，谨防你的帽顶！”按照清制，摘去帽顶即罢官。这成为成都晚清轶闻里“唐帽顶”绰号的另外一个民间性来源。其实，唐友耕即使失去江湖的“帽顶”，绝不愿丢掉这个用无数条命换来的官场红顶子。他不能忘记，自己的官帽子，在青川时因为“怯战”已经被摘过一次了。

仅用两天时间，唐友耕就到达富林驿的前线大营。仔细巡查扼守北岸安庆坝至万工汛大小渡口的工事。此时，唐友耕像个明察秋毫的渔夫，等待着鹬蚌相争的结果。骆秉章毕竟没有去过前线，仅靠几张远非精确的地图如何分析战况？他的布置需要更加灵活地运用。唐友耕的“活学活用”才华再次得到施展。他细化了围剿计划，相当周密。对此，《唐公年谱》里记载较为详细，尽管有些“事后诸葛亮”意味，但从事实上分析，他的战术布局无误。证据恰在于：1935年5月红军来到大渡河边，一位90多岁的老秀才宋大顺曾目睹了石达开的覆灭。老人记忆力很好，还给红军念了一首诗：“前有大渡河天险阻拦，右有唐军门雄师百万，左有松林河铁索斩断，后有铁寨子倮倮把关。”

尽管《唐公年谱》对出尔反尔的欺骗不着一字，尽得运筹帷幄的风流，毕竟唐友耕还承认了一条重要结果：唐“公部下唐大有、杨应刚生擒伪翼王石达开……”就是说，唐友耕尚未贪天之功为己有！似乎可见他武人出身的耿直。

有时我就想，像唐友耕这样的带着地狱行走世界的人，比那些命令手下为自己扛着棺材上战场的官员，恰恰在于因为缺乏戏剧性而更为可怕。兵法有云“慈不掌兵”，他铁了心下到地狱，并随时准备跳进去，甚至可以再次东山再起。地狱因此而成了一个庇护所。后者忙于演出，一旦弄假成真，抬棺材的手下四散而去，他连棺材也找不到了，他又如何通过棺材的窄门，升往天界？

就在石达开撤退时，雅州知府蔡步钟分遣心腹，收买耳目，化妆成难民刺探石达开行踪，并沿途留下记号，使得后续部队总是能迅速找到石达开飘拂的步伐。看起来，骆秉章的间谍工作方法，已经在蜀地开花结果了。间谍不再是峨眉山的枯叶蝶，而是蹲在大渡河鹅卵石间的螃蟹。

……

在此，需要略微细化的叙述是——

6月13日一早，许亮儒在《擒石野史》里描绘的情况是，吃尽草根、树皮、皮带等一切东西的太平军，内部已经发生人吃人现象。

突然，一道道呐喊从河对岸传来。那是清军发起总攻的信号。翼王就着河水吃了几口草根，他的眼光就像一道漫水。他突然拔剑，准备自刎。尽管剑被卫士夺下，这一幕被不远处的清军地方守军杨应刚看得清清楚楚。他立即下令停止进攻，他渴望这条大鱼入其彀中。杨应刚派人喊话，最后达成协议，表示立刻可以提供太平军需要的粮食，条件是剩下的6000士兵放下武器，停止抵抗。

石达开知道，那个大限来临了。

顺着极为狭窄的河边小道，他在护卫陪同下来到凉桥，但大队士兵自发跟来，翼王已经无法阻止。

凉桥对面马颈子山坡上就是洗马姑，清军大营设立于此。凉桥村地处如今的石棉县回隆彝族乡与擦罗乡边界处，背靠顶峰为1500米的元宝山，对望海拔2170米的鸡都山，两座山之间是一条布满乱石的山溪——南桠河。昔日，樊寡母的凉桥从最狭窄的石嘴处筑构，距离沟底大约10米。由于地形陡峭嵯峨，鸡都山山脚下仅有一条小路宛如蛇蜕迎风盘旋，给人一种晕眩和失重感。此地原名就叫“鹦哥嘴”，倒是惟妙惟肖。凉桥村民告诉我，樊寡母是清光绪年间人，附近的落脚沟暴发泥石流，冲下巨石和许多大杉木，樊寡母就地取材，售卖杉木棺材致富后，出资修建了一座由9根铁链组成的铁索桥。靠棺材致富不是新闻。清代中后期，产自西昌、越西、汉源一带的棺材最为著名，有杉木、金丝楠木等，均称为“建昌板”。俄国人顾彼得（1901—1975）于1940年前往大凉山探访独立的彝人王国期间，他在汉源拜见了西康富林的袍哥头子兼廿四军边防司令官羊仁安，他是长期统治着冕宁、汉源一带的彝族人，他制造了大量棺材运往内地出售致富，还在成都青石桥开了一家“建昌花板店”。

此桥地处竹马河与南桠河交汇处，山风浩荡，桥上凉风习习，故名“凉桥”。后人把“鹦哥嘴”附近的地方都称作凉桥，即现在的回隆乡凉桥村地域。

杨应刚兴奋莫名前往，石达开赤手空拳而来，落落大方。杨应刚独自走过凉桥来迎接，甚至很小心地携着石达开的手走过了凉桥，来到几里之外位于凉桥下游方向的洗马姑。

“洗马姑”这个地名可以从字义得到合理解释：那是一个马颈子山上的女人，相传每到傍晚就到这里的南桠河边洗刷马匹。后人闻音写作“洗马沽”，以为古意盎然，反而错了。

我记得红军博物馆的宋馆长告诉我的一个流传在当地的说法：当翼王在杨应刚陪同下走上凉桥时，索桥晃动，让几千人喘不过气来。最绝望的事情，恰在于将士们毫无办法，他们只能痛哭，用从来没有过的痛哭，把毕生的眼泪一次性用尽。我估计，翼王会驻足回首，他会把自己的手从杨应刚那里收回来，再一次向黑黝黝的子弟挥手，他希望士兵们有尊严些，别软。但涛声一般的痛哭翻卷而上，似乎要把翼王托起来，这足以让翼王蹈虚，心如刀绞。他终于在摇晃中开步，一股凉风迎面吹来，寒入骨髓……将士只能眼睁睁看着主帅走向不归路，就用刀剑砍向旁边的崖石倾泻胸中的绝望，而凉桥边的崖石上一直保留着那些见证历史的纵横交错的刀痕。有的士兵当场跳崖，有的挥刀自杀……证据在于，1970年“农业学大寨”期间，当地人在距离凉桥百十米的“连家湾”改土，挖出了几十具太平军将士的尸骨，都整整齐齐排列在一个大坑里。

这是怎样一个撕心裂肺的场面啊！

2013年3月12日上午，我在石棉县委宣传部干事陪同下来到凉桥。公路边的几幢两层小楼一律为白色，不知是村民喜欢如此，还是政府命令所致。我们穿过一片牛皮菜地，几个正在忙碌的老乡听说我们要去看“樊寡母的索桥”，用手一指：“桥是没有了，大约毁于1961年，因为这里唯一的一个大坝子上要建石棉矿厂，单位不准行人在此通行。桥的地点就在陡坎之下。”顺着陡峭的山崖，我手脚并用下滑到20米深的凉桥山沟底部。我摸着身边每一块突起的石灰岩，就像是摸着一堵堵骨头构成的墙。石头在哭。面对干涸的南桠河，石头的哭声反而成为淙淙水声。一只暴起的蝙蝠擦着我的耳朵，暗器一般呼啸而上……我在沟底徘徊，想着老乡刚才告诉我的另外一些情况：从凉桥到石棉县城30余里，中途的洗马姑有一个四川石棉矿机修厂。该矿是国营矿，附近的新康石棉矿却是劳改犯人矿。20世纪60年代石棉县人口才五六万，两个石棉矿的人几乎占了一半。从凉桥到上下叶坪、五家曼、小凉山纵横一百多平方公里的崇山峻岭中，建县以后陆续发现大量优质石棉，劳改系统大量员工，生产出闻名全国的优质石棉制品。而矗立在凉桥的石棉矿苍老的厂房，似乎向我暗示了在太平军的累累尸骨之上，又覆盖了一层骨灰！

我发现，在距离凉桥原址300米范围内，另外还有两座简易吊桥，一座已经毁坏，一座还在使用，说明这一带除了乱石，让人心醉的石棉矿才是唯一的资源。

干涸的南桠河，你怎么流不出一滴眼泪啊？

莫非你的泪水化作了白色的石头？！

我突然想起了两句经文，宛如黑铁浮立在记忆的水上：

有神的号角吹响，仿佛是人从未听见过的。

已死的信徒从坟墓起来首先复活。

石达开一行消失在摇晃的索桥尽头，桥头立即被清军的人墙封闭了。但是，他们5个人应该站在刚才我看到的那块牛皮菜地。而那对岸的几千人，应该毫无遮蔽地看得到这一场面。

从逻辑上着眼，“罢兵让路”既不现实，允其“解甲归田”不是没有可能。安顺场士绅赖执中说：“（当石达开被围时），四川总督骆秉章遣越巂参将杨应刚，劝石达开解甲归田。谓大渡河天险，决无法飞渡，今既已被围，请解兵柄，来共商善后。”[①]所谓“解甲归田”，其实只不过是“投诚免死”的遮羞布而已。

“凉桥送别”这一幕，堪比两千年前的“易水送别”。刀斧在岩壁的砍凿声，足以使深沉的“风萧萧兮易水寒……”的歌吟更为绝望。

翼王当时身佩一柄宝剑。民国初年，一位叫张二的先生在《重修越西县志西路调查草案》之四（见《越巂县志》）中，写有

① 朱偰：《太平天国翼王石达开死事考》，《东方杂志》1941年第38卷，第21号，第36页。

翼王石达开训谕的封套。封套上印有“太平天国圣神电通军主将翼王石达开”字样

一首《雄精如意歌》，这是至今关于这柄宝剑唯一的文字资料：

“鞑靼入关明统绝，皇皇华胄无遗子。同胞被压百余年，七世咸丰火益烈。草泽英雄石达开，金田起义造天德。如意随军祝如意，宝剑臂左助杀贼。一呼响应天下分，长江据险画南北。七王争斗势支离，误走山街来紫地。桀犬狺狺八面围，子规春暮楚歌泪……宝剑如意寻主人，遁迹福门赖氏寄。埋隐光芒那计年，不闻理乱与休戚。宝剑忽忽生翼飞，展翅边关杀敌去。我作长歌如意听，行藏聚散须明析。莫因好友吐长虹，便欲登朝奸佞击。寄语主人善什藏，免惹圣明山陬取。”

这柄宝剑长2尺4寸，卷舒自如，寒气逼人。6寸长的剑柄嵌有金珠，沉香木的剑鞘饰着紫金磨铜。宝剑后来被安顺场绅士赖林学获得，当时方圆数十里的人们纷纷前来观剑。后来赖林学查考诸多史籍，方知此剑名叫“雄精如意”，乃翼王心爱之物。赖林学将其视为传家之宝，后来交到他的儿子赖进学的手里。民国十三年（1924年），赖进学因战乱举家迁往雅安避难，不慎将宝剑遗失。这柄剑最后一次露面是新中国成立初在成都举办的一次展览会上，从此杳无音讯。

阴郁的山色与白色的水流让摇摇晃晃的桥欲飞。闪电躲避着炸雷，它在树叶背面迂回，抽出了雪刃。一个背影的腰在转，直到闪电的刀柄完全陷入无边的身体。在纯黑的时间，你发光如赤子，我能触到不融的冰。你的肢体在水流之上变幻，从娃娃到猛士，从死到丝绸。从正午的知识到子夜空旷的鞋跟，你软成蜡，成为一堆烂花。你端起了所有的河流，你展开了水翅，那藏匿的闪电用纯粹的低飞，将水、香气、咒语与寒冷，一点点送进我的口唇。

世界变小了。纸张的正面和反面都可以横飞，就像皮肤对皮肤的渴望，再进一丝，就流血不止。

想一想那样的场景就让人心碎。数千子弟兵目睹全军之魂离去，他们被抛在激流与乱石岗之间，呼天天不应。那些刀剑砍在石壁上的叮当回声，用一种撕心裂肺的破响，成了凉桥之声。

富有深意的是，距此地甚近的擦罗乡上里村上坝，就有一座建于1840年的天主教堂。作为“天父”的场域，它只是沉默地注视着眼皮下的杀戮。没有天降神兵，唯有赤脚从锋刃走过的不归路。

有人引用《圣经》的话：“爱是做不害羞的事。”但原文却是：“爱是不害羞的事。”如果说爱不是忍耐，而是在头脑的风暴中汲取夜色的宁静，他的爱才会永无休止。

翼王可曾回首？可曾遥望？我想他不会。他只是挺直向前走去。他早就走过了生离与死别。不归路，也未必就是最坏的一条路。

……

就在杨应刚带着石达开一行向洗马姑前进时，一直紧张守护在大渡河北岸的唐友耕悄然过河。他蛰伏多时，突然跳出来摘桃子。从另外一个层面分析，唐友耕此举还有深意：谁知道石达开此举是不是一个诈降术呢？因而，进一步小心待之，总不会错。

变故总是猝不及防，变故往往就是历史的加速器。唐友耕突然下令向杨应刚一行发起进攻。杨应刚发现是唐友耕部，迟疑之间，唐友耕手下一拥而上已抢走石达开、曾仕和、黄再忠、韦普成及翼王5岁的儿子石定忠。杨应刚自然不敢反抗了，眼睁睁地看着唐友耕把石达开等人抢走，无可奈何。这不但打破了杨应刚去成都领赏的美梦，也破坏了石达开诈降以图缓气再起的预谋。

唐友耕太明白农民起义军这一套了。张献忠就是一个典型，打不过就降，降了又叛，这种事已经十分纯熟了。他怎么能为太平军提供历史重演的机会呢？！

石达开早就认识唐友耕，面对这个行动迅捷的矮胖子，他感觉不妙。当他确认唐友耕把自己与几千名部下彻底隔离之时，历史就已注定了。那是他与几千兄弟的最后一面。这个诀别，何其仓促啊。1945年，都履和根据李左泉《石达开浟江被困记》整理修校而成《翼王石达开浟江被困死难纪实》指出，石达开被送至唐友耕营以后，见其部下被阻渡分隔，“阴甚悔恨”，他分明感到清军不执行“保全全军”生命、“解甲归田”的条件……

反过来看，逗留在富林清军大营的几天时间里，应该是唐友耕一生最兴奋的时刻。他怕煮熟的鸭子会飞，何况这远远不是鸭子，而是豹子。

但这只不可一世的豹子，竟然栽在自己手里了。难道又是神助？！

在急报骆秉章石达开“来降”捷报后，骆秉章同治二年四月二十八日（1863年6月14日）以公文通知布政使刘蓉急去大渡河，参与处理。事实上石达开已于四月二十七日落入唐友耕之手，骆秉章尚不得知。他担心石达开诈降，是缓兵之计，必须由自己信得过的刘蓉亲去处理。

唐友耕对通达成都的沿途官府逐一送达防卫令后，同治二

1863年5月，2000多名太平军被杀害于汉源县的禹王宫内，地点在瀑布口水电站大坝提高水位后，这一片大渡河形成的湖泊一般的水域之下。蒋蓝摄

年五月初三（1863年6月18日），唐友耕率数百清军押送重犯上路。石达开携儿子坐八人大轿，曾仕和、黄再忠骑马，不戴刑具，营兵执刀枪铳护之。一路上受到地方官员的高规格接待。觥筹交错之间，石达开一色天朝衣冠，气宇轩昂，不卑不亢，有礼而强力的风采让地方官开了眼界。在官员的回忆中，石达开“面白有微须，仪容严肃，眼光有神……”

一行过了邛州地界以后，“清军森列，止王舆，请上刑具”。这时石达开进一步看清了所谓“保全全军”是一个彻头彻尾的骗局，他对邛州知州许培身说：“‘固知骆督之不见容也’，遂受刑具。”[①]唐友耕竟然陪着微笑，一副文绉绉的模样。他临走前对雅州知府蔡步钟做出如下安排：立即诛杀大树堡的2000多名凶悍的义军以及领袖周宰辅。至于另外的4000余名老弱及伤者，严加看管，已报请总督骆秉章，听候处置。雅安知府蔡步钟是首席执行者，唐友耕手下的军官李寿亭、胡耀光、罗廷权、羊家升就是操刀鬼了。

真实的情况是：石达开“有死勇、亲兵五百人，随之不离左右，其余匪众，泽波出令分为三路：云贵人一路；四川人一路；湖广人一路。云、贵、川省人令各逃走，湖广人尽屠之。诸降灭

① 见任乃强《纪石达开被擒就死事》，首刊于西康省《康导月刊》1943年11月出版的第五卷，第七、八期合刊，第41页。另：《康导月刊》1938年9月25日在成都创刊，1947年1月终刊，共出版6卷，每卷12期。以研究康藏的民族、宗教、文化、经济、教育、社会制度，介绍藏族的传统文化、风土人情、自然资源、地理气候等为主要任务，辟有研究专载、西康建设问题、教育、介绍、文学等栏目。创刊号有向传义、刘文辉等人的题词和戴传贤的手书序言。该刊每期200余页，资料极丰。

服，李广数奇，此泽波所以不受封也。”[1]“李广数奇”之典，出自《史记》卷一百九《李将军列传》，“数奇”指命运不好，遇事多不利；奇，古人以双为吉而奇为凶。而这500人，无疑是石达开的御林军。

剩下的2000余名太平军将士被安置到大树堡南门的一座庙宇内。当时的大树镇（现称老镇）位于大渡河中游南岸，历代为军事要地和“南方丝绸之路”灵关道上的驿站之一，距汉源县城6公里，是大树堡一带政治、经济、文化、商贸的中心。

太平军当中百分之八十是广西籍，属于“老营”出身，大小将校180人，无疑是石达开部的精血所在。太平军的武器、辎重存放在庙宇后面的武侯祠之内。官军杀猪宰羊，款待极好。吃过饭，天色就暗下来。

我好不容易查阅《越嶲厅全志》对这一幕的记载。作者孙锵（字玉仙）先生在越嶲厅为官12载，编纂的《越嶲厅全志》“见重于蜀”，被誉为“良史”。该书卷六《武功志》记载了五月五日飞舞在大树堡上空飞龙在天一般的“火标”——那是清军放火屠杀2000多太平军的攻击信号：

“大树堡内被清军以五月五日火标为号，唐军（唐友耕的部队）渡河，周围密布，尽其党歼之。贼中有善走者，纵步上禹王宫屋脊，即以枪炮击毙之。其藏匿禹王宫承尘上者尽搜戮之，投入大河者，无一生还。”1945年，都履和根据李左泉《石达开泯江被困

① 民国二十年修订本《大关县志稿》，见《昭通旧志汇编》，云南人民出版社2006年版，第1350页。

记》整理修而成《翼王石达开泼江被困死难纪实》，同样指出屠杀之日，也是清同治二年五月五日。禹王宫早已经毁弃，地点就在后来的大树镇小学。①

我参照了费行简所写《石达开在川陷敌及其被害的事实》，他进一步描绘：这噬人大火是庙里庙外一起点燃的。清兵先把柴草浇上麻油，放火点燃，一是为了照明；二是防止太平军逃跑。当时庙内有一个道士法号“果成”，本姓姚，成为内应之火。事后他被骆秉章授予“巡检”一职。太平军的辎重，后来被李寿亭、胡耀光、罗廷权等人瓜分。这帮屠夫后来纷纷回到成都买田置地，成为巨富。罗廷权因此还成了资州知府。②

屠杀持续到天明，清兵将尸体拖到河边抛入大渡河。禹王宫距大渡河不到1里路，处理尸体很方便。在绵长的大渡河水面上，上千具尸体宛如黑亮的鱼鹰。天大亮，清兵撤走，当地乡民把散落各地的尸体收集起来，掩埋于禹王宫下边的一个凹坑，后人称之为“千人坑”。

大事已毕，雅州知府蔡步钟在杀人现场立了一块大石，上书“鲸鲵封处”四个大字。鲸鱼雄曰鲸，雌曰鲵，原指狠毒之人，典出《左传·宣公十二年》：“古者明王伐不敬，取其鲸鲵而封之，以为大戮。”杜预对此注道：“鲸鲵，大鱼名，以喻不义之人吞食小国。”作为“钩网所不能制”魁桀，恰好，太平天国军师洪仁玕在《诛妖檄文》里就说：“雍正、乾隆以下，奸奴和升

① 见《雅安地区文物志》，巴蜀书社1992年版，第156页。

② 史式主编《石达开新论》，团结出版社1989年版，第158—159页。

（珅）揽权，卖官鬻爵，荼毒等于鲸鲵。”这个“鲸鲵”是恰如其分的。

到底谁是鲸鲵?

看来，制造“封处”的“鲸鲵”们，此时正高唱着“我们走在大路上……”屠杀事件后来得到了骆秉章的默许，可见唐友耕、骆秉章之于“鲸鲵”的息息相通。

关于“鲸鲵封处”碑

抢夺石达开部队辎重的事情几乎与太平军放下武器同时发生。

但利欲熏心之徒，面对宝藏就彻底失去了理智。唐友耕手下一个叫丁百长的人，突然发现有马匹驮着银锭以及军中需用的马掌钉等物。他们不知道，这并不是石达开部队的，乃是骆秉章派出的追踪石达开部的官军之物。丁百长命令手下，破其马驮银而掠取之。丁百长还是讲义气的，前面两匹马所驮的银箱，叫兄弟们分了，自己独吞了后面两匹马背上的大包袱。后来官军发现原来是大水冲了龙王庙，只好告到唐友耕那里。唐友耕明白，擅自窃取军用物资，可以就地正法。他急令丁百长带领兄弟伙立即逃亡，返回云南躲避。

原来，丁百长对唐友耕有救命之恩。

就在李蓝起义军攻打叙府之际，唐友耕与卯德兴进行过一次真刀真枪的比武，彼此受伤，后被李永和责罚。但是大关县流传着另外一个版本：当唐友耕投奔叙府的官军后，他们在战场上见面，分外眼红。卯德兴就对唐友耕挑战：“唐老五，哥子们造反助汝升官，汝已赏戴红顶花翎做大官矣。明日你我两相独战，许否？”唐友耕答应了。第二天两人俱独相战。打了半天，丁百长发现唐友耕不动了，他大喊：“大人久不退，何也？”即统部下弟兄前往，看见唐友耕肩背衣红，丁百长提叉向前与卯德兴鏖战，唐友耕借此机会才抽身退下来，瘫倒在地。丁百长大战卯德兴，卯愤怒不已，不得已退下。当时，唐友耕的长矛戳伤了卯德兴的脚，但卯德兴的枪也杀到唐友耕的颈子，几乎贯穿。因为此救命之功，虽然丁百长犯了军令，不但不抓，反而助其逃命。丁百长弃马，他所带的人也归还官银立即回滇……后来成为昭通官方与回民血战的猛将，被俘后被滚开水烫死……[①]

……

需要注意的是，在汉源、越嶲一带，历史上有两座“鲸鲵封处”碑，就像多米诺骨牌。

明朝万历十六年（1588年），因为大渡河汉源、越嶲的“倮夷作叛”，朝廷用兵予以平叛。战事结束后，以副总兵官职镇守四川的一代名将刘綎（？—1669）立“鲸鲵封处”碑于越嶲县城天皇岗，这固然是封建统治阶级对少数民族歧视的反映。清乾隆五十一年五月六日（1786年6月1日），康定、泸定磨西一带发生了一次7级以上的大地震。山崩石裂，摩岗岭大山被巨力推倒，压堵大渡河9日，造成溃决，浮尸横野。矗立在越嶲城北十里天王岗上的“鲸鲵封处”碑被地震摧毁，我们再也无法目睹那蘸着鲜血的雄健书法了。

① 民国二十年修订本《大关县志稿》，见《昭通旧志汇编》云南人民出版社2006年版，第1350页。

按照这个谱系，在大树堡由雅安知府主持设立的“鲸鲵封处”碑，显然符合历史语境。可惜此碑石已被后人捣毁，无法目睹其内容。我估计，大概与在高县石门关由云贵总督刘岳昭刻下的“勒石燕然”异曲同工，勒石为耻，也渴望自己的功勋彪炳史册。

1966年4月，最为神往石达开的彭德怀元帅路过汉源，专程走访了大树镇。我很想知道时任西南三线建设总指挥部第三副指挥的彭大将军是否去过“鲸鲵封处”，可惜我查阅不到进一步资料。他心情如何？这些地缘和往事，连同整个大树镇老镇已于2005年后淹没于瀑布沟水电站库区的万顷碧波之中……

在大树镇新镇的街上转了一圈，镇中心是一个三岔路，小商贩很多，我询问了二十几个人，无一人知道“鲸鲵封处”是怎么一回事。我们沿着山坡蜿蜒而下，再次回到大渡河大桥。透过车窗，可以望见矗立在西面萝卜岗上全新的县城，一派白墙绿水，置身于这片蓄水54亿立方米、面积达84平方公里的“西南第一大人工湖”，山头祥云卷舒，就像万花筒世界一般不真实。

6月20日石达开一行到达荥经县。从成都疾驰而来的刘蓉一行恰好与之汇合，他一方面肩负骆秉章重托；另外一方面也很想立功，渴望从石达开嘴里掏出秘密。按照费行简的看法，刘蓉是贯彻骆秉章的意图，首先验证“投降”的真伪。因为，“诈降”的把戏在四川上演多次了。据《新唐书》列传一四七载，唐懿宗咸通十一年南诏犯成都失败，后来退至双流县，阻于新穿水，其首领“计穷将赴水死，或止之，乃伪请和以纾其急”。三日造桥成而遁。道光九年重修的《新津县志》摘载此事。黄彭年从雅州府得到了石达开“贼穷乞降”的准确官报，但仍然认为与南诏之往事相类。

1903年，通向成都大道上的一座牌坊。美国人盖洛摄。选自《扬子江上的美国人》

另外，鉴于云南回民的起义已经难以控制，云南、贵州、陕西、甘肃一线军务吃紧，加上川军中能人不多，不排除骆秉章抱有说服石达开调转刀锋、去对付回民的奢望。为此刘蓉必须一探虚实。胜利者强自压抑缚住苍龙的狂喜，甚至有点低三下四去看望石达开，嘘寒问暖，生活方面刻意迁就。近世有稗官野史称，石达开途中曾对众人许诺：倘若到了京城，定会奖赏沿途招待他吃饭的地方某知州，似乎石达开一直做着被朝廷“委以重任”的大梦，这当然是无根之事。但地方官对之招待殷勤，害怕因伙食、住宿、行路等枝节生出意外，确是实情。

与刘蓉同行而来的还有文官黄彭年。他不但写有《代刘蓉致骆秉章禀稿》一篇，详叙处置石达开及其部众事，而且还完成了私人笔记《黎雅纪行》，详细描述了当时刘蓉就地审讯的情形："刘公传迅，（石达开）枭桀之气，见于辞色。其于天下将帅独服曾公，亦但称其忠勤为国而已。"刘蓉见问不出所以然，也不多做盘桓，就随同大队人马一同返回成都。

历史需要铭记这一天：1863年6月22日，石达开及5岁的儿子石定忠、宰辅曾仕和、中丞黄再忠、恩丞相韦普成一行，经汉源、荥经、雅安、邛崃、新津，被押解到成都。

更值得一提的是，石达开一行是自西门进入成都市区的。成都旧时四道城门皆有专名，东门名"迎晖"，南门名"江桥"（另一说为"虹桥"），西门名"清远"，北门名"大安"。四道城门均设有两道"槛"，前面为半月形的门，之后是正门，中间有护城河相隔，城墙依水而立，府河、南河环绕其间。按理说，石达开一行走南门进城才是正路，但南门俗称"禧门"，军队一般出兵或回城均不能过南门，是怕为城市带来种种不吉利。其一的是，成都人历来认为成都的西面是"上风上水"之地，但西门又岂能与"禧门"相比。这个让石达开魂牵梦绕的大城，想来他一路是看得真切的。每年6月份是蜀地枇杷大面积上市的季节，卖枇杷的小贩在西门城门洞一带依次排开，石达开是否吃了一颗？城门边还有不少木芙蓉树，毫无规则，与野草杂陈。木芙蓉的花期在九月，现在它收集着空气里的秘密，花蕾如拳，暗自准备举事。

唐友耕一身戎装披挂，旗帜招展，铠甲随马蹄在青石板上的"嘚嘚"叩击而摩擦，这是踌躇满志的声音，这是戎马倥偬的傲然之声。成都市民风闻传说里的翼王石达开来了，都在路边观望，谁不想看看这个搅扰了四川两年的峥嵘人物？当传说与事实一旦实现了对接，那又是怎样一种诱引？！

无疑，唐友耕成了石达开的陪衬，就像叶子拥簇的花。但叶子突然在边缘挤出了一星花蕊。

那时的看客们留下的“实录”的确不敢恭维，翼王所谓“头大如斗，眼大如铃，口阔容拳”等，等于章回小说里的江湖英雄。1858年，太平军撤出江西很久了，湘军召集当地乡绅宴会，还有土豪这样回忆石达开“龙凤之姿，人不可及”，可见真相总是越描越黑。其实，石达开身高仅中等，长相平常。现在，他掀开轿帘洞悉着这个陌生而繁华的大都市，都市的看客们也终于目睹了这个神龙见首不见尾的人物，据说他身着绣有5条金龙的黄缎王服，头戴天国王冠，冠上翘起的5条锦龙，一颠一簸的，欲飞。

成都科甲巷

每年3月份，我所在的报社均要安排员工体检。有一年联系的是对口医院，是位于科甲巷口的成都市第一人民医院。因为体检不得吃早餐，我想尽快结束，一早就去了。作为成都有名的销金窟，科甲巷仍沉浸在睡意的薄雾里，白日、黑夜拥挤不堪的巷道，被黑大理石和洁白的花岗石整合起来，反显得有些寂寞和宽敞。记得20世纪90年代初，我为买一双当时流行的美国战靴，曾在这条当时被民间称为“二奶街”的正科甲巷里逐店寻访。如今，成片低矮的民房早已拆除，耸立起的基本是一些貌似古物的赝品。在做旧基础上的金碧辉煌，尽管如此抵牾，但毫无疑问是体现时代门面的美学指标。

几百米长的科甲巷得名于清乾隆五十一年（1786年）。科甲巷包括正科甲巷、大科甲巷和如今已不复存在、仅留其名的小科甲巷。正科甲巷为南北走向，大科甲巷为东西走向，不过，让科甲巷扬名的并不在科举，而正在于这里曾是石达开的凌迟之地。

在锦华馆馆口，一座汉白玉碑好像从地下冒出来的，镌刻着清末文人高旭于1906年托石达开之名而作的五言律诗《题壁诗》：“大盗亦有道，诗书所不屑。黄金若粪土，肝胆硬如铁。策马渡悬崖，弯弓射胡月。人头作酒杯，饮尽仇雠血。”[①]想想就该明白，如是出自石达开之手，“大盗亦有道，诗书所不屑”就是驴唇不对马嘴，石达开不可能自称为“大盗”，虽然他不曾“应省试，举孝廉，邃于孙吴之学”，但气质所及，显然是深悟学问神髓之人。关键还在于，托名之作诗格太糙，看看已经得到确认的他在广西白龙洞的题诗，对照石达开的诗心，真有云泥立判之别。

走到正科甲巷南口的第一人民医院门诊部，抽完饿血，就去X光室照胸片。我脱掉皮夹克，在黑暗中举起双臂，正面、反面，呼吸、憋气。那盏低功率的红灯突然大亮，红光普照，把那个暗中操作的医生拉出了皮影戏一般的黑影。从X光室出来，我坐在走廊等结果，心中一惊：在我所在的门诊部大楼原位置，应该就是清代按察使司署臬台衙门的尾部（正大门接东大街，今已不存），它的后门就是监狱所在位置。臬台衙门因要关押犯人，纵切极深，与正科甲巷南口相交，深达半条街。

李劼人先生在《暴风雨前》等作品里明确指出，此处即是对石达开施以凌迟的所在之地。

① 王文濡编撰《太平天国野史》，江苏广陵古籍刻印社1993年版，第299页。

从医院出来，我在伊藤洋华堂斜对门的快餐店吃了点东西，望着医院门口巨幅的阿迪达斯广告牌，NBA球星那大汗淋漓的双腿，那肌肉隆起的手臂，刚毅血性的表情。时尚的光影属于这里，我只身回家。

在自己收集的历史资料照片里，找到1995年在四川省档案馆举办的一次展览中，拍摄的那份处决石达开的档案原件，即：清政府处决翼王石达开的公文。公文发文时间为同治二年五月二十三日（1863年7月8日）。札文清楚地记载了处死石达开等人的详情：

“重庆府正堂阮为行知事。同治二年五月十六日奉按察使司牛札，开：同治二年五月十一日牵总督部堂骆札，开：照得发逆伪翼王石达开、伪宰辅曾仕和、伪中丞黄再忠、伪恩丞相韦普成现经本督部堂会同成都将军督同在省司道亲提研讯明确，应即恭请王命，即行正法，以彰天讨而快人心。合行札委，为此札仰该司会同标下中军副将，即将发逆石达开、曾仕和、黄再忠、韦普成验明正身，绑赴市曹凌迟处死。将石逆首级用石灰腌罨，木笼装盛，以备解献京师，传示各省。余贼首级，即枭示四门，以昭炯戒。其石逆幼子石定忠着牢固监禁，归入缘坐案内，照例办理。仰将监刑文武职名报查毋违。等因，奉此。除详报督宪，并移督标中协，及行成都府，将发逆石达开等处决外，合就札行，札到该府，即便转饬所属一体遵照毋违。等因，奉此。合就札行，为此札仰该县即便一体遵照毋违，此札。右札巴县准此。同治二年五月二十三日。”

推测起来，“绑赴市曹”不过是公文词语，因为必须这样说，才符合官场要求，以免留下把柄。其实，为防止突生事变，对这样的巨魁，权柄者往往渴望一刀两断，越快越好。我征询过成都文化学者郑光路、蒋维明、谢开体等人的意见，他们或撰文或对我指出，审讯后，即在监狱内进行凌迟。理由在于，按《清律》本应在成都正式的刑场处决，晚清时曾任华阳知县的周询在《芙蓉话旧录》里记载，至光绪末年，一般都是在农历霜降后“秋决”行刑。成都最初的刑场在东较场，后因居民稠密，到清朝中叶后，改在北较场。光绪末年编练新军，在北较场修建武备学堂，将刑场改在北门外砖棚子前一空坝上。凌迟则历来都在北门外荷花池。但石达开是什么人？义士要劫法场的市井风声已洞入衙内，那就绝对不能在行刑过程中出半点差池。因此，《中国历史文化名城大辞典——成都》[①]也记载：“清同治二年（1863年），太平天国翼王石达开率兵入川，攻成都未成，在大渡河紫打地（今四川石棉县安顺场）被清军诱俘解至成都，同治二年五月初十被杀于成都科甲巷。”

屹立在成都科甲巷的石达开诗碑。诗为伪作，且未录全，诗碑放置地点也欠妥。蒋蓝摄

① 罗亚蒙等主编，人民日报出版社1998年版。

有论者认为行刑地点是位于成都城内上莲花街的督标箭道，说“三人自就绑至刑场，均神气湛然，无一毫畏缩态”，周询在另一本著作《蜀海丛谈》中就作此说，[①]周询也承认非自己亲眼所见，是他的父亲“先太守甫截取来川，充省城保甲总局提调，所目睹也”。在此聊备一说。

至于任乃强先生《纪石达开被擒就死事》一文云：“六月二十二日，奉清廷谕，凌迟，行刑于北较场。”却不知以何为据。

经过对资料的反复甄别和田野考察，督院街一侧一个叫“院门口”地点，进入了我的视野。

自明代以来，督院街历朝均系川省最高权力机关所在。明代之巡抚都察院，清代之四川总督衙门，民国时之督军署、省长公署及省政府等，均设于此。它西接走马街，东连南打金街。后人取部督之“督”字，和都察院之“院”字，连接起来，则命名为督院街。

1863年6月13日，石达开于大渡河兵败，主动到清军营讨论“放下武器”的条件，不料立即被官军控制。五月初三起解，解送成都位于科甲巷的按察使司署臬台衙门监狱关押。6月25日，川督骆秉章会同成都将军完颜崇实在相距不过两里、位于督院街的总督衙门提审了石达开和他的手下曾仕和（宰辅）、黄再忠（中丞）以及韦普成（恩赏丞相）。王廷焕先生在《王家坝官邸与“枕江楼”娱乐场》一文中指出：王家坝街向西与丝棉街接壤，在督院街与龙王庙相交处的一个街口称“院门口”，是指督院街

① ［清］周询：《蜀海丛谈》，巴蜀书社1986年版，卷三第182页。

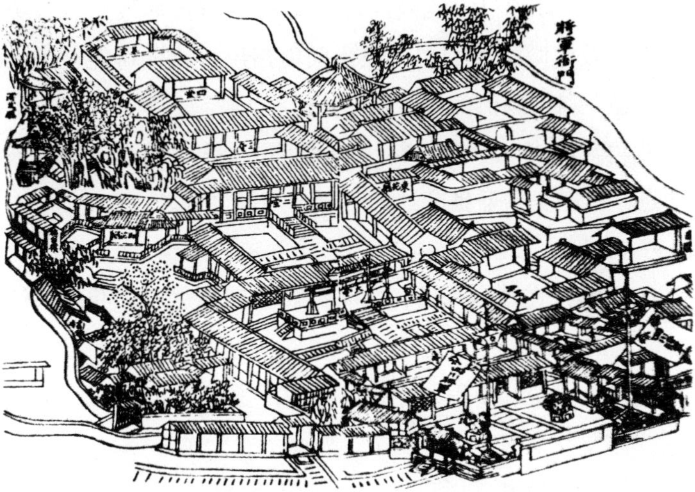

成都将军衙门图。原载同治重修《成都县志》

口，这里也曾像北京城的菜市口是一个刑场。清朝时，太平天国翼王石达开从臬台衙门的监狱，从那里提出后被杀害于“院门口”。[①]现在，此地大约在已成为红星路下穿隧道南端出入口再南行50米的宽阔公路上。

费行简在《石达开在川陷敌及其被害的事实》里，指出是在黎明之前，石达开独自被用轿子抬到东较场口，然后被杀。

这就让我们发现，有关石达开的殉难地点，有了五种说法：科甲巷的臬台监狱、上莲花街的督标箭道、北较场、督院街口的“院门口”，以及费行简指出的东较场口。

① 《华西都市报》2007年3月24日。

2009年3月2日，我向四川省文史馆馆员李殿元、张绍诚分别发去求教电邮，他们翌日深夜回电指出，行刑可能性最大的地点，还是在科甲巷侧的臬台监狱内。

我再次细考了一些史料，基本可以确定：石达开一行被凌迟的地点，就在臬台监狱旁边的三合土院坝之内。

……

我记得，在得到李殿元、张绍诚的回电之后，我的心情反被一丝诡谲的气息牵扯着。

我对夫人说：小程，穿厚点！走，我们开车出去。

“你发什么疯？这么晚了，外面刮着大风……”

我们从住处九眼桥出发，开车仅两公里就到达了督院街口的“院门口”。

我把车靠在路边，对小程说：“相传这里是石达开等人被凌迟的地方。他们由科甲巷监狱到总督衙门受审，必须经过这里……”

“你这个疯子！你去看什么？鬼影子都没有一个。我在车里等。”

我站在大风中，风把破报纸、垃圾扬起来，路灯在独自阅读。苦苦挣扎了一个冬季的枯叶，终于力尽了，它们与枝头告别，被大风带往黑空，就像黑暗骑士一样翱翔在自己的尸骸之上，这使得夜空被抬高，被垃圾、枯叶抬高，高到破裂之处，它们回旋往复，不愿意回到我的身边。

是的，我看到的，不过是鬼影子……

刑法的工艺化

在得到骆秉章会同成都将军完颜崇实的“六百里驰奏”后，朝廷传旨：“石达开毋庸槛送京师，即在四川省凌迟处死，并传首滋事地方示众。”“爱民若子”的骆秉章自然选择了凌迟。这也并非就是骆秉章的残酷心性使然，对待异端领袖，凌迟成为他们的一致性结局。

凌迟之刑在秦汉就已经出现，但不为国家法典允许，属于私刑。作为刑法，凌迟最早出现在五代时期，正式定为刑名是在辽，此后，金、元、明、清都规定为法定刑。但后来为了镇压农民反抗，对于不交纳赋税的也要处以凌迟刑，这在明太祖时期尤为突出。朱元璋亲颁《大诰》全面推行凌迟。朱棣靖难之变以后用此刑杀害的朝臣100多人，铁铉受刑，居然是在朝堂之上。每割一块肉还把肉放进铁铉口中，问他香不香。铁铉说：忠臣孝子之肉有何不甘！发展到清乾隆时期，如果打骂父母或公婆、儿子杀父亲、妻子杀丈夫，也是触犯伦理道德的重罪，要处凌迟刑。

骆秉章坐姿像。选自《巴蜀撷影：四川省档案馆藏清史图片集》

凌迟在历代操作中是不同的，一般是切8刀。先切头面，后是手足，再是胸腹，最后枭首。但实际上比8刀要多，清朝

四川总督骆秉章会筹防御堵剿太平军批文。选自《巴蜀撷影：四川省档案馆藏清史图片集》

就有24刀、36刀、72刀和120刀四类。据记载，实际执行时，对恶贯满盈者，则可以增加刀数。最多的是明朝作恶多端的太监刘瑾。被持续脔割了3天，共4700刀。但是否如此，不得而知。我觉得比较真实的是对付袁崇焕的“鱼鳞剐”，剐13700刀，分3天完成，英雄的肉还被广大百姓分而食之……周实先生在《刀俎》中，为汉语读者详细描摹了袁崇焕遭受“鱼鳞剐”的细节，可以参看。

这也难怪，美国舞蹈家伊莎多拉·邓肯在自传《我的爱，我的自由》里仅有一处提到中国时，她写道：“中国的酷刑是世界有名的。”

清代曾任御史的程次坡上摺指出：四川一地吏治日趋严酷，州县多造非刑，有“绷杆”“钩杆”“站笼”等奇怪名目，地方官员心机诡诈，对待犯罪的低级官员则是付之宽典，大施仁政，而对待老百姓则是严刑峻法，程次坡认为，这怎么不是轻重倒置呢？所以古来“贪”“酷”二字就是连裆裤，贪则鲜有不酷，酷则鲜有不贪者，所以，酷正所以济其贪也。[①]程次坡目光如炬，洞悉了一系列藏匿在滔天酷刑之下的贪婪之心。置身于四川官场这一酷与贪的语境之下，石达开一行的命运，顺着疼痛的丘陵，逐步被推搡着达到了顶巅。

我进一步发现，在对凌迟工艺进一步细化的谱系中，曾国藩的贡献不亚于他为后世提供的“为官心得”和处事箴言。这个温文尔雅、吃透了传统文化的大儒，对凌迟来了个芝麻开花节节高，就是在割去受刑者的肉以后，还要撒上几把盐！而骆秉章在这条血肉之路上再出老谋深算之奇计——割开身体之后，用烙铁再细细烫一遍创口！不然犯人死得太快了，缺乏看点。这个改良主义的设计，首批试验者就是石达开一行。[②]如果说，曾国藩的改革是为了加剧受难者疼痛以泄心中的大怒火，那么，骆秉章的改良就是为了延续受刑者的痛苦——防止因失血过快而死亡，使得受刑过程变得过于单调，缺乏高潮和结尾！

周询在《芙蓉话旧录》当中倒是记录了成都刽子手谱系里一个颇有深意的事件：“当同治及光绪时，有范某者，为城守营之领旗马兵，夙称刽子手中之巨擘，自弱冠以至七十余岁，手刃及剐之人，不可数计。每斩一人，给钱一千文，剐则三千文。后之行刑者，亦无一不是范之弟子。在省城言杀人事，亦无不知有范某者。”爱新觉罗·载淳在1862年登基，开启“同治中兴”的

---

① 小横香室主人编《清朝野史大观》卷四“清朝史料”，上海科学技术文献出版社2010年版，第341页。

② 鄂华：《石达开死亡真相考》，刊于《历史研究》1987年5期。

民国初年的“成都市立”医院，此位置即为石达开等4人凌迟之地。选自《巴蜀撷影：四川省档案馆藏清史图片集》

成都市第一人民医院所在地。2015年蒋蓝摄

新时代，石达开等人的剐刑，在成都自然不会从“刽子手中之巨擘”范某的麾下逸出。

我的老家盐都自贡，有一道名菜叫“火边子牛肉”，是用极锋利的小刀剥下推卤牛的腿部肌肉，成巴掌大小，再予上味、熏烤。山西作家李锐在长篇《银城故事》里，借用了这个脍炙人口的刀法，移之于清廷酷吏威胁革命党，刀光清幽，自然获得了成功。这个刀法是否启发了骆秉章以及魔头范某、段一刀，不得而知。

王闿运尊经书院的弟子、日后名满江湖的文人本名费行简，在黎元洪主政时期曾被四川省推为省代表，参与商讨组阁等事宜。他根据其父亲的口述回忆，在民国时期写出《石达开在川陷敌及其被害的事实》一文，特意提到：“除刘杨所讯，笔者未经目睹，余三次曾于1897年从军署印房档案中抄出。虽为友人广西唐倬章借观，未及归还，彼已身故，遂志佚落，但大体尚能记出。第二劝降问答。彼时滇，黔，陕，甘军务吃紧，川将能战的不多，骆很想招石征滇。遂派朱诒孙、唐友耕、许培身三人数往劝降，其问答之词，朱唐皆有手折呈报。第三当时公牍。有为先父所述的，有为笔者见于档案中的。第四父辈目睹事实：先父既诸老辈所目睹而追语笔者的当时事实。其他传闻故事，恐不可靠，故未敢采录。”①

话说得有礼有节，似乎可信度极高，但他笔下的“石达开事件”错误颇多。

他说，据说当夜行刑时，刽子手按照骆秉章的吩咐（自然是指刽子手重其义），未照例碎剐，只是刺胸一刀即斩首，以减轻痛苦。而且说石达开是7月中才被处死的。这样讲出来的痛快死法，类似忠王李秀成之死——难道就能减轻翼王遭受的“碎割”之苦么?

2002年，在我完成的组诗《酷刑之书》里，有《凌迟》一诗，就是对石达开“成都之刃”的追忆——

午门旗杆的造影
是最静的火，使岑寂的时间布满危机
豹子在权力的巅峰消匿
以一身熔金的梅花
从受刑者的身上显出文身
刀斧手的杀气，轻易就被豹纹消解了
这是体制的黄昏。比尘埃抵达石头还慢

① 史式主编《石达开新论》，团结出版社1989年版，第154—155页。

慢到阴谋的脸颊舒展为泥塑
慢到档案作废，蠹虫修炼为字
金属从血槽里醒来
迎风一挥，发出干号

吃了豹子胆的造反者
只能躺进自己的裸体
坦然地接受，回收所有的痛楚
他把与疼痛勾连的同义词敞开
但刃口总是回避词根和性命
它在硬和软的内部施展间离
豹子返乡的狐步
将伤口拉出坡度
肉立在尾巴上，血才追上来
痛的最真处，心脏一点点内翻
吹毛立断的刃口，一直在骨膜工作
一个标本，展示血的所有流法

肉一片一片的退进骨头，失去花纹的豹
以破碎的脚趾阻止内心的塌陷
痛比思想更具体，它总是比刀锋先行抵达
就像折断的枝丫
回忆着花的呼吸，等待再一次折断
夕光烧成了一炷香灰
时间在内脏里空转

国家的仇恨被娴熟的刀口落实
染成旗帜、剑穗和红皮书
豹死无皮，人死也无名
帝王的意志和律法
不断把逆反的名字从刀尖纳入
广场的宏大建筑
和国家身后
低姿态的生活
怎么会有剐不完的肉
以及如此铁心的骨头？

惨叫能够让一个人变形
舌齿间，紧紧咬住一个王冠的头颅
这使我相信
权力与利器靠得最近
布满锈迹的刀
在与肉体反复较量中
更加锋利

比起石达开的凌迟，这些诗句轻得托不起一滴血。因为我们无力去想象，既没有被折断的想象的翅膀，也没有羽毛。那是无法想象。只有最纯粹的白与黑，铺满了成都平原。

人子的血，在乌云的俯视下尽情漫漶，这是对乌云的“描红作业”。它与那种阳光为乌云镶出一道金边美景的不同之处是，

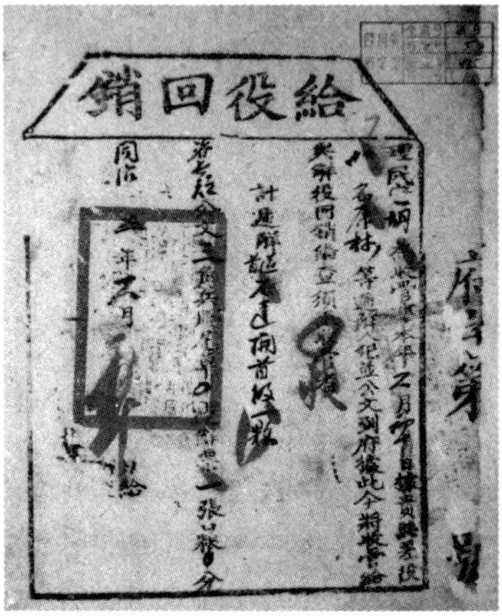
給役回銷

同治二年，理民府填发的给巴县府递解石达开首级回销。选自《巴蜀撷影：四川省档案馆藏清史图片集》

血的踪迹宛如一个胴体的彻底摊开，贴地而飞的红金箔，在乌暗的大地上，构成了“天狗吞日”的晦昧。那被黑暗染黑的血液，反射着天上的一幕：太阳为蘸满污血的刀，镶出了一道轻浮的蕾丝花边儿。但被骨头撞碎了一块的刀刃漏出了金属的底色，那才是一具模糊的血肉所能达到的最高巅！

6月的成都，闷热无风，停在槐树与银杏树上的金刚蝉，用干燥的叫嚷把城市的狂欢彻底打开。行人赤膊上阵，官人举而不坚。那又是一个朝纲解纽、兽性大发的时代。1863年6月27日中午之后的成都，被一股冷气彻底攫住。有人甚至说，城市周围的山野，飘起了雪……

就连云南大关县的正史里，对此也有出神入化的记载：“（石）达开诛时忽起云雨，一大龙飞焉。”[①]一个人虚弱到无力把痛苦“拧成一股绳”而扔出体外，那就只好把痛苦收拾好，堆成一堆烂柴，寄放行李一样放置到能够承担得起的部位。一个虚弱的人抱着痛苦取暖，倒在十字街头。头顶星光灿烂。恶法的律令让悲哀无边而平躺。

① 民国二十年修订本《大关县志稿·乡宦传》，见《昭通旧志汇编》，云南人民出版社2006年版，第1350页。

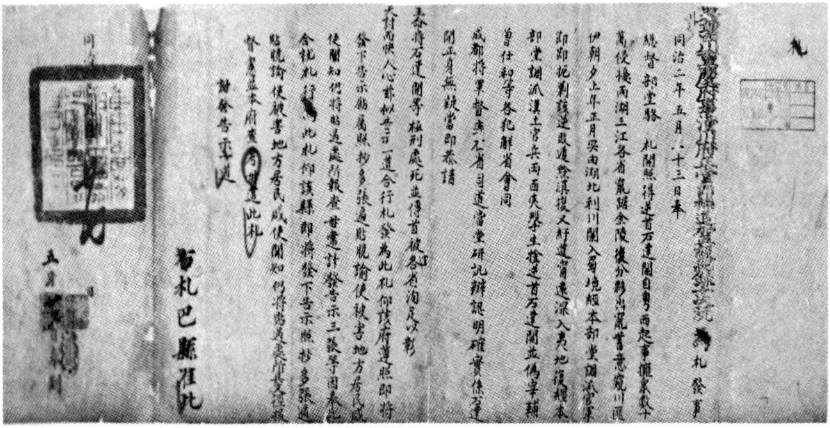

同治二年，重庆府转发以极刑处死石达开并传首被害各省告示札。选自《巴蜀撷影：四川省档案馆藏清史图片集》

“他的名字就是反抗的名词”

成都将军完颜崇实为大清内务府镶黄旗、显贵名士完颜麟庆长子，道光三十年（1850年）进士。他虽然作为驻防将军只是管辖旗人，但权力辐射西南官场角落，当他加衔为“提督满汉官兵管辖松建文武”之后，自然还要干预洋务藏务。咸丰十年（1860年）五月，四川总督曾望颜因为镇压起义军不力而被咸丰皇帝革职留任，七月，新任四川总督东纯在赴任途中病逝于湖北荆州，咸丰只好委派驻藏大臣崇实署理四川总督。骆秉章一来，俨然已经是四川的摄政王，但还是约其一同会审石达开，以示必要的尊重。资料显示两人会讯石达开总共3次。其中一次因骆秉章患病无法视事，改由四川布政使藩司刘蓉、臬司杨重雅代讯。由于石达开已经从狱卒那里得知在大树堡的两千多名子弟兵被屠杀一尽的消息，当杨重雅再次向石达开提起劝降之事并且大谈“本朝仁德”时，石达开忍不住了，大声质疑大树堡背信屠杀之事，他强硬地说：“骆秉章不是说，本朝从不杀降吗？而今又如何？天下有本事推翻清朝的人多得很，不一定非要我石达开不可！”说完，拂袖而起，在场清吏无不尴尬，不得不令人将他送出。

四川官府一共提审了石达开等人5次。这一期间，朱诒孙、唐友耕和他兄弟、许培身等人轮番到关押石达开的臬台监狱劝降数次，无功而返。1863年6月27日，见榨不出什么油水了，更怕突生变故，因为民间风传石达开的残余已经渗透到成都准备劫狱，四川方面决定立即用刑。骆秉章的奏稿里就说：“谨援陈玉成之例，当即恭请王命，将石达开极刑处死。其子石定忠，现年五岁，例应监禁，俟及岁时照例办理。”

周询的《蜀海丛谈》记载石达开等人的行刑背景是——“当时天色昏暗，密云不雨。”

如此描述暗合《易经·小畜》：“亨。密云不雨，自我西郊。”意思是：通达。浓云密布而不下雨，从我西边的郊野飘聚过去。凌迟为看客们所带来“通达”，想来在溽热不堪的成都，可谓凉风四起！

周询的父亲周之翰当时充任四川省城成都保甲总局提调，管辖范围限于成都城内及城外附郭街道，职责为清查户口、盘查可疑人员以及防火防盗等事情。算是省城治安要员，叨陪末座，目睹了石达开一行的受刑全部过程。也许所受刺激过甚，他把全部过程转述给儿子，因而周询在《蜀海丛谈》的记载应该是十分可信的：

“就死之日，成都将军为崇实与骆文忠同坐督署大堂，司道以次合城文武咸在。石及两王跻堂，为设三拜垫于堂下。三人者皆跏趺坐垫上。其头巾及靴褂皆黄缎为之。惟石之头巾上，加绣五色花。两王则否。盖即章制之等威也。”

天国历来推崇鲜丽服饰，裁缝、女营中高水平的刺绣工一直受到优待，作为藏匿于衮衮华服之后的导演，现在导演成了规划锦绣天国的人物，这种一反“朴素为美”的审美法则，峭拔而张扬，从石达开等人的服饰上就可以得到佐证。

周之翰参加了审讯全过程，在其儿子的笔下，细节金钩铁划，力透纸背：

清制，将军位在总督之右，骆故让崇先问。崇语音低，不辨作何语。只见石昂头怒目视，崇顿气沮语塞。骆始言曰，石某今日就戮，为汝想，亦殊值得。计起事以来，蹂躏数省，我方封疆大吏，死汝手者三人。今以一死完结，抑何所恨。石笑曰，是俗所谓成则为王，败则为寇。今生你杀我，安知来世我不杀汝耶。遂就梆。石下阶，步略缓，两王仍左右侍立，且曰：“仍主帅先行。”石始放步先行。是时先太守甫戳取来川，充成都保甲总局提调，所目睹也。

而根据成都民俗学者蒋维明《科甲巷与石达开之死》的考证，刽子手有3人为师兄弟，铆足了劲喝下几碗烧酒。他们上身赤裸，着大红裤子，双肩披红。即便如此，蜀地的溽热已经让他们大汗裹身。其中一个叫余宝，出自师爷段一刀门下。段一刀60

年前在东较场（怎么又是东较场啊！）凌迟处死过白莲教起义军36岁的首领冉天元，然后剖腹挖心，孜孜以求，食不厌精脍不厌细，他的细腻赢得观赏者的一直称道，因为刀法精湛，四川总督特授银牌。[①]奖牌屠夫不是吹的，稳、准、狠三字诀是其心法，余宝要不负师爷教导，再获殊荣。

周询在《芙蓉话旧录》里特意讲述了四川一地的凌迟技术细节："剐人时，先以刀划人犯之额，再以铁爪扯下额皮一大片，垂至眼际。续以刀划两乳上，各作一斜十字形，始剁其手足，手由腕际，足由膝际剁下。然后戳心剖腹，取出五脏，最终方刎头。其状至为残酷，皆杀父母及谋杀本夫之重罪犯也！"在这一操作谱系中，赫然从血泊里升起了一个"凌迟之主"。

老人总有一些怪癖，尤其是一个不贪财、不贪女色的老年官员。骆秉章很仔细，特意嘱咐使用"鱼鳞剐"，要一小块、一小块、很精细地、很均匀地切分巨魁。当年他在长沙城用大炮击毙了西王萧朝贵，那是很不解恨的。他很想看看这个巨魁中声望最高的翼王，皮相之下到底藏着什么反骨。他特意补充，再准备生石灰，出血就撒……

在此，我就不能不承认骆秉章的毫无人性了。转念一想，身处高位的官吏，如果不是"厚黑学"的嫡传弟子，又岂不坏了"规矩"？

午时动刀，行刑持续两个多时辰。古人认为兔羊在未时要吃草；现在已经申时了。申时又叫哺时，又名日铺，据说，猴子喜

① 见《锦江文史资料》第八辑，成都市锦江区文史委员会2004年1月编印，第60—63页。

欢这时啼叫。属相为兔的石达开，一声不吭，他在咀嚼，咀嚼自己的舌头，自己的嘴唇，用牙齿咀嚼牙齿，反刍成一个血洞。出生于1793年的骆秉章属相为牛，他也在咀嚼，在慢条斯理地咀嚼，以更慢更舒缓的姿势，完成自己肠胃的周天循环。

我们在描绘近现代西方酷刑场面的史料中，看客们脸无血色、当场昏厥的很多，但我从所有涉及记载石达开一行受刑场面的记载文字里，除了官职最高、也最娇弱的完颜崇实之外，我看不到一帮看客的心态，哪怕是半丝战栗！

属猪的唐友耕表现如何呢？在这个连成都将军完颜崇实已经惊怵得语无伦次不愿再看下去的场合，可惜没有任何人再写他一笔，这让我太失望了！我猜，他面带猪相地看，一脸的庄严。放着皮影戏一般的光。主流文化的肃然与庄重，伴随血肉横飞的演出回到了他脸上。沉默不但是蠢材的美德，而且也是武夫面对血肉的决绝。心不动，身不摇。

苍蝇停在鼻子尖排卵，有时，痒意比疼痛更难忍受。

这里，我必须再引一段现代著名历史学家任乃强先生《纪石达开被擒就死事》的描述，因为它牵扯出了一个十分重要的疼痛理论：石就刑之日，有邛崃人李某，时方壮年，通过特殊关系，买通狱吏，混入狱中隐藏；亲身目睹当时悲壮的一幕："石王与曾仕和对缚于十字桩上。行刑人分持利刃，先剜额头皮，上掩双目，次剜双腕。曾文弱，不胜其楚，惨呼。石徐止之曰：'何遂不能忍此须臾？当念我辈得彼，亦已如此，可耳。'曾遂切唇无声。凡百余刀，剜全体殆遍。初流血，嗣仅淡血，最后仅滴黄水。刑终，气早绝矣。”[1]

德国哲学家阿多诺在1966年出版的《否定的辩证法》中这样说：“日复一日的痛苦有权利表达出来，就像一个遭受酷刑的人有权利尖叫一样。”在此，已经不是比喻的问题了。比喻不是一把撒在伤口的盐。比喻是逼使身体透明的强光，它让栓塞的内心获得牵引。比喻偷走了血和肉，疼痛找不到自己的兄弟了，只剩下破天的狂叫。应该这样说：“一个遭受酷刑的人有权利尖叫，他日复一日的痛苦有权利表达出来。”书生出身的曾仕和在此发现，剧痛对身体发动了一场游击战！自己在口语、纸上谋划的计谋一旦落地，竟然是如此让人不堪重负！

但是，曾仕和不再发出痛苦的叫喊。他熄灭了这种身心的分离。痛由口腔回到了心脏。韦普成没有声音，黄再忠没有声音。黄再忠的妹妹黄玉英还是翼王的第二任妻子。他们与石达开构成了一个意味深长的四边形，就像是一个寻常的战前会议。血与肉的沙盘作业，凝固了那过于冗长的对视……纵深而持久的痛苦虚火荡漾，逐步下沉，最后具有一种薄荷的凉意。因而，面对一波又一波叠涌而来的痛感，当事人已经具备踏浪而行的“凌波微步”技术，而不再是挺起胸骨去硬撞硬接。

让我比喻一次。那是四块相向而立的铜镜，构成了一个四边形的明亮区域。一团火焰被另外一团火焰照亮，火焰将火的丝绦挂在另外一团火的脖子上。镜子照射镜子，镜子反射镜子，那是：血在为血输血。血形成了一条弧形的长廊，构成通往镜子背后的历史。回环不已的血气，在一种逆时针的旋转中置换着老鸦

---

① 见西康省《康导月刊》1943年第五卷，第七、八期。

漩的漩涡，松林河的漩涡，凉桥的漩涡，王娘伸出漩涡的手臂，将士们浮满大渡河的尸体，河流肿胀得无法流动。芙蓉花突然大叫起来。花叫。但是，那四块铜镜听不见，他们的耳朵交给了不透明的火，他们在疼痛的波光里越漂越远……

让我再比喻一次吧。这时，太阳突然从乌云深处投来几缕金光，像是飘坠的雪片。

在敌人没有使用破布或者曾仕和自己的肉塞进他嘴里之前，石达开用一句话，止住了曾仕和狂跳的喉头。他太明白了，完颜崇实、骆秉章、杨重雅、刘蓉、唐友耕之流需要的，是恨不得用喇叭放大这种恐怖的嘶叫，他们要叫一切有反骨的异端骨头发酥。

“何遂不能忍此须臾？当念我辈得彼，亦已如此，可耳。”这是石达开冒血的咽喉发出的最后一句话，也是大实话。

在天国人心目里，即使凌迟也有“敌我之别”。《天父下凡诏书一》中提到，“我血叔如此狼心，众兄弟要将他凌劘矣。”何谓“凌劘”？明朝《字汇》指出：劘字，“先齐切，音‘犀’。伤皮也。又陈知切，音‘池’。劘鱼”。客家话里，只有杀人才叫杀，杀猪、杀鸡只能叫“劘猪、劘鸡”，读作ci。在天国人的语言里，他们凌迟敌人就像是屠宰牲口，足见其语言道德观。

对于凌迟，太平军是十分熟悉的。天国发生内讧的1856年，洪秀全利用韦昌辉杀害杨秀清及亲信6000余人，“醢而烹之，夷其族。”据说天朝还请高级将领分食杨秀清的肉羹。富有戏剧性的是，杨秀清被杀的那一天，后来洪秀全于天历九年颁行历书、诏旨中，钦定“七月二十七日”为“东王升天节”，不知道这是对杨秀清的追忆还是对韦昌辉的嘲讽。这两个月总共杀了文武官员两万人。当石达开指责韦昌辉兄弟相残后，韦昌辉说："我虽不欲仇石氏，石氏亦必仇我。怨不可解矣。"他索性派兵围剿翼王府，杀石达开母妻子女等数十人。[①]后来，洪秀全又利用石达开来天京靖难，凌迟处死韦昌辉，将其尸体寸磔，割成许多块，每块皆二寸，挂在各处醒目的栅栏处，上书"北奸肉，只准看，不准取"。对异己者标的为"叛徒、内奸"，从来就是"拨乱反正"的不二法门，而最具罪与罚意义的凌迟，自然会被权力发挥到极致。

以血偿血，以肉偿肉，自然是符合那个黑暗语境中的血性法则。但曾国藩说，"查贼渠以石为最悍，其诳煽莠民，张大声势，亦以石为最谲"；极度自负的左宗棠也承认："石逆狡悍著闻，素得群贼之心，其才智出诸贼之上，而观其所为，颇以结人心，求人才为急，不甚附会邪教俚说，是贼之宗主，而我所畏忌也。"显然，石达开不但是社会制度的心头大患，而且让朝廷大员们一再蒙受耻辱，一旦置之于权力的绞肉机下，也顺理成章地把一己的耻辱记忆细腻地铺排出来。有条件上、没有条件创造条件也要上的惩罚逻辑，得到了畅行无阻的配合与落实。在这个价值逻辑下，讨论"坦白从宽、抗拒从严"是幼稚；与屠夫讨论"言出必行"更是脑残。

第一辑《太平天国史料译丛》[②]记载了1862年5月13日印度《泰晤时报》发表的一封英国军人的信，信中说："我跟一大群人去看清军屠杀俘虏的太平军，这批俘虏是英、法两国军事当局

① 王文濡编撰《太平天国野史》，江苏广陵古籍刻印社1993年版，第326页。

② 王崇武、黎世清主编《太平天国史料译丛》，上海神州国光社1954年版。

交给清军方面处死的。……这批俘虏，有男有女，有老有少，从刚出世的婴孩，到80岁蹒跚而行的老翁，从怀孕的妇人，到10至18岁的姑娘，无所不有。清军把这些妇女和姑娘，交给一批流氓强奸，再拖回来把她们处死。有些少女，刽子手将她们翻转来面朝天，撕去衣服，然后用刀直剖到胸口。这批刽子手做剖腹工作，能不伤五脏，并且伸手进胸膛，把一颗冒热气的心掏出来。被害的人，直瞪着眼，看他们干这样惨无人道的事。还有很多吃奶的婴儿，也从母亲怀里夺去剖腹。很多少壮的男俘虏，不但被剖腹，而且还受凌迟非刑，刽子手们割下他们一块一块的肉，有时塞到他们的嘴里，有时则抛向喧哗的观众之中……”

李鸿章答应赦免苏州的太平军降军，甚至封官许愿，请了洋枪队首领戈登做保证人，结果是将降人全部屠杀。戈登为这种欺骗大动肝火，要和李鸿章决斗，并拒绝了清廷一万两白银的赏赐。这个侵略者，在“言出必行”上是认真的，他怎么能明白这是黑暗体制惯用的套路呢？1864年，天京城沦陷，在处理“降将”李秀成时，1864年12月18日的《纽约时报》是这么评价的：“至于会是怎样的判决，其实已无须多问。确实，清廷如果放过像忠王这样的声名卓著的叛军领袖，那一定是疯了。他的名字本身就是反抗的名词……”[①]移之于石达开，完全成立。

于是，我们在《清史稿·洪秀全传》等史料里，可以看到繁多的凌迟记载：

---

① 郑曦原：《帝国的回忆——〈纽约时报〉晚清观察记》，当代中国出版社2007年版，第199页。

“擒伪天德王洪大全，槛送京师，磔之市。”

“生擒李开芳（天国北伐主将），磔之。”

“林启荣、李兴隆（天国九江守将）均败死，磔其尸。”

“擒悍目蓝承宣，向扰害蕲、黄者，寸磔之。”

“陈坤书（天国护王）凌迟处死，枭示东门。”

“乙巳，陈玉成解京师，诏于中途磔之。”

林凤祥遭受凌迟，“刀所及处，犹目光直视之，未尝出一声！”

……

“大明一朝，以剥皮始，以剥皮终，可谓始终不变。”这话是鲁迅在《病后杂谈》中讲的，可谓一语切中要害。这是否也可以移之于清朝呢?

这自然让我想起了福柯的《惩罚与规训》一书探讨的宗旨。福柯关于1757年达米安因谋刺国王被判处酷刑的详细描述，比起“国粹”之凌迟，实乃小巫见大巫也。福柯以为，此后80年间，惩罚原则已经从对人身体的摆布与疼痛的操控等酷刑，逐渐转变成非人身刑罚系统。就是说，前者代表了对身体的惩罚，现代监狱制度建立之后，则是一套对心灵的惩罚系统。这是福柯的研究言路，在我看来，凌迟的意义，死亡固然是终极，但加剧的持续的痛苦其实是其主语，并放大为一种疼痛训诫：权力机器用一堆抽搐的烂肉，给看客们上了一堂立场课：端正思想，做安分守己的良民，否则，这就是你等的下场。最后，权力者在热切渴望播施广泛的恐怖效应之余，鉴于石达开的不合作（桀骜不驯。沉默。没有呼天抢地，屎尿乱流，泣血忏悔，现身说法……），他们仍然是留有遗憾的。

庖丁解人的狂欢演出没有达到目的。这个凌迟的仪式，反而使石达开名垂青史，成为太平天国运动以来最受世人铭记的英雄。

而对于视身体痛苦为生存常态的民族来说，西方人所谓“灵魂的苦痛”在中国是不具备普世意义的。它过于高蹈和遥远，仿佛异类。对大众而言，流汗吃饭、流血赚钱本就天经地义；敢于寸刀割人，必然就有付出加倍代价的决心。所谓“舍得一身剐，敢把皇帝拉下马”的价值算式，一直就是历代革命者的身体筹码。因为除此之外，革命者实在拿不出什么可以换算的东西了。但西方人不同，他们可以开列出人身自由、爱情、子女、名声、前途等筹码。国人灵魂的痛苦，基本上已经被身体之痛偷梁换柱，而且把身体之痛视为了一种合理的承受。那么，当权力的绞肉机已经逐渐钝化于这样的麻木群体时，如何让制度的刀片得到及时的更新换代，反倒是让操作者产生“灵魂的痛苦”了。

这就进一步意味着，国家机器才是唯一合法酿制纵深疼痛的温床；而敢于反抗这一价值谱系的人，必然要提供更为锋锐的骨头使之折断。这一以暴制暴的循环，基本上构成了中国道德价值学的骨架。孟德斯鸠在历数专制制度下的惩罚与预防方式之后说：“让我们顺从自然吧！它给人类以羞耻之心，使从羞耻受到鞭责。让我们把名誉作为刑法最重的部分吧！如果一个国家，刑罚并不能使人产生羞耻之心的话，那就是由于暴政的结果，暴政对恶棍和正直的人使用相同的刑罚。”[①]在我看来，无论是名誉还是死亡的威胁均难以在中国产生预想的效果，只能说明数千年专制的罪恶。

---

① ［法］孟德斯鸠：《论法的精神》上册，商务印书馆1982年版，第85页。

我想，石达开之所以感动后世，一是他的睿智、豪爽、悲情所形成的人格魅力；二是恰在于，是他承受了生命中不堪承受之痛。他用上百块挂在铁钩上的肉，突破了一种大限。所以他无须再讲一个字。因为，对一具被制度的刀具细心洞穿的身体来讲，再多讲一个轻慢的字就是丧尽天良。

根据史料，我在试图复原那天的场景——

他们一行被绑缚在两根结实的十字交叉的木桩上。绳子多半是细麻绳，被水吃透，越是挣扎，越是吃紧。疼痛可以让人拼命去拗坠麻绳，用麻绳之痛来转移刀口的纵深之力。毕竟手臂是人体最能吃痛的部位。但肉尽骨显，受刑者却无法自行折断骨头。疼痛一直在骨头上慢慢地锯，这种毫无声音的疼痛，以锥子般的钻凿力，成为较量的平面。大剂量的血，就像一个笨手笨脚的学徒，不停地擦拭先生的泼墨！他一错再错，只好不再跳出来瞎忙。血渐渐少了，一种奇怪的麻木感成了泼墨的知音。所以，血顺着石达开的腿向凹地流淌，乱如蛛网。刽子手像展开游身八卦掌身法一样在东蹿西跳，尽量不沾湿鞋子，后来渐渐就不行了。大血管一当被切断，血会决堤，冲他个猪头狗脸。

抵御疼痛需要极大的体力。1912年1月12日，彭家珍勇掷炸弹炸断良弼左腿后，鲜血直涌的良弼突然产生了庆忌惜专诸的奇怪感情——不但要厚葬彭家珍，而且在德国医生开始为自己做截肢手术时，他拒绝使用麻药——他想当一回庆忌。他是被痛死的。现代心理学告诉我们，一个人只要怀着一线生机，那么，无论是多么大的疼痛，在“阀门原理”的瓶颈制约下，疼痛如突然收缩的河流，只有少量河水可以快速通过。在生机的牵引下，感觉阈急剧下降，起到了极大的“麻痹”作用。问题在于，凌迟之下的石达开绝无生机之念，只能求速死。速死而不能，脱去皮囊之累而不得，就像山陵的坡度跟血一样在慢慢降低。身体回归土地的过程中，横亘着无垠的锋利山丘。那么，怀着最大的绝望，去接受绝望安排的所有议程，就成为唯一合理的解释了。

绑在十字木桩上的石达开，像一头摊开的蜘蛛。血在地面编织着狰狞的构图，他的双眼被头皮覆盖着。残肢就像神话人物刑天一样，身体上突然睁开了无数双眼睛。

所有太平天国军人，都可以默诵洪秀全的《克服困难诏》：“神爷试草桥水深，如何吃粥就变心？不见天兄舍命顶，十字架上血淋漓……”[①]钉十字架的耶稣，如果目睹自己的兄弟，用接受120刀的缓慢方式步己之后尘，“天兄”会说什么？在《新约圣经》当中，耶稣曾5次提到以“背十字架来跟从我”作为配当他门徒的必要条件。[②]受苦并不一定是受死，而更是受辱，门徒必须准备好不被理解、被人歧视、甘于放弃信念之外所有累赘的人。如果说，钉十字架就象征自我否定和甘愿受苦，那么，绑缚在十字木桩上的石达开，没有自我否定，只有血肉淋漓的奉献。

交出自己，是为了4000多名兄弟免于死亡，那是一种怎样的感情啊？这种感觉真正落到了他身上。当他也许能够明白，在自己最为痛苦的时刻，恰恰是爱如渊海的时候。身体里的深渊，既是痛的渊薮，也是爱的大本营。这种爱一旦放大——不是一种形

---

① 扬州师范学院中文系编《洪秀全选集》，中华书局1976年版，第51页。

② 详见：“马太福音”16章24节；“马太福音”10章38节；“路加福音”14章27节；“马可福音”8章34节；“路加福音”9章23节。

而上的假想出来的痛，而具体为一种真实的生理疼痛。

希腊作家卡赞扎斯基在《基督最后的诱惑》里，描写大天使加百列降临基督时总让基督生不如死，像是癫痫发作。就意味着，精神上没有准备妥当就要在肉体上受难，总是一般人的本能。曾仕和为什么呼叫？我想，不是他不勇敢，而是他没有做到绝望的准备。肉体受难就是精神再生的前提，或者说，两者是同时发生的。你在靠近上帝或完成成人礼时，绝望之痛或阉割的痛苦就必然出现。疼痛与爱是身体必然遭受的两种空前的感受，受难者是以疼痛来承接爱的活水，付出爱就必须获取疼痛。这就像烙铁的两面，以铁青的高温，在肌肤上愈合刀口——俨然履行着仁者的工作。

那么，扛起这所有的痛苦，那是理所当然的。

绑在十字木桩上的石达开，是否看见了十字架的亮影？在烙铁激起的青烟里，“让死荫显为光明”。他，什么也不说了。

身体不是迷宫。身体也不是仙境。鲜血汩汩，在忍耐疼痛的自控力之下喷薄而出。痛激发了一种生存的本能，那是对生命的本能屈服。锯子锯的是骨头，而不是灵魂。另一种穿透了灵魂的痛，却在历史的长河里，屈身为桥。无论是怎样的圆凿方榫，石达开已经实现了一种荣耀：他彻底交出自己，吃完了自己的身体所匿藏的痛。他没有被疼痛毁灭，疼痛使他拔升，在浑身凉意中，明白自己33年的人间历程，在阳光突然穿越头皮的最后时分，已经成了！

一代才女伍尔夫发现了这个疼痛的哑默之谜。她认为，“英语能够表达哈姆雷特的意念和李尔王的悲剧，却没有言辞来表达惊诧或头痛……陷入情网的学龄少女用莎士比亚或济慈来表达她的心声，但是，让一个受疼痛折磨的人向医生诉说头痛，他的言辞便很快枯竭了。”[①]在这个世界上，对于女性来说，倾诉也许是她们唯一的和最有效的抗拒疼痛的手段。但对石达开这样的人来说，生命的全部意义，就是回到受难的身体。

割完上身，“剔骨肉”的技术让肋骨原形毕露。血、黄水、大小便流泻一地，就是没有看客希望目睹的眼泪。接下来，就应该脱掉下装，旋去裆中之物……

余宝刀法精熟，也觉得有点疲倦了。他大汗淋漓，热汗冷汗交替而下。骆秉章一脸病容，熬了这么长时间，觉得也差不多了。挥手吩咐，叫他去查看已成一团烂肉的石达开是否已经死亡。余宝上前，用刀尖挑起石达开耷拉在眼睛上的头皮！那是凌迟的第一刀，就是把天灵盖发迹至眉毛的头皮割开，拉下来盖住受刑者的眼睛。突然，他看到了一个发亮的东西，在血水里燃烧。那是石达开的眼珠。石达开双目如电，亮得足可以熔化刃口。这就像鲁迅在《故事新编·奔月》里对“羿”的描写：“身子是岩石一般挺立着，眼光直射，闪闪如岩下电”。

这是空前的一击，余宝毫无防备，他激灵打了一串冷战，一种从心脏喷射出来的冷意，游走全身，一地的液体好像是从他脚底漏出来的，他像一个空壳，料峭的冷意把他定在石达开的血肉前。

那把听话得像手指头一样的小刀，被一股无形的杀气生生剁断，“当”的一声掉在地面垫脚石上，反跳起来栽入他的脚背……

时间，在刀子反弹起来的一瞬被割裂，被撕开，露出了道

---

① ［美］保罗·布兰德等著《疼痛》，东方出版社1998年版，第237页。

袍下的黑。骆秉章与众人惊愕莫名，余宝顿失心窍，突然脱掉衣服，向门外冲去……从此状如疯魔。他迅速被体制抛弃，后来成为乞丐，成天在府河旁边哀号："我有罪，我有罪啊……"而府河的下莲池一带，恰好是掩埋石达开等4人血肉的地方。

历史，就是这般巧合！

如果这些细节，仍然不足以表达石达开临终的种种情状，我们再看一则——

民国汪惕尘先生在《苦榴花馆杂记》里记载说：

> 曩闻人言，石见囚后，旨下，命处极刑，所谓凌迟是也。寸寸剐割，遍体无完肤，吭未断，气息仅属。石闭目咬牙，不作一语，始终无惨色。濒死，忽闻有嬉笑声，盖其垂髫稚子，方缚跪于前，年幼无知，犹顾眄与伍伯戏，面目端秀，憨态可掬，观者咸恻然。石心动，启眸视之，长叹一声，泪盈眦颊而绝。[①]

"伍伯"之典，出自《古今注·舆服》，亦作"伍百"，就是役卒，多为舆卫前导或执杖行刑。儿童之"伍伯戏"，分明是与魔共舞。

这个缚跪于前的"垂髫稚子"，难道是石定忠吗？！这极有可能。

清朝行刑之时，如果父子都被判死刑，一般是在父亲眼前先杀儿子，然后再杀父亲。这是让受刑者肝肠寸断，发挥"罪与

① ［民国］汪惕尘：《苦榴花馆杂记》之八十五《石达开死状之惨》，中华书局2013年版，第125页。

罚”的最大功效与震慑威力。如果儿子不是死刑，也要其在刑场跪着看父亲受刑……要的就是雷霆之撼，要的就是噩梦不断的人生。官府要让普天之下知晓，犯上作乱的身体代价与感情代价！

这样，石达开流出的眼泪，濡湿了骆秉章的血红官印。他正要报捷，签发呈报朝廷的死刑官文。

石达开的头颅被扔入了长江

在巴蜀历史上，有四次著名的“头颅搬运事件”。

开启先河的是东周末期（约战国中期）的巴国将军巴蔓子。约公元前4世纪，巴国朐忍（今万州一带）发生内乱，时巴国国力衰弱，国君受到叛乱势力胁迫，百姓被残害。巴国将军蔓子遂以许诺酬谢楚国三城为代价，借楚市平息内乱。内乱平息后，楚国索城，蔓子认为国家不可分裂，身为人臣岂能私下割城，但不履行承诺是无信，割掉国土是为不忠，蔓子告曰：“将吾头往谢之，城不可得也。”于是自刎，以授楚使。据说深受感动的楚王以上卿之礼，将巴蔓子的头颅埋在高山顶上，让他日日夜夜回望故国，而他的躯体，则在七星岗葬地，那里有“巴将军坟”。

“头颅搬运事件”接踵而至，一般人不大知道的，是黄巾起义领袖黄巢。884年黄巢在泰山虎狼谷兵败，被外甥林言砍下头颅，占据徐州（今属江苏）的藩帅时溥手下的军人立即把这个邀功的林言诛杀，将一大堆首级送到时溥处，时溥马上用黄缎锦盒把黄巢等人的脑袋泡上水银，遣人飞速送往“临幸”成都的唐僖宗报捷。陌生的成都，成了黄巢的归宿地。

“头颅搬运事件”中最著名的头颅，是张飞的头，那个大如斗的头颅。张飞在阆中被部将范疆、张达暗害，二人取其首级投奔东吴。行至云阳，闻说吴蜀讲和，便将其首级抛弃江中，为一渔翁捕鱼时打捞上岸，埋葬于飞凤山麓。

还有一个著名的头颅，那就是翼王石达开。

他的“峥嵘之头”在成都四门悬首示众后，连同法律奏章经水路由嘉州、叙府到达重庆，据四川大学历史系教授伍仕谦1979年发表的《关于巴县档案》记载，石达开的首级到达重庆时，因为已经腐烂而埋葬。但我看到了现藏于四川省档案馆的一封官札，是位于四川东部边缘的理民府（设置在现重庆市城口县）于同治二年六月初填发的给巴县递解石达开首级的差役康林等人回县衙交差的“回销”，说明石达开的头颅尽管腐烂，但还在法律传递的继续运作之中。因天气继续炎热，头颅腐烂严重，进入湖北后，经请示后被丢弃。但令人不解的是，四川省档案馆收藏的档案里，还有一份璧山县知县给巴县知县的递解石达开首级的“移文”，就是交接手续，落款时间是同治二年六月初九日（1863年7月24日）。而巴县发出的递解石达开首级的官札落款时间是同治二年五月二十九日（1863年7月14日），璧山县、巴县均紧邻重庆府，距离东边的理民府远矣，难道这个非凡的头颅在川东巡游一趟，又送回来不成?！我分析，还是官场文牍主义造成的龌龊。

时任大清“中国海关总税务司”的英国人赫德爵士（1835—1911）在《赫德日记》里，有许多涉及太平天国的战事笔记——

他注意到，在经历了特洛伊战争一样漫长的包围之后，中国南方的战事即将走入尾声。1863年7月27日他记录道：“长期以来，一直转战于四川省和陕西省边境的太平军大将石达开被骆秉章所俘，并砍了头，今天方得此讯。”石达开6月27日被杀，消息至7月下旬才到达京师，在路途上竟然花费了一个多月时间！他认为这体现了“传递的重大军情政情何等之慢！”[①]真实的情况是，信息是连同石达开的头颅一并上路的。这沉重的头颅，远不是赫德爵士在华倡导的电讯所能传达的了。“首级传示各地”的指令随即得到了认真执行。官方用石灰腌过的石达开等人的首级在成都四门示众3天后，随同布告由锦江汇入岷江，经乐山、宜宾走长江到达重庆府，最后到达武昌，因天气炎热，已经腐烂发臭，只好就地处理。也就是说，石达开的头颅扔在了湖北。川江一线，对于石达开而言并不陌生——1862年春季，太平军就经过重庆府巴县各场镇，木洞、栋青庙、二圣场、永兴场、忠兴场、南彭场、一品场都在巴县西北部，靠近重庆市南岸区……如今，他的头颅环顾这一切，他像旱魃一样烘烤着这片陡峭的红壤。

在成都处决石达开以前，清廷最为担心的，在于捕获者是否是石达开真身。骆秉章在上皇帝的奏章中一再解释：“石达开自供与洪秀全等自广西金田村起事即封伪王，及窜扰各省情形历历如绘，皆臣所素悉，语皆符合。且其枭桀之气，见诸眉宇，绝非寻常贼目等伦，实为石达开正身无疑。”即便如此，民间对翼王离开成都的传说却有很多，充分体现了石达开在民间的深犁程度。

晚清时节，汪诗侬所撰笔记《所闻录》褒贬清代人物，记载了一个逸事：

---

① ［美］凯瑟琳·F·布鲁纳、费正清、理查德·J·司马富等编，傅曾仁、刘壮宇、潘昌运、王联祖等译：《步入中国清廷仕途——赫德日记（1854—1863）》，中国海关出版社2003年版。

太平天国翼王石达开，被磔于成都，见诸骆秉章奏报。其实石固未死也。数年前浙人李君游幕蜀中，一日雇舟往他处，将解缆矣，突有一老者请与附载，舟子固拒之。李君见其鹤发童颜，须眉甚伟，因许焉。老者既下舟，谓舟子曰：“顷刻当有大风起，勿解维也。”舟子亦老于事者，仰视太空，知所言不谬。谈次，狂飙陡作，走石飞沙，历一时许始息。少焉云散月明，命酒共酌，老者饮甚豪，酒半酣，推篷眺望，喟然曰：“风月依然，而江山安在？”李心疑之，叩其姓名。老者慨然曰：“世外人何必以真姓名告人，必欲实告，恐致骇怪耳。”李遂不敢再诘。而老者已酣然伏几，鼻息雷鸣矣。破晓，欠伸而起，谓李曰：“老夫将行告别，同舟之谊，备荷高情，后如有缘，尚当再会。”遂举足登岸，其行如风，瞬焉已远。李既送客，比返舟，则一伞遗焉。防其复来携取，为之移置，则重不可举。异之，视伞柄，系坚铁铸成，傍有“羽异王府”四小字，始恍然知为翼王也。茫茫天壤，今不知尚存在否耳。①

此传说流传于四川各地，版本甚多。另外则有冒名顶替的“石达开”故事广为流传。

这个所谓的假石达开是怎么回事？传说有很多版本，大体情况是：石达开收有一个义女，时人称为四姑娘，长得聪明伶俐，掌管军机文书。也许是接触生情吧，到了出嫁年纪，她没有看中英武盖世的将军，也不选辅佐天朝的文臣，却看中了一个职位

① 车吉心主编《中华野史》（清朝卷四），泰山出版社，2000年版，第3501页。

悬挂在南京“瞻园”的翼王石达开像。蒋蓝翻拍

洪天王画像。选自林德利著《太平天国》，外文出版社2003年版

很低的姓马的文书。马文书对天国赤胆忠心，可惜文才武略都很寻常。军营上下为此议论纷纷，消息传到石达开那里，果然，他对这门“鲜花插牛粪”的婚姻也不以为然，四姑娘以哭相谏说：“父王将来总会理解女儿的用意。”太平天国讲究男女平等，翼王不便过多干涉，四姑娘终于和马文书结了婚。

新婚燕尔，四姑娘对马体贴入微，关怀备至。当西征大军被陷大渡河边，石达开决定到清营议兵的千钧一发时刻，四姑娘在后帐问马文书说：“父王待你如何？”马说：“父王和小姐待我恩重如山。”四姑娘又问：“天军被困河边，救部队之事大，还是保全你我性命事大？”马文书说：“能救全军和父王免难，我万死不辞。”四姑娘就讲了楚汉相争时，汉将纪信替刘邦诈降遇害，争得时间，让刘邦带领汉军从荥阳突围的故事。马文书慨然表示要学纪信，愿替石达开赴营议兵求和。就这样，相貌和石达开相似的马文书，被清军装进囚笼，押解到成都的科甲巷。而真的石达开，却顿开枷锁走蛟龙，混在乱军中远走高飞了。

老百姓说石达开上当地的大洪山修道去了，最后无疾而终。石棉县的大洪山上曾有一座由百姓自发修建的祖师庙，据当地百姓相传，庙中那位耳阔口方的“祖师”颇有当年石达开的风范。

据说，后来还有一个特殊人物来到科甲巷，一边看地势一边念叨：“总有一天，真石达开和四姑娘会带着太平军进成都，来科甲巷祭奠为国捐躯的那个石达开哩！”

成都一些本土学者以为，当年西南战事刚平息，流散太平军甚多，赴省城道路崎岖，清廷怕途中生变，便密令就地处决石达开，而押赴省城者乃与石达开貌像之替死鬼，当市处决，警示众民。这样的推论是站不住的——置身凌迟而不发一言且神色不变，如果不是体内有铁的人，一个“替身”岂能做得到?！我们姑且不论石达开在受审过程里那掷地有声的证词。

死刑犯之血肉，民间往往不惜花重金予以购买治病，但石达开的遗骸格外特殊，由牛树梅、杨重雅安排心腹去秘密埋葬。成都民俗学者们推测，应该是被倾倒在锦江边的下莲池一带挖坑深埋，因为那里本来就是垃圾堆。所以，成都自然成了石达开的坟茔。这个他梦想夺取的大城，如今却成了温软的“来了就不想走的城市”。

民国二十三年（1934年）刻本《华阳国志》记载：“治城内东隅。《荒书》言：‘明末巡抚邵捷春因献贼之乱，北城外东岳神颇着灵异，因迎神下莲池，别为建庙。’今东岳庙是也。池旧种柳莳荷，清寂堂有《下莲池咏秋柳》诗云：‘杨柳伤心树，逢秋自可邻。已经寒露日，尚指曲塘烟。暮色枝枝瘦，斜阳漠漠悬。不堪惆怅意，同感北征年。’20年来，池渴树髡，无复知为昔时吟赏地矣。”①

有一天，我在下莲池一带寻找保留至今的一小段晚清城墙，那里除了还有一棵巨大的黄葛树外，应该说再没有“晚清孑遗”了。记得紫打地松林河边也有一棵让我难忘的黄葛树，浑身挂满红布，树龄应该在200岁以上，那纠结如虬龙的气根，莫非在为一个沉默的秘密而造像吗？我不禁想起诗人波德莱尔的话：“伟人的产生由不得国家。所以说，伟人是整个国家的胜者。”

大渡河河谷中的“黄彝”及石定基下落

在大渡河河谷中的石达开余部结局如何？

石达开的余部士兵中，老弱、伤员及新加入者4000多人被政府遣散，剩下的2000名精壮战士被调至汉源县后随即被杀。《骆文忠公奏稿》里提及“其偶有逸出者，亦被夷兵沿途截杀，唯遣散老病者数百人，此股巨匪实已剿洗净尽”。尽管深文周纳的骆秉章多次名不符实，但此话是实话。2007年的《四川日报》就刊发了《大凉山：太平军后裔探秘》的长篇纪实文章，指出位于乌斯河、金口河一带的高山上，生活着太平军的后代。证实了当地留有不少太平军后裔的事实，而且其中“相当数量的人在漫长

① 成都市地方志编纂委员会、川大历史地理研究所整理《民国华阳县志》（下卷），成都时代出版社2007年版，第684页。

的生活和特殊的环境影响下，已成族”。1990年5月付印的《甘洛文史》第九期，更是发表了《太平天国石达开部在海棠》的文章，保存至今的“叁棺”中还埋着一家人的先祖苗氏，她就是一名从安顺场紫打地逃出来的太平军女兵，她身带巨金，落户后修筑了一个大院，生活到直至老年去世。我曾在《四川日报》上读到《太平军兵器首现雅安》的报道，称家住在石棉县安顺场“海拔1000多米的松岗山上的王恩云，向当地从事文史研究工作的同志透露了他家保存有翼王军留下的兵器。原来，他的祖婆周氏是当年翼王军在安顺场血战中死里逃生的一名女战士。她带着战刀、药枪和梭镖三件兵器爬上了松岗山，被家住在山上的王永富收留”。[1]这些事迹，也可以佐证石达开部直到兵败也存在女营编制。这恰是史学界至今未研究的问题。

西南民族大学彝学院院长罗庆春教授专门告诉我，至今在石棉县陡峭深切的大渡河河谷里，有一支已经“彝化”的部落，种苞谷、土豆为生，他们对外宣称自己就是太平天国“长毛”的后裔。这个铁的事实，就让“石达开在大渡河畔斩杀了二百名彝族向导以致失去少数民族群众的支持、自蹈绝地”的民间传闻，似乎不攻自破。不然的话，这些老弱者如何可能在仇敌四伏的大渡河河谷生存下来呢？！

史式教授在《论石达开史事七题》一文里，内有《石达开舍命全军确已全活四千人》一节，非常清楚地勾勒了情况：

……

① 见《四川日报》2000年9月1日。

长期以来，人们都轻易地相信这样一种说法，即：在石达开就义以前，他的部下已被斩尽杀绝，他舍命全军全无效果。由此证明：对敌人绝不能抱幻想，不能受骗上当，应该抵抗到底，放下武器来谈判是错误的，最后还是会死在敌人的屠刀之下。许多同志忙于争论功过是非，却很少有人去考察一下石达开部下的结局究竟如何。而笔者认为，考察一下历史事实还是有必要的。如果连事实也弄不清楚就遽下定论，不免有空谈之嫌。

认为石达开部下已被斩尽杀绝是有史料根据的，这些史料就是清廷的官方文件。例如：骆秉章在处死石达开后所公开张贴的布告中说："尚有伪官与悍贼二千余名皆在大树堡，派兵悉数诛戮。"黄彭年《代刘蓉致骆秉章禀稿》中说："尚有一千余人住对河街上……都司唐大有会同参将张福胜，土千户岭承高等督带汉，夷兵勇，会合乡团，于初五夜四更分头兜捕，除老弱外，均皆歼除净尽。"黄彭年《黎雅夜行》中说："得蔡太守牍，石逆余党悉诛矣！"对于清方军报，我们绝对不可轻信。因为他们为了邀功或者诿过，常有夸大不实之词。例如薛福成早就在《书巨寇石达开就擒事》一文中揭破骆秉章的谎言："石达开初到大渡河边，北岸实尚无官兵，而骆文忠公奏疏谓唐友耕一军已驻北岸，似为将士请奖张本，不得不声明防河得力，因稍移数日以迁就之。当时外省军报大都如此，亦疆吏与将帅不得已之办法也。"像这样"大都"不可靠之军报，岂能信以为真！

我们先考察一下史实。1863年6月9日，石达开因抢渡大渡河、松林河无望，率残部6000余人向东突围，当晚在小水一带村庄宿营。次晚到达利碛堡，追兵尾随而至。因老鸦漩涨水，前无去路，后有追兵，石达开准备背水一战，妻妾投河。为了死里求生，他们有诈降以图再起的打算，清军方面也有设计诱擒的阴谋。经清方都司王松林前来谈判，双方议定，在6000残部中先遣散4000人，各给川资回籍；尚余精锐2000，不剿军械，移驻大树堡，听候清廷旨意再作决定。6月12日，4000人遣散完毕。这些被遣散的人，当然已缴军械。但是石达开部下还有精锐2000人未缴军器。黄彭年《黎雅纪行》中已记其事："询知大树堡尚有二千余人未缴军器，其伪周宰辅领之。"这未缴军器的2000人显然是已遣散的4000人能够安全离开的保证。也就是说，在6000残众中，已遣散的4000人是安全离开了的。对于此事，骆秉章在《生擒石逆疏》中已有交代：即"讯明新被裹挟及老弱者，发给路票，遣散四千余人"。

石达开受骗被俘后，移驻大树堡的未缴军器的精锐2000人确被清方围攻。据清方军报，他们已被斩尽杀绝。但据当地群众口述，突围逃跑者不少。其中大部分被彝族奴隶主掳为"娃子"（奴隶），小部分远走高飞，甚至有逃回江南的。

总之，石达开残部6000人中，至少已有4000人安全离开。即或离开后还有被截杀的情况，那也只是少数人的遭遇，大多数人都已脱险。至于剩下的精锐2000人，只是一部分，最多是大部分被杀，总还有一些人突围逃跑。因此，两相折抵，可以说石达开的舍命全军已有效果——保留了残部4000人的性命，而不是白白送死。

4000残部的下落如何，我们跟踪了解。据《四川彝族地区近现代史调查资料选集》中《太平军经过四川彝族地区资料》一章记载，根据有关部门的调查，与当地广大群众的口述，我们已经了解，太平军后裔现在有数千人分布在石棉、甘洛、越嶲等县的广大地区。他们被当地人称为"黄夷"（应为彝）。在彝族实行奴隶制时代，贵族（奴隶主）被称为"黑彝"，奴隶被称为"娃子"，

“娃子”则称为“白彝”，原无“黄彝”之称。“黄彝”这一称呼，正是用来指太平军后裔的。彝族地区地广人稀，山高谷深，搬迁的情况很少，因此，哪一家是“长毛根根”，左邻右舍都能确指，我们的调查材料自比骆秉章的奏疏，清方的军报更为可靠。因此，可以说石达开的舍命全军并非完全白死，确已救活了4000人左右。[①]

前不久我翻查旧籍，在叙永县编史修志委员会于1983年7月编印的《叙永文钞》里，收录有晚清叙永文人于宣《邹鲁生传》一文，就提到这个自称叫邹鲁生的“身修伟，面部有瘢痕，目光炯炯如电，一望而知其翘异”的人物，显然是太平军石达开部散落在民间的志士。并特意提及在叙永县的不少地方，就藏匿着来自翼王身边的通晓天机变易的高人。

另外，根据我的同事、成都人文地理学者焦虎三的田野考察，尔苏藏族群落里也有太平军后裔。

尔苏语主要分布在凉山的甘洛、越巂、冕宁、木里，还有雅安地区的石棉、汉源，以及甘孜藏族自治州的九龙等县，人口约有两万左右。尔苏人过去有两种等级，原是尔苏血统的称“撒”——主人，其他民族投靠或买来的奴隶称“巫儿”，“巫儿”都以主子的姓为己姓。石达开兵败大渡河后，有许多的太平天国士兵流落民间，一部分进入尔苏人聚居区为奴，被称作“车莫”，从读音相近于“长毛”。如今甘洛县即有姓“车莫”的人，其家谱记载祖先来自南京。石达开自天京出走后，最后几

① 史式主编《石达开新论》，团结出版社1989年版，第63—65页。

年已停止“礼拜上帝”的活动，但石达开原先所部的数万人，加上他的部将石镇吉的余部后来会合入本军的上万人，他当时全军人数有三分之一是曾经接受过拜上帝会信仰的。

我偶然注意到一部奇书《中华姓氏书法大辞典》，出自四川遂宁市档案馆陈历甫先生之手，本书收集了1.6万个中华姓氏，字数达220万字，他孜孜以求50多年方大功告成。该书记载：

“陈莫。《四川日报》1998年1月1日李发绪、李波《大凉山：太平军后裔探秘》：太平军石达开部的后裔中有相当数量的人已成为彝族，主要分布在甘洛县境。由于语言不通，彝族奴隶主不知出卖劳力的‘娃子’（奴隶）姓，只能统称长毛，而今甘洛彝区的‘陈莫’姓就是由‘长毛’演变而成。沙岱乡一带‘陈莫’姓的太平军后裔多得很，该乡原副乡长陈莫木呷，父亲就是太平军。陈莫瓦合（彝民）说：我的曾祖父陈莫六云（太平军士），爷爷陈莫哈达，父亲陈莫叶楚。‘陈莫’姓的人不少，但都不是一家人。”①

很显然，上文提到的“车莫”与“陈莫”，指的是同一支人。

2000年，学者巫达提出的“太平军在甘洛附近兵败溃散后，留在甘洛的太平军士兵把基督教中上帝用泥捏出人类的故事留给了彝族”的文化推论，显得较为合理。②

1949年新中国成立以后，尔苏人的等级制度消失了，那些“长毛”彻底融入了彝人的血脉。

---

① 陈历甫：《中华姓氏书法大辞典》，四川美术出版社1999年版，第279页。

② 巫达：《社会变迁与文化认同：凉山彝族的个案研究》第四章，学林出版社2008年版。

历史总是疏而不漏的。在贵州省余庆县一个叫石家洞的地方，位于乌江南岸的花山乡境内。这些洞口在悬崖绝壁之半山腰上，地势险要，易守难攻，8个洞口洞洞相连。要进洞很不容易，一要乘船过江，二要穿越两百米荆棘丛，三要用长梯或吊绳攀爬一段约10米高的绝壁。据传为太平天国军避险处，洞内能容上千人，主洞口内有一尺见方的“太平天国，天下太平”大字，此外还有小字、古诗词若干。正洞口有木盆，灶头、瓦罐等物；洞左侧还有数十平方米的大厅，厅中有一身多头佛像，三足鼎立的宝塔，玉砌琼雕般的宝座……洞中的石壁上刻有“险甲天下”“天险”等字样。当地大部分人都姓石，自称是石达开的后代。他们人人习武，户户藏兵（器），为人开明大度，崇尚文化。奇特的是，百年以上的老坟一律立的是无字碑。家谱中记载家族第一、二代的女性多为云南、四川人士。据说附近还隐居过石达开的贴身卫士，这与石达开“托孤”两名卫士护送刘王娘与石定基攀登绝壁脱险的故事颇有暗合之处。那就是说，石定基逃过了劫难，活了下来。

这绝非是传说。

石达开在西昌整编了一次军队，部分老弱、女性、家属等散落民间；石达开被俘之后，在紫打地剩下的数千名士兵，最后被骆秉章遣散。他们并没有返回各自的故乡，而是保护着石达开剩下的妻妾、孩子进入了高山峻岭，并生存下来。考据石达开一族，是在唐朝初期有石氏族人自河南固始随陈政、陈元光父子入闽开漳并落籍，石琚自安徽寿县徙居福建同安，其后散居闽粤各地。石达开一族出自闽地石氏一脉。在唐朝初期，有石氏族人于唐高宗李治总章二年（669年）自河南固始随唐朝右鹰扬卫率府怀化大将军陈政、陈元光父子入闽开漳立州并落籍。又有石琚（号正庵，唐朝右丞相，892—941）在退职后，自安徽寿县徙居同安（今福建厦门同安），其后裔子孙繁衍旺盛，散居于闽、粤各地，石琚就是石达开一族的始祖。因此，躲入巴山一带（今在重庆区域内）的石达开的另两幼子（实名待考），取开闽先驱陈政、陈元光父子的名头，再取先父石达开殁在成都之谐音“没”，合为复姓“陈没”，成为“陈没氏”一族，世代相传。如今在四川遂宁、雅安、乐山以及重庆等地均有分布。“陈没”读作chénmò，不可读作chénméi。

车莫——陈没——沉没——沉默。

历史从来没有沉没。

历史从来没有沉默。

历史铭记了这一苦与痛的姓氏。

这一姓氏的族群，与那些生活在乌斯河河谷当中的“黄彝”一道，构成了一道防止失忆的堤坝。飞鸟从天空遁迹，但浸透了热血与骨髓的语言，却仍在大地流传。

石敢当的隐喻

历史充满了隐喻。没有隐喻就没有历史。在我看来，当隐喻里带有来自传统的、历史的、渊薮中的反光时，反光俨然已经成为环绕喻体的松枝和向日葵，使本体成为了圣体，从而使隐喻成为讽喻。

“凌迟”一词首见于《荀子·宥坐》：“百仞之山，任负车登焉，何则？陵迟故。”到辽代始定为正刑，一直沿袭到清末。

到光绪三十一年（1905年），经晚清法学界最有名的学者沈家本奏请，颁布《大清现行律例》后才下令将凌迟、枭首、戮尸等法“永远删除，具改斩决”。后死刑分绞、斩两种，而且各种名目的酷刑远未禁绝。毫无疑问，凌迟是超级专制主义罪与罚合唱中的高音部，但不绝如缕的凌迟仪式，从来就没有达到杀一儆百、制造恐怖、消解反抗、禁锢言论的目的。这无论如何是让发明者深感困惑的。不同的制度在近世发明出来的“思想罪”“反革命罪”之类，也许属于福柯的研究谱系范畴，但是可以肯定，这些针对人心的罪名，高歌猛进的制度同样采取的是制造大面积身体之痛的古老方式为主要惩罚手段之余，再旁及灵魂的。

2008年10月的一天下午，我站在安顺场的大渡河畔，水流为上游的大岗山水电工程的大堤所阻，白色咆哮的水沫化为了一泓深碧，宛如碧血。我突然感到一种面对历史的虚无与脱力。

在有关石达开的各种评价中，最著名的当属美国基督教浸礼会派遣来华的医药传教士、政治观察家麦高文牧师（MacGowan，DanielJerome，1814或1815—1893）撰写的通讯中的一段评语：

在残存的首领中，除翼王石达开外，其余状况几乎一无所闻。这位年轻领袖，作为目前太平军的中坚人物，各种报道都把他描述成为英雄侠义——勇猛无畏，正直耿介，无可非议，可以说是太平军中的培雅德。（培雅德是法国著名将领和民族英雄，他率军抵御西班牙殖民主义者的大军入侵，勇猛无畏地捍卫了祖国的疆土。）他的性情温和，赢得万众的爱戴，即使那位采取颇不友好态度的《金陵庶谈》的作者（作者按：指谢介鹤的《金陵癸甲庶谈》），也承认这一点。唯该作者为了抵消上述赞扬所造成的美好印象，故意贬低他的胆略。正如其他清朝官方人士以及向我们口述其经历的外国水手所声称的，翼王在太平军中的声望，驳斥了这种蓄意贬低等说法。不容置疑，他那意味深长的‘电师’的头衔，正表示他在军事上的雄才大略和性格。他是一个有教养的人，一个敢作敢为的人，这可以从他曾经继承相当巨大的家产推想出来。在他们的集团尚未呈现出政治色彩以前，天就倾其所有，把全部家产投入紫荆山那遭受迫害的拜上帝会——这正是他献身革命时抱有的真心诚意的明证。①

值得一提的是，当时欧洲人布列治门和麦高文根据一位自称是此事件目击者的爱尔兰人肯能的口述，分别写了《太平天国东北两王内讧纪实》和《太平天国东王北王内讧详记》。麦高文当时在宁波传教、行医，1843年在宁波创办华美医院，也就是现在的宁波市第二人民医院。他在宁波用一种土法给烟民进行治疗，疗救苍生。后来由于就鸦片问题发表过一些意见，得罪了英国鸦片商，他们立即拒绝为麦氏传递任何信件及给予接济，麦氏无法，只好黯然回国。他还翻译了不少汉英著作，曾与华衡芳合作，翻译出版了英国地质学家莱伊尔的《地质学原理》，冠名《地学浅释》，他为中国人开启民智做出了巨大贡献。

清末，徽州戏帮就排练了与石达开有关的一部多本大戏《铁公鸡》。当时民间讹传石达开绰号“铁公鸡”，其实，这指的是

① 首次发表在1857年5月9日上海刊行第一家英文“官方报纸”《华北先驱周报》（又名《先锋报》），总352期。后收入《东北王内讧始末——中国起义史稿连载之十七（节选）》。翻译为章竟生。

其族兄石祥祯，用来编剧，可见其影响之深。美国政治观察家麦高文在同一篇文章里，特意提到了“铁公鸡”的牺牲情况。封为“国宗”的哥哥石祥祯、石镇仑均是太平天国著名的虎将。石祥祯在天京郊外生擒清军第一悍将、叛徒张国梁后，被张国梁从马背上抽出靴筒里的匕首刺杀；石镇仑则在湖北半壁山的一场鏖战中战死。这让我猛然想起，石达开的外号就叫“石敢当”，这比起曾经加冕于身的“圣神电”“电师”“义王”之类来，要贴切得多。陶宗仪在《南村辍耕录》中记载：“今人家正门适当巷陌桥道之冲，则立一小石将军，或植一小石碑，镌其上曰石敢当，以厌禳之。”石达开与其说是被一个暴虐的制度置于凶地，不如说，他成了两把交锋的利器之间，在中国的道路正中，用自己的骨头，啃下了一块碎片……

无论是“铁公鸡”还是“石敢当”，他们的血肉之躯从来就不是历史车轮下的齑粉。他们令权力趔趄，发出散架之声。

我再说一遍：凡有良知的人必须记住的时空点位——

公元1863年6月27日上午——太平天国癸开十三年五月十五日——清同治二年五月十二日。

参与凌迟石达开的官员——完颜崇实、骆秉章、唐友耕、杨重雅、刘蓉、朱诒孙、许培身、周之翰……

凌迟的地点——四川省提刑按察使司臬台监狱的三合土坝子上。作家李劼人的说法是石达开被“捆绑在绿呢四人官轿中，抬到科甲巷口四大监门前”，即后来建立的成都“市立医院”（现为成都市第一人民医院门诊部）所在地。

石达开的“第三条道路”

作为“亡田者”的代称，流民或流氓一旦组织起来成为势力，就是中国社会酱缸中的“鲶鱼”。

日本人认为，地底下躺着一条巨大的鲶鱼，它翻一下身，便会地震，平时，一位神举着石槌监视着它，可是神偶有松懈，鲶鱼就会乘机翻身。这个传说并不是取决于鲶鱼的体形大小，而是着眼于它不断滋生出的诡异动向。所以，只有神才能制服那条脾气古怪的鱼。

学者们经过长期观察鲶鱼后发现，鲶鱼对轻微震动的感受十分灵敏，而地震前所引起的微弱电流的变化，也能被鲶鱼特别灵敏的感受器感觉到。鲶鱼还有特别丰富的味觉器官，叫味蕾。人的舌头上也有味蕾，大约九千多个，而鲶鱼的味蕾却有十万个。而且这些味蕾不光长在口腔里，还长在皮肤和触须上。地震之前，水中的电流和水质发生变化，使鲶鱼不断翻身。其他鱼儿也会出现“鱼翻白肚水上跃”的反常行为。由此可见，民间传说与信仰，总是具有一定的事实基础。

滑动在欧洲人意识里的鲶鱼，最后在一个著名的生活典故里停息下来：挪威人爱吃新鲜的沙丁鱼，可上市的沙丁鱼只有一位老渔民捕的才是活蹦乱跳的。其奥秘在于：他在捕来的沙丁鱼中掺了少量的鲶鱼。鲶鱼放进鱼槽后，由于环境陌生，自然会四处流动到处挑起摩擦，而大量的沙丁鱼发现多了一个“异类”，自然也会紧张起来，加速游动。这样一来，使得捕来的沙丁鱼一直保持兴奋状态，活蹦乱跳的，所以能卖出高价。这就是现在被广泛引用的“鲶鱼效应”的来历。

这就至少说明，“鲶鱼效应”并非是某个哲学家或经济学家的“发明”，它是来自于生活智慧的。但在哲学谱系当中，的确有一位哲学家发现过类似的哲理，他就是索伦·克尔凯郭尔（1813—1855）。克尔凯郭尔在1843年出版的巨著《或此或彼》“诗篇”一章当中就说：

科内琉斯·内波斯讲到过一位将军，他与一个很大的骑兵团一起一直被禁闭在一个要塞里；为了使马匹不至于因过分不活动而受伤害，他便每天鞭打马匹——我以相似的方式生活于这个时代，像个受困的人，但唯恐受到静坐过久的伤害，我大声说我累了。

这种通过外力干扰来获得活力的方式，就像牧人面对严寒天气，在羊圈旁放一个狼的标本一样，使濒临于冻死的羊群获得不安，不安营造出来的“集体恐怖”一直使它们无法入睡，从而避免了被冻死的可能。

后来，美国著名管理专家史蒂芬·伦丁、哈里·保罗、约翰·克里斯坦森合著的管理经典《鱼》，则集中介绍这种提高士气和改善效率的奇妙方法，即激发活力并释放潜能。使我们不由得从人生的角度来看待这个问题：即使你无法选择生活本身，你可以选择采用什么方式来面对生活。

但是，当我们辩证地思考寓言具有的逻辑时，就会发现我们还是没有找到解决问题的答案。鲶鱼的哲学肯定能带给我们某些启示，但我们不是鲶鱼！我们也不是沙丁鱼！就像“别人抢走了我的奶酪”，那的确是非常糟糕的事情。寓言故事不是实际，可是，寓言却是形而上的存在。

“鲶鱼效应”在人际学中泛指与众不同的人、能给群体和环境带来活力的人，这样的人最受欢迎。面试时，特别是在群体面临选择的时候，历史机遇总是青睐每一个人特立独行的表现，最有活力，最有创意的声音会被机遇选中。

从理论上说，“鲶鱼效应”不但跟人才学、权力学的关系非常密切，更与历史密不可分。但如果以中国传统的中庸观点来看待的话，这条鲶鱼往往会被视为“害群之马”，是“一颗耗子屎坏了一锅汤”，轻则“重点教育”，重则立即被清除出列。

而中国历史上那种改朝换代者，往往都是那种为既存制度不容的鲶鱼——不，是收网者。

中国农民起义的结局不外乎只有两种：彻底失败，被国家法律碾为齑粉，并成为警示腹诽者效尤的罪恶下场；或者他们历经多次被官军围剿，在围剿与反围剿的博弈中，许多起义军都被招安，比如水泊梁山英雄与张献忠，后者是招安了反叛，反叛了再招安反叛，次数达到十几次轮回！接受招安成了起义者渡过危机的窄门。

但是，我注意到石达开走了另外一条迥然不同的道路。

作为太平天国的武力扛鼎者，他变卖田地，组织军队，甘愿成为“亡田者”，义无反顾地加入到反抗朝廷权威的行列，并以自己杰出的军事指挥才华，为天朝赢得了半壁江山；又因为他对怪力乱神的天朝的绝望，他再次出走。他没有被招安，他没有投降，他没有回头是岸。出走之后，他是作为纯粹的武装的“亡田者”领袖现身于西南一隅。他没有为之炮制宏大叙事的知识分子，没有乌托邦，没有供给没有给养没有天兄辅佐没有圣恩眷顾，唯有在游走、奔袭、逃亡的诡道之上不断突出重围。活下去，成为他唯一的目的。

毫无疑问，石达开与四川提督唐友耕均是反叛者。

唐友耕反叛农民起义军，幡然悔悟，成为国家力量的生力军，他是浪子回头金不换的榜样，并被大儒王闿运高看一眼；石达开反叛了国家，又进一步反叛了天朝，作为双重反叛者，他彻底回到流民与流氓的本义当中，一如漏网之鱼。如果说石板铺就的“官道”接通了亨通的身体叙事，那么，布满泥泞与荆棘的羊肠小路，是通往江湖的隐遁之路，由于利益的作祟，国家与江湖之间地域漫漶，仅有一线之隔，江湖不是人性的跑马场，它不过是待价而沽的高台，在江湖与体制之间的确不存在一个供石达开两不归的“灰色地带”。他通往生存王国的“第三条道路”仅仅存留于一线希望：在国家与江湖均不愿涉足的不毛之地，他才可以像豹子那样，停下来舔舐伤口……

所以，一当石达开走上了这条不归路，所谓的“投机分子”“阴谋家”“野心家”“分裂主义者”“叛徒”等恶谥，就已然不复存在了。制作这些标签的人，不过还是站在国家或天朝的立场还在忘情地填发制式表格，一如洪天王渴望这个好手回心转意，派出快马猛追石达开，送上“义王”金牌。这已经不是萧何月下追韩信的求贤若渴，而是急火攻心，盼望你回来解救天朝。

石达开走了，踏上了他的第三条道路。自此，“真天命太平天国圣神电通军主将翼王石”的旗帜，飘荡在西南天地间（天王洪秀全的专用旗帜为纯黄色，杨秀清、萧朝贵、冯云山、韦昌辉、石达开都为黄心镶边的旗帜，分别镶有绿、白、红、黑、蓝边）。

一个没有出路而开始寻找出路的人，一个知道他的归宿注定是与刀锋对撞的人，明知不能兴天朝而出走；明知不能灭清朝而亡命；明知不能保兄弟之命而舍己保全他们……那种知其不可而强为之的悲剧意味就蔓延开了，犹如笼罩巴蜀大地上的迷雾。世界只剩荒诞，人生也只剩荒诞，于是荒诞成了这个世界挥之不去的大梦。

如果是荒诞，那就是“没有意义”；但有意义的恰在于，一个人、一批人以自己的生命，完成了一次彻底而全新的历险：一点一点地失败，直至完败！

我说过，失败，可以失败得慢一点，失败得从容不迫。他吃透了荒诞，他极富耐心地把荒诞演绎给我们看。

也许他的一系列荣辱并不能让他忘怀这一预设，而是他不断在刨去预设周围的附赘物，甚至不惜揠苗助长。他等待着越来越清晰的结局与预设相吻合，就像一把伤痕累累的剑，回到了熔炉和砧台。

正因为有死亡的终结，这样的悲剧性就不再荒诞。

当国家与江湖手拉手亲上加亲，这个“灰色地带”立即被挤压，成了铁蹄之下的印痕。他的路，不过是体制与江湖联欢、马蹄踩出的水洼。鲶鱼在水洼里挣扎，鲶鱼搅动大地。

在商朝时期，属于古蜀鱼凫王朝的汉源县（包括现石棉县）被称为髳国。髳与髦、犛、旄相通，今简化成“牦”，有放牧牦牛为生之意。天高皇帝远，身为“鱼王”的鱼凫王鞭长莫及，看来对这条鲶鱼未施佑护。

一条纵横长江三千里的鲶鱼，在大渡河大翻身之际，他扭断了脊梁。最后，鲶鱼出水，渴望上演一出“鲶鱼上竹竿”的地方穿越剧，难度要大大高过化剑为犁。

演员是无法自我欣赏的。戏的导演者，却是骆秉章、刘蓉、唐友耕之流。鱼，在渔网束缚之下，上演了一场“鱼鳞剐”的制度狂欢。

庆云街与石定忠的结局

20世纪20年代，对石达开诗作宣传最为出力的是诗人、词学大家卢前（冀野）。他在《石达开西行记程》里记叙，自20岁左右的时候，曾写过一篇相当长的《石达开传》，附载在自己1927年编辑的《石达开诗钞》一书当中。[①]1949年以后他写有反映太平天国的小说《天京录》，并在《柴室小品》《冶城话旧》当中数次提及石达开的话题。卢前毕竟是深浸传统文化膏泽，加之受到戊戌变法失败和“儒侠”谭嗣同就义的余风所及，他凄凉感旧，慷慨生哀，对石达开的诗作赞叹备至。1927年，他特作《读翼王诗有感二首》，与其说是在咏叹石达开，不如说是利用这一个反叛体制的头颅，装入了自己的酒与血：

铁蹄踏破石城月，赢得红巾遮黑头；
七字吟诗人苦未，依然羸马巴陵秋。

如许头颅空自惜，西川人过泪双垂；
至今峨眉离岭树，犹是猿啼月落时。

---

① 泰东图书局1927年初版，1929年再版，此诗钞为伪诗。卢前于1934年再编《太平天国文艺三种》，由会文堂书局出版，内第二种为石达开伪诗，共计27首。

1929年，成都南门。美国人戴谦和摄

除了卢前，费行简的回忆弥足珍贵。他记载了一个历史碎片，对我们认识石达开到达成都后态度由不卑不亢突变为强硬大有帮助。

在四川省城臬台监狱，唐友耕不但亲自安排了看守人员，连为石达开一行操作一日两餐的厨师也是他挑选的。这听起来似乎有点夸张，不合法律程序，但这些均是费行简的父亲亲眼所见，不能不信。初次审讯时，石达开还对骆秉章口称“宫保”，透着尊敬。但接下来他就变了。在第二次由杨重雅、唐友耕审讯时，石达开的双眼精光大炽：“骆宫保说本朝从不杀降，今竟如何？会造反的人很多，不一定要我石达开！”

因为石达开终于得知大树堡几千兄弟被一夜屠杀的消息。

费行简揭开了这个谜底。走漏消息的是按察使署的狱卒张守铭（江宁人，因为爱酒，成都人称之为“张癫”）。张某曾经私下说，太平军在南京不事劫掠，远胜湘军，他尤其不忍见石达开被处死。他利用间隙，把大树堡的屠杀情况告诉了石达开，这一消息冰炭相继，使得石达开心性大变。这也显示了唐友耕等人的百虑一失，狱卒张守铭就像一个烂钉子，让他们盘算好的一桶水白白漏走。狱卒张某立即被制度清除出列，并问罪。

费行简对此人给予很高评价，他见过张守铭，许为“奇士”。并说：“当日政界中能为此语者，仅见此人而已。”

1863年6月27日清晨，石达开吃过早饭，走到熟睡的石定忠身边，俯下身子说：“定忠，不要怕，很快便能再见到父王了。”说罢毅然起身，昂首而出！他去赴诺了。

石达开托唐友耕办的最后一件事，就是把儿子石定忠与自己安葬在一起。他知道，自大树堡屠杀后，事情的结局都很清楚了。他对唐友耕说：“我盼望的就是这一天，而今如愿了。论打仗你我是仇敌，论朋友则不异于兄弟。前回你们收去的文件，要毁则毁，可留者留，留着后人当《列国》《三国》看，也可以知道我多少事迹。定忠自然没有活路，望你将他与我葬于一处。”

唐友耕答应了。当时石达开不知道的是，等待他的是凌迟。

那么，5岁的石定忠是怎么“办理”的呢？晚清四大小说家之一的李伯元有遗稿《南亭笔记》里，以及近代词人况周颐的《眉庐丛话》，均记载了大同小异的一条涉及成都的掌故：《鸩杀石达开之子》：

“骆文忠公秉章，粤之花县人。石达开就戮时，殷殷以幼子相托。文忠以与同乡许之，养其幼子于署，将冠矣。文忠一日试之曰：‘汝已成人矣，将以何者为自立计耶？’石子大言曰：‘我唯为父报仇耳。’文忠大骇，阴使人鸩之。呜呼！父子天性，乃一至于此哉！”①

在我看来，这不但是鬼话，而且是响亮的屁话。仅仅几年之后，骆秉章就老死于成都，怎么可能把“孽种”抚养成人？这分明是在褒扬骆秉章的仁义以及石定忠的忠义。

费行简在他回忆与乃父谈话的《石达开在川陷敌及其被害的事实》一文里记载：骆秉章在审问石达开时，曾提及石定忠：“现你带来之幼子，听说很聪明，你尽管放心，我决不准谁加害。”这番对话的真假很难说，但文章里有两段记载最让我心颤——

翼王就义之后，“定忠自不见其父，日夜啼哭，由杨重雅建议，以布包石灰堵口鼻压毙之。未毙前禁卒谢福以实告之。他问：‘我死可见父乎？’谢说：‘正好见于天上。’他遂破涕为笑。”

“归安孙古春丈曾贻书重雅曰：‘此稚子何辜，亦罹至死！君诚儒者，奈何慕屠伯所为耶！’杨则诿为唐友耕向骆所献策，后为唐所知，两人在官厅大骂，几乎动武。”

听到可以与父亲相聚“遂破涕为笑”的小孩子，自然是真实的。无论是相见于“天上”，还是“地下”，他甚至明白了死亡就是过一个门槛，可以见到爸爸了。我从历史文献里，打捞出这个名叫“谢福”的狱卒，心里反而升起了一丝奇怪的宽慰——若不是他良心发现的实话相告，那5岁的娃娃怎么会讲出这般话?!

① ［清］李伯元：《南亭笔记》卷四，凤凰出版社2000年版。

这是“唐公友耕生擒石逆状图”绘本影印件，十分珍贵。晚清最后十几年最走红的亲贵，当属庆亲王奕劻，图片说明指出，此等一干人一举俘获了石达开。这样反映太平天国战役的绘图一共有20幅。原件流失在海外，根据英文显示，图片来自北京大学图书馆

而且他出来告诉了别人——这个让我大恸的场景，就无法出现在历史文献当中。

临死之际，石定忠指着所佩玉牌高声对刽子手们说：“此我生日天王送的，你们不要拿去。”但，谁会听一个死人的哀求？！

费行简又一次记录了一个“反官场”的声音，那就是孙古春昂然指责杨重雅的“屠伯”之举。这让我们发现，在铁板一块的晚清官场，竟然也还有一丝裂纹，发出了良知的微声。

对骆秉章手下而言，杀害5岁的石定忠，谁来背这个不义的名声？四川按察使、巍巍“儒者”杨重雅必须忍辱负重担此重任。准确点说，杨重雅就是“臬台”监狱的总老板。王闿运《湘军志》里记载了这个反复之人的情状：“秉章初至夔，逢曾望颜诉布政使副将状而泣，亦颇言将军短。杨重雅以署成都府事致累

望颜，身亦被谤忌，出知顺庆，罢官，倾心奉秉章。”[①]杀害5岁娃娃的计策出自这样的“大儒”，完全合理。值得一提的是，杨重雅后来因逼反武将李扬而被免去广西巡抚一职，他准备把大量不义之财带回老家江西德兴梅溪村。但金银太多，路途遥远而危险。就在一家踌躇之际，杨重雅的老母修书一封，嘱他须过半个时辰方能拆看，言毕吞金而亡。杨重雅拆开母亲的信，方知母亲的良苦用心。他率领家人扶母亲灵柩回乡，使用了9口棺材，藏在8口棺材里的金银珠宝被当成随葬品混过了重重关卡。

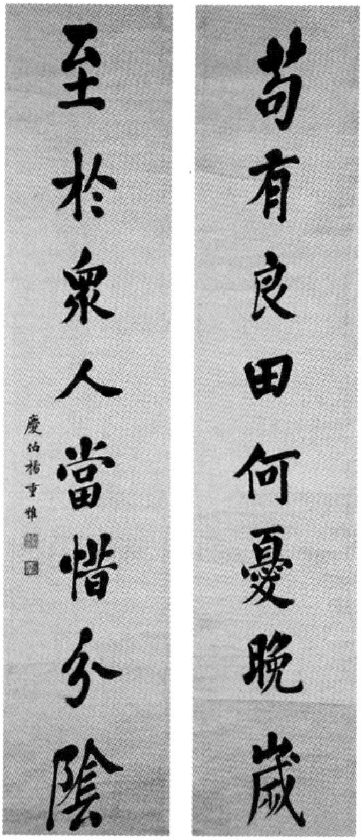

杨重雅法书，显示出一派敦厚与凝重

面对官场“击鼓传花”的游戏，唐友耕绝对不能接受杨重雅强行赠予的“屠伯”帽子，毕竟他的血色“帽顶”已经太多了。他要把这个桂冠回掷过去。为此，他找“罪魁祸首”杨重雅理论，几句不合，立即开骂，一个从二品大员和一个三品大员，就要在官厅里动手！这也是我在史料里，见到的唐友耕与官员唯一的一次矛盾爆发。

① ［清］王闿运：《湘军志》，第140页。

当时就有士人评论："同属汉奸，谁是谁非可以不论。但当时物议之尚有公道，虽小人亦自知所作之可耻。谓之人心不死可也。"在处理这件事情的过程中，充分暴露出杨重雅残忍、狠毒的本质。

徐士林（1684—1741）为官30年，出任过江苏巡抚，他正直忠厚，敢作敢为，临政不阿，他为官的宗旨是"善政养民"，曾在江苏臬台门前手撰一联，成为"内外问刑衙门"者的座右铭："看阶前草绿苔青，无非生意；听墙外鸦啼鹊噪，恐有冤魂。"如果用此看待杨重雅，就发现无论是出于刑法还是为了国家、人伦，他是非常丑陋的。

具有反讽意味的是，杨重雅写过一首怀张良的诗《过紫柏山谒留侯祠》："出处犹龙不可思，神仙弟子帝王师。那知阅历深沈处，都在长安大索时。圯桥进履气恬然，胯下王孙事亦传。一作神仙一功狗，论人须到盖棺年。"当棺材板板已经烂得荡然无存之后，我发现，他至多就是一条"功狗"，汪汪汪，历史的可叹，恰在于斯。

石定忠被官府缢杀，台湾学者黄嘉漠认为"诚以当时主持香港《华字日报》及《广智录》笔政的人，原为粤籍人士，既该属同乡，对于骆秉章的平生宦绩及行事，当必耳热熟能解；且其记述发表日期，距离事故发生的时间不过三十余年，以熟悉的争论撰述成文，应属扼要确实。复与前引柴氏记述参照，尤信而有征。"著名学者盛巽昌撰文认为，黄嘉漠先生的意见是针对抗日战争以来所流行的石定忠"为官"说。[①]而"为官"说流传甚

① 已为简又文刊记于《太平天国全史》。

广，于崇仰石达开为人者，更有殷切所望。盖其源始于历史学家任乃强。

任乃强称，这个消息得自西康省政府民政督察员乐凤鸣口碑，乐某乃石定忠晚年相好云云。任乃强称：“石王子定忠，以齿稚免役，不知何故，其人竟未死，改姓名曰时雨化，入绵州州学。光绪丁酉，与邛州龚秉衡玉帛同拔，又同分发贵州做知县，甚相得，尝密告龚，实翼王子也。”[①]1922年刊布的《邛崃县志》亦有“有云石子至今尚存，改姓为时，颇善书画，未知确否？”（《咸同防守记》）盛巽昌认为，旧时文人多喜捕风捉影，且因道路闭塞，戴盆观天，多以道听途说之录为实。黄嘉漠先生考证，所调时雨化者，乃是“从《绵州县志》找到一个时守忠，有意影射为时雨化，以时守忠事迹为其蓝本，牵强附会，从而虚构所谓时雨化其人其事。”此谓至言。另据费行简说，石定忠仅死于其父后数日。谓称石达开被送上刑场前，石达开对唐友耕说：“定忠自然没有活路，望你将他与我葬于一处。”又称“定忠不见其父，日夜啼哭，杨重雅建议，以布包石灰堵口鼻压毙之，未毙前禁卒谢福以实告之。他问：‘我死可见父乎？’谢说：‘正好见于天上。’他遂破啼为笑。被害时顷刻即死，死后闻葬于庆云庵旁，但亦不能确指其处。”[②]

我所在的成都报业集团东后门就在庆云街。此地因曾有庆云庵，庵外有一口大水塘叫庆云塘。据载，早年的庆云塘接通解玉

---

① 任乃强：《纪石达开被擒就死事》，见西康省《康导月刊》1943年第五卷，第七、八期。

② 盛巽昌：《关于石达开幼子石定忠的下落》，刊四川省文史馆《文史杂志》1992年5期。

1905年，成都南门外的万里桥，日本人山川早水摄

溪，活水自桂王桥逶迤而来，蓄水量相当大。庵废已久，塘畔有塘坎街，今亦不存。庆云街南端临十字口。左拐是双凤桥街，通向著名的东较场。右拐是贵州馆街，通向三槐树街。直走过十字口便是庆云北街与庆云南街。查1948年测绘的《成都市街道详图》，可以清晰发现庆云庵就在塘坎路以西，这条路如今是成都日报报业集团面朝红星路一侧的临街走廊。而庆云塘正在报业集团大楼之后的“新闻广场”位置。那里拆得“美轮美奂”，仅剩一面庙宇的黑墙，还有一棵参天银杏。我再没有进一步证据了，但我相信唐友耕把石定忠埋在庆云庵！

一个深秋的黄昏，我匆匆从报社那棵大银杏树下走过，我踩响了金箔般的杏叶，发出裂帛之声……

城隍庙还愿

唐友耕收功紫打地的巨大效应，极大地震动了朝野，他的家乡大关县更是为之沸腾。文人墨客类似热锅蚂蚁，挥毫泼墨，高声赞美，勒石为记。大关县文人黄琮，为此写了一首五言长诗《大渡河》，特别注明“时川督骆秉章派唐提军将到此”：

大渡与岷江，溯源自铁豹。
分支西南流，狭窄不容蜣。
雷马到越嶲，两岩峙奇峭。
盛夏雨新涨，中流势益剽。
正如黑齿夷，赋性逞桀骜。
有宋鉴唐祸，玉斧划边徼。
讵知万里城，得人仗万召。
不见韦与高，威积砻蕃诏。
往事等幼灰，临流觅孤棹。
遑计乘船危，急思彼岸到。
凉山近野夷，三窟据幽奥。
伺隙多含沙，下令孰减灶。
海水捧浇荥，风中望来纛。

诗里涉及古蜀的典故甚多，大渡河、岷江、雷波、马边、越嶲、凉山、黑夷等，充满“地方性知识”，岷山在成都府茂州西北五百里，那里的地名叫列鹅村，一名铁豹岭，一名沃焦山；再

骆秉章。晚清吴友如绘

比如唐时韦皋镇蜀与修建成都“罗城”的高骈，显然将唐友耕的武功与这两人功绩做了比附。但诗作委实不佳，而且好像没有写完。我想，唐友耕看到这样的颂歌，一定手捋胡须微笑不已，会慷慨打赏润笔费。

在我看来，往伤口撒盐不过是小人之举。即便是一帮屠夫下令对石达开3人一边行刑一边撒石灰，而那种从对手创伤里抠出官帽顶珠的角色，方才是辣手。

文人周询和父亲周侪亮与唐友耕有近距离接触，唐友耕对文官具有一种超乎寻常的恭敬与崇拜，但他不过是连续宴请与送礼、聆听自己生疏的稗官野史。这并不能遮掩自己的底层胎记，尤其是无法自控的那种四溢的煞气。他差一点儿就成了周询的岳父大人。当年周询风华正茂，才华出众，仕途无限，加上对方也是贵州麻江人，与自己的祖籍大关县差不多，唐友耕一厢情愿看好这门婚事。周询后来描绘了唐友耕的特点："公在行间久，视杀人为寻常事。贵后，多姬妾。有不如意，辄手刃之，且有活埋者。"如此"屠伯"，竟然也不愿意背上坏名声，从深处说，唐友耕是很看重面子的。

因此这样的原因，唐友耕自然喜欢制造面子的"儒者"！

周询说："公素重文士，先太守（周侪亮）负善书名，公以索书与先太守相识。交寝笃。余时八岁，公欲重之婚姻，以女字余。先太守终以齐大非偶为嫌，乃托子女太稚，谢之。时云贵两省尚合一会馆，某岁春初团拜，余随先太守往观剧，得亲见公，面团团白皙，黄须落落，劲而有光。风鉴家所谓银面金须，武人贵相也。项之左偏，在涪所受伤痕，炯然可辨，凹下约分许。"[1]

唐友耕浑身是伤。他脖子上的伤痕尤其显眼。衄痍形成了一种意味深长的表达。那是穿越刀光剑影的通行证，是武功与才智直接作用于身体的一招一式。凹下去一块的伤痕对面容构成的扭曲不但不会让当事人变得狰狞，反而会增加一个常人无从拥有的魅力。谁也无法预测，唐友耕会从伤疤里抠出一块鸦片，还是一把黑火药。伤痕是他的尤物，就像一连串的美女投怀送抱，让一介武夫获得了命运的大手印。

在缺乏外界诱引时，这衄痍的歪脸宛如一朵烂花，在那个年代穿越了官场的审视和风尘的检阅，唐友耕无师自通，因祸得福，一张歪脸俨然就是免死牌，他变得为所欲为了。

周询父亲周侪亮以纯熟律法、官员条例而深为骆秉章赏识，周侪亮也是身体力行之人，在四川每到一县赴任，总是深入民间

① ［清］周询：《芙蓉话旧录》，四川人民出版社1987年版，第193—194页。

查访疾苦，遂有“周赶场”的官场美誉。唐友耕敬重这样的文士，尽管周侪亮的官位不高，他很希望与之结交，用一个“文武双璧”的儿女姻缘凝固自己对儒士的孜孜向往，可惜的是，周侪亮显然看到了这个杀人不眨眼之徒的骨相，柔弱的毛笔岂能与鬼头刀交锋？他以儿子年幼为借口推脱了婚事，均在情理之中。

据成都民俗学者蒋维明考证，给唐友耕看相的术士，是在下东大街府城隍庙摆摊的术士。这个坐北朝南的城隍庙比万福桥的成都县城隍庙和昭忠烈祠街的华阳县城隍庙级别要高，它后殿与东糠市街相邻，在这里混饭吃的术士自然也要“关火”一些。

一个人无力改变现实，就很容易堕入宿命。但唐友耕何等聪明，他不会过于沉迷于其中。因为似是而非的爻辞与纷繁的时空联系，以及含义“折冲”的反复摇摆，几乎都可以让预言应验。唐友耕全神贯注观察六个爻一一出现的过程。聚精会神的感觉铜钱在相士手掌反复地握捏时发出的声音，相信它将附带着自己的心思，去与陌生的冥念相遇。然后，人与卦象开始等待判决。

一些不妙的结果会让人陷入忧郁的遐想，让人反省自己的荒谬之处。从未谋面的幽深往事开始浮现，使一场简单的是非选择变成无尽的省思。这样，这一本来多少带有游戏成分的活动，却成为严肃的功课。不是让过去告诉未来，而是让现在预言过去。唐友耕拿过铜钱，闻着手掌上残留着的铜钱气息，他发现，自己实在是有些胆怯。不得不承认，敬畏命运是最有威力的感情。

也许，懂得敬畏的人，就会善待自己一天天少去的生命。多杀积功名，但多杀会长寿吗？反正自己身强力壮，顾不了这么多了。

多年以后，唐友耕果真发迹了，他慷慨兑现了许下的诺言。

他到城隍庙找到了这个落魄的术士予以重赏。[①]

我的父亲蒋寿昶早年是国民政府建于灌县“空军幼年学校”的学生，曾经去过写有蓝底金字立式石匾的“成都府城隍庙”。他对我回忆说，庙的正面是三个圆洞形的拱门，两侧拱门稍小，左门上嵌有“彰善”二字，右门上嵌有“瘅恶”二字，庙门对联大有深意：

古祀重伊耆，溯八蜡祚年，功在水庸昭国典。
设教以神道，主九幽治鬼，权分泰岱作民依。

气势森严，飞檐峥嵘，具有官场与鬼域的混合气场。“在前清时，例于清明、中元及十月朔，迎驾赴厉坛赈孤，地方官亦同时赴庙行香。正殿之后有便殿者，城隍身着便服，作伏案办公状。对房有夫人像，亦便衣，卧床梳桌，及各项陈设，与人家内室同。旁有大小孩及女仆等，其男仆则立于神之旁，如听事然。据云，神及夫人便服，四季皆备，皮衣如胎羔灰鼠大毛等，均因时更换无讹，床中被褥，及夫人内衣，亦有女居士专司其事。前清迷信时代，入观者无不神凝气肃，而兢战不已也。”[②]

我在父亲的描述里，词语在我眼前不断晃动、复原那些道具：在城隍庙戏台前的院坝（成都人称之为“扯谎坝”）和过道两侧，高悬“赛君平”“字状元”“唐不同”“王知命”等布幌，他们的眼睛，砭肌透骨，比唐友耕更毒！我好像可以看到身

① 蒋维明：《明清巴蜀人物述评》，巴蜀书社2005年版，第218页。
② ［民国］徐心余：《蜀游闻见录》，四川人民出版社1985年版，第78页。

材不高的唐友耕红光满面，健步走入鬼城。他的气势已经泄露了他的身份和使命，加上目光逼人，刀光剑戟，鬼魂的烟雾也要回避，会在他的四周，形成一圈浓郁的晦气。

笃信命运，历来是形而下之人的宿命。我觉得有意思的是，当唐友耕第一次步入城隍庙时，他的杀孽不重，而当他再次来到城隍庙“还愿”时，那些跟随而来的魂魄，是成为不散的冤魂呢，还是已经成为他的虎伥？

所以，一个不安于现状的人，就是一个不愿在寂寞中寂寞下去的人。他的寂寞与其说是一种蛰伏，不如说他的放浪形骸是一种信心的休克疗法。一旦他回到寂寞中，他会具有空前纵欲的疯狂，来处理自己的事业。

哀求可以得到分币，祈祷可以抵达拱廊；

哀求总是白天的演出，祈祷却是暗中伫立。

第七章

忠与义是手背与手心的关系

朝廷阉犬

石达开和太平军被制度的绞肉机绞为齑粉后，蔡步钟经总督骆秉章奏奖，旨免补知府，以道员尽先补用，并赏戴花翎。此时，余部太平军续攻云南，云南巡抚林鸿年奏调蔡步钟赴南营帮办军务。不久蔡任云南按察使，因积劳成疾，旧伤复发，于同治五年（1866年）回乡调养，在城内建大厅一座，作为官邸。卒于同治八年（1869年），时39岁。

清廷为奖赏唐友耕镇压石达开的功绩，首先擢升为“记名提督”，等候出缺。随后才升为云南提督，但因为川地战火并未此地消泯，因而留屯川南。

作为云南最高武官，云南提督称云南提督总兵官，从一品，节制临沅、鹤丽、普洱、开化、昭通、腾越六镇总兵，直接统辖提标左中右三营，兼辖楚雄协，武定、大理城守等营。

云南工商业繁荣水平远不及四川，但那里却是银、铜的产地。清末文人傅崇矩总结了四川官场的规律：“官得一缺，不先问地方之利病，必先探该缺之优劣。任大缺，饱囊橐，必对人曰：‘税契不旺。’总结尚未缴，私累数十金。”而对唐友耕来说，区区“数十金”忒小儿科了，那是小看了他的致富才华。他虽然无法做到文治与武功并举，起码可以做到财富和武功双丰收。

而有关唐友耕的传奇继续上演着。

因为四川战乱未平，唐友耕依然留在四川作战。但云南提督的官印却必须送达他，由其亲自掌管。周询《蜀海丛谈》里特意记载了这个故事——

云南方面派来送官印的人，应该就是《唐公年谱》里提到的“昭通游击长公德”。早年，苦闷的唐友耕在大关游击麾下混饭吃时，这个游击就是他的直接上司，游击官运不济，十多年来还是陀螺一般在原地打转，毫无升迁之兆。在成都提督衙门，唐友耕遥遥看见一个风尘仆仆的来人，被门人领着来到客厅。唐友耕健步出迎。

来人跪下行礼，高喊“军门，末将特来拜会！”乡音亲切啊，宽广的卷舌音扶起遥远的景色，让唐友耕似乎又看到了大关的山水。他赶紧把对方扶起，执礼甚恭，竟然以长官伺之，让那位老上级热泪纵横。这一幕，目睹者甚多，引得四川官场一番热议。看来，这个唐友耕的执政水平的确不低！我估计他会嘘寒问暖，官气偶尔泄露出来，又鼓励地猛拍对方肩头，好好干嘛！为了大清的江山。并与之携手而行，捏一捏游击长衣服的厚薄，没忘记赠送一些盘缠，再问问家庭情况：“有什么困难，可以向组织提出来嘛！”

家常说完，唐友耕讲述了一番道理，不想当提督的士兵不是优秀的士兵。

“昭通游击长公德”显得懵懂，没有听出这话的深意。

唐友耕语重心长地说，孺子是早上八九点钟的太阳，希望在孺子身上。唐友耕继续说道：要做朝廷的犬马，我们都是朝廷的犬马！

你看看提督府门口的阍者，不就是大门口站岗放哨、保卫我的那根木头杆子吗？

唐友耕又说，我们有什么不同？不过是分工不同而已。我们都在为朝廷出力呀！

一席话，讲得“昭通游击长公德”羞愧不已。下定决心，回去继续安心当阍犬。

话说回来，唐友耕的一番话真实内涵很清楚——应勇于冒牺牲的极大可能，去摘取几乎没有可能得手的提督桂冠！

明白了这个道理，下人就清楚自己该干什么了。

……

唐友耕是火爆脾气，治军甚苛，违背军令者，不但要按照大清律例和军法处置，他甚至就可以拔刀砍杀。反过来说，他也经常给予士兵预料之外的赏赐。这叫恩威并重，两手都要抓，两手都要硬。他太明白对匪气进行激励与约束的松紧技术。何况，看看自己的前辈岳钟琪、杨遇春是如何治军的？岳钟琪曾经责打私拿老百姓草料喂军马的部下；杨遇春怕泄露军机，守卫中军帐的戈什哈（贴身侍卫），他只用聋子和哑巴。

唐友耕注重仪表，但他有太多未能免俗的习惯。

根据傅崇矩的记载，清末四川官场流行一种穿着风气，“见上司之衣服，多聘旧色。拜客之衣服，多尚辉煌。每日用两样冠服出门者甚多。”[1]身为提督的唐友耕想来无须准备两套行头来回倒腾，他在衙门里自然是朴素无华的，不然的话，他如何与那个风尘仆仆来自昭通的老上级叙旧呢？这就是说，对上级和下级，服装统一，表里如一，唐友耕还加上一条：对待文武官员如一。

可见唐友耕之所以成为唐友耕，不是偶然的。在沙场之外，他的感化技术一直就是体制的好榜样。民国版《大关县志》记载，在唐友耕出掌四川兵权之后，历来豪杰、强人前赴后继的大关县，前后有上千位“大关豪杰又多往附之”，“加以团首不多习团务，故回蛮之乱十余年方止。”最后这一句，似乎又为“穷山恶水出刁民”找到了一个出处。

从他擢升的轨迹而言，清一朝官场，只有两人有这样的幸运：一是唐友耕，一是丁汝昌。张国梁、刘永福、韦俊、程学启、马融和等名将到死都没此福分。张国梁、刘永福不过是总兵，刘还是“记名提督”，韦俊连总兵也不过是“记名”。丁汝昌是在“反正”后，辛苦干了几十年的“记名”，胡子都白了，才熬到了实授“海军提督”；而刀头舔血的唐友耕却因为石达开的“巨大存在”而华丽转身，变成了提督大人。

如何看待唐友耕的忠与义？

“忠”字由上“中”下“心”构成，“中”指的是旗帜中心的圆环，引申为旗子，旗是原始民族的精神图腾，“忠”字就是心随旗帜而飘动。看看，古人造字多么神奇啊。但在春秋以前不曾有忠字。作为一种标举的道德，忠的本意在《说文解字》中较为清晰：“忠，敬也。尽心曰忠。从心中声。”段玉裁注：“敬

---

① ［清］傅崇矩：《成都通览》，成都时代出版社2006年版，第55页。

者，肃也，未有尽心而不敬者。”义字指羊，是“用我来宰羊以作祭品”的意思。又因“我”字指宰羊的兵刃，故义字从我。忠义之魂戛金断玉，响彻中国宫廷的锈红色天顶。忠义之士就是放弃自我的一群人。拆骨为刀的“推刃”行为是一种自戕，竟成为他们的唯一选择。喜欢忠义的人，知武而不知忠，慕武而不重义，就是本末倒置。

由于时过境迁，过往时代的“义”多属于江湖血性，属于黑道结盟，而堂皇于朗朗乾坤之下的“忠”，罡风猎猎，“忠”自居正朔，那就必须改造“义”的血缘，让“义”改变立场，纳入王土王臣之“忠字舞”的麾下。如果说“义”是外圣，那么“忠”就是内王；前者是形式，后者是内容；前者是表象，后者是实质；前者是血，后者是命。

于是，“忠”借助“义”恢复了嗜杀气象，终究要破茧而出取代“义”。或者说，唐友耕做到了忠义的高度合一。但胜利的“忠”花翎飘飘，白道的官场规则不需要这样不纯粹的“忠”，水泊梁山式的“忠”，但我们可以发现在晚清内外交困时节，衮衮大员从不赦免石达开、李秀成、蓝大顺、李永和、廖观音之类“巨魁大奸”，他们对表达忠义的小角色一直是网开一面，量才录用，还并未采取控制使用之术。

真是“忠”得艰难，“义”得壮烈。

不妨借用一个禅门公案——老和尚带小和尚下山，看到一酒家的酒旗被风吹动，老和尚便问是“风在动”还是“旗在动”？小和尚说“旗在动”；老和尚摇了摇头，小和尚又说是“风在动”；老和尚还是摇了摇头。小和尚很奇怪：“既不是风在动也不是旗在动，那么到底是什么在动？”老和尚平静地说：“是你的心在动！”小和尚幡然省悟。

我想，这个问答机锋在唐友耕心里，必然是旌旗翻空。他追随着那面不倒的旗帜，即使朝廷的旗帜倒下了，他的心，依然顽强地在追随虚拟的旗帜而飞舞。忠与义打成一片，就像剑的双刃！

也许感到一种提前性衰老，唐友耕发迹后，渴望在成都浣花溪上演磊落的“浣花洗剑录”，然后昂然跻身儒林。但墨水如何洗涤这层垒而上的“帽顶”？那不是越洗越黑吗？刀枪入库，唐友耕专注地沉浸于笔锋勾勒的世界。捺笔之锋，怎么很像刀头之光啊？他的6个儿子，在其影响下，的确没有一个再舞刀弄枪，都吃起了文人饭。

从现存资料上看，他与丁宝桢、王闿运、许涵度、周询父亲周侪亮等等均有“索书”酬酢，我看到四川总督丁宝桢书题识“泽坡兄大人正腕”的书法条幅，内容不是风雅颂，而是非常有深意的兵书：

俗传西洋炮皆铜铸，非也。铜炮亦有之，而不如铁炮之多。其铁炮镕铸精凝，内外滑泽，形粗而短。三千斤者，长才五尺许。炮架不用轮，上下两盘，施铁条，进退左右，拽之以绳，极其灵便。

这段抄自清朝徐继畬所编纂《瀛寰志略》的文字，是否在暗示唐友耕要与时俱进，不要一味沉醉于刀枪剑戟，不但需要鸟枪换炮，更需要换脑？迎头赶上，加大自己的口径，成为一门灵便的清廷“巨炮”？！以唐友耕的聪明应该是明白的，这门大炮在战事间隙转动自如。

由于暴力打造事物的性质总是急促，总是一蹴而就，就仿佛血红的官印在布告上高速掷落，所以暴力总是早泄。暴力拒绝按部就班，它只喜欢霸王硬上弓。

再战朱提

圣者有言："我立于深渊旁，却不跌入其中。"

其实我们可以将其修辞再倾斜一点：跌入深渊，不坠渊底。

有些地方，一旦有火运行，即便火熄灭后，火种依在，运势尚存，怎么平定也是枉然。太平天国学者史式先生指出，石达开死后四十余年，四川、湖北能够成为反清的"首义"地区，绝非偶然。而李蓝、石达开撒播的火种，从未熄灭。

昭通的确是一个多难之地。

同治六年（1867年）四月，云南回族英雄杜文秀率20万东征军围困省会昆明，"岑毓英独立难支""军情万分紧急"，清廷命令云南提督唐友耕全力平息，唐友耕迅速"由东川进攻寻甸之北，助解省围"。杜军占据嵩明、鲁甸，"省城愈形吃紧，着刘岳昭、岑毓英催令（唐）迅速遄行由东川一带相机援剿，勿稍迟延"。

"我胡汉三又回来了！"这是一句如雷贯耳的名言，但要改成"我唐帽顶又回来了"才符合实际。

昔日的偷马贼，今天的唐提督唐军门，天上地下，面对高原上铺天的白帽顶，唯有那槊矛是更见犀利。回到故乡的唐友耕是谦逊的，地方父老夹道欢迎，唐友耕气色如常，体恤乡梓，"无夫差伙耗之累”。

在地方性知识的域界，小小地名总是浓缩着历史的声与影。昭通当地就有大碑山八仙营传说。大碑山最高海拔2192米，像一道屏障挡住进入昭通坝子的寒流。八仙营清真寺位于大碑山山麓，始建于清雍正八年（1730年）四月，于乾隆四十四年（1779年）重修。该寺原由3个庭院组成，现只保存着正殿。战争的刀光剑影，依然在建筑上留下了痕迹。就是说，地名往往还隐藏着一段藏在石头里的血史。

就在昆明告急之时，清廷下令四川官军火速入滇救援。身为云南提督的唐友耕当仁不让，自盐津由北而南汹汹而来。那是一条他再熟悉不过的路。唯一不同的是，以前总是杀入四川，现在却是杀回云南。这样的回马枪，对唐友耕而言，就像看到了枪尖兀自落下的眼泪。

据当地人说，唐友耕不敢与杜文秀交战，留在昭通拖延，力图剿灭昭通一带的回民。昭通回民为了生存，四乡八寨扎立营盘。大碑山下的回回营盘中有8个白胡子老人，他们当先出阵，如猛虎下山，杀入敌阵。在他们的带领下，回民们英勇上阵，齐心杀敌，大败唐军门。迷信甚深的唐友耕以为是神仙显灵，人们便把此地的营盘称为“八仙营”。

地名的传说间接地反映了当初的民族压迫及民族反抗。它说明了历史上回族和其他少数民族人民一样，曾经处于被统治、被压迫的屈辱地位，也表现了回族人民具有不甘屈辱，奋起反抗的精神。

但就唐友耕戎马一生而言，这个传说的可信度不高。他是不屑于本地有限的反抗之力的。他对自己的武功与韬略通过石达开之役，已经有了相当的自负。他怎么可能畏缩不前呢？

真实情况是，杀孽深重的唐友耕在云南险些酿成更大的杀戮。唐友耕于五月抵达昭通后，有人知道唐友耕是本地汉人，故意散布流言，说他会把回民杀光，为他父亲复仇。鲁甸和威宁一带的回民大为紧张，都垒寨据险，力图自保。云贵总督刘岳昭闻讯，飞马送信令唐友耕率部前来昆明，以解除昭通一带回民的疑虑，而且派知府吴春然前往鲁甸调查情况，令代理昭通镇的总兵全祖凯保护汉民的村寨。应该说刘岳昭的调度是十分及时和合理的。

从本意上讲，唐友耕本想率部离开鲁甸，却有汉民要求他留下作战。刘岳昭的信使晚到一步，唐友耕部已在鲁甸与起义军交战。刘岳昭感觉事态正在失去控制，生灵荼毒太广，火速派人给四川总督吴棠送信，让他们制止唐友耕。当时将军完颜崇实和总督吴棠认为，四川与云南相距太远，难以遥控军队的行止，听凭刘岳昭拿主意。

但唐友耕的确在征讨杜文秀途中于昭通停留。据2010年初出版的鲁甸《朱提文史》所刊布《清咸同事件》一文记载：

同治八年（1869年）六月，唐友耕领“广武军”6000人赴昭通，因为滞留不前，发生了“碑天案”。先是昭通府镇当局跪求唐友耕，禀请先办昭鲁再赴省垣，唐友耕派兵于新民与凤凰山之间的碑天杀高松树人马帮头、马兰芳等2人；同时乔装回民到簸箕湾放火烧毁汉族民房数间。事端即起，李本忠出面干预，派所部前往龙洞汛截击清兵。战火四处燃烧，唐友耕一边与回民对抗，同时请骆秉章转奏清廷，准旨“逐节剿办，以断迤西声援”。李本忠力攻全祖凯行营，唐友耕告急于省。又调杨盛宗一军会唐友耕，再调曾和辉部来昭，共计投入昭鲁清兵万余人。

唐友耕、全祖凯分兵攻击。唐友耕攻东南乡（八仙营）及鲁甸等处，全祖凯攻黑石凹。锁家营、顺田坝等处招降；接着丁二顺等亦降，黑石凹等处被破。撒德民、薛林、马友等被杀，李本忠与唐友耕及其诸将大小数十战，其中战斗激烈残酷的是龙洞汛、黑石凹、桃源、鲁甸厅城、陶家塆、戚家闸、板板房等战场。李成科所部在龙洞汛以少胜多，日毙敌数人，坚持数月，除李林祥守刺篱笆营哨脱走，余皆阵亡。马开科在陶家塆等处杀敌无数，禄氏兄弟在戚家闸一带杀死都司一级以下官兵数百。唐、杨、全三军合攻鲁甸，招降彝族首领安士章。然后重兵集结，攻击岩洞大营。

从昭通城墙上看到精美的屋顶。美国人盖洛摄。选自《扬子江上的美国人》

岩洞大营，关山险阻，唐大有、张占鳌、段世勋等部在唐友耕督促下，依然无法破营。战事之中，有什么是唐友耕解不开的死结呢？他的经历毕竟太过丰富。

他就是一个可以层层剥开的标本。

只要听说了哪怕一点儿唐友耕下令屠杀大树堡两千太平军将士的消息，还有谁能够与这样的人“谈条件”？可惜，偏远地带的昭通，只知道唐大人唐军门，如何知晓坟场大树堡啊？

唐友耕以高官为诱饵，让李兆玉暗杀李本忠。榜样的力量是无穷的，李兆玉却找不到近身下手的机会。李兆玉只好改口：“唐军说，只要大哥一人身抵，寸草都严加保护！”李本忠听了三弟的话，决计“以一死救万民”，与李兆玉“拿手”时说：“三弟，我死之后，如兵民有损，后世考算。”李兆玉满口答应。李本忠请蔡阿訇念完“讨白”后，骑马亲临唐营（曹家巷口）见唐友耕，随去者有生死与共的李长发。

该文记载了屠杀细节：

当年十月，唐友耕赶到岩洞，设杀场于村后的丁家塆，将全部回民武装屠杀殆尽，仅黄老巴巴、李林祥等几人逃脱。

岩洞营破后，每10人一组，共杀800余人。唐友耕纵令士兵杀、烧、抢、掳，连清真寺也不能免，仅鲁甸县城寺、牛头寨寺、岩洞大小2寺都被焚毁。回族坟山碑刻尽毁，凤仪山还挑了“山筋”。李本忠、李兆玉、徐天骥、赛君才、罗文举、李高祥等被擒后，相继被害。

丁家塆成了大树堡的复制。历史，竟然几乎不走样地重演了一次。不同的是，这次唐友耕赤膊上阵，亲自挥刀，斩杀无数。这一仗，成了唐友耕征战一生的强力句号。

这也是他在家乡的土地上最后一次忘情地斩杀。

如今有屹立在昭通小凤凰山上的咸同昭通回民纪念碑，碑文特意提到三次屠杀，其中一次这样记载："同治八年，经昏庸无能的清政府皇帝批准，由川滇两省督抚亲自部署，由云南提督原四川重庆总兵分头侵袭，动员匪兵、团练近万人扫荡昭通、鲁甸全部回族村寨，进而侵袭三月有余，十月攻破桃源岩洞并残杀回民近千人……劫难之后，昭通百兴俱废民生凋敝。而回民则被诬称为回逆、回匪，并被贬为社会贱民，几无出头之日。呜呼！回民何罪？满汉何辜？"

这些血泪呼吁，凡有耳者当聆听，凡有心者当铭记。

但是，这对一个耳目失聪的腐败体制而言，这些呼吁不过是叛党罪有应得的惩罚。

大屠杀之后，云贵总督刘岳昭下令唐友耕率部离开云南返回四川，以免酿成更大争端。由此，东川和昭通一带才相对安定，免于生灵涂炭。

一个阴雨的黄昏，我站在大关县通往昭通的公路旁，关河的激流在岩石上撞得粉碎，碎玻璃似的铺满了天地间。山间的水雾混迹于乌云的裙裾边，跳起了渴望御用之舞。有一种心性具有飞去来器的轨迹，这种兵器每次飞来时，并不能让思者获益更多。它飞行，是在于它喜欢飞行；它并不希望被人捉住，也不愿停留在那双充满冷汗的手里……

战马插翅过河

同治二年（1863年）农历正月，横江大战失利后，翼王石达开率部抵达云南牛栏江畔的小村竹林湾。牛栏江无舟渡，也无栈桥，几万人马只能靠溜索渡江，速度极慢。困顿在江岸的崖洞，见沿江两岸竹林森森，有红黄青紫的野花点缀，翼王怦然心动，随口吟出一联："无事看花兼看柳，有时长啸复长歌。"旷达、散逸的语气，仍然有焦灼、苍凉之气横斜而起。据说，随营有善书、擅刻者，将翼王吟咏勒石于江岸，至今犹存。这一风雅之事，也被陈登原的《国史旧闻》收录。

这样的联语，散发豪情剑气，峭拔于西南山岳之间。

不谙吟风寄怀的唐友耕，自然不会去关注这些情愫，多年以后他重回这一带的战场，因为一个疏忽大意，险些丧命。

《唐公年谱》里记载的一个细节，这在简略的年谱话语里甚为罕有，我至今挥之不去。

同治八年（1869年），唐友耕率绿林振武军在昭通柳树闸一带血战、返回龙洞大营后，当日下午，唐友耕单骑只带戈什等4名将领出巡恩安县（现昭通），在炭山下的水塘坝（现太平乡水塘坝村），回民头目马开科率数百人在一侧松林设伏。应该说，这是一副稳赢不输的牌。

当唐友耕一行靠近，数百人马蜂一般出击。久历沙场的唐友耕并不慌乱，且战且走。日暮时分，数百人将其逼至河边，退路断绝。河虽宽三四丈，但不知深浅。湍急的水流之上，夜色中的山影就像一把在磨刀石上霍霍推动的大刀。唐友耕的弓矢发射殆尽，他高举长矛，用矛杆猛杵河岸。

最后的夕光从树叶的缝隙间透下来，构成交错的光柱和花斑，这使得坐骑“点子花”的颜色呈现瘀血般的色泽，在强光下溶解，正在返回血流淌的原初，进一步加剧了战马的迷蒙。它们毫无动感，忘记了尾巴飘拂的美学以及在逆风中把马鬃打开的招展，石头一般直立。很多人知道，川马脚短，体态上几乎没有什么值得赞美之处，但川马最善长途，耐力持续，韧性十足，与那些一口气走上十几里羊肠小道而不歇气的背夫比较起来，它们绝不逊色。

见主人发急，坐骑“点子花”甚通灵性，危急之下奋蹄长嘶，声音听起来像是屠宰场瓦楞下飞出来的。它后退，加速，团身，一纵而过。马开科等人被这一幕惊呆了，以为是神灵保佑，再不敢过于迫近。有的人甚至说，看到唐军门的战马，突然长出了刀刃一般的翅膀……古代名人里，多次出现这样的名马救主的演义，一部《太平广记》收有多少这样的故事啊，刘备凭的卢马脱险，被传诵为义马救主；明朝大将卢象升的五明骥铁马冰河，多次化险为夷，似乎没有经过这一通道，浴血英才就像差些成色。

唐友耕的随从就没有这么好的运气了。他们全部遇难。

一气跑回大营，唐友耕汗湿重衣，他抚摸战马，突然发现，“点子花”流泪了。无论拿来多好的胡豆，“点子花”总是低头垂目，陷入了彻底的沉默。

战争中的死亡仿佛一锅沸水，往往降临到那些不想死的人头上。下意识的死念使一个骑士以亲近死亡的方式搏杀。相反，决心不死的士兵会勇敢地作战，并避免死亡。将士高举马刀，长枪与身体是一条直线，同马背形成最佳力度和夹角。骑士把马镫踏直，呐喊着往前冲，这是一种决死的状态。战马闻到了死亡的味道，除了发力奔跑，它们还把剩余的力量，分布在牙齿与前胸，用前胸撞击，用牙齿撕咬。在危急情况下，嗜血的战马可以把敌人的脖子完全咬断。这使得食草的天性彻底被血肉覆盖，然后它们狂叫起来，犹如雷霆在击打大地的中途突然破裂。

亚里士多德就指出，战马与战马之间，永远也忘不了仇敌的嘶鸣，它们无论任何时候，都能从嘶叫声里找到宿敌。

我发现，越是级别高的勇士，他的战马的知名度与之是成正比的。但这并不是徒有虚名，这些战马的确具有超常的禀赋。它们会流泪，用泪水来反照一种透明的深情。最让人惊异的说法是，战马骑久了以后，从马的长相上，可以联想起它主人的相貌，正如相濡以沫、情深意笃的老夫老妻常会相像一般。如果这种传闻属实，我们似乎也可以从“点子花”的头部，发现唐友耕的峥嵘头角。

异人有异相，异马自然也有出位的头骨。

英国诗人、历史学家托马斯·卡莱在《文明的忧思》里特别指出了战马沉默的意义，他转引诗人歌德的“相马经”：“一匹那样的马站在道路中间是多么令人印象深刻，多么让人为之感动，它除了含义不明的马嘶别无高论，它的灵巧只在马蹄，脚趾受到了限制，绑在一起，趾甲合在一起成了一个马蹄，包着一层铁皮。他认为，更为重要的是这宽厚、高贵的四足动物炯炯有神的眼睛，它们的奋然腾跃，以及它们发出雷鸣声的脖颈的曲线。”因此，卡莱尔得出的结论很清楚：“有学问的狗自由地狂吠，但战马总是沉默，远离了那种自由。”这种来自战马的沉默素质，不但造就了古罗马铁骑的万钧之力，也使英雄主义的品格找到了安栖地，并在沉默中得到了清洁和托升。

偶尔在深夜，我回忆起早年诵读过的诗句“夜阑卧听风吹雨，铁马冰河入梦来”（元朝刘因《山家》），不禁心绪不宁。

战争如同战马的甲胄，使它们的眼睛里一直长留着悠远的火。当战马从战争的硝烟中逸去，火就熄灭了，战马就仿佛松开绳索的一堆木柴。

唐友耕被这次袭击深深激怒，立即起兵，展开了更猛烈的报复行动……

大关县摩崖石刻“德大称师”

自古以来，“凑十”早成为民族审美重疾。像鲁迅当年所指出的，人们“大抵患有一种‘十景病’”。他描写这种病态：“点心有十样锦，菜有十碗，音乐有十番，阎罗有十殿，药有十全大补，猜拳有全福手福手全，连人的劣迹或罪状，宣布起来也大抵是十条，仿佛犯了九条的时候总不肯歇手。”处于边远之地的大关县概莫能外，这陡峭窄逼的坡地县域内也有“十景”：笔架朝晖，翠屏晚照，龙洞清泉，银蝠积雪，苍岩石燕，洗马晴岚，龟山烟树，翠华禅桂，董峰甘雨，吊桥渔火。

2012年5月末的下午，我再次来到大关县。出大关北收费站，我顺着一条泥泞小道进入县城。大关原来没有城池，雍正九年（1731年）府同知开始设置，只是建了一座木头城。唐友耕的题词曾经镶嵌在城门边，至少说明在晚清已经改成石头城了。

当晚吃鱼火锅，我又要了一盘蕺菜，就是猪鼻拱、折耳根。

大关县的传说是，天上雷公还没有打雷时，猪鼻拱味道正好，是因为雷公还没有把眼泪鼻涕打出来。到了三四月份，眼泪鼻涕一旦滴在猪鼻拱上就不好吃了。

门前就是县城最为繁华的十字路口，有十几个买烤土豆的小摊，成了霓虹灯下的买卖。《大关县文史》第五辑记载：民国十四年（1925年）夏天，大关县县城街道突然出现了数以千计的蟾蜍，蟾蜍开起了街头会议，场面极其震撼，随即县城遭到唐淮源率领的“定滇军”疯狂抢劫。人们附会了这样的说法，认为蟾蜍大闹城关凶多吉少。在我看来，“癞疙宝”其实分明是在报警！

深夜大雨，雷霆咆哮，我住在黄连河大酒店顶楼，可以清晰看见被闪电照亮的笔架山群峰，被突然的大光切断神脉而惊醒，慌乱之下露出了一排摩天的巨齿。

次日一早，小雨淅沥，我沿陡坡而上，顺大关县第一中学围墙下的泥泞小道，去拜访翠华寺。根据《唐公年谱》记载，他的出生以及成长之地，就在县城之外的翠华山上。站在山肩的大桉树下，那里可以俯瞰山脚下鸭肠一般的朱提江以及随江道弯曲的道路。

当年，翼王石达开所统辖的三支部队分别都穿越了大关县。李福猷率领的侧翼部队3万人于1862年春季，首先从黔西进入镇雄境内，折向川南掩护石达开率领的主力部队，在云南省绥江县大汶溪造桥渡金沙江未成，后改道大关县，于翠华镇、出水洞一带受到清军民团的阻击，在高山峡谷里不断遭到巨石櫑木的袭击，加上与石达开主力部队失去联系，复经彝良、镇雄出云南境。同治二年（1863年）正月初，翼王石达开领兵离开云南永善，至大关县境大湾子兵分双河、天星和黄葛、雄魁，两路抄袭大关县城。因官军民团凭险阻击，石达开未能取胜，大关县一带留下了翼王的不少足迹。1863年3月，寒风料峭之中，石达开率军从洒渔河经鲁甸古寨与峭壁林立的梭山，行进至大竹林渡江。此处地势险峻，前有巧家拖车石壁，后为鲁甸梭山陡岩，中间横隔湍急的牛栏江。将士因饥寒无援，误食凝冻桐油集体中毒。石达开“率所部渡金沙江入川，时河面结冰不便行船，履冰过河，溺死几半。达开见事不可为，临行仰天长叹，啮指题诗于悬岩壁上曰：‘无事看花兼看竹，有时长啸复长歌。’其飘洒出尘，大有英雄落魄之慨。惜时人不知，只留得一个长毛造反的声名。”[①]在民国版《巧家县志·旌扬》里，有几组有名有姓的死难者名单，一共55人，均为“殉节”的女性，她们绝大多数已经结婚，死亡的时间一律是同治元年（1862年）冬月，这恰好是石达开部途经巧家县挥师横江镇的时间。光绪十年（1884年），这批死难的女性都入祀本县节孝祠。[②]志书里没有描写任何一个人的死亡细节，但可以想象，大军压境，给百姓尤其是女性带来了多么巨大的恐慌……

我考察的土路上，巨大的“癞疙宝”像泥塑手榴弹一般蹲在路边，打望着我这个陌生者。大风摇撼树木，伴随着枝丫的断裂声。那些在内心一直彷徨不定的决定，在此时就会获得一种“借力”落地的因缘。事情就此铸定。

翠华寺坐落在大关县城南郊翠屏山麓，始建于雍正年间，迄今200余年。在民国时期各类的记载里，丘岗环抱，林泉幽深，

---

① 《鲁甸县民国地志资料》，见《昭通旧志汇编》，云南人民出版社2006年版，第1878页。

② 《昭通旧志汇编》，云南人民出版社2006年版，第624页。

青藤缘墙，竹影摇曳，是一个极为清净的出尘之地。寺内右有观音殿，左为玉皇阁、雷祖庙，正殿悬挂有提督唐友耕题写“甘露流珠”四字横匾；山阴籍的文官陈鹃题联云：“翠色拥山冈，杨柳枝头甘露润；华崖开世界，桂花香外白云飞。”正殿檐际有张维瀚先祖张赞卿手书：“桂绕莲台”横匾；一代硕儒张维翰的题联是：“风景未全殊，野寺寻碑存旧贵；沧桑经累易，莲台补桂继先芬。”其余的匾额、题联都是晚清、民国时代文人遗墨，其中提到的“桂花”是翠华寺里最弥足珍贵的灵异之物。据民国《大关县志》记：丹桂有两株，植于玉皇阁前，主干参天而起，枝叶青碧如盖，悠悠馨香袭人。更有奇特处，每逢霁雨初歇，丹桂的叶片上便有星星点点的斑纹闪现，并拼组成一个“贵”字。何以如此？玄机奥妙，无人参悟得透。恰因这丹桂点染的氤氲，翠华寺蜚声滇北，成为大关名胜。

唐友耕在大关县盘桓期间，翠华寺成为他忙中偷闲的所在。如今寺中有对联“种瓜得瓜欲知后果先为善，积福享福各有前因莫妒人”，唐友耕也许做到了后一条，至于前一条，身在宦途，真是由不得他了。

我眼中的翠华寺，就连贴在山门上的庙名也是电脑打出来的呆板字体，山墙是白色的砂砖，不但连所有题字、匾额“旧貌换新颜”，而且寺庙丹桂也是近年种植的，让翠华寺扬名的老桂树应该在现在的中学区域内，可惜毁于20世纪70年代。我认为，真正让翠华寺传名的是出自僧人的翠华茶，色如翡翠，熏以朱兰。这茶，寺院的唯一一位尼姑给我泡了一杯。喝了一口，就算是回到了民国。但她补充了一句，这茶不是寺院自产的，而是从山下买来的。这立即又让我跌回到现实，进而闻到这开水有一股油气。

尼姑很热情，但回答不了我的所有问题，只好让我四处看看。看到乾隆五十七年所立的“永垂不朽”碑，字迹严重漫漶。大关县知事李承祖撰写的有关翠华寺的“寺记”碑，一并6块，躺在过道上。1917年7月31日，大关县发生大地震，造成翠华寺地基下陷、墙壁倾斜，城后山坡震裂。我推测这一地震固然造成了破坏，但不会是毁灭性的。灭顶之灾是在20世纪50年代，庙宇被拆除，成为学校的地盘。尼姑拿出一个簸箕，装有前任主持的几十册藏书，她让我挑选。内有计划生育手册、油印经文、领袖讲话及宗教文件，我选了3本《大关县文史资料选集》，向功德箱里捐了20元。

下山经过县人大常委会所在地，有一条硬化了的长达5公里的龙洞路，由此左行，可以抵达有瀑布谷之称的黄连河瀑布原生态风景区。沿这条道路上行200米左侧，路边下水道底部筑为波浪形，山泉一波簇拥一波，非常有节奏。我看到一条小瀑布吼出了一阵山声。昨夜的大雨并没有让激流浑浊，可见此地的生态极好。看见26棵高大挺直的喜树，估计树龄至少有七八十年，浓荫下有几个人在避雨。喜树为珙桐科植物，又名旱莲木、千张树、南京梧桐等，它是我国特有的植物，广泛分布于长江、川南滇北等地。透过树荫，我看到一条飞瀑从一块大约有几百个立方米的突兀花岗岩石上飞跌而下，藤萝垂挂，野花点染。石头下有洞，美其名曰“龙洞”，相传龙洞之前曾有龙王庙，泉水由庙后石洞中涌出，其量甚丰，除引流入城中贮池以供民用外，庙前梯田万顷亦赖以灌溉。庙左另有一泉，由数丈离之峭壁上奔泻而下，成为瀑布，昔人多于此摩崖。龙王庙前有荣县籍文官龙文手书的一副对联：

山石拥层云，争佐神龙作霖雨；
岩泉飞瀑布，隐随鸣鹤透烟霄。

对联用词平实，但真实刻画了此地可见的景色。民国二十年，大水冲了龙王庙，庙宇被毁，徒留传闻。但至今每年在端午节当日，大关县不少人会来“龙洞清泉”一游，摩肩接踵，依稀可见民俗的复活。

在石头靠近公路的一侧，不甚平坦光滑的大岩壁略带弧形，隐约有四个楷书大字：“德大称师”，每个字有4尺见方，笔力收敛，沉郁雄浑，这是晚清大关县同知陈庭珍根据唐友耕的题词放大而成。陈庭珍为晚清文人，同治十二年（1873年），出任云南开文府知府、云南迤南道道尹，他一直在西南各地担任官职，参与过对诸多起义军的围剿，在《清实录》“光绪朝实录”中，就有皇帝对他的褒奖。陈庭珍对大关县名人唐友耕是顶礼膜拜，把唐友耕的题字之匾放大、勒石，可见他对于唐友耕的相知。

见我在拍照，一个躲雨的老年人过来对我讲，唐帽顶因生擒石达开，慈禧赐予黄马褂，官拜提督。唐友耕衣锦还乡，没有百姓与左邻右舍前来恭贺，深感镇压义军不得人心，人性尚未泯灭，于是书“德大称师”，让人刻于龙洞岩壁，以致忏悔，警醒后人。

这被民间附会出来的“教化”故事，我不想反驳，这无疑体现了大关民众的善良。

摩崖石刻没有署名，仔细观摩，我发现原本是有署名的，但被人用凿子打掉了。落款时间为“同治八年上巳前一日”。夏

云南省大关县翠华山山麓上的“德大称师”摩崖石刻。蒋蓝摄

历三月初三为上巳日，古时以夏历三月的第一个巳日称为上巳。按照风俗，这天人们把荠菜花铺在灶上以及坐、睡之处，认为可除蚂蚁等虫害；把荠菜花、桐花藏在毛衣、羽衣内，认为衣服可以不蛀；妇女把荠菜花戴在头上，认为可以不犯头痛病，晚上睡得特别香甜。这说明唐友耕回到大关县赠送“德大称师”匾额是1869年三月的事。这一年，最后一支使用太平天国年号的残余——捻军袁大魁部在陕北保安被左宗棠彻底消灭。

历史涓滴而下，一如泉水常年不断。《大关县志》上有一段文笔幽深的描绘：“天生灵泉，岂惟濯缨，溉田兼供饮。酷暑砭骨，沍寒觉温，清冽涤心尘。飞沫溅人，石壁匹练垂自顶。子陵再世，讵肯披裘隐寓春。”泉水固然佳好，可惜严子陵是严子陵，唐友耕是唐友耕。

由此继续上行几步，路边枯树就像卧伏的犀牛，俯视着山坡下的民居。犀牛已经折戟，只好独角高擎，圆睁两眼睨视古今。

那是一个有着约300年历史的枯树根，不过其尾根和背脊上斜长细枝新叶，不能不称一大奇观。奇山异水，怪人异才辈出。

唐友耕雄视山岳与庙堂，也没有忘记民间的风吹草动。在他回到昭通戡乱的间隙里，他偶然注意到一桩女流的道德事件，并决心插手，他要在乡梓以正视听，树立自己的道德权威。

本地烈女李润英，大关县南门外人，为李培南之妹。李培荣、李培南等兄弟一直追随唐友耕左右，算得上是刎颈之交。李润英自幼聪颖，到了十五六岁，属于及笄之年。同治二年（1863年）昭通一带发生“回变”，李润英的嫂嫂（李纯武之妻）突然被贼掳去；后来，匪众偶然见李润英漂亮，也一并绑了，立即就要霸王硬上弓。这时已经是“回妇”的嫂嫂，以“过来人”身份开导李润英，但润英坚决不从。她被拖到马背上，走到了高桥镇，她突然变得嘴甜了。土匪心猿意马，既然已经是自己碗里的肉，飞不了，于是同意她下马走一走，活动筋骨。李润英飞身越过石栏杆，投河而死。土匪一看傻眼了，扭头就走。李家人去水里打捞尸体，据说她面色如生。

唐友耕率领部队回到家乡一带戡乱期间，李润英的嫂嫂得知后，觉得唐友耕与李家兄弟情同手足，就到军营去拜谒唐大人。拜谒的目的是什么？她是希望唐大人不要诛杀她现在的老公。

唐友耕耐心听完后，怒不可遏，大骂“娼妇无耻！”你怎么不效仿李润英，以全其节呢。他大声下令：“立即诛杀这个变节妇人！”为了造大声势，他让当地绅士、富人均来军营，进行一场现实主义道德教育。“当时乡人观者如市。”但得知情况后，当地百姓纷纷为之哀求。磕头如山倒，额头出血。经过再三恳请，唐友耕始转平息，宣布割去娼妇两个耳朵，但必须游街示众。

这一桩道德事件，到了光绪十四年（1888年），荣县附贡生、有“朱邑桐乡”之称的大关县同知龙文知道后，详请两院咨部汇案，褒扬李润英为“贞烈”。[①]也可以说，李润英的贞节牌坊，是唐友耕为她争取来的。

俯察民情，从中觉察世道嬗变的气味，是唐友耕多年来养成的一个习惯，这恰恰是一般武将不具备的眼界。在唐友耕回昭通平叛期间，他偶尔住在大关县，回忆清贫岁月，颇有感慨。维护主流与正统，一个曾经的叛逆者做起来会比寻常者卖力得多。民国三十六年版《大关县志》里还记载了一桩“义事”：一个贫民叫余八，清道光时人，住在县城，家极贫。他与兄同居，兄年已长并娶妻生子，但是身弱多病。余八则年富力强，遂苦作养家，他平时以山下河里担水沽卖，维持兄弟一家的生活数年。哥哥死后，余八仍然担水以养嫂嫂和侄子，一直到嫂嫂终其天年，侄子得以成人。余八则终身不娶，勤劳而卒。唐友耕回乡听到街坊邻居不停赞美余八，唐友耕能够做的，是积极向县府推荐，“以孝友名街，盖旌之也”。

不仅如此，唐友耕还动笔，向县府推荐了一些类似余八的孝、洁之事，民国三十六版《大关县志》里收录了唐友耕唯一一封书信：

---

① 民国修订本《大关县志稿·烈女志》，见《昭通旧志汇编》云南人民出版社2006年版，第1351—1352页。

慧庵先生台览：

弟此次回乡，甚感城郭无恙，人事已非如道光末年，庾氏弟兄以寒苦农民，兄能为弟不娶，弟能尽力养兄，大有古人司马逵家庭气象。故以孝友名街用志，景仰吾兄素来关怀名教、扶助正义，必能倡率后进，予地方存此名实也。

其他历来贤宰有益于吾乡者，容当另函写出，再谋表扬，以备流传焉（下略）

弟唐友耕顿首　庚午正月初十日

唐友耕是通文墨的，信中提到的“司马逵”，疑是司马馗。司马馗，字季达，司马防第四子，河内温县（今河南温县）人，曹魏时为东武城侯。司马馗与大哥司马朗（字伯达）、二哥司马懿（字仲达，后追谥晋宣帝）、三哥司马孚（字叔达，晋朝安平王）、五弟司马恂（字显达，后代是晋朝济南王）、六弟司马进（字惠达，后代是谯王、高阳王）、七弟司马通（字雅达，后代是任城王）、八弟司马敏（字幼达）较为和睦，作为有名望的士大夫家族，被称为“八达”。

唐友耕提及的庾氏弟兄事迹，刚好与余八兄弟相反。书信的收者为孙发元，为大关县耆宿。字慧庵，同治庚午（1870年）科举人。品学兼优，屡掌关阳书院，循循善诱，造就者众，乡人士咸敬重之。卒年80有奇，及门生童为之立遗教碑于先农坛门路旁。后来，果然大关县出现了一个流传至今的街名：孝友街。

看起来，唐友耕高标的“德大称师”，并非无稽之谈。在大关县，因为先后出了唐友耕、李培荣两任四川提督，他们无疑是众望之中的泰山北斗，地方上从军者如云。民国版《昭通志稿》

里提到，唐友耕“部下骁将，昭人维多，罗升俊、张占鳌、刘宇德等，皆积功记名提督。”张占鳌就是追随唐友耕在叙府一起投靠清军将领明耀光的，勇敢异常，领军破敌，人们以“张先锋”称之，战功累累，擢升至记名提督。后来光绪甲午（1894年）中日战争，张占鳌随提督李培荣统领带勇驻通州保卫京畿。后因甘肃回民围攻兰州，李培荣奉旨回甘州担任提督，李占鳌奉调赴援，死于途中。《昭通志稿》特别提及“当时同事者有郡人、提督衔罗升俊，协镇刘玉龙、张开吉、黄仕明等十数人，咸谓‘唐公’之功皆昭人成之，而鲜有补缺者，亦遗憾也。”[①]最后一句表达了昭通人的巨大遗憾。但是，唐友耕带来的效应十分卓著，榜样的力量是无穷的，他们一言一行，无不影响一地的风化。继任四川提督李培荣在塑造道德风尚方面也不甘落后，他在致当地文人孙慧庵、胡啸瑜的信里，与唐友耕一唱一和。他提到当地德高望重的郭西园先生，绛帐风高，陶育辛苦，真令人想遗音而弥深，亟应宣扬，以彰师范。他希望勒石上书“清故处土西园先生、郭老夫子神道碑”，但一定要写上“受业唐泽波暨弟诸人衔名等公立”。如此一箭双雕，真可谓用心良苦。

① 《昭通旧志汇编》，云南人民出版社2006年版，第216页。

第八章

广夏连云的唐家花园

沟头巷的唐宅

在处理滇北回民起义事件之后，清廷据奏报，赏劳苦功高的唐友耕穿黄马褂，回师四川。在接下来的十几年时间里，唐友耕在成都度过了他一生中最为舒缓、闲适的岁月。光绪六年（1880年）授命唐友耕改任四川提督。身为四川提督，其守扼西南的重要性自不待言。提督衙门就在西沟头巷对面，民国时改为中城公园，后又改名中山公园，1950年后改名成都市劳动人民文化宫。

两千年来，朱提山一直盛产白银与铜，成了淘金者们迅速暴富的梦工厂。这个地方名“乐马”，清初这一带为土司罗吗的家族领地。据《皇朝经世文编》记载，云南总督岑毓英奏云南矿业从前大厂十数万人，小厂亦不下数万。可以说，在乾嘉时期，中国云南昭通府乐马银厂为国内最大的企业。一位叫钱与华的本地人，仅仅局限于乐红银厂的金丝硐，办厂过程中，都缴纳了课银几万两。还有一个叫李登贵的人，于清雍正八年来乐马厂办厂，经过一生努力，终于积累了万余镒的财富，相当于二十几万两白银。

既然钱如此好赚，唐友耕怎能例外？同治初年，唐友耕率领兵弁到达昭通参与“平叛”，对乐马厂出产的白花花的银子觊觎甚久。人怕出名猪怕壮，首先富起来的钱与华，不幸成了唐友耕的首选对象。他对钱与华的企业仅一次额外的“课银”就达十万两以上！这件事，对钱与华家族影响深重，他死后，特意记载到《钱与华墓志铭》当中。大将在外，那是无法无天的。这不过是唐友耕以筹军饷的名义的一次“合法抢劫”，由此不难推测唐友耕生财的大手笔。

有道是“十年磨得剑犹腥”。他在成都提督衙门斜对门靠西方向的沟头巷一带，开始广置土地，大兴土木。沟头巷是成都市区内九条排水大沟的第一条的所在地，尽管民间美化为“龙头”，但阴沟又如何成得了“龙”？

吴世先主编《成都地区街名通览》谈到来历：明朝蜀王朱椿治蜀时期，朱元璋怕朱椿成年后到成都生活不习惯，便派得力的康太前来监修皇城，高垫地基，隆然居于中心。每岁大雨，流水四溢，有明渠暗沟宣泄出城，使城内免受洪涝之害。但年久失修，到了清末涝灾日益频繁。光绪年间，湖北人刘心沅（翰林、书法家）任成都知府，考官课，就以省城如何排水为题，策问考生，命各抒己见。其中一份考卷言，把正对提督衙门的“狗头巷”错为“沟头巷”。沟头巷下面，是地下排水暗沟开头之处。答卷认为，成都要免涝灾，必从沟头开始疏通整个排水系统。刘知府采用其说，由主管其事的提督，每年冬季派遣军工、彻底疏通。验工时，士兵要从沟头爬行出城，才算竣事。后来军风不整，此役便废，城内又闹起水灾。

但阴沟之地的风水又如何荫蔽子孙呢？但喜欢眼见为实的唐

友耕顾不了这么多。他掷下银子，银子开花吐香，“广夏连云，极园亭之盛”，成为雄踞成都的豪宅。园林里花草奇异，兰草如刀，美人蕉似戟，是否让唐友耕联想起川南山河之间的草木剑林？

园林入口有一副对联：

一腔心血，蔚为花草；

百战勤劳，剩此园林。

谦恭之下，隐然桀桀自傲。浅白的文句，反比那些儒者软体修辞更能力透砖石，留下爪痕。我估计这就是唐友耕的自撰，可见他的文化自学水平已有所成。试想王闿运集句为尊经书院题写的大门对联“合四海而为隽，纬群龙之所经”以及二门对联“尊德乐义见于世，经天纬地谓之文”而言，自然激发唐友耕的向往之心，联系王闿运曾经为提督莫组绅代撰对联的事迹，说不定唐府所挂对联，也是王闿运润色过的。

并刀如水，川盐胜雪，辣手破新橙。在这样的情景之下，他直如唯我之天地，广置女色，虎蹈羊群。

1905年科举废除后，武器一变，提督街往日繁盛的弓矢店铺已销声匿迹，取而代之的是布鞋店和小吃店，逐渐成为闹市。

1950年初担任过提督街、西及南沟头巷一带户籍警察的老作家陈稻心，给我详细讲述了沟头巷的分布：巷子分为南、北、西三截沟头巷。西沟头巷北口有一个公馆，靠近提督街，20世纪40年代出任过刘湘时代的四川省政府秘书长邓汉祥先生一家居住在此。邓是贵州人，做过段祺瑞的高级幕僚。20世纪30年代做刘湘的省府秘书长；40年代邓锡侯任省主席，也请他当秘书长；沟头巷西端是成都春熙路福泰和百货公司大亨、山西平遥人郝朴勤的公馆。郝朴勤后去香港，他的两个小老婆一直居住在此，后来被四川省人民银行接管，成为要员住宅。在沟头巷中间，有一条《成都城坊古迹考》上称为“无名”的小巷子，其实是有名的，叫“城中巷”，那时的确有一个公馆的大门面。南沟头巷东首有一座大公馆，住户为刘文辉二十四军一三八师师长唐英，此人起义后又反水，最后结局不详。而这所公馆，1950年前夕就改为“鹿鸣春餐厅”，1950年后不久即被《川西日报》接收了。

流沙河先生也回忆说：“1950年秋，我在南沟头巷的《川西日报》社内宿舍楼上住，此地原是一家有名的包席馆子，叫‘鹿鸣春’，内里有一个大花园和两三株老银杏树。门上有李尔果所书两个大字：‘葆光’。‘葆光’是从《庄子》一书上来的，意

20世纪90年代初期的成都提督街一景。赖武摄

为光彩、光华不外露的意思。”

在与横九龙巷相连的南沟头巷，尚有二十八军军长邓锡侯部下辜勉的公馆，与之紧邻的是军阀赖心辉部下熊玉璋（1893—1967，绰号熊歪嘴）旅长的公馆。1950年后期，陈稻心在沟头巷尚见到垂垂老矣的熊玉璋为人挑水，2分钱一担，自食其力。

以上为沟头巷1950年之前的大体分布。据此分析，唐友耕的唐宅应该就是南沟头巷东首唐英住的地方。陈稻心先生认为唐宅应是郝朴勤公馆，因为此公馆比唐英公馆更深更大。其深度已经接近提督街。

唐友耕辛苦一生建起的这座庭院，民国初年唐家转卖给了军阀。20世纪30年代末，成都国画大家钟知一就曾常到沟头巷找陈毅元帅的父亲聊天，他们都是乐至县劳动乡的老乡，陈毅父母就住在那里。钟知一对我回忆道，那是一色青砖门第，没有楼台，但宽敞的房屋已经分割，或出卖，或租赁，已看不出逼人气势。

就在提督街东段，清末有一座高敞的“三义庙”。康熙《成都府志·祠祀》：“三义祠——在城西，提督郑蛟麟鼎建”，始建于清康熙初年，后毁于大火，乾隆年间重建，那是纪念刘关张桃园结义的普及型庙宇，平时香火不绝。来自官场、商界、武林人士成为出没的主角。后来逐渐是茶叶、田地房产业的集中地。三义庙大殿气象阔达，石柱高耸，檐角凌空，匾额对联无数。刘关张三人的塑像威风庄严。“三义庙”以东是祀诸葛亮的“丞相祠”。唐友耕每月来到“三义庙”烧香，这是堪可玩味的。他是在祭拜武圣关羽，抑或纪念那些牛皮寨的“兄弟伙”呢，还是要为自己的深重杀孽而忏悔？

记得石达开在登上凉桥之前，对数千将士大声说：“吾一人自赴敌军，尔等可以免死！”这便是石达开的深重之“义”。唐友耕敢不敢想这个“义”字？我估计，他一想到不会双腿发软，而且还中气十足。

战争是一个充满多元对立的怪力乱神的场域，如《二十二条军规》所言，战争让多少人变成骗子，勇敢之人成了懦夫，赤胆忠良成了叛徒。

翼王之印的下落

民国马叙伦的笔记《石屋余渖》里有“侍坐杂闻”条，记载了一则传闻：“师丈谓先生门下有王梦薇廷鼎，据项兰生言，梦薇乃太平天国探花，状元即天南遁叟王韬，榜眼则不记矣。兰生为王叟高足弟子，故悉之也。师丈又谓李秀成亲供，向藏曾国藩家。汪穰卿尝过录一份，今二本皆不知落何处。《石达开供词》附卷存于四川总督署，昔在川，遇一原籍湖南之某人，言其祖及父皆尝佐川督幕，犹均见之，然清末检之已不得……”

这里面提到的《石达开供词》，是被篡改的版本，还是官府抄记下来且还未删改的原版呢？这已经无法得到答案了。因为成都四川布政使司衙门在辛亥保路风潮时发生火灾，所存档案文书全部毁于大火……

翼王以及麾下将帅的诸多物品，被几个当事人据为己有。

蔡步钟，字鉴泉，福建蕉城蔡氏十七世祖，系烈士蔡威曾伯祖。以父恩荫刑部浙江司员外郎。同治二年（1863年）分发四川宁远府（今四川凉山彝族自治州）知府，后调四川雅州知府。在任期间，因积极协助骆秉章擒获太平天国翼王石达开有功，事后升云南按察使，赏戴花翎。据传他家藏有石达开佩剑及供词副本。余澜阁《蜀燹死事者略传》、现代作家万伯喜《悲情英雄石达开》里，对蔡步钟擒获石达开一事均有描绘。

依靠兢兢业业的“人头”事业，蔡步钟家族迅速致富，诗书礼仪乐五路并发，高歌猛进。民国三十三年（1944年），恰值著名的“鹤场吟社”社员、古溪乡联保主任陈伯咸母亲蔡氏八旬寿辰。蔡氏出身名门，是当时宁德首富蔡百万蔡志谅的孙女，云南按察使蔡步钟的爱女。为了替母亲做寿，陈伯咸特意举办了一次隆重的折枝诗会。

石达开的大量珍贵物品，包括翼王剑、翼王伞、翼王旗、翼王印等等，则归唐友耕所有，值得一说的是神龙见首不见尾的翼王印。

翼王之印为一方乌金印，长六寸二分、宽三寸一分。在天国前期七王当中，此印的规格最小，由此可见天国的王权体制，已经精细化到令人大气不敢长出的程度。唐友耕把这个大印的字迹磨掉，但字迹又没有完全磨蚀。这主要是害怕授人以柄，传出保存翼王印鉴、有图谋造反之心。后来唐友耕传给儿子唐百川密藏。进入民国后，曾陈列于少城公园内由卢作孚担任首任馆长的成都通俗教育馆内，展出就引起轰动。

石达开死后，若干年来，四川普遍流传翼王未死故事。说是翼王物色了一个相貌和他相似的人，把这人招为女婿，危急时刻便由这位“姑老爷”顶替，翼王遁走，最后在四川屏山县石角营落脚，娶妻生子，传宗接代。有人不但相信，还要认祖归宗，要刊印“石公族谱”。这毫不奇怪，《唐公年谱》不是昂然行世了吗？此人就是屏山县的职业土匪“花花太岁”石肇武。可见，越

石达开的“翼王贡章”

是出身低微之辈，越是要把周公、孔老二强认为祖，历史名人就像回春之药，不贴住现实的肾盂穴，又如何腰力十足？

鉴于石达开的威望，石姓之人谁还能望其项背？这已无须胶着他是否是“伪”翼王了。

1921年，驻防宜宾的刘文辉来到屏山县，首次见石肇武。石肇武，字教权（1897—1933），四川沐川县安乐溪人。早年混迹绿林，因怒杀沐川县县长杨文斌而威震江湖。刘文辉认为此人不凡，把他收到身边，不久就当了连长。他对刘文辉的夫人二胖婆大献殷勤，刘就干脆收为“义子”，于是这位小石老幺称刘文辉为“干爸”，称二胖婆为“干娘”。随着刘文辉的不断升官，石肇武一跃而为二十四军十二团团长，驻防成都。石肇武是有胆有识的。乡人刘某，随石从军在石部任营长，石肇武与刘某的漂亮母亲有一腿，刘某怀恨在心，后将一营人拉出投奔其他部队。石肇武怒不可遏，只身闯入刘营当众将刘某击毙。

石肇武经常西装革履，沐猴而冠，劫持妇女，拉肥绑票，无所不为，成都人称之为“花花太岁”。他开始考虑为自己找一个像样的祖宗，不但族谱光荣，而且自己师出有门。石肇武有个师爷叫吴用九，自称懂得医卜星相，某天神秘地对石肇武说：“从相法上看，石团长根基不浅，一定是将门之种，贵不可言。”石肇武听得兴奋起来，非要吴师爷帮他好好看看相。经过一番探究，吴师爷得出了结论：石肇武是太平天国翼王石达开的嫡亲孙子！石肇武一听，像气球被吹得飞起来。从此更加自命不凡。他吩咐吴师爷专程去了一趟屏山，搜集汇编有关资料，整理出了一本《石氏家谱》，翻印出来后四处送人。

这时有人“点水”：翼王之印就在唐百川手里。

此时住在东丁字街唐家公馆的唐百川不过是一个富绅，得到石肇武要“看看”翼王之印的客气话，知道大事不好。他找到二十四军刘文辉的师长、石肇武的顶头上司唐英，希望帮忙。唐英出面，石肇武满头应承：“误会”“误会”了。

一天黄昏，唐百川到暑袜街口去买彩票，一个士兵向他敬礼：“唐先生，我们团长派汽车来请你去谈几句话。”

唐百川慌了：“我在生病，改天再来。”士兵小声说：“团长在等候，请你一定去一下。”士兵伸出手，提着唐百川的胳肢窝，强行把唐百川搀上车，唐百川就此失踪。

几天后，承受不住折磨的唐百川写信给家人：“见信后立即将箱底那玉印交来人带回，千急勿误。父亲笔。”

翼王之印是用黄绫子裹好的，就这样，唐家后人赶紧拿着大印赶到石肇武公馆“肇第”去换人。“肇第”位于鼓楼南街，1950年1月解放军接管成都时，此地是成都市政府，现为成都市公安局交通管理局驻地。自此，翼王之印便陈设在鼓楼南街石团长的新公馆“肇第”内堂的神龛中。

由于石肇武很快被枪决，翼王印由他的夫人龚淑芬保存，但随着石肇武的死亡，美人和翼王之印就此失去踪迹。

唐友耕后人对我指证，这个说法未必正确。他们听上一辈反复讲述的是，在东丁字街上拥有网球场的唐家公馆是被石肇武纵火焚毁了的。尽管闻人范绍增、但懋辛也是府上的座上客，可惜远水解不了近渴。房子被焚毁后的1936年，潘文华部的师长彭光汉出任袍哥总社社长，还在东丁字街“华瀛大舞台”（后为成都杂技团所在地）举行袍哥“合叙同总社”的成立大会，各地袍哥舵把子纷纷前来祝贺，盛况空前——这一记忆，构成了唐家后人追忆往事的一个结点。

但是，翼王之印的确还在纷繁的历史间隙里现身过一次：根据宜宾民间文史学者丁芝萍在《刘文彩在宜宾》中的田野考证，1950年后开展“减租退押”运动，从成都回到宜宾的石肇武遗孀龚淑芬实在拿不出钱来清偿旧债，就拿翼王印去凑数。但农会认为不过是一块石头，不值钱，没要。龚淑芬多少知道一点价值，便上缴给了当地政府。从此之后，翼王印连同尘封的案卷陷入往事，再无一丝浮出水面的消息。

翼王之印终于湮没于石达开反复出没过的宜宾，岂非天意！

文庙后街的“唐府”

近日读成都籍文史大家唐振常先生的几本书，提到了唐友耕的另外一个住宅，那就是位于文庙后街的“唐家公馆”，也称“唐家花园”。

1930年8月，一代曲学大师卢前（冀野）应聘从南京前往成都大学任教，后写过许多咏叹成都的诗作，他对文庙后街印象颇深，其中有《过文庙后街故居》绝句：①

树影扶苏庙后街，
书声日与鹊呼谐。
摩挲几案人重到，
露井西偏旧寓斋。

由此可以想见，文庙后街树荫浓密、静谧安详的景象。

唐振常的祖父唐选皋［又名讳家驹，字直夫，号慕陶。贵筑人，光绪二年（1876年）清德宗登极丙子恩科进士，三甲十六名。授工部主事，改四川荣县，名山县知县。家驹有三子：汝声、凤声、钧声；凤声有子：振彬、振常］后来定居成都南城文庙后街，有四进大宅，高墙深院，有大小房屋60余间，门前悬挂"黔南唐寓"的门牌。唐家驹故又号称"唐半城"。其实，这个花园的故主为唐友耕及儿子唐百川，那时就已经号称"唐半城"了。

唐振常回忆说："我家故居，本由先祖直夫公购自唐氏后人，宅来自军阀，历若干年，又复为民国时代的新军阀购去，亦夫时也势乎，非人力所得而强易。"该文结尾提到了一些细节："今日写此旧事，忆余家故居能见唐帽顶遗迹者，无非是入大门天井墙壁拴马环和左侧的马房马槽而已。我祖我父皆不习

① 卢前：《卢前诗词曲选》，中华书局2006年版，第72页。

武，此徒以显唐帽顶之武事而已。唐帽顶必敛财，我家前花园有四个大花坛，久废。相传唐帽顶在花坛下埋有金银，至我家售出此宅时，继大伯母犹深以未能发掘金银为憾焉。这自然是无根之事。”①

唐振常提到唐宅墙上的“马环”以及“马房马槽”，让我联想起唐友耕的那匹救命的战马“花将军”，以及后来在东较场制服的那匹烈马，想来它们也在此安度晚年了。

唐振常的祖父唐家驹，为光绪三年（1877年）进士，以工部主事外放，于光绪辛卯任四川荣县知县，由此成为赵熙的老师。后来，已经名满大江南北的赵熙与成都的胡玉津、唐家驹以及徐

20世纪70年代的成都文庙后街。此地为唐友耕唐家花园所在地

① 唐振常：《再记唐帽顶》，《万象》第一卷第7期，辽宁教育出版社1999年版，第174页。

子休、曾国光、尹仲锡诸先生经常游宴谈诗，唐家花园是一个最理想的聚会之地。

清末民初，成都就公馆布局而言，一直流行“南唐北李”之说。“北李”是人们所熟知的作家巴金故居——李家官宅；“南唐”指清末民初的唐家宅院。其实，文庙前、后街在清末就是富人住宅公馆区，一度多达9家公馆鳞次栉比，宛如官场根须的纠结攀附。唐振常的祖父唐家驹由于是光绪三年的进士，历官知县，学问高深，学生中就有大名鼎鼎的才子赵熙和武状元骆成骧。“唐家花园”占去文庙后街大半空间，为四进大宅，大小房屋60余间。最具特色的是它的后花园。唐振常描写道：“园中既有戏台、假山、水池，富中国园林之胜，复有西方园林似开阔的大草地。我们一房住在这个大花园里，住房宽舒之极，活动的天地极为广阔，有山可登，有洞可入，有水可涉，花木丛中、鸟语花香，自然感到快乐。”①这简直是都市深处的桃花源。1932年，唐振常父辈日渐式微，只得将花园出卖。买主是一墙之隔的那个觊觎花园已久的大军阀王缵绪，王缵绪遂将其改名为“治园”。唐振常在同一文章里指出：“王瓒绪把这幢房子作了他的司令部。以后，我多次走过故居门前，最为触目的，是钉上了某某集团军司令部的巨幅牌子。到1949年以后，这幢房子自然没收归公。听说，起初为四川省公安厅，后来有所变易，仍属公安系统……”

根据描述，我推测是唐帽顶当初买下这栋宅院，再予修葺，由此奠定了豪宅的基本格局。后来，1930年齐白石应王瓒绪之邀来蓉作画、鉴定王瓒绪所藏古玩，盘桓两个月，基本就住在

---

① 唐振常：《唐振常散文》，浙江文艺出版社2000年版，第454页。

文庙街的四川省公安厅办公区，曾经是唐家花园及住宅区域。蒋蓝拍摄于2010年

唐家花园。民国时期，此住宅一部分租给了成都大学作为女生宿舍。一度也租给美国医生满秀实小姐（MarianManly，1896—1980）。这就是“成都私立进益高级助产职业学校”暨附属医院，教学设备比较简陋，多是由满秀实从国外带回来的。满秀实任校长兼教员，另外还有两位教员是满秀实分别送到上海和武汉产科学校学成回来的护士。第一期共招收20多位女学生。当时毫无名气的韩素音女士曾经在此就读，满秀实不但给予韩素音严格的专业训练，共同致力于西医助产士事业，还引导她走进了文学殿堂，为她日后成为作家打下了良好的基础……

1918年前后，成都基督教女青年会在文庙西街成都青年会总干事谢安道家开始筹建，正式成立于1921年，会址在成都文庙后街唐家花园。第一任总干事为美籍华人谭厚德（HarrietM. Smith），会长杨志鸿。成立之初，由成都各界妇女组成委员会，举办成都妇女需要的工作。如开办补习班、查经班、烹饪班、妇女实用学校，举行友谊会、讲演会、儿童健康会等。至今已有近90年的历史，是我国成立较早的为妇女儿童服务的团体。在历史上曾为成都的文化教育、妇女儿童及平民教育、女子体育、救灾济贫、慈善事业等做出过积极的贡献。

2012年5月20日下午，我在成都送仙桥西郊河边的茶社里，经唐劳绮引荐，我认识了时年88岁的李家才先生。李先生出生于1924年，他的母亲石德玉（1890—1936）曾经在文庙后街的唐家花园当过唐建伯二小姐唐锷华的用人，她回忆，那是一所至少还有三进的高敞公馆。这就说明，公馆即便卖给唐家驹时，唐友耕的后人只卖出了一部分，尚留有部分建筑自用，直到后来才逐渐卖尽。

一个武人住在雕梁画栋的宅院里能干什么？仅仅是陪同王闿运等文人看戏、喝酒、畅谈诗词歌赋吗？唐帽顶并没有退下来，

2008年夏季，大雨下的成都文庙后街。蒋蓝摄

他平时还要去提督衙门处理公务。镇压。抚剿。剿灭。请客。古玩。买田置地。送礼。女人。美姬……就是说，既然已经是一个不断跑冒滴漏的身体了，那就应该设法从这具身体里尽量挖掘更多的欢娱。女色之痒，成了唐友耕疗伤的业余爱好。但女人总喜欢讨好卖乖，浪过头了，我要我要没完没了，马屁就容易拍到蹄子上。据说唐友耕稍不顺意就杀之……或干脆活埋。这样的历史记载并非个别，足以展示他的多面性。

类似的传闻在成都官场绝对不能为他带来好名声，这修身养性的官场功夫看来他不但没有入门，而且颇有点不屑的样子。

一个找不到战场的提督，那些倚靠在兵器架上的槊矛平时喝惯了他的手汗，更狂饮对手的鲜血，继而大醉，泛着乌光。现在兵器渴得要命，锈纹渐生，缠在手柄上的细麻绳渐渐松弛。一个深夜里，惊雷的鞭子抽过成都灰瓦色的低空，屋檐的瓦灰簌簌而飘，槊矛突然铿然长鸣。

跳海自杀的日本诗人生田春月写了一封遗书，其中有“枪，即便生锈也不叫锈”的妙句，这种不愿意与平庸达成和解的人生，唐友耕是无法明白的。他在槊矛的铁锈味里猛然触摸到死神褴褛飘飘的尾翎！

窗外，闪电将雨水摇落枝头，就是一地醒来的光。深夜的怪鸟，手推车一般驶过树巅。风在墙角吹着回旋的呼哨，在天花板上把灯光压暗，仔细的话，唐友耕可以看到大风的翅尖拨动窗花。风潜入，熟练翻动桌面的公文，一目十行，像个绍兴师爷。纸页斜飞，把字词卸在空气中，混在一起的将被剥离。相互仇视的只好彼此鼓掌，风把字词拔起，读音歪斜，丧失立场，哗哗地倒落。窗外的树叶反亮，叶背因为弱不禁风，只好把满树的水声，把夜色荡到波浪之外。风在纸间犹疑，字隐于花朵，面庞从笑容和香气的稳定里，趋于简单和直接。

而有些词根，蔓延到纸背。将无解的往事，栈道一般悬在弧顶，这倒挂而下的书写，才让字词纷纷回家。可以注意到，有些字站反了位置。

一个人明白了风的方式和呵欠，它在纸面划出的折痕，正在被灯光填满。像椅子的靠背硬痛脊柱，笔触摸不到比自己更深的墨水。听任血液将天庭冲塌，在暖意涌现的时候，让字和纸都入睡，剩下静立的事情……

湘绮楼的“戈儿”与交际学

大儒王闿运在成都怎么会与唐帽顶频繁往来？这的确是一个谜。

王闿运像。为人狂狷谐谑，但肖像却是一派巍然

晚年王闿运丧妻后，独独热恋用人周妈，是文人狷介的样板工程。而他的弟子“王门三匠”则是脍炙人口，学生中有铁匠张晃、铜匠曾昭吉、木匠齐白石。王闿运岁逢七十，他的铁匠学生张晃发起由弟子们捐款为师筑楼贺寿，终成“湘绮楼”。这些交往很能说明他的性情。

王闿运尊经书院的弟子中，以廖平学术成就最大。但廖平远非倜侥的老师所喜欢的类型。廖平口讷而家贫，曾经奋力抄写宋代人著作，而王闿运是不屑于宋人之作的。一个拍马屁的人给王闿运送上一个仕女，王闿运在《日记》里就有“况氏送来一婢，神似井研廖生。年十五矣，高仅三尺，即挥之去”的记载。如此的比较法，可见廖平的外形多么损害王闿运的审美。有人推荐廖平管理尊经书局，王闿运也不同意。由此可见他对廖平的看法。廖平晚年曾经这样评价王老师：“湘潭长于文学，而头脑极旧，贪财好色，常识缺乏，而自恃甚高，唇吻抑扬，行藏狡狯，善钓虚誉。故其学说去国家社会最远。远则遨游公廨，不为所忌，依隐玩世，以无用自全。”[①]尽管冯友兰在《中国哲学史》下册当中，高标“廖平之学，实为经学最后之壁垒，就时间言，就其学之内容言，皆可以结经学时代之局者也”。但学生对老师有这番评价，显然是有另外原因的。

王闿运的风流自喜是永恒的谈资。他先后纳妾多多，有金妪、湛妪、狐妪、周妪、房妪等，房氏、周氏跟随他的时间甚长，俨然“房奴”也。入民国时他年逾八十了，且贵为国史馆长，巍然大儒却带着用人周妈招摇过市。当时的报刊就有《老荡子行》，又连载《周妈传》，一时沸沸扬扬。可闿运先生根本不在意，说：“八十而不能致仕，役及妇人，礼也。”听听这话，就能感觉到他的不羁气象。清末，他被赏翰林院检讨时，曾自撰一联：“愧无齿录称前辈，喜与牙科步后尘”，一时称绝。

王闿运应四川总督丁宝桢一再相邀，于光绪四年仲冬时节的十一月九日（1878年12月2日）终于买舟逆水而上，一路游历，

① 杨国先：《吴之英评传》，四川人民出版社2011年版，第103—104页。

历时18天，于十一月二十七日到达成都，出任尊经书院山长。次年2月，他移居书院以西的君平里街，一直到当年年底才返回湘潭过年。

光绪五年（1879年），经过反复甄别，他把别人推荐而来的年轻村妇罗氏笑纳了。独守空房的王闿运由“罗氏侍寝”，他首次由成都返回湖南的旅途中，于闰十二月二日（1月13日）的当天日记里，末尾处轻描淡写地写了几个字：“夜寝甚适，罗氏侍也。”

“夜寝甚适”之余，让人有点意外的是，这位罗氏得陇望蜀，又推荐自己的老公苏彬来打工，成为湘绮楼的男仆。仆人的老婆，乃是“苏妇”，王闿运同样也照睡不误。同月十四日，到达湖北公安地界，这乃是杜甫由四川抵达湖南的路径，王闿运想

清光绪二年（1876年）九月，57岁的丁宝桢受到慈禧皇太后和光绪皇帝的接见，被授头品顶戴、太子少保，挂兵部尚书、都察院右都御史衔，升任四川总督。当时四川吏治腐败、财政赤字巨大，慈禧特亲笔赐予丁宝桢一幅字《国之宝桢》

到此，“笑其不能自振”。他当天的日记是顾盼自雄的，自然忘不了身边的罗氏：“遣苏彬上岸，余卧与罗媪谈，苏彬已还船，余未知也。”这个细节对于外人也许尴尬万分，但大儒是见过世面的。个中情愫，或风流自喜，或默默忍受，不言自明。

光绪六年二月六日（1880年3月16日），春暖花开时节，王闿运见在蜀地的教学已经步入正轨，他决定携家眷来蓉。这是他第二次赴蜀，这也是一个浩大的队伍，“美妾”莫六云俨然是女当家，还有女儿帉、滋、茂、纨以及儿子代丰等。

在《清稗类钞》里，恰有《王壬秋规其戚》一则，颇为有趣。说的是王壬秋有一个亲戚准备纳姬，有人规劝他：“志士枕戈之秋，不宜沉溺宴安。”王闿运却大不以为然：“此大易事，即名之曰戈儿，以示不忘在莒之义可也。”

王闿运无意之间，创造了一个独出机杼的词“戈儿”，足见他的玩世态度了。那么，他的“美妾”莫六云是否也是这个模式下的产品呢?

风流倜傥是需要资格的。黄口小儿，近乎白丁，就只能跟在大儒屁股后持身严格，夹紧尾巴做人。早年王闿运游于南昌，文采风流征服朝野，不少女人送头发、递丝帕传情，闿运先生看得很淡：“发剪易长，若能断一指来，我必当迎娶矣。”几年后，新婚不久的王闿运听闻老朋友毛鸿宾升任两广总督、郭嵩焘署任广东巡抚，郁郁不得意的王闿运决定去广州度岁，聊以排遣满肚皮的不合时宜。一天受官人邀宴，去喝花酒。

大家都玩得开心之际，闿运先生睨视古今目光如炬，透过现象看本质。见一名孤身歌女无人理睬，呆坐一旁蹙眉。闿运先生有长者之风，于是与之促膝谈心，生活如何，收入怎样，吃得饱穿得暖吗？女子渐渐回过神来，说是她刚刚经过故宅，睹物伤心……王闿运毕竟是见过大世面的，以为这个女子不忘情，苗红根正、品质可贵啊，当即拍板，娶回家置为长妾。这个蹙眉的女子就是莫六云。当此事众口沸腾，督抚们兴奋得腾书相告。王闿运反以为荣！言："吾妻名动六省督抚！"

关于莫六云，流传下来的资料不多。王闿运的朋友丁取忠具有窥视癖，专好观人妻妾。丁取忠目光如电，但一见莫六云来，丁取忠急忙就走开了。觊觎之眼都不愿再看，据说有人强迫让他再去看看，丁取忠终不愿再吃二茬罪，由此推测，莫六云的相貌自然不佳。莫六云性格执拗，后来干脆取名"大崽"。夫妻就像穿鞋，合脚只有自己知道。两人生活却琴瑟和谐，恩爱有加。闿运这样自况："得莫氏之力，隐居石门十二年，前负清了，且自奉精美，无复米盐之忧。"

徐珂《清稗类钞》还有一则相关妙文：

"咸丰中，（闿运）客粤府幕，纳粤女为妾，名大崽，宠爱逾恒。一日，设筵宴宾，席间极论文章之弊，附几兴叹，谓书须读秦汉以上，六朝以往，等诸自郐。旋呼大崽出谒座宾，既黑且丑。一客乃拱手贺之曰：'高论良当，诚春风时雨之化也。即尊宠亦古色古香，不屑作六朝标格矣。'王氏不知其诮己也，谔眙问故。客曰：'世宁有如此六朝金粉耶！'一座大噱。然大崽善为清歌，每当花阴月午，歌一声月子弯弯，不啻白石道人雪野泛舟垂虹桥下，小红低唱，我吹箫也。"

光绪十年（1884年）一月以后，因托梦兆，闿运改称六云叫

20世纪30年代，由成都三官堂、宋公桥方向打量望江楼与崇丽阁。历史图片

“半山”（见光绪十年一月十三日《日记》），比之为宋元话本中的拗相公王安石。

在成都期间，莫六云见到木芙蓉，呼之为葵，“红葵”“白葵”，因为在岭南均是这样称呼的。王闿运由此联想到柳浑诗歌里以戎葵比附牡丹，觉得很贴切。他认为，唐诗里凡是提到葵花，那么都可能是木芙蓉。当然了，向日葵是例外的。

到1884年时，莫六云怀着身孕，再次从湖南入成都，和王闿运团聚。半路在重庆梁平县梁山镇生下了最小的女儿王真，次年因病重死于成都。王闿运本年《七夕词》云：“爱河无岸也须干，辛苦东来一见难。话尽相思便分手，留将条脱任人看。”“条脱”即金手镯。六云病重期间，王闿运定制了金手镯为六云祈福。哪知手镯未成，人已先逝。

莫六云与王闿运一共有21年的美满生活，她生了6个女儿，就是没有儿子，因为没有儿子，她临死都不瞑目。王为之作《莫姬哀词》，感人至深。

《湘绮楼日记》光绪十三年九月二十一日（1887年11月6日）一条记有这样的文字："夜梦会诸菩萨，余眷属多在。……梦缇（王妻蔡氏）先出，余后。当出旁门，余必欲由正门，门者皆为二轿所塞，旁有无数缝工设案，皆布衣，似未竟之业。余手掀轿开门欲出，且令缝工悉散，已而转念当付半山收拾。半山自内出，余云尚有一面缘，意其必留我。半山殊落不相顾，但送余出门外。闻梦缇呼云：'相公丢尽丑。'余大不然之。挥巾而誓曰：'当与半山再为夫妇。'更誓曰：'且生生世世为夫妇。'"出门遂飞升，心身怡悦。但自闻喉息声，遂醒。

这样的情愫，不啻朝云之于苏东坡，似更有过之。所谓"戈儿"，用在闿运先生与莫六云身上，真是绝配。

今录二首王闿运的怀念莫六云之作：

其一（原无标题）

浙馆离筵渡鹊桥，送人甲帐伴文箫。

从今不作迁情梦，双宿双飞在玉霄。

其二、咏美妾浴罢

闲看芙蓉落玉堂，晚风新浴鬓花香。

书声更在秋灯里，篱豆垂垂络纬凉。

光绪十四年六月七日（1888年7月15日），王闿运的住宅失火，火烧得颇奇怪，并不蹿上邻居家的屋檐。王闿运认为，这是因为迟迟没有安葬莫六云，六云以这奇怪的火来提醒自己。有人认为这是不合法度的"奢僭之咎"，并认为"他人不足致灾，先生乃可致灾耳"，王闿运自认自己远未到这个颓废程度。

唐帽顶当了一回月下老人

1876年山东巡抚丁宝桢奉调四川总督。针对四川的闭塞与落后现状，他上摺请山东机器局总理徐建寅前往四川，自办机器制造局。丁宝桢曾在山东巡抚任期内，就成立山东机器局并擒杀慈禧太后宠信的安德海，因此闻名天下。当时四川"勇营习用洋枪，均须购自上海洋行，且不知修理之法，稍有损坏，即成废物"。有鉴于此，丁宝桢拟将候选通判曾昭吉至四川，查看情形，开始自办机器制造。四川机器局于1878年4月正式建成投产，是由中国人自行设计并施工的早期工业建筑，采用的是传统抬梁式木结构。其时已可生产仿自西方的单动步枪，但其后发展颇为曲折，迟至1880年后，才进入稳定生产期。其后再经波折，几度易手，但一直没有停止生产。四川机器局主要干的就是仿制国外武器，1882年就能仿制英国的马梯尼步枪，其后更能仿造加特林机枪、毛瑟步枪、手枪、水冷重机枪、轻型火炮等，从一定意义上推动四川机械工业的发展。

官场人士总是渴望利用亲上加亲来拧成一股绳。张之洞督四川时，王闿运托人将女儿许与张之洞曾经过继出去的儿子；丁宝桢任四川总督期间，他又将自己的第七女王莪（乳名棣芳，莫六云所生），许与丁宝桢的第八子丁体晋。这就是"王七"配"丁八"，但绝对不是许配给"丘八"，真绝了！何人做媒？乃是王

都江堰景区的四川总督丁宝桢塑像。蒋蓝摄

位于成都三官堂的晚清碉楼。蒋蓝摄

闿运请唐帽顶出马而一举撮合成功！这事在《湘绮楼日记》光绪五年十一月一日（1879年12月13日）的日记里有明确记载。真到了女儿出嫁当日，唐友耕为王闿运送来的，不过是一大盆祝愿吉祥、长春的“万年青”，这其实是大有深意的。在四川、江南等地婚嫁造房民俗中，万年青属于一种很重要的吉祥植物，“韩湘子送万年青”可能是其源头。万年青与吉祥草、葱、松四品，并列盆中，隐喻四季如春。女儿出嫁之日，父母会给女儿一株万年青，这就意味着，唐友耕在这场婚宴中，自诩是“王家”之人，扮演“嫁女”的角色。

一代大儒与一省总督就此便成为儿女亲家，并由此保持了与四川大员的深刻关系。团结一致向前看。大儒总是目光如炬，审时度势，献言献策，张之洞每年白白奉送六百金与他，丁宝桢、刘岘庄都有同样的举动，因此他在成都于湘潭之间奔波，也是生活得有滋有味。目送归鸿，手挥五弦，好不快哉！他的日记充斥了饮宴、打牌、玩乐的豪华生活记录。

我反复查阅《湘绮楼日记》，王闿运与唐帽顶订交的时间是：他们首次见面于光绪五年四月初十（1879年5月30日）。这种往来一直持续到光绪八年六月初一（1882年7月15日）。三年多时间里，是不是武人送礼宴请太多了，礼贤“上”士，因而大儒觉得拿人手短，不得不应酬呢？我觉得问题不是这般简单。因为随着交往的深入，王闿运开始发现这个武人的过人之处了。不管怎么说，唐帽顶与大文人的觥筹交错，显然起到了“互惠互利”的作用。

他们的首次见面在王闿运日记里也有表现。王闿运到达成都四个多月后，在光绪五年四月初十日《日记》里他特意记载：“唐友耕总兵来，字宅坡，号帽顶，照通（蒋蓝按：应是昭通）山盗投诚者。言语有小说气，余误问其所以至蜀，遂言之不讳，似胜杨玉科。”

这是一段十分珍贵的描绘，等于把唐友耕的耿直气质活脱脱展示出来。在阅人无数的大儒心目中，一个人有“小说气”乃是具有生龙活虎的市井气。而谈及出身，唐友耕不以为忤，他具有极强的控制能力，干脆把自己的底牌翻转出来。这在十分讲究“正朔”的时代，体现了唐友耕的豁达。王闿运提到的杨玉科，是云南近代史上有重大影响的人物。其前半生镇压回民起义“战功卓著”，由最下层的把总擢升至一品大员的提督，获赏“正一品封典”，承袭“轻车都尉世职”，晋“二等男爵”。起义军的鲜血染红了他的帽顶，是除岑毓英外的第二号刽子手。初初一见，王闿运已经认为唐友耕在杨玉科之上，真是闻名不如见面，他对唐友耕的率直产生了好感。

第二天即四月十一日，王闿运即“出拜帽顶”，由此拉开了“浓得化不开”的交往史。

对于一如市井水准的蜀地官场和文人，王闿运怎么会放在心上？这等人一方面是脆弱而狡黠，另一方面又是头脑冬烘，无法交谈。王闿运在当年十一月二日（1879年12月14日）的《日记》说：“自院外生者，人品以帽顶为最优，议论以帽顶为可听，殊为可慨。”

为什么要“殊为可慨”？显然，读书人早已言语无味了，而武人以生活的本味直指人心。就是说，他在尊经书院之外的蜀地交往中，唐帽顶是最佳交往人选。唐友耕的人品能得到大儒如此好评，也属难能可贵了。

反过来看，唐友耕绘声绘色演绎出来的与石达开的战事，也极大地丰富了王闿运《湘军志》中的内容。

王闿运同样描绘了那个时代四川官场的娱乐生活。1879年10月6日的日记记载：“与绶廷及岳生同步穿少城，至武担山看石镜，便至芮园小酌，看墨池书院。主人芮少海招余及督府诸客夜饮，会者十一人。……督府诸客艳言‘瑞华班’之难得，因议召至唐宅演之。”这一帮官员里，唐帽顶是主角。众官邀请川戏“瑞华班”演戏，也是由唐帽顶出面筹措，演出地点就在文庙后街的唐府。王闿运也带莫六云赴约，大饱眼福。回忆到此，唐振常先生不禁感慨，自己家的后花园虽然经过父亲唐仲威的改造，已经半中半西了，但是大戏台巍然存立，因为想到大儒王闿运竟然在自己家里看过戏，真是“与有荣焉”。[1]而在我看来，通过这一段交往，唐友耕身上的戾气多多少少得到了洗淘，表面上看他更是“正朔”之辈，而他的书法造诣突飞猛进。这莫非也是得力于王闿运的点拨？

“瑞华班”呼声甚高，后来又应约在唐友耕住宅上演过《玉堂春》等川剧折子戏。即便是同一剧目，川戏的风格与京剧的典雅严谨、含蓄隽永恰恰相反，宛如直接摘自于田野的果蔬和辣椒，又麻又辣又热，蜀地语言、文化中特有的“消解”意味萦萦而起。尤其是“三堂会审”这一场，从剧本到表演，无不充分体现了川剧中喜剧的特色：嬉笑怒骂皆成文章。“瑞华班”里有一个姓孟的女主角，托词天冷，仅演了一折就施施然退场，也让看客大呼过瘾。

唐友耕大宴宾客，王闿运眼福、口服俱至，大快朵颐了，回家却在当天日记里写了一句“浪费非豪举也”。想来唐友耕铺张太过，让人有点招架不住。不料演出后的次日，唐友耕来到王闿运宅，说李湘石准备告发他，理由是说他过于“骄横”。王闿运认为“此心多疑，非豪士也”。大儒的笔法，在此可以有两种结论，一是指唐友耕，二是指李汝南。

李汝南，字湘石，四川温江人。同治三年（1864年）优贡。1870年在京城广交名士，工书画。高丽贡大使在京城，请作草书墨兰，献给高丽王。川督丁宝桢礼聘入慕。后来授福建福鼎知县，未出都而卒。我估计，怕是李汝南没有得到唐友耕邀请而怒

① 唐振常：《读〈湘绮楼日记〉一得》，见《唐振常散文》，浙江文艺出版社2000年版，第203—204页。

火攻心所致吧。由此可见，宴游也是官场十分重要的内容。

后来唐友耕干脆把“瑞华班”请到家里唱起了“堂戏”，成为成都官场一个休闲重地。因为被李汝南诬告，他一度把戏班子遣送出城避风头，待风平浪静后又接回来。可见他戏瘾之深。

这个戏瘾，肇始无疑来自大关的傩戏。大关傩戏经过长期改进，融入高原本土，形成一套独具特色的表演方式，表演角色分生、旦、净、丑四类，其唱腔有“九极十三腔”之说。曲牌有《西江月》《哭梧桐》《柳含烟》《豆芽黄》《洞中春》《梅花咏》《二簧腔》《高腔》《哭声腔》和《走板》，等等。演员必须具备唱、做、念、打和手、眼、身、法、步的表演艺术及扑、翻、打、斗、踢的诸多功夫，演出时既有武场伴奏，又有丝竹管弦的文场设置。

在成都上流阶层，傩戏登不了大雅之堂，川戏才是上品。

我看到有一则戏剧史料记载，“清光绪十四年，云贵提督唐泽波返昭通大关祭祖时，领‘川班’到大关演出”。清光绪十四年为1888年，这个时间明显错误，因为唐友耕去世已好几年了。唐友耕回大关县祭祖的时间多在他征战昭通剿灭“回回叛乱”的1880年。看起来，他带去的应该是著名的“瑞华班”。

看戏，宴请，交游，几乎填满了王闿运书院空间之外的业余生活。再如1883年7月26日的日记：“申正至江南馆，顾家山设饮，朱小舟、幼耕、凤茀堂同集，甚热，亥散。”这里的“幼耕”，自然是“友耕”之笔误。可见那个时候成都官场的饮酒、听戏的公共活动空间，会馆已经峭拔其上，构成了达官贵人“出尘”的高台。

清中叶以后，成都的会馆逐渐林立。紧邻浙江馆之外，有江西、安徽、江苏三省合建的“江南会馆”，位于大慈寺西侧，里面神位极多，戏台多达7座，随时都在办神会——演戏。名谓“乐神”实为乐人，因而冠盖云集，在成都堪称人文荟萃之地。光绪年间，江苏盱眙人吴棠任四川总督，后署成都将军，他特意从江苏昆山训练一批唱昆曲的科生来成都供官场宴乐，号“舒颐班”，取开口而笑之义。这个戏班后来留在了成都，与川剧融合，对川剧的发展起到积极作用。周询《蜀海丛谈》卷三写道：咸丰（1851—1861）年间，四川总督吴棠“妙解音律，尤精昆曲，以川省无习此者，乃在苏州招昆班佳伶十余人来蜀”以充实舒颐班。还有书记载：“舒颐班”在成都除入署演戏外，曾开办科班，“选垂髫童子廿余人，日夜教习歌舞……游燕之娱，一时倾成都。”舒颐班巨擘周浩然传子辅臣，两代名净，擅演《闹朝》《扑犬》《达摩渡江》《醉打山门》《单刀赴会》《饭店认子》《祭坟》《北饯》《北诈》《闻铃》《龟年弹词》《冥判》以及《醉打》《醉隶》《坠马》等传统昆曲剧目。报界名士冬心看了周辅臣演唱《闻铃》，曾以诗赞曰：“一曲霓裳老泪横，开元遗事记华清。伤时颇有新亭感，肠断淋铃夜雨声。”

在光绪五年七月八日（1879年8月25日）的《日记》里记述，“莫总兵送烧猪鹅鸭，无所用之，以与唐帽顶。”从这个细节可以看出，莫祖绅总兵央请王闿运为其“募修北路”而写序，在大热天竟然送这等粗糙食物，王闿运还可以用来做顺水人情，这固然是王闿运第一次给唐友耕送礼，而稍后唐友耕回赠的礼物不过是甘寒的昭通梨子，但也暗示我们，晚清时节的四川成都，官场生活水平远非我们推测的那样奢侈。

老师的生活态度，不能不反映在他对弟子的看法上。尊经书院的学生众多，最突出的是廖平、宋育仁（芸子）、吴之英和杨锐，才俊中有“院中八景”之称。但是，有其师未必有其一成不变的弟子。

王闿运认为“富顺才子”宋育仁的文章最好，日后必有大作为。与对廖平的态度相左，他更喜欢这个淳朴而恭谨的学生，他甚至爱屋及乌地把对宋育仁的看法讲给唐友耕听，暗示宋育仁经济情况不佳，何况遭受了一次意外变故。唐友耕是何等心机？他是一踩九头翘的人。立即送上了丰厚礼物：数套刺绣衣物以及大把银两。但宋育仁却是一介孤僻的耿直之人，认为唐帽顶不懂“礼仪”，向毫无瓜葛之人贸然送上大礼，必有不轨意图。他竟然不知趣地退回了全部礼品，也不登唐门致意。夫子王闿运自作自受，只好亲自把礼品送还唐府。但这丝毫没有让王闿运不快，他在同治六年十一月（1867年12月）的日记里称赞宋育仁为“耿介奇士”，足见对弟子的称赞。

成都宴游以及纵横家的心机

王闿运毕竟是诗人，教学、写作之余，已经被各地官府、文人的宴请弄得有点焦头烂额，但他也乐在其中。既是诗人，风景木头一般不动，乃是纸糊的风景，何况路上佳丽闪动，直入梦境。人一旦动起来，眼前就是内心流动的山水了。

王闿运不但游历了乐山、峨眉、五通、夹江、眉州、宜宾等地，西蜀坝子周边的青城山、都江堰、华阳县、天彭阙，彭县丹景山牡丹、新都的桂湖、宝光寺、金堂沱江风光均一一涉猎，留下了不少名篇佳作。王闿运集句题尊经书院的对联“考四海而为巂；纬群龙之所经”，足见其纵横捭阖之气。前句出自晋代文学家左思的《蜀都赋》，后句出自汉代史学家班固的《幽通赋》，十二字涵盖撰集者的巨心和魄力，也寄寓着他对巴蜀弟子兼包九流、汇通四海的殷殷厚望。如果把它理解为“校训”，这大概可算古往今来所有书院、学校校训中最有气魄的一个了。至于成都范围内的名胜古迹，诸如洗马池、欢喜院、少城、浣花溪、锦官驿等等，他自然不会错过，留下了许多佳句。

唐友耕有权有势，自然不会放过这些陪同名人“走一遭”的绝好机会。

王闿运日记记述：

“出城赴稚公草堂之约，城外泥淖，秋色无可观，唯溪水洹

1905年，为纪念四川总督骆秉章而建设的骆公祠，民国初开始成为日本人进驻四川的会所。日本人山川早水摄

洹颇有凉意，无端感触，咏‘出门望佳人，佳人岂在兹’之句，正不必情事副风景也。至少陵祠，幕客至者九人，武有帽顶，文则馆师，为二客也，稚公二子均从，唯见其小者。中饭微雨，菊瘦而高，殊不及湘中。”[①]

从这深文周纳的行文可知，唐帽顶并不在王闿运邀集的游人当中，他显然是强行加盟的“客人”。我估计唐友耕之所以执意前来，他是利用这个交游机会来请王闿运吃饭，以便得到教益。在王闿运心目中，能够与他交谈的人甚少，“唯稚公、季怀可谈”，可惜知己并非能时时见面，他显得兴味萧索。再出成都南门，至宝云庵，访百花潭，终于在二仙庵遇到了尊经书院学生16人，院生之于老师十分尊重，他心情好转，当场赋诗：“澄潭积寒碧，修竹悦秋阴。良时多欣遇，嘉会眷云林。”

不知道在这儒者云集的场合，唐友耕有什么表现。我估计应该是颇为有趣的，一方面要道貌岸然；另外一方面又要体现虚心问道的表情。

这个戏，真不好演。

唐友耕的长久施善，自有报答。在《湘绮楼日记》中，我发现自此以后，他们之间的往来逐渐增多，后来几乎达到隔一两天必会晤的程度。王闿运办事，路过唐府，也要进去稍坐片刻，歇息一番，喝几盏茶再走，可见已到十分写意的地步。稍后，唐友耕正式升为四川提督，大儒接到唐友耕请求，无论如何也要为唐

① 马积高主编《湘绮楼诗文集》第五集“湘绮楼说诗卷二”，岳麓书社2008年版，第153页。

帽顶正式写点东西了。

他在赠诗前的“题记”里写道：“四川提督久阙实任，牙门荒芜。唐泽坡新建旗杆，因题为贺，作绝句二首云——”

其一

锦城烟景静蒙蒙，
二月寒深花市东。
惟有戟门堪跂马，
旗杆吹雨识春风。

其二

三边无事鼓声和，
五丈高牙树駊騀。
不待晴光薰翠羽，
柳旗阴处飐春多。

查《民国华阳县志》（民国二十三年刻本），卷二十八当中收录了《唐提督宅》一条，录入的王闿运诗歌《题唐提督旗竿》略有不同。文中还提到，唐友耕“曾受业李西沤宫赞”，李西沤（名惺）为蜀中宿儒，曾任国子监司业、詹事府左春坊赞善等职，时执掌成都锦江书院。

从贺诗里可知，朝廷对唐友耕的提督任命是在光绪七年（1881年）初春下达的，唐友耕立即在提督府门前立起了壮硕的旗杆，可以想见他是何等“春风得意马蹄疾”。而在《湘绮楼诗集》里，这两首诗有了标题，叫《旗杆二首》。当年二月廿日的日记里王闿运补记：“昨见提督立旗杆，挽架甚盛，作绝句二

1914年前后，成都新西门通惠门。历史图片

首。”诗里以“跂马”“駊騀”为喻，暗示唐友耕脚下所指示的方向有多个，也就是将面临多个仕途的岔道。既含祝贺，也暗含有一种警策，只是不知道唐友耕能否在春风得意之际，明白脚下蛰伏的危机。

王闿运离开成都尊经书院返回湘潭，时在1882年。新春之际，他给四川官员写了很多感谢信，他自然不能忘怀唐友耕。他的慰问信写得情深意长：

泽坡仁兄军门节下：

三年款聚，厚爱先隆，携取如家，求施不厌。别时既承早饯，又拜多珍，琼玖投难，但歌永好耳。新春受福，四境同康。节度从容，仍开高会。坐少一客，时复相思。

闿运顺水还湘，将春入室，家庭纷冗，酬接疲劳。亡子葬地尚无期，讲舍已将起馆。命中少暇，世上多缘，遥羡清尘，堪推整暇。西云可望，良讯时传。专肃申谢，叩颂双安，并贺年喜。[①]

从内容可以知道，三年来唐友耕对王闿运是礼数备至、尽力结交的。王闿运临行，唐友耕一早为他及家人准备了丰盛的宴席。推想起来，应该必有锦江码头送别一幕。因为王闿出入成都多次，均赖锦江。三国之时，诸葛亮送费祎出使东吴，因有“万里之行，始于此桥”的感叹，万里桥就此成为锦江文化的地标。无论是人头攒动的水东门货运码头，还是运送盐糖、布匹为主的合江亭码头，抑或因木柴而兴的九眼桥码头，浪涌人聚，千帆竞流，逐渐形成上起新南门、下达望江楼的庞大码头聚落。这一线均为锦江码头。

王闿运在1879年春来蓉于年底返回湘潭时，唐友耕也来码头送别。当时王闿运向唐友耕借款“五百金”，用于支付尊经书院的公车费。其后日记里，记载了还款事项，但后来又向唐友耕借400两银子，自此王闿运飘然东还湘潭，未见还款。可见，唐友耕为尊经书院做了点儿贡献。

挥手作别。春水明媚凝脂，烟光梦田含翠。置身锦江码头，思接千载，知锦江之高义；逝者如斯，念崇丽之无尽。

自此之后，他们再未谋面。

---

① 马积高主编《湘绮楼诗文集》第五集“笺启卷第五”《致唐帽顶》，岳麓书社2008年版，第194页。

从宋育仁在陕西街失窃案看王闿运断案

宋育仁遭到了什么“意外变故”？《湘绮楼日记》没有详细记载，但从王闿运的书信中就可以得知真实情况，并把四川提督唐友耕扯了进来。

宋育仁（1858—1931），字芸子，号芸岩，晚号复庵、道复，四川自贡市仙市镇人（原属富顺县）。清末“新学巨子”，著名的维新思想家、一代杰出报人。1876年，18岁的宋育仁入四川学政张之洞主办的成都尊经书院，时任尊经书院山长薛焕。次年谭宗浚续任四川学政，视察尊经书院，作《尊经书院十六少年歌》，宋育仁为其中年龄最小者：“短宋词笔工雕搜，华幔五色垂旌游”，对宋育仁评价甚高。第二年王闿运才出任书院山长。估计是学校住宿住不下了，只好住在陕西街的一家旅社里。某天突然被窃贼光顾，盗走了他本就菲薄的行囊和衣物，这让他大受刺激。王闿运得知后，在宴请中把此事告诉了唐友耕，这就引出了唐友耕贸然为宋育仁嘘寒问暖送银子送衣物的后话。

从王闿运致宋育仁的回信来看，显然宋育仁写了一封给老师的致谢信，连同唐友耕送来的物品，根本不屑于开启，一并交到了王闿运家。从礼数上，王闿运对学生的处境深表同情，但对他某些天真的想法不以为然，加之他“语多悔愤”，更鉴于“儒者处世未能坦怀而多有物累”，于是写了这封长信予以开导。开头就讨论了由小及大之“贼”，王闿运宛如老吏断案，采用了顶针回环之笔法，烘云托月：

> 今世政废久矣，尝以数大臣共守江南名都而忽然被盗，又尝以七卿四相诸司数千百人共守一京师而忽然被盗。天下之有四川，四川之有省城，省城之有陕西街，陕西街之有客店，客店之有宋孝廉，宋孝廉之有衣箱，衣箱之有衣，诚不可云太仓之一米矣。一旦被盗，而曰有司之责，何其重视有司乃至于此耶？然既告之闿运，闿运固非有司之比也。遣一能缉捕者侦之，而唐提督乃与闻其事焉，非其无因而横相干也。唐提督侦之而惧我之穷其事，则谢曰是不可治，牵涉多矣。吾适有衣可偿，则未知盗者之即为唐提督所遣耶？抑别有有力者主之而不可诘耶？①

王闿运明知道这区区盗窃案与唐友耕无关，但他用了一个“大胆的假设”，直问宋育仁：如果这一盗窃案是唐友耕或者另外的大人物主使的，你又该怎么办呢？

接下来，王闿运自问自答，等于告诉了学生一种处世哲学：唐友耕看在我王闿运面子上，为你送来了衣物，“受其衣，答其意；不独答其意，我之所求在此也。”那么“偿于盗与偿于官、偿于友、偿于路人，有以异乎？”既然没有什么不同之处，那么唐友耕赠送的衣物，不但是可以接受的，而且是必须接受的。王闿运干脆挑明了实质：他不是重视你宋孝廉，而是重视我对他的看法。

因为唐友耕固然渴望结交儒者名士，你明白了这个目的，也

① 马积高主编《湘绮楼诗文集》第二集“笺启卷第一”，岳麓书社2008年版，第83—84页。

应该投桃报李，而不应该一味谢绝，这就等于得罪了对方的一片好意。

但王闿运对宋育仁退回唐友耕赠送的数千银两却大加赞许。“辞其银，示之义；不独示之义，且以杜其后日无穷之求与一时自得之一意，以为凡武人、官人而有财者，必意揣天下之儒生、文人皆好利而忘义。故凡与世人交，不可受其铢两之赠，非矫激也，受之则彼轻我而交不终，亦全交之道也。……”

王闿运语气一变，总体分析了学生的举动：“两俱受之，两俱还之，如吾弟今日之所为，亦绰绰有余。而至谓其无重士之道，与悔其往见之辱，这大谬于情，而亦不安于义。”

通篇数千字里，这是一段分量最重的训诫！

该如何安顿“情”与“义”？

因为宋育仁认为，唐友耕送礼之举是有违“重士之道”，而且他竟然认为，自己必然应该去武夫的官邸答谢，就等于让儒者受辱。王闿运毕竟清醒而豁达，又予以谆谆教诲。他认为，唐友耕的“重士之道”还是真实的，不要妄加比附，那些表面上比唐友耕看起来更为敦厚的君子，哪天发迹了，“一阔脸就变”了，说不定他们还不如唐友耕呢！

末了，王闿运提醒学生：“海内甚大，斗室甚宽，一日甚长，百年甚促，不求孔、颜之乐，而作窘迫之囚，盖其犹循俗情，未闻通论。”渴望学生将纸上学问与知人论世“打通”的希望，想来对宋育仁是振聋发聩的。

孟轲《孟子·万章上》就称：“一介不以与人，一介不以取诸人。”一介不取，取伤廉，这个意思很好理解；一介不与，与则伤惠。什么意思呢？“一介古来难取与，先生伤惠我伤廉”，但大人先生未必因为馈赠就伤其庞大的储备啊，那正是他们的“义”之所在。宋朝诗人虞俦在《和郁簿述怀古风》里说，“平生一介重取与，邈祝不义如云浮”，显然也给宋育仁一样，均是书生之论。

从这些情况来看，贸然送礼的唐友耕还蒙在鼓里，尚不知由此引起了师生之间的一番议论。看来，他的送礼结交文士之举，也起到了意料不及的效果。由此，书生宋育仁才开始明白何谓世事洞明皆学问了。

宋育仁与老师的友谊一直保持到王闿运逝世前夕。在王闿运保留下来的书信里，他与宋育仁的通信有10封左右，是尊经书院所有学生中最多的。

在成都民间传说里，唐友耕还慨然资助过不少落魄武将与文人。在我看来，一个人变得比较从容地看待钱财，往往在于他早已经作为钱财的“被侮辱与被损害的”对象而历尽了磨难。非如此，那就说明他至今还在饱受钱财的侮辱与损害。

王闿运对钱的看法无疑是深得儒者中元的：“残年催迫，门无债主而囊有余金，此足傲曹国夫人，不独夸示画界钦宪也。”

可惜的是，弟子的狷介，并未扭转王闿运的交友眼界。见过大世面的他，长袖善舞，与唐帽顶依然打得火热。以至于他在日记里又感叹应酬之多，使自己不胜其累。那时王闿运的女儿们就像要给他作对一般，妻妾们生产的多为女儿，这让他的经济处境十分不妙，他有4子10女，因而有“多女累于多男也”的感叹，这个子女情况，与唐友耕很是一致。但王闿运坚持了儒者的最后底线，不接受官人的银子馈赠。他不时受邀到唐府，酒酣耳热之际纵横捭阖，纵议天下。他心雄万夫，在致宋育仁的信里曾经自谓："青油幕看人面，未若鸦片灯前读我书。"让唐帽顶恍如刘姥姥进了大观园，渐知学术妙境。

我可以举一例——

《湘绮楼日记》光绪五年八月十一日（1879年9月26日）记述了一件事，说成都看守人、富顺籍拔贡出身的张芝，时为成都"看守人"，因为武断颟顸，估计要被逮捕法办了，就脚底抹油仓皇出逃。张芝摆下了一个迷魂阵，他让两个妾出门张扬，吸引官丁，"其少者美不可言"。这件事，在王闿运与唐友耕闲聊中，大儒发表了自己的看法：张芝"此人如驽马恋栈，不能远也。"第二天唐帽顶就来见王闿运，报告侦破结果：张芝果然在成都城附近，已经被抓获。为此王闿运特意记了一笔："唐颇服余胸次之阔达。夜雨不寐。"受到恭维，夜不能寐，大儒也不能例外啊。

因此，唐友耕后来在家里做出决断，十几个子女不要习武一律猛攻诗书，少闻窗外事，为此还聘请家庭教师辅导子女。

四川饱受战乱，文风保守，在西学东渐大势影响下，蜀地大儒们开始注重书籍的刊布，当时校对、刊印古籍之风在成都蔚然成风。受此影响，唐帽顶开始亦步亦趋涉足出版业了，那才是流芳百世的唯一途径。为此，唐友耕已经为每个子女准备了2000余亩的巨额田产，他解除了子女们一心读书治学，无力治业的破产之虞。

唐友耕处于官场游戏规则制约之下，他总是以钱财和热情维系着自己上下左右的链环。不要说对丁宫保、王闿运之流，即便是贵州籍官员号召大家为修缮大儒王阳明在贵阳修文县境内的"阳明洞"，唐友耕也捐款200两银子。如今位于贵阳城东扶风山麓、始建于清嘉庆十九年（1814年）的"阳明祠"边，也刻有四川提督唐友耕的名字。

唐家致力于出版的名山事业

清代图书业在乾隆以前，无论是正统著作还是稗官野史一般而言皆有成书，记述未必得法但总可备参考，到乾隆以后内忧外患，一如梦魇，政府既无从容编述的人力，更无庞大编修费用，太平天国、捻军、李蓝起义军与清军多年拉锯战对财政消耗太大。在这一背景下，曾国藩、骆秉章总督幕府军师黄彭年、李庆云等先后设立书局，纂集案牍，以保存国故；王闿运入主成都尊经书院后，蜀学开始复兴，传播新式学术理念的书局也逐步在成都涌现。唐友耕涉足图书业，显然是受到了这两股风气的左右。

而黄彭年的经验之谈恐怕才是问题的关键，因为他曾经说过类似“翻底牌”的一句箴言：“刻书最易传名”。

晚清成都“天才学者”刘咸炘曾经在《推十书》里提出过一个富有深意的观点：“夫蜀之多文，以江源也。而峻谷急湍，奔趋出峡，渟回涟涣，乃在五湖。滔滔东流，人文亦随之不返。天耶，人耶？亦可慨矣。”[①]这明示蜀地作为人文发兴之地而匆匆流逝的历史性脉络，加之连年灾兵，蜀地文脉枯萎，读书人头脑冬烘。《唐公年谱》里承认，正是着眼于此，唐友耕才慨然涉足图书雕版。

唐友耕晚年居住成都，在骆秉章“释兵权”的暗示下，解散了自己亲手组建的数千振武军。在大儒王闿运影响之下，唐友耕

① 段渝：《刘咸炘论史学》，上海科学技术文献出版社2008年版，第269页。

着手刊布的古籍，有大型古代文学总集《汉魏六朝百三名家集》等7种。

我能够见到的证据，是围绕清代著名学者赵翼笔记《陔余丛考》的版本。此书43卷全16册，先有乾隆五十五年（1790年）庚戌阳湖赵氏湛贻堂刻本，后有光绪年间“大关唐氏寿考堂藏版”。馥笙张选青校正、心舫唐友忠参阅。广汉人张选青是学问大家刘沅的学生，曾经担任尊经书院监院，唐友忠就是唐友耕的弟弟。光绪年间唐友耕家族曾对赵翼全集重刻刊布，对后世诗集的整理和研究有很大帮助。

唐友耕甚至自己也开始舞文弄墨了。署名为“滇南关阳泽波唐友耕”，为赵翼全集作序：“念东南寇乱后。赵氏诸书雕版均毁，滇蜀之间求之颇艰，因并刻其他所著述，以备赵氏一家之言。经始于光绪二年十月，竣工于三年六月，凡七种，一百七十五卷。”

这个来历是：乾嘉之际阳湖赵氏湛贻堂所刻《瓯北全集》板片，在光绪年间归滇南大关唐氏寿考堂后，继续印刷。《陔余丛考》卷末署名“心舫唐友忠参阅”，这是一种风雅的“附骥”之举。唐友耕在成都期间，也曾重刻《汉魏六朝百三名家集》，内封署“寿考堂藏版”。这似乎可以认定，唐友耕光宗耀祖的具体工作，是由弟弟唐友忠率先开始推行的。

文化的接力棒传过来，光大这一名山事业的是唐友耕的六子唐鸿学和九子唐鸿昌。

著名历史学家任乃强在《华阳国志校补图注》长篇前言的第八部分《道咸以来之翻刻与校勘》里提到：

“唐百川本名鸿学，后以字行。云南大关厅人，四川提督唐友耕第六子，捐班道员。曾任四川官印刷局局长。其父在时，营粹英堂书肆于成都，刻有《汉魏六朝百三名家集》。百川继之，刻有《怡兰堂丛书》。又为（四川）布政使许涵度刻《三朝北盟会编》。颇治目录、版本、校雠诸艺。卒于一九四四年前后。晚年闲居，以校勘《华阳国志》自娱。用二酉山房刻本为底本，每得一条，书签贴于文上，或朱或墨，凡约三百条左右。大抵采辑《初学记》、《太平御览》引文及《函海》与《汉魏丛书》本异字。随得随贴，未及竟业而死。其底本八册用木匣精装，现归四川省图书馆。原贴似用口津，今全脱落，颇有零乱。人以其贡献不大，未甚注意。本书校注每亦采之，凡称‘唐笺’者是也。”①

这个记载，可以从民国傅崇矩编纂的《成都通览》中的《候补各官姓氏·候补道》一栏里得到佐证，我终于发现了“唐鸿学百川”的名字位列其中。民国三十六年版《大关县志》特意指出：唐鸿学“以荫生报捐道员，分发四川，历任要差，成绩卓著”。清朝的官制管理中，“京员签分入部者，其途有四，曰进士、曰拔贡、曰荫生、曰捐纳。非由此四途，虽枢府大僚欲位置一人，不能也”。可见，唐友耕的言传身教取得了实效，在与官场文人互利互惠的濡染中，他们一心要在文化码头上岸。不过我查阅了成都众多史料，依然未找到有关“粹英堂”的进一步资料，倒是发现了数十种以“滇南唐友耕”之名刊布的古籍，范围遍及经史子集。至今我在古籍拍卖的网站上，尚能见到“滇南唐

① 任乃强：《华阳国志校补图注》，上海古籍出版社1987年版，第57页。

氏”民国精印本的频频亮相。另外，我在成都图书馆尚见到“大关唐氏”于光绪二十七年（1901年）印行（魏）嵇康撰、嚴可均輯录的《圣贤高士传赞》一卷本，页10行，行20字，黑口，单鱼尾，左右双边，版框18厘米×13.2厘米，印工颇为精良。

这里仅举一个近年我看到的例证。

我在2002年6月19日《中国文物报》一版上见到一则报道，北京中贸圣佳拍卖公司由日本有邻博物馆征集到米芾《研山铭》，此事在国内外书画界、拍卖界引起强烈关注。启功先生在鉴定《研山铭》后感慨良深，说此铭还有一件“姊妹篇”，现藏重庆博物馆。“姊妹篇”即罗聘等合作的《研山图》卷。

该卷的内容颇多，是诸多内容的合装卷。主要有翁方纲小字隶书《宝晋斋研山考》、罗聘之子罗允缵绘《宝晋斋研山图》、研山拓本、罗聘等绘《研山图》。其中最重要的是研山拓本和翁方纲考证。《研山图》卷钤有“怡兰堂书画印”藏印，显然这一国宝为云南大关人唐鸿昌、唐鸿学所得。上面还有“治园所藏”与“王缵绪印”，后来又被民国时期四川西充人、军阀王缵绪所得。王瓒绪自称王安石后人，齐白石特为王缵绪治印“半山后人”。1949年，王缵绪在四川率部起义，将此卷捐献与当时设在重庆的西南军政委员会文教部。1951年在重庆筹建西南博物院，该卷遂为博物院所得。1954年，西南博物院改为重庆市博物馆，该馆珍藏至今。

该卷的珍贵在于：因米芾研山亡佚，赖此卷研山拓本得其概貌，可与米芾《研山铭》、苏氏易去之研山“图”相辉映、佐证而成“完璧”，是研究米芾研山的珍贵资料；翁氏考证详尽，且其小字隶书颇为难得；罗聘等合作研山图，艺苑佳话；齐白石刻印，亦添佳色也。

公允地说，唐百川的治学水准远在乃父之上。他精于版本校雠，其批注的《世说新语》本等广为大学图书馆庋藏。我考证过四川官印刷局情况，于1890年开办，地点就在成都东玉龙街。唐百川出任四川官印刷局局长，利用条件印制了多部《怡兰丛书》，也是以“滇南唐氏寿考堂”名义陆续点校古籍刊布于世。

唐老九的眼睛

唐友耕另外一个儿子唐鸿昌（字少坡，一字少公）在家族大排行第九（《唐公年谱》记载称“七子”），是唐友耕与李夫人于光绪七年（1881年）所生，可谓老来得子。唐鸿昌后常以“唐九”“老九”为名号，他在成都大邑等县有父亲分赠的良田两千余亩。老九很聪明，深得父亲喜爱。他幼年时，唐友耕特意为小儿子延请了专馆老师邱春生，邱春生曾经在江浙、福建奔走多年，与大书画家赵某有交往。在先生影响下，唐鸿昌开始对书画表现出异乎寻常地爱好，渐入门津。自然了，他对生计却毫无心计，全力以赴浸淫于搜集古籍字画与金石古碑，甚至不惜倾其家产。古语“穷不习武富不读书”，到他这里才终于发现，读万卷书行万里路，哪一样不需要白花花的银子呢？他十几岁就介入书画市场，但江湖骗子多多，让他吃尽苦头。唐鸿昌写得一手绝好的字，于书法而言是早已登堂入室，足可维生。为开阔视野，他游历于北京、天津、上海等地，与书画名家切磋，细心揣摩古画真迹，由此胸襟大开。到30岁年纪，唐鸿昌的阅历已经炉火纯青，大凡所谓的名家书画，经他一看，立现原形。

他晚年寓居成都，以鉴定字画、金石为生。但他从来不会因为区区鉴定费而随口迎合，这又让他得罪了不少附庸风雅的达官贵人。晚年时节，他曾言自己鉴定眼光的一番来历："我这双眼睛，是两千余亩田地换来的！"这是一句概括力极高的话，远非如今牛皮哄哄的碌碌鉴定家们能望其项背。我考察其介入过的不少作品，诚言不虚。

所以，民国初年的成都，巴蜀书画界不能不承认，所谓的名人字画，必得要经过两双眼睛的鉴定：一双是老九唐鸿昌的，一双是沈少成的。

这里，还有一个趣事。

民国时期，成都童子街有一家叫"赏古斋"的装裱行，老板老金跑滩多年，为人诡诈，用成都话讲叫"秘头儿"，这个词专指那种藏龙卧虎之辈。当时的成都的警察厅张厅长喜欢字画，

1902年前后，四川衙门影壁上的瑞兽绘画。历史图片

尤其对“清初四王”的作品志在必得，为了区别于后来的“小四王”，所以又称为“大四王”。“大四王”虽都以摹古为能事，但各人的面貌也有所区别。厅长先后弄到了王廉州、王烟客、王麓台的作品，独缺王石谷。金老板何等精明，立即答应效劳。

他的效劳，不过是制作精良的赝品。老金是搞装裱的，可以找到老纸、老墨、老印泥，他又请了两个作伪高手，细心揣摩王石谷笔法。这幅长八尺、宽近三尺的作品完成后，他又放到箱子里，熏上几个月，让画褪去“火气”，显得古意盎然。但厅长懂得起，一定要请成都的“两双眼睛”到场，他们开口才算数。怎么办？

沈少成本来就是张厅长的门客，老金拿银子当眼罩，把他牢牢罩定。这自然没有难度，沈少成的眼睛等于是摆设。而这个唐鸿昌却难以对付。老金打听到，某天唐鸿昌要去大邑拜访朋友，据说要过了中秋才回成都，他一走事情就好办了。这个时机万万不能再错过。

作伪是一个细致的系统。老金在成都存古巷安排了一家所谓浙江籍的官宦之后，多多打点，一场戏开始上演。万事齐备，老金请沈少成、厅长一行前来官宦之家看货。存古巷是和金泉街垂直的小巷，可以一直通到锦江。存古巷里有好几处雕梁画栋的建筑，著名的“水井坊”就在附近。来到一栋四合院内，家具、陈设无一不散发出只有官宦之家才能散发出的特殊气味。主人是一位60多岁的老太太，举止文雅，操着江浙口音。来到书房，取出包装甚为严密的古画，缓缓打开，大家屏住呼吸，厅长眼睛都亮了。沈少成沉吟半晌，不断点头，官宦的后人哀叹家道中落，只好出卖祖宗的遗产。老金赔笑，不断叹气。啊啊，买吧，机不可失，才2000大洋！厅长入其彀中，慨然付款。

几天里，厅长沉浸在喜悦中，以他的眼光，平来这事就该过去了。但也许是宠爱有加，他反反复复地看，又找出画册里王石谷的作品，逐渐感到了一丝不安。为什么？他觉得这幅八尺大画太便宜了。他私下让亲信暗中打探，唐老九何时回来。

中秋早过了，好像没有打听到什么消息。有一天厅长问沈少成：

“我想请唐老九喝茶，顺便问问手头的一些古画。”

“厅长是不相信我么，我看过的东西，绝对错不了。再说，这个唐老九行踪飘浮不定，好像在省外，没有回来啊。”

厅长一听，就不好再说什么了。

一个偶然的机会，唐老九听到这个传闻，他也很想开开眼界，一览王石谷的真迹。厅长以前与唐老九并不熟，因为有沈少成在当中碍着，干什么事都是隔的。一会儿听到门房报：“唐九爷到了！”

只见一个中等身材的人，盘子脸，黄须落落，有点未老先衰，他手提拐棍，另外一只手还拿着叶子烟杆，缓步而来。

唐老九站到王石谷的作品面前，看完画作，再看题款、印章，看完之后默不作声，用奇怪的眼光盯住厅长。看得厅长心头发毛：莫非我也成了歪货？厅长会意，屏退了左右。

唐老九问：“花了多少银子？”

“2000大洋。”

“应该说，这还是花费了不少工夫的。可以！”

唐老九找了一个静僻处，取下水晶眼镜，点起叶子烟，对沈少成说：“这些笔法，你有！”

“九爷这是什么话？”

“我是说，王石谷的皴法，你画得出……”说完，唐老九打了几个哈哈，走了。

一晃，三年过去了。

厅长还是厅长，老金还是老金。厅长继续找老金买字画，老金不断寻找出宝贝。一天厅长来到童子街的“赏古斋”，恰好老金不在。在客厅里，厅长见到一个老太太，尽管一晃而过，他总觉得眼熟。一问，伙计说，这个老太太就是金老板的丈母娘。

“啊啊，我明白了。一帮狗日的！”

厅长回到警察厅，立即下令查封“赏古斋”，逮捕金老板。审讯了大半天，一惊一乍，金老板已经吓得屁滚尿流，全部招供了如何设局的过程。金老板只好卖了乡下的田地来偿还这笔孽债。脑袋算是保住了，可是名誉扫地，已经很难再在成都书画界混饭吃了。而让厅长愤怒的，还不在于这钱，而是大人的面子。几个鼠辈就可以欺骗自己三年，那么自己那些古人字画，还有多少是真的呢？他越想心里越不舒坦……[①]

由此可见唐老九的艺品和人品。

另外，唐鸿学、唐鸿昌锐意搜罗典籍书画与金石文物，为近世蜀中收藏界巨擘，也是近世蜀中屈指可数的版本目录学家、出版家、书画鉴定大家。

兄弟两人与民国初年四川文人雅士、官员、寓公广泛交往。2012年5月，唐家后人对我回忆说，因为唐老九手里有一部宋版《淮南子》，军阀杨森决定用黄瓦街上的一座公馆予以交换，

---

① 梁凌、梁平汉、任杰：《中国商人谋略坊：话说川商》，中华工商联合出版社2007年版，第152—158页。

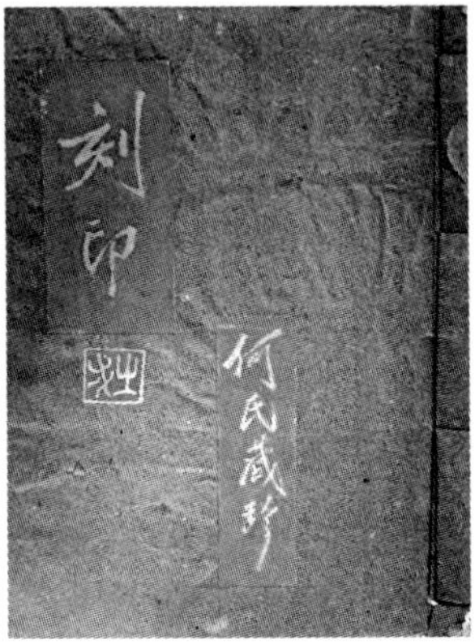

这是成都金石书画鉴定、收藏家袁愈高先生提供给蒋蓝的。在其早年购买的一批印谱原件中，除《沈贤修印谱》之外，尚有署名《何氏藏珍》的印谱，其中有唐友耕儿子唐鸿昌的题款，这是我们唯一得以见到的唐家“真迹”

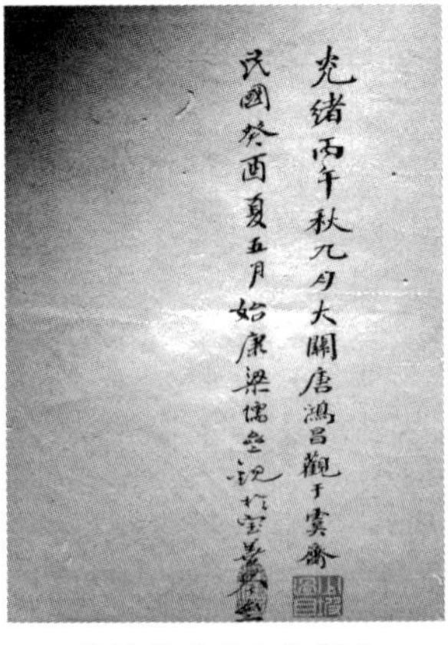

唐鸿昌（老九）题款

但被唐老九婉拒。在他们的交往史中，不乏如曾佑生（姓曾名敏，字佑生，四川广汉人，民国时期四川地区碑帖拓片收藏大家，兼擅椎拓，民国时蜀中汉砖拓片多出其手。生前和易均室先生均居玉泉街）、李鸿裔（1831—1885，字眉生，号香严，又号苏邻，四川中江人。官至江苏按察使加布政使衔。罢官后，家住苏州。精书法，著《苏邻诗集》）、林思进（1873—1953，字山腴，号清寂、清寂翁，室名清寂堂、三十六松馆等。四川华阳人。30岁中举，后即东渡日本，回国后授内阁中书，著名的古文学家，诗与赵熙齐名，并称“林赵”）、芮善（字敬予，民国四川画坛领袖）以及徐无闻先生及其父亲徐鸿冥、黄宾虹、张大千等名士，在一定程度上也促进了文物古迹的存留。

我见到过唐鸿学、唐鸿昌兄弟收录、秘藏古本上的题跋，这些秘本也引起吴虞、徐无闻等先生的注意。徐无闻是20世纪四川书法的殿军，是一位在众多领域都取得很高成就的学者、诗人、书法家、篆刻家。尤其是《白石道人歌曲》六卷，别集一卷，宋代姜夔撰，此本经清大藏书家鲍廷博以墨、朱、黄三色笔全本批校，满纸燦然，其文献、版本价值毋庸赘言。此本原为大藏书家大关唐百川兄弟的云南大关“怡兰堂”所藏，复经唐氏读校；后归徐无闻先生舅舅“太平崔氏谦益堂”堂主崔之雄所有；1987年由徐无闻先生谋划、影印刊布行世。在四川人民出版社出版的这部《鲍廷博手校张奕枢本<白石道人歌曲>》影印本之前，刊有徐无闻撰写的长篇跋语，指出：经过专家“按谱试弹”后，认为与一般传本之旁谱比较而言，“音节最谐”，应该最为接近白石原谱。

秘本《荒书》的刊印过程

要刊刻古籍，必要掌握可靠的秘本。这里谈谈明末清初四川思想家费密《荒书》的问世记。

费密（1623—1699）字此度，号燕峰，四川新繁人。出身于书香世家，祖父嘉诰为四川大竹县训导，父经虞为云南昆明知县。他6岁从师读书，好学穷理，深得长辈的赞赏。20岁时，张献忠率领的农民起义军进入成都平原。费密参加了当地地主李国祥组织的武装，在高景关与张献忠军队对峙，后被打得大败。他只身去昆明投靠父亲，途中又被山寇掳劫，幸为父亲赎回。几经挫折，终于得到镇守嘉定的明将杨展任用。杨展为抗击大西军队的名将，被投降张献忠的军士所杀，费密也被俘。1652年费密辗转回到故乡新繁，见祖传房屋已成灰烬，遂北行到陕西沔县定居。在汚县，他谢绝了当地总兵和重金聘用，而专心研究医学。1657年，他又携家到江苏扬州。当时海内名流钱谦益、屈大均、万斯同、朱彝尊、孔尚任等都与他交往密切。为了不断增长学识，他于1673年徒步数千里专程到河南卫辉苏门山问学于儒学名士孔逢奇，得其真传。次年春他又到浙江与思想家吕留良切磋学问。费密一生学而不厌，诲人不倦，去世后葬于泰州野田村。

费密的身世，记录在如今新都龙藏寺所收藏的一块涉及其家族的“歌碑”上。费密一生坎坷，由于身后萧条，著作一直没有流布，以至他在学术上的贡献和地位无法广为当时学术界所识。民国初年，费密的主要著作《弘道书》终于刊刻流通于世，自此费密的学术思想才渐为人了解。

刘智鹏《费密著述考》[①]指出：

编年史记《荒书》，起自明崇祯三年（1630年），止于清康熙三年（1664年），纪录张献忠祸乱全蜀过程。费密很重视《荒书》，希望以此书参与《明史》的编撰。后来，由于坊间已有传闻，《荒书》逐渐成为读书人渴望一睹的秘本。然而，这时心情怪异的费密却敦敦嘱咐两个儿子“但藏吾书，勿以示人”。费密死后，《荒书》遂一直被秘藏起来。费密两子也曾为《荒书》作过一些校补，但不知什么原因，一直没有刊行。到了雍正五年（1727年），《荒书》传到费密的孙子费藻手上。费藻鉴于原书“久贮敝笥，多朽蠹”，于是重新缮写成帙。抄写完了，依然放着。

① 刘智鹏：《费密著述考》，《四川师范大学学报（社会科学版）》2004年6期。

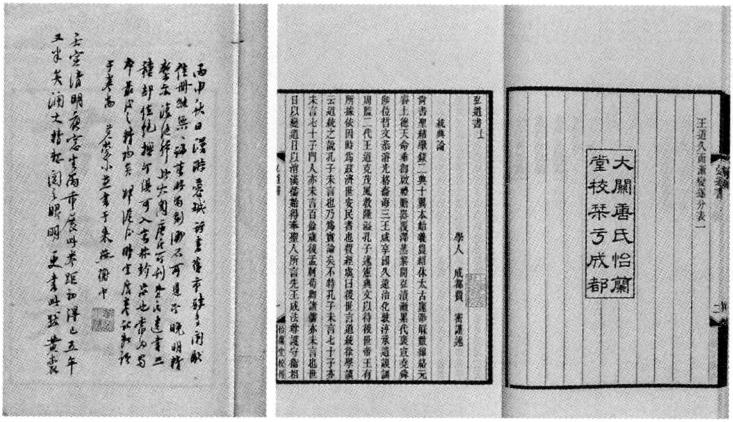

“费密遗书”三种。民国庚申大关唐氏成都刊本，线装三册，纸本。说明：此书包括费氏《弘道书》《荒书》《燕峰诗钞》三种著作

流逝的时间，已经让应景之作变成恒河沙数。但时间佐证了《荒书》无可替代的价值。

光绪三十四年（1908年），唐鸿学于新繁严渭春处得到此书的钞本一卷，并刻成书板。严渭春，名树森（1814—1876）新繁人，初名澍森，字渭春，道光举人，咸丰间由知县累迁至河南巡抚，于河南省边界剿镇太平军，1961年调湖北巡抚，剿灭捻军，1875年任广西按察使，后任贵州布政使、广西巡抚。严渭春家大业大，出高价收购《荒书》，那是不可能不成功的。

以唐鸿学的眼光，他很快怀疑本子有脱误，而没有贸然印行。

他心里一直惦记着这个事。唐鸿学终于在宣统三年（1911年）得到另一秘本信息，遂以重金购得新繁杨氏的《荒书》一卷本“旧钞”，但因政局不稳而无法校印。到民国九年，唐氏以光绪三十四年（1908年）所刻为底本，将“旧钞”可资补正的部分录成校记，附于书后。《荒书》遂与《弘道书》《燕峰诗钞》合刊为《费氏遗书三种》，收入唐氏《怡兰堂丛书》中。此本刊刻极精，乃清季宋体字刻本中最典雅之作。开本阔大，乃皮纸极初印本，即红印向墨印过渡的实例，俗称“紫印本”。眉间有前人辑录各种相关文献资料，对于研史颇有助益。这三部著作，梁启超先生在《中国近三百年学术史》里予以了极高评价。稍后，中央研究院傅斯年图书馆立即予以馆藏。

《荒书》刊行后，木刻版片辗转落入严渭春后人之手。民国十六年（1927年），严氏后人略作校补后全书重印收入渭南严氏《孝义家塾丛书》，版面与《怡兰堂丛书》本旧貌一致。值得一提的是，收有近三百首诗歌的费密诗集《燕峰诗钞》，也是唐鸿学以“怡兰堂”名义出版的。

叙述这一过程的大学者，是大名鼎鼎的吴虞。《费氏遗书三种》出版后，吴虞1922年在北京时期特意随身带了一部。书画名家王雪丞曾经向吴虞索要，吴虞将仅有一部相赠。从《吴虞日记》记载可知，他还为唐百川向书法名家郑沅求字。郑沅（？—1940年之后），湖南长沙人，字叔进，号习叟，光绪二十年（1894年）甲午恩科探花，同科状元张謇，榜眼尹铭绶，以翰林侍讲入值南斋，1903年出任四川学政，辛亥后曾为总统府秘书。吴虞四处对人讲“费氏遗书”，在北京不但赠与日本汉学家藤塚邻，他还向远在日本著名的“支那学”大家青木正儿写信推荐，希望他在其主编的《支那学》上刊载此出版消息。他于1921年12

月12日致青木正儿的明信片上，专谈此事[①]——

同邑费此度先生（密），清初之学者也。其著述以《宏道书》为最精彩。而其书久绝于世。敝国云南大关唐君百川，宦游蜀中，藏籍充栋，尤嗜校刻。曩者搜得先生《宏道书》旧抄本，亟精刊之，今年完工出书。适其世兄敝门生唐术伯负笈京华，就学北大，携其书来京，觅虞代呈一部，奉赠贵社，并乞在贵报力为广播。唐氏父子，皆雅而好学者也，故乐介之足下。外有胡适之《费密学说》，刊载《晨报》，兹亦附呈一份。书到请照收为荷！

有暇望常赐教益。

匆此，即颂

道安

弟吴虞拜启

民国十年十二月十二号

此书分为三册，是渭南严氏镐乐堂丁卯（1927年）根据大关唐氏怡兰堂庚申（1920年）刻本刊布。书前有赵熙题签及序文。后来，介绍文章刊登在1922年3月出版的《支那学》二卷六号，题为《费密遗书》，文章作者为小岛佑马。图书广告刊登后收到了立竿见影之效，青木正儿很快来信代日本友人购买《费密遗书》，书的定价为3元日本金元，吴虞很高兴，复信青木正儿：“因为是先生的好朋友买，特减价为二元六角。”

我感兴趣的是吴虞提及的唐氏几个人，以他的眼光，能有如此好评，足见他对唐百川、唐术伯等后人的好感。而且唐友耕

① 苗田田：《吴虞集》，中华书局2013年版，第424页。

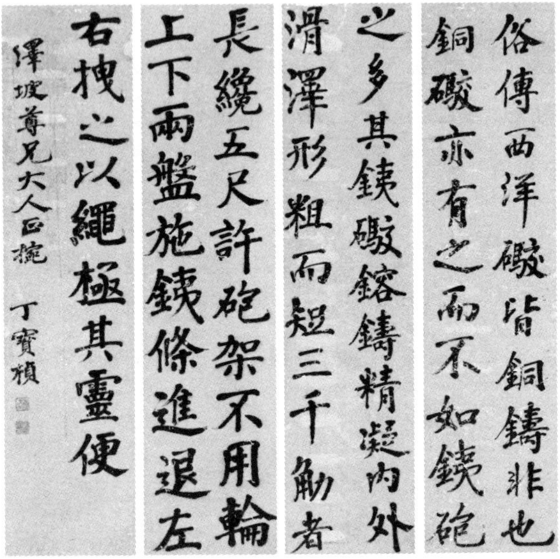

这是四川提督丁宝桢应唐友耕所求书

后人唐术伯为他从成都带往北京的弟子，这是我们唯一能在《吴虞日记》里见到的记载。当时唐术伯为北京大学文科旁听生，大学后来招收旁听生有限，所以主任马幼渔在自己权力许可的范围内，还是给了吴虞应有的方便。“今日《北大日刊》，旁听生揭晓，国文系取四人，术伯考上”[①]；“下午晤幼渔，言术伯系因予特取”。[②]

吴虞信中的“世兄”一词，明清时期用以称座师、房师的儿子，后亦为有世交的平辈间的互称。唐术伯极可能是唐友耕

① 《吴虞日记》1921年11月1日。

② 《吴虞日记》1921年11月3日。

兄弟唐友忠的儿子。在日本国立国会图书馆里，有很多“中国语资料”，不少为当时中国文人的捐赠，在土屋纪义整理的日本国立国会图书馆的“寄赠资料”目录中，就记载有“《皇清谱授建威将军云南提督四川提督唐公年谱·附录》，唐门三二一册，光绪年三十四年刊，唐术伯寄赠，大正十年12月17日”一条，看来，这个唐术伯无疑通过吴虞的关系，又向日本方面寄赠了一些家族资料。

唐术伯不但是吴虞的学生，还充当老师的耳目。学者冉云飞在《吴虞和他生活的民国时代》一书里特意提到：当时吴虞自

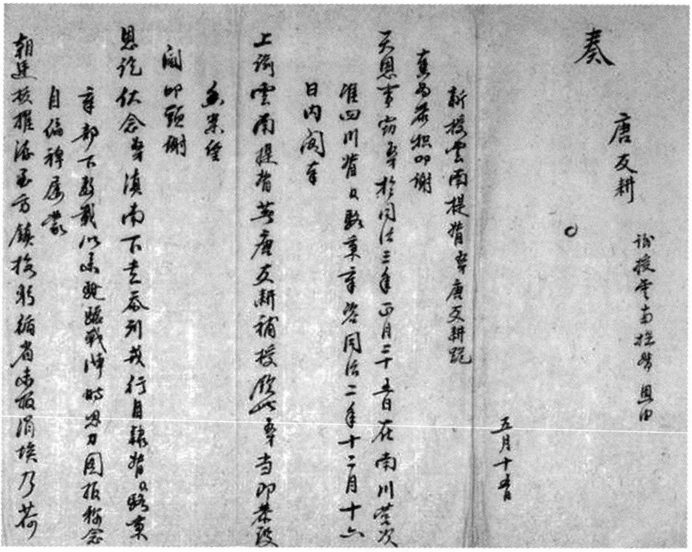

同治三年三月十二日，奏谢補授云南提督事。典藏单位：台北故宫博物院图书文献处

信未够，往深了说是为了更了解别人言论下的自己。他听说“徐旭生在哲学社讲礼是什么（礼教果能吃人吗？礼乐果能代宗教

吗？）术伯往听，不知作何讲说也”。[1]唐术伯去听了后不知所云，但还是派术伯去听，因为据说对方要讲到自己。“术伯听徐旭生讲礼是什么，归述其大意云，吴先生有《礼论》一篇，《吃人与礼教》一篇，周先生有《狂人日记》一篇，此二人皆学者所作之文，非同文人之文，最有关系者也。吴、周见解是一致。梁漱溟先生主以礼乐代宗教，恰与吴、周二先生相反，然则礼究竟是什么，是否有存在之价值，我们不可不大家一为研究。”[2]学生术伯的转述，从其理解能力来说，未可尽信。但也可以从未可尽信中看徐把鲁迅的小说《狂人日记》看成学者之文，是受彼时小说还未受到后来那样的高看之故……

这一段围绕吴虞而展开的曲折历史，不但可见唐鸿学致力于珍本的校勘，也可以发现唐家与渭南严氏的关系，也显示了后来唐家家道中落后，藏书转入贲园，似乎水到渠成。

民国《新繁县志》里，记载唐鸿学以重金从新繁杨氏家中购得《荒书》的经过。[3]

在我看来，一个人前半生致力于杀人，后半生致力于嘉惠学林，子女知书识礼，之乎者也，骈七骊四，银子多多，醇酒美人，躲进小楼成一统。放眼大清一朝，几个从血海里安然登陆的堂堂提督有此能耐?

我感慨于造化，却又不能不为唐友耕的陡然转向，产生佩服之情。

---

① 《吴虞日记》1922年1月20日。

② 《吴虞日记》1922年1月21日。

③ 侯俊德等：《新繁县志》，民国三十五年成都启文印刷局。

唐氏藏书与学术地标“贲园”的渊源

有些看似无关的事情，认真起来，就会发现它们往往具有深切的勾连。我们知道了严树森与《荒书》的关系，而名动巴蜀的“贲园”藏书楼，主人严谷声恰是清末名臣严树森的侄孙！

在如今的成都市锦江区岳府街55号萧邦大厦之后，为骆公祠街16号“严府”，系知名藏书家严雁峰、严谷声父子所建“贲园书库”所在地。

从历史上看，此地颇有渊源。蜀汉三国时猛将赵云曾在此建宅，所以在街西有水池，民间称“赵云洗马池”，又名“子龙塘”，塘坎砌有青石，大书“汉赵顺平侯洗马池”8个大字。池上有亭馆假山，种梅树百株，为当时士大夫宴集之地，直到20世纪70年代才被填平。为纪念“德政既不胜书、武节亦非所短”的川督骆秉章，在“子龙塘”边为骆秉章修建了骆公祠，此街即改名为骆公祠街。20世纪50年代，有人认为此街不应以刽子手骆秉章命名，1954年在保卫世界和平运动中改为和平街。历史就在这条一百多米的街道上重叠，当然最为驰名的还是“贲园”。

“贲园”旧址为岳钟祺将军宅第“景勋楼”。之后大员衮衮而来，主政四川的官员吴连生、骆秉章、祥文澜、恒容齐等都曾入住景勋楼。清末，大盐商、藏书家严雁峰、严谷声父子买下景勋楼，据皇家档案馆的样式于1914年至1924年历时10载，将其改建为“贲园书库”。小院门楣上雕刻着两个篆字“怡乐”，小楼上嵌着书库的隶书横匾，门是“满月门”，基座上雕刻着青狮白象、卷草、白云，为南方园林建筑的典型风格；窗户小巧而精致，左右对称，中间有阳台，又是西式建筑的特点；而房檐却又是中国北方建筑的风格。小楼墙体有两尺厚，所有窗户都装有隔水板，屋檐下修有腰檐，小窗之上设有气窗，连最细致处的防潮防晒都考虑周全。“贲园书库”被学者誉为“成都地区目前唯一见到的专门的民间藏书建筑”，内容比四川江安傅增湘的“双鉴楼”更为丰富，号称“成都天一阁”。“贲园”不仅以藏书知名，又以刻书精善而著称，纸质、字迹、印刷皆称上品，英国大英博物馆、牛津大学图书馆、苏联列宁图书馆均有其印本陈列，美国国会图书馆还专辟有“渭南严氏精刻善本书籍室”。

严雁峰曾为“贲园”自撰对联一副，并由大书法家于右任书写。读懂了这副对联，也就明白严氏父子的精神操守，读懂了“贲园”藏书楼的横空出世意义：

无爵自尊，不官亦贵。

异书满室，其富莫京。

“贲园”主人严雁峰（1855—1918），号贲园居士，陕西渭南人。儿子严谷声（1899—1976），原名式诲，又名谷孙，藏书家、古籍版本学家、目录学家、金石书画鉴赏家。严雁峰青年时，久闻成都尊经书院的大名，特意来成都报考。王闿运为尊经书院山长，主要为振兴蜀学，所以不收外省籍学生。但金石为开，严雁峰却成为例外。由于喜书，平时搜书甚勤，那时他的藏书就已达5万卷了，王闿运嘉其志向，遂收入门下。严雁峰与宋育仁、廖季平、吴之英、张孝楷等同门朝夕研读，成为清朝末年蜀中的著名学者和诗人。他后来弃仕从商，在成都经营盐业，迅速成为巨富。这一“曲线就学”之路，历史证明他的人生踪迹非常精妙，大有深意。由于蜀地战事频仍，好的古籍早为官家富豪垄断，严雁峰在光绪二十年（1894年）入京，以巨资购进大批古书，装运四川。途经西安时，遇张氏藏书大量出售，又重金全部收进。建书楼3楹，正式名为“贲园书库”。

程宗文说：“余与严子交最久，知最深，其生平觅善本，几成癖，阅异书，心辄醉。穷年屹屹，手不释卷，当世罕有。知者而严子亦不求人知，意在征实不在猎名。亦后来之振奇人哉。”[①]由于理想日益明确，耗其两代人毕生心血而藏书、求书，书成为藏书家活着的唯一目的。严雁峰后动用经营多年盐业的巨款矢志访书。成都、西安、北京、南京、天津甚至日本商家如有善本、珍本都要联系。

当他听说清军提督唐友耕之孙，因为家道中落欲售藏书时，便亲自去唐家登门求购，高价购得不少珍本书籍。收藏四部之书凡“14145种115232卷45982册”。[②]

对这个情况，唐老九的第五代后人唐劳绮女士对我回忆说，她听父亲唐孟桓转述过爷爷唐建伯出让藏书的情况：民国初叶，一方面，家大业大的唐家逐渐入不敷出；另一方面，唐孟桓在北京就读，参与文化、电影事业，根本无心打点生意，于是开始出卖多所公馆、田地，最后注意力集中在存放于琉璃场书库的藏书上。与严雁峰商榷后，以10万两白银成交。

其实，这个价格对近6万册藏书而言，价不但可谓不高，而

① 《贲园书库落成征文事略》，成都聚昌公司1924年版。

② 赵怀忠：《文献学家渭南严氏父子》，《图书情报工作》2010年第17期，第145—148页。

且过于廉价。唐家的庋藏对“贲园”的藏书具有举足轻重的影响。唐孟桓曾经对子女们讲，那时“贲园”没有恒温系统，他常去找严家父子谈书，看见书库雇了8个工人，每天的工作就是以竹签翻动书页，以此来通风透气，永无休止。明朝常熟大藏书家毛晋为影抄宋本书，毛晋不惜“家蓄奴婢二千指”（“二千指”是200人），“入门僮仆尽抄书”，其规模盛况可知。严氏没有如此豪气，但雇8个工人翻书透气，大概巴蜀一地，也仅此一家。

新中国成立后，四川省图书馆（其时为川西图书馆）接收了“贲园”30万卷藏书，其中由蒙文通、杨啸谷、严谷声共同圈定的善本即有5万多卷。政府接收这批书籍时，竟然没有一卷有水渍、虫蛀痕迹。

位于成都和平街的贲园书库外景。蒋蓝摄

在唐家转卖的这一批藏书里，可以随便举一个例：《梦溪笔谈》二十六卷附补笔谈三卷续笔谈一卷补校一卷。

此书宋代沈括撰，清代林思进补校，民国戊辰年（1928年）渭南严氏刻本，计有6册。半叶10行，行21字，单鱼尾，上下黑口，左右双边，牌记题："芜湖沈氏镌版，后归大关唐氏，今归渭南严氏。戊辰十月复假华阳林山腴舍人用宋本补校者附刊印行。"按照这一记录，本书确切地说应为芜湖沈氏刻本，严氏戊辰年重印时又加印了华阳林思进的补校。因《书目答问补正》上范氏记大关唐氏刻本在光绪年间，故版记所题戊辰年应是民国十七年。卷二十六之后又有严氏跋文一篇述其版本之由来。此本刻印俱佳，保存完好，难怪藏书家们视之为上品。

当时，"贲园"的座上客，无论军政商学，都是近代声名显赫的人物，如于右任、张大千、关麟徽、孙科、邵力子、章士钊、吴虞、沈尹默、林山腴、向楚、蒙文通、宋育仁、吴之英、廖平、谢无量、庞石帚、陶亮生以及唐百川、唐少波兄弟等一时闻人。

成都骆公祠街的"贲园"，无疑是蜀中的学术地标。

可以看看吴宓的记载——

1945年1月29日的日记："与严谷孙谈，谷孙赠鉴《费氏遗书》一部三册。又赠宓其父严遨（雁峰）《贲园诗钞》一部一册。"

1956年3月2日的日记："至和平街（原名骆公祠街）18号（即渭南严谷孙君之旧宅，遭收没来者。严君生死未悉，念1944至1946几度来此宅，又深悲悼）。四川省立图书馆古书部设此中。"

黄裳先生在《关于〈入蜀记〉》这篇小文中曾提到，20世纪50年代他入蜀旅游，在成都记下的一条日记："访四川图书馆古书部，这地方的房子全部都是一个叫严谷声的地主捐的。"后来黄先生这部日记在他下放干校时被抄去，抄没者曾在成都这条记录后批注："为地主阶级歌功颂德说什么严谷声房子是地主'捐'的。"可以确实地判断，自20世纪50年代政治运动风潮迭起之后，严谷声的第一身份绝对是"地主"而不是什么"藏书家"。[①]

蜀地多雨，某天我骑车路过"贲园"，就在门口打探一番。浓荫中的枝条入水，一寸寸融化，开出一树的亮云。水雾中的藏书楼被鱼尾改变了立场。水草收匿了太多的闪电而绿腰荡漾，写字的落叶被遗忘了，夕光啃食叶脉。整个黄昏由于蚕丝的出神，而无法归去。天穹蜷缩如远古蜀漆器，爬满了裂纹。

"切梦刀"与唐友耕之死

一个人的身影投射在墙，如同一个词语受到两种修饰力量的施加，冰炭相激；如同火焰在每一次具形时刻受到明与暗的诱引，首鼠两端。一个光滑的词毫不着力，投之于水，水声很小。

但唐友耕不善于"藏"，他稳不起，是一块动静很大的石头。

王闿运的日记为我们勾勒了四川提督唐友耕暮年的一幕：

光绪八年六月初一（1882年7月16日），尚在湖南的王闿运当日记录："得和合书，报帽顶之丧。帽顶自署提督后，志气益

① 《吴宓日记中的严谷声》，《东方早报》2011年6月12日。

衰，去年已讶之，今乃知其禄尽也。莫总兵3年前已神游墟墓，而令复署提督，则不知其故。”[①]日记里提到的“和合”为湖南籍军人李和合，字润芝，时为四川某镇总兵。王闿运执掌成都尊经书院期间，与之过从甚密。“志气益衰”的原因，除了受伤太多、酒色过度之外，真正的原因是，唐友耕一直处于有权无兵的虚空状态。

同治十二年（1873年），唐友耕接到圣旨，将赴京城觐见同治皇帝。一省提督赴京，一来一回至少两月，四川、云南两省虽然已经肃清大规模的反叛力量，但边缘地区的小叛逆从未断绝，稍不留神即可酿成滔滔山火，不可能一日无执掌兵权者。当年冬季，有关自己的子弟兵振武军不听别人号令的传闻，已经飞入唐友耕的耳朵。唐友耕采取了一个断然行动。

《唐公年谱》记载，唐友耕把振武军全军交给了部下——记名提督张占鳌暂行统带。但唐友耕深知，振武军多年征战，骁勇异常，除非自己，别人难于驾驭。骆秉章深以为然，奏报京城，等唐友耕遣散振武军后再行北上，皇帝恩准。在我看来，这分明是一出“北上释兵权”的好戏。

遣散全军的行动，持续到第二年5月。士兵均为滇人，每人发给军饷、路费。据说没有一人在回家路上骚扰百姓。这一情况，在四川总督吴棠会同时任成都将军完颜崇实、继任成都将军魁玉、四川提督胡中和等于同治八年（1869年）至光绪二年（1876年）间向清廷奏报关于治理四川，招降、镇压四川、云南、贵州交界处回、苗、汉等民族民众起义的奏折底稿《游蜀疏

① ［清］王闿运、马积高：《湘绮楼日记》，岳麓书社1997年版，第1116页。

稿》里，可以得到证实。同治十二年十一月十一日（1873年12月30日）的《奏报提督唐友耕陛见请旨以记名提督张占鳌代统营务片》，就进一步证明了《唐公年谱》所记载的遣散振武军情况完全属实。

仅仅在3年之后的光绪二年（1876年），唐友耕的旧部李培荣奉命又开始在四川招募滇籍士兵。很多人闻讯来到成都，却被告知名额已满，这些人本就不名一文，开始流落街头。唐友耕知道后，逐一找到他们，馈赠钱物使其得以返乡……唐友耕的乡谊与耿直造就了他的威望。

我们无从得知唐友耕的心境。据说他已经口不言军事，像个脑满肠肥的阔佬。但不难推测，这个名头依然是云南提督的光杆司令，又被控制在成都，尽管锦衣玉食、妻妾环绕，他怎么不“志气益衰”呢?

古语“狡兔尽、走狗烹；飞鸟尽、良弓藏；敌国破、谋臣亡”是非常现实的。也许，成都的慢生活，恰是伪装自己得以保全的良策。

唐帽顶死亡的准确时间王闿运的日记里有详细记载，为：四月朔旦。朔旦为农历每月第一天，即1882年5月8日。四川省人民政府参事室和四川省文史研究馆主编的《四川大事记》的相关记载如下：“四川提督唐友耕病殁，提督一职由莫祖绅继任。”不料莫祖绅也很快病故，四川提督由唐友耕的同乡李培荣署理。

死亡总是姗姗来迟。对行如风的人而言，死亡一如风暴。《唐公年谱》记载甚详：在沉疴里浮沉的唐友耕奋力拼搏，“力疾视事”。当天的天象为“日食”，而日食一定是发生在朔，即农历初一当日。突然昏黑的午后，唐友耕环顾突然暗淡的世界，自感不起，召集儿子们训话："吾以艰难戎马身沐国恩，力图报答未及万一，汝辈好好读书，正大光明，为朝廷有用之人。吾心安矣。"言讫而逝。

唐友耕断气的瞬间，成都城的西北"有鼓，殷声如雷，军民皆闻之。盖公薨之顷也"。这一段细节化程度极高的记载，显示出了唐鸿学的笔力。

古人云:"断无良药能医命，未有奇书可救贫。"看起来，人一旦不当官，不但精神气质要蜕变，甚至五官也会挪位。官位不但是强心剂，更是壮阳药。《湘绮楼日记》中点明了唐帽顶升任提督一事，这是别的所有文字资料没有记载的。是什么原因造成他春风得意之际而"志气益衰"呢？可惜语焉不详。我估计，多半是缘于御女太多，加之多年征战受伤太多所致吧。但"禄尽"一词颇为突兀。唐友耕在云南征战多年，搜刮起来的滚滚财富怎么会"禄尽"呢？加上他囊括了石达开中军部的大量珍宝，也不至于因为"禄尽"而"志气益衰"呀。

推想古人有"积德可以延寿，损德则减寿"之论，亦有"食禄尽则命尽"一说。王闿运吊起了书袋，清人梁章钜《浪迹续谈》载，唐代名相李德裕，召一僧人预卜吉凶，僧人算后说："相公平生当食一万头羊，现在已食了九千五百只。"李德裕闻言，黯然道："老夫年轻时曾发一梦，到晋山游览，看见羊群满山，当时有几十个牧羊人走过来，向我迎拜，并说这些都是我生平所食的羊。梦醒后，从未让别人知道此事，想不到现在都给大师算出来了。"十几天后，镇守灵武的将帅差人送来羊五百只赠李德裕。李德裕大惊，这五百只羊，刚好凑够一万之数。他请僧人前来商议。李德裕说："我不食这五百只羊，是否有得救？"

僧人摇头："事已至此，那五百只羊已归相公所有，食与不食皆已算在相公的食禄中了。"李德裕闻言，极为沮丧。时隔不久，他被贬到蛮荒之地，客死他乡。

所谓"吃多少，食多少，皆是命中注定"。食禄一尽，人命亦亡。这就让我们发现历来长寿者，多见于寻常人家，鲜见大富大贵者，可见这与他们的食禄消耗多少有关。

以此观唐帽顶，一切又是那么自然，冥冥之中，确有定数。他在刀丛箭雨里俯身呵护的"滇南寿考堂"，"寿考"已然是画饼也。

王闿运于光绪九年六月十一日（1883年7月14日）的日记中，再次谈到他难以释怀的唐帽顶："夜热，坐月泛读，无佳语。唐泽坡死时，言有鬼从窗外射之，矢声铿然。顷复言有武弁入冥，云女鬼讼之。次民因言其手杀继妻状甚悉。余云讼者言奉檄杀，非其妻也。"①

王闿运本人是十分相信"梦兆"的，他曾经自负于自己之于女色大有"异禀"，他的两个著名的"情色之梦"，被另一个大文人郭则沄（1882—1946，字蛰云，号龙顾山人）写入《碧云簃琐谈》披露后，湘绮之绮情一直在文坛特立独行。所谓日有所思、夜有所梦，岂不信哉！一直对女人怀有深情的王湘绮，显然对滥杀女人的唐友耕要直抒胸臆了。在评论唐友耕死亡之景时，他终于在结尾处体现了一点"大儒"的笔锋之刃，唐友耕的武弁进入主子的梦中，还在坚守自己的全方位的阴阳之职，通报了女鬼向冥王递交诉状的实情，显然，阴曹地府的判官已经受理了诉

① ［清］王闿运、马积高：《湘绮楼日记》，岳麓书社1997年版，第1227页。

状，派兵前来捉拿罪魁祸首唐帽顶了。王闿运认为，讼者不可能是“奉诏”而只能是“奉檄”而杀之，檄文历来是官府发出的讨伐性文字，具有一种无法抗拒的正义性，但奇怪的却是他一再申明复仇者不是唐友耕的妻子。这是否就是说，唐友耕对待妻子还是不错的，而美妾们则另当别论了？

我想，王闿运的深意在于：唐帽顶有那么多刀下之鬼，他临死之际对方岂能不前来叩门？又何止是几个死得很冤枉的女人？那些来自昭通的李蓝大军旧部呢？石达开和数万太平军将士呢？想一想吧，鬼魂拥挤在唐帽顶卧室的花窗外，他浑身被钉满了复仇的箭矢，属猪的唐帽顶恰如一头豪猪。走在黄泉路上而不知何时抵达黄泉的尽头，这既有恐惧，也会激发回光返照的想象。这可以使当事者一再回望来时的路。但冤魂们用身体的骷髅阻挡了瞭望的视线。当一缕缕黏液从黑夜的穹顶漏下来浇到当事人的额头，让其头骨裂开，他的灵魂就从裂缝中逃遁而出……薄荷渗入肌体。靠在架子上的兵器钝如柴刀。他张嘴，嘴变成伤口，变成了无底的黑洞……

南北朝人颜之推撰有《冤魂志》三卷，内容均为冤魂复仇。冤魂复仇与古代“强死者为鬼”的说法密切相关。所谓“强死”，指的是强健无病而死即被杀。《冤魂志》的主角就是这些“强魂毅魄”，他们生前或为将相，或为官吏、普通百姓，但均因被杀枉死，衔冤负恨，魂魄难安，终至化为厉鬼报复仇人。那么，在唐友耕窗外拉弓射箭的人，就绝对不会是几个被冤杀的女人了！

这让我想起著名作家李健吾的《切梦刀》一文。单凭他从古籍里提炼出的“切梦刀”一词，就足见他的异禀了。典故来自

《晋书》里龙骧将军王浚的一个“神启”——“三刀入梦”：说是王濬夜梦见三把刀悬于屋梁，一会儿又增加了一刀，王濬惊觉后，“意甚恶之”。主簿李毅是术士兼马屁精，闻讯立即拜倒祝贺：“三刀为州字，又益一者，明府其监益州乎？”后来大贼张弘杀了益州刺史皇甫晏，王濬果然被任命为益州刺史。唐朝刘禹锡《西塞山怀古》里有“王濬楼船下益州，金陵王气黯然收”的名句。益州即指四川、重庆全境以及陕南以及滇北部，几乎与唐友耕的踪迹盘桓区域相雷同。

王濬梦到的是得意之刀，“梦而可切，这把刀可谓锋利无比了”。

唐友耕呢，他梦到的却是夺命之刀。

刀将梦剁碎，变成芒刺，填满了他浑身的伤口！

人在处于回光返照阶段，由于频繁梦到失败、死亡、触手可及的黑色，当事人已经适应了那种梦的特殊气息——黑色的气息——掺杂了夜来香的气息。有时，这气息更接近于香樟木。就是说，梦把酒变成了一杯黑水，唐友耕也可以耿直地一饮而尽。

在大关县傩戏里，道教的神巫气质保存在“打醮”和办丧事时的“道场”中。比如“跳穿花”，含意是“为亡灵把路踩宽些，让其畅行无阻”。大关县的“穿花舞”是本县道士曹文广于清康熙六年（1667年）从四川学道带回大关民间。穿花舞又称“穿花篾笆”“穿牛肋巴”“绕坛”等，相传如来佛死了才告知其母，莫依夫人捶胸大哭到棺前，绕棺三周，边哭边说：“如来如来，吾是汝母，汝是我佛，今既舍母，汝进涅槃，何不与母几句绝言？”如来听母呼唤，便从棺中踊出，向母亲诉说……，说毕躺进棺中。此后便有“绕棺穿花，死者才能复活”之说。穿花有“四大天王”“蛤蟆跳井”“犀牛望月”“套云扣”“编鸭叶笆”“裹草帘子”等七个套路。

唐友耕太熟悉这些戏路了，因为戏台就是生活，戏路就是道路。道场有四十九天、七天、三天、一天一夜和安葬前一晚开始至凌晨三四点钟结束等多种。道场中有许多段落，其中“开路”“接亡（招灵）”“绕棺”是每场道场不可缺少的。在这些法事中穿插着“穿花舞”。

唐家四处请来道士，按照葬仪最高规格，为唐友耕“跳穿花”。道士是否可以“为亡灵把路踩宽些，让其畅行无阻”呢?

对于这个问题，在“起唐友耕于地下”的1950年，人们才知道答案。

唐友耕妻妾众多，在《唐公年谱》中就提到先后有陈夫人、雷夫人、万孺人、刘夫人、黄孺人、李夫人、王孺人、汤孺人等等，有4女7子，可谓人丁兴旺。《唐公年谱》不载女儿名字，提到的儿子有：长子唐鸿龄、次子唐鸿平、三子唐鸿安、四子唐鸿吉、五子唐鸿学、六子唐鸿文、七子唐鸿昌。

2012年5月1日上午，我与唐氏家族后人在成都跳伞塔边的原四川经济管理干部学院招待所见面。唐建伯二小姐唐锷华的儿子植登捷先生告诉我一件事，不但可弥补周询在《蜀海丛谈》中语焉不详的记录，而且可以佐证王闿运日记里关于唐帽顶滥杀妻妾的事例：大约在1955年左右，他在一本由成都某文化馆编印的内刊《故事会》上，读到《一根红线埋活人》一文，作者是成都的老文人，据传而记，显然也是有根有据。尽管是历史故事，显然迎合时局对大官僚唐友耕草菅人命的暴行来了一番控诉：

一天，唐友耕家里亲人暴亡，正在大办丧事。估计是人死得过于突然，毫无准备，特意请来裁缝到家为死者量体裁衣。唐友耕在外，因公事缠身，盘桓多日才回家，发现自己的小妾身上粘着一根红线。他由此推断，小妾一定刚刚与裁缝有过激烈的肌肤之亲。在这一丰富联想力的支配下，唐友耕动了雷霆之怒，立即吩咐棺材铺，立即再送一具棺材来！提督大人发了话，棺材铺岂敢怠慢。棺材送来了，唐友耕立即把小妾按入其中，立刻钉上棺钉。在这个可怜的女人拼命哀号与敲打声下，他是这样盖棺定论的：这就是偷情者的下场！

根据《湘绮楼日记》，唐友耕家中确有人暴亡，王闿运还登门致悼，可惜王闿运没有指出死者是谁。我估计多半指的是唐友耕的母亲龚太夫人或奉养的姨母朱宜人。唐友耕是大孝子，本就带着空前的悲愤回家奔丧，猛然见到一根在空气里颤动的丝线洞穿了他不可一世的帷幕。他的膀胱在丝丝漏气。寻此踪迹，他嗅觉大张，犀利的眼神明察奸情，拿获了一段丝线逶迤而踏实的偷情秘史。裁缝历来具有一种透过现象看本质的技术眼光，裁缝的情欲秘术具有勾引家的实证技法，他们在想象力的驱使下逐步接近凸凹的阳面与暗面，心思恰如盘扣对肉体的关切，应该比他们外在的手工还要繁复和细密。不想当情人的裁缝就不是好裁缝！

可惜的是，让我们看看曾国藩是如何看待唐友耕这类人的：“天下惟不明白人多疑人，明白人不疑人也。”这就意味着，唐友耕在处理情场经纬的能力，远不及他在疆场上的纵横自如。

文章没有提到那个被唐友耕蓦然提拔为情敌的裁缝遭到了怎样

的结局。推想起来，多半会被他的盛怒之刀一举割掉裁缝的脑袋。

2003年3月2日上午，四川凯德置业有限公司总裁冯森育在送仙桥茶馆告诉唐家后人唐劳绮，这件事他从祖上那里听说过。冯森育生于1940年，长期生活在成都南门之外的三道桥、浆洗街，祖上为四川官宦世家。那天唐友耕在外喝醉了才回家，一进门他就得到了密报：最漂亮的爱妾正与裁缝在卧房内！这是什么意思？血往上涌的唐友耕排闼而入，他立即被爱妾身上的那根红线吸引住了，他得到的密报加上推理，似乎得到了“一条线”的应验……

第二天酒醒了，他恍然觉得：这个小妾怎么不来侍候自己了呢？拿水来，我要喝茶！

得知二人已经成为自己酒意下的刀下鬼，他追悔莫及，只能厚葬爱妾。这座陪葬丰厚的大坟，位于洗面桥横街的猪店河沙子堰一带，那里有一个小地名叫“鱼老鸹”的地方，“鱼老鸹”一直是唐家后人尤其是女眷的坟地，后来成为西南民族大学的空间。20世纪40年代晚期，这座爱妾之墓，才被穷困潦倒的唐友耕孙辈“五外爷”唐泽亲手挖开，拿走众多翡翠等宝物。守墓人张大爷目睹了这一切，后来还对冯森育讲，“这个唐大人的爱妾被从金丝楠木棺材里拖出来，就像睡着一样，太美了。尸体还在流血水……‘五外爷’最后用一对水缸对扣草草葬了尸体，他拿走了那么多好东西，却对不住先人，作孽啊……”

我想，身为堂堂一省提督，怎么会如此脑残：一个裁缝胆敢染指官家的香闺吗？他还找来一顶绿帽子硬硬地给自己扣上——这下，巍然帽顶就越发五彩斑斓了。

植登捷先生认为，这一事件固然体现了唐友耕的残暴，但似乎也暗示我们，唐友耕的性情显然已经不大正常了。莫非他受伤太多，身体亏欠太烈，已经无法驾驭自己？

我完全同意这个判断。

唐友耕的巍然大墓与蜀汉“铁三角”

临终之前几年时间里，唐帽顶较多时候盘桓于香软的成都。据《唐公年谱》记载，说他一直在觥筹交错的间隙默默悼念“元妻”，且长达7年，升任重庆总兵时，才娶继妻陈氏。这“七年之痒”是如何度过的？他不是有很多美姬吗？这些带不出手的玩物，只能存在于床笫之间。所以，所谓7年之后才娶妻的说法，对比《唐公年谱》里记载的众多妻妾，就发现说话的人不愧为传主之子，为尊者讳，古来毫厘不爽。

王闿运并未及时奔赴成都参加唐帽顶的葬礼。王闿运返回蓉城后，于光绪九年六月初六（1883年7月9日）当日，也就是唐友耕逝世一年之后又两个月，业已错过了“周年祭”，他才姗姗来到文庙后街唐宅补行吊丧。他记载，当日“出吊唐提督子，便去南门，至惠陵。”这可推知唐帽顶应该死于文庙后街的唐家公馆，而非沟头巷或东丁字街的唐家住宅。因为从文庙南街的住宅向南直行几里，即可到达刘备墓惠陵森然的柏树丛林。成都武侯区地方史料记载，唐帽顶的墓地位于文庙后街通往惠陵的中途——浆洗街。这个记载有点粗略，外省人不太了解成都民俗与地缘，容易造成误导。因为浆洗街一带在民国初年确有一个巨大的乱坟岗，但那是“死无葬身之地”的穷人的集体宿舍。浆洗街中段，右侧岔路为肥猪市和附近的桓侯祠（里面既可以祭祀，也可以杀猪），一直血光冲天。再加上运到成都的生牛皮大多集中在成都南郊一带，浆洗街就成了硝制皮革、牛骨加工、尿水储存的主要场所，民间称之为“三臭街”。这样的风水，于一个堂堂一品提督的身份是极不吻合的。

周询在《蜀海丛谈》里记载，惠陵一带，大树参天，风水极好，才是达官贵人的穴地。想来迷信甚深的唐帽顶不会放弃这一宝地，而去与穷鬼们同甘共苦。

但我经过进一步考证，这个看似成立的结论其实还有误差。就是说，王闿运认为的惠陵距离唐友耕的墓地位置尚有一段距离。但能够混淆二者，足以说明当时的墓地环境古木参天，面积阔达，远非清末浆洗街、肥猪市局部的冲天血光可遮蔽。但一个以杀人为终生职业的人，他的归宿就这般与地缘的罡风如此错落而层累地交织在一起了。

冯森育先生对我指出，唐友耕坟地选择于此，最大的原因在于：如果以浆洗街为南北纵向柱，偏西方向是刘备墓惠陵，东北方向四五里是关羽的衣冠庙，西南方向四五里是张飞的衣冠冢（位于如今华西医院高干病房区之内的“张飞墓”实为“成汉墓”）。三个坟地如三角形，三个顶点犄角而立，恰如“桃园结义三兄弟”。唐友耕大墓恰好位于三座大冢之间！唐友耕就仿佛一根长矛，精准地插入了历史的要津！位居坤卦的天府之国，成都的城南风水之所以出类拔萃，看来均是事出有因的。

成都市民族宗教局副局长、本土民俗史学者帅培业对我进一步阐明了这个“铁三角”的意义，这个三角区域，应该是成都地域文化最为重要的所在之一，更是蜀汉历史地理的关键所在。因为围绕这个三角区域，武侯祠成为核心，黄忠墓、赵云墓地以及洗马池、庞统墓、牧马山等蜀汉历史文化点位层列其外，构成了蜀汉三国英雄文化的一个有序分布。唐友耕的墓地位于“铁三角”之内稍微靠东的位置，均属成都“城南”范畴，乃是风水宝地。

由此看来，唐友耕相中这块坟地，是有先见之明的。

2012年3月，我应邀随四川省作协采风团赴苍溪县参加梨花节，结识了四川省楹联学会副会长冯修齐、景常春以及秘书长赵仁春一行。闲谈之中我提及唐帽顶，他们告诉我，认识唐帽顶的后人，此人就在成都。我心头一惊。

几经联系，2012年4月16日下午，我终于在紧邻中科院成都分院的磨子桥小学教师宿舍里，见到了该校退休的高级美术教师唐劳绮女士。唐劳绮于1947年出生在成都东丁字街上的唐家公馆，微胖，短发，患病多年，是一种罕见的“渐冻人”，既不能久坐，也无法久立，还要照顾一个遭受车祸而生活无法自理的女儿，看得出母女生活得有些艰难。但唐劳绮却有出乎我预料的开朗与从容，谈到祖上唐友耕，她直言，还是“祖上”杀孽太重，唐家几代人里日子过得舒适的是凤毛麟角，更没有出过什么大人物。

唐劳绮与弟弟唐卓韧为唐友耕小儿子老九唐鸿昌在成都的唯一唐姓后裔，算起来，他们应该是唐友耕的第五代后人。

我们谈到了唐友耕的墓地。

唐劳绮回忆道，不但是浆洗街肥猪市，就是由此向北扩展，唐家在民国初期尚有500亩祖上获得皇上赐封的领地。大约是在1950年左右，疾风暴雨的革命绝对不容许封建余孽的牌坊与豪华大墓耸立在人民的汪洋大海之中。唐友耕的孙辈“五外爷”一再

民国时代的成都浆洗街一景。历史图片

提起开坟建议，“铲平屠杀太平天国英雄的刽子手的坟地”，这个理由得到了领导的首肯。时任川西博物馆副馆长的起义将领王瓒绪先生与唐家后人达成协议，决定打开唐友耕墓地，一来响应新中国移风易俗的新规；二来抢救性发掘文物。具体协议约定：坟墓里的金银归唐家后人，珠宝古玩归国家。其实，这个开挖祖坟的要求应该是唐家后人主动提出来的，因为大富之家，进入新时代之后生活立即陷于极度困乏，他们渴望在坟墓里找到惊喜。

唐建伯带着唐劳绮，先后与唐劳绮的舅舅江潮，表哥植登超、植登国、植登捷，表姐胡锦蓉、王庆蓉和表弟王庆福等二三十位家人，去了唐友耕位于如今肥猪市西街口靠东几十米的墓地（唐友耕病逝后，朝廷赐给500亩地，作为坟地。后来又在此建立了唐友耕祠堂。这个偌大的地盘1949年后成了成都锅炉厂厂区）。坟堆高高隆起，占地约200平方米，仅比“惠陵”稍小；在唐友耕墓地的向西方位，就是唐友耕的战马“点子花”的墓地，就在肥猪市以南数十米如今武警医院的区域内，当时附近尚有唐友耕买下的一座花园住宅，部分后人就居住于此。后人们回忆，到1950年，这个花园临街一侧尚存一间高敞大屋，门楣立有一个大石匾，上书“唐泽坡将军之宿舍”。为什么叫“宿舍”？后人们说不清楚。而世代为唐友耕守墓的吴姓家人以及当时的守墓人张大爷，历经70年，到此才彻底完成了他们的家族使命。

在决定打开坟墓之前，后人“五外爷”唐泽坐在附近的茶铺里向露出羡慕目光的收荒匠和热闹的邻居们大摆龙门阵：自己前几天做了一个梦，老祖宗唐友耕说话了，“这坟墓里没有金子，打开了坟墓你们什么也得不到！”

绝大多数人不相信这梦中真言。他们只相信沉甸甸的金子。家属们睁大雪亮的双眼，明察秋毫，在石匠的锤击声里等候封存70年的秘密露出真容。聚集起来的收荒匠忙着递毛烟、请唐家后人吃饭，以便能够获得收购墓中文物、衣物、石料、棺材板板的首选权。

当时唐劳绮年龄太小，印象模糊，后来经过长辈舅舅江潮以及表哥植登国以及亲历者冯森育的补充，他们对我回忆——

在书写有“唐帽顶之墓”的汉白玉石碑背后，镌刻着密密麻麻的碑文，刷金字，周围尚立有不少汉白玉的石碑，但谁也顾及不了这些“不管钱的石头”。有工人拿来一个古老的罗盘，摆弄了半天，说是找到了掩盖在厚土之下墓门的方位。巨大的长条红砂石均用糯米浆砌成，几个工人断断续续工作多日，花费了大力气才拗开墓门。唐家后人不想浪费半点财富，忙着在坟堆的杂草、柏树下挖掘何首乌，历经70年风雨与香火，精气俱形，何首乌长出了人形，小儿手臂粗的何首乌很快就挖了几箩筐。墓门果然在预测的地方，葫芦吊车稀里哗啦拉了半天，才把深红色的棺材盖子吊上地面。棺材是最好的“建昌花板”。所谓“建昌板”，材质多为金丝楠木，即今西昌一带出产的阴沉木，因山崩、山体滑坡等地质变动将树木埋于地下，经过近万年时间而形成。由于这种木材本身就是从泥土中挖掘出来的，所以做成棺材埋入地下，不腐朽，也不被虫蛀，是做棺材的上等材料。俗语说“生于苏杭，死于建昌”就是指的这一驶往冥界的“方舟”。民国十九年（1930年）《大邑县志·风俗》就记载：“棺以建‘昌杉板’为上，次则本地阳山杉柏，各惟其宜。”巨大的棺材用粗大的铁链悬空吊立在墓穴当中，下面铺垫的雄黄粉厚达一米多，大约有两吨之多！棺木、铁链历经70年竟然未锈蚀断裂，让观者啧啧称奇。打开棺盖，唐友耕身着华丽的一品武官“补服”，绣风细腻，一只矫健而威武的狮子昂首回眸，立于万顷碧波的礁石之上，四周祥云环绕，烘云托月。纵历经70年，金黄色的丝泽仍熠熠生辉。

民俗史学者帅培业对我指正，1966年“文化大革命”开始后，8月20日开始，刘湘墓园就被成都的大专院校及个别中学（包括四川大学、成都工学院、西南民族学院、成都体育学院及市一中）的红卫兵围着，他们用镐锄、钢钎“要造军阀刘湘的反”，最后终于挖开他的钢筋水泥砌成的大墓，红卫兵当中有成都15中学足球队的一个叫“黄大脚”的人，开始点火焚烧。他们发现刘湘的棺材也是“建昌板”，也被四根大铁链悬吊着。足见成都一地达官贵人历来有此下葬风俗。

唐家后人事前买来两大瓶白酒，用来杀灭“尸气”。唐泽身手矫健，第一个进入到黑洞洞的墓门内。打开棺材盖，伴随腾起的尘埃，他大喊：“老祖宗，不孝孙儿来看你了！”他含了一大口白酒，向着老祖宗喷去。棺内发出“嘶嘶嘶”的声音，70年的时光冰炭相激。他根本顾不了多看几眼时间的具形与变异，他手忙脚乱四处翻找宝贝，干脆把老祖宗唐友耕拉来坐起！

这是众人目睹的景象：唐友耕歪着头，胸前挂有一品武官的“狮子图”银件，他脸如白垩，胡须落落，宛如陷入一场绮丽大梦而乐不思蜀。后人们对我证实，他们也许不敢过于靠近，均说没有从唐友耕的面部或脖颈处发现疤痕，这与周询的记述就有出入了。《唐公年谱》记载唐友耕脖子、脸颊多次受伤。他手臂富有弹性，手指上套着一个巨大的玉扳指。嘴里含着一颗有鸽子蛋大小的天珠，被率先抠出。棺材内也铺有一层雄黄粉，在粉末之间放置着大量珠宝。很快，珠宝就装满了一只脸盆，“用水一泡，整个盆子立即就绿了”。江潮描述：他依稀记得，棺材里面尚有一把佩剑，人们都说就是翼王佩剑，因为剑柄上还镌刻有一首五言律诗。毕竟时间太久了，往事漫漶，他不敢肯定其诗歌内容。

唐劳绮老师特意提到，墓里有一件“青狮白象”大玉坠，一面是青狮一面是白象，为一块奇异的不同色泽的宝玉雕琢而成，为慈禧佩戴之物。当时慈禧赐予前来北京紫禁城述职、领赏的唐友耕，她感怀于这种对朝廷忠勇无比的人。此物以及所有的出土器物经简单清理，后被故宫博物院收回。

因为棺内没有金银，唐家后人一无所获。“五外爷”唐泽绝望地大捶胸口，大失所望之余，他决定把唐友耕的官服拿去卖点钱。唐泽竟然奋勇跳上了唐友耕的棺材，双脚叉开，倒骑在祖先身上，双手把唐友耕托立起来，腾出一只手扒下衣服，动作轻车熟路。唐友耕承受不住了，在这一阵挪动之下开始七零八落，瞬间散架。官服上沾满了时间的尘埃和生猛的白酒，他拿到外面以几万元（相当于现在几元钱）价格卖给了收荒匠。也许觉得太不划算，他又返回墓室，干脆把唐友耕身后的几匹白绸一并抽下来，因为沾满了白酒和尸体碎块，看起来很脏。绸子拿出来，用力一拉，发出“蹦蹦蹦”的脆响弹声。他拿到府南河去洗。哪里知道，丝绸一入水，立即碎成了粉末……

打开大墓的时候，帅培业先生尽管只有七八岁，因为他就居住在城南，对这件街谈巷议的事情记忆犹新。他分明记得：“大人们一直在说，‘唐毛根儿’是成都最精灵的人。我那时就想，‘毛根儿’就说明他留有长辫子，现在想来应该是我们以讹传讹，喊错了。既然他是最精灵的人，他的坟一定也不得了！挖坟时我跑去看过两回，坟地周围全是成都人喊的‘地瓜棚’，住的是最底层的外来穷苦人。坟场人山人海，箩筐、扁担将大墓围了个水泄不通，我根本挤不进去，只看到很多穿白色制服的公安人员和穿绿颜色军服的人在维持秩序……”

“最精灵的人”，是褒义的，这个民间口语里的评价，也符合唐友耕的生存智慧。至于他是否“精灵过了坳”，那是另外一回事了。

往事就像溶解的铁锈，回到了它的原初。所谓历史的镜像，不过是水中摇晃不已的倒影。而一切鲜活的事体残留在当事人记忆中的，均漂洗为黑白片了。准确点说，我们不能奢望通过历史镜像去按图索骥，历史总是以黑白底片的形式，成为见证。

也许，这就是历史的循环。

博物馆负责人王瓒绪得到汇报后，狂喜之余，觉得有点儿不忍。因为墓中没有金银，唐家后人没有任何斩获，于是决定一次性补助唐家后人400万元，这相当于现在400元。但是唐家后人们自然不甘心，继续在废墟间奋力奔走呼号——把砌墓圈的青条石卖给了正在筹备中的成都铁路局施工部门，用于火车站台的修建；又去找成都医药材公司，对方对坟墓里的数吨雄黄粉并不感兴趣，说是沾了“尸气”加之受了潮，只好作罢……

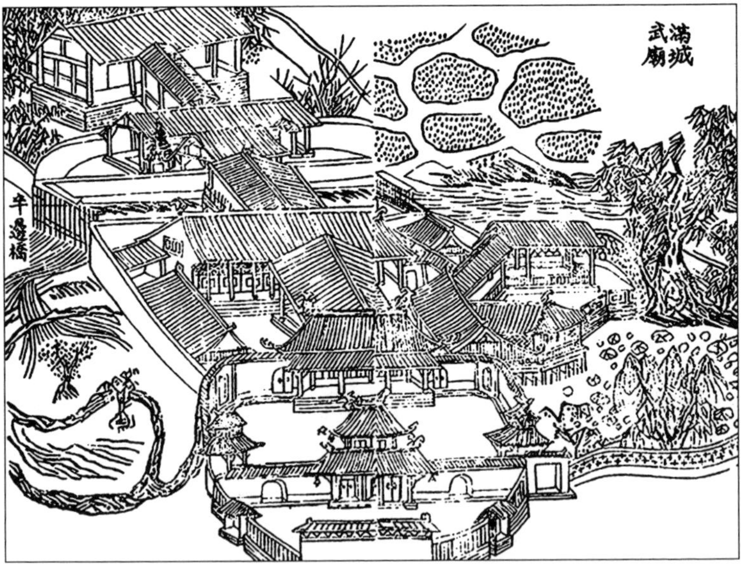

成都满城（少城）的武庙图。原载李玉宣等修《同治重修成都县志》，清代刻本

“那块有一丈高的镌刻有王闿运碑文的刷金汉白玉石碑，仅卖了2000元，相当于现在2角钱，用于支付几个民工的工资。”说到此处，亲历者冯森育猛拍大腿，惋惜不已。

唐友耕的大墓终于平掉了。宽敞的坝子上堆满了阳光，让世界如沐春风。

他碎裂的遗骸在原地敞放了几天后，又被守墓人装回到建昌板棺材中。守墓人当时尚未离开，他想了一个办法，四处游说，说自己“晚上听见墓室里嘎嘎作响，怕是唐将军在发怒哟”。当地派出所的王所长认为，是新社会了，要求尸体必须火化。几经商量，就在坟地架上柴火火化，后人把唐友耕的骨灰装入棺木，抬至“鱼老鸹”唐家坟地安葬。

1950年成都市政府为了改造成都少城公园（后改名为成都市人民公园），使之成为群众休闲学习参观之地，将当时在“明远楼”内的“川西人民博物馆”迁至于少城公园内。而这里举行的新中国成立后首次出土文物展，正是来自唐友耕墓地的文物。唐家后人多数人不敢去，少数几个去默默参观，然后不露声色离开。

“文革”爆发前夕的1966年初，植登捷先生去北京出差，抽闲到故宫参观，偶然发现在清朝玉器展馆里，有一个展柜的“成都故物”。展出标签上标注的是“四川省成都市浆洗街出土唐匪泽坡遗物展”，物品多达数十件。由此涉及自己祖宗，他记忆深刻。由此可以推断，唐友耕的随葬物品，至今均在故宫。值得一提的是，那柄在唐友耕坟墓中出土的众目所见的翼王之剑，也应该在故宫文物典藏中。

有好几次我骑车在桓侯巷里查访，在混乱的楼道间怀想石板几米深之下的古人，想着地底下的亡灵一直在仰望——

小河将社区隔开
水面的房影被电缆线维系
如同泡涨的风筝
从楼顶遥望
我逐渐知道晚稻与玉米
阳光下那厚薄不一的金黄
有时，也有鸭子从水底窜出
从油菜花丛突然腾空

拥有多个王族的宿地
团聚四散的风水
青草沾满露水，蓬蔽了小道
我推想爵爷的模样，以及
妃子们曳地的衣裙
估计他们也将埋怨淫湿的季候
难以频繁踏春
将捂藏了很久的情事，不散热地
在对方的身体上铺开

坐在小酒馆
看那些一边吃胡豆
一边打纸牌的人
他们对桌子外的世界毫不关心

无论是呼啸的中巴，还是女人甩牌时
荡过来的香气
穿过田野的脚印
总是一层又一层地覆盖
各有各的心事，或者出走，或者买醉归来
但雨水改变着泥土的塑性

我偶尔走到楼群外的夜幕
自西而来的府南河
送来的却是雪山的冷意
可以看见逆风的柳树
将那银子的头发高高抛直
平原高空，干燥的星光下
我听见有人在哭泣
也听见
鱼蹦跃的破水声

王闿运的追忆

现在，我们再看看王闿运对唐友耕的连绵追忆——

当时王闿运一直在成都与湖南之间穿梭。当他首次去唐府致悼后，再次从湖南回到蓉城，不久收到张中丞送来的一桌“燕席”。“燕席”并非特指“燕窝席”，乃是古语“宴席”之称。张中丞指的是张兆栋（1821—1887），字友山，山东潍县人，时任四川按察史。光绪十年一月十一日（1884年1月7日）的《湘绮楼日记》记载："张中丞送燕席一桌，不知何人所送，而以诒我，不可辞谢，勉强受之。方与吟梅谈宦游物候之诗，高吟欲咏，而人事相扰，有类催租也。此席拟以奠唐泽坡，盖去岁欲祭未果者，家眷既不至，故宜了此一段。梅兰雪发，胧月不寒，极佳光景也。"①

这暗示了四川官场中礼物的"击鼓传花"游戏。一桌宴席送来送去，终于在王闿运处无法再流传了，只好再做人情，但他也消受了其中一部分菜肴，这让他心情大好。在古语中"燕席"通"宴席"，未必是专指燕窝席，但此处的燕席却是燕窝席，因为晚清四川官场一直有赠送燕窝席的奢华传统。由于这次王闿运未带家眷随行，自己消受不了，他决定做一个顺水人情，把盛宴送给唐帽顶家人。

王闿运毕竟是甚重礼仪之人，"此席拟以奠唐泽坡"，于是第二天"辰起至唐家上香"。由此可见，个中情义远非"秀才人情纸半张"可以终结的。可惜的是，祭奠场面让王闿运感到有点不妙：他是去专门祭拜唐友耕，发现闻讯而来参与祭拜者不过一二个。他于是被唐家请到别室吃饭，等候诸位前来祭拜者。来的人主要是追随看望大儒的。既来之则安之，对那些人，大儒是一副可见可不见的神情。

唐代曹松《己亥岁》里有这样的诗句："凭君莫话封侯事，一将功成万骨枯。"也许建立在杀戮之上的功名，也让当时四川的官场中人有些不屑，因此来祭拜的人寥寥无几。

而这一切，都灰飞烟灭了，包括唐友耕在提督衙门大门前

① ［清］王闿运、马积高：《湘绮楼日记》，岳麓书社1997年版，第1298页。

树立起来的巍峨旗杆。唐帽顶死时，远远赶不上骆秉章死时四川“人民千余，入署一哭”的宏大阵势。因为直到2010年中国嘉德秋季拍会上的一部《骆秉章奏折》，这是清咸丰十一年（1861年）骆秉章所上46件奏折，附片35件，最后以145.6万元成交，创下同类拍品的历史最高价。可见百余年后，骆秉章依然是历史绕不开的一个存在。唐友耕死时，周询在《蜀海丛谈》里称，成都人民也是“人争惜之”。

唐友耕死后逾年，由于丁宝桢的奏章起到了作用，“朝廷追念前勋，命附祀占威烈公专祠。旋又命图像紫光阁……公殁甫廿年，宅即易主矣”[①]。就是说，唐友耕挤在前任提督占泰的专祠里，分享香火。《清实录》记载，“以保障全川有滟卑大局。予

20世纪10年代，位于成都南门之外的军工厂（图中），历史图片

① ［清］周询：《芙蓉话旧录》，四川人民出版社1987年版，第194页。

故云南提督唐友耕于四川省城建立专祠。事迹宣付史馆立传。从护理四川总督赵尔丰请也。”这显然是辛亥革命前夕的事情，最后到底把唐友耕的专祠建在哪里？无考，我估计最大的可能还是在肥猪市的唐家花园。由此可见，丁宝桢对唐友耕的积极评价，影响了他的后继者四川总督赵尔丰。而只知一味贴金、为尊者讳的《唐公年谱》，其价值自然不及《骆秉章奏折》以及吴棠等人的《游蜀疏稿》。

唐友耕病逝后的光绪十二年（1886年），由于为唐友耕建立专祠的呼声甚高，慈禧太后、光绪皇帝正式下令：念公勋老，特命四川提督派员赴大渡河，重走友耕路，勘察当年与石达开血战的故地，绘制翔实地形图以及唐友耕画像，送到朝廷。这样的规格，不可谓不高。

王闿运应唐家之邀，撰写了两篇悼念文章。一是《唐帽顶碑》：

“帽顶，哥会头目之称也。唐立功名，官极品，蜀人但知唐帽顶。奸宄不敢发圾，从俗以旌之。”

帽顶之称，可见不但得到了唐家的首肯，也迎合了官场、市井对唐友耕的默许。他的一生，的确具有“小说气”。这让我感到，英国作家威廉·赫兹利特所言“绰号是魔鬼能够投向一个人的最重的石块”论断，对于唐友耕来说，他显然把这石块变成了垫脚石。他变不利为有利，健步而上，成就了他的戎马一生。

大墓碑正面，刊刻的是王闿运的一篇具有超级马拉松标题的道德文章：《皇授建威将军提督云南全省军务节制各镇奏署四川提督额莫克伊巴图鲁唐君碑铭》，这是一篇干净利落的制式文字，就像王闿运写过的上百篇针对贵人的“墓志铭”一样，还尽力歌颂了唐帽顶的勇毅与果敢。他罗列出的传主事迹，与《唐公年谱》颇有出入，显然王闿运除了从唐友耕的口中得知一些经历外，他还利用自己在四川的广阔交游，补入了一些材料，显得比较真实：

君讳友耕，字泽坡，昭通大关人也，故名大明。年十二，以幼丁入营。父讳仁义，道光初年功拔外委把总。

咸丰兵寇，滇回叛援。家有名马，厅酋涎焉。侍其迎妇府城，夜往劫。赠公出御，猝婴凶刀。旦归报官，官惧不捕。遂独身寻仇，斩头告墓。亡命金沙，反破其家。侍间复还，携妻负母，奔进两年，豪杰知名。

蜀寇起时，年二十三。妻黄谓曰：“丈夫当自奋功名。老母有托，毋以妾为累。”径自经死，以壮其志。于是匿母杖剑倚江东行，壮士从者十八人。途出叙州，为寇裹胁。酋首蓝、李夙闻雄武，引为同党，骤相杖任。值官军败绩，俘获守备典史，得以输诚，纵归为验。他日合战，率十八人自拔驰还，即日攻寇，克其八垒，督左营明游击拔为先锋。再战解叙州围，追寇犍为。五战先登，补蓝翎千总。迎母赎弟，安居宜宾，从川北镇占公剿寇富顺，檄署通江守备，领军五百。战马踏井，大营被围，六千人败绩。单马还救，壁闭不开。夜还斫阵，斩馘数人，寇不敢追。乃曰：“贼易与耳。请内外合击，以旗为号。”裂衣裹马蹄，溃围径出。收合散卒，立旗前山。平旦冲围，内外荡决，群寇大崩，追奔百里。蜀军敢战，自此始也。即补守备，赏换花翎。援名山、邛、雅、峨眉，八战并捷。矛伤颈髁，刀断腕筋。天全之役，卧积尸中以免。擢都司，赏额呼莫克伊勇号，署川北游击。四战肃清省北，解潼川围，补会、盐游击。六战绵州，免补参将，以副将用。将军崇实檄援绵州、眉州、青神，十三战，矛伤右肋，遂复青神。复原官，领九营，立振武军，加总兵衔。

土寇平定。而金陵逸寇石达开率众数十万，走湘、鄂，犯蜀，围攻涪州。急檄赴援，城围已合。诸军屯守，莫敢接战。登陴望阵，逾堞遽下，部卒拥矛推锋直前。围寇骇愕，炮不及发，应时崩摧，平其五垒，获黄纛以徇，追奔四十里。养伤涪城。舁援綦江，奔命叙南，力战江津，诏授重庆镇总兵官，军中受印。防遏屏山、雷波，扼战横江二十垒。寇所至，贪连大众，湘中名将莫敢撄锋。既识唐旗，曾不得逞。往来黔、蜀边，遂人蛮疆，兵食乏绝，乃为书约降。同治二年三月，兵渡大渡河，进紫打地。蕃、汉合势，生俘达开，槛送成都，群帅惊喜。论首功，记名提督，其年补云南提督，军中受印，年二十七。昭通游击长德赉印行营，即君十二岁时所事本统将也。士民闻见者莫不激昂。

明年，统蜀军援黔，合湘军克阶州，赴急巡防，靡有定所。母留成都，被病，将军总督亲王问疾，遣成都知府日视医药。四年冬，于江津行营闻丧，总督奏夺情领军，给假治丧，泣血固辞，乃得解任服阕。诏募新军，驻防川北。又诏援滇，进师昭通，转战恩安、威宁、鲁甸，攻硐岩洞，肃清迤西，特赏黄马褂。过家上冢，凯还筠连。滇回、黔苗钩合倮夷，复陷威宁。围郎岱，据毕节，分屯金沙、赤水，列栅四十三，战平之，兵事乃竣。

散竣闲居，六年无事。颇礼接文士，校刻异书。哀伤元妻，七年始娶。至是有子女十人，治家严整。蜀督丁公励精经武，嘉君有名将之风，特奏署四川提督。君久居蜀都，犹谙俗弊。豪猾连结，俱知踪迹。会党延蔓，未发已惊。终任三年，内无草窃，及其薨逝，奸宄矫虔。丁公诛斩数百人，然后稍静，故知威声所摄，折冲樽俎。又严核驿马，剔除饷折，至今便之。

光绪八年四月朔旦，薨于署任，年四十有六。诏依立功例从优议，恤赐祭葬，荫一子。越四年，录大渡功，图像紫光阁。越二十四年，总督奏陈功绩，诏于成都建祠，国史立传。明年，赵公督蜀，以为长行省皆视石寇为安危，君之功在天下，于是伐石树碑，表著殊勋。

乃为铭曰：于桓将军，壮勇自超。奋起一剑，羁旅奔逃。当蜀军兴，将倨兵骄。湘营善妒，不可战友。将军谦柔，贬居和调。在丑不争，明王请囚。克成大功，绶带儒衣，逡巡退休。有诏起家，江沫安流。卧虎其耽，志在法俄。胡不耆艾，俾终壮猷？峨峨天彭，阙表树楸。如闻喑呜，灵爽孔昭。[①]

查《唐公年谱》，同治三年（1864年）十二月，唐友耕奉旨补授云南提督。昭通游击长德的确送来了云南“提督印篆”，但唐友耕一直驻扎四川视事。

王闿运在此堆砌大量典故，好在文辞清丽可读，予以恢宏之壮美之，这可以理解。而“将军谦柔，贬居和调”的评价我以为则是近于真实。在一个“遇上官作奴、候过客则妓”的官场语境里，唐帽顶见上官如鸡啄米，见反对制度的“两脚羊”则是雷霆

① 马积高主编《湘绮楼诗文集》，岳麓书社2008年版，“文卷第九”，第316—318页。

出击。但大儒没有忘记把唐友耕的荼毒生涯拔高到爱国的高度，甚至刻意提到其准备抗击外侮，“志在法俄”。听起来有点像我当学生时写过的决心书。但这也不是王闿运的虚构。1864年10月7日中俄签订《中俄勘分西北界约记》强迫中国清朝割让了唐努乌梁海地区西部的阿穆哈河地区。1879年，俄罗斯再次挑衅，《唐公年谱》记载，唐友耕准备招募部队，毛遂自荐准备充当先锋。后因两国议和，烈士暮年的唐友耕由此失去了再上战场的机会。可见，王闿运下笔是有根据的。啧啧啧，唐帽顶啊，这个濒死都梦到冤魂索命的刀客，好像遇到知音了。这就让我进一步相信，历史的确是“写”出来的。

写作这篇颂德之光荣榜，获得的润笔费想来不菲，与《唐公年谱》的溢美之词在伯仲之间。可惜的是，这个耸立在肥猪市一带松柏之间的墓碑文、铭文与大坟，人们眼睛死盯住宝

成都少城一景。美国人张伯伦于1909年拍摄

贝，竟没有一人想到过应该拓一张王闿运的手泽片子予以保存，真是可惜啊。

廉洁与贪婪远非一线之隔

作为大清要员，骆秉章的一生的确是“清正廉明”的一生。我们不但找不到一条他贪污受贿的记载，而且包括他的生活起居，连惯于多嘴的民间也没有别的说法。至于有人说他“庸人庸福”，想来能人背后往往不缺乏这样的刻骨之言。他的一生大起大落，他总是能够从低谷跃然而起，那种对体制的忠心耿耿，可谓无以复加。如果说他有人生哲学的话，自然是儒家思想打造了他的全部骨架。外圣内王，学而优则仕，忠君爱国，甚至不惜肝脑涂地。有记载指出，在他当官期间，他几乎就是拼命三郎。有一段时间，他急火攻心忧国忧民，身上长了大毒疮，痛苦不堪，佝偻着身子仍坚持视事。后来年老患了白内障，被朝廷以“老成硕望，调度有方”为由留任，他“力疾视事”，最终死在四川任上。所以可以说，晚清四川官场碌碌无为、庸人干政的本地风气，自骆秉章开始，得到了极大改观。

一个人既然在生活里没有什么酒色财气的欲望，那么他自然会把一种累积在体内的瘴气，用迅猛之力发泄出来。太平天国起义就成了这个战略家的一只拳击沙袋。运筹帷幄。间谍刺探。事必躬亲。监视属下。培养人才。宜将剩勇追穷寇。当年曾国藩在全力攻打太平天国江浙要地时，后方的湖南、湖北等全赖骆秉章左支右绌。他协力帮办团练，并创立筹饷募勇的方法。

作为旁观者，细致考察了四川官场情况的王闿运，尽管也讥弹过骆秉章，在《湘军志·川陕篇》里以“公忠推贤”赞许当时的成都将军完颜崇实：“崇实见蜀事日棘，度己材不足济，虚心待秉章。频上奏，欲假朝命促之，且自言旦夕竭蹶，恐误国事。当是时，封疆大臣虽见危败知死，莫肯言己短。曾国藩所至见龋龁，秉章亲遘之，至欲资饷地主，则挠诎百方。唯独崇实恳恳推贤能，常若不及。秉章在道，频奏诉饷匮，初不意四川能供其军。比至，未入境。总督公文手书殷勤通诚，遣官候问，冠盖相望。悉发夔关税银资军，湘军喜过所望。”这就可以看出，骆秉章领湘军入川，得到了崇实全方位的配合，不然四川的战火会越烧越旺。

完颜崇实自撰的《惕庵年谱》记载：

四年……秋，骆老求退，奉旨：赏假日月，安心调理，所有四川总督，著崇实兼署。九月初八日，接篆视事。……冬夜予亲自巡城。近年骆老年高，不能受此辛苦，外间不免懈驰。至是文武悉努力从事，附省一带竟无一劫案，省中几至夜不闭户，大有升平景象矣。

五年……春正月，骆老请开缺之折批回，再三慰留，宽予假期，令其安心调理，所以总督篆务，仍著崇实兼署。二月，派人赴粤省为骆老延医。……九月，由广东延请针治目疾之阎姓到川，骆老仍无大效。予屡劝其销假。

六年……开篆后，予劝骆老出而视事，择三月初三日将督篆交还。凡紧要公事与大典礼，皆许相代。骆老奏明遇事商办，并将本年文武科场皆归予料理。……冬月初七日，骆老犹过我面议南北防务，并请十二日代主鹰扬宴，孰知其归去即不能起床。迨十二日，予往视，已言语不清。随侍并无眷属。予虽与之事事和衷，然究为其精神不振，不忍令其烦心。自本年三月后，名为销假，而一切之事皆予代办。至是老翁自料不起，即命仍将总督关防送归予处。予力持大局，不能不先为接管。正拟出奏，而老翁即于是日溘逝，只族侄孙一人在侧，真令旁观不忍。因将其历年政绩详为奏明，并请格外加恩，于蜀湘两省建立专祠。督同司道亲视棺敛。川民感其戡定之功，合街缟素。予挽以一联曰："报国矢丹忱，古称社稷之臣，身有千秋公不愧；骑箕归碧落，气引星辰而上，自营四海我何依!"总之，骆老为人，第一不可及曰清操，而才略尚在其次。最能推诚用人。前在湖南，幕中有左季高诸贤，则东荡西除。初到川省，有刘霞仙，亦能筹巨款，灭大"寇"。后来幕中多不如前，加之神明已衰，几至声威稍减。[①]

应该说，完颜崇实是发自内心敬佩骆秉章，这体现了他在承认力不胜任之际的宽广胸怀，比后来的官员胜出多多。

同治六年（1867年）五月，骆秉章被任命为协办大学士兼四川总督，云南、贵州、陕西等省士吏之黜涉及的大政，朝廷必要询问他，可见对他的倚重。

在担任四川总督6年之后，骆秉章在"同志"杨重雅的泪水和哀号中，死于同治六年十一月十七日（1867年12月12日）的成都。成都相传，在骆秉章死之夕，有陨石坠入"子龙塘"。这一传闻不过是印证"巨星陨落"，就在此地建立骆公祠，后改街名为骆公祠街。桐城大家姚鼐重孙姚永朴（1861—1939），在《旧

① 徐一士：《亦佳庐小品》，中华书局2009年版，第20页。

闻随笔》记录了骆秉章死时的情形：

公薨时室中止一布帐，篚存百金。询之司会计者，乃知公廉俸所入，多以周穷困之人。尝有廉吏罢官不能自存，为张罗千金，群不知所自来，至是乃知皆出诸囊橐云。公薨于蜀，民罢市缟素，丧车所过，哀音相属，至有以“如丧考妣”四字榜于门者。同官因语嫌国恤禁之。民大呼曰：“使公等他日为川督而死，民必不尔！”其功德入人之深，即此可见矣。左文襄公平回疆后，勋望益崇。一日谓人曰：“君视我何如骆文忠？”其人对曰：“不如也。”文襄曰：“何以知之？”曰：“到骆公幕府人才有公，公幕府人才乃不复有公，以此观之，殆不如也。”文襄大笑曰：“诚如子言，诚如子言！”[①]

他的余银只有区区800两，每封都有藩司印花，说明全是俸银。清贫至此，朝野震动，大为感动的完颜崇实奏请朝廷，最后奉旨赏银5000两治丧，其侄方才有财力扶柩回到广西原籍。仅此一端，可见骆秉章之“廉静有余，必可信也”。“独善其身”一语，至少对骆秉章而言是适合的。而晚清著名官员里，左宗棠被称为清官，还留下了二万五千两银子存款，李鸿章的遗产更达到了四千万两的天文数字。

骆秉章的廉政不是个案。继任者吴棠在川8年，他并非没有功绩，他死后朝廷上谕的评价：“前任四川总督吴棠，老成练达，办事勤能。由大挑知县擢升监司，循声卓著。”可惜，他的继任

① 徐一士：《亦佳庐小品》，中华书局2009年版，第23页。

者丁宝桢名声昭著，吴棠就像夹在两个猛士之间的稻草人，喜欢昆曲的人才略知他带到成都而落地生根的“舒颐班”，而成都人几乎忘记了始作俑者。

丁宝桢1877年5月调任四川总督，严劾贪墨吏，澄肃官方，加之疾恶如仇，力主图强御侮。他的到来为四川注入了一股生猛之力。他借鉴山东机器局的经验，创办了四川近代第一座机器制造工厂——四川机器局。山东、四川机器局的创办，成为两省近代工业的开端。为办洋务，保举了一批“博求通识之士”，如薛福成、张荫桓等。在抵抗外来侵略中有功的长庚、鲍超等，都经丁宝桢一手提拔。

1886年67岁的丁宝桢死于四川总督任所。由于俸金多数用于济困助教，宦银只有400两，也是靠门生和属下捐助，灵柩才得以运回山东。而且这位封疆大吏病危时竟然债台高筑，他只好上奏含泪朝廷：“所借之银，今生难以奉还，有待来生含环以报。”光绪帝动容而称“遽闻溘逝，悼惜殊深”。礼部尚书李端芬更是感于其功德胆识情操，把他与曾国藩、左宗棠等推为“中兴名臣”。

丁宝桢的灵柩运回济南，葬于历城九华山麓。是年四月，王闿运由长沙至济南，参加丁宝桢丧仪。对这位亲家的品行与为人，王闿运早在光绪五年（1879年）四月廿六日的日记里特意记载了一件亲历事件：丁宝桢在成都，时值他60大寿。他在西南一带阅兵。丁宝桢为了避免幕僚的祝寿送礼，故意留在偏僻的都江堰过生日。王闿运得知后，写诗四首祝贺。他特别在题记里补了一句：“时方劾罢按察。”

这是怎么一回事呢?

丁宝桢亲自主持大修都江堰，是清朝260余年来对都江堰水利工程最大规模的整理，共耗资10余万两白银，他前后12次来到工地巡视，使得灌溉面积由10县扩大到16州县，从而奠定了都江堰灌区的格局，这一为民造福的功绩令四川人铭记在心。丁宝桢是恩怨分明之人，龙藏寺开山祖师大朗和尚在清代顺治年间曾持钵劝募，治水于都江堰下游，分流灌溉数10万亩农田，造福于温江、双流、新津三邑，多年来在成都一带传为佳话。丁宝桢得知后上疏，为大朗和尚请赐封号，得以恩准，拟勒碑于龙藏寺，以为纪念。而另外一方面，他断然裁撤了以往从事“岁修”的官员，既断了他们的油水，又坏了官场潜规则，于是，一帮利益中人向朝廷告发丁宝桢：挥霍国库。慈禧拿不定主意，命令成都将军恒训予以查实。恰好第二年岷江发大水，冲毁了部分新建工程。尽管损失不大，并且很快修复了，但恒训仍然坚持上报丁宝桢确有浪费。慈禧大怒，对丁宝桢处以降级，并勒令他与丁士彬赔偿工程超支部分。可见，丁宝桢所欠下的巨债，正是他为此支付的工程费，估计有上千两银子。而谁能借得出这样一大笔银子呢？我想，除了唐友耕，大概四川无人做得到了。为什么在唐友耕病死时，丁宝桢会痛哭失声？这当中，恰有天大的秘密，丁宝桢未能偿还唐友耕代为垫付的国库银两。多年以后的20世纪60年代，唐家后人偶然在都江堰城边与一当地老人摆龙门阵，对方得知他们是唐友耕之后，老人不停地说，为了都江堰，我向你们鞠躬了！这让唐家后人惊诧莫名。现在看来，老人是知道个中原委的。

在四川努力奔走10年的一代名臣丁宝桢，就这样清风一般而去。

比此稍早，时任成都知府的杨重雅——那个杀害石达开儿子石定忠的纤弱书生，游历都江堰时，写有一首《都江堰赋》，至今留有碑刻："蜀封在秦惠廿有七年，其时中国始通，天遣名臣开险界；江水出岷山百五十里，此地上游高踞，人传神迹廓灵关。李氏治水要诀为深淘滩、低作堰、遇弯截角、逢正抽心。故二王庙另有一联云：凿内江口以平秋汛，导外江水以慰春耕，盈亏系一身，二千年利待害除，恩波永照秦时月；深滩低堰乃安其流，截角抽心乃顺其势，典型在西蜀，十四字科金律玉，敷土同垂禹贡经。李当时仅一郡守耳，却能不避险阻，怀其忧国忧民之心，戮力同心，官民全力以赴。卒使灾害消灭于无形，千秋俎豆，庙食万世。理固宜然，绝非幸致也。独惜今日官场，推拖敷

四川都江堰灌溉系统。美国人张伯伦于1909年拍摄

衍自圆其说，恐多做多错而裹足不前，尸位素餐，恬不知羞耻为何物也，悲夫。”[①]读其文，可以推测杨重雅似乎是一个忧国忧民的好官，他在文末的感叹，移之于丁宝桢治蜀的遭遇，何其贴切啊！

反过来看，唐友耕不但可以为10个子女每人准备2000亩地的产业，而且还有五六处庞大的唐公馆以及别墅。晚清巨贪盛宣怀其全部财产的总值，银两超过千万两。相比起来，唐友耕的家业看来不过是稍逊风骚。看起来，以骆秉章、吴棠、丁宝桢的睿智与犀利，自然知道唐友耕的财富主要得自于是石达开部队的金银珠宝，继之是他返回云南数年的征讨搜刮，但唐友耕毕竟是一个能征惯战的好同志，吃点拿点，反正他的钱财不是出自国库，至多算没有充公而已。因此，他们都沉默了。

这不是潜规则——而是官场的元规则吧。

我发现晚清四川官场，除了社会动荡时期的特有腐败外，体制的破车带着惯性，呼啸着、跑冒滴漏着它固有的历史性腐败：官场腐败、吏治腐败、司法腐败。一方面固有清风明月，可是这点清明就连眼皮下的唐友耕也奈何不了，又如何救一个往悬崖直奔而去的王朝?!

---

① 刘俊林：《玉垒金声——名人眼里的都江堰·诗歌卷》，四川美术出版社2006年版，第201页。

第九章

唐友耕的后裔们

昙花一现的候补知县唐致远

中国历史上最早的虎父犬子类型当属赵奢与赵括，父子两个大名鼎鼎，但如雷贯耳之下也有“金声”与“瓦釜”之别，一个较好地诠释了“两鼠斗于穴中，将勇者胜”的哲理，一个却成为纸上谈兵的形而上论者。

还可以补叙一个成都的案例。

暴动，俨然已经成为四川19世纪后半叶的主动词。白莲教19岁的义军元帅冉天元的各种逸闻充斥坊间，石达开还活着的传奇在盖碗茶腾起的缕缕水汽之间蔓延，而来自华阳县石板滩的红灯教聚义，像飓风发作之前硫黄色的诡谲之云。当年，盛世英的一首诗反映了石板滩的情景和众教徒对“反清灭洋”的意志：“撤防步队散归田，五夜妖星照蜀川。狐火窗明争倡首，龙潭静夜饱挥拳。辍耕陇畔村农舞，说法台前姹女颠。似醉如痴浑不识，连头受戮志弥坚。”

一个十五六岁的乡下丫头摇身一变为蛊惑人心的“妖女”，这个自命“廖观音”的女人依葫芦画瓢，将红灯教设棚为单位，由师父曾阿义传教：分每11个教徒为1小棚，由棚首级引导练拳；每10个小棚为1大棚，借以束缚组织团众。这种行之有效的基层组织方式在四川早期的嘓噜党当中就被普遍采用，它的远祖无疑是连坐制度和保甲制度，这样的居民委员会武装到牙齿，居民伸手即为利器，而红灯教中低级领导也化名为罗汉、仙人等，依靠附体的佛法来号令大众。廖观音把门前的院坝、干枯池塘等任性变成练武操场，并现身说法，大练神拳，她甚至可以超然高举，抗迹烟霞。这一出表演，倒是让人联想起唐朝果城南充的飞天神女谢自然的种种奇迹。为此，高惟寅辑《三水关纪事诗·王蜀琼和诗》记载两句最负盛名的诗："蜀江水碧蜀山青，一点红灯万点迎。"

这是一出上演在成都府几十里之外的"红灯记"，红光之下，本已杯弓蛇影，再加上众口铄金、积毁销骨，在体制中人看来，红灯普照的乡野已经处于严重无政府状态。这些拳民与义和团拳匪是什么关系？据说神拳附体后，枪弹也无可奈何。例如民国时期汪海如的《啸海成都笔记》就说："有谓其（廖观音）能避枪弹者，有谓其能履行水面者，有谓其能趺坐树梢；若伽肉身降世者。"对此，华阳县县令龚子蔓甚感不安，急派团丁搜捕。红灯军立即奋起抗击，战胜了一帮"烂眼儿"团丁，又乘胜将华阳县衙的公堂设施捣毁，并摧毁教堂一座。

我们可以发现一个有趣的现象：一旦遇到突发的暴乱，县令总是乌龟，他们总是被暴乱的兔子赶着，飞跑在时代的前面。

华阳县县令赴成都督署请兵。从此，拉开了以廖观音为首、曾阿义为副的川西义和团与清军的武装对峙。

四川总督奎俊并不知兵，急派唐友耕的儿子、候补知县唐致远率正规军百人往剿。这个候补知县，不是唐友耕生前花银子捐来的，而是唐友耕病逝后，朝廷“赐恤祭银两并荫一子给予六品顶戴”。就是说，他既非科班出身，非“技术官僚”，更缺乏父亲那种脚踏实地的血战经验。1902年6月13日，唐致远赶到龙潭寺一个叫二台子的地方弹压，他太不知道水深了。红灯照红光乱射，廖观音坐在轿子里，手挥红旗，抬轿子的人快如疾风，不惜用绳子把轿子拉向空中，造成廖观音可以冉冉升天的奇迹。在美女的指挥下，教民勇敢回击。据说廖观音又空降到地面，举刀把手无缚鸡之力的唐致远的刀轻易格开，唐致远立即摔下马来……红灯军乘势毁华阳县耶稣堂一所，惩办了“作恶”的教士。清廷为多灾多难的四川局面震惊，急调马维骐为四川提督，“酌带勇营，配齐军火，敏捷赴任。”

这是一场极其糟糕的父子权力与道统的接力赛。父亲递过来的槊矛，当儿子的不但拿不起，而且双股战战，槊矛“哐当”一声从历史的地表反弹而起，发出了瓦器破裂的笑声，槊矛跌落下来时，还刚巧扎中了唐致远的脚背……

可见，唐致远不但没有唐友耕的半点武功，他连基本的阵势都不会筹划调度，这丢脸的一幕足可以让乃父从建昌板子的棺材里跳起来。无论怎样，由于唐致远的勉力加盟，使得唐家父子的一生，用深切的刀口贯穿了自李永和蓝朝鼎、石达开、云南回民、红灯照廖观音的身体，其辉煌的《唐公年谱》不过是血坟上的纸钱。

这是唐致远唯一在本地史料里的战事记载，这唯一的记载，却是这般可人。

当时，像唐致远这样的混事儿的官员众多，但还有更多的人渴望能够跻身于官场这趟浑水。

就在四川总督岑春煊大肆整顿四川官场的4年前，法国里昂商会悄然莅临成都。洋人显然注意到成都街头的一个不同寻常的现象，那就是“跑官”者焦急的面容与狼奔豕突的身影，由此可见四川官场的混乱程度。法国人指出：“在成都从早到晚都可见一队队的轿子里坐着来跑官求职的人。他们衣着光鲜，穿梭于达官贵人官邸接待处。只有给官府里的下等差役使过银子，送过礼物方能进屋求见。这些下人时常让跑官求职的人充满希望，深信他们拥有路子办妥一切。然而保证的事却迟迟不能兑现。最后当跑官求职的人山穷水尽，被迫抵押财产，甚至变卖华服来偿清步步紧逼的债务时，才恍然大悟自己已被这些充斥衙门的寄生虫把玩、愚弄良久，钱财也被搜刮、吞噬一空。”①连跑马观花的洋人都能看出来的弊端，身为封疆大吏的岑春煊又岂能不知？

四川总督岑春煊像

岑春煊（1861—1933），字云阶，号乐

① ［法］法国里昂商会编著，里沃执笔，徐枫、张伟译注：《西南一隅——法国里昂商会中国西南考察纪实（1895—1897）》，云南美术出版社2008年版，第84页。

斋，广西西林人，是云广总督岑毓英的儿子，早年就有“恶少”之称。因护驾有功，而得到慈禧的另眼看待，提升为陕西巡抚，从此异军突起。后来他以镇压四川、广西的农民起义有功，加太子少保，与袁世凯南北相映，并称“南北两宫保”。

1902年9月25日，岑春煊到达成都，出任四川总督。按照清例，督抚到任期满3个月之后，应对全省在职以及候补各大小官员的品行政绩进行全面考核，并奏请朝廷予以黜陟，此谓“到任甄别”。岑春煊赴任后对考察官吏一事尤为精细严格。这个敢于顶撞慈禧的硬手，的确没有把区区四川一地的“关系”放在眼里。他在广东就罢了1400百余人的官，怨毒之深，他也是一往无前。他把考核情况用一套特殊的符号记录在秘本上：凡是名字下画五个圆圈者，都是立即予以参劾者；画有三个圆圈者，为留待参劾者；画有两个圆圈者，为不弹劾也不起用者；画一个圆圈者，为尚待考察者。名字下面画有五个叉叉者，是立即予以保荐重用者；画有三个叉叉者，是日后定要任用者；画有两个叉叉者，表明此官吏可以任用；画有一个叉叉者，表明此官吏可以派事试用。这个官场密码本成为岑春煊上奏的田野笔记，起初准备一举弹劾300余名官员以整饬吏治，后经其幕僚力劝不宜打击面过广而作罢，但最终奏请弹劾的官员仍达40余名之众。

从官场作风而言，岑春煊较为谨严，他发现川省贪赃枉法十分严重，进行弹劾和惩治的官员数量如此之多，幕僚劝阻他：不宜树敌过多，岑春煊再三权衡，最后弹劾了40多人。他的严厉比寸铁杀人还要锋锐，一次在罗江县巡视时，当地游击赖某被他训斥，双股战战，脸如死灰，两天即惊惧而亡。

面对红灯照蔓延的战火，他调整战略，急速灭火，斩杀起义军无数。1903年1月15日官军获得“大捷”，在简阳县镇子场（今成都市龙泉驿区洛带镇）抓住魁首，他亲自下达宰杀“妖女”廖观音的手谕。这在李劼人先生《暴风雨前》第六章里，得到刀刀见血的刻画。他唯一比骆秉章文明之处在于，岑春煊选择的是砍头，而非凌迟。

整个川西的起义风潮彻底死灭了，“红灯”成为真正的避讳之词。45天之后，即1902年11月30日，在冷风料峭的成都，一直视农民起义军为大逆不道的官员赵藩，在武侯祠撰写“攻心”联，悬于成都武侯祠孔明殿门前：

能攻心则反侧自消，从古知兵非好战；
不审势即宽严皆误，后来治蜀要深思。

上款为“光绪二十八年冬十一月上旬之吉”，下款为“权四川盐茶使者剑川赵藩敬撰”。据说他撰写此联，有劝谏学生岑春煊不必过于热衷“严刑峻法”，引起了岑春煊的不满。他提出的“攻心”与“审势”两大关键词，就像是他掏出来高悬着的两枚苦胆，在历史的长廊里迎风散发清凉。1958年3月，毛泽东站在这幅“攻心联”之下若有所思，长久地沉默……到“文革”时期，盛传1972年刘兴元调任四川省委书记时，毛泽东嘱咐他，一定要到成都武侯祠观读“攻心联”。

赵藩总结了岑春煊大功毕其一役的深远意义，那几乎就是一个历史定律：变前任总督奎俊的“以剿为抚”而为“剿抚兼施”，恩威并重，软硬兼施，执政必须上下其手、阴二手、阳一手，左右、左左左。鲁迅先生在《小杂感》一文里的总结是：

"革命，反革命，不革命。革命的被杀于反革命的。反革命的被杀于革命的。不革命的或当作革命的而被杀于反革命的，或者当作反革命的而被杀于革命的，或并不当作什么而被杀于革命的或反革命的。革命，革革命，革革革命，革革革革命，革革革革革……"这充满锈刀出鞘的摩擦声，是有关中华民国革命史的本体论。其实，这又何尝不是四川革命与反革命的循环之论！

那么，唐友耕的一生，是否恰是一种由武入官、再由官归儒的循环呢？他就像一个坐在历史过山车上的顽劣之徒，进入隧道前，他向我回首，做了一个鬼脸……

有意思的是，赵藩的女儿，后来就嫁给了唐少波的儿子唐建伯，就是说，赵藩与唐友耕是亲家。看来久经历史兴衰的赵藩，并不反感杀人如麻的唐友耕。也许历史就是在矫枉过正的反弹里，更倾向于严厉。可这就是"审势"的宿命吗？

唐友耕之子唐致远当时为候补知县，多行不义，声名极坏。岑春煊甫到川上任，他即前来巴结，岑春煊拒而不见。《蜀海丛谈》记载了一个细节：唐致远连同20来个"有问题"的官员候在总督衙门，希望拜谒主公。当巡捕手持唐致远的手版特来告之时，岑春煊一把夺过，把唐致远的手版狠狠掼到地上："还有脸来见我！"巡捕大惊失色，由于他与唐致远是哥们儿，只好出来如实相告："君之消息殊不妙矣！"

唐致远空了。立即委顿倒地。尽管唐致远唯一的一次临战成绩极其糟糕，但他具有乃父的官场敏感，忙向私交甚厚的枢府领袖庆亲王奕劻求助。当时奕劻父子权倾天下，直隶总督陈夔龙不惜以美色老婆贿赂奕劻，四川大儒赵熙就以"儿自弄璋瓮弄瓦，寄生草对寄生花"相讥嘲，可见奕劻一言九鼎的威势。奕劻贪婪而庸恶，世人皆知，其卖官卖爵之多，不可胜数，家里门庭若市，人们戏称为“老庆记公司”。一次奕劻举办生日庆典，唐家父子送去一根四川邛州的方竹杖，说是可以扶老，以为纪念。竹杖中空，藏有银票3万两。奕劻喟然：“此诚可儿也！”

得到唐致远的求助信，奕劻投桃报李，给岑春煊发电，保举唐致远，认为他有才可用，“望加青睐”。岑春煊只好在“密码本”里删去了唐致远的名字，吩咐文书抄录弹劾名单。他一直在徘徊，为这个事纠结不已。走着走着，岑春煊一拳打在“密码本”上，吓得文书直钻桌子。他恨恨地说：“这个人手段狡诈，足见其钻营功夫。我怎么能畏势而宽恕这等蠢材！”他命令立即把唐致远的名字填入弹劾名单。

但是，他必须回复奕劻。他说，弹劾名单已经上报朝廷，无法再撤下来了。

一个钉子一个眼。岑春煊的强硬，在此淋漓尽致。

岑春煊虽然在四川总督任内只有9个月，不但弹劾了一大批贪官污吏，而且还把川省长期积累下来的官场弊端给予了革除。但“政由贿生”的体制枝繁叶茂，至多稍微收敛一点而已。

几年之后，大清的江山依然分崩离析了。这巴山蜀水，也不是依靠铁血总督骆秉章、肝胆总督岑春煊、43岁就归天的唐帽顶鞠躬尽瘁就可以维持的。偶尔听到的吱呀声，大儒们会惊喜莫名，以为那就是声声“蜀籁”瑞兆，其实，那不过是危楼坍塌前的阵阵撕裂声……

长子唐鸿龄点滴

民国初年，费行简谈到，曾经在唐友耕长子唐绍闻家里，亲眼见过所谓石达开撰写赠送给唐友耕的一副对联。我认为，这个记载也是真实的。这一真迹就在西南民族大学一位教授手中，不知何种原因，一直秘不示人。我想，固然有人利用石达开的名望来抬高自己，但唐家有石达开的翼王印、笔砚、兵器等遗物，早已名声在外，几乎成为成都民间的龙门阵。至于那些刻意去伪造翼王的手迹来炫耀门庭的生意人，固然有，但又有几个人相信呢?

民国三十六年版的《大关县志》中，收录了唐友耕长子唐绍闻和六子唐鸿学的记载，称唐友耕长子“唐鸿龄，字寿山，提督友耕长子。一品荫生。丙戌（1886年）回籍应试，取入厅学附生，后报捐知县。曾委署盐源县”。这条记载里没有提“唐绍闻”的名字。《大关县里》里还提到，唐鸿龄曾经担任云南大理提督。什么叫“一品荫生”？封荫，指的是旧时具有一定品秩的官吏，其父母、祖父母、曾祖父母及妻室得受封赠，子孙亦得荫袭官爵；而清代高级官员以及因公死难官员，可以不经考试而送一子入国子监读书，3年学习期满，照例录用为官，称为“荫生”或“荫监生”。其中汉族高官之荫生授官有内用、外用及改武职用三途。其外用，亦即授为地方官之制，定于乾隆年间：凡正一品之荫生用为府同知；从一品之荫生用为知州；二品之荫生用为通判；三品之荫生用为知县；汉世职子爵之荫生用为知县。唐友耕六子唐鸿学也封荫为“三品荫生”。

后来，我在《攀枝花日报》上偶然注意到一则报道，在梳理本地志书的历史形成过程，报道特意提到《盐源县志》的编纂经过："光绪《盐源县志》刊本，六册，十二卷。先是光绪十七年（1891年），时任盐源知县的辜培源组织邑人周冕等人编纂成初稿。光绪十九年（1983年），由新任知县欧阳衡组织人修订初稿后刊印。光绪二十二年（1896年），又经在职知县唐绍闻再次组织人补修刊印而成今本。"看起来，这个唐绍闻就是《大关县志》中提到的唐鸿龄了。

民国版《昭通志稿》里也提到了他，唐友耕之"子绍文，一品萌生。"可见，唐绍文即唐绍闻，就是唐鸿龄。

而《清实录》光绪朝实录记载了一件四川的官场风波："……以违例苛罚。革署四川盐源县知县唐绍闻职。"地处偏远的盐源县小吏有何违法乱纪的事情能够惊动朝廷呢？至今不得其详。从此之后，宛如羚羊挂角，再无迹可求。他的踪迹，就此在历史中彻底隐遁了。

老九唐少波的后裔家族情况

唐劳绮的外公是四川著名书画家江梵众（1894—1971），号少舟、喜舍庵主人。祖籍广东，生于成都。为民国丹青妙手，张大千、谢无量好友。1914年毕业于成都客籍学堂及四川省政法专门学校。受业于同盟会邹琳和宣统二年（1910年）时任巡警道的徐樾。徐乃江先生姑父，号季同，为成都警察总监。江先生少年时为林琴南所重，壮年时好游历，常住南京、焦山、上海、苏州等地。1950年后寓居成都，曾任四川省文史研究馆馆员、民革四川省委委员，与刘孟伉、陈子庄、赵蕴玉、贲园主人严雁峰、严谷孙等往来，在蜀中书画界德高望重。

唐劳绮的爷爷、父亲也并非无名之辈。

爷爷唐建伯（1890—1938）系老九唐鸿昌的儿子，为云南讲武堂出身，在蔡锷出任校长期间，他出任总务长，后出任靖国军参谋长。民国成立后，出任过嘉定府第一任硫黄局局长。因是富家出身，他为人慷慨，交游广阔，民国初年在成都的官场、军界、商界、文艺界均有人脉。

父亲唐孟桓（1911—1977）就读于北京大学中文系，结识众多演艺界名人。在周芷颖、高思伯合著的《成都早期的话剧运动》一文里，讲到1930年成都“摩登剧社”活动，在1931年又以“现代剧社”名义恢复话剧演出时，特意提到了唐劳绮的父亲唐孟桓：“现代剧社中人，新人有盛建群、杨琳、唐孟桓、唐娜等。演出剧目，除原摩登剧社所排演者外，增添了如《伪君子》《名优之死》《风雪夜归人》《松花江上》《雷雨》等名剧……”①

民国时期唐孟桓一直活跃在四川文艺界，他有一个颇为怪异的笔名叫“皿木”，写过一些文艺小品，与谢添、车辐、陈白尘、阳翰笙、洪深等人友善。他曾经提供房子和资金积极支持地下党负责人车耀先编辑《大声》周刊及报纸，他写有一笔好字，帮助车耀先刻写钢板。还参与过话剧《放下你的鞭子》以及著名电影《风雪太行山》的演出，出演的是配角——体格剽悍的矿工。尽管唐家中落，毕竟“瘦死的骆驼比马大”，他还出资支持

① 《四川文史资料选集》总36辑，1989年版，第57页。

大约为1898年，重庆府的知府府邸。英国人立德夫人摄

话剧《雷雨》在重庆等地的演出。1949年以后，唐孟桓在成都市建国中学（15中学）任教，担任语文教师直至退休。

电影艺术家谢添晚年曾经对唐家后人谈到过对唐孟桓的突出印象："那是一个爱情至上者！"这句话，大可以窥见唐孟桓的性情。当年他与蓝苹、徐曼、白杨、舒绣文等人过从甚密，交往史也许将永远湮没于往事，至今只有两张他与这些女星的合影，成为孤证。由于家境的特殊性，置身一个波诡云谲的时代，无论是唐建伯还是唐孟桓，均未留下任何回忆性文字。

我对唐卓韧的访谈

【采访日记】2012年6月18日

由于唐卓韧较忙，采访时间几次推迟，他今天约我在南华巷他家中一叙。他姐姐唐劳绮也来陪我。

那是位于成都一环路以内最早的别墅了，建于20世纪80年代。踏进铺有浅黄色地板的客厅，石块贴墙，在这富于一种静谧、清凉气息的环境里，光线从高空倾斜而下，让四周墙体上的绘画作品莹莹欲动，给人一种静谧而深邃的纵切感。唐先生坐在一个巨大的玻璃鱼缸之前，他声音浑厚，身体强壮，胸廓很厚，一点也看不出是年届耳顺之年的年龄。从他的体格上，可以依稀看见乃祖唐友耕魁梧的模样。看到我在注意室内的灰色石头墙体，他微笑说：这些花岗石其实不贵，但与川西门楣相组合，就具有巴蜀元素，我更注意这些材料的节能、色彩、纹理和在环境中所产生的光影效果，因为他们决定一种空间风格。黄、绿、灰三色固然是客厅的主流色彩，灰色给人稳重高雅之感，冲淡了墙体灰色石头的凝重，而绿色中和了地板的耀眼，让空间获得了最大的体量。

我看到挂在墙头的一些大照片，他与歌唱家廖昌永以及演员巩俐的合照，他与廖昌永是老朋友，也为巩俐设计装修过豪宅。在我的感觉里，唐卓韧似乎不太愿意谈论这些，也许他认为那是别人的生活，不宜过多置喙。谈到文化与生活，文化与建筑，他神态自若了，语速也越来越快："英国诗人马休·阿诺德的一句话我一直铭记在心：'文化就是让我们认识世界上已知的和前人已阐明过的最美好的事物，从而也就认识了人类精神的发展史。'马休·阿诺德还有一句名言：‘文化的重要目的是使我们弄清何为尽善尽美，并使之成为普遍追求的目标。’如果说我青年时代的个人奋斗不过是为了一己的温饱，那么在我开始从事建筑装饰设计的过程中，文化几乎就是托起建筑的基础。我的经历让我痛切地体会到这两句话的重要性……”

我们的话题集中到刚刚过去的深圳大运会。深圳的速度、热情、激情，深圳的一切都将会通过世界大学生运动会传向世界。唐卓韧先后参与了深圳、深圳蛇口鱼街等数条街区配合大运会的改造以及景观大道的设计，这些安静而热闹的建筑，它们不但将铭记大运会的每一个日子，而且将成为深圳的文化符码。

在持续4个小时的采访中，唐卓韧数次起身，拿来图纸、模型、景观设计彩样、照片，并在电脑上展示详尽的PPT。一些项目尽管不能立即落地，但这个蓝图一直在他头脑里演绎，他忘情地细化着他的美学乌托邦。我逐渐觉得，他是一个对生活充满激情的人，60岁的唐卓韧就像他身后挂在墙头用作装饰的马灯。凡是得自于火的，总是让人产生敬意。我问他，为什么要使用马灯而不用常见的灯笼？他认为，灯笼必然要与华贵的木装饰才相得益彰，马灯在石头装饰的空间是突然的，而它蕴藏着火，马灯才是希望、激情的基地。火并不是黑夜中的偶发行为，火更不是借助黑暗的大氅而上升的耀眼蕾丝。火的出现，是将过于浓郁的夜晚稀释、调和、拌均，火将出位的黑夜放回到它原来静谧的位置。用海德格尔的话来说，就是放进本质中去。更重要的是，火与黑夜是互为保管的，火是黑夜的动词，在言与义无限接近的挪移中，火高高拔起，就犹如流星划过天庭的亮丝。

蒋蓝：你的经历颇有传奇意味，好像你什么都学过……

唐卓韧：我小学毕业后，“文革”风暴来临。我自幼跟着外婆外公长大，外婆曾坤远是大家闺秀，外公江梵众民国时代已是名画家，是张大千、谢无量好友。与刘孟伉、陈子庄、赵蕴玉、严雁峰、严谷声等往来，在蜀中书画界德高望重。老先生们常来家，我常常外出为他们买8分钱一包的花生米，打绵竹“成色酒”，我知道了很多奇闻逸事。当然，外公从来没有提过唐友耕一个字。

唐劳绮：我凭记忆绘制了一幅1950年和平街“赍园”的地图，也许对你进一步了解地缘结构有用。

蒋蓝：这是政治局势的原因。你那时学了些什么？

唐卓韧：国画、笛子、二胡等都学习过。后来觉得不过瘾，专门拜师学武术，我前后跟着廖老师、曾在青羊宫打过金章的武师张英武（音）操扁卦，四处找人“抢手”，嘿嘿，那时我在成都街头还有点小名气。1970年上山下乡，我去的地方是江油青莲区的八一公社，自己打制石锁、石担子，有空就继续练武。

唐劳绮：有血性！这也许是祖先唐友耕的血脉所致吧。我多少知道一点唐友耕和父亲唐孟桓以及爷爷唐建伯的事情，弟弟小，几乎不晓得……

蒋蓝：你知道下乡所在地是李白的故里吗？

唐卓韧：李白是见不着了，但我见到一个奇人。此人衣着干净，文文静静，走路无声。他一进知青大院，连狗都不叫，但若是公社、生产队来个人，即便穿得很周正，狗儿反咬得更凶。为啥子？这就叫气质。这个人我们成都知青都叫他“秘头儿”，这个词专指那种藏龙卧虎之辈。“秘头儿”见我好学，常常为我讲授一些历史。这不奇，奇的是他有上千册书，这在偏僻的农村本就是奇迹，而且这些书竟然是《金瓶梅》《红楼梦》《牛虻》，多是民国版本，竟然能够保存下来，没有被举报、没收，你说奇不奇？我像发了疯一般扑向藏书，通宵痛读……可以说，下乡5年，不但磨炼了自己的生存技能，而且培养了我热爱生活、在艰难困境里提炼诗意的心性。

蒋蓝：回城后你做了些什么？

唐劳绮：唐卓韧啥子都干过。他是从最底层奋斗出来的。这样的事例在一个讲求学历化的时代几乎不可能出现……

唐卓韧：那时成都市内仅有东、西城两个区，我到西城区建筑公司当泥水匠。后来发现，如今名满书坛的书法家谢季筠也在公司当工人。我喜欢动脑筋，当泥水匠我就动手做了一张水磨石茶桌，惹得朋友们眼红。后来人民公园修建盆景园，对方请外公江梵众绘制兰草、梅花图，我建议在花墙上开出一个个扇形窗子，再用水泥浇筑兰草、梅花。我参与了制作，实践证明这一创造很美观，外公称赞我是“艺术泥水匠”。后来制作花坛、梅华洞，我发现每一个工种，细心琢磨，都可以升华到艺术领域。突然，一个契机让我“发财”了。

蒋蓝：什么契机？

唐卓韧：那时，结婚很流行请人打家具，但上的漆一律都是“偷油婆”色。一天我偶然发现缝纫机的虎纹台面非常漂亮，我想，可不可以绘制出这种虎纹？我有美术基础，实验了几十次后才成功。绘制的虎纹、楠木纹等等可以以假乱真，上漆之后，实在是很漂亮。逐渐有人请我这个“油漆匠”上门油漆家具，名声不胫而走，到了应接不暇的程度。那时我一天可以赚10元钱！我一月的工资才二三十块呀！我决定开办家具厂，那是成都最早的家具厂之一，我设计出书本上也没有的各种款式，组合柜、镶嵌有书画作品的工艺屏风、宫廷花瓶、宫廷宫灯，四川电视台、中央电视台以传承传统文化为题，予以了多次报道。我在困境里学会淘金，更尝到了创造的快感。

蒋蓝：你后来从家具行业抽身，何时开始关注设计？

唐卓韧：家具业20世纪80年代中期火得不得了，单是我在商

大约为1912年，成都北门外。德国人魏司摄

业场、成都百货大楼举行家具展后接到的订单就排满了两年的工作量。我先后为省社科院图书室等十几家单位设计家具、环境，这自然就牵涉到室内装修设计。1986年我组阁装饰设计机构。但设计是“沙盘作业”，别人如何相信你？我是一丝不苟完成一个“沙盘作业”，这一般要花几个月心血，再让对方去评判。经过激烈角逐，我接手的第一个项目就是地质宾馆八角楼歌舞厅。我采用了体现“万物生长”的意象，借鉴了民国歌舞厅的格调，又大量采用几何造型，头顶是彩虹、星空，有“造梦”的氛围。这应该算是成都第一家真资格的歌舞厅。成都人才晓得，成都最早出现的娱乐形式就是舞厅，而最出名的就是地质宾馆八角楼、四川宾馆、岷山饭店、锦江宾馆等。后来我又设计了成都第一家卡拉OK厅的室内装修，并参与了重建人民商场的装修设计竞标，并一举中标。这一项目完成后，觉得我的理念上了一个台阶。在整个过程里，我觉得我掌握的实践已经足够，开始到大学学习。

蒋蓝：法国哲学家加斯东·巴什拉的《空间诗学》在国内很出名，空间诗学改变了着重关注物质空间的传统，转而关注“内部精神空间”，他从现象学和象征意义学出发，发挥其“物质与诗意统一的想象观”，在居室、抽屉、箱子、柜子、鸟巢、贝壳、角落、缩影和圆等意象的诗意观照之中建构出“栖居的诗学”观：空间并非仅仅是物质意义上的载物体容器，更是人类意识的幸福栖居之所。

唐卓韧：我完全同意，一个空间对设计师的要求太多，因为你是在“造梦”，符合主人地缘、文化、经济、心性的梦。他曾说过“我越是善于把世界缩影化，我就越能占有世界”。我在北大讲坛提出“美是有定论与无定论的交汇”论断，这不复杂。设计必须着眼于人与自然、人与社会、人与时代的结合。而设计家必须有情，山水之情、文化之情、人伦之情必须兼顾，塑造什么样的环境，它就能带来相应的生活。我先后去过几十个国家，揣摩建筑的每一个细节，而这样的细节又必须融入不同的地域文化当中……我拍摄的建筑照片大概超过了10万张。概括地说，艺术性与技术性、适用性与舒适性、持久性与文化性、自然性与和谐性的全盘考察成为我设计的尺度。设计毕竟是为了使用，不仅仅是为艺术服务。设计应善用资源，一味求贵绝非设计目的。设计者应时怀敬畏自然之心。

蒋蓝：你曾经提出“人文、自然、和谐是社会时代的灵魂”，这一理念在设计里如何体现？

唐卓韧：建筑讲究和谐美，传统建筑与现代建筑的和谐，单一性与复杂性的和谐。现在的城市建筑设计应该是与时俱进的，同时又必须是有地域性，这是我们努力的方向。我在设计成都几个高档酒店的室内时，充分利用巴蜀文化资源，加上现代艺术的元素来创作美化时代的建筑，是室内美学的一次重大改革。一般酒店也都会配置一些艺术作品，但它们缺乏主题内容。2008年，针对本土一家明显彰显文化品格高档酒店的装饰设计，我真是绞尽脑汁。前后几个方案都失败了，一天我待在烟雾缭绕的设计室快发疯了，突然在一本文物画册里获得灵感：我何不以四川出土的汉代画像砖、石、汉阙、汉雕等为形式，展现马上发财、说书、说唱俑、汉代乡村城市生活等内容作为设计的理念呢？这些原始艺术形式通过现代元素再创作，古朴、现代、典雅、造型生动，熠熠生辉，为大堂增添了不少色彩；同时把汉画砖花纹运用在建筑上，产生了意想不到的效果。我开始在酒店内布置大尺度书画作品，酒店就成为一座书画艺术沙龙，向客人展示名家各种风格作品，供客人品赏回味……完成这个设计，我觉得我老了几岁。灵感源于对生活的持续激情，多年磨炼让我更懂得如何体味生活。

蒋蓝：你从事景观、室内设计多年，你的八字方阵是“经看、经想、经问、经用”，可否详细谈谈？

唐卓韧：我使用的材料必须优良，但造价都不高，我不喜欢那种天价材料，因为这足以让人审美疲倦。视觉美感、内涵充实、联想丰富、经济实用就是这一理念落地的效果。我在深圳参与了十几个大型项目的装饰设计，这一理念应该说是落地开花了。巩俐在成都的别墅也是我设计装饰的，她对此很满意。

蒋蓝：你在成都生活多年，如何看待成都的城市发展？成都有不少片区是自行车、行人、汽车并行不悖的流动模式，大道与小道的关系，就像动脉与毛细血管……

唐卓韧：成都近年涌现出了不少引以为傲的景观，比如天府大道两侧多层次、多功能、多品格的现代化建筑与装饰，展示了成都的气魄与美学追求。就传统文化与景观的结合而言，也有不尽人意之处。

用纵横的大道切割出大地块，然后开发为各种小区，但这样的大道并没有解决沟通。沟通应该有无数毛细血管。如果说街心花园、广场是看台，但是我们看不见细部。在我看来，小街、小巷就是西方建筑师所谓的“街道眼”，是利于人们活动交往的公共场所，所谓建筑的和谐观，正是休闲、交流以及生活细节可以随意发生的地方。街区是经济、文化、故事、感情的孕生地。看看水井坊老片区，其实这一大片晚清民居就是连接不同建筑群落与街区关系的一个和谐样板，因为它避免了孤立与突兀，我们不妨从中吸取一些资源。

蒋蓝：本土文化符号如何在建筑景观里体现？你知道你祖上的“唐家花园”和祠堂吗？

唐卓韧：大慈寺、昭觉寺有丰富的禅文化和茶文化底蕴，锦江码头具有无可比拟的历史底蕴，还有客家文化、大熊猫稀缺文化优势等，都是本土空间设计优势多样性的资源，要注意保护和承接。只有立足于本土文化，才能展示出真正的国际水平，只有民族的才是世界的。比如建设路曾是城市东部人最集中的地方，见证了东郊工业的辉煌，并奠定了成都现代工业的基础，音乐公园的打造就是浑然天成。再比如路段改造，不妨在一环和二环的入口处增加人文地标，目前成都临街住宅立面和商铺的统一改造及道路景观的专项设计做得很好，但在材质、造型上还应考虑其本土风格。

唐劳绮：我弟弟不大清楚“唐家花园”和祠堂，那些已经连同往事湮没了。我还在那附近读过成都女子师范，当时竟然不知道我老祖宗的家就在这里！后来才知道，我们家的姑妈捐出了一部分房舍作为校产，她是女师股东之一。哎，如果祖上知道卓韧成了设计师，我想他们会感到欣慰的。

蒋蓝：请详细谈谈成都建筑与装饰的关系。

唐卓韧：要避免过度设计。设计要融合于环境，不然要沦为摆设。着眼“比例与尺度”原则营建的一些园林景观，应该说装饰设计相当杰出，使建筑与艺术相得益彰。但不少单位、公共、民用建筑外观上看不出本土化特点。就是说，这个建筑搬到外省好像也可以，无法体现现代休闲大都市的空间格局。比如，在相对封闭和静态为特征的巴蜀文化影响下，茶馆是本土地域特点十分突出的类型。民国初期成都茶馆已达454家。在空间格局上，成都茶馆具有鲜明的个性，铺地要厚重，不宜采用花哨的玻璃、闪光材料。其他搭配古玩、摆设等，都是必要的装饰，尽管这些元素与喝茶似乎无关，但“功夫在茶外”，设计时必须考量。

第十章

把脊梁在墓碑上磨成矛

脱臼的思想是一种习惯性脱臼，也是思想历险中的常见性创伤。一个从不遇险的思想，也许是非人类的。

哲人说，“惊奇乃大地之盐”。而在我看来，唐友耕是晚清四川的官场之盐。四川农村把盐称作“上味”。在我会写盐字之前，我已经体味到这种白色的结晶体是如何“上味”的了。百味之中，盐是上味。它是什么时候端坐于味觉顶端的？成为人们味觉上最大的嗜求？这真是一“盐”难尽。

可以说，唐友耕不但是晚清四川官场最大的贪官，他充满“小说气”的一生更是一个深谙底层智慧的小人物起伏跌宕的形象演绎。他的踪迹史向我们展开了一个时代波澜壮阔的铁血叙事，他以鸩鸟一般的步伐，是一道打破晚清四川历史坚硬的大染缸、漏出卤水般黑汁的裂痕。

有一天，我做了一个梦。

一个奇怪的梦。

梦到我路过成都科甲巷路口。辕门。十字木桩。黄铜门环。小巧精致的刀。

石达开、石定忠、宰辅曾仕和、中丞黄再忠、恩丞相韦普成

民国时期的少城公园

一行，他们哈哈大笑，笑得浑身褴褛，笑得浑身鲜血，他们浑身长出眼睛。5岁的石定忠从羸弱的身上撕了一大块肉，他递给我说：我不再送人血馒头给你了，我送一块肉给你。你看吧，它会像息壤一样长大的。长成山，生出铜……

还记得那个评价石达开的英国传教士麦高温吗？

多年以后，他写有一本书叫《中国人生活的明与暗》，文章在上海的《北华先驱周报》发表过，后来又以书的形式在中国出版。其中有这样一段感叹：

纵观中国历史，自古以来，“普天之下，莫非王土”这一观念已经达成一种共识。那耸入云霄的群山、果实累累的山谷、未被开垦的荒野及富饶的平原，莫不归属于皇帝。因此，无论什么时候，如果国家需要任何财富用于公益事业，它只需简单地向现有的财富占有人提出征用要求，并向其支付财富实际价值一半的价钱就可以了。其实，这样一笔费用只能算是对财富所有者的一种感情上的慰藉，而不是对他作为真正的财富所有者的承认。如果阿拉伯国王是一个中国皇帝的话，他就可以不费吹灰之力地把令人垂涎的奈伯斯葡萄园（Nabothvineyard）据为己有。他只要派几个臣子去将葡萄园征用就可以了，而奈伯斯也会马上屈从于他的命令，并在情感允许的情况下体面地隐退，将自己的财富予以奉送。①

权力固然可以使高烧的帝王在赤身裸体状态下坚持声称自

两千多年的成都古城建筑，剩下的古城墙极少，图为北较场一段经过修复的500余米长老城残墙。蒋蓝摄

位于北较场的老城门。蒋蓝摄

① ［英］麦高温著，朱涛、倪静译：《中国人生活的明与暗》，中华书局2006年版，第1页。

己穿着世界上最华美的衣装，但权力在很多时候的确赋予了柄权者一种隐身的法术。这与其说是权力自己发育出来的智能，不如说也是大众固有的权力崇拜情结催生出来的一件乌托邦产品。所以，赤裸的不是帝王，人们只看见华服在黉夜而走。这姑且可以作为“皇帝的新衣”的另一解。于是，无法无力觊觎权杖的人，就只能攥紧刀把子，把刀把子攥出血，成为权力的润滑剂。

我至今没有见过唐友耕的画像、照片。我一点也不遗憾。

道光二十九年（1849年）七月，刚刚由四川布政使调任贵州布政使的张集馨（1800—1873），在进京陛见时，张集馨被道光皇帝召见5次，与之议论官员贤否、吏治如何时，特别谈到四川官场。道光皇帝问：“四川吏治如何？官员是否勤能？”张集馨对：“州县中人才出色者少，循分供职者多，全在上司提倡。”这显然是有所保留的，皇上也焦头烂额，报点儿喜吧！作为至尊无二的“上司”皇帝（特别是清朝的，当然包括道、咸二帝）的提倡一直是好的，可实际又怎样呢？更多的是上梁先不正了，又如何指望底层的秩序。“监司大员行同市井，何以表率僚属？”[①]张集馨针对四川官场，提出了“政由贿成”的四字箴言，可谓击中了晚清官场制度的死穴。只要看一看晚清道、咸以来的吏治局面，便不难得出这一结论。由此，我们大可以窥见清末四川官场的魑魅魍魉，唐友耕俨然是其集大成者。

今日成都大暴雨，我恰好路过文庙后街，看到被雨水打扫后空无一人的文庙后街，它立刻变得宽阔了，像被回避的铜锣声肃清的街面。那里仅剩三道老宅院的青砖高墙，雨水在砖墙上漫漶，像

① 张集馨：《道咸宦海见闻录》。

我与唐友耕家族的后人合影

我与唐劳绮、蓝炳元两位长辈在成都陕西会馆。甘森摄影

“来归兽”与倩影的纠缠，像一把折断的粱……

而一个把自己的脊梁抽出来，在墓碑上磨砺自新当作投枪的人，他还站得稳吗？

我的朋友祝勇说，历史是“写”出来的。我不大相信稗官野史是正史补充的说法。这是掰断人手接在自己身上的“历史嫁接术”，这样制造出来的历史就是第三只手的诞生记。它们是两股道上跑的车，偶有交汇与交缠，在这个历史的平交道口，我们能发现，那些堂皇于正史的人与事，那些依靠蜜糖的诱因把褒义词的蚂蚁麇集于一身的宏大叙事，在它们每个词站立的反面，均有泄露机密的反词。当正史里的“纸人”与现实中的斜影构成狭路相遇的仇敌之际，邪不压正的叙述就是加在胜者一方的致命稻草。我就容易把面具与人脸混淆起来，而真相还原为面具，或者

成都城墙外的街景。美国人张伯伦于1909年拍摄

蜜蜂蜕变为苍蝇，但唐友耕还是唐友耕。

如果我们把近代农民抗争史中那些加在李永和、蓝大顺头上的“伪”字，那些糊在石达开头上的“长毛”“鬼”字标签，那些为巍巍官帽上再戴上的荆冠——“妖”字删掉的话，历史的篇幅就会减去四分之一。

这一切，都在历史的平交道口擦身而落了。

我想，唐提督会暗中邀请昔日的“唐帽顶”小聚一番，露一口黄牙，喷一口叶子烟，偶尔也会吸几口上好的“云土”疗伤镇痛。在他宽袍大袖的官服之下，历练自江湖的筋骨，还没来得及剔骨还父……这样，作为历史旁观者的鄙人，就不必再伤筋动骨了。

唐友耕的一生，不但是在墓碑上磨砺刀锋的一生，更是“以刀杀火”的一生。准确点说，“破梦之矛”属于唐友耕的意象。看看梦的构图：有人梦到钱“哗哗哗”，堆成了垃圾山。有人梦到肋骨长出葵花，还在跳忠字舞。我不相信薰衣草，可以引人遁入信仰。我不断梦到一支长矛，像福尔摩斯一般贴近我的后脑，某天它挥刀自宫，轻声而上，矛头嵌入我的头骨。直到我的呼喊把它烧红。在另外一个梦里，我像口灿莲花的老师，吐出来的是碎铁和牙齿。而在另外一个更替的梦中，面对我的失语，一个好人给我戴上了口罩。我无法像博尔赫斯那样，明智醒地来，我不行了——因为舌头上的倒刺，反而支撑住了崩塌的天庭。

一当定型的事物不可变易立场。所以刀一直停在蓝汪汪的记忆中，甚至没有热身，就插进了火焰的腹部。

火把刃口逼出羊水的气息，它们是孪生的兄弟。此刻火的腰肢蔓生歧义，相互绞缠更像是乱伦的姐弟。刀被越舔越黑，黑得只剩豫让的牙齿。在缤纷的碎绸中渐渐迟钝，刀瘦成了一根懵懂的扇骨，旋掌上之舞。

恒定旷野的总是跑兽的眸子，被白焰灌得酩酊大醉的铁，天灵开裂，彩翎飘飘，就像一只可怜虫腋生双翅。

以刀杀火，不过是为了回炉和淬火。刀关闭了血槽，承受十万只群星的马蹄，无声剁碎自己，直至碾成蹄铁。

修订后记　踪迹史，何为？

2017年12月。记得是在峨眉山七里坪，一个寒风呼啸的深夜，我不得不刹车了，修改了15稿的40余万字非虚构《踪迹史——唐友耕与石达开、骆秉章、丁宝桢、王闿运交错的晚清西南》（后文简称《踪迹史》）算是勉强交卷了。我并不感到满足，而是关心此书进展的人催促甚急。这样，我就陷入了一种麻木的空荡之感，心有不甘但似乎又被墨水掏空，只好就着山泉吃了一把枯叶。

几个月过去了，书也在一再地延宕中磕磕绊绊终于面世了。记得是在一个夏季，我在川南的自贡市举行一场“踪迹史”讲座，当地文学评论家王发庆提出了《踪迹史》当中，“具有人迹、史迹与踪迹的互嵌现象，这引起我的深思。某天傍晚，我依然在山风吹拂的七里坪林区散步，在人迹罕至的丛林边缘，我不得不止步，因为黑黝黝的冷杉林覆盖了半匹山，不见一丝天光。可以发现，黑暗就是丛林中升起的，那不但是没有被人迹所照亮的所在，而且黑暗加剧了丛林的野性。峨眉山特有的震旦马蝉，群鸣声响彻山谷，雄蝉发出电锯一般的叫喊，目的是招引远处的雌蝉前来交配，繁衍后代。但我觉得，它们是用叫声召唤、麇集黑暗。思想不能依靠思想的言说以清晰，黑暗也无从以更深的黑暗以自显，它们互为保管。这时，肉身的我的确感到心悸，手臂上泛起了一层疙瘩，只好原路退回。

我突然想到，“人迹”“史迹”与“踪迹”纠葛的乱麻，到底是什么关系？

“人迹”古语亦作“人跡”，亦作“人蹟”，即是人的足迹。最早的出典是《史记·秦始皇本纪》：“人迹所至，无不臣者。”《汉书·晁错传》：“人迹所及，靡不闻命。”晋代张协将此应用于诗歌，见《杂诗》之九：“溪壑无人跡，荒楚鬱萧森。”北魏郦道元《水经注·汝水》：“石径崎嶇，人蹟裁交。”清代王士禛《池北偶谈·谈异六·定数》：“菴僻甚，人跡罕到。”从这些记载来看，“人迹”是清晰而具体的，与“兽迹”相匹配，具备形而下的、肉身化实践特点。

我知道，人迹并非仅仅为了口福与情欲而伸延。克尔凯郭尔说：“正如熟练的射手的箭矢脱离了弓弦，在命中目标以前不得停息，人也是上帝以上帝为目标创造的，只有在上帝那里，他才有安宁。”努力抵达的过程，恰如庄子所言一尺之棰，日截其半万世不竭，如此留下的人迹，又具有夸父逐日般的伟迹。

那么，“史迹”呢？即“历史的陈迹”。

梁启超是汉语中最早使用“神话”一词的人。他在《新史学》中指出，旧史学的服务对象只限于封建官僚和知识分子，忽略了“人生日常饮食之常识的史迹”和“一般民众自发自进的事业”。这是我能找到的“史迹”一词的最早出典。后来胡适的《古史讨论的读后感》也指出：“我们看史迹的整理还轻，而看传说的经历却重。”我想，这包含两层意思，一是指具体的：历史文化的遗构或遗迹；其二是指向虚拟的，指年代湮远的史迹。

一般而言，西方思想分成三种不同模式看待人和宇宙，第一种模式是超越自然的，焦点在上帝，人是上帝创造的一部分；第二种模式是自然的，焦点集中于自然，即科学的模式，人是自然秩序的一部分；第三种模式是人文主义的模式，焦点是人，以人的经验作为人对自己、对上帝、对自然了解的出发点。近代以降，由于科技、理性精神的空前勃兴，“用人来占领自然”逐渐成为一种人文史观，无论是古典主义以及近代的西方美术，还是以《美国国家地理》为代表的图像视域，“人迹”已经是他们取舍自然、考量思想底蕴的一个绝对尺度，而这一构图模式已经极大地变乱了东方天人合一模式，滑入格式塔心理学美学圈定的畛畦。

我逐渐意识到，在天地人系统中，人、自然都不是主要的，它们统一起来才是关键。

因为“人迹”的加盟，远古荒野就因此获得了生机。

因为“人迹”的盘桓，废弃的建筑遗迹因此使人类早早获得了自然序列中一个“占头排位子”的板凳。

甚至，因为一头空降的豹子的“兽迹”，海明威眼中的乞力马扎罗山的山巅，又被一种巨大的生命之力提高了一个身躯的位置，它在大无畏地接近天庭。

我几乎可以下一个判断：就过往纸上或者仪文的历史而言，人迹是构成史迹最重要、最深切的痕迹。

自问，何为“踪迹”呢？

踪迹，名词，指行动所留下可以觉察的形迹。出典是汉代焦赣的《易林·豫之明夷》和司马迁的《史记·淮南衡山列传》。作为词语的“踪迹”，至少包括如下9种意义——

（1）脚印；足迹。前蜀韦庄《虎迹》诗：“白额频频夜到门，水边踪迹渐成群。”

（2）行踪。唐朝牟融《赠欧阳詹》诗：“为客囊无季子金，半生踪迹任浮沉。”如果说脚印是写实主义的，那么行踪则是概指意义的。

（3）事物所遗留的痕迹。南朝陶弘景《冥通记》卷一：“又检温铛中犹如常酒气，瓦盆中被水汤无气，都不见药踪迹，竟不测何所因托。”这一类意思已经十分接近我的本义，它扩展为事物在辉煌与湮没之间的轨迹。

（4）前人留下的遗迹。多指操行、学术、书画而言。北齐颜之推《颜氏家训·勉学》：“不师古之踪迹，犹蒙被而卧耳。”宋朝吴曾《能改斋漫录·记文》：“凡字之为体，缓不如紧，润不如密，斜不如正，浊不如清。右欲重，左欲轻。考古人踪迹，其言不妄也。”

（5）交往；来往。唐朝韩愈《顺宗实录五》：“交游踪迹诡秘，莫有知其端者。”

（6）行动；行为。

（7）指起居、供职。清朝叶廷琯《吹网录·开赵埋铭》：“观赵生平，不愧为忠义奇杰之士，且踪迹在吾吴最久。”

（8）来历；出身。清朝王士禛《池北偶谈·谈异四·濮州女子》：“遂携至家，拜母。母疑其踪迹，俾子遣之。”

（9）按照行踪影迹来追查、追寻事主。明朝方孝孺《大司农张公行状》：“妖寇有败而微服行乞民间者，后就擒，吏踪迹其宿食，逆旅家皆欲论诛之。”这很容易让我们联想起1962年拍摄的反特电影《跟踪追击》。

……

情况很清楚，踪迹大于人迹、史迹；又因为踪迹里灌注了太多的细节，它也因此高于人迹、史迹。这倒不是说以往的人迹、史迹里缺乏细节呈现，而是对细节与过程的标举从来没有像今天的历史文本里得到如此重视与爬梳。我一向认为，真正的意义恰在于历史细节与过程中所蕴含的特质。就是说，我心目中的踪迹史，是贯穿一切“地方性知识”的阿里阿得涅金线。

为什么这样说？无可避免地要引述德里达。

在［澳］尼尔·路西的《德里达辞典》（布莱克维尔出版社2004年版）里，踪迹（trace，痕迹），是符号的二元结构将其建构为一个统一体，是感性（thesensible）与知性（theintelligible）、能指与所指的统一体。在文本研究里，德里达使用“踪迹”（有时也作“原—迹”），为的是扰乱符号形而上学的决定论。因为反体制与反体系，历来是德里达思想极为重要的出发点。他的道理在于：有某种东西“先”行于符号，其内部的踪迹：那么，在符号被建构“之后”，仍有某物留存（remains），后者既影响符号的建构，又与符号不可分。

这就意味着，无论是马拉美诗歌中的“居间”特性，还是策兰诗行中的“密语”，均十分对应德里达理论中“踪迹”的绝佳实践，一言以蔽之，写作的过程便是消除原初印记、消除作者在场的“延异”的过程。

我在写作《踪迹史》过程里，没有照搬这一现存理论，我尽量不消除自己在场，反而尽其所能标举自己置身历史现场的感受，这是基于我的认识论：写作中，我必须回到历史现场，回到官场文牍、稗官野史、江湖切口、烟帮密语、袍哥茶阵、天府客家用语等构成的专属空间与特定时间，我才可能竭力成为一个文字/文学的福尔摩斯。我相信，我追踪的四川提督唐友耕的踪迹，他所带出的1850—1900年之间的四川官场史、军事史、民俗史、植物史、道路史、城建史乃至风化史，我已经尽了最大的努力再现。

我注意到，思想家福柯习惯以追溯历史的方式来讨论现在。在他的视域中，“现在”的形成，是历史的必然结果。他关注“现在”是如何形成的？此时此刻的“我”又是如何从历史中一步步地变化而成？这就是他从尼采那里发展而来的一种独特的“历史谱系学”。因而，“现在”不能不成为我的“踪迹史”当中的基准。

这是我回溯历史、打量当下、推测未来的水准仪。

来自乡镇村志、稗官野史记录、官方文件、田野考察、口述实录等这些基本事实，对历史学家来说都是一样的，它们是历史学家可资利用的原始史料，而非历史本身。是否需要确定这些基本的事实，肯定取决于这些物件包含的事实本身，我完全不同意历史中人事先需要做出一个貌似公正的判断，再来反推历史、罗织证据——这叫“以论带史”，并美其名曰命名为“论从史出”。它还暗藏着另外一种动机：宰制真相的往往是刻意打造的“历史新话”，它控制迫使个人的意识必须服从“历史新话”所许可的历史地表与空间：历史真相正在成为集体意志。

一如石头总要开口说话，我们选取哪些事实可以现身说法，它们的述说会成为我的话语，这些事实以什么样的顺序或是在什么样的情景出现，自然是由写历史的人决定的。我不完全同意德里达的名言“文本之外，什么都没有”，尽管我也同意散文家祝勇的判断：“历史是‘写’出来的。”我必须将这些过往碎片，纳入到一种我认可的历史秩序与语境当中，这就涉及我的价值向度。一方面是打捞、复原已经被严重妖魔化的历史真相的紧迫感——真相正在湮灭；另一方面在于，我不在此提出阶级、信仰、普世价值等标签，而是采用让生活回到生活、让民俗回到民俗、让战争归于战争、让婚恋回到婚恋的细节化呈现，让复杂的人性从血海里伸出属于自己的枝与叶。

传记是为传主服务的，是围绕传主而预设全部内在情感与外在事功的——写作者有以上帝自居的虚妄。但“踪迹史”不为传主服务，“踪迹史”要解决的，就是人的活动史、交往史、征战史、情爱史；最重要的，是事物的变迁史。所有的恩爱情仇、白云苍狗均在“踪迹”盘桓的专属空间与特定时间之内，我没有在德里达的麾下亦步亦趋，我的写作过程不是消除原初印记、消除作者在场的“延异”过程。

因为我在场，所以我追踪。因为我追踪，所以我的个人踪迹已经同历史踪迹打成一片。某种程度上说，踪迹史，也是我的观念演变史、我的成长史，踪迹史就是我的历史。本体论的研究对象是一个整体，方法论的研究对象却是各个零散碎片的细部。踪迹史是我的方法论，某种程度上讲也涵盖了我的本体论。

在这一修订本里，我补充、修改了10余万字内容，主要涉及细节、个案的呈现以及历史材料的考释，并修正了初版当中的若干谬误。尤其是增加了翼王石达开部的太平军对滇北、黔西、川南一带百姓生活带来的深远战争效应，这是以往研究者从来没有深度打捞的民间记忆。另外，四川提督唐友耕热心社会道德的匡扶与民情教化，我也实事求是对这方面予以了补充，进一步展示了人格的多面性。所谓“矫枉必须过正”，沐猴而冠，左上加力，极左的事功总是成为“正朔”范畴的最高音部；图片方面，因为又查阅到了三十几幅珍贵的老图片，补充进来，极大地弥补了文字无法企及的事物真相。

最后可以谈一谈暴动、暴乱问题。抛开既定意识形态把阶级斗争视为推动历史前进的动力因素，暴动、暴乱等不过是历史上一连串因饥馑、洪涝、大旱、兵变、税负、瘟疫等因素引起的民变运动；至于有极少数人渴望成为柄权者而掀翻帝王宝座取而代之，肯定是解决了基本温饱以后想出来的另外一条康庄大道，但这是极权之毒培育的一株乌托邦菌子：远远望去它很像美轮美奂的“万民伞”。对于太平天国，钱穆的论说较为公允：“饥荒可以促动农民，却不能把农民组织起来。”“因中国疆域之广，饥荒灾歉，只能占大地之一角。而且饥荒有其自然限制，一两年后，情形即变。因一时一地的变乱而激动变乱，要想乘机扩大延长，势必采用一种流动的恐怖政策，裹胁良民，使他们无家可安，无产可依，只有追随着变乱的势力。骚扰区域愈大，虐杀愈烈，则裹胁愈多。”张献忠作为“恶托邦”的杰出代表，杀天杀地，在四川有很多传说，可惜这些传说对他甚为不利，并进一步细化了他近乎病态的嗜杀动因：凭情绪的波动而杀。不但屠杀官军、百姓、小脚女人，而且刀头倒转，杀戮自己的官员、眷属与士兵。屠杀不休，以此佐证生命不止。这说明什么？有兴趣的读者，可以参见一本书：郑光路《张献忠剿四川真相》。

翼王石达开作为太平天国中最为优异者，懂一点太平天国历史的人，就知道他的人品与魅力。他的征途上鲜花与荆棘并生，在四川、云南、贵州有很多传说和史料记载，反而是怀念、赞美的多。在“土匪”“长毛”这类制度式标签之下，有人说，这些暴动者都是乱臣贼子，是反历史的。如果这话经得住检验，那么什么人才构成历史的主流？是体制流水线之下的猪羊顺民吗？何况，张献忠与石达开图谋四川不存在任何比附关系，前者是“大西国”皇帝，后者是为了图存而颠沛流离的流亡者。正因为较真，我才写完这部的《踪迹史》。看起来，有些人还坐在意识形态酿造的“暴动”的酱缸里，沿袭二元对立的思维模式，一味赞美“暴动”；现在时兴颠而倒之，又全力否决反权力人物的事功，从不研究历史人物的具体场景与具体事件。2015年年初，我在成都举行《踪迹史》学术讲座，一个学者竟然说，石达开并没有在民主政体、维护选举以及制度建设等方面做出什么成绩……这个学者的舌头似乎伸进了历史，但一不留神就把自由主义的唾沫喷出来了……对这样的思维模式，言语道断，我就不好再说什么了。所以，回到具体的历史场景，在最贴近真相的民间语境里逼视事态，我觉得我为读者修建了一个呈现事情、凸显真相的平台。

似乎大功告成。问题是，我心中反而一片荒凉。现在，我写干了墨水，也写干了眼泪。

写到此，窗外刮起了峻急的山风，那些冷杉林把藏匿在深处的黑暗，一片一片的抛起来，蝉声在风中破裂如口号，在暗淡的天光下作灵兽之物。其实，这是属灵之物，其中才有从未被他者眼光所瞩目的事物踪迹。我逐渐能感受到一种命定的东西在接近我，那是一种穿凿、麇集了文学、史学、考据、思想的“踪迹史写作”。我说过，我的一系列介入与在场，恰恰是在于行走在“叙述通达历史”的言路上。

2017年12月11日改定于成都

附录1　评论

精彩独特的文学踪迹史

——漫谈作家蒋蓝的《踪迹史》

◎王　火

蒋蓝是一位才华横溢而又能努力下苦功不怕艰难的作家。他如果写抒情性的散文，一样会写得很出色。但从2011年开始，两年间他开始创作《踪迹史》这样一部长篇历史散文，这就决定了他选择了一条吃苦写作之路。

在四川、云南两省边境的许多地方，他像一个探险家，像一个勇士，像一个采矿工，更像一名考古工作者或者探宝者，跋山涉水，不管春夏秋冬，七百多天里，寻寻觅觅，一字一句，洋洋洒洒，写写改改，先后12稿，胜利完成了任务。在2014年终于使这部出色的作品交由出版社出版面世了。在书的扉页上，他写着："谨以此书纪念太平天国翼王石达开在成都殉难150周年（1863—2013）。"这是一部读来可津津有味的长篇，也是一部有历史意义、历史价值，又有生动文学笔法、叙人叙事、动人心境的长篇历史散文。蒋蓝自己说："用近两年时间来全力完成一件事，长期奔波于田野山河之间"，"写作中，我必须回到历史现场，回到官场文牍、稗官野史、江湖切口、烟帮密语、袍哥茶阵、天国客家用语等等构成的专属空间与特定时间，我才可能竭力成为一个文学/文化的福尔摩斯。""我相信，我追踪的四川提督唐友耕的踪迹，所带出的1850—1900年之间的四川官场史、军事史、民俗史、植物史、道路史、城建史乃至风化史，我已经尽了最大的努力再现……"

我赞赏蒋蓝这种有大气魄、有雄心、有知难而进的创作态度与风格。

他无心取悦于文坛，但取得的效果却必然使对这种作品有兴趣的阅读者得到赞叹与满足。

生活是创作的源泉。蒋蓝是能真正深入到他要写作的那种生活中去的，尽管艰苦而且艰难。事实上，今人写过去的旧时代和旧人物，总比深入今天的生活写今天要困难，但他是努力深入了，而且确有所得。他的作品感染了我，我仿佛能看到他站在大渡河边面对大风呼啸、波涛滚滚，遥想当年石达开在此艰难作战的情景；又仿佛能看到他在寂静的深夜里钻研白天采访到的散乱资料；在大雨滂沱的夜晚、在孤寂简陋的客栈小屋里听春雨声奋笔写作……

书里写到过一件使我感动的事：关于太平天国翼王石达开被凌迟，关于其殉难的地点，他采访收集到五种说法，当他向两位学者发去求教电邮后，一个寒冷的冬夜，在家里回复来了，他突然发疯似的对妻子说："走，穿厚点，我们开车出去！"从成都九眼桥家中到达督院街口的"院门口"，已是深夜十一点半了！把车停下，面对深夜一个人都没有的清冷的大街，他对妻子说："相传这里是翼王石达开被凌迟处，当时翼王等人从科甲巷省臬台监狱被押到总督衙门受审，必须经过这里……"妻子在寒风中忍不住说："你这个疯子呀！来看什么？鬼影子都没有一个……"这其实不是笑话，这是痴心于创作的蒋蓝，一种沉迷于创作踪迹史的正常表现。有时候，创作也是需要一些这种"疯子"精神的。书中的翼王石达开，写的只是兵败大渡河直到被杀害就义的那一长段，但分量厚重，尤其是被残忍地一刀一刀凌迟处死，蒋蓝写得淋漓尽致，使我看得心悸手冷，血压升高。他引用的资料详尽而可靠，如清政府同治二年（1863年）五月二十三日处决石达开的档案原件；清政府同治二年理民府填发的给巴县府递解石达开首级回销及重庆府转发以极刑处死石达开并传首级被害各省告示札以及四川省档案馆藏清史图片集等等，对历史上的一些这方面的争议大有"钥匙开锁"的意义与作用。涉及石达开的字数，占本书约四分之一，但分量厚重，大气磅礴，感人至深，能引人浮想联翩！能使人热血沸腾，唏嘘长叹。

唯有作家写历史才可能这样淋漓尽致！

蒋蓝不仅是一个“写书的人”，也是个“读书的人”。他博览群书：正史野史、诗词歌赋、中外典籍直至写作本书时所能觅到的一切文史资料、四川典籍、地县方志、信函日记、档案文件、民间传说、地图照片、老人回忆以及书中人物后裔的叙述……均在阅读研究及考据之列。于是，此书得以丰满，此书得以完整，此书得以可信，此书得以成功。

“踪迹史”如果不是作家来写，纯由历史学家来写，可能不会像蒋蓝这部述作感人而且吸引人阅读。蒋蓝这部长篇是一位有思想的作家下笔，集文、史、哲于一体的作品。书中插有数十幅照片、图画，也为内容增色不少。文学作品重于塑造人物，尤其是典型人物，当然也要同时具有丰富的想象力，优美的文学笔法及文句、叙事、写景、状物……史学家重在发掘、研究，重在实地考察及潜心考证，有所发现和前进。哲人则从学术角度体现人之才能识见，从自然知识与社会知识之累积及体悟中寻觅出规律、法则及正误之道。蒋蓝在处理文史哲的问题上做得很出色。他是作家，文采斐然，他写踪迹史，自然要去伪存真；他是一个有思想有想象力的作家，于是自然而然在美文中并不揭橥什么主义，但常常在叙史叙事时颇多哲思，或诗意盎然。文笔锋芒，有时甚或带有“野”气。但这些都是在既尊重史实又尊重文学性的一种写踪迹史的必要和可贵之处！好的作家是应该有这些，也必须有这些的！

蒋蓝为什么选唐友耕这样一个晚清四川提督来做最主要的人物？写这样一本长篇非虚构踪迹史散文呢？这当然不是偶然的。唐友耕不是一个一流名人，但他却可以将许多重要的史实和重要人物串联起来。蒋蓝在书中极恰当地用“杀孽深重”“刀头舔血”来形容唐友耕。唐友耕只活了四十多岁，但却是一个复杂而重要的角色。这个晚清的提督祖籍江西，出生在云南靠近四川的大关县翠华镇，自幼习武，父亲在他出生不久就被仇家杀害，他年岁稍长后不务正业，曾是偷马贼，一天夜里潜入仇家一口气手刃7人，报仇后就潜逃，在四川参加了哥老会。1858年5月，从云南进入四川的李永和、蓝大顺聚众起义，唐友耕带着他的袍哥兄弟“十八勇士”急急赶来加盟起义，但唐友耕后来又叛而投顺了清朝官府，被授予五品功牌，此后就死心塌地替清廷皇帝出力，一帆风顺，由咸丰十年间从守备、都司、参将到副将，咸丰十一年升为总兵，同治一年成为四川重庆镇总兵；同治二年，清廷为奖赏唐友耕镇压石达开的功绩，曾先擢升他为“记名提督”，同治五年升为云南提督，光绪六年为四川提督……唐友耕是个杀人狂，在大渡河边曾下令一次大屠杀石达开降兵两千余人，后来在同治八年六月他又镇压云南回民起义，又在丁家湾进行过大屠杀……

选唐友耕这样一个人物作本书主线，从这样一个“杀人狂”的经历踪迹写出了晚清时期那段极不平常的历史，既有“李蓝起义”，又有“太平天国翼王石达开殉难”，更有大规模回民起义的人物和过程及各种世态情况，顺便交错写出了石达开、骆秉章、王闿运、丁宝桢等人物，于是，这像历史老人串起的一串晚清时期的珠链，作为骨董，自有其独特的价值。蒋蓝说过：“人迹是构成史迹最重要、最深切的痕迹。”我同意这位“文字/文学的福尔摩斯”说的这种话！

写踪迹史太过艰难，但蒋蓝这部作品应该说是一部成功的述作。有的书会过时，他这本书是富于生命而不会过时的！他吃的苦受的艰难太值得了！

2014年11月28日写于成都

——原载《人民日报》2014年12月8日

王火，原名王洪溥，江苏如东人，1924年7月生于上海。中国作协名誉委员。1948年毕业于复旦大学新闻系。四川人民出版社原副总编、编审，四川省第五、六届政协委员，四川省作家协会名誉副主席。四川文艺出版社原书记、总编辑，1987年春离休。1996年1月，《战争和人》三部曲荣获国家图书最高奖项——第二届国家图书奖。1995年，《战争和人》由人民文学出版社和四川作协同时提名参加第四届矛盾文学奖评选，1998年获茅盾文学奖榜首，同时又获全国“八·五”期间优秀长篇小说奖。

历史的空间化：蒋蓝作品的叙事研究

◎梁　昭

尽管文学想象可以驰骋宇宙四方——“抚四海于一瞬”，但对于致力构建美学空间的作家们来说，承载其身心的家乡或居住地通常是与其他空间不同质的所在：因其与感官、知觉、回忆的缠绕，故常常驱动着作家们在文学的历史中一写再写。对于其中优秀的作家来说，对家乡、住地这类因亲切而从所有的物理空间中超拔而出的神圣庇护所，塑造其文化地理意义上的“地域特征”并非他们的自觉追求，而是他们对现实空间进行准确精神还原的伴生物。用《空间的诗学》的作者、法国人加斯东•巴什拉（GastonBachelard）的话来说：这类空间“不再是从实证角度被切身‘体验’”，而是具有一种“梦境价值”，[①]是吸取各种形象在其周围的隐喻。

凭借诗性想象而创造了一个融合历史与现实、外物与自我的“四川”，正是我在四川作家蒋蓝先生的散文作品中体会到的空间塑造特性。蒋蓝先生自新世纪从现代汉诗创作转到散文写作以来，随着学识的积累和坚持不懈的思想砥砺、文体试验，近年来写就的重要作品有一种磅礴而慑人的力量，正如评论家不吝使用的形容词：“纵横捭阖，并吞万象，龙蛇飞舞，天地贯通。”[②]仔细分析，构成蒋著力量的很大一部分来自其匠心独运的美学空间的营造。文本中的美学空间，包括作者书写的现实地理、为

---

① 参见巴拉什对“家宅”的论述。［法］加斯东・巴拉什（Gaston Bachelard）：《空间的诗学》，张逸婧译：上海译文出版社2009年版，第3页。

② 王川：《蒋蓝：侦探历史生态的博物学家——读〈一个晚清提督的踪迹史〉》，《大众日报》2016年6月。

人物和历史塑造的时空体，以及文本层次的美学空间结构。[①]蒋蓝在近十余年的散文创作中围绕自己的家乡和居住地所在的四川省，创作了与四川历史、人、物相关的重要散文作品，比如《春熙路史记》[②]从成都最热闹的商业街写起，辐射到对四川省会历史的钩沉；《极端人物笔记》[③]可以视为6位川人和6位名人在四川的活动的小传；获得中国散文专项最高奖“朱自清散文奖”以及四川文学奖的《一个晚清提督的踪迹史》[④]是对晚清四川官场人物的书写；《极端植物笔记》[⑤]《极端动物笔记》[⑥]获得成都文学院2016年年度创作特等奖的《豹典》，[⑦]记录大量四川风物民俗；等等。作为行省地理、文化地理的四川给蒋蓝笔下的对象提供了存在的容器，构成了主题和空间形象上的连续性。然而，蒋蓝很明显地并非传统的地域型作家，不以塑造典型的地方形象、铸造地域风格为目的。他对家乡行省这一空间的运用，甚至不以添加文化地理的多元性为目标；而是出入于这片土地上的风物、掌故与个人的回忆与想象之间，通过思辨和幻想来体验刻苦求证的经验，再创造复杂多样的符号文本来再现“四川”的空间。借助持续不断的“四川”主题，蒋蓝创造了重新去体验这一空间的感觉结构。

◎“非虚构写作”的空间性

作为坚持文体创新的作家，蒋蓝近年用“非虚构写作”来概括自己自成一体的散文作品。他不是在出版/发表的类型上重视这个概念，而是深深

① 此处的区分借鉴叙事空间理论家加布里埃尔·佐伦（Gabriel Zoran）从垂直维度划分的文本空间三层次：地形学层次、时空体层次、文本层次。转引自王安：《空间叙事理论视阈中的纳博科夫小说研究》，四川大学出版社2013年版。

② 蒋蓝：《春熙路史记：一条街与一座城》，四川文艺出版社2010年版。

③ 蒋蓝：《极端人物笔记》，百花洲文艺出版社2016年版。

④ 蒋蓝：《一个晚清提督的踪迹史》，云南人民出版社2014年版。

⑤ 蒋蓝：《极端植物笔记》，海豚出版社2014年版。

⑥ 蒋蓝：《极端动物笔记》，东方出版社2015年版。

⑦ 蒋蓝：《豹典》，东方出版社2016年版。

认同“非虚构”的写作模式。在2013年发表于《作家》上的《非虚构写作与踪迹史》，以及前后的多次访谈中，他反复阐述“非虚构写作”的重要意义，[①]还总结了非虚构写作确立了“五个特征”。[②]概括地说，除了肯定“非虚构”文类关注重大现实的公共性价值和重视文学个性的美学价值以外，蒋蓝尤其认同“非虚构”这个通过否定式构词来强调的“求真”。如何求真？启动国内“非虚构写作”项目的《人民文学》主编李敬泽的表达大约是：走出书斋，走向现场，[③]借用人类学的方法论表述，蒋蓝将其称为“文学田野考察”，要求作家“必须全副身心的在场”。

在这里，通过“非虚构写作”来参与现实的阐述，是建立在空间隐喻的表述之上的。《人民文学》将非虚构写作计划命名为“人民大地•行动者”，“大地”象征以人的生存为尺度标识出来的最基本的生命空间，“行动者”即身体的移动——落实为李敬泽说的从“书斋”到“现场”的转换，以及蒋蓝的“田野考察”。蒋蓝还借用张承志的话，将非虚构的写作方法表达为“向山河与民众求知”。与“大地”一样宽广、永恒的山河，无疑承载了作家视为第一性的价值——真实：

---

① 概括来说，蒋蓝认为“非虚构”的概念虽借自20世纪中期的美国，但经过中国优秀作品的充实，这类写作标志着当下汉语文学的重大转型：去虚伪、去意识形态化、面对真实/现实、跨文体。（见蒋蓝：《非虚构写作与踪迹史》，《作家》，2013年19期）在2016年笔者对他进行访谈时，他首先花费了近一半的时间来谈论“非虚构写作”，并称之为对作家提出巨大挑战的“超级写作”。

② “五个特征”为：“作家全副身心的在场、具有普世价值的记录、独立的文学文本、富含多学科的跨文体叙事、激情溶解理性的情绪表达。”见蒋蓝：《凸凹的非虚构文学断代史》，《唐都学刊》，2016年第32卷第3期，第75页。

③ 据《文艺报》记者胡军的报道，2010年10月11日，李敬泽在《人民文学》举办的“非虚构：新的文学可能性”研讨会上宣布，《人民文学》将启动“人民大地·行动者”的非虚构写作计划，并在发言中呼吁作家们“走出书斋，走向现场，探索田野和都市，以行动介入生活，以写作见证时代”。这一呼吁被广泛转载和引用。胡军：《走出书斋走向现场——〈人民文学〉启动“人民大地”写作计划》，《文艺报》，2010年10月15日第1版。

浮荡在大地上的真实，如同清新的夜露擦亮黎明，世界就像一个开了光的器皿。而散文就要在山河与“人迹”中取暖。[①]

大地、世界、山河→器皿，前三个交替出现的带着空间特征的词语被比喻为空间性的容器——在这样的表达里，空间隐喻的叠加强化了非虚构写作的共时性维度：“真实”不在此处而在彼处，求真须得借助身体的活动，由开拓现实空间而开拓文学想象的空间。

由此，这可能就不算是巧合：回顾中国的“非虚构写作”，不少优秀作品的主题都蕴含着一个鲜明的空间意象。如：故宫（祝勇：《旧宫殿》）、夹边沟（杨显惠：《夹边沟记事》）、梁庄（梁鸿：《出梁庄记》）、牧场（李娟：《羊道·春牧场》）、瞻对（阿来：《瞻对》）、李庄（岱峻：《发现李庄》）、华西坝（岱峻：《风过华西坝》）、甑子场（凸凹：《甑子场》）……这些作品中的空间标识着两点主要意义。其一，质疑和颠覆主流叙事话语。如祝勇的《旧宫殿》文学性地重述历史故事，解构了故宫的威严，杨显惠的《夹边沟》、阿来的《瞻对》、岱峻的《李庄》、《华西坝》、凸凹的《甑子场》，多是不为人知的历史角落，是被主流历史叙述折叠的褶皱。而“发现”这些“小径分岔”的边缘历史、地方知识，能完善人们对过去的认知，发挥文学的社会批判功能。其二，回归生命原初、深沉的体验。如李娟笔下清新活泼的新疆牧场，梁鸿在家乡梁庄体会到的“这些情感、语言、智慧来自大地及大地的生活”。[②]

为何种种个性化的“地方书写”如此受到非虚构写作的青睐？因为一个地点、一个空间总是同时容纳多种形态的生存样式，包括多种记忆、多种话语、多条线索，包括“我”与“他”，“我”与“非我”，还包括已消逝的和未出现的。空间压缩着时间的多种可能性，无论是发现还是回到一个具体的地点，你总能通过沉潜其中淬炼出具有个性化的结晶。“走出

① 蒋蓝：《非虚构写作与踪迹史》，《作家》，2013年19期，第27页。

② 梁鸿：《从梁庄出发》，《梁庄在中国》，中信出版社2014年版，“前言”。

书斋，走向现场”之后，“现场”调动、吸引了所有的文学行动，因此反过来成为书写的总体意象。

蒋蓝贯彻非虚构写作的“文学田野考察”法，不是深入一个地点去深耕，而是去到很多四川的地点去开凿。比如在写《踪迹史》的过程中——

“……横江镇人大主席团主席郑启友一直陪同我踏访横江镇……我们先后去了黄鳝沟古战场、石城山、云南水富县楼坝镇等地；……后来我又去了江安县、长宁县、兴文县、高县（含庆符县）、盐津县老鸦滩、大关县以及西昌市、乐山市、雅安市、犍为县、名山县、洪雅县、丹棱县、眉山市、青神县、汉源县、石棉县等地，采用把纸上历史予以‘现实对位’的还原法，尽力复原一段波诡云谲的历史。”[①]

与蒋蓝作品同样数目庞大的“文学田野地点”令人印象深刻。人类学田野考察的目的是“复原”没有被述说过的地方知识，在这一点上，蒋蓝的“文学田野”与之有相通之处。通过穷尽所写对象在空间上留下的蛛丝马迹，再用自己的“踪迹”加以印证、补充、纠正，蒋蓝获取了大量第一手资料。他的作品也因此具有历史学、民俗学的价值。如：《极端植物笔记》里记载的瓦山杜鹃、威远镇七星海椒、犍为县藿麻、石门山兰花、自贡龚家的竹丝扇等等，还有“人物笔记”、“动物笔记”及“踪迹史”里数不胜数的关于地方“冷僻知识”的信手记录。

不过，文学写作的最终目的在于审美，而不仅仅是提供知识。仅提供地方知识的书写，最终呈现的地理空间是客观的、对象化的空间，与人保持着距离。梅新林提出文学地理学的三大支柱在于“版图复原、场景还原、精神探原”。[②]蒋蓝书写地方就有独具一格的空间“复原”技术。试举

① 蒋蓝：《有些事，可遇而不可求》，《一个晚清提督的踪迹史》，云南人民出版社2014年版，第446页。

② 梅新林：《文学地理学：基于“空间”之维的理论建构》，《浙江社会科学》，2015年第3期。

讲述成都近郊举事反清首领“廖观音”的《大脚蛮婆于锋刃作掌上舞——兼论绳妓的历史命运》一文为例。该文分四节，第一节“凉水井地望”是正式进入历史叙述之前的空间铺垫。作者展开生动的笔法，把个人的观察、体验和地方的历史、传说穿插叙述，交代了作者曾经居住过的、曾为客家“东山五场”、现属于成都东边龙泉驿区的“凉水井”。以一口井命名而且已被新地名覆盖的小地名，非亲自见闻不能发现，也是与一个个体的身体相匹配的尺度。由此勾连成都客家地区的异质空间和历史，在一开头就具有鲜活的存在感。而历史话语也因为叙述者对此空间的见证而“成为”现实。蒋蓝把自己的行动织入他所写的空间：

> “我在凉水井的茶铺吃茶……”
> “外面飘起了牛毛细雨，我慢慢喝着一杯涩口味苦的‘三花’……”[①]

作家喜欢用这些人、景交融“闲笔”，把一个静态的物理空间推到前景，使之获得身体性的活力。因此，诸多现实的地理空间，在他的笔下并非作为叙事的背景和框架存在，也不是作为人物舞台的那个均质的空间，而是由叙述者的身体、行动召唤出来的一个感性空间。蒋蓝把“走向现场”转化为一种空间写作技术。

◎“踪迹史”：时间的空间化

20世纪以来的叙事理论出现了从传统的重视时间的叙事到重视空间形式的“空间转向”。其一，现代主义的文学创作用“并置”的方法来打破时间顺次。其二，“空间”在文本分析中被抽绎为一种认识论，覆盖了从自然空间、社会空间和叙事空间各层面。[②]从现代诗创作进入文学领域的蒋蓝具有写

---

① 蒋蓝：《大脚蛮婆于锋刃作掌上舞——兼论绳妓的历史命运》，《极端人物笔记》，百花洲文艺出版社2016年版，第38页。

② 龙迪勇：《空间叙事学》，三联书店，2015年；吴治平：《空间理论与文学的再现》，甘肃人民出版社2008年版。

史的偏好，他的历史散文作品体现出他对空间叙事的敏感和偏好。

以“踪迹史”这个蒋蓝独创的概念为例，它体现了一种有意味的时空感。一是记忆的断裂。“踪迹”意味着原初形态完全消逝，人、事不可复原、再生，历史仅以碎片的方式留下一些痕迹。二是连续性的空间。历史的痕迹保存在空间里，凭借空间——也只能凭借空间，我们才得以思考、重建历史的绵延。“踪迹”就是“因为空间化而变得更加坚固”的“美丽化石”。[①]三是个体的踪迹。踪迹还意味着“寻找”，所谓“寻踪觅迹”。保存着“过去”的空间，得由身体的感知来加以确认。因此必须由作家本人进行“文学田野考察”，进行“现实对位”，从“我”之踪迹去确证历史之踪迹。四是踪迹的踪迹。踪迹还是散点式、漫延式的。由于历史本相的缺失，对踪迹的考察，常常会指向其他的踪迹，因而形成一个踪迹的网络。所以蒋蓝说：“一个人的踪迹史是把一个又一个的空间串联并敞开”，“……晚清四川提督唐友耕一个人的‘踪迹史’……是首先引我步入迷宫的‘阿里阿德涅之线’，从而带出有关四川晚清时节的官场史、军事战争史、执政史、民俗史、风物史，等等”。[②]以上的分析和引用既关乎书写的内容，也关乎书写的形式。蒋蓝撰写的以人物为中心的“边缘历史”，与传统的人物传记、历史书写有明显的区别；尽管引入了“我”的视角，但也和解构立场的历史叙述稍有不同。他常常依照空间而不是时间的线索展开叙事，把历史事件放在现实可以进入的空间去展开，这使得在历时性的事件呈现出共时性、视觉化的效果。

先看《踪迹史》各章节的标题。大约三分之一的标题是由地名构成。例举第三章和第四章的小节标题如下：

（第三章）唐友耕的纠缠术

奇人何崇政和他的祖坟

---

① ［法］加斯东·巴拉什（GastonBachelard）：《空间的诗学》，张逸婧译，上海译文出版社2009年版，第8页。

② 蒋蓝：《一个晚清提督的踪迹史》，云南人民出版社2014年版，第4—5页。

拉锯战中的精神胜利法
奸细如飘坠的枯叶蝶
骆秉章的驭人术
大山坡与狮子山的藿麻
犍为保卫战
洼岩腔
萧寺寻尸以及梦启神力
丹棱县的“大石包”
绵州内讧

（第四章）用血磨刀，横槊横江
唐友耕从涪州城墙飞纵而下
梅花镇的竹飙与脆蛇
清军兵器谱
横江镇的阵势

（注：下划线为笔者所加，用以标注地名）

这两章分别讲述的是唐友耕等先后与李蓝起义军、与石达开太平军作战的事件。章节标题标注的地名代表的地理空间大小不一。绵州、涪州是古地名，犍为、丹棱是县，梅花是镇，横江是自然地理，也是镇名——这些都是古今的行政区划建制；另外还有表示具体地点的（何崇政的）祖坟、（犍为县）大山坡和狮子山、洼岩腔、萧寺、（丹棱县）大石包。这些不同类型的地名表示不同的叙事功能。一般来说，绵州、涪州、犍为、丹棱、横江等行政地理都与比较确凿的历史事件相联系，比如唐友耕抵抗李蓝大军攻城的“犍为保卫战”、唐友耕抵抗石达开进攻的涪州之战，这些事件堪称历史上重要的史实。而较小的、较具体的地名、场景，则用来展开一段细节，或提示由“此踪迹”撒播开的“彼踪迹”。比如用一节的篇幅来书写的“洼岩腔”，只是因为“据说李蓝起义军打了败仗后，元气大伤，也在洼岩腔抓鱼吃"；[①]又如"奇人何崇政和他的祖坟"一节，写名山人、李蓝大军的"军政司"何崇政。在整个叙事的过程中，时间的脉络隐藏在空间的切换之中。从名山县何崇政的祖坟，到井研县的"拉锯战"，到川南丘陵山区的枯叶蝶（比喻战争中的奸细）……每个章节的推进，都像是作者在四川地图上的移动。"踪迹"确是以山河大地上的形态来显现的道路网络。

再看具体的行文。如上一节的分析，蒋蓝擅长鲜活的空间叙事。他的历史作品的有趣之处是他总是从邀请你跟随他进入一个具体的空间开始。比如"踪迹史"全书的第一章"被飞掷的李子与马蹄突破的较场空间"，从成都东较场开始写。这个地点并不是主人公的出生地，也不是人生戏剧的发生地，只是他在较平淡的后半生中履行职务的一个地点，当然，也是今天仍存在的地点。蒋蓝是这样开启历史回忆的："**一个冬季的上午，我开车在成都紧邻东较场路的落虹桥路口等信号灯，看见一辆惊慌失措的轿车面前站着一个满脸幸福的少妇，……在一阵惊天动地的汽车刹车声里，我突然想起一个东较场的铁血人物——晚清四川提督唐友耕。**"像这样由叙述者的现实身位召唤出来的历史在书中反复出现："2010年2月15日，我来到昭通市的大关县一带进行田野考察。想起李短褡褡，想起唐友耕等人的命运……"[②]"2011年初春的一天上午，我来到名山县城外，把车停在一个树林中的空地上，……"[③]决定"我"的行踪的自然是唐友耕等历史人物的踪迹，但在文本的表面，却是"我的踪迹"反复出现，像一个不断重复的音乐动机，主导着叙述的走向。最后，唐友耕个人的故事也结束于开头的成都东较场：从一个地点出发，历经发生在时间里的事件，在同一个地点结束。也就是说，这圆形叙事的始与终，在叙事时间上属于唐友耕，在叙事空间上属于作者。而空间的同一性，意味着这个故事的开始即结

① 蒋蓝：《一个晚清提督的踪迹史》，云南人民出版社2014年版，第111—112页。

② 蒋蓝：《一个晚清提督的踪迹史》，云南人民出版社2014年版，第35页。

③ 蒋蓝：《一个晚清提督的踪迹史》，云南人民出版社2014年版，第76页。

束——这就如同历史之于我们的隐喻。

再具体分析：蒋蓝写成都东较场——唐友耕故事的开始和终结之处——的什么？“在谣言中倾斜的成都东较场”一节体现了蒋蓝典型的空间叙事特点。回到唐友耕曾经统领过的清代绿营兵操练的东较场，蒋蓝描述这个他每日上班停车的停车地的街景，谈到此处曾有的华阳县城隍庙、成都市城隍庙街小学，议论“广场”的含义，回顾1911年的“成都兵变”、清代在东较场举办的“打李子”民俗、1895年在东较场南侧的四圣祠街发生的“成都教案”、成都童谣里关于端午节和东较场的记忆……这样的概括无法再现文本叙述的丰富和复杂。不过从梳理过的线索可以看到，蒋蓝不太在意时间的次第：重建一个地点、一个人的先后发展过程不是他的目的，他的目的是创建一个空间的精神影像。对东较场的古今演变，蒋蓝把它置于东西方“广场”空间的比较之中，考察此种类型的空间在中国的近代化转型中发生了何种权力运作的变迁：

> **“一个体制的权力空间逐渐让渡于民事，不但可以容纳法律的威仪，也可以接纳万众狂欢，还可能酝酿阴谋与暴力革命。这在某种程度上，也暗示了权力、民事、暴力革命具有相互传染、互成默契的可能。”**①

这里的意思是，表面看起来立场相互矛盾的历史事件，实则出自共同的权力运作基础——也就是“东较场”这一社会空间内嵌的权力结构，在不同的时代生产出具有相似性质的历史。如此一来便可以理解，看似随意铺陈的史料实则是依据空间权力批判的逻辑来加以组织的。

把这种空间叙事特点放在全书里去看，则可以知道，蒋蓝通过“过去”留在一个个具体空间里的“踪迹”去书写历史，而又因为他倾向于穷尽空间里所有的历史记忆来把握某个空间的精神结构，所以他的“四川晚清官场断代史”体现出通过四川空间精神结构的层面来把握晚清人事的方法论。作者所说的“历史规律性的根源”正是根植于此。

---

① 蒋蓝：《一个晚清提督的踪迹史》，云南人民出版社2014年版，第407页。

◎文本的美学空间

文本的美学空间指的是一种知觉空间和抽象空间。[①]借用这个概念，我想讨论的是，重视描摹具体地理空间、具有显著空间叙事特点的蒋蓝文本，具有何种美学空间特性？这种文本的美学空间又让读者对四川空间产生了何种认知？

首先，蒋蓝的跨文体写作缔造了一种复调和对位的文本形态。他的一部历史作品常常包括以下8类文体的几类或全部：诗歌，散文，随笔，[②]小说，思想断片，口述实录，历史图像，历史资料。比如《踪迹史》全书“最为艰难的部分”——写石达开强渡大渡河失利最惨烈的一节“紫打地渡口”，使用除了小说和口述实录以外的6种文体。此节后半部分刻画英雄失败的悲剧性时，作家用了6页的篇幅，变换文体来咏叹、思忖大渡河河床的鹅卵石，借此表达对石达开命运的叹息。举例如下：

1.诗歌：“美人的口袋里装满了鹅卵石/把天国的时光/带往水底”

2.散文：“想起石达开，以及数万太平军将士，他们的命运就像这无边的鹅卵石，铺成了铁青的石阵。”

3.随笔：“我甚至梦到，那无尽的长梦把遗恨压缩成了一小块肾结石，正越来越深入和坚硬地预谋和等待下去，直到暴虐的欲念运行过来，会被它狠狠挡住，它要让脔割自己的制度痛出原形！”

4.思想断片：“果有神者，请举起河床上的所有鹅卵石，铺河为路，

---

① 龙迪勇：《空间叙事学》，三联书店，2015年；吴治平：《空间理论与文学的再现》，甘肃人民出版社2008年版。

② 随笔在一般情况下视为散文中的类别，但蒋蓝专门把随笔单列为一类，并且认为它是尤其重要的。这是因为他是在奥地利作家罗伯特·穆齐尔提出“随笔主义”的角度来写作“随笔”，即将这种文体视为体现独立思想的写作。蒋蓝曾说：“散文是文学空间中的一个格局，随笔是思想空间的一个驿站。”转引自：王锐：《一个随笔主义者的心灵净化与遐思之旅》，《岁月》，2012年第2期。

雷暴一样袭向对岸。”

5.历史图像：“翼王石达开远征路线示意图”

6.历史资料：转引自《大渡桥横铁索寒》、薛福成《书剧寇石达开就擒事》关于石达开率领太平军在紫打地行军和渡河的历史资料。[①]

如前所述，蒋蓝擅长通过增加空间的厚度（对大渡河环境的描写）来塑造历史细节。历史资料、历史图像及由此出的散文记载，交代了事件的主干，而穿插在事件叙述过程中，用诗歌、思想断片、口述实录等来聚焦、放大事件发生处的某个细节（鹅卵石），构成对主体事件的复调和对位。也就是说，同一个场景和细节，用不同的方式、不同的角度去回应，开拓了人们对于历史的思考视野，同时也增强了过去和现在的交流。

其次，蒋蓝通常用不断延宕的叙事方式来造成涟漪式的文本形态。以收录在《极端人物笔记》里的《褴褛时代的火焰凌霄——刘文彩三姨太凌君如身世揭秘》一文为例。文章最后两节关于凌君如最后命运的记载，运用了散文、思想断片、口述实录、历史资料、历史图像的不同文体。凌君如最后的境遇是什么样的？作者不厌其烦地给出了各种版本的说法：

1.周少英的口述实录：讲述凌君如晚年拒绝揭发刘文彩、在街上乞讨的境遇

2.1958年大邑县地主庄园陈列馆工作人员的见闻：凌君如“神经已不大正常”

3.作者的采访记录：凌君如最迟去世于1961年

4.宜宾民间学者丁芝萍：提供了关于凌君如之死的两种说法

5.尹剑秋《刘文彩新太太凌君如末路》一文：详细记载了凌君如生命最后一刻的情景

① 蒋蓝：《一个晚清提督的踪迹史》，云南人民出版社2014年版，第192—198页。

历史考证确应注重资料的全面性，并辨别资料的可信度。蒋蓝历史散文的特别之处在于，他给予这些资料平等的位置，详尽地再现资料的获取方式、尽可能地给出资料的原始形貌，然后对其中合理之处进行联想和发挥。如上蒋蓝用第1、2条资料相互印证完后，援引基督教“窄门”的典故，评述了凌君如自己的是非原则；接着又用自己的采访记录来修正第1条资料中的时间错误，给出地方学者收集的凌君如之死的两种说法。很难求证这两种说法何者正确，作者也没有评判，只点出了凌君如“死的时候穿着一件大红毛衣”的形象，映衬主人公戏剧性的人生转折。行文至此，读者本已感受到作家对历史、对人物的态度；但接着又有“凌君如之死的另一版本”一节，用其他人的回忆从凌君如离开刘家的情形开始叙述，直到她最后一息的细节。为何如此安排？根据历史人类学的观点，任何关于历史的叙事都只是关于历史的特定记忆，[①]因为历史已经永远缺失，我们能够接近的，只是体现不同立场的关于历史的记忆而已。当蒋蓝把各种历史记忆都编织进一个散文文本时，顺着在时间中进行的文字读下来，事件的终结一再被延宕，人物的结局始终悬而未决。这种叙述方式就好像以主人公为圆心，四周荡开了层层涟漪。此文的最后一层“涟漪”，是作家讲述自己亲自到凌君如临死前居住的地点附近，看到凌霄花“花盏里装着倾倒不尽的火”，接着由凌霄花的文化意象展开，表达了对所写人物的人格和命运的评判。因为是借花喻人，所以作家的道德批评仍是含蓄的、象征性的，用一种言外之意的古典美学效果来烘托一名历史上的边缘人物。

总的来看，蒋蓝作品中复调和对位式、涟漪式的文本空间，在总体意义图示的框架下，使历史的横截面、空间的细节趋向于无限丰富，从多角度刺激人们对于历史的想象。在文本层次上塑造这种美学空间特点，使他笔下的四川人物和四川空间，呈现出实在与幻想交织的特点。

---

① 王明珂：《华夏边缘：历史记忆与族群认同》，社会科学文献出版社2006年版。

结语："现代地"书写地方

蒋蓝的作品具有明显的现代感。在这里，现代感的意思一是指作家坚持现代"普适的正义价值"，从现代人的道德价值出发，从独立于权力的文化人格出发，去评判历史上的人物——掌权者暴露出嗜血的本性，失败者拥有伟大的气概，道德模糊者既可悲可叹又有可怜之处。二是指作家创造的"新散文"文体，内含了现代人的生存感性：断裂、破碎、无目的性。在这两个角度下看蒋蓝书写的地方文本，其采用的共时性、并置性的叙事特征，其书写的"曲径分岔"的地方历史，不以建立整体的四川文学形象为目的，却建立了复杂精微的空间感知方式：即以个人的身体感知系统出发，如何从经验到抽象，从细节到总体地去感知地方、思考历史。

——原载《阿来研究》第6辑，
四川大学出版社2017年版

梁昭，四川大学中国俗文化研究所副教授，中国多民族文化凝聚与国家认同协同创新中心研究人员，四川大学文学与新闻学院文学人类学专业硕士生导师。

历史的踪迹

——蒋蓝著作的人类学意义

◎罗安平[1]

摘　要：蒋蓝的著作《踪迹史》是一部地方断代史，也是集历史、文学、人类学于一体的跨界书写。笔者认为，其中“踪迹”一词可谓贯穿三者之关键。本文分析蒋蓝著作中，由“踪迹”这一人类学方法串连的“历史”与“文学”，探讨其写作背后的人文思潮及其意义与影响。

关键词：蒋蓝　踪迹史　文学　人类学

在古希腊语言中，“历史”（Historein），本义为“问询”，意味着作史者身体与心灵的综合卷入，即身心灵必须同时在场，才能“究天人之际，通古今之变”。从对“历史”的书写史来看，这种综合性在场的本质要求，在学科壁垒分明的“学术时代”受到一定弱化，“摇椅上的历史学家”[2]占据很大话语权。而在人文社科经历了“写文化”的语言学转向之后，[3]人类学视野与方法被引入史学界，大量历史书写与研究强调回向田

① 罗安平：西南民族大学副教授文学人类学博士。

② “摇椅上的历史学家”：在人类学学科史上，早期的人类学家，以弗雷泽的《金枝》为代表，主要根据史料与文献进行人类学研究，没有实地调查，被称为“摇椅上的人类学家”。笔者在此化用此语，比喻没有任何田野调查的历史学家。20世纪中后期以来，人类学的视野与方法被引入到史学界，引起历史研究的诸多讨论与思考。

③ ［美］克利福德、马库斯编，高丙中等译：《写文化：民族志的诗学与政治学》，商务印书馆2006年版。该书对“文化”“历史”等事项所具有的“书写”性质进行剖析，成为人文社科领域的反思之作。

野，“历史”便在人类学与文学的多重镜像中，更加清晰地映照去者，昭示来者。

蒋蓝的著作《踪迹史》是一部地方“断代史”，也是集历史、文学、人类学于一体的跨界书写。这既是读者与评论界的阅读共识，也是蒋蓝自觉追求的结果。他在该书的自序里，明确宣告“这是一部旨在恢复汉语传统文史哲三位一位的跨文体之书。”[①]如何做到？笔者认为，其中“踪迹”一词可谓贯穿三者之关键。本文拟分析蒋蓝著作中，由“踪迹”而串连的“历史”与“文学”间距，探讨写作背后的人文思潮及其意义与影响。

一、“历史”审思：谁在入史，如何入史

1. 历史的手电筒：“流氓无产阶级”的入史意义

《一个晚清提督的踪迹史》（以下简称《踪迹史》），其主人公唐友耕，虽然曾任四川提督，即驻扎四川清军的直属军士长官，为从一品官，但在历史长河中，这一人物不但在一般民众中鲜有耳闻，而且在各类文献中也仅占寥寥几笔，那么，他何以进入蒋蓝的历史之眼中呢？蒋蓝坦承，他也在是梳理农民起义将领石达开的过程中，慢慢注意到这位“极其复杂的人物”，认识到其或许是进入四川近代史的一把钥匙。在作者看来，唐友耕的复杂性不仅在于他的身份构成，而且在于不同人对他的功过评论。他从江湖到庙堂的身份转变，集反叛与革命、寡情与重义于一身，既曾“偷盗、杀人亡命、力战李蓝大军、围剿翼王石达开、镇压云南回民”，却又在不少人笔下获得“敬礼士夫、爱恤士卒，为西南良将”的赞誉。[②]

如何面对这一历史文本留下的“沼泽境地”？蒋蓝将他笔下的主人公定位为“流氓无产阶级”。我们暂且不论这一定位本身的内涵，而仅从这类人物入史的意义来看，可以瞥见蒋蓝的历史观及其背后的人文立场。

① 蒋蓝：《一个晚清提督的踪迹史》，云南人民出版社2014年版，自序，第5页。

② 同上，第5页。

蒋蓝相信，“我们面对近代地方史时，不仅要研究农民阶级，研究地主阶级，还要研究极具特色的流氓无产阶级。”[①]由此进入，方能带出一个地方的“官场史、军事战争史、执政史、民俗史、风物史等。”[②]的确，历史流沙俱下，正如飞鸿之于雪泥，不同的人物在历史中留下名字与踪迹，他们大可不必承担对历史的任何溢美与巩固，反可凭其独特原型与多元演化，引致不同时空的多层面观照，照见丰富而多歧、分叉的历史，这样的历史资料，值得为史者认真检视与审思。

多歧的历史，或曰复线的历史，在历史学家杜赞奇看来，正是对史学界长期以来流行的“线性历史观”之抗争。杜赞奇认为，上两个世纪所写的历史是我们所熟悉的：线性的、进化的历史不仅是我们体验时间的主要方式，也是我们存在的主要方式，虽说此种历史观对于实现某些现代化目标发挥了一定作用，但它为了摧毁和驯化“他者”，也带来了极权与封闭。[③]因此，在《从民族国家拯救历史》一书中，杜赞奇以一系列个案揭示被摄取与被隐匿的历史，比如孙中山与兄弟会的关系，比如市民社会中民间宗教和“迷信”怎样与革命话语相争夺。同样地，蒋蓝对晚清提督（无产阶级流氓者）的研究，犹如一只历史的手电筒，照亮蛰伏于历史地表之下的累累孽账，看清由伦理与权力浇筑的历史结构，如何形塑着过去，作用于未来。这样的揭示和照亮，其意义何在？杜赞奇的书副标题为QuestioningNarrativesofModernChina,是对中国现代话语的质疑，因为他感觉到在中国的历史叙述结构中预设了现代化的乌托邦理想，把现代性作为唯一的标准，很多旧的历史、叙述结构和通俗文化被拒之门外，而这样的历史代价是沉重的，即被压抑的过去终将会作祟于现在。[④]就此意义而言，我们看到，蒋蓝的非主流历史叙述，也旨在钩沉被遮掩与被利用的多元性与差异

---

① 蒋蓝：《一个晚清提督的踪迹史》，云南人民出版社2014年版，自序，第8页。

② 同上，自序，第5页。

③ ［美］杜赞奇著，王宪明等译：《从民族国家拯救历史：民族主义话语与中国现代史研究》，江苏人民出版社2009年版，第17页。

④ ［美］杜赞奇著，王宪明等译：《从民族国家拯救历史：民族主义话语与中国现代史研究》，江苏人民出版社2009年版，第48、49页。

史，正如黄帝内经中“钩沉”是对人体脉象的诊断，对历史的钩沉，正比拟于对历史话语的疗救。

2. 非虚构写作：书写历史的路径

作为一位资深诗人与专业作家，蒋蓝的历史书写呈现明显的“文学性”。在此，我所言之文学性，具有以下几层含义：其一，诗化的语言，生动而富饶的叙述方式与修辞策略；其二，庞杂多样的文献材料，不仅有各类正史、方志，更有无数“野史”、传说与民间故事，共同构建可触可感的生活场景与历史真实；其三，田野在场的历史体验感，以文学化的第一人称方式呈现，弥合时空差距，突显历史的温度与厚度；其四，在对历史有深刻洞察时，随时迸发出碎片式随想，恰恰是这些随想，组成对历史的睿智反思，使作者自己追求的“文史哲”三位一体之理想得以体现。

说到文学与史学的渊源，我们当然可以上溯至司马迁或希罗多德，以叙述“故事”为主，可谓中外传统史学的基本精神。但在文史哲专业分科、学术专业制度化以后，历史有了“学院派”与“演义派”之分，学院派的历史导向科学客观却冰冷而无情，演义派通俗生动却常常陷入个人假想与观点论战中。近代能够将文学与史学结合的中国史研究典范，当数耶鲁大学的史景迁教授，其代表作《康熙》，①他化身康熙大帝本身，发挥历史想象，把客观历史转为自传文体，充分呈现中国皇帝的喜怒哀乐与帝国全貌；在《王氏之死》中，②他更运用文学材料来书写历史，将蒲松龄的文学故事穿插到妇人王氏的梦境中，在如梦如幻的文字中建构出17世纪中国山东农村的生存境况。相比而言，蒋蓝著作中的文学性，来自于自身的作家本性，如他所言，源自真实生命的需要。带着感情去写历史，在文学中建立自己的世界观与人生观。

值得指出的是，无论是史景迁，还是蒋蓝，其历史写作中的文学修

---

① ［美］史景迁著，温洽溢译：《康熙：重构一位中国皇帝的内心世界》，广西师范大学出版社2011年版。

② ［美］史景迁著，李孝恺译：《王氏之死：大历史背后的小人物命运》，广西师范大学出版社2011年版。

辞，与主观虚构想象写作有着迥然不同的指向与依归。在上述二者的著作中，我们能看到，他们都谨遵传统史学要求，依靠文献证据与田野材料，几乎可做到“无一字无来历，无一处想象无根据”。在“进行低限度的推论与思想修复”之时，尊重的是具体的历史环境，也即历史规律性的根源。这也是蒋蓝近年来极力主张与践行的“非虚构写作”，也就是在“作家具有独立的价值向度的前提下，对一段重大历史和某个人物的生活予以多方位、跨学科考察的文学性叙述。”①而我们知道，这样的多门类穿插，对作家的整合能力确乎提出更高要求。在蒋蓝的文本里，通过“踪迹”而呈现的物种志、民族志、地方志，正是其非虚构写作的炼达之处，也是其通达“人迹”“心迹”和“史迹”的路径。

二、踪迹：从脚下之路到纸上之路

将著作命名为“踪迹史”，蒋蓝对踪迹的意义显然寄予厚望。在自序中，他写道：“历史即是人迹铺成。但主流史学观认为，重大的往事才成为史迹，而在个体生命与连贯流动的历史关系中，探寻历史运行过程中个体生命的踪迹，自然成了我的着手点。”②从人类学的观点来看，所谓踪迹，既是田野里的忠实记录，也是对历史的求证，更是连接历史与现实的隧道。在场的体验与发现、证实与证伪、追问与审思，成为历史人类学这一分支学科存在的理由，也是蒋蓝著作堪称“历史人类学”范本的原因。

那么，蒋蓝在田野现场探寻到什么样的“踪迹”？据他所言，在尽量坐实人物的历史时空坐标之余，更为关注其行踪涉及的自然地理、人文地理以及与之相交错的人际兴衰、风物枯荣。③的确，无论是俗话所言之“一方水土养一方人”，还是学术上的“地理环境决定论”，无不表明，具体

---

① 蒋蓝：《非虚构写作与踪迹史》，《作家》，2013年第19期，第22页。

② 蒋蓝：《一个晚清提督的踪迹史》，云南人民出版社2014年版，自序，第3页。

③ 同上，自序，第5页。

的自然地理环境，往往也是窥见历史规律根源的场域。因此，要探究蒋蓝这本《踪迹史》，不妨换个角度去看看，历史人物活动与作用的空间，以及此空间里的万物生长与繁衍。

1. 藿麻与豹：动植物的隐喻性

实际上，蒋蓝对动植物的关注与研究由来已久且深刻独到，其专著《极端植物笔记》《动物论语》《豹典》等，在文学界树立起独特的生态文学与思想随笔相结合之典范。在《踪迹史》一书中，涉及的物种千奇百怪，动物中如马、豹、蛇、乌鸦以及枯叶蝶、桐花凤，而植物里的藿麻、兰花、蔓青与黄葛树等，无不具有“独钟于蜀地，近乎灵异”的功能与暗指。以藿麻为例，蒋蓝对这一物种的踪迹考察可谓眼观六路、耳听八方：第一，从博物学角度进行知识考古，论述其“奇毒却可以药用”的特性所在；第二，结合自己的亲身经历，感受民间如何处理这样的棘手之物，“一种柔弱的植物，也具有足以致命的自卫武器。”第三，从野史与民间口头传说中，从四川人端阳节习俗里，联系张献忠屠川历史，“简直是一根恶草引发的血案”；第四，如此铺排荨麻的踪迹，乃是要回到历史的现场，引出历史的隐喻：“1859年，四川的时局简直不是热锅上的蚂蚁了，而是猪群涌入了藿麻林。”[①]经由如此繁复的植物踪迹考察，蒋蓝最终才得以提炼出自己诗性的历史观：在层层藿麻林之下，藏着尸骨。

蒋蓝对动植物的寻踪，其目的更在于其象征与寓言功能。在《豹典》一书中，蒋蓝直言：我心目中的动物，不但是天地间的容器，上帝的器皿，还是道义的衡器。[②]在《踪迹史》一书中，作者用了整整6页来想象豹、描写豹，实则是对农民起义失败者石达开的怀想与寄托。“豹子的全身被愤怒烧红，眼睛像要开锅，它们用嘶吼来表达内心的沸腾。但还有一头豹子，已经从吼声中逸出，回到了一块石头上。天色暗下来，石达开倒在利碛堡路边的石头上，像一头虚脱的豹子。”“这样，我就必须看见一

---

① 蒋蓝：《一个晚清提督的踪迹史》，云南人民出版社2014年版，自序，第103页。

② 蒋蓝：《豹典》，东方出版社2016年版，第2页。

头豹，因为失名而逐渐变黑。放它到广大的旷野，豹子研石一样亮起来。这是我无力抒写的，我的墨水只会加剧事情的复杂。”[①]清代袁枚曾说，作者因情而生文，夫读者因文而生情。读到如此深情而忧思的关于豹的文字，读者获得的是什么呢？敬文东在为《豹典》作序时说，蒋蓝要读者了解豹子，尤其是关于豹子的观念史的当口，必须随时凝神回望表达本身，蒋蓝在百科全书、观念史和表达本身之间，为读者设置了短短几秒钟的区隔。[②]正是这样的区隔，让我们得以从历史的缝隙中，找寻现实与过去、自己与他者之间的关联，从而，也是读者在寻找自己的踪迹。而这，也许才是读史本该有的意义。

2. 山魈与黄彝：绘制历史底色

可以说，对四川提督唐友耕一个人的“踪迹”考察，实则是打开并串联起一个又一个时空。在《踪迹史》一书中，那些与唐友耕交叉相联的人物，既有石达开、骆秉章、王闿运、丁宝桢等“名人”，他们从一个侧面呈现晚清社会的官场史、文化史、思想史等；此外，石达开的女人们，唐友耕的兵士们，以及散布于民间江湖的“哥老会”“姊妹会”等，更是演绎出一幕幕隐形而激荡的社会史、心性史、意识史。

难能可贵的是，长期行走于山野荒冢间，蒋蓝听闻并亲历无数鬼怪之事，他从未板起一副“现代人”的科学面孔将其排斥，而是如实记录下来。例如，在宜宾一个叫“石城山”的地方，一位农民给他讲述奇事：山崖里偶尔有山魈出没，形如婴儿，一足食蟹，不是如今所言的猴子一类。当年张献忠屠川，尸横遍野，聚精而成。怒则飞沙走石，或者点燃山林，焚烧庄稼……闻此故事，蒋蓝如何反应呢？他写道：“天地间常有不可思议之事。自问我是不信鬼神的人，但又无法证明，石城山的山魈到底是什么！说起来真不敢相信，但它偏偏存在于当地的传闻中。”[③]如前文所述，

---

① 蒋蓝：《一个晚清提督的踪迹史》，云南人民出版社2014年版，第215、216页。

② 蒋蓝：《豹典》，东方出版社2016年版，第5页。

③ 蒋蓝：《一个晚清提督的踪迹史》，云南人民出版社2014年版，第163页。

在线性历史观之外，蒋蓝留意并尊重这些“迷信”的、多元的话语叙述，也许正是绘制真实历史的底色。

在大西南这片土地上，还有一类人的踪迹，较少见诸于正史之中，却正是近年来民族学、人类学的“学术兴趣点”，而这也正是“西南史”的独特之所在——多民族的多文化富矿区。随着作者的田野足迹，蒋蓝讲述他所遇见的藏族、彝族，以及他们具体的分支、习俗和语言。略举两例：在石棉县，藏族以松林河为界，其自称分为“木业”“木雅”和“尔苏”“鲁苏”。并且，彝族称藏族为“卧助”，每年农历八月十五日，尔苏藏族举行“环山鸡节”，这一天是尔苏人迁徙定居的日子，也是祭奠祖宗的日子。[①]在大渡河河谷，蒋蓝也结合历史文献、学术研究与自己的人类学考察，记录了一个特殊的族群——黄彝。蒋蓝在追踪石达开投降后的余部结局时，查阅到太平军后代的事，“相当数量的人在漫长的生活和特定的环境下，已成族。”彝族学者罗庆春专门告诉蒋蓝，至今在石棉县陡峭的大渡河河谷里，有一个已经“彝化”的部落，种苞谷、土豆为生，他们对外宣称自己就是太平天国“长毛”的后裔。[②]文中此类记述甚多，相信这样一本《踪迹史》，堪称这片土地上隐形历史的“侦探”书，也将成为学者们的“参考本”。

◎结语

法国人类学家克洛德·列维-斯特劳斯著有《忧郁的热带》一书，在美国人类家家克利福德·格尔兹眼中，这是一部“转喻性的邻接文本”，认为其既是游记、民族志报告、哲学文本，又是改良主义宣传册和文学作品，形式上兼容并包，而所有文本类型组合、转喻，交织产生出一个共同的“探

① 蒋蓝：《一个晚清提督的踪迹史》，云南人民出版社2014年版，第209页。
② 同上，第268页。

索故事”。[1]由此我们可知，书写历史、文化及所有人类故事，从文学、人类学等多途径进入，也许更能使文本展现真实世界的复杂与多元，因为那些微妙而重要的领域——比如一个人的喜怒哀乐，一个人的寂寞与梦想——这些学术语言称之为心性史、观念史的地方，都不能凭冷冰冰的资料数据与理论建构所能通达，它们是雪泥里的飞鸿，涟漪里的云影，需要有心人，从人迹、心迹到史迹，从脚下之路到纸上之路，步步走过，且行且思。用蒋蓝的话讲，即为：行走在历史中，犹如与自己的另一半相遇。

——原载《阿来研究》第6辑，
四川大学出版社2017年版

① ［美］克利福德·格尔兹著，方静文、黄剑波译：《论著与生活：作为作者的人类学家》，中国人民大学出版社2013年版，第64页。

简论蒋蓝的“非虚构写作”写作

◎**王学东**[1]（西华大学人文学院，四川　成都　610039）

面对天翻地覆的历史巨变，晚清重臣李鸿章曾发出“三千年未有之奇局”的感叹。对于这个时代，尽管我们现在还难以说产生与李鸿章一样的“天崩地裂”之感，但是天翻地覆、日新月异、多元多维却可以说是当下社会的真实写照。“家中方一日，世上已千年”之感，在当下并非是一梦幻般的戏言。此时的我们，在工业机械文明、城市商业文化以及娱乐消费主义等浪潮的包裹之中，我们不断地遭遇着各种各样的概念、面孔和力量，我们一边沉迷在儒、道、墨、法、阴阳、纵横、佛之中，言说着天、理、性、命、忠、孝、节、义、法、术、势、色、空、名、相等命题，一边又被希腊、希伯来文化所击中，时时将自由、民主、平等、权利、博爱、正义、科学、理性、上帝、原罪、市场、法治、宪政等挂在嘴边……更为要命的是，我们的生活方式、居住环境、自然氛围，乃至我们的思维方式，也都播散出了各类异样的面孔。整个社会也呈现为非中心的、多主体的弥散、滑动的多元状态。那么，面对这样一个纷繁复杂、波澜起伏的时代，我们的文学是投入其中与之肉搏，还是视而不见抽身离开？然而此时，我们的文学似乎还没有相应的应对能力，因为我们大量的创作还陷溺于视而不见抽身离开的真空状态里，小灵感、小情趣、柔媚、温情、闲适主题涂抹着这个时代，大众的欣赏水平还止步于心灵鸡汤、励志叙事、人生哲理、格调品味的糖衣之中。王国维说“一代有一代之文学”，在这样一个纷繁复杂、多元纷呈的时代，我们的文学该怎样投入其中与之肉搏呢？

---

①　王学东（1979—　），男，四川乐山人，文学博士，西华大学人文学院副教授，硕士生导师，主要研究当代诗歌、民国文学、巴蜀文化。

要拿捏到这个复杂多变世界的本相，要炸响人性和心灵的秘密，要目击个体的声音，就必须有一套与之相应的多重意蕴的话语体系和意象世界，一套能有效地照见“丰富本身”“多元本身”的“大文本”这样的打量工具。蒋蓝的创作所贡献出一系列的“丰富文本”，并走向“非虚构写作”实践与尝试，就规划出文学如何投入到时代之中并与之燃烧的“另一道门”。从20世纪80年代的诗歌创作开始奠基，蒋蓝便一直致力于他散文世界的文字建筑。他编著了近20余部诗歌、散文、随笔作品集，通过他长期的散文创作实践，他的作品已慢慢熔铸出一种特有的驳杂宏富的“跨文体”“跨学科”的散文创作路向。用他自己的话来说，就是“跨文体”“互文性”写作。正是这种省思，他的散文创作筑建出了一个个的“丰富文本”，或者说“文字的现代摩天大楼”。在《豹子的精神分析》《舌头的文化分析》《从掐脖子到锁喉术的“大跃进”》《火焰叙事》《卞和的痛哭仪式以及第三只脚》《伤口的纯光迫使黑暗显形——国画大师陈子庄的成都断代史》《褴褛时代的火焰凌霄——刘文彩三姨太凌君如身世揭秘》等作品中，他游刃有余地融汇了如此丰富而又如此精细的材料，古今中外的从文学、历史、哲学著作，到宗教、政治、经济、天文、地理、动植物等各类文献资料，再加上神话传说、地方掌故、民风民俗……一起参与到他文字的“摩天大楼”建构之中，形成了一种宏富、繁缛、厚重、博大的“大文本”样态。同时，在此基础上，他这种追求更规划出他特有的“非虚构写作”诗学之路。在长文《非虚构写作与踪迹史》中他集中阐述了“非虚构写作”，“作家们调动的人类学、考古学、神话学、自然地理学、人文地理学、民族学、民俗学、语言学、影像学等等学科逐渐进入文学域界，考据、思辨、跨文体、微观史论甚至大量注释等开始成为非虚构写作的方法，这样的努力日益清晰地、形象地复原了真实历史的原貌。”这些驳杂的材料，以及他大开大合的文本，使得他的大量作品堪称大排场、大制作。他的近作《踪迹史》，正是他“非虚构写作”的完美呈现。此时，他的作品不仅是一部文学、史学、哲学三位一体的跨文体之书，呈现出一个复杂迷离的文字“七宝楼台”，而且还跨越了文字资料、文献材料的界限，进一步向“踪迹”“田野”开进。他以一场身体力行的对“踪迹”的跟踪，重现了生命本真的宽阔的场域。正是在这样的天地之境中，一个人在历史滚滚车轮之下与他人之间交错的历史，他与空间交错的历史都一一释放出来。也正是在这样一个阔达的空间之中，作者有了在山川河流、风土人情、虫鱼鸟兽之中重新去打磨的心灵，寻找生命留下的烙印的可能。

蒋蓝的这种大气磅礴的“大文体”，尽管融入了这么多的文献、材料、史实，以及大量的引用、注释，但却并非成为一种知识写作、套词写作、概念写作。他的“大文本”中的这些知识、概念、文献、材料、史实，不断地与生命、心灵、思想相碰闯、相激荡。正是这些文字材料、文献资料等副文本参与、组建，以及现实踪迹的介入，自我、灵魂、世界才搭建起了一个巨幅背景，我们在此之中方可朗现生命的纵横驰奔，方可奏鸣世界的旋律。同时这些文献、材料多元共生，多元共荣，统一地纳入到他“思想基座”之上，一同构成充沛且丰腴的思想伟力的气场。这样他的“非虚构写作”汹涌着生命的大血脉，奔腾着时代的大波浪，成为试图掌控“全域人性”、究览“天地之心”的巨制。同时，他作品中大量的材料，也丝毫没有遮蔽他个体细腻、微小而又清澈的生命细节和体验。甚至在他的创作中，他对细节的迷恋是如此的热衷与沉醉。他的《寂寞中的自我指认》《梼杌叙事——一个有关暴乱、缺失、颠踬以及挥霍青春的札记》《词锋断片•雪亮的内部》《词锋断片•缓慢的技艺》等，正是在这些个人化的细节之中，把他文本中玄学、伦理、宗教、民俗、掌故、传说……等一一嵌入到肉体之中，点燃生命照亮大地，映带出酣畅淋漓的生命之音。可以说，蒋蓝的创作构筑出多层次、多维度“非虚构写作”的“大文本”，这为他进入复杂时代内核的思考，锻造出了一套极为有效的工具系统。

他散文创作的这种突围，并非只是建构出一个个丰富的文本“织体”的手艺而已，也并非仅为“形而下”的操作系统。他“非虚构写作”的“大文本”，自身就有着特有的伟力，也彰显出独特的思想旨趣。我们对历史的进入，就是对历史现场的进入。在宏大叙事、大词历史之中，历史的真相和本质往往被遮蔽，建立在这个地基上的思想大厦，也仅是海市蜃楼而已。即使是“虚构写作”，如果没有对“历史之真”的深刻反思，如果没有“历史之真”的照亮，也将陷入泥淖的深渊之中，没有超越和深入的可能。蒋蓝的“非虚构写作”，极为看重“真”的价值，有着鲜明的“求真意志”。他以大量的历史材料乃至田野考察，多视野、多角度的还原到历史的现场，特别是还原到历史的具体空间场景，形成无遮蔽的、敞开的经验，让我们在具体的空间场景之中直接去面对历史，这在一定程度上还原真实的历史。正是在这样的文字追求之中，蒋蓝的“非虚构写作”，成为与这个滚滚红尘世界和曲折迂缓心灵世界匹配的最有力的试金石。在“非虚构写作”的全域场景之中，生命、世界、命运被无数角度照见，而玲珑剔透，而纤毫毕现。

尽管在一些人看来，蒋蓝“非虚构写作”中驳杂的资料和引文，在一定程度上会淡化个人的主体性和创作性，但他还是坚定地守卫着这一道门，义无反顾地在“大文本”之路上轰轰地向前推进。特别值得注意的是，他还以充沛的个人化历史与想象，在他似乎快被淹没的“大文本”之中，勃然屹立。这就是出于自小习武的经历，他以绵密的生命细节，对“武功”“侠客”“刀”“复仇”等世界展开了精致的刻绘。他编著的《折骨为刀：中国历史上著名侠义事件》，他的自传散文《梼杌叙事——一个有关暴乱、缺失、颠踬以及挥霍青春的札记》，以及他对鲁迅《铸剑》的解读等作品，乃至细察他的大量作品，都无不闪烁着刀光剑影，流淌着暴力热血，充溢着快意恩仇的畅快之感。这些武功、刀剑，并非是我们想象意义上或者文学意象上的武林世界，乃是他长期践行的具有实用格斗价值的武林世界的再现。正是这种实战格斗的武术训练，不是他生命体验的专属座驾，也使得他的作品出现了大量的练功、厮杀、暴力、血腥、刀锋、铁器等意象和叙事，这在当代写作中是少有而且独特的。而且更为重要的是，这种“尚武精神”，暴露出他咄咄的强劲生命力，更使他全域关注具有真正爆发力的内核。而且在习武之身、尚武之气的灌注之下，他的“大文本”也在向“自由精神”抵达之时有了更为成熟的地基。

当然，蒋蓝的这种“非虚构写作”与他长期所浸然的巴蜀文化有一定的关联。《西京杂记》中记载司马相如的创作经验谈，“合綦组以成文，列锦绣而为质，一经一纬，一宫一商，此赋之迹也。赋家之心，包括宇宙，总览人物，斯乃得之于内，不可得而传。”司马相如的文学创作，就具有复杂、广阔多变的艺术视野和包举宇内的野心。近代蜀学大师蒙文通也在《古族甄微》中专门指出蜀人的这种“驳杂”特色，“蜀人有自己的传统文化，未能笃信儒家的学说，仍然酷好文学。……把辞赋、黄老、阴阳、学术合为一家的很多，这种风气好像在巴蜀有深厚的基础。”[①]他的“非虚构写作”如何才能在文本中形成更为有力的“组合拳”，也需要他进一步的实践和探索。但是，蒋蓝“非虚构写作”所呈现出来上天入地的求索精神，融汇全部人类文化的气度，成为对大千世界的一种有力的透视。同时他作品中坚持不懈的求真精神，及向着自由进发的精神旨趣，对当下文学乃至当文化走向成熟，走向集大成，无疑都有着重要的启示意义。

——原载《阿来研究》第6辑，
四川大学出版社2017年版

① 蒙文通：《蒙文通文集·古族甄微》，巴蜀书社1993年版，第255页。

"锋刃上的幽光"

——论蒋蓝历史散文写作

◎袁　昊

内容摘要：蒋蓝历史散文成为近年来散文界的"别样新声"，甚至出现"蒋蓝式现象"。蒋蓝历史散文之所以异军突起，一方面在于其书写内容上，即对四川近现代人与事的重现与重述；另一方面在于其书写方式上，即"踪迹史"的创造性运用。"踪迹史"是蒋蓝对非虚构写作的提升与创新，"文学田野调查"与跨文体的散文写作则是蒋蓝对"新散文"的超越。蒋蓝历史散文，一定程度上已开启了一种历史散文写作的新向度，推进了当代散文的变革与发展。

关键词：蒋蓝　历史散文　历史重述　踪迹史　新向度

蒋蓝实际上是以诗人身份出现于中国当代文坛，作为后期"非非主义"的中坚代表，诗人是蒋蓝最为显著的身份标签。但翻看蒋蓝近30本作品集，诗歌集却只有极少数，更多的是散文随笔集，似乎散文家才更符合其创作事实与身份，蒋蓝也频频获得各大散文奖项，如2016年获得中国散文界最高奖"朱自清散文奖"。标签与身份往往是了解一个人的小小窄门，窄门无论如何辉煌与简陋，它也仅仅是道门而已，更重要的是通过这道门进入院子与厅堂，那才是最为重要的部分。评价一位作家最可靠的方式就是读他的作品。毫无疑问，蒋蓝的作品，尤其是他的历史散文，开启了一条历史散文写作的新径。本文试就蒋蓝历史散文写作展开分析与论述，以期能对散文界的"蒋蓝式现象"有所回应与研究。

一、重现与重述四川近现代史

蒋蓝散文创作量很大，所涉内容包含多个领域，他关注身体，如《身体传奇》《媚骨之书》；关注动物，如《玄学兽》《哲学兽》《豹典》《极端动物笔记》《动物论语》；关注植物，如《极端植物笔记》；关注建筑，如《正在消失的建筑》；关注职业，如《正在消失的职业》；关注鞋，如《鞋的风化史》；等等。近些年蒋蓝把重心放在对四川近现代史中人与事的书写上。

蒋蓝关注四川近现代史，一方面与他在四川出生与生活有关，对于地方自然的爱恋；另一方面也与他的写作观念有关，蒋蓝自己坦言他是“要通过历史解决一些能够解决的问题”，“作品要有现实针对性，必须留下这个时代的痕迹”。[①]所以他不写与自己不相关的历史，不写没有现实针对性的历史，也不写与时代相隔太远的历史。选择关注四川近现代的人与事就是成为一种必然。蒋蓝对四川近现代人与事的书写，有他自己的选择标准与价值判断，他关注那些被宏大历史书写所遮蔽的人与事，关注这些人与事在历史罅隙中所发出的幽光，以及这种幽光对人性的星光般烛照。

蒋蓝对四川近现代人与事的书写，其贡献可以概括为两点，一是重现；二是重述或者重构。

宏大叙事一直是中国历史书写的主流模式，1949年后以革命史观统摄整个历史书写，20世纪80年代以后新启蒙史学观和现代性作为历史书写的基本原则，到90年代末21世纪初中国历史书写出现了“后现代转向”，历史重述成为常态。[②]整个中国近现代史书写是以宏大叙事为主流，四川近现代史书写也是如此，革命而且是党化意识形态后的革命成为四川近现代

---

① 曾祥惠、济铭：《蒋蓝：十年踪迹十年心》，《中华读书报》2015年9月16日第7版。

② 李怀印：《重构近代中国：中国历史书写中的想象与真实》中华书局2013年版，该书对20世纪中国历史书写模式进行了系统梳理与论述。

正史的书写主流，《四川近代史》[①]《四川现代史》[②]等主流历史著作莫不如此，尽管它们也从政治、经济、军事、文化、民族几个方面进行分别论述，但其主线仍然是革命，即使是新世纪出版的《四川通史》清代卷和民国卷，[③]其书写模式仍袭旧制，少有革新。后现代史学的一个显著特征就是去中心、去宏大叙事，把重心放到社会底层与边缘，去发现那些被淹没的人与物。从这个角度上看，后现代历史观念与书写有其合理性及存在价值。显然蒋蓝的四川近现代史书写受到这些史学思潮影响，有学者就指出蒋蓝的这一特点，认为蒋蓝的《一个晚清提督的踪迹史》"提供了后现代主义历史哲学视角下非虚构框架中的踪迹史写作范式"[④]，是否提供了"踪迹史写作范式"有待讨论，但是受到后现代历史观的影响是可以肯定的。

受怎样的历史观念影响以及采用怎样的历史书写模式，实际上并不是最关键，重要的是其历史书写是否完整呈现具体的历史样貌。去除意识形态与叙述修辞，历史只能是历史，而不是别的代言物与试验场，或许这才是最有实际意义之处。蒋蓝似乎也没在历史观念与书写模式上过多纠缠，他只通过对四川近现代的人与物进行钩沉与书写，用文章自己来印证历史，让历史在文章中复活。

蒋蓝对四川近代史书写的贡献之一就在于他对唐友耕、何崇政、廖观音、凌君如等四川近现代历史人物的重现。唐友耕[⑤]这个人物，在由众多大人物闪耀的中国近代史中仅能算个"二流人物"罢了，根本进入不了主流史学界的法眼，即使放到地方史中，也仅仅是在谈论到石达开在四川被捉时提一提此人名字罢了，基本上属于记名式的人物。就是这样一个被淹没的人物，蒋蓝却钩沉出宏广的历史天地，唐友耕甚至是"盘活19世纪50年

---

① 隗瀛涛等：《四川近代史》，四川省社会科学院出版社1985年版。

② 王斌：《四川现代史》，西南师范大学出版社1988年版。

③ 吴康零：《四川通史·卷六·清》，贾大泉：《四川通史·卷七·民国》，四川人民出版社2010年版。

④ 于昊燕：《历史的箭镞——〈一个晚清提督的踪迹史〉与非虚构写作》，《青海师范大学学报（哲学社会科学版）》2015年11月第6期。

⑤ 蒋蓝：《一个晚清提督的踪迹史》，云南人民出版社2014年版。

代西南地区历史”的重要人物，他“把石达开进入四川、李蓝起义失败两股巨大的势力串联起来”，对了解19世纪中后期四川及西南地区政治、军事情况有重要的帮助。何崇政[①]这个人物就更小了，作为李蓝起义军的“记室”、“护国军政司”，基本不值一提，蒋蓝却将其从历史尘埃中淘洗出来，呈现出了在社会变乱时期一个底层知识分子如何报国无门进而投靠起义军再而遁迹山林精研武术演绎出《峨眉拳谱》的人生轨迹，是分析晚清社会的典型案例，具有极为重要的历史价值。廖观音[②]是清末四川红灯教首领之一，反清灭洋不成，最后被剿灭。这是我们从正史中所了解的廖观音。蒋蓝却从晚清四川社会生存情况、四川客家文化、民间绳妓等角度，重新梳理与分析廖观音这一历史人物，让我们对廖观音获得不一样的历史认知。凌君如[③]是四川大地主刘文彩的三姨太，是现代之前遭遇一夫多妻制度的万千女性之中的一个而已，本不值一书。蒋蓝却在这万千之中把她发现出来了，一方面与“大地主刘文彩”这棵大树有关；另一方面与她所勾连的丰富的现代四川社会历史关系有直接关系。通过勾画凌君如的一生，我们也能看到四川社会从20世纪20年代到60年代的变化过程，以个人而写社会历史，注目的是凌君如这样的小人物，而其背后的寓意却是那更宽广的社会历史空间。由蒋蓝所重现的四川近现代人与事还很多，比如国画大师陈子庄等。[④]

重现是因为之前正史中没有，如能找到一些史料，进而把这些遗漏的历史人物重新叙述并推出来，似乎难度不大。但如果对原有的历史人物进行重新阐释，即历史重述，其难度就要大得多，所谓“熟题新做难于天”就

---

① 蒋蓝：《名山奇人何崇政——一个被逼上江湖、拒不接受招安的书生》，《极端人物笔记》，百花洲文艺出版社2016年版。

② 蒋蓝：《大脚蛮婆于锋刃作掌上舞——兼论绳妓的历史命运》，《极端人物笔记》，百花洲文艺出版社2016年版。

③ 蒋蓝：《褴褛时代的火焰凌霄——刘文彩三姨太凌君如身世揭秘》，《梼杌之书》，东方出版社2014年版。

④ 蒋蓝：《伤口的纯光迫使黑暗显形——国画大师陈子庄的成都断代史》，《梼杌之书》，东方出版社2014年版。

是此理。蒋蓝对四川近现代史书写的贡献之二恰恰就在于他对我们耳熟能详的历史人物重新书写。石达开是我们都熟悉的历史人物，说熟悉其实也语焉不详，但至少知道这个人是谁，对其人生经历就知之甚少了，至于其在四川的突围、被捉、被杀就更不知其所以然了。蒋蓝对这一我们模糊不清的历史人物进行详细重述，他从石达开率军逃入四川境内的石柱县开始，沿着石达开军队突围路线图，蒋蓝一个人亲自实地考察故迹重访，把这一突围过程详尽复原，尤其是对石达开在大渡河紫打地被捉的经过、在成都如何被凌迟处死的都非常细致地重新梳理论述，基本上重塑了石达开这个历史人物形象，甚至刷新了史学界对石达开的研究，如对史学界一直没有定论的"石达开凌迟之地"，蒋蓝的研究就给出了较为可靠的结论，石达开凌迟之地"就在（成都科甲巷）臬台监狱旁边的三合土院坝之内"。

除了书写四川近现代人物外，蒋蓝对成都城市的近现代变迁史也极有研究，他出版了两本书专门谈论近现代成都这座城市，一本是《天下名城》[①]，另一本是《春熙路史记：一条路与一座城》[②]，前者是整体性书写，后者是微观性书写。《天下名城》不梳理成都城市演变，而是"集中在城市的沧桑屋檐下，投射在它的砖石与阡陌之间，寄托于对碧水、城堞和往事的感叹中。"关注的是人文的成都、生活的成都和生命个性的成都。蒋蓝努力地去扑捉与描绘能够体现成都历史名城的那些感觉，并用他那多姿摇曳的笔去一一展现。《春熙路史记：一条路与一座城》是从一个具体"地点"——春熙路，切入成都这座城市，来反照成都这座城市在近代以来的历史变迁与风俗化移。实际上关于春熙路的文章与著作已经不少，蒋蓝却以全新的角度来重新描述这条成都"城市之眼"的商业街，匠心独运，别具一格。

蒋蓝如史家侦探一样，用他那火眼金睛扫描被排挤出四川近现代史的那些人物以及这些人物活动的四川广大的历史空间，并在他的层层抽丝剥茧之下让这些人物重出历史地表，丰富与扩大了四川近现代历史场域，也

---

① 蒋蓝：《天下名城》，时代出版社2009年版。

② 蒋蓝：《春熙路史记：一条路与一座城》，四川文艺出版社2011年版。

廓清了诸多的历史迷障，重现与重述了四川近现代史。

二、“踪迹史”：蒋蓝式的非虚构写作

蒋蓝对四川近现代人与事的书写给人如此大的冲击力，并不仅仅在其所书写内容上，这些内容放到任何一个历史研究专业学者身上，似乎也不是多难的事，蒋蓝的历史书写之所以如此与众不同、成为特别的“那一个”，还在于他独特的书写理念与方法，直言之，蒋蓝的历史散文书写是他“踪迹史”这一非虚构写作的具体展现，非虚构与“踪迹史”是深入理解蒋蓝历史散文的不二法门。

“非虚构”作为近些年一种写作热潮，与2010年《人民文学》“非虚构”栏目的开设与倡导有一定关系。《人民文学》2010年第2期开辟“非虚构”专栏，呼唤与倡导一种新的散文写作方式，这种新的散文即被命名为“非虚构”。但是对于何为“非虚构”却并未给出具体标准，在《人民文学》该期编者语中说到“它肯定不等于一般所说的‘报告文学’或‘纪实文学’。”它可以是“叙事史”“回忆录”“传记”，“还有诺曼•梅勒、杜鲁门•卡波特缩写的那种非虚构小说，还有深入翔实、具有鲜明个人观点和情感的社会调查，大概都是‘非虚构’。”“我们其实不能肯定地为‘非虚构’划出界限，我们只是强烈地认为，今天的文学不能局限于那个传统的文类秩序，文学性正在向四面八方蔓延，而文学本身也应容纳多姿多彩的书写活动，这其中潜藏着巨大的、新的可能性。”[①]也就是说无法界定出“非虚构”是什么，但却能指出哪些写作可以算作“非虚构”。这充分说明“非虚构”作为一种写作现象是在《人民文学》“非虚构”栏目开创之前就已经存在大量新型的散文创作，只不过由《人民文学》编者给命名为“非虚构”罢了。也有学者在之前的研究中就已从“作家的写作意识、文本再现的似真程度和读者接受时的真实感效果”三个方面来区分“虚构”与“非虚构”，由此来区别“非虚构”与“虚构”的传统文学的

① 编者：《编者语》，《人民文学》2010年第2期。

不同，“一是传统文学的纯粹‘虚构’式写作，二是以‘事件’为中心的新闻式写作，三是传统的‘报告文学’写作。”[①]区分的目的是为了强调“非虚构”的独特性，进而为“非虚构”写作指明大致的方向。一些学者从“非虚构”的中西两脉来梳理其影响源流，中国一脉，从先秦史传传统，到中古以来的史诗传统，再到五四时期的“事实小说”，1949年之后的“非虚构战争小说”，20世纪90年代的“文化散文”等；[②]西方一脉则远溯古希腊的“模仿论”，近追20世纪五六十年代盛行于美国的“新新闻主义”，[③]进而认为中国当下的“非虚构”写作是中西合璧的结果。这种学术溯源有一定道理，可以从一个大的宏观视野看清“非虚构”的历史流变。但是这样不无牵强的追踪溯源，不可避免地给人因果决定的感觉，反而削弱了“非虚构”求新求变的目的。

浸淫文坛多年且对写作风向皆有掌握的蒋蓝自然不会不关注与了解“非虚构写作”，事实上蒋蓝确对“非虚构写作”有非常全面的认识，且给出了他自己独到的见解。蒋蓝在《非虚构写作与踪迹史》中阐述了他的观点，在比较区分报告文学、纪实文学/私人写作与非虚构写作之后，得出了他对“非虚构写作”概念的定义，“非虚构写作：具有作家独立价值向度前提下，对一段重大历史和某个人物的生活予以多方面、跨学科考察的文学性叙述。这标志着作家从实验文体的自我纠结中走出来，从充满自恋、复制某个阶级趣味的文字中走出来，回到伟大的尘世，用对民生疾苦的抚摸，对非中心的关注，对陌生经验的讲述，对常识的打破等方式，去表达一种文学本应具有的风骨。因此，非虚构写作其实更应该是告别虚伪的形式，为平民代言，这才是我们应该延续和提倡的健康写作精神。”[④]

---

① 王晖：《非虚构文学：影响、异议、正名与建构》，《中国作家》2006年第4期，第203页。

② 霍俊明：《“非虚构写作”：从文学“松绑”到当代困窘》，《文艺争鸣》2012年第1期，第116页。

③ 张文东：《“非虚构”写作：新的文学可能性？——从〈人民文学〉的“非虚构”说起》，《文艺争鸣》2011年第2期，第45页。

④ 蒋蓝：《非虚构写作与踪迹史》，《作家》2013年10月，第22页。

独立精神价值，回到现实，平民化写作，跨学科，这成了蒋蓝定义“非虚构写作”的几个关键词，蒋蓝非常看重“非虚构写作”的开放性特征以及这种写作对现实及意义的直面，写作是手段，必须赋予其内在的价值与意义，蒋蓝投入对四川近现代那些湮没的人与事的书写，看重就是与现实之间的内在联系及其意义。蒋蓝的这一观点，与李云雷论述“非虚构写作”意义的观点相近，李云雷认为“‘非虚构’之所以有意义，就在于它直面我们这个时代，切中了当前文学中所存在的问题，为我们理解世界打开了一个新的渠道。”[①]蒋蓝以其敏锐文学眼光及其创作实践及时跟上并扩大了“非虚构写作”这一新写作模式。

蒋蓝肯定并赞赏“非虚构写作”，但他在自己的写作实践中对“非虚构写作”有所拓展，提出了“踪迹史”写作。“踪迹史”提出的理论源头，蒋蓝应该是借鉴了陈嘉映的关于“事物”“事实”“事情”三者的关系，用来论证其“踪迹史”的合理性。陈嘉映认为：“‘事情’既可以从它的发生经过结束来看，也可以从它实际发生过已经摆在那里来看，‘事实’则单从一件事情已经发生摆在那里来看一件事情。”[②]进而讨论“事实”与“世界”的关系，“事实不是天生悬在世界之外的伪事物，事实是来自真实发生的事情和实际存在的状态，我们以这些已知的事情为中介，通过它们走向未知的世界。”[③]蒋蓝认同陈嘉映关于“事实”、“事情”与“世界”关系的论证，蒋蓝总结陈嘉映的观点，延伸到“历史的轨迹”与“个人的踪迹”之间的关系上，“历史的轨迹与个人的踪迹之间，也许就映射了这样的关系。历史的轨迹是一种注重影响的呼啸而至的宏大叙事，畛域明显；而个人的踪迹不过记录的是一己的荣辱沉浮。踪迹固然已经覆于历史车轮的碾压之下，但总还有一些残剩的蛛丝马迹存在于宏旨无心涉

---

① 李云雷：《我们能否理解这个世界？——“非虚构”与文学的可能性》，《文艺争鸣》2011年第2期，第38页。

② 陈嘉映：《事物，事实，论证》，《泠风集》，东方出版社2001年版，第172页。

③ 同上，第204页。

足的冷僻地隅，这就成了我打捞个人踪迹的采撷区。”[1]不难看出，蒋蓝在此处还是一种二元对立的思维，把“历史的轨迹”与“个人的踪迹”加以分割，“个人”存在并包含于“世界”之中，“历史”是对“世界”的叙述与解释，当然也包括对“个人史”的记述。不过蒋蓝却看到了中国历史书写的内在问题，即偏重整体性的宏大叙事，对个体是遗漏且忽视的，强调对“个人史”“个人的踪迹”的重视自有其合理性。

那么“踪迹”如何存在，我们需要从哪里去寻找“踪迹”呢？蒋蓝认为“个人的踪迹”是有迹可循且有证可查的，“踪迹”“定会通过观念、知识以及相当的机制反映、制约和调节社会运行和历史运动。虽然表面上每个人都是从自己的主观愿望出发进行历史活动，但他们的活动只能在具体的历史环境下进行，而这就是历史规律性的根源。就是说，利用所能见到的史料，进行低限度的推论与思想修复，是可行的。”[2]具体来看，蒋蓝是如此勘察其“个人的踪迹”的，“在尽量坐实人物的历史时空坐标之余，更为关注其行踪所涉及的自然地理、人文地理以及与之相交错的人际兴衰、风物枯荣；它偏重个人化视角与文学叙事，使用的材料往往是宏大历史叙事不屑的稗官野史与民间口述；人物传记关注的是通过人物一系列重大事件而展示出来的心迹与思想变化，它倾心于小我之中见大我，并渴望自己的对传主的言路复原技术，跻身于正史，成为某种话语规范。”[3]

我们试以《大脚蛮婆于锋刃作掌上舞——兼论绳妓的历史命运》[4]这篇文章为例，看蒋蓝是如何践行且复原“廖观音的个人踪迹”。蒋蓝先从其曾居住的地方成都“东郊十陵镇千弓堰附近的芙蓉社区”起笔，自然引入到附近的“凉水井”，描写这个地方的现实社会风貌、历史变迁、传说故事、文化地标，再从与当地人的龙门阵中知道了“廖观音”在民间的传

---

① 蒋蓝：《我在踪迹中辨认碎骨与刀痕（自序）》，《一个晚清提督的踪迹史》，云南人民出版社2014年版，第3页。

② 蒋蓝：《非虚构写作与踪迹史》，《作家》2013年10月，第25页。

③ 同上，第25—26页。

④ 蒋蓝：《大脚蛮婆于锋刃作掌上舞——兼论绳妓的历史使命》，《极端人物笔记》，百花洲文艺出版社2016年版，第35—58页。

说，进而关注到廖观音和清末四川的暴动，蒋蓝查找各种资料梳理廖观音的历史，包括廖观音的绳妓身份和红灯教首领的重合，以及为什么民间要称之“观音”，蒋蓝对此进行了一番社会学的田野调查，从中钩沉出廖观音的一些事迹。红灯教规模越来越大，四川都督无力摆平，岑春煊临危受命捕剿红灯教，廖观音被捉且被杀，蒋蓝援引李劼人《暴风雨前》中描写众人观看廖观音被杀的过程，说明廖观音事件在成都及四川的影响。岑春煊搅入晚清四川社会，蒋蓝又插叙岑春煊治蜀，目的是为了进一步说明四川社会状况。最后，蒋蓝再回到2015年的凉水井，风物变迁，而蒋蓝看到这变中的不变，文章就此结束。这基本体现了其“踪迹史”写作方法，“坐实人物的历史时空坐标之余，更为关注其行踪所涉及的自然地理、人文地理以及与之相交错的人际兴衰、风物枯荣。”我们也可看出蒋蓝文章的大致思维结构，现实（由我开始）——历史（人或事）——现实（由我结束），作者始终参与到现实与历史之中，而不是仅仅作“纸上声”。从材料使用上来看，运用了正史、野史、学术文章、民间传说、田野调查资料等等，非常立体清晰地复原了在史书中面目模糊的“廖观音”这一历史人物的踪迹。

三、历史散文写作的新向度

蒋蓝的散文尤其是他的历史散文已成为当代散文中特别的一类，甚至有评论家断言蒋蓝的出现引发了散文领域乃至当代文坛的“结构性动荡”，[①]此言虽有些夸张，但也充分说明蒋蓝历史散文的重要地位与影响。我们在谈论某种事物的意义与价值乃至影响时需要放置到一个总体性的框架之中，需要从一背景中进行比较而获得判断和评价的理由，即查尔斯•泰勒所说：“事物具有重要性是针对一个可理解的背景而言的。让我们称这

① 祝勇：《蒋蓝〈思想存档〉序言》，《青年作家》2007年9月，第81—82页。

个背景为视域（horizon）。”[1]而我们要谈论蒋蓝历史散文的贡献与影响，也得放置到中国散文这个大的“视域”中，由此才能谈蒋蓝“历史散文的新向度”问题。

在中国文学史中一直有“骈散”并存的说法，[2]“骈”即有韵之诗文，“散”即无韵之文，也就是我们今天所说的广义上的散文。现代文体学引进之后，散文概念逐渐窄化了，往往指的与小说、戏剧、诗歌相对的一种文体，甚至是缩小到纯文学散文，然后再以纯文学散文的概念与范围来评价及编写散文史。就以现代散文为例，常常以五四为界，五四之前的散文史沿用传统“文”的概念，五四之后的散文史就使用散文文体概念。五四之后散文史又划分为三个时段，五四至20世纪40年代末为第一个时期，50年代至70年代末为第二个时期，80年代之后为第三个时期。第一个时期散文成绩显著，鲁迅就指出“散文小品的成功，几乎在小说戏曲和诗歌纸上。”[3]胡适的《五十年来中国之文学》和朱自清的《论现代中国的小品散文》皆认为五四以来散文取得了重要的成绩。刘绪源在梳理五四散文的历史脉络时，认为五四散文其实为“谈话风”，是文人散文，接续的是中国文人传统之文。[4]第二个时期散文比较单一，杨朔、秦牧、刘白羽的散文成了样本。第三个时期则出现了三种散文创作新趋向，即：由“写真实”到复苏“五四”散文传统，由“向内转”到表现人的内心世界，由“个性化”到艺术革新。[5]散文创作出现了热潮，“在新时期，尤其是90年代以

---

① [加]查尔斯·泰勒著，程炼译：《本真性伦理》，上海书店出版社2012年版，第47页。

② 陈柱在《中国散文史·序》（该书1937年商务印书馆初版，上海书店1984年3月复印版）中就持此观点，该观点且被后世诸多学者认同。

③ 鲁迅：《小品文的危机》，《现代》1933年10月1日第三卷第六期，第2页。

④ 参见刘绪源《今文渊源》（上海文艺出版社2011年版），该书整个内在线索就是梳理由周作人等所开启“文人之文”的中国现代散文传统，并认为该传统是现代散文的源头影响至今。黄开发在其书评文章《别样的散文史——刘绪源〈今文渊源〉》（《鲁迅研究月刊》2011年12月）也指出该书的这一特点。

⑤ 张振金：《中国当代散文史》，百花文艺出版社2012年版。该书第六章《新时期散文发展的历程》专门论述这三种趋向，参见该书第81—95页。

来，散文加大了其前进的步伐，并且曾一度入主文学的‘中心’。”[①]

从这样一个散文大致流变脉络中，历史散文仅是新时期散文热潮眼的一股支流，但正是这股支流却一定程度上推动了新世纪散文乃至整个文学的发展。本文所使用的“历史散文”在范围上是一个宽泛的概念，在所指上又是特指“文化散文”“新散文”在内的以历史题材为内容的散文创作，这就包括以余秋雨为代表的东方出版中心推出的“文化大散文系列”“诗人随想文丛”，解放军文艺出版社推出的“存在者丛书”，中国文联出版社推出的“深呼吸散文丛书”，春风文艺出版社推出的“布老虎散文”，以及《大家》《人民文学》《十月》等开辟的“新散文”栏目等。在当代散文创作界和评论界，惯常以“新散文”来概称这一类以历史为主要内容的散文新创作，本文称之为“历史散文”，是为了更加具体化，“新散文”的“新”所指不明，而且有一种价值预设的意味。

把蒋蓝散文放置到中国散文这个大的视域中更为可行地是放置到新时期以来的散文历史之中。新时期以来的散文与该时期的整个文学情况相似，就是告别与创新，告别革命时代的书写内容及书写模式，革命时代的散文成为散文变革首先被拒绝的对象，祝勇把革命时代的散文称之为“体制散文”，“‘体制散文’，或者‘传统散文’，即以杨朔、秦牧、刘白羽等为代表、在中学语文课本上成为范例的散文。”[②]告别“体制散文”创作一种新的散文成为散文界的共识，在经过80年代前期的思考与摸索后，在80年代末到90年代初期，“文化大散文”脱颖而出，成为告别“体制散文”的创新代表，余秋雨就如一枚炸弹震动了散文界乃至整个文坛。余秋雨式的“文化大散文”在某种程度上接续了被五四断裂的传统散文的另一维度，那就是散文宏大与磅礴的生命力，使得散文不再局限于过于狭小的格局，走向一种恢宏与大气。因此余秋雨散文就成为效仿的对象，甚至归

---

① 王兆胜：《坚守与突围：新时期散文三十年》，《当代作家评论》2008年第5期，第135页。

② 祝勇：《散文：无法回避的革命》，《散文叛徒》，上海人民出版社2010年版，第9—10页。

纳出“余秋雨散文模式”，“名胜古迹＋历史材料（故事）＋感时忧国（历史中的忧患、承担、责任等沧桑与厚重感）＋浓烈抒情（个人感受与热泪）”。笔者犹记得中学时读余秋雨、夏坚勇、王开林等人散文油然产生的那种历史情怀与家国兴废的沧桑感。不可否认的是余秋雨及东方出版中心推出的“文化大散文系列”确实改变了既有的散文格局，显示了一种散文的新风貌。但是以余秋雨为代表的“大文化散文”成为一种模式后，无形中显示出其存在的问题，除了模式化写作[①]的问题之外，“知识性的罗列，常常使人想起新闻记者笔法，而且，不免有‘硬伤’。”而且“许多作家笔下的历史人文知识，并未得到个体心灵的同化，缺乏个体文化人格的自觉建构，故硬性‘搓捏’，缺乏统一的生命。以历史资料的被动堆积掩盖主体情智的贫弱，实际上造成了和‘滥情’同样令人厌倦的‘滥智’。”[②]

对“文化大散文”问题的克服与超越的表现就是“新散文”的出现，“新散文”也书写历史，但是他们的历史不是“文化大散文”式凭吊古迹和怅怀古人，他们对历史有不同的看法与理解，历史“存在的只是记录，是所谓的史学，而不是历史本身。我们只是像瞎子摸象的感觉历史的局部，而永远无法窥见历史巨大的躯体。从某种意义上，历史学同样是从人的思想、感情、经验、判断出发，来拣选史实，所以，它们与文学在本质上没有区别。”[③]这是一种后现代史观，消解大历史的正统性与合法性，

---

① “大文化散文”的模式化写作，既与众多散文创作者自觉地向余秋雨散文的模仿有关，也与出版社有意识地组织宣传有关，东方出版中心“文化大散文系列”的推出就是典型的模式化生产方式。余秋雨的《文化苦旅》大热之后，出版社集中组织在3年内推出了32本与《文化苦旅》高度相似的“有余秋雨感觉”的散文精装本，且在行销手段上通过主流媒体、书商、研讨会及电视台等大众媒体进行全方位的密集报道，制造“大文化散文”热潮，导引了读者的阅读趋向和散文创作者的创作取向。

② 孙绍振：《从文体的失落到回归和超越——当代散文三十年》，《名作欣赏》2008年12月，第17页。

③ 祝勇：《历史·暴力·文本》，《散文叛徒》，上海人民出版社2010年版，第261页。

"新散文"关注边缘、底层、暴力等历史现象就是体现。同时"新散文"非常强调创作主体的个体性感受，把这种感受融入历史之中，且用充满个性的语言形式加以展现，整体上呈现耳目一新之感。王兆胜这样总结"新散文"特征，"叙写个体的在场感受和生存体验；以支离破碎的意绪、感觉、隐喻、象征和生活细节，对抗传统的明晰性和整体性；以语言的粗糙和无限增殖来嘲弄传统语言的精致和优雅。"①

蒋蓝散文无疑具有"新散文"特征，从文坛交际社群关系看，蒋蓝也属于"新散文"创作群体。但是与祝勇等有主张有组织地发起与创作不同，蒋蓝具有很明显自发性与偶然性，与"新散文"某种程度上算是不谋而合或者殊途同归。正是这种自发性与偶然性，恰恰区别与凸显了蒋蓝历史散文的独特性，这也构成蒋蓝式现象内在本质的原因之一。

"新散文"之"新"主要体现三个方面，一是散文观念；二是书写内容；三是书写方式。蒋蓝历史散文在后两点上又与"新散文"有所不同，或者说有所超越。蒋蓝也书写那些大历史之外的边缘与底层，但蒋蓝更关注那些"极端人物"，即那些在特殊年代经历奇特且有彰显了坚强人性的那些人物，如石达开、唐友耕、何崇政、廖观音、凌君如等，他注重的是从历史"踪迹"中勾连其于现实与人性之间活动性乃至永恒性的东西，那种历史恒常与人性的光辉蒋蓝更为看重，这有别于"新散文"较为注重"偏、奇、怪"的历史人物与现象。最为显著的是蒋蓝的书写方式，蒋蓝历史散文是典型的跨文体写作，散文、诗歌、箴言录、新闻实录等文体交相错叠，《一个晚清提督的踪迹史》就使用了七种文体。如果严格按照散文文体标准来看的话，蒋蓝的历史散文很难归为既有的散文类别之中，它太独特了，也太超前了，"作为一名散文实验者，蒋蓝已经走出很远。"②如此多的文体交织并没有降低蒋蓝历史散文的可读性，蒋蓝的这种跨文体写作，"尽管融入了这么多的文献、材料、史实，以及大量的引用、注

① 王兆胜：《坚守与突围：新时期散文三十年》，《当代作家评论》2008年第5期，第152页。

② 祝勇：《蒋蓝〈思想存档〉序言》，《青年作家》2007年9月，第84页。

释，但却并非成为一张知识写作、套词写作、概念写作。”[①]王笛在《一个晚清提督的踪迹史》推荐语中特别赞赏该书别具一格的散文体写作，“比历史家的著作更引人入胜，淋漓痛快”，“完成了一段扣人心弦的历史叙事，描绘了一幅波澜壮阔的历史画卷”。

蒋蓝历史散文强调把所书写的历史内容做“全”做“实”，“我决不允许作品中存在虚构的人和事，也就是说文本中呈现的细节要来自于史料。”[②]因此蒋蓝进行了大量的材料收集和田野调查，如为写石达开、唐友耕，蒋蓝几乎跑遍了石、唐在四川所经之地，“现实对位”还原历史场景，让写作者个体回到历史场景之中，获得一种深刻的在场感，进而打通历史与现实。这一点与“新散文”差别就比较大。尽管“新散文”也写历史，但历史仅仅是他们进入文学创作的前提或者背景，蒋蓝却像历史学者做历史研究一样把历史做实,而蒋蓝的历史散文写作又呈现文学特征，极具艺术美感。

蒋蓝历史散文在书写内容、书写方式、文体特征乃至“踪迹史”的写作观念和“文学田野调查”的方法，都一改当代历史散文甚至整个当代散文的书写模式，是对散文写作的创新与超越，一定程度上开启了一种历史散文写作的新向度，显示了蒋蓝历史散文的价值与意义。

——原载《阿来研究》第6辑，
四川大学出版社2017年版

袁昊：文学博士，四川大学文学与新闻学院博士后流动站，研究方向为中国现当代文学。

① 王学东：《蒋蓝的非虚构写作》，《四川日报》2014年3月28日第15版。

② 曾祥惠、济铭：《蒋蓝：十年踪迹十年心》，《中华读书报》2015年9月16日第7版。

历史的箭镞

——阅读长篇非虚构散文《踪迹史》

◎**于昊燕**（大理学院，云南大理　671003）

摘　要：蒋蓝著《踪迹史》一书提供了后现代主义哲学视角下的非虚构框架中踪迹史写作范式，本文在历史事实、历史精神与历史叙述三个层面展开分析，探析该书中体现出的多重论据与交叉论证方法、建构系统性历史情境的历史意识与历史学、哲学、文学互嵌的踪迹史写作鲜明特色在历史现实写作转型中的意义。

关键词：事实　逻辑　叙述

20世纪70年代以来，后现代主义思潮席卷建筑、电影、美术、哲学、文学、历史学等文化学术领域，受此影响，史学在研究方向、历史思想和方法论乃至历史实践方面都出现新变化。由蒋蓝所著《踪迹史》一书提供了后现代主义历史哲学视角下非虚构框架中的踪迹史写作范式。踪迹史是蒋蓝尝试的一种实验文本，利用一个人物的自然地理行踪与交际行踪勾勒出的一个具体时代的山川风物、具体人物的生老病死与时代作用于具体人事的喜乐伤痛。蒋蓝在《踪迹史》中寻找历史表象下潜伏的思想与情感建构而成的终极历史情境，表征出历史现实写作的转型。

一、事实构境：历史秘密的体验

历史被时间淹没之后的文字言说流传变得扑朔迷离，某些言之凿凿的“史实”可能不完全真实甚至并不存在，人们试图以史为鉴时经常发现真相隐藏在重重时光粉妆与层层文化墨彩之中难以辨出原初面貌。晚清云南提督、署理四川提督唐友耕在历史中的面容在提督与帽顶、寡情与重义、反叛与忠诚、人情与残忍之间摇摆不定，在朝廷、民间、家人、部下、朋友、敌人中形成大相径庭的结论。胡塞尔言“回到事物本身”，《踪迹史》展示了如何回到事物本身是追溯历史真相的技术方式。

世界各地博物馆内收藏了各种文物，用实际存在的完形物体表征人类历史发展的坐标。但是对于一个立体的历史人物、一件波澜起伏的动态历史事件而言，仅有几件文物的排列无法构成完整情境的样貌。因此，叙述历史需要搜寻能够构建起历史境况的各种证据。蒋蓝在《踪迹史与传记的分野》中提到“钩沉”的含义可上溯至《黄帝内经》。正常人的脉象会随四时更替而相应变动，春脉弦，夏脉钩，秋脉毛，冬脉石。《难经》把石脉解释为沉脉，钩应夏，沉应冬，“钩沉”就是夏冬的意思，后来，逐渐成为“春秋”的另一说法。现在，钩沉通常解释为探索深奥的道理或散失的内容，如鲁迅先生的《古小说钩沉》。蒋蓝确立了直面历史的立场，用了近两年的时间，长期奔走在田野山河间，坚持不懈地打捞各种与唐友耕有关的往事遗迹，搜寻接近真相的证据，成为《踪迹史》一书的基础，如他言“事实会构成对事情的‘呈堂证供’”。

但是，不是所有与唐友耕相关的内容都可以称之为证据，证据是可做为证明用的事实依据，证据是历史坚硬的框架，是不言而喻的基础，偏离了这个基础，一切叙述与结论只能成为风中无根的传说。因此，证据的类型与获取证据真实度的方法尤其重要。王国维在《古史新证》中提出二重证据法：“吾辈生于今日，幸于纸上之材料外，更得地下之新材料。由此种材料，我辈固得据以补正纸上之材料，亦得证明古书之某部分全为实录，即百家不雅训之言亦不无表示一面之事实。”陈寅恪在《王静安先生遗书序》中进而归纳王国维的治学方法：“一曰取地下之实物与纸上之遗文互相释证”；“二曰取异族之故书与吾国之旧籍互相补证”；“三曰取外来之观念，与固有之材料互相参证”。二重证据法被认为是现代中国考古学和考据学的重大革新，获取材料的渠道与证实材料真实性的方法都有了进步。黄现璠在二重证据法的基础上，提出了结合调查资料或材料中的“口述史料”研究历史学、民族学的三重证据法，三重证据便是：纸上之材料、地下之新材料、口述史料。由此可见，证据的来源要多层面化才能建构历史的立体样貌，证据的真实度必须经过验证才能建构起相对可信的历史证言。

蒋蓝的《踪迹史》由多重证据与交叉论证构成，并由非虚构叙述最终完成。第一，蒋蓝搜集、阅读了上百种志书、文史资料选集，有传统的文献资料《清史稿》、1908年在成都编纂自印的《唐公年谱》、费行简《近代名人小传》里的唐友耕列传、周询《蜀海丛谈》、昭通文史学者陈本明的《唐友耕其人其事》、任一民主编的“四川省地方志资料丛书”《四川近现代人物传（第6辑）》、张荔红执笔的“唐友耕”人物词条等，蒋蓝在诸多文献资料中对比印证，在资料相互矛盾之处反复辨析，梳理出唐友耕尽可能客观真实的人生历程轨迹与性格特征，认为唐友耕是一个“极其复杂的人物，远非‘黄天霸’式的反水小人可比拟”的流氓无产阶级人物。第二，蒋蓝做了详尽的田野调查，实地考察江安县、长宁县、兴文县、高县（含庆符县）、盐津县老鸦滩、大关县以及西昌市、乐山市、雅安市、犍为县、名山县、洪雅县、丹棱县、眉山市、青神县、汉源县、石棉县等地，采用把纸上历史予以“现实对位”的还原法，建构起一条历史空间复原轨迹。地理是历史开始的基本条件，《礼记·王制》言“广谷大川异制，民生其间者异俗”，李特尔也把自然作为人文的基本原因。蒋蓝用地上材料与文字材料互证，注重分析社会环境、自然景观与社会思潮之间的互动关系，强调历史变迁背后的环境基础、权力背景和社会思潮变化，建构了一个综合文化特征与文化传布的哲学内蕴为核心的历史地理景观。第三，口述史访谈，蒋蓝找到了四川提督唐友耕后人唐劳绮，进行了十多次家族座谈会，蒋蓝还结识了晚清农民起义军领袖蓝大顺家族的后人蓝炳元先生，进一步厘定在近代史上已成定律的史实错误，勾画出生动而感性的家族史、断代史。口述史强调从个人角度对历史的认识与记忆，使不掌握话语霸权的人们，都有了发出自己声音的可能性，具有民间性与个人性的意义。总之，蒋蓝在《清史稿》的只言片语间、在官札、地方志、笔记、稗史、信函、古物、日记的天头地脚、在都市乡村街道的某个拐角深巷之中多维度搜寻材料，并不断进行考证、互证以及对应景的浮语虚言和不同立场产生的价值观念进行剥离，让材料无限地接近历史真实。

时光不会倒流，人类试图重述历史真相，实际上，人们所见的作为历史学研究对象的“历史事实”是被建构而成的，每一代人都只能根据自己的生活情境与立场重构那些他本人没有亲身经历的生活场景，建构的基础是一些被厘清的事实，哪怕只是碎片，否则，历史将在虚假的材料中失之毫厘谬以千里。伊格尔斯说历史“在一定程度上知识与权力纠缠在一起，可是我还是看到了客观性的成分。我们永远也无法按其本来面目重建真实，但我们可以趋近它”。在这个趋近历史真相的过程中，蒋蓝始终保持的独立、清醒的学术意识与宽容、悲悯的人文情怀是无限接近真相的有效立场，来完成一个体验历史秘密的事实境遇建构。

二、逻辑构境：历史精神的理解

20世纪自然科学研究引申而出的实证主义方法驰骋学术领域，相对忽略了精神科学的核心特质在于它的研究对象是历史性现实，包含了繁杂生动人类活动的社会生活才是真正的精神生活。蒋蓝面对浩瀚的证据，如同执着的农夫面对狭长山谷中的一块肥沃平坦田地，用文本精耕细作，把对史料事实的追寻延伸到对社会历史事实的分析和研讨中，用一本《踪迹史》界划出人文社会科学社会历史领域研究的特殊质性，用对人的生命体验与理解构成生命存在对垒自然科学研究中单纯因果分析的概念范式的普适性，形成了独特的精神科学领域里生长出的系统性“历史意识”。

历史中的社会生活由无数数据与事件构成，海登·怀特说单个的历史事件本身可以无限细分成无数个更小的事件，但是，数据的罗列、事件的堆放甚至数据事件在时间顺序或者空间顺序上晾晒鱼干一样的单一串联都只能构成一个线性轨迹，如唐友耕的个人踪迹可以归纳为：“唐友耕（1839—1882），本名唐大明，字泽波（蒋蓝按：古籍里也写作泽坡、宅坡），别号“唐帽顶”。道光十七年冬十一月十九日（1839年12月23日）出生于云南省大关县翠华镇，尚在少年时就充任大关游击营的‘余丁’，余丁即是未成年之兵。当时担任游击的某官看中了唐友耕‘趋捷而有膂力’，提拔起来作自己的跟班。唐友耕因轻死易发，为父报仇犯下人命，16岁投入蓝大顺之农民军。但因为一次奇怪的变故，在叙府叛投清军。因善用‘农民军那套’来对付农民军，竟是战果累累，屡战屡胜，从把总（类似排长）升至总兵（相当于师长）。同治二年（1863年）率兵围剿太平天国翼王石达开，于大渡河畔擒石达开，解往成都，清政府授其云南提督，并赏黄马褂，成为一生辉煌的顶点。同治八年率部镇压昭通回民起义。光绪六年（1880年）署理四川提督。因多次受伤，光绪八年（1882年）病死于成都提督衙署，享年约四十四岁。”这只是一个平面的线性踪迹的唐友耕。

狄尔泰指出人的生命存在一般特征是创造性构筑，同样，唐友耕作为一个历史人物，不是先于社会存在的孤立人物或者单一意义的文化符号，他处于特定社会存在的种种关系之中，成为一个历史性存在，这个存在由唐友耕的激情、虚荣、自负、力量和旨趣形成的互动过程来立体构现。《踪迹史》一书即以四川提督唐友耕为中心，但非单纯描述唐友耕的线性生命轨迹，而是以“被飞掷的李子与马蹄突破的校场空间”“几个江湖名号终于被女色策反”“唐友耕像顽强的疱疹缠住了李蓝大军”“用血磨刀，横槊横江”“血气浸淫的天地交感”“血，漫漶于‘武人贵相’之间”“忠与义是手背与手心的关系”“广厦连云的唐府”“唐友耕的后裔们”九个章节展示了唐友耕和石达开、骆秉章、王闿运、蓝大顺、丁宝桢等人物交错的历史，贯穿起在中国乃至四川从太平天国、辛亥革命、共产革命时段于庙堂、民间空间发生的一系列重大事件，建构出活动中的社会存在。

蒋蓝搜集无数历史的碎片进行工程浩大的无限接近真实的历史拼图，充分描述偶尔性与必然性充斥形成的各种条件。书籍、碑文以及口头传说只能记录唐友耕生命河流里的部分内容，时间把唐友耕整体有序的生命像庖丁解牛一样任意分解成固定的、零碎的部分，抛洒在文献中、传说中、遗迹中，用词语的形式、声音的形式、图像的形式，成为相对独立的一个个事件。蒋蓝梳理这些事件的时候，没有进行单纯的时间空间勾连，而是注意到每个独立事件、每部分内容的各个侧面，呈现出的综合性、多样性以及多重性的复杂属性。如石达开与四川提督唐友耕均是反叛者。“唐友耕反叛农民起义军，幡然悔悟，成为国家力量的生力军，他是浪子回头金不换的光辉榜样，并被大儒王闿运高看一眼；石达开反叛了国家，又进一步反叛了天朝，作为双重反叛者，他彻底回到了流民与流氓的本义当中，一如漏网之鱼。”

在《踪迹史》中，任何一种行动结果都是由各种条件决定的，条件与正在进行活动的人产生生动的关系，并最终合力产生人物行动的目标与步骤手段。在行动的进行过程中，这种合力关系还会影响人物针对各种境况进行随时的行动调整。唐友耕的出场、策反、从起义者愤怒挣扎到镇压者的赫赫战绩，“昔日的偷马贼，今天的唐提督唐军门，天上地下，面对高原上铺天的白帽顶，唯有那槊矛是更见犀利”。无不投射出这种关系影响下的错综交叉地调整。同时，唐友耕并不是被动的接受这种合力关系的影响，而是以有限的个人力量与动态社会结构之间还发生着动态的互动，各种事件组成的持续流淌的生活流意识流。蒋蓝说：“一个人持续修炼一生，结果就是能够在平常与极端的氛围里无碍地转换，但他把重心悄悄移偏于极端的一翼。”唐友耕的生命从1839年出生到1882年死亡的历程中，唐友耕既是社会与历史现实的结构承载者，也是这种结构的共同发展者，“他的复杂性还在于：他不但把自己由起义军阵营的‘叛变’看成堂堂正正的迷途知返，更视作是一种对正道伦理的强力呵护。他俨然是制度伦理的护法使者。”唐友耕与历史形成的传统、机遇相遇，作为一个生命存在遭遇了复杂的关系系统，他家破人亡的底层耻辱生长出有毒且有用的底层智慧、犍为城中大无畏气概与急中生智的诡道、大渡河困住石达开后的微笑与诛杀大树堡起义军的迅捷，广厦连云的唐府里的儒生气息与月老红线，唐友耕做出的行为选择并在这种系统中最终生成多重意义。在《踪迹史》中，唐友耕所处的社会生活不是各种孤立的实体聚合，而是种种由人的活动构成的事件互动过程的生活流，唐友耕与李蓝大军带状疱疹般密集而痛极的纠缠、与石达开狡黠阴沉的对抗和陪衬、与清廷之间忠与义的呈现和表达等，最终构成历史存在于现在、过去和未来之间的关系。这些流动的生活事件不是嘈杂无序的，是由各种内在关联建构成发展着的系统总体。唐友耕的踪迹史是一个作为总体存在的历史世界，这个总体系统结构，决定唐友耕社会存在的各个部分与整体的联系，也决定各种历史事件的发展历程，唐友耕的生命在流动之中呈现出蓬勃的生命力与不可抑止的热力。

抽象经验主义把历史关系认识简单化，认为史书是一面明鉴的镜子可以直接映照出历史事实，忽视历史事件之间的复杂关联性，历史认识的曲折性。蒋蓝把这些事实的碎片联接起来，探知事件之间的逻辑关联，而非机械教条地总结揭示事物的发展规律或者自然规律。唐友耕、石达开、骆秉章、王闿运、丁宝桢等任何一个历史人物历史事件都属于他本身存在的那个时代呈现出来的情境。一个历史情境中时间、地点、乃至生活境遇等构成元素在细节数据上如唐友耕体重在几公斤之间的浮动等细微并无伤大雅的偏差，可以忽略不计。但是，在特定情境中的与人格相关的文化情境体现出的事件之间的逻辑关系与意义，唐友耕的"帽顶"之路与石达开的"灰色第三条道路"是始终不能更改的最为真实的系统。社会存在比自然物质世界的运行方式更为复杂神秘，社会生活的内在逻辑关联才是历史真正的精神生活。

面对唐友耕这个比较具象的历史研究分析个案，蒋蓝以富有穿透力的理性逻辑意识把历史体验与历史理解与一定的人类本性进行总体联结，历史重构中真相的碎片有多种排列方式，最终历史事件接近本相的是逻辑关系的重构。历史精神最终由历史人物与历史研究者的理性潜能来实现，因此，历史最终阐述了过去与当下的理性逻辑脉络。

三、叙述构境：历史生命的邂逅

美国得克萨斯州A&M大学历史系教授王笛评价《踪迹史》一书提及："作者力图把社会史、文化史、思想史、心性史、意识史、历史记忆、历史建构打通，这是另类的历史，面向大众的历史，公共的历史，是历史走出象牙塔的令人钦佩的尝试。这是别具一格的历史写作，是出自文学家之手的散文体历史，但比历史家的著作更引人入胜，淋漓痛快。文字资料、口述史、传说、田野调查、地方史、掌故、史迹、文人骚客的记录，等等，交织在一起，完成一段扣人心弦的历史叙事，描绘一幅波澜壮阔的历史画卷。”历史不可能重演回放，对历史进行叙述其实是研究者试图用语言重新建构历史世界情境的过程，从这个角度而言，历史世界是植根于对真相碎片的体验和对事件发展逻辑关系的理解。因此，历史内容的叙述者也是历史的创造者之一，历史生命的呈现也是当下叙述者生命活动的结果。

20世纪70年代以来后现代主义思潮对西方现代性以及现代科学进行了解构，打碎了人文社会科学的“客观中立性”神话，福柯甚至声称自己撰写的历史著作是“虚构故事”，历史学如何与科学、真理联盟成了一个被重新审视的问题。蒋蓝的非虚构写作是一个突破，在具有作家独立的价值向度前提下，对一段重大历史和某个人物的生活予以多方位、跨学科考察的文学性叙述。蒋蓝心目中的踪迹史关注的是：

“在尽量坐实人物的历史时空坐标之余，更为关注其行踪涉及的自然地理、人文地理以及与之相交错的人际兴衰、风物枯荣；

它偏重个人化视觉与文学叙事，使用的材料往往是宏大历史叙事所不屑的稗官野史与民间口述；

人物传记关注的是通过人物一系列重大事件而展示出来的心迹与思想变化，它倾心于小我之中见大我，并渴望自己的对传主的言路复原技术，跻身于正史，成为某种话语规范。这很难说孰轻孰重，不过是因角度而异。而这些汗牛充栋的传记里，最为让人触目惊心的即兴发挥，莫过于围绕鲁迅先生的种种传记，我称之为弱力的乌托邦传。”

海德格尔说：“作品存在就是建立一个世界。”[11]在《踪迹史》中，蒋蓝开辟了叙述文本的新范式，运用语言的非透明性、张力界限与隐喻功能拓展了历史学研究与叙述的视野，突破陈旧的思维定式和僵化的研究路数，从历史学、哲学与文学层面建构丰富的话语层次与境界。简单举例，蒋蓝叙述唐友耕在丁家湾屠杀中，既有鲁甸《朱提文史》所刊布《清咸同事件》的文献记录：“岩洞营破后，每10人一组，共杀800余人。唐友耕纵令士兵杀、烧、抢、掳，连清真寺也不能免，仅鲁甸县城寺、牛头寨寺、岩洞大小2寺都被焚毁。回族坟山碑刻尽毁，凤仪山还挑了‘山筋’。李本忠、李兆玉、徐天骥、赛君才、罗文举、李高祥等被擒后，相继被害。”亦有蒋蓝沉重的历史反思与叩问“丁家塆成了大树堡的复制。历史，竟然几乎不走样地重演了一次。”不止于此，蒋蓝在当下回望历史，与历史面对面撞击发出心灵疼痛的呼喊“一个阴雨的黄昏，我站在大关县通往昭通的公路旁，关河的激流在岩石上撞得粉碎，碎玻璃铺满天地间。山间的水雾混迹于乌云的裙裾边，跳起渴望御用之舞。有一种心性具有飞去来器的轨迹，这种单兵器的话语每次回来时，并不能让思者获益更多。它飞行，是在于它喜欢飞行；它并不希望被人捉住，也不愿停留在那双充满冷汗的手里……”⑫这种写作结构的丰富与延展正如蒋蓝所言：“真实事物的复杂性已经不再是以往的任何一种文体能够从容应对的了。在目前可以看到的非虚构作品里，作家们调动的人类学、考古学、神话学、自然地理学、人文地理学、民族学、民俗学、语言学、影像学等等学科逐渐进入文学域界，考据、思辨、跨文体、微观史论甚至大量注释等开始成为非虚构写作的方法，这样的努力日益清晰地、形象地复原了真实历史的原貌。从这个意义上说，非虚构写作是源自每一个人真实生命的需要。”

《踪迹史》中叙述思维的穿透性与叙述话语延展性结构出了宽广的历史情境。蒋蓝把对世界的历时性的观察与共时性的分析有效整合起来，观察唐友耕一定历史条件下形成的动态的社会关系和生活结构，把历史性的思考、逻辑关系的探知与系统价值观念结合成一个观察历史现实的交叉点，最终建构起蒋蓝与唐友耕在当下邂逅的精神历史。蒋蓝对唐友耕这个比较具象的历史研究分析个案进行一次情境重构，在历史细节与过程中所蕴含的特质中寻找意义，从更深刻的历史意识源头用历史发展的连续性把握历史精神中的重重关系，以深刻的逻辑定位与情感投射生成一个多层次多维度构境空间。首先，《踪迹史》一书中的唐友耕并不是孤立的人与物，而是以唐友耕为节点的社会历史事件人物之间的庞大相互关联网络，领悟唐友耕时代人们生活关系系统凸显出来的丰富意义。唐友耕的生命存在只存留于非当下的精神世界中，蒋蓝面对这些历史事实的碎片所做的工作是对这些仍然存在的碎片的进行一种文学阐释，叙述这种以生命存在为核心建构起来的历史事件和对历史关系的体验、理解与领悟。

“重视历史逻辑但又不拘于史料细节；忠实于文学想象但又不为历史细部所掣肘。”其次，蒋蓝作为叙述者以有限的个人存在主体身份来面对历史资料的无限，有限的个人尚且不可能全知全能直接把握个人身处的社会生活的全部，流传的历史内容更是时代旨趣为风向标选择性地生成的部分内容。《踪迹史》中所寻找到的历史事实证据已经是被历史趣味淘洗过的内容，再次叙述亦不可避免被叙述者的特殊的视角，不是一种纯客观的镜像反映，内含着蒋蓝的知、情、意的再现式的解释。怀特与巴尔特坚持文本意图与作者意图分离，原因在于文本中的很多内容是作者写作时未曾意识到的，是作者的潜在的观念使然。因此，透过《踪迹史》文本，挖掘其潜在的深层结构，可以看到更多的隐晦而富有张力的内容，如“血的隐喻”“石敢当的隐喻”“精神的气味学隐喻”等，“历史充满了隐喻。没有隐喻就没有历史。在我看来，当隐喻里带有来自传统的、历史的、渊薮中的反光时，反光俨然已经成了环绕喻体的松枝和向日葵，使本体成了圣体，从而使隐喻成了讽喻。”[13]隐喻构成历史陈述过程中飞翔而自由的空灵光辉。蒋蓝用独特的犀利意识与富有激情的事情思维和笔触建构踪迹史写作，展示作家强烈的历史责任感与内心的人文关怀。

香港城市大学中国文化中心主任郑培凯教授说：“结合文学想象与历史真实，孜孜不倦追索历史真相的过程，通过作者的灵思想象，让我们看到了睿智的历史反思，也让我们探索难以遽定的历史可能。”正像后现代主义者所指出的问题，历史写作再现历史的形式不应该仅仅被看作一种解释的形式，叙述本身也具有某种意义和内容。爱德华·霍列特·卡尔说认为把历史当作一个不断前进的过程，历史学家则在这个过程中随之前进。蒋蓝言“行走在历史当中，如同与我的另一半相遇”。《踪迹史》以理性的历史观、自由的价值观与飞翔的语言完成一场史学与文学的邂逅，提供的不是历史的凝固碑刻而是更为空旷宽广的意识空间。

四、结语

冯友兰先生在1955年1月号的《哲学研究》杂志上的文章《哲学史与政治——论胡适哲学史工作和他的反动的政治路线底关系》写道：“实用主义者的胡适，本来认为历史是可以随便摆弄的。历史像个‘千依百顺的女孩子’，是可以随便装扮涂抹的。”这句话简化为“历史是个任人打扮的小姑娘”，通常阐释为现实事件成为历史后，失去生命的鲜活能力，在权杖阴影下失去自主性，只能任后人随意打扮，改造成符合主流话语利益和审美的模样。“千依百顺的女孩子”这句话出自胡适在发表于《新青年》的长篇演讲稿《实验主义》中介绍詹姆士的实在论哲学思想时的一段话：“实在是我们自己改造过的实在。这个实在里面含有无数人造的分子。实在是一个很服从的女孩子，她百依百顺地由我们替她涂抹起来，装扮起来。好比一块大理石到了我们手里，由我们雕成什么像。”胡适所说的“实在”由感觉、感觉与感觉之间及意象与意象之间的种种关系、旧有的真理三大部分构成。由此可见，“女孩子”的比喻是针对哲学而言的。这一事件形象地说明历史事实经常处于被蒙蔽被误读被重新言说被重新定位的状态。

表述历史内容的语言往往受到社会经济现实、阶级状况和意识形态影响，在芜杂的历史踪迹中，《踪迹史》一书不是何林伍德“一切历史都是思想史”的重演，蒋蓝在夯实钩沉历史事实、探寻历史逻辑、铺设历史叙述的三重基础上出发以历史学、哲学、文学互嵌的踪迹史写作方式建构出人格踪迹强力的系统性历史情境，在终结的必然性中探讨历史真相的偶然、曲折与生动。在这个意义上说，最终穿越历史迷雾的是不可被磨灭不可被粉饰的是由真相、逻辑与思想建构的人类心灵的轨迹。

注释：

①④⑥⑦⑧⑨⑩⑫⑬ 蒋蓝：《一个晚清提督的踪迹史》，云南人民出版社2014年版，第3页，第7页，第2页，第278页，第298页，第75页，第9页，第302—303页，第272页。

② 王国维：《古史新证》，湖南人民出版社2010年版，第2页。

③ 陈寅恪：《陈寅恪集》，三联书店2001年版，第248页。

⑤ 埃娃·多曼斯卡编：邂逅：后现代主义之后的历史哲学，彭刚译，北京大学出版社2007年版，第126页。

⑪ 马丁·海德格尔：林中路，上海译文出版社2004年版，第30页。

于昊燕，云南大理学院文学院。

——原载《青海师范大学学报：哲学社会科学版》

2015年第6期

散逸于铁幕之下的蝶翅灵光

——读蒋蓝的《踪迹史》

◎谢银恩

内容提要：本文以蒋蓝《踪迹史》一书，考察汉语非虚构写作的可能与必要，从史识、史思、史力三个维度对作者的写作心路进行文本解读，略窥当下严肃汉语写作为汉语精神纯洁做出的艰巨的努力和文本的贡献。

关键词：踪迹史　史识　史思　史力

知道枷锁的性质，比用鲜花装饰它更好——卢梭

◎史识：以踪迹还原历史

1946年3月5日，英国首相丘吉尔在应邀访问美国期间在密苏里州富尔敦城的威斯敏斯特学院发表题为《和平砥柱》的演讲："从波罗的海的斯德丁〔什切青〕到亚得里亚海边的的里雅斯特，一幅横贯欧洲大陆的铁幕已经降落下来。现在我讲到威胁着郊区农夫和城市平民的第二个危险，我们不能无视一个事实，就是美国和大英帝国的个别公民到处都可以享受的自由，在许多的国家里是不存在的，其中一些是十分强大的国家。在这些国家里，各种包罗万象的警察政府对民众强加控制，达到压倒和违背一切民主原则的程度。或是一些独裁者，或是组织严密的寡头集团，他们通过一个享有特权的党和一支政治警察队伍，毫无节制地行使着国家的大权。"

"铁幕"一词显然指民主与专制，自由与奴役的分界。

美国气象学家爱德华·罗伦兹在长期的观察后得到一个结论："一只蝴蝶在巴西轻拍翅膀，可以导致一个月后德克萨斯州的一场龙卷风。"

蒋蓝把自己的博客命名为“铁幕蝴蝶”此中真意与内涵远远超出这两段文字的所指。一个严肃而深刻的写作者遭遇和命名贯穿他写作的基本意象，即是他写作的宿命同时也是他写作的使命，这构成他全部文本的精神隐喻。早在《动物论语—庄周的蝴蝶》一文中，蒋蓝用《蝴蝶之书》一诗“字外的蝴蝶不同于字面的蝴蝶/梦喂养的纸蝴蝶具有超验的面具/蝴蝶将所有的表象还给双翅/翻翅为生，覆翅为死，而蝴蝶从翅尖出走/在韵的腰肢环绕，舞蹈简捷，只剩点、线、面和圆/庄子看到的，纳博科夫看到的，都是纸蝴蝶，在修辞中成为格式/蝴蝶依然脱壳而去，它从窗前掠过/世界被对折/连风也没有惊醒”，[①]彰显由意象到隐喻的精神轨迹，“生、死，对抗、折断”，暗含着写作对自己内心世界与外部世界的不可调和的剧烈斗争，而在如此巨大的暗无天日的灵魂的短兵相接的肉搏被以作品的形式脱离写作者时，风，也没有惊醒。世界依旧，表面的风平浪静，并不能掩盖深处的潜流。风，潜流的剧烈运动所引发的大气的对流，是被巨浪托举而呈现的。换句话，是潜流，一定会鼓荡成风，是风一定会呼啸掀起巨浪。当一切止息，文本的命运就有待于，博尔赫斯所说“写作者的荣耀在总体上还是取决于一代又一代无名的人们在孤寂的书斋里对其作品所表现出来的激情或冷漠”。作品在与时间的角逐中，清晰的呈现作家的写作深度与力度以及对写作的自我确认，即隐喻对文本的“深度撞击”，完全动摇了以往建立在隐喻基础之上的四平八稳的、静态孤立的修辞论、方法论、本体论，在隐喻的策反之下，隐喻的修辞论、隐喻的本体论、隐喻的方法论转换生成，互为依托。任何企图对文学的本性进行终极追问和价值判断的思维路径都不能不在诗性面前接受检验。诗性精神，是指原初的、直面现实、崇尚自由的人类普遍精神。消解宏大叙事；再现诗歌场景；张扬自由精神。[②]

“现代以来的文学，或者说现代以来的西方文学作品，最有艺术生命力要素，当然不是抽象形式，而是对人性的深挚刻画，就需要三个方面的要

① 《动物论语》下卷，重庆出版社2008年版，第25页。

② 写作是对自由的依赖和卫护——蒋蓝、王学东访谈。

素，情（性）、宗教和政治。当今中国文学，基本只是在情性上下功夫，而几乎没有任何宗教和政治。”[①]宗教在中国大地上没有落实到信仰问题，信仰没有宗教作为载体同样空洞。所谓的儒释道三家最终汇聚而成的汉文化，明显缺乏西方基督教文化的精神的厚重、原罪、悲剧、救赎。中国传统文学主流受制于强大的社会意识形态，所谓的现实与叙事在汉语语境内，一直是受国家专制集权政党的意识形态所左右的，倡导文学反映现实、批判现实，而基本忽略或根本没有审视、反思现实究竟意味着什么，它有着怎样的内涵与外延。倒是陈晓明在《从虚构到仿真：审美能动性的历史转换》中对缠绕在作家主体意识中云遮雾绕的现实与现在做了令人信服的阐释。“人们认可的现实性，从来都是以特定的观念、概念、术语表达的意义，历史或现实的真实性，不过是居于统治地位的意识形态对现实的某种规约和期待。现实主义试图再现的现实是意识形态制造的现实潜文本，而再现现实，不过是对现实潜文本进行复制的自欺性说法，并且这种复制也是在意识形态有关现实意义指令下进行的。现实主义的盲视首先在于它将意识形态话语构造的现实当作先行在那里的客观实在。其次，现实主义还误以为它自身话语所指涉的意义与指涉物是一回事。意识形态作为宏大的整体性历史叙事而控制现实主义文学对现实的确认与生产。”[②]在这种历史语境下讨论现实首先就是要恢复其真实的非虚构性。

“这是一部旨在恢复汉语传统文史哲三位一体的跨文体之书。一部无心取悦于文坛的非虚构之书。”[③]开宗明义，作者的写作意识和独立的姿态卓然屹立。“历史中不可解释的部分往往就只剩下心灵的部分。”[④]心灵既指向写作的对象，同时更深入地指向写作者的内心世界。这充分彰显了作者自

---

① 陈晓明：《向死而生的文学》，吉林出版集团有限责任公司2009年版，第293页。

② 余虹：《革命·审美·解构——20世纪中国文学理论的现代性与后现代性》，广西师范大学出版社2001年版，第263页。

③ 蒋蓝：我在踪迹中辨认碎骨与刀痕。《一个晚清提督的踪迹史》，云南人民出版社2014年版，第5页。

④ 《踪迹史》第4页。

觉的历史意识。写作与探寻的踪迹同历史踪迹打成一片，在这个过程中，完成写作者的观念演变史、成长史。最终，踪迹史是写作者的历史。

然而，我们视野与意识中的历史已被严重妖魔化，历史的真相正在湮灭。关注个体的被异化的，被扭曲的集体化进程，应该是写作者的基本史识即：历史不是僵死麻木的古董、文物，不是辉煌一时而无限凄凉任后人凭吊、引发“幽思”的文化遗址；历史不是尘封于各大图书馆、博物院的史志、档案；不是偃旗息鼓于羊皮手稿、动物骨骼所刻录的形形色色的雕塑中的小至邻人殴打、部落冲突、种族残杀，大至国土的鲸吞与掠夺，那些至多不过是对人类自身记忆的不断遗忘与不断重复，是远离狂风巨浪的宁静死港；是逃避战乱与瘟疫的收容所。历史的被动性和残酷性也在于此。保留至今通过各种文书、档案、史籍所描述的历史离真正的历史是那样的遥远与陌生；只能架起躯体与灵魂的标尺加以度量。鲁迅对中国历史文化的研究是非常深刻的，而结论是：满纸都歪歪斜斜地写满“吃人”这两个字。个体在这场人肉宴席中要么被吃，要么充当吃人的帮凶。历史并没有死去，它也并没有随时间和空间的死亡而气绝；它仍然活在公共的地理、公共的眼神、公共的性格、公共的额头、公共的表情、公共的繁殖。这些成群结队的幽灵大军，处处窥视人心灵的房舍，全方位地包围它，并伺机砸碎围绕它的栅栏、墙壁、砖头、瓦片，长驱直入，大肆搜捕人的直觉、审美和真诚的沉默，实行彻底洗脑，然后大剂量地给尚在跳动的脉搏注射麻醉品——悠久的传统、民族特色。因此，从本体论上说，人在历史中的境遇是莎士比亚在《安东尼与克莉奥菲特拉》中的响亮宣言：我们没有朋友和敌人，只有视死如归的决心；这样，就彻底宣告了怀着不正常心态的寻根、访古，在历史这巨大刑场上的死刑!靠历史不可能获救。

“当前汉语诗歌面临的考验并不是在生存的双重暴力（权力话语和拜金浪潮）压迫下如何逃逸，另铸唯美乌托邦的问题，而是更自觉地深入它，将近在眼前的异己包容进诗歌，最终完成对它的命名、剥露、批判、拆解。”[①]因此，写作拒绝历史成为历史，拒绝把历史供奉在心灵存在之外，拒绝为历史低吟无力的挽歌，也拒绝为历史炮制盲目的颂歌；创造性个体必须以思想凝聚起他自身全部外在与内在、先天与后天，经验与启示的力量，勇迈地承担历史巨轮的重辙，将痛苦与死亡、光荣与败北、废墟与古堡、荒凉与血渍与刀光剑影这些历史孪生的枯枝败叶，重新燃烧，把这些火种裹在文字里作为神圣的礼物转交给民众，使他们成为人的历史本身。“为了弄清什么是文学，我不会去研究它的内在结构，我更愿意去了解某种被遗忘、被忽视的非文学的话语是怎样经过一系列运动和过程进入到文学领域中去的。”[②]“所以，一个人的踪迹史是把一个又一个的空间串联并敞开，宛如我的书案上狂乱的笔触，构成一道插满蒺藜与玻璃的山墙。他的思想与心迹，就像山墙上倏忽明灭的反光。”[③]它不但考验写作者的耐心与技艺，更重要的是考验写作者对于写作的真诚。

写作者不得不把对历史的过去、现在、未来这三维性的审视建立在恢复人对于自身存在的勇气与力量的基础之上，尽管这力量与勇气对于人永恒的悲剧和宿命是不可预知的。我们知道，人的永恒悲剧在于他的诞生，他诞生于虚无，归宿于虚无。他的每一分、每一秒、每一次呼吸，每一次心跳，每一次艰辛的劳作，每一次不屈的挣扎，都是他独自填写着迈向死亡的通行证。阻挡那些非生非死的幽灵徘徊于世界进程与历史因素之外，盲目地炮制一厢情愿的乐观主义蓝图和自暴自弃不思奋进与变革的掐断自己根子的灰色之凝固状虚无主义怪胎，在这一过程中，他可能更多地提供对人命运的揭示，对生与死的沉思，对时间涌流、倾听的可能，对人的真实境遇予以还原解提供必要条件。写作者的价值向度在此得到体现。“一方面是打捞、复原已经被严重妖魔化的历史真相的紧迫感——真相正在湮灭；其二在于，我不在此提出阶级、信仰、普世价值等标签，而是采用让

① 陈超：《个人化历史想象力的生成》，北京大学出版社2014年版，第31—32页。

② ［法］福柯著，严峰译：《权力的眼睛》，上海人民出版社1997年版，第90页。

③ 《踪迹史》第4页。

生活回到生活、让民俗回到民俗、让战争归于战争、让婚恋回到婚恋的细节化呈现，让复杂的人性从血海里伸出属于自己的枝与叶”①，“我不大相信稗官野史是正史补充的说法。这是掰断人手接在自己身上的‘历史嫁接术’，这样制造出来的历史就是第三只手的诞生记。它们是两股道上跑的车，偶有交汇与交缠，在这个历史的平交道口，我们能发现，那些堂皇于正史的人与事，那些依靠蜜糖的诱因把褒义词的蚂蚁麇集于一身的宏大叙事，在它们每个词站立的反面，均有泄露机密的反词。当正史里的“纸人”与现实中的斜影构成狭路相遇的仇敌之际，邪不压正的叙述就是加在胜者一方的致命稻草。”②历史通过写作得以延续，发展和完成人的创造性力量，与时间、生命律令、死亡、意识之间的对话和互相敞开；通过对历史水乳交融的批判和炼金术士般的提炼，彻底动摇传统意识之根基，向自我和未知之途提供更大的可能性，根除人作为历史的附属物和寄生虫的本性。面对丧失价值观念及其行为目的的社会处境，相对于永不重复的充满独特感受的心灵，外在世界（他人的或社会的、私生活或集体的）的分裂日益加剧、明显，它可能变得微乎其微，连半丝涟漪都不会为之颤动；也可能变得重如磐石，虽荒凉贫瘠，却大量滋生废墟、闲谈、暴力。这种分裂所辐射的力量，并不是靠简单的主义与宣言能承担的。它需要生命全力以赴地投入，既承受个人的孤独处境和个体的一无所有，也承受我们当下人们的处境，共同分担总体的命运。这无疑将成为时代的艺术特征与思想特征。

中国固有官史独尊地位，丰富的史料，传统的历史戏说、演义、列传是不同时代、不同思想、不同意识、不同价值及其写作立场决定的。由于发达的官史、正史，是被皇家朝廷垄断。包括司马迁（太史公。这一称谓，本身就是汉代的史官。）只不过他是凭自己独立的思考，取舍材料，才使得《史记》卓然不群。“《春秋》出，乱臣贼子惧”，“千秋功过，自有后人评述”。统治者当然惧怕。“秉笔直书”与“避尊者讳”这两股

① 修订本后记《踪迹史，何为？》。

② 《踪迹史》第399页。

力量的博弈即使汉帝国董仲舒“独尊儒术”，“以今文经学，取代原始儒家，”至于附庸权术、帝王治国、治民、愚民、戮民的有效工具，也从没有偃旗息鼓。因此任何朝代，史书编纂的思想“成者为王，败者为寇”，一旦与当政者出现不同意见，滋生为暴动起义，进入史书的，没有逃脱“伪、贼、逆”这些称呼。但是，难道这些“天不变，道也不变”的从来如此就是合理的吗？历史真的就是这样吗？“是什么把人交给必然性的支配之下，活人的命运怎么会依赖上石墙和二二得四？而石墙和二二得四与人毫不相关，它们才与任何人和任何事物毫不相关呢？[①]“中国六十年来历史学的一个观点，一切东西重视结论，会告诉你一个非常清楚的，不能说他们的考据不扎实，时间、地点、事件——这个跟新闻学讲的“5个W1个H”是一样的，在历史学里面，你会发现这个观点是适用的。但细节，恰好是历史学叙事忽略的，传统历史学从来不重视细节，历史告诉你的是结果。”[②]

因此，蒋蓝提出踪迹史概念，以取代传统意义的历史概念。

踪迹，名词，指行动所留下可以觉察的形迹。出典是汉代焦赣的《易林·豫之明夷》和司马迁的《史记·淮南衡山列传》。作为词语的“踪迹”，至少包括如下9种意义——

（1）脚印；足迹。前蜀韦庄《虎迹》诗：“白额频频夜到门，水边踪迹渐成群。”（2）行踪。唐朝牟融《赠欧阳詹》诗：“为客囊无季子金，半生踪迹任浮沉。”如果说脚印是写实主义的，那么行踪则是概指意义的。（3）事物所遗留的痕迹。南朝陶弘景《冥通记》卷一：“又检温铛中犹如常酒气，瓦盆中被水汤无气，都不见药踪迹，竟不测何所因托。”这一类意思已经十分接近我的本义，它扩展为事物在辉煌与湮没之间的轨迹。（4）前人留下的遗迹。多指操行、学术、书画而言。北齐颜之推《颜氏家训·勉学》：“不师古之踪迹，犹蒙被而卧耳。”宋朝吴曾《能改斋

① ［俄］舍斯托夫：《悲剧哲学家的旷野呼告》，上海远东出版社2004年版，第406页。

② 蒋蓝：《人是大地的动词与叙事》。

漫录·记文》：“凡字之为体，缓不如紧，润不如密，斜不如正，浊不如清。右欲重，左欲轻。考古人踪迹，其言不妄也。”（5）交往；来往。唐朝韩愈《顺宗实录五》：“交游踪迹诡秘，莫有知其端者。”（6）行动；行为。（7）指起居、供职。清朝叶廷琯《吹网录·开赵埋铭》：“观赵生平，不愧为忠义奇杰之士，且踪迹在吾吴最久。”（8）来历；出身。清朝王士禛《池北偶谈·谈异四·濮州女子》：“遂携至家，拜母。母疑其踪迹，俾子遣之。”（9）按照行踪影迹来追查、追寻事主。明朝方孝孺《大司农张公行状》：“妖寇有败而微服行乞民间者，后就擒，吏踪迹其宿食，逆旅家皆欲论诛之。”[①]显然，思想的维度就必然而且“必须回到历史现场，回到官场文牍、稗官野史、江湖切口、烟帮密语、袍哥茶阵、天国客家用语等等构成的专属空间与特定时间”。其结果不仅仅局限于报告文学、新闻文体、纪传体之类单一人物命运史，“踪迹史”不为传主服务，“踪迹史”要解决的，就是人的活动史、交往史、征战史、情爱史；最重要的，是事物的变迁史。“追踪的四川提督唐友耕的踪迹，他所带出的1850—1900年之间的四川官场史、军事史、民俗史、植物史、道路史、城建史乃至风化史。”这不能不归结为蒋蓝犀利的眼光和巨大的整合能力以及由此而必然付出的超常的艰辛。

◎史思：知行合一的非虚构哲学代替书斋思辨

蒋蓝在修订本封面左上方赫然写下长篇非虚构散文，强调此书的文体是散文。

“散文是自由思想的体现。”林贤治先生在《中国散文五十年》中对散文作出犀利的确证。散文是人与内心灵魂对话的真实记录。西方文学的精神源头之一的希腊神话与传说，悲剧与史诗，哲学与对话，是那个民族精神气质的理性思辨与艺术沉迷的完美交融。“我是谁，从哪里来，到哪里去？”这一话题的提出在哲学源头，站在生命的制高点指出人类精神

---

① 修订本后记《踪迹史，何为？》。

生活的起点与归宿。所有的宗教、哲学、文学、艺术、技术、科学的发展都是为了从不同角度、不同层次接近这一终极。但永远都没有最终的一成不变的真理能宣告作为有限个体的人穷尽了这自由的无穷变化的领域。这是人精神生活的悲剧，但也正因为这悲剧反而扩展了人类心灵自由的种种可能。源自希伯来犹太教注重内心、神秘、狂迷的最终统一于基督教的超自然神性牢牢地保持了生存精神对自由和真理的信仰：牺牲与救赎。文学史上奥古斯丁《忏悔录》、卢梭《一个孤独的散步者的遐想》《忏悔录》是对精神信仰和灵魂的拷问与追思；加缪《正与反》《置身于阳光与苦难之间》系列散文阐释的是人对自身命运与境遇的西绪弗斯似的反抗：明知世界冰冷却要燃烧：梭罗的《瓦尔登湖》、爱默生《论自然》《精神的足迹》，利奥帕特《沙郡年纪》展示的是新大陆凭自由创造精神，在缺少文学传统背景下直面自然和生命追求人格的独立与完整，躬耕大地，见证季节的更替、万物的收藏荣枯与日常生活的水乳交汇。谦卑而昂扬，饱满而激烈的新教人文主义使文学与政治在人类历史上第一次交融为《独立宣言》，这是人类文明的里程碑；俄罗斯散文的苍茫、辽远、厚重、对专制现实的批判，对人境遇的苦苦求索，“我害怕对不起自己的苦难”（陀斯陀耶夫斯基）的救赎，“天国就在心中”，“勿以暴力抗恶”的托尔斯泰的使徒行踪，高尔基不合时宜的思想，曼德尔斯塔姆的流放，索尔仁尼琴、布罗茨基的流亡，阿赫马托娃的隐忍，兹维塔耶娃的自杀，这些生命与文字合二为一的大写作，彰显的是苦难大地不死的自由之鸟啼血而沉重的歌唱，至今仍在后现代的天空下刺穿层层迷雾，让人沐浴人之为人的不朽的精神光芒。

中国散文严格意义上说，大多局限于传统的风、花、雪、夜，闲情逸致，王维、陶渊明的隐逸、超然。明清的小品文，性灵、情趣一直延续到五四时期的梁实秋、林语堂的花、鸟、虫、鱼之类的雅致情趣。沈从文沉湎于唯美的世外桃源湘西，大地的苦难好像与他们是无关的。中国传统，尤其是“独尊儒术”以后的儒家入世、实用、讲究和谐，道家的出世是虚无的、泛化的、都没有自由个体的地位，缺乏对真理的皈依与探索、创造的高度与勇气。终极是“天人合一”，缺少生命的悲剧意识、悲剧人格。[①]中西方文化的分野在于逍遥与拯救。[②]真正关注自由思想与心灵追求是鲁迅的《野草》，是无边旷野的呼告，是灵魂历程的真实而狂烈的撕裂。是存在的诗性：明知前路是坟而偏要走，就是反抗绝望，因为我以为绝望而反抗者难，比因希望而战斗者更勇猛、更悲壮。[③]

德国哲学家黑格尔曾断言：中国没有哲学。无独有偶，19世纪80年代末，法国解构主义大师德里达在上海与中国学界泰斗王元化晤面，也曾有过类似意思：中国有思想，但没有哲学。中国学术与西方学术之区别在于：除春秋时期的诸子百家堪比同时代的古希腊以外，中国大一统的地理、政治格局，基本上使中国思想自由遭到严重禁锢，从“焚书坑儒”，一直到“四库全书”的编纂，其实是一个中自由、独立、批判思想被删除、毁灭的过程。中国学术思想注重师承，春秋以降，几乎都是传、注、疏、集解。“述而不作”，似乎是儒家开山祖师给他的后代的谶语。冯友兰讲过，思想史无非是两种讲法，一种是照着讲，一种是接着讲。中国传、注、疏、集解，“述而不作”这一套基本上是照着讲。而近代中国思想的分野其实从胡适与鲁迅就开始了。胡适主张整理故国，皓首穷经：鲁迅却说我看中国书时，总觉得就沉静下去，与实人生离开；读外国书——但除了印度——时，往往就与人生接触，想做点事。中国书虽有劝人入世的话，也多是僵尸的乐观；外国书即使是颓唐和厌世的，但却是活人的颓唐和厌世。我以为要少——或者竟不——看中国书，多看外国书。也就是立人。这是世间最伟大的哲学。

“写什么和怎么写在历史想象力的双重要求下是无法分开的。简单地说，个人化历史想象力是寻求异质包容力的诗学。它要求诗人具有独立思考带来的历史意识和当下关怀，对生存的个体生命的文化之间真正临界

---

① 参阅刘晓波《选择的批判—与李泽厚对话》，上海人民出版社1988年版。

② 参考刘小枫《拯救与逍遥》，华东师范大学出版社2008年版。

③ 龚敏律：《西方反讽诗学与20世纪中国文学》，人民出版社2011年版，第45页。

点和真正困境的语言有深度理解和自觉建构意识，能够将诗性的幻想和具体生存的真实性作一体的游走，处理时代生活血肉之躯上的噬心的主题。个人化历史想象力应是有组织力的思想和持久的生存经验深刻融入后的产物。既深入当代又具有开阔的历史感，既捍卫了诗歌的本体依据，又恰当的发展它实验写作的可能性。[①]作家是站在公共舞台上作证。陈腔滥调，老旧的比喻，懒惰的书写，都是语言的堕落。

“不管个别知识分子的政党隶属、国家背景、主要效忠对象如何，都要固守有关人类苦难和迫害的真理标准。扭曲知识分子的公开表现莫过于见风使舵，噤如寒蝉，爱国大话反省的、自吹自擂的变节。”[②]“无权无势的个人见证事物的悲惨状态，绝不是一种单调、乏味的活动。这包含了福柯所谓的‘不屈不挠’的博学搜寻另类材料，发掘埋葬的文件，唤回已被遗忘的各类历史。这包含一种戏剧感和起义感。知识分子的这种代表既不会使他们成为权贵的朋友，也不会为他们赢得官方的荣誉。”近20年的写作，蒋蓝显然是深谙此中真谛，并内化为个体强大的独立的精神力量，所以“一部无心取悦于文坛的非虚构之书”自然成了他写作的鲜明旗帜。

因此，支撑他写作的哲学思考必然不止局限于材料的筛选和过滤，他必须对材料进行实地考察，让材料里的人物站起来，与作者对视、对话。这样的写作状态有一个最高律令无形地审判着写作者的思考与文字。“历史学不是附属性活动，他试图为人们的行动与苦难提供尽量完整的描述，称为人类就是把我们能够识别出的那些价值赋予他们，否则，对我们来说，他们就不是人。因此对于什么重要，在多大程度上重要这些问题，历史学家，无论他做不做道德说教，没有办法不采取某种立场。这就足以使得价值中立的史学观念，即历史学家是‘让事实说话’的抄写者观念，成为一种幻觉。”[③]在现代主义、后现代主义、后后现代主义解构一切宏大叙事的滔天巨浪的席卷下，“怀疑关于真理、理性、同一性和客观性的经典

① 陈超：《个人化历史想象力的生成》，北京大学出版社2014年版，第18页。

② 萨义德：《知识分子论》，三联书店2013年第2版，第4页。

③ ［英］以赛亚·伯林：《自由论》，译林出版社2011年版，第24页。

概念，怀疑关于普遍进步和解放的观念，怀疑单一体系、大叙事或者解释的最终根据后现代主义以一种无深度的、无中心的、无根据的、自我反思的、游戏的、模拟的、折中主义的、多元主义的艺术反映这个时代性变化的某些方面”。[①]幸好伊格尔顿谨慎的使用“变化”而不是“进步”，至少表明他对于历史线性发展观的不信任。大众文化、公共媒体，瞬时性及时享乐的应景、“反历史意识，反价值关怀、反文化，执迷于青春期躁动的怪癖和力比多本能宣泄，公共化的闲言碎语、飞短流长、统一化的口语语型，琐屑而纷乱的低伏的记实性。他们只有一个时间——此刻，只有一种情景——乖戾，只有一种体验方式——人的自然之躯，只有一种发生学图示——即兴，只有一个主题——解构XX。”[②]“中国作家越来越接受西方语言哲学和形式主义美学的影响，写作的技术日益成熟，但是，生命的学问却被严重忽略。或者把生命变成心理学，再由心理学变成生理学，再由生理学变成物理学，最后把人变成一堆器官和物质，生命的内涵和尊严丧失殆尽。”[③]“他们所描述的不是人类心灵，而是人类的内分泌物”——福克纳。现代性有着更复杂、更深层次的精神内涵，它在专注于形式试验的同时，它更敏感地切入人类及个人的生存核心，从对人类生存现状的关注中产生出它的抗议主题，从残酷的世纪性暴力及持续不断的损失中产生出它绝望的主题。“人们的道德基础无法再依靠神意或天意，就只剩下民意论；没有了宇宙正义论，没有了神正论，就只有人的正义论。道德情感与道德价值不再有宇宙论和神正论的支撑，道德情感孤独地回荡在人的心中，成为没有终极价值的价值。在某些时刻，没有神学或命运背景的道德变得孤独，变得令人心生疑窦。然而，道德情感并非一个孤独的人的个人情感，它是人们的共同感知和共同情感。它是能够被分享的内心经验。”[④]

---

① ［英］特里·伊格尔顿著，华明译：《后现代的幻象》，商务印书馆2014年版，第1页。

② 见《存在诗刊作品集第七期》第201页。

③ 谢有顺：《文学的常道》，作家出版社2009年版，第84页。

④ 耿占春：《世俗社会与诗歌》，《诗歌的重新命名》上海文艺出版社2013年版，第82页。

这就是美学深处的道德律令。这道德不是赋予某个集体或个人以解放、拯救、自由之名煽动的先天的裁决与评判。“太多这种貌似独抒己见，一旦膨胀为随意掉弄的抽象事物或普遍原则，诸如永恒救赎、历史、人性或进步，而予以压制：国家、教会或无产阶级，更部成名义——凡此巨大名目，只堪为可憎的残酷与专制辩护而已，都是专为窒扼人类感受与良知之声而设计的法术公式。”[①]

蒋蓝坦言本书的宗旨：“我着眼于唐与石，不是歌颂农民起义之类，而是血衣里体现出的人性！”人性，是被山河大地支撑的思想骨骼，是被民众命运涌流勃发的血脉。19世纪浪漫派诗哲荷尔德林曾言：诗人是酒神的祭司，在神圣的黑暗中，走遍辽阔大地。“大地”一词的意思与那种有关积成于某处的土块的观念无关，与那种有关行星的纯粹天文学观念无关。大地意味着：从此出现的东西由此收回，并隐匿一切自行涌现之物。在此涌现出来的万物中，大地是作为隐匿者而出现的。每一个活生生的词都参加了这场战争。并决定：什么是神圣者，什么是非神圣者，什么是伟大者，什么是渺小者，什么是勇敢者，什么是怯懦者，什么是崇高者，什么是轻薄者，什么是主子，什么是奴才。[②]

司马迁在《太史公自序》中写道：二十而南游江、淮，上会稽，探禹穴，闚九疑，浮于沅、湘；北涉汶、泗，讲业齐、鲁之都，观孔子之遗风，乡射邹、峄；戹困鄱、薛、彭城，过梁、楚以归。于是迁仕为郎中，奉使西征巴、蜀以南，南略邛、笮、昆明，还报命。“我渴望回到从司马迁的《史记》以来，中国文学的真正写作”，“追寻唐友耕的百年前的足迹前往江安县、长宁县、兴文县、高县、西昌、乐山、雅安、眉山等20余相关县市，将纸上历史与现实对位”，搜集、阅读上百种资料志书：丁治棠《仕隐斋涉笔》、徐心余《蜀游闻见录》《百年红十字运动在成都》

---

① ［英］以赛亚·伯林：《俄罗斯思想家》，译林出版社2011年版，第102页。

② ［德］海德格尔著，成穷、余虹、作虹译：《海德格尔诗学文集》，华中师范大学出版社1992年版，第36页。

《西南一隅——法国里昂商会中国西南考察纪实（1895—1897）》《大关县志》《昭通市文史资料选集》《北京图书馆藏珍本年谱丛刊》《蜀海丛谈》《清朝野史大观》《街头文化——成都公共空间、下层民众与地方政治1870—1930》《四川战争史》《湘绮楼诗文集》《蜀燹死事者略传》《重负与神恩》《四川保路运动风云录》、卡夫卡《日记》《中国近代教育史资料汇编：洋务运动时期教育》《华阳国志校注》《黑夜史》《太平天国野史》《惩罚与规训》。”

我常常试图在想象中还原一位孤独地跋涉于山河大地，穿行于众多资料重重迷雾笼罩的暗夜的写作者的形象。他一笔一划耕犁出思想轨迹的天空，文字的锋刃划破被时光厚厚埋葬的历史阴影。他听从内心的召唤：历史不是，绝不是让我们细细打量的失去生机活力的故纸堆，它仍是活生生的巨大诱惑和考验的深渊。真正严肃的创作，从来是而且永远是为着确定人的现存时间的位置和价值，恢复人的尊严的历史性进程，它永远是投枪和匕首帮助人们从诱惑与深渊的堕落与麻木中杀出一条生之血路。因此，靠以功利和实用为目的，以阅读人类有史的文化典籍为手段；以摘取片言只语，记录某一时刻对某一著作、某一大师的看法，冠之以《读××有感》《今夜想起×××》形式的作品，显示出其借尸还魂的伎俩；缺乏鉴赏力地怀着诚惶诚恐的敬畏和病态的激动毫无分辨地吞食着衰老、腐朽、残破、凋零的东西，并小心翼翼地把这些最容易被人类自身惰性捕捉到的残渣浮萍组装成虚假的迷宫、无功利的游戏。因为僵尸永远不会与活人搏斗。蒋蓝的行走与考证从血脉里延续了司马迁的风骨，而且从根本上质疑传统文学思想中的“言志”“载道”“文章合为时而作，歌诗合为事而作”、直到“五四”新文化的“文学革命”，所强调的文学的工具性的合法性。“志”“道”的内涵本应涵盖作者的人生观、哲学观、宇宙观，探讨人类意识与社会、自然环境、浩瀚宇宙的冲突，寻求、分析真善美或者灵与肉的关系。“文学的阶级性、党性原则”，源自西方马克思的意识形态传入中国后，被政党作为思想的绝对权威，强调文学的工具性、阶级性。文学必须为贯彻意识形态服务，成为洗脑的工具。当社会风起云涌之时，写作者眼光很容易转向大而无当的口号、理想、人类、未来等集体记忆的事物，而彻底遗忘个人内部的人性因素。个人永远是革命链条上的永不生锈的螺丝钉。他是不需要情感、不允许有独立思考、更不允许有批判、反对意识。文学的工具性导致单一化、平面化难以探究人的复杂内心世界。人的存在被勾销，人的命运靠故事演绎（章回体、传奇、演义），人的性格靠情节塑造，恰恰忽略了人的精神冲突、灵魂斗争对人物形象的深度与广度的挖掘。这就不只是靠才气与灵气能比肩的。无独有偶，18世纪中国著名文艺批评家金圣叹把四大名著统称为“四才子书”，似乎冥冥中为中国文学小说的命运盖棺定论：只需要才气就可以了，而促进作家成熟的更为重要的识（智慧）思（哲学）是不在他深入思考的范畴之内的。从而衍生出的社会意识、文化观念、艺术精神、批判力量是微乎其微的。灵魂的深度与广度，人性的可能与不可能才是对写作者心智与才能的严峻考验。真正伟大，具有超越性的作品，无一不是建立在这个基础上的。灵魂扎根于大地，听听“太阳泡来太阳泡，渐渐看你节节高。早晨望你东方出，下午望你落山包”，《石城山薅秧歌》“清早起来雾腾腾，看到树桩像个人。抱着树桩亲一口，过后想起好笑人”收录于修订本中作者记录的考察过程中得自民间的歌谣。这是自诗经、汉乐府以来顽强生存于草根的原型文学，盘根错节。如同细密的毛细血管布满文字的肌肤。

◎史力：文字表达的风格

“风格即人”布丰这句话之于蒋蓝的文本是当之无愧的。

我书柜里收藏的单个人的著作，《莎士比亚全集》朱生豪译11本，黑格尔《哲学史演讲录》《美学》《小逻辑》《法哲学原理》11本，尼采《权力意志》《偶像的黄昏》《快乐的科学》《悲剧的诞生》《希腊悲剧时代的哲学》《论道德的谱系》《查拉图斯特拉如是说》7本，大陆作家收藏最多的应该是蒋蓝了。《动物论语》（上下卷），《哲学兽》《玄学兽》《思想存档》《复仇之书》《到读与反写》《一个晚清提督的踪迹史》8本。因为这些书散发的精神气息即使隐去作者的名字，也能凭借在文本中出现“黑、黑夜、通透；火、火焰；刀、刀锋、磨刀、锈迹；骨、折骨、碎骨。蛰伏、跃起、舞蹈。动词、翻出、垂直”这些常常在文本之内星辰般闪耀而出，宛若猎豹之爪，半藏半露于肉垫，显现出强悍的猎者本色的词捕捉到文学的词与词语，历史的现与再现，哲学的思与思想。这是蒋蓝文本的吸引力。2015年3月12日，我在蒋蓝《石达开与脔割之刀》的微信回复到：施虐与受虐，变态，令人窒息。“如果石达开有项羽之气概就没有机会让类族在苟延残喘之际，展示满清之野蛮滔天罪行。另，文字到了这种摧骨之境，已不关审美。”蒋蓝回复“朝前走有小河王铁桩扎断，朝左走悬崖绝壁滚木擂石在高山，朝右走铜水河暴涨滔天，朝后推手把崖高山铁寨”。后他寄赠《一个晚清提督的踪迹史》一书，7月中旬，发本书修订本的电子文档，嘱余写一篇评论。对于《一个晚清提督的踪迹史》一书，至少已经阅读了三遍，加之相关评论不能表达我对蒋蓝写作心路与精神维度的感受，所以，我决定从史识、史思、史力三个维度谈谈自己的一些感受。

道德的热情，知识的广博，避免了浪漫主义书写的虚假肥胖症。也杜绝了公文案牍的僵尸不动声色、清风黑眼的罗列史实。“情况很清楚，踪迹大于人迹、史迹；又因为踪迹里灌注了太多的细节，它也因此高于人迹、史迹。这倒不是说以往的人迹、史迹里缺乏细节呈现，而是对细节与过程的标举从来没有像今天的历史文本里得到如此的重视与爬梳。我一向认为，真正的意义恰在于历史细节与过程中所蕴含的特质。”[①]“文学的本质是虚构。但是无论是虚构还是非虚构，最终目的就是抵达人类内心的真实。作家创作实际上是在表达对世界的看法，而不是固有的传统的看法。你必须与别人不同，所谓的与别人不同，不是你故意做作的，而是你的心灵就是这样。你要心灵非常自由，你如果心灵没有自由，你创作就没有意义”“我认为非虚构文学可以真实地记录历史。它的价值和意义不在今天，而在于明天。如果没有非虚构文学，将来人们就会把虚构文学歪曲了的历史当作正史。那样的话，我们这个民族就彻底没有希望了。”[②]训诂与考据，思想寻觅浩瀚资料

① 蒋蓝：《踪迹史，何为？》。

② 杨显惠访谈《写作是一个悲喜交加的过程》。

中隐匿真相的蛛丝马迹，最终以传神的细节让唐友耕、石达开等人浮出历史的水面，最终完成文学的基本使命：塑造人物形象。

“唐友耕看见一个士兵尿都挣出来了，双臂打闪闪，就是无法把弓拉满。他本想给他几耳光，但他突然想笑，心情立即就愉快了。他劈手接过来，较力一拉，他想示范得更到位一些，用力更大。只听‘啪’的一声，他竟然把弓生生拉断。士兵们惊呼：‘军门神勇！军门神勇！’他心头一喜，嘴里喃喃道：“这弓太旧了，禁不起！再换一把新的。”[①]“妻舅王刚眼见唐友耕被卯德兴一枪刺中，危急万分，就在卯德兴回枪刺来时，他抽刀上前，格开了卯德兴致命的一击。虽然救了自己，唐友耕觉得众目睽睽之下大失面子，以后还怎么混哪。他回营后恼羞成怒斩杀了王刚。

但他突然心疼起另外一个救星——那匹点子花战马。他亲手去为战马洗刷，并拿来一袋胡豆予以奖赏。妻子看不下去了，在一旁数落他，一个大活人还不如一匹马啊。我的弟弟为了救你的命，最后竟然就给你一刀杀了，天下哪里有这样的事情……女人涕泗交流，惹得众人围观。唐友耕火了：你再说一句，看老子也把你送上路，你兄弟就有伴了。妻子哭到气头上，根本管不了这些威胁，继续号叫，阵势越来越大。[②]“唐友耕蛰伏的欢娱之力被猛然唤醒，显得急不可耐。经过提纯的蓝色，是长裙的下摆，飘垂的方向是作为对重力的抗拒，以不规则的收缩，展示缎子的品质。光线被褶皱弯曲，改变流向，逐渐渗漏，犹如在水银里浸渍。当无边的蓝从光深处剥落，就剩下一波一波的起伏，在酒力作用下荡漾在空气中。这是最柔软、最收敛的部位了，可以让缎子沉静，就像深渊的洞口，而真丝的鸣叫，是一根飞翔的羽毛，正在穿越肉体。长发在唐友耕的头骨边缘环绕，发出砂轮磨刀的声音。那是松果腺充血的声音”。[③]传神的细节，诗意的想象，唐友耕无意识的内心世界的纤细必至的剥露，让这个寡情与重义，嗜血而冷酷的“只能把杀戮视为人生的最高律令，从杀戮中获得技艺，从血

① 《踪迹史》第15页。

② 《踪迹史》第25页。

③ 《踪迹史》第60页。

泊中提纯对生命的经验，并扩展至他的刀刃之外的世界”[①]的帽顶显示出了他人性的复杂，而不只是一个被贴上标签的僵死的符号。

本书对石达开的刻画尤其感人。在此书扉页蒋蓝写到：谨以此书纪念太平天国翼王石达开在成都殉难150周年。面临绝境，石达开被悲壮笼罩：“垂翅无依鸟倦飞，乌江渡口夕阳微。穷途纵有英雄泪，空问西风几度挥。”石达开对将士说：“吾起兵以来十四年矣，越险岭，济江湖，如履平地，虽遭难，亦常嚏而复奋，转退为攻，若有天佑。今不幸陷入绝境，重烦诸君血战出险，毋徒束手受缚，为天下笑，则诸君之赐厚矣！”面对清军、土司、彝兵箍桶一般的包围，石达开呼天不应，他把情绪托之于诗：苍天意茫茫，群众何太苦。大江临我前，临流曷能渡?惜哉无舟楫，浮云西北顾。到处哭声多，中原白骨露。[②]“但涛声一般的痛哭翻卷而上，似乎要把翼王托起来，这足以让翼王蹈虚，心如刀绞。他终于在摇晃中开步，一股凉风迎面吹来，寒入骨髓……将士只能眼睁睁看着主帅走向不归路。就用刀剑砍向旁边的崖石倾泻胸中的绝望。”[③]

这段描写很容易让人联想到《史记刺客列传》《项羽本纪》关于荆轲、项羽这两位悲剧英雄。“高渐离击筑，荆轲和而歌，为变徵之声，士皆垂泪涕泣。又前而为歌曰：‘风萧萧兮易水寒，壮士一去兮不复还！’复为慷慨羽声，士皆瞋目，发尽上指冠。于是荆轲遂就车而去，终已不顾”；于是项王乃悲歌忼慨，自为诗曰：“力拔山兮气盖世，时不利兮骓不逝。骓不逝兮可奈何，虞兮虞兮奈若何！”歌数阕，美人和之。项王泣数行下，左右皆泣，莫能仰视。“天之亡我，我何渡为！且籍与江东子弟八千人渡江而西，今无一人还，纵江东父兄怜而王我，我何面目见之？纵彼不言，籍独不愧于心乎？”这些文字想忘记都难！正是这两位“慷慨悲歌之士”的黄钟大吕之血肉交响，在浩荡江水的伴奏下尽情漫漶，阳光与乌云在高远天穹碰撞倾泻而下的镶着金边的音符，连同他们血的踪迹，在

① 《踪迹史》第7页。

② 《踪迹史》第192—193页。

③ 《踪迹史》第225页。

帝国晦暗的深宫高墙内被饱蘸精血的狼毫，宛如一个刚刚脱离子宫的赤色婴儿的彻底摊开在跃跃欲试的宣纸上，沿着被施以奇耻大辱的宫刑的下半身，凌空而飞。而他飞翔的动力一定是父亲在河洛之间“发愤且卒”，执迁手而泣曰“今汉兴，海内一统，明主贤君忠臣死义之士，余为太史而弗论载，废天下之史文，余甚惧焉，汝其念哉！”临终嘱托，迁俯首流涕曰：“小子不敏，请悉论先人所次旧闻，弗敢阙。”（《史记太史公自序》）死亡，悲切，责任，让司马迁牢牢占据“史家之绝唱，无韵之离骚”的制高点。而他对荆轲与项羽的评论：“自曹沫至荆轲五人，此其义或成或不成，然其立意较然，不欺其志，名垂后世，岂妄也哉！”，“自矜功伐，奋其私智而不师古，谓霸王之业，欲以力征经营天下，五年卒亡其国，身死东城，尚不觉寤而不自责，过矣。”乃引“天亡我，非用兵之罪也”，岂不谬哉！盖棺定论。但当事人复杂的内心世界，精神思考却由于时代以及写作文体本身的局限，千载之后，只能任人遐想。因为他们实在不能像哈姆雷特那样陷入“生存还是毁灭”的诘问与反思。蒋蓝行文的深刻之处在于他总能出人意料的在一般人视而不见的细微事物中展开思想的利器，剖开其中沉死的复杂意蕴，在紫打地渡口河滩上“颜色古怪的卵石静悄悄躺在地上，诡谲的石花像豹纹一般飞动，我捡起两块，冰凉的石头就像一个拒绝醒来的梦。”这样的描述使作者从历史细节的具体描述中进入了抽象思辨：“奇怪啊，怎么越看越像是肾脏呢？肾是什么？肾是实质性器官，外形似蚕豆，分为上下两端，内外两侧缘和前后两面。上端宽而薄，下端窄而厚；而肾的前面较凸，朝向前外侧，肾的后面较平，一个肾脏的造型就像一只挪亚方舟，固然，它的使命是拯救和超度，但前提是：只要是真实的有价值的生命。！”

我知道，卵石中的亡灵并没有消失，它似乎只是陷入了沉睡。紫打地的鹅卵石具有比白昼更为惨白的光，把白天像虫洞那样打穿，内部的些微真相就足以使光天化日产生阴影。”[①]从一块鹅卵石中打开思想之路，个人历史化想象力生成找到坚不可摧的基石。词锋尖锐，激烈白热，夺人

① 《踪迹史》第193—194页。

眼目。绝少呼天抢地的大面积崩溃的催泪瓦斯的煽情。因为这种长吁短叹是不能钩沉历史真实面目，反而是虚弱的薄雾无力的遮掩荒凉的广袤大地。这是与传统意识审美无关的。抽象思辨催生深刻的历史洞见：“但它恰恰应该把暴政扔出体内。现在，这些不再流血的器官，蜷缩如石，为古往今来的暴力写下了最为形象的篇章。我甚至梦到，那无尽的长梦把遗恨压缩成了一小块肾结石，正越来越深入和坚硬地预谋和等待下去，直到暴虐的欲念运行过来，会被它狠狠挡住，它要让腐割自己的制度痛出原形！”[①]“我渴望的是文字的精确性，不是文字的可读性。它们是走过冰川的脚印，攀上陡峭山崖的岩钉。作家一旦选择某个旧词复活或焕发青春，这个词就有了生命，又会哭泣。”[②]“正因为有死亡的终结，这样的悲剧性就不再荒诞，让我控制不了自己的眼泪。[③]干涸的南桠河，你怎么流不出一滴眼泪啊？莫非你的泪水化作了白色的石头?!”[④]雷鸣般的疼痛，强烈的情绪沉淀下来，这是他通过写作完成的生命历程的唯一的、不可重复的体验与承受的鞭打。活生生的生存境遇，通过文字，在生命漫长而黑暗的荒径上燃烧。那愤怒、卓尔不群的光亮是光明中的黑暗，黑暗中的光明，是作者注定要承受的、不可抗拒的。非虚构写作的要素，其一是“真实发生过的”；其二，它发生在你我周围；其三，它触目惊心。蒋蓝是在场的，这是他的使命与宿命。时代是否喧嚣、神灵是否隐退、家园是否荒芜，这一切注定严肃写作者将它的眼光从虚无的混乱中投射到自己内心，凝聚起内在的火种，让人们在文字冲破生存的迷雾与黑暗时承接到奠定人之为人的历史性存在的基础和可能，这需要毕生的努力。

再看看雨果《九三年》小说结尾：戈万朝断头台走去，他的眼光像大天使那样英勇而无上尊严。他站在断头台上，若有所思。这地方也是一个顶峰。戈万站在这里，崇高而安详。阳光裹着他，仿佛使他身披荣光。

---

① 《踪迹史》第193—194页。

② ［美］弗拉季米尔·纳博科夫著，唐建清译：《独抒己见》，浙江文艺出版社2012年版，第262页。

③ 《踪迹史》第198页。

④ 《踪迹史》第226页。

士兵们看见年轻的指挥官毫不犹豫地准备受刑，再也忍不住了。战士们的心爆炸了，于是人们听见一个闻所未闻的声音：部队在抽泣，还有一阵叫喊声："宽恕吧！宽恕吧！"有些人跪了下来，还有些人丢下枪，朝西穆尔丹所在的平台举起双臂。一位精兵指着断头台喊道："能替代他吗？我来。"所有的人都狂热地喊道："宽恕吧！宽恕吧！"狮子听见这声音也会感动或害怕的，因为士兵的眼泪叫人受不了。"等等！"戈万说，他转向西穆尔丹，用尚能自由活动的右手向他挥手告别，然后让人捆绑起来。他被捆绑后，对刽子手说："对不起，等一会儿。"于是他高呼："共和国万岁！"刽子手让他在摇板上躺平。他那可爱而高傲的头被卡进可耻的颈圈。刽子手轻轻挽起他的头发，然后按动弹簧，三角刀起动了，先是缓缓滑动，然后加速，一个可惜的响声……与此同时传来另一个响声。一声枪响与铡刀声相呼应。西穆尔丹刚刚掏出腰间的一把枪。当戈万的头滚进筐里时，西穆尔丹对自己胸前开了一枪。血从他嘴里流出，他倒下死了。于是后者的黑暗融于前者的光明之中，这两个悲壮的姊妹灵魂一同飞上了天。西穆尔丹亲手处死了自己"精神上的儿子"和学生、他的战友，最后在痛苦与惶惑中开枪自尽。"他已经走入黑暗之中，再退回到光明里来。在造成罪行之后，他又自动破坏了那罪行。"对此，戈万在沉思时发现，"一个英雄从这个恶魔身上跳了出来"，朗特纳克不再是杀人者，而是救人者；不再是恶魔，这个拿着屠刀的人变成了"光明的天使"；他赎回了种种野蛮行为，救了自己的灵魂，变成无罪的人。创作《九三年》雨果在芒什海峡的泽西岛和盖尔内西岛度过了漫长的19年，流亡归来；始终采取与倒行逆施的拿破仑第三誓不两立的态度，直到第二帝国崩溃，他才凯旋般返回巴黎，"美与恶共存，光明与黑暗相伴，为了人道主义而不惜牺牲自己的生命。"这是雨果的精神信仰猎旗。[①]如此看来，倡导"零度写作"在这些沸腾的激情、燃烧的血液、沉静的凝思、内在的体验碰撞到生命原初的浩渺苍穹，那一线穿越时空的光，切开骨骼，暴露无遗震撼人的灵魂时的确是等于零。在这个矮化、琐碎、侏儒、假变形记宣称"上帝已

① ［法］雨果著，桂裕芳译：《九三年》译林出版社2012年版，第390页。

死”“人已死”“文学死亡”的末日谶言泡沫翻飞的“新人类”时代，这些悲剧的英雄气息让人重新沐浴久违的肃穆。

《踪迹史》中最触目惊心的是石达开凌迟的场景：割完上身，“剔骨肉”的技术让肋骨原形毕露。血、黄水、大小便流泻一地，就是没有看客希望目睹的眼泪。接下来，就应该脱掉下装，旋去裆中之物……余宝刀法精熟，也觉得有点疲倦了。他大汗淋漓，热汗冷汗交替而下。骆秉章一脸病容，熬了这么长时间，觉得也差不多了。挥手吩咐，叫他去查看已成一团烂肉的石达开是否已经死亡。余宝上前，用刀尖挑起石达开耷拉在眼睛上的头皮！那是凌迟的第一刀，就是把天灵盖发迹至眉毛的头皮割开，拉下来盖住受刑者的眼睛。突然，他看到了一个发亮的东西，在血水里燃烧。那是石达开的眼珠。石达开双目如电，亮得足可以熔化刃口。

惊心动魄的惨烈，每一个文字都散发出血腥，虐待。文字与文字在酷刑的刀锋与血肉之躯上相互摩擦。对一具被制度的刀具细心洞穿的身体来讲，再多讲一个轻慢的字就是丧尽天良。但节制并不能阻止思想的利刃插进传统儒家文化“未知生，焉知死”缺乏终极意义上对个体生命，自由意志，灵魂的追问，被“修身，齐家，治国，平天下”放大抽空的价值观念一旦被绑上权力与体制的绞肉机，（改朝换代，一朝天子，一朝臣）成者为王败者为寇，暴力的强弱与杀戮从来就是王朝的基石。

《酷刑之书》里，有《凌迟》一诗，就是对石达开“成都之刃”的追忆——

午门旗杆的造影/是最静的火，使岑寂的时间布满危机/豹子在权力的巅峰消匿/以一身熔金的梅花/从受刑者的身上显出文身/刀斧手的杀气/轻易就被豹纹消解了/这是体制的黄昏/比尘埃抵达石头还慢/慢到阴谋的脸颊舒展为泥塑/慢到档案作废/蠹虫修炼为字/金属从血槽里醒来/迎风一挥/发出干嚎

吃了豹子胆的造反者/只能躺进自己的裸体/坦然地接受，回收所有的痛楚/他把与疼痛勾连的同义词敲开/但刃口总是回避词根和性命/它在硬和软的内部施展间离/豹子返乡的狐步/将伤口拉出坡度/肉立在尾巴上，血才

追上来/痛的最真处，心脏一点点内翻/吹毛立断的刃口，一直在骨膜工作/一个标本，展示血的所有流法/肉一片一片的退进骨头，失去花纹的豹/以破碎的脚趾阻止内心的塌陷痛比思想更具体，/它总是比刀锋先行抵达/就像折断的枝丫回忆着花的呼吸，/等待再一次折断/夕光烧成了一炷香灰/时间在内脏里空转/国家的仇恨被娴熟的刀口落实/染成旗帜、剑穗和红皮书/豹死无皮，人死也无名/帝王的意志和律法不断把逆反的名字/从刀尖纳入广场的宏大建筑和国家身后低姿态的生活/怎么会有剐不完的肉/以及如此铁心的骨头？/惨叫能够让一个人变形/舌齿间，紧紧咬住一个王冠的头颅/这使我相信权力与利器靠得最近/布满锈迹的刀在与肉体大反复较量中更加锋利。

比起石达开的凌迟，这些诗句轻得托不起一滴血。人子的血，那被黑暗染黑的血液，反射着天上的一幕：太阳为蘸满污血的刀，镶出了一道轻浮的蕾丝花边儿。但被骨头撞碎了一块的刀刃漏出了金属的底色，那才是一具模糊的血肉所能达到的最高巅！[①]词语坚硬起来像钢铁、像子弹、具备强大的穿透力，它可以使词语发光，也可以照亮人内心的黑暗。当我们的灵魂穿行在在这些文字中时，我们应该听到那些亡灵的哀吟，如此，文学才会考问我们的良知、砥砺我们的思想、锤炼奔突、运行呼之欲出的血液文字，使之成为折射时代和心灵的晶体。

——原载《南充作家》2018年第1期

---

① 《踪迹史》第245—247页。

文化之豹的随笔起义

——论蒋蓝新作《踪迹史》

◎马小盐

带着一个美丽的伤口我来到世上，
这是我的全部嫁妆。

——卡夫卡《乡村医生》

◎作为火焰兽的文化之豹

比利时作家马塞尔·德田纳在《处死的狄奥尼索斯》中声称，古罗马时代，人们认为豹子是唯一能散发香气的动物。豹子利用它的香气将猎物迷倒，而后将其捕获。波德里亚因此认为，香气是豹子无所指的能指，恰恰是这个能指，导致豹子成为诱惑之源。在我看来，豹子有香气，根本原因在于豹身上过于绚烂的豹斑。古典时代的人们，拥有不曾被异化的想象力，对他们而言，豹是一匹只可远观不可近亵的鲜花兽:其皮毛，是一块奇异沃土。其皮毛上的豹斑，是沃土上盛开的花朵。鲜花香气炽烈，想必拥有鲜花斑的豹子亦芳香四溢。诱惑神兽香豹，可能是金钱豹或银钱豹的转喻。

有趣的是，古罗马高蹈在空的芳香兽，在远东大地转变为金钱兽。随笔家蒋蓝因此大为不满，在其《豹子的诗学幻象》一文中质疑道："自然的东西很多，为什么才思枯竭到只有用钱来比附豹纹的造型呢？"对于一个世俗至谷底的民族，钱是唯一美好的事物。金钱豹这个名称的出现，宛若民众嫌摇钱树太过寂寞，从而分发给它一个能够活动的配偶。贪婪种族的蛛丝，再次牵起红线，将彼此联姻在动植物的命名学。

那么，在蒋蓝看来，金钱豹与银钱豹原本该有怎样的名称？在《豹变》一节中，他以豹斑一般炫目的笔触写道：“豹像一块沉静的硫磺，任火与焰的梅花遍布全身，豹在火焰里冷暖自如。它扭头观察背脊后面的异响，豹就把弓弦拉到了极限。豹子点燃了一万炷香，焚烧彻夜不熄。只需要一点点外力，哪怕就是从草间舞蹈而过的微风，就足以使豹惊怵，浑身立即被大朵大朵的玫瑰所覆盖。豹扛起一座旋转的空中花园扑向世界。”在此，火焰的意象与花的意象并存，但火焰的意象远远大于花的意象。显然，在蒋蓝看来，花豹是一座燃烧的花园，花豹更是一只旋转在人类想象空间的火焰兽。

作家在倾情描述某一事物的时候，多是在描述自我的某一面。豹，是蒋蓝的镜像之一，更是蒋蓝文本的精神内核。常读蒋蓝的著作，便会发觉，蒋蓝书写的关键词：黑、黑夜；火、火焰；刀、刀锋；骨、折骨。这些词常常在蒋蓝聒噪浩瀚的文本之内星辰般闪耀而出，宛若猎豹之爪，半藏半露于肉垫，显现出强悍的猎者本色。但这猎者猎取的不是普通的肉食，而是文学的词与词语，历史的现与再现，哲学的思与思想。蒋蓝是一只穿行自由的文化之豹，他构筑着自身的文本迷宫。这横跨文史哲的文本迷宫，狂热聒噪，杀机四伏，唯有作为标识的火焰明明灭灭性感如玫瑰般跳跃在黑暗里。当然，对词汇毫无悟性的读者，难免迷失在这话语的聒噪之林，宛若着迷于豹斑的绚烂，而无暇直视豹目。

◎豹的聒噪美学

作家为什么写作？加缪认为，作家写作是为了反抗荒谬，是一种全新的创造。巴尔特看来，作家写作可以摆脱僵化意识形态的控制，最好的作家是零度写作的作家。我认为，人类天生带有一种难以明言的精神疾患，每一个人都带着美丽的伤口来到世上。愚钝的人对这伤口的存在毫无感知，敏感者却因这伤口而疼痛得寝食难安。对时间、空间、存在、生活感知敏锐的艺术家，是在依靠各不相同的艺术手段进行自我理疗。画家依靠色彩，音乐家依靠乐符，作家依靠文字。真正的艺术大师，首先取悦的是自我，而非他者。密密麻麻的文字是作家插在纸张上的中式针灸，写作是作家进行自我拯救的方式之一。普鲁斯特因《追忆似水年华》最终得救，卡夫卡因《变形记》与《城堡》而获得解脱。

在《梼杌之书》里，蒋蓝如此描述年少的自己："记得那时读《世说新语》，王敦和周处卓然独行的故事很是吸引我，以至于我被邻居视为周处时，自己竟然还以周处后来的除害之举聊以自慰。"四川盆地的盐都少年蒋蓝是暴戾的，他习武，打架，为守候曼妙的女人暗夜群殴。旺盛的荷尔蒙在健壮高大的身躯里左冲右突，使得街头混战成为日常生活的家常便饭。从凶兽梼杌摇变为一只步态摇曳的文化之豹，是书写疗法所起的神奇作用。倾情街头斗殴的荷尔蒙因阅读的影响完全泼洒至话语之中：文本。聒噪不休的文本。书写，难以停顿的书写。文本便是蒋蓝施展拳脚的最佳场所。广泛的阅读，又使得他寻觅到他所钟情的角力对手。蒋蓝的雄心在于与大师们角逐，当代中国的歌德派、耳语派散文家，他原本不屑一顾。正如文化批评家朱大可所言：阅读蒋蓝，是要起坐的。是的，你无法坐在椅子里面对一只扑面而来的火焰兽，正如你无法在夏日里亲沐一场雪的精魂。蒋蓝的词因知识的汇聚、思想的淬炼，荷尔蒙的激扬，从而在一个奇特的力场里熊熊燃烧。燃烧的词必然带给读者一种令人震惊的阅读经验。从梼杌到文豹，是蒋蓝从街头少年到中国随笔大家的个人进化史。

豹斑繁复，蒋蓝的文本聒噪。蒋蓝的新作《踪迹史》，便是聒噪美学的典范。此书由写于2008年的一篇两万字的随笔《与绞肉机对峙的中国身体》延绵成60万字。围绕着太平天国首领翼王石达开被凌迟的鲜血淋漓的身体，蒋蓝以石达开的敌手四川提督唐友耕的升迁为线索，展开了对晚清四川官场生态的视察、想象与还原。他要站在民间的立场，以诗学、哲学、史学、地志学的角度描述那段剧痛的历史，并在还原中国式酷刑的同时，令人们明白，福柯在《规训与惩罚》中描述的欧洲中世纪酷刑，与中国式酷刑相比，实如土丘遇泰山般微不足道。

蒋蓝对翼王石达开有着英雄相惜的敬与爱。石达开的睿智、谨慎、英雄主义以及反叛者姿态，皆是蒋蓝所要致敬的美德。身遭酷刑的石达开的身体是剧痛的身体，中国历史是剧痛的历史，蒋蓝对石达开的缅怀是豹类受伤的缅怀。历史之痛，肉身之痛，物伤其类之痛，导致感知敏锐的文化之豹在文本里绚烂的聒噪。就此而言，言说，无休无止的言说，聒噪，永不停息的聒噪，是以文为生的清醒者、呐喊者、反抗者的别具一格的姿态与方式。

◎豹的随笔起义

一位优秀的作家，在穷尽世界经验的同时试着穷尽他所能触及的所有文本。跨文体写作是考验作家实力的写作方式。没有丰富的想象，宽广的视野，渊博的知识，卓越的洞见，跨文体写作是难以为继的。蒋蓝的新作《踪迹史》不但横跨文史哲，还将诗歌、散文、小说等体裁融为一体。在取媚官方的歌德派散文家与取媚消费者的耳语派散文家占主流地位的中国文坛，蒋蓝阳刚气十足的跨文体写作，无异于一场随笔起义。石达开带领着太平军反抗清廷，蒋蓝在他的文本实践里抵制媚俗文学观。蒋蓝的立场是反叛与先锋的立场，这立场决定他毫无取媚于官于众的任何想法。

蒋蓝热衷于文化人类学的田野考察。为了书写这部宏大的《踪迹史》，他以考古学者的姿态走遍了四川盆地的内外。微观史学涉及的历史碎片，皆来源民间对话、民间访谈与地志学分析。对跨文体写作不甚明了的读者，完全可以将此书当作一本历史类书籍来读，因整部随笔的叙事，皆建立在实地考察与历史想象之上。蒋蓝自己便声称《踪迹史》是一部非虚构的散文之书。以石达开的死敌唐友耕为主要线索，从而描述出四川晚清时节的官场史、黑暗史、军事战争史、执政史、民俗史、风物史等繁复阔达的画卷，是蒋蓝书写此书的根本目的。唐友耕的发迹史是一面多棱镜，它会映照出四川晚清社会的诸多横切面。

“踪迹史”，这是一个最早源于德里达的哲学词，在蒋蓝这里彻底演变为一个文化史词。这个词是蒋蓝独有的新豹斑。由作者自身的实地考察为基本踪迹，寻觅到石达开在四川遭凌迟的准确地点，在石达开的死地追索出石达开在四川一路败退的踪迹，由石达开的败退踪迹映照出唐友耕的发迹踪迹，再由唐友耕的发迹踪迹映照出李蓝大军、骆秉章、王闿运、丁宝桢、岑春煊、杨重雅等历史人物的踪迹。这是一场“踪迹的盛宴”：踪迹与踪迹交相辉映，踪迹与踪迹小径交叉，踪迹之外还有踪迹，踪迹的踪迹在文本四处密布。蒋蓝的《踪迹史》是一张巨大的网，它网罗晚清四川的一切历史飞虫与碎片。显然，这本政治文化史书籍，是随笔家蒋蓝进入新文化史领域的探索之作。

“花豹能改变身上的斑点吗？”

这句西谚换为成语多半指的是本性难移。蒋蓝显然不是西谚里的那只花豹，而是吉朴林故事里的那只改革之豹。在他的新作《踪迹史》中，我看到一个不停变换豹斑的蒋蓝。他以前的随笔文本，多短而精悍，如《权力毒药与身体之蛊》《鲁迅的黑暗与博尔赫斯的黑暗》。近年的随笔作品却深得聒噪真谛，精打细锤，拓展延绵，一如江湖奔流，滔滔千里。这只文化之豹，不但在随笔界发动文本起义，他亦对自身皮毛上的绚烂斑纹进行日复一日的浩瀚改写。这是对自身的超越与起义吗？或许细细读完这部浩繁的《踪迹史》，将会告知我们这一切。

——原载《青春》2013年第8期

附录2　唐友耕年谱

大清國史人物列傳及史館檔傳包傳稿目錄索引資料庫：郑思贺辑纂《唐友耕列传》，其附录载有《唐友耕简谱》——

學歷：	[不詳]		
履歷：	職銜	任期	出處
	千總	咸豐9年- 咸豐？年	國立故宮博物院圖書文獻處清國史館傳稿，701003748號
	通江營守備（署）	咸豐10年	國立故宮博物院圖書文獻處清國史館傳稿，701003748號
	守備	咸豐10年	國立故宮博物院圖書文獻處清國史館傳稿，701003748號
	都司	咸豐10年	國立故宮博物院圖書文獻處清國史館傳稿，701003748號
	川北左營遊擊（署）	咸豐10年	國立故宮博物院圖書文獻處清國史館傳稿，701003748號
	參將銜	咸豐10年- 咸豐？年	國立故宮博物院圖書文獻處清國史館傳稿，701003748號
	會鹽營遊擊	咸豐10年- 咸豐？年	國立故宮博物院圖書文獻處清國史館傳稿，701003748號
	副將	咸豐11年- 同治？年	國立故宮博物院圖書文獻處清國史館傳稿，701003748號
	總兵銜	咸豐11年- 同治？年	國立故宮博物院圖書文獻處清國史館傳稿，701003748號

	四川重慶鎮總兵	同治1年-同治2年	國立故宮博物院圖書文獻處清國史館傳稿，701003749號
	雲南提督	同治2年-同治4年	國立故宮博物院圖書文獻處清國史館傳稿，701003748號
	雲南提督（署）	同治4年-同治5年	國立故宮博物院圖書文獻處清國史館傳稿，701003748號
	四川提督（署）	光緒6年-光緒？年	國立故宮博物院圖書文獻處清國史館傳稿，701003748號
隸屬：	唐紹聞（子）		
朝代：			
單位：	本筆資料由台湾“國立”故宮博物院圖書文獻處與中央研究院歷史語言研究所共同製作		
CBDB：	0064453		

附录3　太平天国连环画图

剿灭粤匪

南京得胜

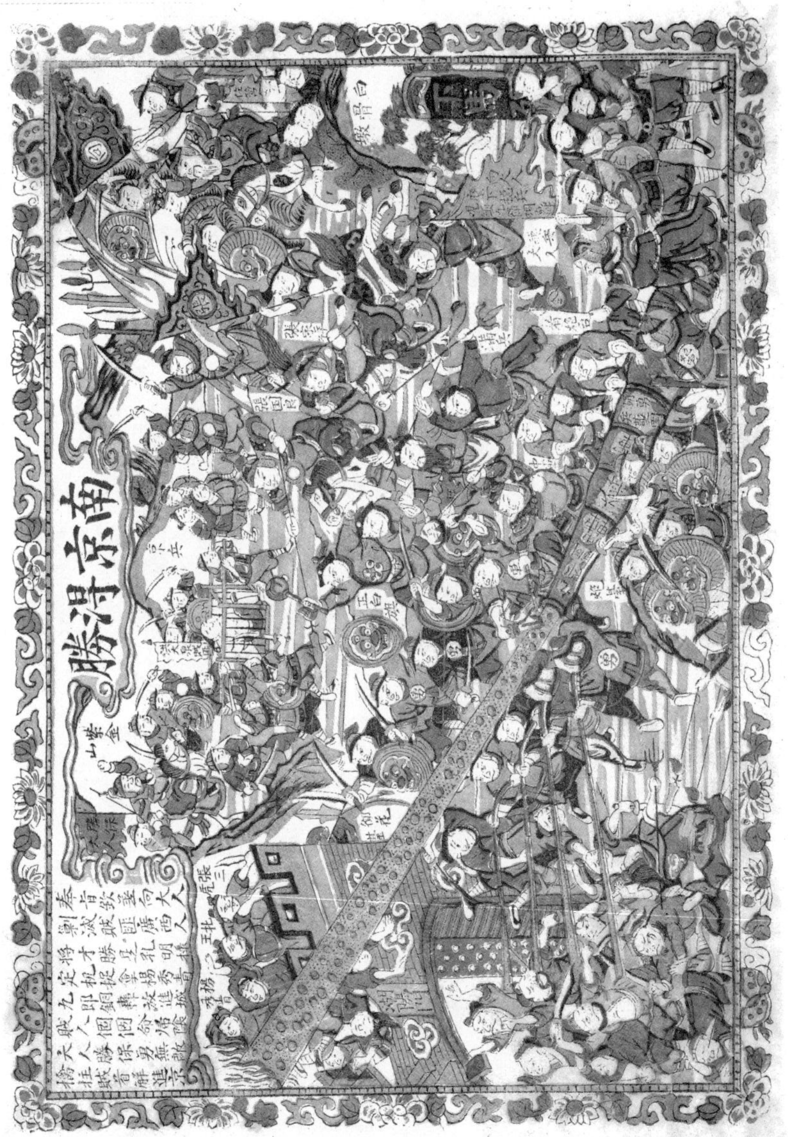

南京得胜

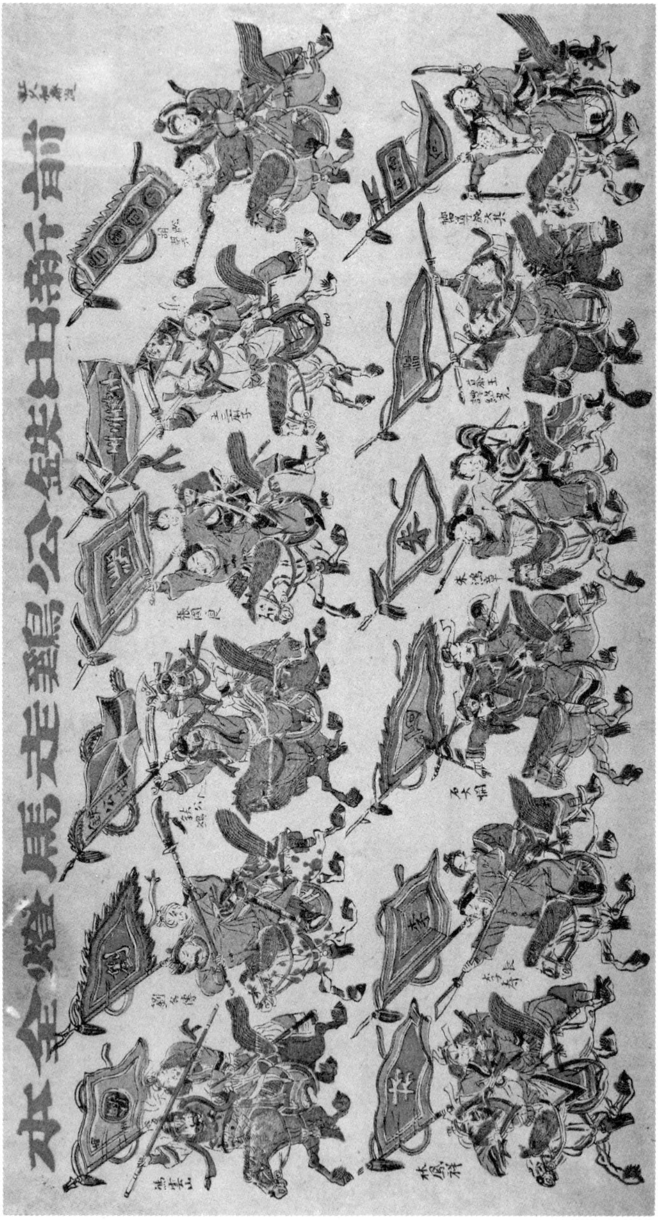

铁公鸡走马灯前

南京得胜图

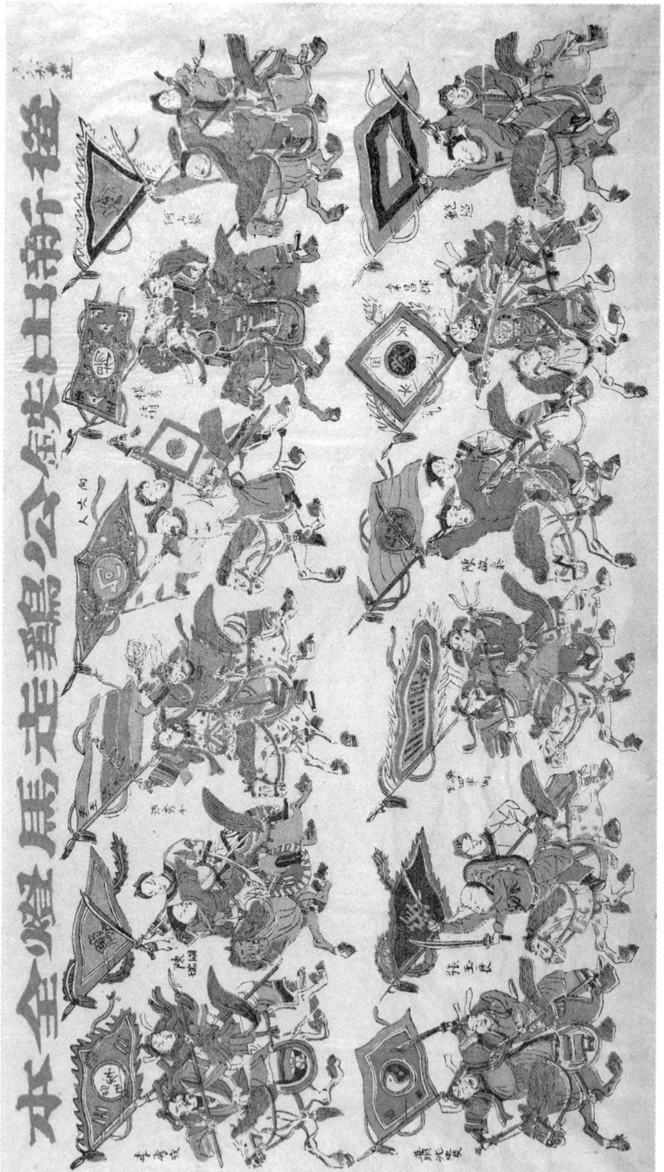

铁公鸡走马灯后